Dieter H. Wolf

Internationales TEMPLER LEXIKON

Dieter H. Wolf

Internationales
TEMPLER
LEXIKON

Editorische Notiz

Die Geschichte der Templer ist voller Widersprüche, die Quellensituation ist umstritten und historisch Erwiesenes wird mit Legenden und Spekulativem vermengt.

Gerade deshalb ist es dem Herausgeber der Edition zum rauhen Stein ein Anliegen, nicht zum Sklaven eines einzigen Irrtums zu werden. Das vorliegende Werk von Dieter H. Wolf ist weder eine blinde Liebeserklärung an die Templer, noch eine generelle Abrechnung mit dem Orden, sondern eine umfassende Synopse aus unterschiedlichen historisch fundierten und spekulativen Quellen.
Dem Wunsch des Autors folgend hat Christian Neuhauser das Werk redigiert und behutsam Ergänzungen angebracht.

Michael Kernstock, Herausgeber

Genehmigte Lizenzausgabe für
Nikol Verlagsgesellschaft mbH & Co. KG,
Hamburg, 2010

© 2003 by Studienverlag Ges.m.b.H.,
Amraser Straße 118, A-6020 Innsbruck

Satz: Studienverlag/Karin Berner
Titelabbildung: akg-images, Berlin
Covergestaltung: Thomas Jarzina, Holzkirchen
Printed in Germany
ISBN: 978-3-86820-078-2

www.nikol-verlag.de

Meiner Familie gewidmet

Vorwort von Dieter A. Binder 9

Einleitung 10

Zeittafel der Geschichte der Templer 20

Templerlexikon 41

Großmeister, Könige und Päpste 330

Bibliographie 333

Vorwort

„Überall dort, wo man sich am reinsten zum Ritterideal bekennt," schreibt Johan Huizinga in seinem „Herbst des Mittelalters", „fällt der Nachdruck auf das asketische Element. In seiner ersten Blüte paarte es sich ungezwungen, ja sogar notwendigerweise, mit dem Mönchsideal: in den geistlichen Ritterorden aus der Zeit der Kreuzzüge. Als die Wirklichkeit das Ideal stets aufs neue Lügen strafte, wich es mehr und mehr in die Bereiche der Phantasie zurück, um dort die Züge edler Askese zu bewahren, die inmitten der gesellschaftlichen Wirklichkeit selten sichtbar waren." Hier wurzelt die Faszination der Templer, des ersten Ritterordens, dessen dramatisches Ende dieses Bild unterstreicht. Ohne militärische Funktion nach dem Rückzug aus dem „Heiligen Land" werden die Ritter des Ordens und ihr Großmeister, ausgeliefert dem unlauteren Begehren der weltlichen und geistlichen Macht, zum unschuldigen Opfer. Es ist nicht mehr das Bild, das Bernhard von Clairvaux in seiner programmatischen Schrift „Ad milites Templi. De laude novae militiae" vom Ordensritter zeichnet – „Niemals gekämmt, selten gebadet, erscheinen sie vielmehr borstig, weil sie die Haarpflege vernachlässigen, vom Staub beschmutzt, von der Rüstung und von der Hitze gebräunt." –, sondern das Bild des vollendeten Ritters, dem Inbegriff der Tugenden, geboren aus seinem religiösen Bewusstsein: Mitleid, Gerechtigkeit, Treue verbunden mit Kampfeslust. Der asketische Ritter, nach dem realen Verlust des Heiligen Landes, wird zum Gralssucher, was immer auch der Gral bedeuten mag.

Schon unmittelbar nach seiner Entstehung wird der Orden der Templer Vorbild für jüngere Zusammenschlüsse, es folgen ihm die Johanniter/ Malteser, schließlich die Ritter des Deutschen Ordens, um jene zu nennen, die unmittelbar anschlossen und vielfach Adaptionsphasen durchlaufend bis heute bestehen. Das Modell dieser Orden wurde um 1330 bereits losgelöst vom geistlichen Anspruch und das Wort „Orden" imaginiert nunmehr eine Menge von Bedeutungen, von der höchsten Heiligkeit bis zum nüchternsten Gruppenbegriff. Die konkrete Aufgabenstellung tritt angesichts der bedrückenden Aura der Exklusivität zurück, das konkrete, vielfach politische Ziel wird transzendent überhöht. Hinzu kommt, dass aufstrebende soziale Schichten eine hohe Bereitschaft aufweisen, Rituale und Formen der alternden Oberschicht zu imitieren und sich selbst einzuverleiben, um damit in fremde Traditionslinien eintretend ihren Anspruch zu legitimieren. So wie die Johanniter oder der Deutsche Orden sehr rasch nach ihrer Entstehung in ihrer Vorgangsweise das Vorbild der Templer aufgriffen, um daraus letztlich ihren Sonderstatus gegenüber der Gesellschaft zu legitimieren, griffen moderne Sozietäten des „geselligen Jahrhunderts" auf diese Vorbilder zurück. So finden sich Templerzitate in den Hochgraden der Freimaurerei seit dem späten 18. Jahrhundert genau so wie bei Sinnsuchenden unterschiedlichster Richtung und Verfasstheit im 19. und 20. Jahrhundert. Doch eines muss dabei klar sein. Diese neuen „Templer" haben nichts mit dem 1314 vernichteten Orden zu tun.

Dieter A. Binder

Einleitung

Der Aufstieg der Tempelritter ist mit der Geschichte der Kreuzzüge untrennbar verbunden. Wie wäre die Entwicklung im Heiligen Land, in Europa und hier im wesentlichen in Frankreich und Spanien verlaufen, hätte Hugo de Payens nicht am ersten Kreuzzug teilgenommen, und hätte er nicht eine so außerordentliche Familie wie die des Grafen de Champagne kennengelernt?

Hugo de Payens

Hugo wurde im Jahr 1080 in Payens, 10 km von Troyes entfernt, geboren. Er war gerade 15 Jahre alt, als Papst Urban II. beim Konzil von Clermont zum ersten Kreuzzug aufrief und damit unglaubliche religiöse Begeisterung und Fanatismus hervorrufen konnte. Urban predigte:

„...bewaffnet euch mit dem Eifer Gottes, liebe Brüder, gürtet eure Schwerter an eure Seiten, rüstet euch und seid Söhne des Gewaltigen! Besser ist es zu sterben, als unser Volk und die Heiligen leiden zu sehen...".

Auch Hugo de Payens folgte diesem Aufruf im Tross des Grafen de Blois et de Champagne. Im Heiligen Land lernte er dann Gottfried de Bouillon und Balduin de Bourgh kennen.

Nach der Eroberung von Jerusalem kehrte Hugo de Payens in seine Heimat zurück und wurde 1100 in Payens Beamter in der Provinzverwaltung. Bereits 1104 reiste er erneut, diesmal mit seinem Freund und Lehensherren Hugo de Champagne, nach Jerusalem. Welchen Zweck diese Reise hatte liegt im Dunkeln und gibt Anlass für viele Mutmaßungen.

Geheimnisumwitterte Forschungen

Es steht fest, dass es nach der Rückkehr der beiden Ritter nach Frankreich sehr enge Kontakte mit Etienne Harding, dem Abt des Zisterzienserordens in Citeaux, gab und dass intensive Forschungen an hebräischen Texten stattgefunden haben. Dafür wurde auch ein Rabbiner namens Rashi aus dem Hochburgund zu Hilfe gerufen. Wonach haben die Ritter gesucht? Was konnte so wichtig sein, dass sie sogar Andersgläubige zu Forschungen hinzugezogen haben?

Dass sie etwas wichtigem auf der Spur waren, scheint die neuerliche Reise von Hugo de Champagne nach Jerusalem im Jahr 1114 zu bestätigen. Ob ihn diesmal Hugo de Payens begleitete, ist ungewiss. Nach seiner Rückkehr stellte der Graf die Verbindung zu Harding wieder her, um mit ihm die Forschungen fortzusetzen. Ob sie tatsächlich nach der im babylonischen Exil verschollenen Bundeslade gesucht haben, werden wir kaum mehr erfahren. Unbestreitbar scheint, dass in ihrer Suche eine der Wurzeln der Grallegende zu finden ist.

Die Ordensgründung

1118 kehrte Hugo de Payens, wahrscheinlich auf Wunsch von Hugo de Champagne, mit sieben „gottesfürchtigen" Männern nach Jerusalem zurück. Seine Begleiter waren die Ritter Gottfried de St. Omer, André de Montbard, Payens de Montdidier, Archembald de St. Amand, Gottfried de Bissol und die beiden Zisterziensermönche Gundemar und Konrak. Der offizielle Zweck ihrer Reise war, den Pilgerweg zwischen Jaffa und Jerusalem zu sichern und so den Pilgern Schutz zu gewähren.

Vor dem König und dem Patriarchen von Jerusalem legten sie ein Gelöbnis der Keuschheit, des Gehorsams und der Armut ab. Von König Balduin wurde ihnen jener Teil seines Palastes zugewiesen, der auf der Stelle errichtet worden war, auf der einst der Tempel Salomons gestanden haben soll. Diesem Umstand zur Folge wurden die Ritter und Brüder dieses Ordens für alle Zukunft Tempelritter, Tempelherren oder Templer genannt.

Das Jahr ihres Eides und damit der Gründung des Ordens wird verschiedentlich mit 1118, 1119 aber auch mit 1120 angegeben. Die 1989 durchgeführten quellenkritischen Forschungen des deutschen Historikers Hiestand lassen die Annahme zu, das Jahr 1120 als das Gründungsjahr des Ordens anzugeben. In Nordfrankreich wurde zu dieser Zeit der Jahresbeginn auf den 25. März, also Mariä Verkündigung, bezogen. Nach zeitgenössischen Texten trat das Konzil von Troyes neun Jahre nach der Gründung des Ordens in Jerusalem am 13. Jänner 1128, nach unserer Zeitrechnung daher am 13. Jänner 1129, zusammen. Diesen Überlegungen folgend müsste also die Gründung der Miliz Christi im Jahr 1120 erfolgt sein.

Zur Zeit der Gründung des Ordens kleideten sich die Brüder getreu ihrem Armutsgelübde in ihre alten Kleider oder in Kleider, die ihnen geschenkt wurden. Ihre Ordenstracht, den weißen Mantel, erhielten sie erst von Papst Honorius II. am Konzil von Troyes, das rote Kreuz erst unter Papst Eugen III. 1147.

Die Rolle des heiligen Bernhard

Hugo de Payens wurde der erste Großmeister des Ordens in Jerusalem. Seine Kontakte nach Frankreich dürften sehr intensiv geblieben sein, einerseits zu seinem Freund und Berater Hugo de Champagne, der sich dem Orden erst 1124 anschloss, andererseits zum jungen Zisterzienserabt Bernhard in Clairvaux. Wahrscheinlich haben diese drei Männer bereits zu dieser Zeit an den Ordensregeln der Templer gearbeitet.

1127 kehrte Hugo de Payens mit vier seiner Ordensbrüder nach Frankreich zurück, um gemeinsam mit Bernhard von Clairvaux alle Vorbereitungen für die Anerkennung des Ordens durch den Papst beim Konzil von Troyes vorzubereiten, den neuen Orden bekanntzumachen und Adepten zu werben. Am 13. Jänner 1129 bestätigte Papst Ho-

norius II. den Orden, die Ordensregeln und seine Privilegien. Diese Sonderrechte führten im Laufe der Zeit immer wieder zu Auseinandersetzungen mit der Amtskirche. Um den Orden zu propagieren schrieb Bernhard von Clairvaux sein „De laude novae militiae", „Das Lob der neuen Miliz", worin er die Vorzüge des Templerordens schildert.

Der Aufstieg des Ordens

Hugo de Payens bereiste in der Folge England, Schottland, Frankreich und Spanien. Er erhielt überall Anerkennung, sowie großen Zustrom von Rittern, die dem Orden beitreten wollten, und es kam zu den ersten Schenkungen, die die Basis für den späteren Reichtum des Ordens bilden sollten.

Bei Schenkungen unterschied man im Mittelalter drei Kategorien. Die Schenkung „pro anima", bei der es dem Schenkenden allein um sein Seelenheil ging. In diese Kategorie fielen die Schenkungen der in den Orden eintretenden Brüder. Die Form der Schenkungen „in extremis" wurde von vorsichtigen Pilgern in Anspruch genommen, und hatte eher testamentarischen Charakter. Schließlich die Schenkungen gegen Entgelt, die immer zum Vorteil des „Beschenkten" waren. Darunter fielen beispielsweise Leibrenten.

Hugo de Payens nutzte alle diese Möglichkeiten, um die ersten Komtureien im Okzident zu gründen. Dem Geschick seiner Nachfolger und dem der Ordenskomturen war die Vergrößerung des Vermögens durch eine große Zahl weiterer Schenkungen, Grundstücksabtausche, Arrondierungen und durch den Geldverleih möglich.

Krieg im Heiligen Land

1130 kehrte Hugo de Payens mit einer durchorganisierten Armee gemeinsam mit Fulko von Anjou nach Jerusalem zurück. In der folgenden Zeit kam es ständig zu Scharmützeln mit Seldschuken und Sarazenen. Im Jahr 1134 fiel der Gründer des Ordens im Kampf gegen die Muslime. Sein Nachfolger wurde der aus dem Burgund stammende Robert de Craon. In seiner Amtszeit konnte der Orden sowohl im Heiligen Land, als auch in Europa neue Niederlassungen gründen. So wurde die Templerburg Safed, einen Tagesmarsch von Akkon entfernt, errichtet.

Der Aufbau des Ordens

Die Kenntnis der Ideale des Mönchsrittertums sowie das Wissen um den inneren Aufbau des Ordens erleichtern das Verständnis der weiteren geschichtlichen Entwicklung der Templer. Daher soll hier kurz auf die Struktur des Ordens und die Ordensregeln eingegangen werden.

Grundsätzlich bestand der Orden aus den kämpfenden Brüdern – den Rittern –, den betenden Brüdern – den Ordenskaplanen – und den dienenden Brüdern – den Servantes. Sie unterschieden sich in ihrem Habit, also in ihrer Bekleidung. Nur die Ritter durften den weißen Umhang und, ab dem zweiten Kreuzzug 1147, das rote Kreuz auf dem Mantel tragen. Alle anderen Brüder des Ordens hatten schwarze Mäntel zu tragen.

An der Spitze der streng hierarchischen Ordnung stand der Großmeister. Er konnte fast alle Entscheidungen alleine treffen. Nur den Orden in seiner Gesamtheit betreffende Fragen hatte er dem Großkapitel, also der Versammlung der höchsten Würdenträger des Ordens, vorzutragen.

Der Vertreter des Großmeisters war der Seneschall. Dieser hatte sich auch um die finanziellen Angelegenheiten des Ordens zu kümmern und führte den Titel „Großpräzeptor der Provinz Jerusalem".

Der Marschall war der Feldherr des Ordens. Ihm unterstand die gesamte kämpfende Truppe, also Ritter, Knappen und Turkopolen.

Das Ordensgebiet war in einzelne Ordensprovinzen unterteilt, denen Komturen vorstanden, die wiederum den Präzeptoren der Länder unterstanden.

Dieser streng hierarchische Aufbau setzte den unbedingten Gehorsam der Ordensangehörigen

voraus, und daher war die Verpflichtung zur bedingungslosen Unterordnung Bestandteil des Gelöbnisses der eintretenden Brüder. In den Regeln wurde dies so formuliert:

„Ihr, die ihr Herr über euch selbst seid, müsst euch zum Knecht eines anderen machen. Denn ihr werdet fast nie tun was ihr wollt; denn wenn ihr diesseits des Meeres sein wollt, verlangt man euch jenseits des Meeres...".

Andere Regeln beschäftigen sich mit der persönlichen Besitzlosigkeit, der Keuschheit, dem Verbot von ritterlichen Vergnügungen, wie z.B. der Jagd, dem Verhalten im Kampf und in Friedenszeiten. Aber auch die Bestrafungen für Vergehen waren genau festgelegt. Dabei waren der „Verlust des Mantels" und der „Verlust des Hauses" die beiden schwersten Strafen. Der „Verlust des Mantels" bedeutete, dass ein Ritter den weißen Habit gegen die schwarze Kutte ohne Kreuz der dienenden Brüder tauschen musste. Während der Dauer der Strafe, bis zu maximal einem Jahr, musste der Bruder entehrende Arbeiten verrichten und vom Boden essen. Der „Verlust des Hauses" war gleichbedeutend mit dem Ausschluss aus dem Orden.

Die Kriegskunst der Templer

Der Kampftaktik der Ordensritter in Outremer, also im Heiligen Land, werden in den Ordensregeln ebenfalls einige Kapitel gewidmet. Von ihr war der Erfolg gegen die Muslime wesentlich abhängig. Als das erste Kreuzfahrerheer den Boden des Heiligen Landes betrat, bildeten die schweren Reiter das Gros der Truppe. Die Ritter trugen Panzerhemden mit metallenen Schuppen, die den ganzen Körper bis zu den Knien schützen sollten. Metallplatten in Halshöhe vervollständigten die Rüstung. Darüber wurde ein Überwurf getragen, der vor der Sonnenhitze schützen sollte. Der Kopf steckte in einem runden bzw. zylindrischen Helm, einen weiteren Schutz bot der dreieckige Schild. Der Angriff erfolgte meist mit der langen Lanze.

Demgegenüber standen das türkische und das muslimische Heer mit der leichten, mit Bogen bewaffneten Reiterei, die den Gegner umzingelten und ihn mit Schwärmen von Pfeilen eindeckten, um sich dann blitzartig wieder zurückzuziehen. Die Verfolgung bewirkte meist, dass die verfolgenden Truppenteile vom Hauptheer abgeschnitten und vom Feind aufgerieben wurden. Um diesen Gefahren begegnen zu können, mussten die Templer also ihren gewohnten Kampfstil ändern. Sie wurden in Schwadronen aufgeteilt, die von Ritterkonstablern befehligt wurden, wobei das Oberkommando beim Ordensmarschall lag. Jeder hatte seinen zugewiesenen festen Platz, den er nicht verlassen durfte. Des weiteren ließ die genaue Kenntnis der muslimischen Kampftaktik die Templer ein Fußvolk von Bogen- und Armbrustschützen sowie Pikenträgern einbeziehen. Diese hatten die Aufgabe, die Ritter zu schützen und den Reiterangriff vorzubereiten.

Eine weitere Reaktion war die Aufstellung einer leichten Reiterei, die den Kampfstil des Gegners kopierte. Dieses Heer wurde aus der einheimischen, christlichen Bevölkerung angeworben. Der Befehlshaber dieser Truppe war der oben erwähnte Turkopole.

Die genaue Kenntnis der Kampfmethoden im Heiligen Land und die damit gebotene Vorsicht beim Kampf gegen die Sarazenen brachte den Templern von den neuankommenden Kreuzfahrern immer wieder den Vorwurf der Feigheit und auch des Verrates ein. Hätten aber die Könige, Fürsten und Barone die Ratschläge der Mönchsritter befolgt, wären den Kreuzfahrern wahrscheinlich viele Niederlagen und schmerzliche Verluste erspart geblieben.

Die Großmeister

Die Amtsführung der einzelnen Großmeister war sehr unterschiedlich. Waren die einen draufgängerische Kämpfer, die weder sich noch ihre Brüder schonten, wie Odo de St. Amand oder Bernhard de Témelay, befassten sich andere in der Hauptsache mit der Vergrößerung der Macht und des Reichtums des Ordens, wie Robert de Craon

oder Robert de Sablé. Es gab unter ihnen selbstsüchtige Intriganten, wie Gerhard de Ridefort, aber auch vorbildhafte Männer, wie Wilhelm von Beaujeu, Bertrand de Blanquefort und Eberhard de Barres. Ihnen war aber allen gemein, dass sie im Laufe der Geschichte des Ordens viel Neues und für die Menschen ihrer Zeit Positives bewirken konnten. Es sollen hier nur einige Innovationen erwähnt werden. Die Templer übernahmen von den Arabern den bargeldlosen Zahlungsverkehr, der es Reisenden und Kaufleuten ermöglichte, in diesen unsicheren Zeiten von einer Komturei zur anderen zu reisen, ohne ausgeraubt werden zu können. In den von den Templern bewirtschafteten Gebieten verhinderten Reformen in der Landwirtschaft die im Mittelalter häufig auftretenden Hungersnöte. Nicht zuletzt etablierten die Templer eine neue Kriegskunst und bildeten den Kern der Verteidigung des Heiligen Landes. Diese Entwicklungen bewirkten für die Allgemeinheit viel Gutes, vergrößerten aber zugleich Macht und Reichtum des Ordens, was die Begierde des französischen Königs wecken sollte und letztlich den Untergang des Ordens einleitete.

Der zweite Kreuzzug

Eberhard de Barres folgte dem Ruf Bernhard von Clairvauxs und versammelte 1147, als er noch Präzeptor von Frankreich war, 130 Tempelritter im Kapitel von Paris, um den 2. Kreuzzug für den Orden vorzubereiten. Die außerordentliche Bereitschaft zur Teilnahme der Tempelritter an diesem 2. Kreuzzug veranlasste Papst Eugen III., dem weißen Habit der Templer das rote Kreuz hinzuzufügen.

Eberhard de Barres vereinigte unter seiner Führung das französische Kreuzfahrerheer, das, wie alle neu ankommenden Ritter, mit der orientalischen Kampftaktik nicht vertraut war und in den Bergen Kleinasiens von türkischen Pfeilschützen bedrängt wurde. Er teilte das Heer in Gruppen von 50 Mann, die jeweils von einem Tempelritter geführt wurden, und brachte es in einer kompakten Marschkolonne unversehrt bis Antalia. 1149 wurde Eberhard nach dem Tod Robert de Craons der dritte Großmeister des Ordens. Er legte aber bereits 1152 sein Amt zurück und trat in Clairvaux in den Zisterzienserorden ein.

Fiasko bei Askalon

Bernhard de Trémelay war von 1152 bis 1153 Großmeister. In diese Zeit fiel die Belagerung von Askalon, an der die Templer selbstverständlich in vorderster Linie teilnahmen. Als sich die Festung als sehr widerstandsfähig erwies, ließ Bernhard de Trémelay einen riesigen Holzstoß vor der Mauer errichten und entzünden. Unter der großen Hitzeentwicklung zerbröckelte das Gestein der Festung und stürzte in sich zusammen. Als die Kreuzritter durch die Bresche in die Stadt eindringen wollten wies sie der Großmeister zurück, um selbst mit 100 Templern in die Stadt einzudringen. Diese Tollkühnheit kostete allen Templern das Leben, denn sie wurden von den zahlenmäßig weit überlegenen Sarazenen erschlagen und die Überlebenden, unter ihnen auch Bernhard de Trémelay, wurden enthauptet. Die verstümmelten Leichen wurden den Christen vor der Stadt zur Abschreckung gezeigt.

Streit im Lager der Kreuzfahrer

Odo de Saint-Amand war von 1171 bis 1179 Großmeister. Über ihn gibt es verschiedene Berichte. Wird er in einem als Prahlhans bezeichnet, schildert ihn ein anderer als tugendhaften Mann, der in sich Klugheit, Mut, Strenge und Disziplin vereinigte. Während seiner Amtszeit kam es zu einer ernsten Auseinandersetzung mit Amalrich, dem König von Jerusalem, dem die uneingeschränkte Macht der Templer und Johanniter ein Dorn im Auge war. Er schloss daher ein Bündnis mit den Assassinen des „Alten vom Berge". Als dessen Gesandte ihre Rückreise nach Alamut antraten, gerieten sie in einen von den Templern gelegten Hinterhalt und wurden getötet. Als Amalrich davon Kenntnis erhielt und Odo de Saint-Amand ihm die Verantwortlichen nicht auslieferte, drang Amalrich kurz entschlossen in das Ordenshaus in Sidon ein, nahm den Ritter Walter von Mesnil gefangen und warf ihn ohne Verurteilung in den Kerker.

Bei der Belagerung der Templerfestung Beaufort durch Saladins Truppen führte Odo de Saint-Amand einen überhasteten Ausfall und geriet in einen Hinterhalt. Die Ritter, die nicht fielen, wurden mit der Bogenschnur erwürgt. Odo wurde gefangengenommen und sollte gegen einen von den Templern gefangengehaltenen Neffen Saladins ausgetauscht werden. Odo soll ausgerufen haben:

„Gott verhüte dies, dass ich meinen Brüdern ein so gefährliches Beispiel gebe, wodurch sie sich berechtigt fühlten, in Zukunft sich gefangen zu geben in der Hoffnung, wieder eingetauscht zu werden."

Odo de Saint-Amand starb ein Jahr später in Gefangenschaft.

Gerhard von Ridefort

Gerhard von Ridefort war sicher einer der umstrittensten Großmeister des Ordens. Er stammte aus Flandern und kam bereits unter der Herrschaft Amalrichs ins Heilige Land. Vom Charakter her war er eher ein Draufgänger und Abenteurer. Zunächst trat er in den Dienst von Raimund von Tripolis, der ihm neben dem Soldlehen eine reiche Heirat versprach, dieses Versprechen jedoch nicht einhielt. Ridefort verließ daraufhin Tripolis und war ab diesem Zeitpunkt der Todfeind des Grafen. Einige Zeit später tauchte er im Königreich Jerusalem auf, wo er Marschall des Königs wurde. Nach einer bei den Templern auskurierten Krankheit legte er die Gelübde ab und wurde sehr bald Seneschall des Ordens, wahrscheinlich schon 1183. Nach dem Tod des Arnaldus von Torroja 1185 wurde er schließlich Großmeister. Rideforts Intrigen trugen dazu bei, dass die von Balduin vorgesehene Erbfolge nicht eingehalten wurde, und Guido von Lusignan König von Jerusalem wurde. Katastrophal für die Kreuzfahrerstaaten wirkten sich Rideforts falsche Entscheidungen im Kampf gegen Saladin aus, die 1187 zur Niederlage bei Hattin führten, womit für Saladin der Weg nach Jerusalem frei war. 1190 fiel Ridefort bei der Belagerung von Akkon.

Der Niedergang der Templer

Neben vielen äußeren Umständen waren die Großmeister selbst am Niedergang des Ordens beteiligt. Denn gerade dann, wenn es erforderlich gewesen wäre kluge Entscheidungen zu treffen, war ein Meister im Amt, der den Aufgaben seiner Zeit nicht gewachsen war.

Des weiteren war es nicht möglich die ständigen Auseinandersetzungen mit der Amtskirche, für die die Privilegien der Templer eine permanente Provokation darstellte, zu beenden.

Die von Papst Innozenz II. 1139 erlassene Bulle „Omne datum optimum" umfasste folgende Privilegien:

- Der Orden wurde der bischöflichen Weisungsgewalt entzogen und direkt dem Heiligen Stuhl unterstellt.
- Dem Orden wurde seine Unabhängigkeit garantiert.
- Die Templer erhielten das Recht auf eigene Priester.
- Den Templern wurde zum Teil die Freistellung vom „Zehnten", einer Abgabe, gewährt.
- Die Ordenskaplane durften einmal im Jahr in unter Interdikt stehenden Gebieten die Messe lesen.
- Der Orden durfte eigene Kirchen und Friedhöfe besitzen.

Dieses zuletzt angeführte Privileg machte die Beschäftigung einer eigenen Baumeistergilde erforderlich, die die Festungen, Ordenshäuser und Kirchen des Ordens errichtete. In Bezug auf die Gründung des Ordens und die mysteriöse Suche am Beginn seiner Geschichte wurden die Mitglieder der Baumeistergilde als die „Söhne Salomons" bezeichnet. Auch sie wurden nach der Vernichtung des Ordens von den Schergen König Philipps verfolgt.

Die Privilegien veranlassten Papst Innozenz III. 1208 dazu, sich mit einem strengen Tadel an den Großmeister der Templer zu wenden. Er prangerte jene Ordenskaplane an, die

„...über jeden Gauner das Zeichen des Kreuzes schlagen, der ihre Predigten hört",

und zeigte die Bestechlichkeit vieler Ordensmitglieder auf. Insbesonders tadelte er, dass Exkommunizierte in geweihter Erde bestattet wurden.

Bereits 1256 warnte Papst Klemens IV. die Templer:

„Wenn die Kirche auch nur einen Augenblick die Hand wegnehme, die euren Schutz gegenüber den Weltprälaten und weltlichen Prinzen sichert, könntet ihr auf gar keinen Fall den Sturmangriffen dieser Prälaten und der Gewalt dieser Prinzen standhalten."

Diese Warnung des Papstes nahm den Verlauf der Ereignisse tatsächlich vorweg.

Ein weiteres Problem waren die Adepten, die im Laufe der Zeit bei weitem nicht mehr den elitären Begriffen der Gründer des Ordens genügten. Sie rekrutierten sich zwar immer noch aus adeligen Familien, kamen aber bereits aus ganz anderen Gründen ins Heilige Land als ihre Vorgänger. Es waren viele Raufbolde, Abenteurer und auch Ritter unter ihnen, die durch ihr Engagement auf den Ablass ihrer Sünden hofften. Nicht ohne Grund kam es daher in dieser Zeit zu Redensarten wie z.B. „Hüte dich vor den Küssen der Templer" oder „Saufen wie die Templer". Der Ruf und das Ansehen der Ordensritter in der Bevölkerung war im Sinken begriffen.

Die wesentlichste Entwicklung, die vom letzten Großmeister völlig übersehen wurde, war die Tatsache, dass mit dem Fall des Heiligen Landes die eigentlichen Aufgaben des Templerordens, nämlich Pilgerwege, Pilger und Christen im Heiligen

Land zu schützen, weggefallen waren. Des weitern war weder ein neuer Sitz für den Orden gefunden, noch eine neue Aufgabe definiert worden.

Jaques de Molay und die Verleumdungen gegen die Templer

Frankreich war in der Zwischenzeit als Hauptsitz der Templer ausgebaut worden. Der unter chronischem Geldmangel leidende König Philipp der Schöne hatte wieder einmal die Währung abgewertet und musste vor dem aufgebrachten Volk in die Templerburg in Paris flüchten. Dort wurde er von dem um die Unterhaltung des Königs besorgten Seneschall durch die Schatzkammer geführt – ein verhängnisvoller Fehler. Denn nun wurde Philipp des vollen Umfangs des Reichtums seiner Beschützer ansichtig.

Als er wieder dem Schutz seiner Leibgarde, den Bogenschützen, übergeben wurde, war er voll des Neides und Hasses auf den Orden. Er begann die Verfolgung des Ordens mit den Mitteln der Verleumdung, Denunziation und der Beeinflussung der öffentlichen Meinung. Das notwendige Material dazu lieferte ihm Esquieu de Floyran, ein ehemaliger Templer und entlassener Häftling, der den Orden der Ketzerei, Päderastie, Sodomie und der Anbetung von Götzen bezichtigte.

In dieser Situation befand sich nun Jaques de Molay, als er 1306, dem Ruf von Klemens V. folgend, aus Zypern nach Frankreich zurückkehrte, um hier gemeinsam mit dem Großmeister der Johanniter einen neuen Kreuzzug vorzubereiten. Er begnügte sich nicht damit, einfach nur anzukommen, sondern gestaltete seine Reise von Marseille nach Paris als Triumphzug eines heimkehrenden siegreichen Herrschers. Schwer mit Schätzen beladen (ca. 150 000 Goldstücke, 10 Maultierladungen Silber) und mit einem mächtigen Tross zog er in Paris ein.

Dies musste Philipp als Machtdemonstration, beinahe als Drohung, vorkommen. Er bereitete nun im geheimen mit seinen Vertrauten Wilhelm de Nogaret und Wilhelm Imbert, dem Großinqui-

sitor von Frankreich, die Vernichtung des Ordens vor.

Molay fühlte sich zu diesem Zeitpunkt gänzlich sicher. Er wollte lediglich den Kreuzzug vorbereiten und hatte selbst Papst Klemens ersucht, die gegen den Orden gerichteten Angriffe zu untersuchen. Er war in dieser Zeit im wesentlichen damit beschäftigt, eine Vereinigung der Johanniter mit den Templern zu verhindern. Molay rechnete dabei mit der Schwäche des Papstes, dessen alleiniger Gerichtsbarkeit er unterstellt war, noch mit der Systematik, mit der Philipps Schergen vorgingen.

Der Großinquisitor gab dem König den Auftrag, die Mitglieder des Ordens zu verhaften und der Inquisition zur Untersuchung vorzuführen. Damit hatte der König die Möglichkeit, auch vor der Öffentlichkeit die ersten Verhöre durchzuführen. Am 13. Oktober 1307 war es soweit. Die Gens de Roi, die Häscher des Königs, verhafteten in ganz Frankreich einen Großteil der Ordensangehörigen oder setzten sie in den eigenen Ordenshäusern fest.

Unter schwerer Folter gestand sechs Tage nach seiner Verhaftung Gottfried de Charney, der Präzeptor der Normandie, die dem Orden vorgeworfenen Vergehen und verhalf damit den Feinden des Ordens zu ihrem ersten Erfolg.

Molay, der nicht gefoltert wurde, wahrscheinlich aber Folterungen beiwohnen musste, verfasste am 25. Oktober 1307 ein Schreiben an alle inhaftierte Brüder, in dem er sie aufforderte, alle ihnen vorgeworfenen Vergehen, mit Ausnahme der Sodomie, zu bekennen.

Was waren das nun für Vorwürfe und Verleumdungen, die die Inquisition und der König durch Folterungen bestätigt bekommen wollten? Im wesentlichen bezogen sich die Vorwürfe auf die Aufnahmezeremonie. Die Hauptanklagepunkte lauteten, dass die Novizen anlässlich ihrer Aufnahme Christus dreimal verleugnen müssten, indem sie das Kreuz dreimal bespuckten, dem aufnehmenden Oberen sollten sie auf Gesäß, Genitalien und Mund küssen, womit die Templer auch den Vorwürfen der Homosexualität und Päderastie ausgesetzt waren. Des weitern wurde den Templern Götzendienst vorgeworfen, weil sie eine geheimnisvolle Gottheit namens Baphomet verehrt haben sollten.

Die Rolle des Papstes

Klemens V. versuchte halbherzig und daher mit mäßigem Erfolg, gegen die Vorgangsweise des Königs zu protestieren. Mit den durch Folterungen erpressten Geständnissen konnte Philipp schließlich doch den Papst zum Vorgehen gegen den Orden zwingen.

Die Machtlosigkeit des Pontifex wird auch durch die Tatsache dokumentiert, dass der Bischof von Sens, Philipp de Marigny, ohne Zustimmung des Papstes 1310 „rückfällige" Templer auf „langsamem Feuer" verbrennen ließ. Die von Klemens zur Untersuchung der Schuld des Templerordens als Gesamtes eingesetzte Kommission kam dadurch ins Stocken und beendete ihre Tätigkeit.

Unter dem Druck des Königs berief der Papst 1312 das Konzil von Vienne ein und löste den Orden auf. Die Verurteilung Jaques de Molays und Gottfried de Charnays behielt sich Klemens selbst vor, überließ jedoch auf Drängen Philipps das Verfahren einer Kommission bestehend aus drei königstreuen Kardinälen. Diese verurteilten am 18. März 1314 die beiden Würdenträger vor der Kirche Nôtre Dame in Paris aufgrund ihrer ersten Geständnisse zu lebenslanger Haft.

Doch unmittelbar nach der Urteilsverkündung widerriefen beide und erklärten alle gegen sie selbst und gegen den Orden gerichteten Anschuldigungen für falsch. Auf Betreiben Philipps wurden beide noch am gleichen Tag als rückfällige Ketzer auf der Seineinsel, am heutigen Place Dauphine, verbrannt.

In der Chronik Gottfrieds von Paris, der Augenzeuge gewesen sein will, wird die Hinrichtung so dargestellt:

„Danach bestiegen Molay und der normannische Meister (Charnay) gegen die Vesperstunde den Holzstoß, der nur langsam in Glut gesetzt wurde, *um ihre Qual zu vermehren. Die Bitte, dass man ihr Antlitz dem Bilde der Mutter Gottes zuwende, und ihnen die Handfesseln löse, um sie zum Gebet falten zu können, fand Gewährung. Den Orden preisend und seine Reinheit versichernd, riefen sie Gottes Gnade an, forderten von ihm, dass er ihren Tod räche, und schieden so aus dem Leben."*

Die Feinde des Ordens überlebten das Ende der beiden Würdenträger nur kurz. Klemens V. starb am 20. April 1314 unter entsetzlichen Qualen. Philipp der Schöne hatte noch im gleichen Jahr einen Reitunfall, verfiel in schweres Siechtum, und starb am 29. November. Wilhelm de Nogaret war bereits 1313 unter ungeklärten Umständen umgekommen.

Der Fortbestand des Ordens

Trotz der Geheimhaltung der geplanten Verhaftungen am 13. Oktober 1307 scheint es unwahrscheinlich, dass die Ordensritter von den Ereignissen völlig überrascht worden waren. Vielmehr dürften sie mit dem Schutz des Papstes gerechnet haben und so den Ernst der Lage nicht richtig eingeschätzt haben. Mit Sicherheit jedoch dürften sie die Gefahr um ihren Besitz erkannt haben und so scheint es naheliegend, dass der Orden versucht hat, seine beweglichen Schätze in Sicherheit zu bringen. Dazu erklärt Jean de Chalon in einer beim Papst 1308 hinterlegten Akte:

„Ich habe am Abend vor der Razzia, am 12. Oktober 1307, selbst drei mit Stroh beladene Wagen gesehen, die kurz nach Einbruch der Nacht den Tempel von Paris verließen, und Gérard de Villers und Hugo de Châlon, die dazu 50 Pferde führten. Auf den Wagen waren Truhen verborgen, die den gesamten Schatz des Generalvisitators Hugo de Pairaud enthielten. Sie nahmen Richtung auf die Küste, wo sie an Bord von 18 Schiffen des Ordens ins Ausland gebracht werden sollten."

Das Ziel dieser Flucht war mit Sicherheit der Haupthafen der Templer in La Rochelle. Die hier liegenden Ordensschiffe boten die von Châlon erwähnte Fluchtmöglichkeit.

Nach dem Konzil von Vienne und dem Tod Jaques de Molays war der Templerorden zwar offiziell vernichtet, in Wahrheit aber lebte er in den spanischen Ritterorden und dem portugiesischen Christusorden weiter. Ein Teil der Ordensmitglieder dürfte mit der Templerflotte in Nordwest-Schottland gelandet sein. Andere Templer wiederum sollen, lange vor Columbus, als die „weißen, bärtigen Götter" zu den Mayas gelangt sein. Und bis heute finden wir viele Inhalte der templerischen Regeln noch in den Hochgraden der Freimaurer.

Spekulationen über die Flucht

Über die Flotte der Templer ist nach dem 13. Oktober 1307 nichts oder wenig bekannt und eine Reihe von Spekulationen versuchen den Verbleib der Schiffe zu erklären. Eines haben alle diese Überlegungen gemein, sie verbinden das Verschwinden der Schiffe mit der Flucht der nicht gefangengenommenen Ordensbrüder. Während nun in Frankreich die Inquisition aus Unschuldigen Schuldige zu machen versuchte und sich dazu jeden Mittels, auch dem der Folter, bediente, flohen die Brüder in Länder, in denen sie die Verfolgung durch die Schergen Philipps nicht zu fürchten brauchten.

Wo konnten sich die Ordensritter vor der Inquisition sicher fühlen? Welche Herrscher ließen sich von Philipp nicht beeinflussen? Wohin ging also die Flucht? Besitz hatten sie in vielen Ländern und die Begierden der Herrscher waren überall die gleichen.

Aragon, Kastilien, Leon und Portugal waren Ziele, wo vorerst keine Gefahr drohte. Die Tempelritter hatten sich in der Reconquista sehr verdient gemacht und im Kampf gegen die Mauren große Opfer gebracht. Jakob II. von Aragon, Ferdinand IV. von Kastilien und Diniz von Portugal weigerten sich der Aufforderung Philipps, die Templer zu verhaften, nachzukommen. Solange sich der Papst schützend vor die Templer stellte, hatten sie in christlichen Ländern auch nichts zu fürchten. Mit

der Bulle „Pastoralis praeminentiae" gab Klemens aber bereits am 22. November 1307 König Philipp nach und legitimierte ihn und andere Herrscher zur Verhaftung der Ordensmitglieder. In Spanien verschanzten sich die Brüder daraufhin auf ihren Ordensburgen und ließen sich erst nach und nach verhaften, bis am 17. Mai 1308 die letzte Festung – Monzon – übergeben wurde. Die Inquisition wendete in Spanien und Portugal die Folter vorerst nicht an, daher gab es auch kaum Geständnisse und so war dem Anklagen der Boden entzogen. Die Ritter traten nach der Auflösung des Templerordens 1312 in die in Spanien ansässigen Orden von Alcantara, Calatrava und den 1316 gegründeten Orden von Montesa ein. In Portugal lud König Diniz, nach der Aufforderung des Papstes zur Verhaftung der Templer, diese auf seine Burg Castro Morim als seine Gäste ein und bewirtete sie über Jahre. Ihre Güter ließ der König mustergültig verwalten bis diese und die von ihm beschützten Ritter samt derem Vermögen in dem von ihm gegründeten Christusritterorden integriert worden waren. Die Großmeisterwürde blieb ab diesem Zeitpunkt mit der portugiesischen Krone verbunden. Der erste Ordenssitz war das Castro Morim bis die Ritter in die alte Templerfestung Tomar verlegt wurden. Das Ordenszeichen, das achtspitzige rote Kreuz, wurde übernommen und durch das eingeschriebene kleinere weiße Kreuz, das die Unschuld der Templer darstellen sollte, erweitert. Unter diesem Kreuz und mit dem Vermögen der Templer haben die portugiesischen Schiffe später die Neue Welt entdeckt.

Die Neue Welt

Diese soll den Templern bereits im 13. Jahrhundert, also lange vor ihrer Verhaftung, bekannt gewesen sein. Laut Jaques de Mahieu sollen Templerschiffe bereits um 1270 in Amerika gewesen sein. Als Beweis dafür werden überraschend viele dem Französischen ähnliche Worte und auch Wortkombinationen der Inkasprache angegeben. Spekulativ versucht der Autor die Anwesenheit der Templer mit ihrem sagenhaften aus Amerika oder vielmehr aus Mexiko stammenden Silberschatz zu erklären. Auch aus verschiedenen Wortkombinationen wird versucht den Nachweis für diese Theorie zu führen. Was ist daher für den Autor naheliegender, als dass die Templer als Zielpunkt ihrer Flucht Amerika wählten und mit ihren Schiffen aus La Rochelle auf dem neuen Kontinent, unerreichbar für König und Papst, zu landen versuchten? Waren sie die von den Inkas erwarteten bärtigen Götter, die lange vor Kolumbus über das Meer kamen?

Flucht nach Schottland

Ein anderer Fluchtpunkt lag viel näher und nicht sosehr in der fantastischen Gedankenwelt eines Erich von Däniken. Schottland unter Robert Bruce musste den Templern als ideale Zuflucht erscheinen. Denn es war über Land schwer, über den Seeweg dagegen leicht und gefahrlos zu erreichen. Zudem war Robert Bruce wegen des Mordes an seinem Widersacher John Comyn vom Papst exkommuniziert worden und daher dem Einfluss der christlichen Welt entzogen. Es bestand daher auch aus diesem Grund keine Gefahr der Verfolgung und der Gefangennahme wie in anderen christlichen Ländern. Robert Bruce war zu dieser Zeit, in der er den Kampf um die Unabhängigkeit Schottlands führte, sicher über jede Unterstützung durch kampferprobte Ritter dankbar. Er war nach der Niederlage gegen Eduard I. bei Methwen 1306 in das Hochland von Argyll geflüchtet, um hier und in Ulster neue Kräfte für den Befreiungskampf zu sammeln. War die Niederlage in Methwen in offener Feldschlacht erfolgt, sollte nun eine andere Taktik zum Erfolg führen. Die im Heiligen Land von den Sarazenen praktizierte und von den Templern übernommene Kampfweise erschien dem König am erfolgversprechendsten. Gepaart mit der von den Templern geübten strengen Disziplin sollte der Sieg mit leichter Reiterei und Bogenschützen errungen werden. Man darf annehmen, dass die

in dieser Kampfweise erprobten Tempelritter als Ausbilder für die Armee des Robert Bruce gedient haben. Am 24. Juni 1314 bei Bannockburn, am Tag des heiligen Johannes, wurde Eduard II. tatsächlich besiegt. Die Templer sollen durch ihr offenes Eingreifen in die Schlacht wesentlich zum Sieg beigetragen haben. Das plötzliche Auftauchen der Templer in ihrer Ordenstracht, mit dem wehenden schwarz-weißen Banner soll die Engländer so sehr in Schrecken versetzt haben, dass sie in panischer Flucht die Kampfstätte verlassen hätten.

Im Hochland von Argyll in Kilmartin sind heute noch anonyme, beinahe schmucklose mit eingemeißelten geraden Schwertern und freimaurerischen Symbolen versehenen Grabplatten zu finden. Die freimaurerischen Symbole weisen auf Mitglieder der dem Templerorden angeschlossenen Baugilde, der „Söhne" oder „Kinder Salomons" hin, die wie die Ritter als Ordensangehörige verfolgt wurden. Ob oder wie lange der Orden in Schottland weiterexistierte ist nicht bekannt. Baron Karl von Hund und andere Quellen erwähnen den Ritter Pierre d'Aumont als Nachfolger des Jaques de Molay nach dessen Tod am Scheiterhaufen im Amt des Großmeisters. Aumont, Präzeptor der Auvergne, soll mit zwei weiteren Präzeptoren und sieben Rittern über Irland nach Schottland auf die Insel Mull geflohen sein und sich dort mit anderen geflohenen Templern unter der Führung eines George Harris zusammengeschlossen haben.

Das Ende der Mönchsritter

Ob der Orden, der nach der Befreiung Schottlands nun auch hier ohne Aufgabe war, noch Zugang junger Ritter hatte und Aufnahmen durchführen konnte, ist mehr als fraglich. Mit dem Tod des letzten Ordensritters in Schottland starb jedenfalls die Gedankenwelt des Mönchsrittertums, die von Bernhard von Clairvaux erdacht worden war. Der Orden kehrte in das Dunkel zurück aus dem er zweihundert Jahre zuvor gekommen war.

Zeittafel der Geschichte der Templer

1060   *Philipp I.*, französischer König aus dem Haus der Kapetinger.

um 1080   *Hugo de Payens* in der Champagne.

1081   *Alexios I. Komnenos* wird Kaiser von Byzanz (1081-1118).

1085   Die Seldschuken erobern Antiochia. *Alfons VI.* von Kastilien und Leon erobert Toledo und erklärt sich zum König von Spanien.

1088   *Urban II.* wird Papst (1088-1099).

1091   *Bernhard von Clairvaux.*

1092   *Kilidsch Arslan* wird Seldschuken-Sultan (1092-1097). *Petrus Venerabilis* wird Abt von Cluny (1092-1155).

1095   März: Konzil von Piacenza: Vertreter des byzantinischen Reiches bitten den Westen um Hilfe gegen die Seldschuken. Juli-September: Papst *Urban II.* reist durch Frankreich. 27. November: Papst *Urban II.* ruft zum 1. Kreuzzug auf (Konzil von Clermont); *Peter von Amiens* (der Eremit) predigt den Kreuzzug in Orleans, der Champagne, in Aachen und in Köln.

1096   1. Kreuzzug (1096-1099): *Gottfried von Bouillon* führt den Kreuzzug an; *Hugo de Payens* ist in seinem Tross; die Kreuzfahrer unter *Peter dem Eremiten* werden bei Nikäa in Kleinasien vernichtend geschlagen. *Urban II.* dehnt den Kreuzzug auf das maurische Spanien aus.

König *Alfons VI.* überträgt seinem Schwiegersohn *Heinrich von Burgund* Portugal.

1097   Die Truppen Aragons nehmen Huesca ein.

1098   Die Fatimiden erobern Jerusalem von den Seldschuken zurück. Belagerung und Plünderung von Antiochia durch die Kreuzfahrer; *Bohemund von Tarent* wird Fürst von Antiochia. Gründung des Zisterzienserordens durch *Robert de Molêmes*, *Alberich* und *Stephan Harding.* * *Hildegard von Bingen.*

1099   26. Juni: Belagerung und Einnahme Nikäas durch die Kreuzritter. 1. Juli: Schlacht bei Dorylaion; Sultan *Kilidsch Arslan* wird von den Kreuzfahrern besiegt; *Balduin von Boulogne* errichtet die Grafschaft Edessa. 15. Juli: Eroberung Jerusalems durch die Kreuzritter. 12. August: Schlacht von Askalon; *Gottfried von Bouillon* besiegt das überlegene Heer des Sultans von Ägypten; Gründung des Königreiches von Jerusalem; daneben entstehen als Lehnschaften die Grafschaft Edessa und das Fürstentum Antiochia; *Gottfried von Bouillon* wird zum „Bewahrer des Heiligen Grabes" und „Herzog des königlichen Grabes" ernannt. *Paschalis II.* wird Papst (1099-1118). † *Rodrigo Diaz* (genannt Cid); nach seinem Tod fällt das von ihm eroberte Valencia an die Almoraviden zurück.

1100	Eroberung von Haifa, Arsuf und Caesarea durch die Kreuzfahrer. 18. Juni: *Gottfried von Bouillon* stirbt in Jerusalem an einer pestartigen Krankheit; Nachfolger wird sein Bruder *Balduin*. 19. Oktober: Papst *Paschalis II.* bestätigt den Orden der Zisterzienser unter der Zusicherung der Freiheit von weltlicher und kirchlicher Einmischung.
1101	*Roger II.* wird Graf von Sizilien.
1104	*Hugo de Champagne* und *Hugo de Payens* reisen gemeinsam ins Heilige Land (1104-1105). Nach ihrer Rückkehr nehmen sie Kontakt mit *Etienne Harding* (dem Abt des Zisterzienserordens) auf. *Balduin I.* erobert Akkon. *Alfons I.* wird König von Aragonien († 1134).
1105	*Roger II.* wird König von Sizilien.
1106	*Heinrich V.* wird deutscher König und römischer Kaiser (1106-1125); der letzte aus dem Geschlecht der Salier; er setzt Papst *Paschalis II.* gefangen und erzwingt von ihm das Recht der Investitur. *Bohemund von Tarent* wirbt in Frankreich Truppen an.
1107	Kreuzzug *Bohemunds von Tarent* gegen Byzanz; Niederlage bei Durazzo; *Bohemund* wird Lehensmann des byzantinischen Kaisers.
1108	*Ludwig VI.*, der Dicke, wird König von Frankreich (1108-1137); sein leitender Minister wird Abt *Suger von St. Denis*. Der Frieden von Devol beendet den normannisch-byzantinischen Krieg.

1109	Einnahme von Tripolis durch die Kreuzfahrer; Begründung der Grafschaft unter der Dynastie von Toulouse. † *Anselm von Canterburry*.
1110	Besetzung von Beirut und Sidon durch die Kreuzfahrer.
1112	*Bernhard von Fontaines* (später *von Clairvaux*) tritt in Citeaux in den Zisterzienserorden ein. Portugal wird von Leon und Kastilien weitgehend unabhängig.
1113	Papst *Paschalis II.* gibt dem Johanniterorden eine eigene Konstitution ("Hospitalbrüder").
1115	*Bernhard von Clairvaux* gründet mit 12 Mönchen das Kloster in Clairvaux.
1116	*Balduin I.* erobert Aqaba am Roten Meer.
1118	König *Alfons I.* von Aragon erobert Saragossa von den Arabern. *Balduin II.* von Le Bourg wird König von Jerusalem (1118-1131). *Gelasius II.* wird Papst (1118-1119). *Johannes II. (Komnenos)* wird Kaiser von Byzanz (1118-1143). * *Thomas Becket*.
1119	*Calixtus II.* (Guido von Vienne) wird von den cluniazensischen Kirchenreformern zum Papst gewählt (1119-1124). Mit der Bulle "Sicut Judeis" stellt er die Juden unter seinen Schutz.
1120	**Gründung des Ordens der Tempelritter (nach anderen Quellen auch 1118 oder 1119): Acht französische Ritter legen ein Gelübde der Keuschheit, der Armut und des Gehorsams ab.** *Hugo de Payens* **wird erster Großmeister des Templerordens.**

Norbert von Xanten gründet nach den Regeln des *heiligen Augustinus* ein Kloster in Premontre (Orden der Prämonstratenser).

1121 Die Seldschuken unter dem Fatimiden *Melik al Afdal* verlieren Syrien an die Kreuzritter.

1122 **Friedrich I. Barbarossa.* Beendigung des Investiturstreites durch *Calixtus II.* (Wormser Konkordat).

1123 Venedig vernichtet eine ägyptisch-arabische Flotte bei Askalon. März-April: Erstes Laterankonzil beschließt Privilegien für die Kreuzfahrer.

1124 Papst *Honorius II.* (1124-1130) bestätigt den Orden der Tempelritter. Einnahme von Tyrus durch die Truppen von Jerusalem und die Kreuzfahrer; damit ist die Besetzung des syrisch-palästinensischen Küstengebietes beendet.

1125 † *Heinrich V.* römisch-deutscher Kaiser (letzter Salier).

1127 *Sengi,* Atabeg von Mesopotamien und Nordsyrien, wird Emir von Mossul.

1128 *Mathilde,* die Witwe *Heinrichs V.,* wird von ihrem Vater *Heinrich I.* von England zur Nachfolgerin erklärt; sie heiratet *Gottfried von Anjou.* *Roger II.* erobert Apulien. **Hugo de Payens kommt mit vier Brüdern nach Frankreich. Er reist nach England, Schottland und Flandern, um für seinen Orden und einen neuen Kreuzzug zu werben, und um neue Mitglieder zu finden. Die Ordensregeln der Templer werden unter der Mitwirkung von Bernhard von Clair-**

vaux in Anlehnung an die Regeln der Zisterzienser verfasst und beim Konzil von Troyes (13. Jänner 1128 oder 1129) beschlossen. Papst *Honorius II.* **bestätigt den Orden und gibt den Mönchsrittern den weißen Umhang und Mantel. Damit beginnt die Institutionalisierung der geistlichen Ritterorden.** **28. März: Theresa von Kastilien bestätigt die Schenkungen ihres Vaters an den Templerorden in Portugal.** **18. Juni: Sengi besetzt Aleppo.**

1129 *Hugo de Payens* **und** *Fulko von Anjou* **kehren an der Spitze einer durchorganisierten Armee nach Jerusalem zurück.** **Es kommt zu ersten schweren Verlusten der Templer beim Rückzug von Damaskus.**

1130 *Bernhard von Clairvaux* **verfasst das „Lob der neuen Miliz Christi" – „De laude novae militae Christi".** Papst *Innozenz II.* (1130-1143) flieht vor Gegenpapst *Anaklet II.* (1130-1138) nach Frankreich. *Balduin II.* erweitert sein Reich bis Aqaba. Der Normanne *Roger II.* wird von Papst *Anaklet II.* (1130-1138) zum König beider Sizilien (Unteritalien und Insel) gekrönt. Die Almohaden lösen die maurischen Almoraviden in Tunesien ab.

1131 24. September: *Fulko von Anjou* wird König von Jerusalem (1131-1143).

1132 Fertigstellung des Ersten Spitzbogens in der Abteikirche von St. Denis unter Abt *Suger,* dem Berater und ersten Minister *Ludwigs VII..*

1133	*Lothar III.* wird in Rom von Papst *Innozenz II.* zum römisch-deutschen Kaiser gekrönt.
1134	*Robert de Craon* wird Großmeister der Templer (1134-1139). Nach dem Brand der Kathedrale von Chartres erfolgt der Baubeginn des Nordturmes.
1135	König *Sancho III.* von Navarra erobert Kastilien und teilt sein Reich unter seinen Söhnen auf; Entstehung dreier Königreiche – Navarra, Kastilien, Aragon – sowie der Grafschaft Barcelona. *Stephan von Blois* kommt nach England und wird von der Kirche und von vielen Baronen als König anerkannt; in der Folge kommt es zum Bürgerkrieg mit Anhängern *Mathildes*, der Tochter *Heinrichs I.*. * *Moses Maimonides*, jüdischer Religionsphilosoph und Rabbiner aus Spanien in Palästina und Ägypten.
1135	Templerzug ins Amanusgebirge. Burg (Beth-) Gibelin wird den Johannitern übertragen. Der Papst ruft *Lothar III.* gegen *Roger II. von Sizilien* zu Hilfe.
1137	Vereinigung des Königreichs Aragon mit der Grafschaft Barcelona. *Ludwig VII.*, der Junge (1137-1180), wird König von Frankreich; *Eleonore von Aquitanien* († 1202) heiratet Ludwig in erster Ehe. *Johannes II.* (byzantinischer Kaiser) erobert Kilikien (Kleinarmenien).
1138	*Konrad III.* wird deutscher König (1138-1152); Begründung der Stauferdynastie (1138-1254).

1139	29. März: Papst *Innozenz II.* gewährt dem Templerorden Privilegien durch die Bulle „Omne datum optimum". 25. Juli: Nach dem Sieg über die Mauren bei Ourique durch *Alfons I.* wird Portugal ein Königreich. Durch den Frieden von Mignano kommt es zur Aussöhnung zwischen *Innozenz II.* und *Roger II. von Sizilien*. *Sengi* belagert Damaskus.
1140	Der französische Scholastiker *Abaelard* wird am Konzil von Sens als Ketzer verurteilt.
1141	† *Hugo von St. Viktor*, Scholastiker und Mystiker in Paris.
1142	† *Abaelard*. Baubeginn der Johanniterfestung Krak des Chevaliers.
1143	*Coelestin II.* wird Papst (1143-1144). *Manuel I. Komnenos* wird byzantinischer Kaiser (1143-1180); Heirat mit *Berta von Sulzbach*, einer Verwandten des deutschen Kaisers *Konrad II.*. *Balduin III.* wird König von Jerusalem (1143-1163).
1144	Fall Edessas; Eroberung durch die von *Sengi*, dem Emir von Mossul, geführten Seldschuken. *Lucius II.* wird Papst (1144-1145). * *Chrétien de Troyes*, französischer, höfischer Romandichter. Hungersnot in Europa.
1145	*Eugen III.* wird Papst (1145-1153). Hilferuf *Raimunds von Antiochia* an Papst *Eugen* gegen die Seldschuken; 1. Dezember: Der Papst erlässt die Kreuzzugsbulle „Quantum praedecessores" – Aufruf zum 2. Kreuzzug.

1146	Aufruf *Bernhards von Clairvaux* in Vezelay zum 2. Kreuzzug. 14. September: *Sengi* wird durch Gift ermordet; sein Sohn *Nur ed-Din* wird Herrscher in Syrien (1146-1174). *Roger II.* von Sizilien setzt sich in Tunis und Tripolis fest.
1147	2. Kreuzzug (1147-1149): 27. April: Papst *Eugen III* gestattet den Templern das ständige Tragen des roten Tatzenkreuzes. *Konrad III.* und *Ludwig VII.* nehmen am Kreuzzug teil; 25. Oktober: Niederlage des deutschen Kreuzfahrerheeres bei Dorylaion gegen die Muslime. Papst *Eugen III.* weitet den Kreuzzug auf das maurische Spanien aus. **Eroberung Lissabons durch *Alfons I.* mit Hilfe der Kreuzfahrerflotte und den Tempelrittern. Eroberung von Calatrava und Gründung des kastilischen Ordens von Calatrava.** Die Almohaden dringen von Nordafrika nach Spanien vor. *Roger II.* von Sizilien zieht gegen Byzanz.
1148	20. Jänner: *Ludwig VII.* erreicht Antalya. **Französische und deutsche Kreuzritter belagern gemeinsam mit Templern und Johannitern Damaskus.** Vereinigung der Truppen des Emirs von Aleppo, *Nur-ed-Din*, mit *Unur* von Damaskus. Uneinigkeit unter den Belagerern und Verrat führen zu einem Fiasko und zum Abbruch der Belagerung. *Johann von Würzburg* bezichtigt den **Templerorden des Verrates.**
1149	15. Juni: Die neue Grabeskirche in Jerusalem wird geweiht.

Der Almohaden-Sultan von Nordafrika erobert die spanischen Emirate; das maurisches Spanien wird nordafrikanische Provinz.
24. Oktober: Lerida fällt an die Christen.
Eberhard de Barres **wird Großmeister der Templer (1149-1152).**
Einheiten des Templerordens nehmen an der Reconquista in Spanien teil.

1150	Fertigstellung des Westportals der Kathedrale von Chartres.
1151	12. Juni: Die letzte Festung in der Grafschaft Edessa ergibt sich *Nur ed-Din*.
1152	*Balduin III.* wird König von Jerusalem (1152-1163). ✝ *Konrad III.* in Bamberg; *Friedrich I. Barbarossa*, Herzog von Schwaben, wird einstimmig zum deutschen König (1152-1190) gewählt. **Der Templerorden erhält Tortosa.** *Eberhard de Barres* **legt sein Amt als Großmeister zurück;** *Wilhelm de Trémelay* **folgt ihm im Amt (1152-1153).** *Raimund II. von Tripolis* wird von den Assassinen ermordet.
1153	*Anastasius IV.* wird Papst (1153-1154). † *Bernhard von Clairvaux*. Belagerung von Askalon durch die Kreuzfahrer; 22. August: Die Christen nehmen Askalon ein. *Trémelay* **wird während der Belagerung von Askalon gefangengenommen und enthauptet;** *André de Montbart* **wird Großmeister der Templer (1153-1156).**
1154	*Hadrian IV.* wird Papst (1154-1159). Heinrich von Anjou-Plantagenet wird als *Heinrich II.* König von England und

erwirbt durch die Erbschaft Bretagne, Anjou, Maine, Touraine und die Normandie, und durch Heirat mit *Eleonore von Aquitanien* (1152) Poitou, Gascogne und Guyenne.
Nur ed-Din erobert Damaskus.

1155   18. Juni: *Friedrich I. Barbarossa* wird von *Hadrian* zum deutschen Kaiser gekrönt.
Der Karmeliterorden wird auf dem Berge Karmel (Nordpalästina) gegründet.

1156   † *André de Montbart*; Nachfolger als Großmeister wird *Bertrand de Blanquefort* (1156-1169).

1157   * *Richard I. Löwenherz.*

1158   Der byzantinische Kaiser *Manuel* besetzt Antiochia und erobert Kilikien (Klein-Armenien) zurück.
Alfons VIII. wird König von Kastilien.

1159   *Alexander III.* wird Papst (1159-1181); er wird von der Mehrheit gewählt, eine kaiserlich gesinnte Minderheit wählt *Viktor IV.* (1159-1164).

1162   *Thomas Becket* wird Erzbischof von Canterbury.
Friedrich I. Barbarossa erhebt Anspruch auf Hoheitsrechte für Rom und den Kirchenstaat.

1163   *Amalrich I.* wird König von Jerusalem (1163-1174);
September: *Amalrichs* 1. Feldzug nach Ägypten.
Baubeginn von Notre Dame in Paris.

1164   Konstitutionen von Clarendon: *Heinrich II.* von England bestimmt, dass geistliche Vergehen weltlichen Gerichten unterstellt werden. *Becket* erkennt die Konstitutionen nicht an und flieht nach Frankreich.
Dritter Römerzug *Friedrich I. Barbarossas.*
August-Oktober: *Amalrichs* 2. Feldzug nach Ägypten.

1165   * *Heinrich VI.*, Sohn Kaiser *Friedrichs I..*
8. Juni: Papst *Klemens IV.* räumt den Templern das Recht ein, auf Gebieten, die den „Ungläubigen" entrissen wurden, Kirchen zu errichten.
10. August: Niederlage *Amalrichs* bei Artah, *Bohemund von Antiochia* und *Raimund von Tripolis* werden gefangengenommen; große Verluste der Templer.

1166   Papst *Alexander III.* kehrt aus Frankreich nach Rom zurück.
Wilhelm II. wird König von Sizilien (1166-1189).

1167   Kaiser *Friedrich I. Barbarossa* unterwirft Rom und bestätigt dessen Selbstverwaltung; Papst *Alexander III.* flieht.
* *Johann (Ohneland)*, Bruder *Richards I. Löwenherz*, (englischer König 1199-1216).
Jänner-August: *Amalrichs* 3. Ägyptenfeldzug.

1168   Oktober-Jänner: *Amalrichs* 4. Ägyptenfeldzug.

1169   *Saladin* (* 1138, † 1193) einigt Syrien und Ägypten: Ende der Fatimiden-Herrschaft in Kairo; Begründung der Aijubiden-Herrschaft (1169-1250).
Philipp de Nablus wird Großmeister der Templer (1169-1171).
Oktober-Dezember: *Amalrichs* 5. Kreuzzug nach Ägypten.

1170	*Heinrich II.* holt *Thomas Becket* nach England zurück; dieser wendet sich gegen die königstreuen Bischöfe und wird im Dom von Canterbury ermordet. Byzanz schließt einen Handelsvertrag mit Genua, Pisa und Venedig.
1171	† *Philipp de Nablus; Odo de St. Amand* wird sein Nachfolger (1171-1179) als Großmeister der Templer. Gründung des Ordens von Alcantara.
1172	Eroberung von Tripolis durch die Seldschuken.
1173	*Petrus Waldus* (Waldes) gründet die Bewegung der „Armen von Lyon"; Beginn der Sekte der „Waldenser". *Heinrich II.* von England nimmt König *Wilhelm* von Schottland gefangen und erzwingt den Lehenseid.
1174	11. Juni: *Amalrich* stirbt in Jerusalem; 15. Juni: *Balduin IV.* wird König von Jerusalem.
1175	*Saladin* erobert Damaskus. 15. Mai: † *Nur-ed-Din. Wilhelm* wird Erzbischof von Tyrus.
1176	*Heinrich II.,* König von England, verweigert *Friedrich I. Barbarossa* während des 5. Italienzuges die Heerfolge in Chiavenna; die Schlacht bei Legnano gegen die Mailänder endet unentschieden. Das byzantinische Heer wird bei Myriokephalon vom türkischen Heer vernichtend geschlagen.
1177	Kreuzzug *Philipps von Flandern.* 25. (27.) November: Die Christen schlagen *Saladin* am Berg Gisard (Montgisard); **wesentlichen Anteil an diesem Sieg hatten die Templer.**
1179	3. Laterankonzil: Der Weltklerus greift die Privilegien der Ritterorden und deren Mißbrauch an. Der Papst schützt jedoch die Ritterorden. 10. Juni: Niederlage der Templer gegen *Saladin* bei Beaufort; Gefangennahme des Templergroßmeisters *Odo de St. Amand* und Verlust der Templerfestung Le Chastellet. 8. Oktober: † *Odo* in der Gefangenschaft in Damaskus; *Arnaldus von Torroja* wird sein Nachfolger. † *Hildegard von Bingen.*
1180	*Philipp II. August* wird französischer König (1180-1223). *Thomas d'Angleterre* schreibt „Tristan". † *Manuel Komnenos; Alexios II.* wird byzantinischer Kaiser.
1181	*Lucius III.* wird Papst (1181-1185).
1182	Kreuzritter unter *Rainald de Châtillon* belagern Mekka. 5. März: Bestätigung der Bulle „Omne datum optimum" durch Papst *Lucius III.*
1183	Seldschuken erobern Aleppo. Umsturz in Byzanz durch *Andronikos,* der die gestürzte Regentin, die Kaisermutter, und den jungen Kaiser *Alexios II.* ermorden läßt. *Rainald von Châtillon* unternimmt einen Angriff auf Mekka.
1184	Anfänge der Inquisition: päpstliche Bulle „Ad abolendam" verurteilt „Waldenser" und „Katharer" als Ketzer. Mission *Balduins IV.* beim Papst in Verona mit der Bitte um militärische Hilfe für das Heilige Land. Kaiser *Friedrich I.* schlägt seine Söhne *Heinrich* und *Friedrich von Schwaben* zu Rittern.

1185	† *Balduin IV.*; *Balduin V.* wird König von Jerusalem. 25. November: † *Lucius III.*; *Urban III.* wird Papst (1185-1187). † *Andronikos* bei einem Aufruhr in Konstantinopel; *Isaak* wird neuer byzantinischer Kaiser. *Gérard de Ridefort* wird Großmeister der Templer (1185-1190).
1186	† *Balduin V.*; Krönung *Guido von Lusignans* und dessen Frau *Sibylle* in der Grabeskirche. *Heinrich VI.*, Sohn *Friedrichs I. Barbarossa*, heiratet *Konstanze*, Erbin des Königreichs Sizilien.
1187	1. Mai: Niederlage *Gerhards von Ridefort* an den Quellen von Cresson. *Saladin* schlägt das Kreuzfahrerheer bei Hattin vernichtend. Er nimmt den König von Jerusalem und die Großmeister des Templer- und Johanniterordens gefangen und erobert Jerusalem und Palästina. Das lateinische Königreich ist auf Tyrus, Antiochia und Tripolis beschränkt. 29. Oktober: Der Papst ruft mit der Bulle „Audita tremendi" zu einem neuen Kreuzzug auf. † *Gregor VIII.*; *Klemens III.* wird Papst (1187-1191).
1188	*Philipp II.* von Frankreich und *Heinrich II.* von England beschließen ihre Streitigkeiten wegen des Falls von Jerusalem auszusetzen. Einhebung des „Saladinszehnten". Papst *Klemens III.* bestätigt weitere Satzungen des Templerordens.
1189	† *Heinrich II.*; sein Sohn *Richard Löwenherz* wird König von England (1189-1199).

3. Kreuzzug (1189-1192): Teilnahme von Kaiser *Friedrich I. Barbarossa*, dessen Sohn *Heinrich von Schwaben*, sowie *Richard I. Löwenherz* und *Philipp II. August* von Frankreich.
14. Oktober: Erste Schlacht um Akkon unter der Teilnahme von *Gérard de Ridefort*.

1190	18. Mai: Das Heer *Friedrichs I. Barbarossa* schlägt bei Ikonium (Konya) die Seldschuken vernichtend. 10. Juni: Kaiser *Friedrich I.* ertrinkt im Fluss Saleph (Kalykadnus) im Taurus in Anatolien unter ungeklärten Umständen (Herzinfarkt?). Sein Sohn *Heinrich VI.* wird sein Nachfolger; er erobert das Königreich Sizilien. *Isabella I.* wird Königin von Jerusalem. *Richard I. Löwenherz* erobert Zypern. Die Kreuzfahrer belagern Akkon. 4. Oktober: Beim Kampf um die Stadt wird der Tempelgroßmeister *Ridefort* tödlich verletzt. *Walter von Spelten* wird neuer Großmeister. Anfänge des „Deutschen Ordens" als Krankenpflege-Orden.
1191	*Walter von Spelten* fällt im Kampf um Akkon; *Robert de Sablé* (Sabloil) folgt ihm im Amt des Großmeisters der Templer (1191-1193). Die Templer kaufen von *Richard I. Löwenherz* die Insel Zypern. 12. Juli: Übergabe der Stadt Akkon an die Kreuzritter. 7. September: *Richard I. Löwenherz* schlägt *Saladin* bei Arsuf. *Coelestin III.* wird Papst (1191-1198); er verfolgt eine normannenfreundliche Politik und erkennt *Tankred von Lecce* als König von Sizilien an. † *Chrétien de Troyes*, französischer, höfischer Romandichter: „Ferceval", „Lancelot", „Erek" und „Ivain".

1192   *Richard I. Löwenherz* läßt wegen des Ausbleibens des mit *Saladin* vereinbarten Lösegeldes 3000 Sarazenen hinrichten.
2. September: *Richard I.* vereinbart mit *Saladin* einen Waffenstillstand; Gewinn des Küstenstreifens zwischen Jaffa und Tyrus; die Christen dürfen die heiligen Stätten in Jerusalem besuchen. Auf seiner Heimreise wird *Richard I.* von *Leopold V.* von Österreich gefangengesetzt und später *Heinrich VI.* übergeben.
Guido von Lusignan erhält Zypern, sein Rivale *Konrad von Montferrat* wird König von Jerusalem, *Konrad* wird im gleichen Jahr ermordet.

1193   4. März: † *Saladin* im Alter von 55 Jahren.
† *Robert de Sablé*; sein Nachfolger als Großmeister der Templer wird *Gilbert de Heral* (auch Gilbert Érail).

1194   † *Tankred*, König von Sizilien; sein dreijähriger Sohn wird zum König gewählt.
11. Juni: Die Kathedrale von Chartres wird durch Brand vernichtet.
Richard I. Löwenherz befreit sich durch Lösegeld und Lehenseid aus der Gefangenschaft *Heinrichs VI.*; er unterwirft Sizilien.

1195   *Alexios III.* (1195-1203) stürzt den byzantinischen Kaiser, seinen Bruder *Isaak II. Angelos*, und lässt ihn blenden.
19. Juni: Der Almohaden-Kalif *Abd al Mumins* (Almansor) schlägt das Kreuzritterheer *Alfons VIII.* von Kastilien bei Alarcos und erobert Spanien.

1196   Kreuzzug *Heinrich VI.*; er stirbt 32-jährig in Messina am Sumpffieber.

1197   *Amalrich von Lusignan* wird König von Zypern und Jerusalem.

1198   *Innozenz III.* wird Papst (1198-1216).
Otto IV. wird römisch-deutscher Kaiser (1198-1218); bis 1208 welfischer Gegenkönig gegen den Staufer *Philipp von Schwaben* und ab 1212 gegen *Friedrich II.*.
17. Mai: Krönung *Friedrichs II.* zum König von Sizilien.
6. Jänner: Kilikisches Armenien wird ein Königreich.

1199   Einführung des Kreuzzugszehnten als päpstliche Sondersteuer. Bestätigung des Deutschen Ordens durch den Papst.
† *Richard I. Löwenherz*, aufgrund einer Verletzung während einer Belagerung; *Johann I. Ohneland* wird König von England (1199-1216).

1200   **21. Dezember: † *Gilbert de Héral*; *Philipp de Plessis* (Plaissiez) wird sein Nachfolger im Amt des Großmeisters der Templer (1201-1216).**

1202   4. Kreuzzug (1202-1204):
Der Doge *Enrico Dandolo* († 1205) macht den Kreuzzug zum Werkzeug seiner eigenen Interessen.
24. November: Das Kreuzfahrerheer erobert Zara.
Gründung des „Ordens der Schwertbrüder" durch Bischof *Albrecht I.* in Livland.
Philipp II. besetzt die Normandie, Anjou und Poitou; König *Johann I. Ohneland* flüchtet nach England.

1203   *Philipp II. August* bemächtigt sich des Dominalbesitzes der Plantagenets in Westfrankreich.
17. Juli: Das Kreuzfahrerheer belagert Konstantinopel und richtet ein Massaker unter der griechischen Bevölke-

rung an; Kaiser *Alexios IV.* wird ermordet; *Alexios V. Dukas* erhebt sich selbst zum Kaiser; nach Gegenwehr der Barone muss er fliehen. *Balduin von Flandern* besteigt den byzantinischen Thron, Gründung eines lateinischen Kaisertums in Griechenland (Romania).

1204 *Alexios Komnenos* gründet das Kaisertum Trapezunt (Pontos, Krim, Paphlagonien); der byzantinische Kaiser *Theodoros Laskaris* gründet das Reich von Nicäa.
† *Moses Maimonides.*

1206 König *Philipp II.* bestätigt die Rechte der Templer in der Normandie.

1207 Papst *Innozenz III.* wird als einziger Pontifex als Affilierter in den Templerorden aufgenommen.

1208 14. Jänner: Der päpstliche Legat *Peter von Castelnau* wird ermordet; Aufruf des Papstes zum Kreuzzug gegen die Katharer.

1209 Kreuzzug gegen die Katharer (Albigenser-Krieg) 1209-1229: *Raimund VI. von Toulouse* tritt an die Seite der Ketzer.
22. Juni: Beziers wird eingenommen und geplündert;
August 1209: Carcassonne wird eingenommen.
Otto IV. wird von *Innozenz III.* zum deutschen Kaiser gekrönt.

1210 *Franz von Assisi* (* 1182, † 1226) gründet den Bettelorden der „Franziskaner"; der Orden wird 1223 vom Papst anerkannt.
18. November: Papst *Innozenz III.* belegt *Otto IV.* wegen dessen Versuch Sizilien zu erobern, mit dem Kirchenbann.

Hermann von Salza wird Hochmeister des Deutschen Ritterordens.
Wolfram von Eschenbach (* um 1170, † um 1220) dichtet „Parzival"; *Gottfried von Straßburg* verfasst „Tristan und Isolt".
Johann von Brienne heiratet *Maria von Montferrat*, die Thronerbin von Jerusalem, und wird König (1210-1225).
Juni-Juli: Minerve wird von den Kreuzfahrern zerstört; 140 Katharer werden verbrannt;
November: Termes wird von den Kreuzfahrern eingenommen.

1211 September: Die Muslime erobern Salvatierra.
Guillaume de Chartres, der spätere Großmeister der Templer, wird bei einem Hinterhalt in Kilikien schwer verletzt.
Friedrich II. wird in Nürnberg zum deutschen König gewählt.

1212 „Kinderkreuzzug": Tausende Kinder aus Deutschland und Frankreich ziehen an die italienische und französische Küste, werden von Händlern und Seeleuten eingeschifft und als Sklaven in Nordafrika verkauft.
17. Juni: Schlacht von Las Navas de Tolosa: Die vereinigten Ritterheere der Königreiche Kastilien, Aragon und Navarra vernichten das Almohadenheer.
Friedrich II. wird römisch-deutscher Kaiser (1212-1250); Begründung der staufischen Dynastie.
Gründung der Kathedrale von Reims.

1213 Die Bulle „Quia maior" schafft die Grundlage für einen neuen Kreuzzug ins Heilige Land.
Jakob I. (der Eroberer) wird König von Aragonien.
September: *Simon de Montfort* schlägt in den Albigenserkriegen die vereinten

Heere von Aragon und Toulouse bei Muret vernichtend.

1214 Juni: Morlhon wird erobert und zerstört, alle Katharer werden verbrannt; August: *Simon de Montfort* brennt Cassenevul nieder und ermordet die Verteidiger.

1215 4. Laterankonzil mit Beschlüssen gegen Ketzer und Juden (Kleiderordnung, gelber Fleck, Verbot des Grundbesitzes); Einhebung eines Kreuzzugszehnten; Transsubstantiationslehre (Abendmahlverwandlungsdogma);
Verdammung der Albigenser; Verbot der Feuer- und Wasserprobe durch die Kirche.
Gründung des Dominikanerordens in Toulouse als Prediger und Beichtorden.
14. Dezember: *Innozenz III.* fordert einen neuen Kreuzzug.

1216 16. Juli: † *Innozenz III.*; *Honorius III.* wird Papst (1216-1227).
† *Philipp de Plessis*; sein Nachfolger als Großmeister der Templer wird *Guillaume de Chartres* (1216-1219).
† *Johann I. Ohneland*, König von England seit 1299; *Heinrich III.* wird König von England.
Anerkennung des Dominikanerordens durch *Honorius III.*.

1217 5. Kreuzzug (1217-1221).
Ferdinand III., der Heilige, wird König von Kastilien (bis 1252).
September: *Raimund VI.* und sein Sohn gewinnen die Herrschaft über Toulouse zurück.

1218 *Simon de Montfort* fällt bei der Belagerung von Toulouse.
Heinrich I. wird König von Zypern.

Templerburg Athlit (Chateaux Pélerin, Pilgerburg) wird unter Großmeister Guillaume de Chartres fertiggestellt.
Kardinallegat *Pelagius* belagert mit seinen Truppen die ägyptische Stadt Damiette.

1219 † *Wilhelm von Chartres*; sein Nachfolger als Großmeister der Templer wird *Pierre de Montaigu* (1219-1232).
Eroberung von Damiette durch *Pelagius*, dessen Starrköpfigkeit allerdings den übrigen Kreuzzug zum Scheitern bringt.

1220 Die Kathedrale von Chartres wird mit einem „wunderbarem, steinernem Gewölbe" eingedeckt.
Kaiserkrönung *Friedrichs II.*, sein Sohn *Heinrich* wird zum deutschen König gewählt.
Beginn der Mongoleninvasion in Persien.

1221 30. August: Die Kreuzfahrer werden bei Mansurah geschlagen; Waffenstillstand zwischen *Pelagius* und *al-Kamil* beendet den Ägyptenfeldzug, Damiette muss aufgegeben werden.
Erstellung der Ordensregel der Franziskaner durch *Franz von Assisi*.
Gründung der Kathedrale zu Burgos.

1223 † *Philipp II. August*; *Ludwig VIII.*, der Löwe, (1223-1226) wird französischer König.
27. Jänner: Papst *Honorius III.* erteilt den Templern das Privileg der Absolutionsbefugnis.

1224 Die Mongolen vertreiben die Seldschuken aus Persien.

1225 * *Thomas von Aquin*, Scholastiker, Philosoph und Dominikaner.

Durch Heirat mit *Isabella*, der Tochter *Johanns von Brienne*, erwirbt *Friedrich II.* den Anspruch auf den Thron von Jerusalem; *Isabella II.* wird Königin von Jerusalem.

1226 3. Oktober: † *Franz von Assisi.*
8. November: † *Ludwig VIII.*; *Ludwig IX.*, der Heilige, wird König von Frankreich; er läßt in den Gemeinden Armenregister führen und organisiert Armenfürsorge.
Friedrich II. konfisziert Güter der Templer und Johanniter.
Alfons X., der Weise, wird König von Kastilien.
Humbert von Beaujeu wird als Statthalter von Beziers und Carcassonne eingesetzt.

1227 *Gregor IX.* wird Papst (1227-1241).
Friedrich II. bricht seinen Kreuzzug wegen einer Seuche ab; er wird vom Papst mit dem Bann belegt.

1228 5. Kreuzzug:
Friedrich II. setzt trotz seines Bannes nach Akkon über.

1229 König *Ludwig IX.*, der Heilige, siegt gegen die Albigenser; *Raimund VII. von Toulouse* unterwirft sich der französischen Krone; Ende der Albigenserkriege.
Friedrich II. erhält durch Vertrag mit *al-Kamil*, dem Sultan von Ägypten, Jerusalem, Bethlehem und Nazareth.
28. März: *Friedrich II.* setzt sich in der Grabeskirche die Krone des Königreiches Jerusalem auf.

1230 *Ferdinand III.*, der Heilige, wird König von Leon und vereinigt das Königreich mit Kastilien.

1231 Papst *Gregor IX.* legt den Cluniazensern auf, sich gemäß zisterziensischen Gewohnheiten einzurichten.

1232 Die Inquisition wird vom Papst den Dominikanern und Franziskanern, übertragen.
* *Raimundus Lullus*, katalanischer Scholastiker und Gegner des Islam.

1235 Baubeginn des Straßburger Münsters.

1236 Die Reconquista gewinnt Cordoba für das Königreich Kastilien von den Arabern zurück.
Villard de Honnecourt schreibt das „Bauhüttenbuch" als technisches Handbuch.

1237 Der Schwertbrüderorden in Livland geht im Deutschen Orden auf.
Kastilien und Aragon werden vereinigt.

1238 † *Melek al-Kamil.*

1239 Kreuzzug *Theobalds von Navarra.*

1240 Kreuzzug *Richards von Cornwall.*
Die Temple Church (Templerkirche) in London wird fertiggestellt (Baubeginn 1185).
Im Königreich Jerusalem wird die Festung Safed (Saphet) den Templern zurückgegeben.

1241 † Papst *Gregor IX.*; *Coelestin IV.* wird Papst.
Erster Einfall der Mongolen im Heiligen Land;
Teilnahme der Templer an der Schlacht bei Liegnitz gegen die Mongolen.

1243 *Innozenz IV.* wird Papst.

Die Reconquista gewinnt Murcia zurück.

Thomas von Aquin tritt in den Dominikanerorden ein.

1244 16. März: Verbrennung der Katharer in Montsegur.

11. Juni – 23. August: Jerusalem ist für die Kreuzfahrer endgültig verloren; die Choresmier (Chowaresmier) erobern die Heilige Stadt.

17. Oktober: Schlacht von La Forbie (Gaza); vernichtende Niederlage der Lateiner; 312 Templer, 325 Johanniter und 397 Deutschherren fallen; † *Armand de Périgord*; *Richard de Bures* wird Großmeister der Templer (1244-1247).

1245 Aijubiden Sultan *as-Salih* schlägt die damaszenisch-fränkischen Truppen vernichtend.

Erstes Konzil von Lyon.

1246 Jagdschloss „Castel del Monte" in Apulien wird für Kaiser *Friedrich II.* errichtet.

1247 9. Mai: † *Richard de Bures*; sein Nachfolger als Großmeister der Templer wird *Wilhelm von Sonnac* (1247-1250).

1248 6. Kreuzzug (1248-1254):
Ludwig IX. von Frankreich segelt über Zypern nach Ägypten.
Sevilla wird von der Reconquista zurückerobert.
Die Sainte Chapelle wird in Paris erbaut.
Meister Gerhard beginnt mit dem Bau des Kölner Domes.

1249 Eroberung von Damiette; der weitere Vorstoß *Ludwigs IX.* nach Kairo endet in einem Fiasko.

1250 † *Friedrich II.* römisch-deutscher Kaiser, König von Sizilien und Jerusalem.
Ludwig IX. wird bei Masura gefangengenommen; er wird mit Geld der Templer freigekauft.
11. Februar: † *Wilhelm von Sonnac*; sein Nachfolger im Amt des Großmeisters der Templer wird *Reinhard von Vichiers* (1250-1256).
Mameluckischer Aufstand gegen Aijubiden in Ägypten; *Aibek* wird erster mameluckischer Herrscher in Ägypten.

1252 Bulle „Ad extirpendam": Papst *Innozenz IV.* ermächtigt die Inquisitoren die Folter einzusetzen.
Alfons X., der Weise, wird König von Kastilien.

1253 *Hugo II.* wird König von Jerusalem (1253-1267).

1254 † *Konrad IV.*, beim vergeblichen Versuch das sizilianische Reich für die Staufer zu bewahren, nach der Einnahme von Neapel am Fieber.
Papst *Alexander IV.* (1254-1261) bestätigt in vier Bullen die Privilegien der Templer.
Marco Polo bereist Asien.
† *Johannes Laskaris*;
sein Sohn *Theodor II. Laskaris* wird Kaiser von Nikäa.
Konradin wird König von Jerusalem (1254-1268).

1256 **20. Jänner: † *Reinhard de Vichiers*; *Thomas Bérard* wird Großmeister der Templer (1256-1273).**
Bürgerkrieg in Akkon (1256-1258).
20. Dezember: Die Assassinen-Burg Alamut wird von den Mongolen zerstört.

1257 11. April: *Aibek* wird bei einem Attentat getötet.

1258 Sturz des Abbasiden-Kalifats von Bagdad und Zerstörung Bagdads durch die Mongolen.
Verbot der Gottesurteile und der Fehde in Frankreich.
Kampfhandlungen zwischen Templern und Johannitern in Akkon.

1259 12. November: *Kutuz* wird Sultan von Ägypten.

1260 Antiochia und Kilikien verbünden sich mit den Mongolen;
3. September: Schlacht bei Ain Dschalut; Mongolen werden durch die Mamelucken zurückgeschlagen.
Oktober: Weihe der Kathedrale von Chartres.
23. Oktober: *Kutuz* wird bei einem Attentat getötet.
Baibars wird Mameluckensultan (1260-1277).
Kublai Khan wird Mongolenherrscher.
Der Templerorden besteht aus ca. 20 000 Rittern und umfasst 9 000 Komtureien.

1261 *Urban IV.* wird Papst (1261-1264).
Kaiser *Michael VIII.*, der Begründer des letzten byzantinischen Herrscherhauses, erobert mit Hilfe Genuas Konstantinopel. Sturz des lateinischen Kaiserreichs.
Kairo wird Sitz der Abbasiden-Kalifen (bis 1517).

1262 **Abschluss eines Übereinkommens zwischen Templern und Johannitern, um alle Streitigkeiten über Besitztümer beizulegen.**

1263 *Baibars* zerstört Nazaret.

1265 *Klemens IV.* wird Papst (1265-1268); er belehnt *Karl von Anjou* mit Sizilien.

* *Dante Alighieri.*
Baibars nimmt Caesarea und Arsuf ein.

1266 *Baibars* nimmt Safed (Saphet) ein.

1267 *Hugo III.* wird König von Zypern (1267-1284).

1268 *Karl von Anjou*, Bruder *Ludwigs IX.*, bemächtigt sich des Königreichs Sizilien; er besiegt den letzten Staufer *Konradin* bei Tagliacozzo und läßt ihn hinrichten.
* *Philipp IV., der Schöne.*
Baibars nimmt Jaffa, die Templerburg Belfort (Beaufort) und Antiochia ein.

1269 Juni: *Hugo III.* wird König von Jerusalem (1269-1287).

1270 *Ludwig IX.* unternimmt seinen 2. Kreuzzug (sog. 7. Kreuzzug) und stirbt bei der Belagerung von Tunis an einer Seuche.
Philipp III., der Kühne, wird König von Frankreich (1270-1285).

1271 Kreuzzug des englischen Prinzen *Eduard* (1271-1272).
Gregor X. wird Papst (1271-1276).
Die Grafschaft Toulouse kommt zur französischen Krone.
Baibars nimmt die Festungen Chastel Blanc, Krak des Chevaliers und Montfort ein.

1272 † *Heinrich III.* von England; *Eduard I.* wird König von England (1272-1307).
Synode in Salzburg.

1273 25. Mai: † *Thomas Bérard*; *Wilhelm de Beaujeu* wird sein Nachfolger als **Großmeister der Templer** (1273-1291).
1. Oktober: *Rudolf I.* von Habsburg wird zum deutschen König gewählt.

1274	2. Konzil von Lyon. † *Thomas von Aquin* auf der Reise zum Konzil von Lyon. * *Robert I. Bruce.*		*Honorius IV.* wird Papst (1285-1287). Sultan *Kalawun* nimmt die Johanniterfestung Margat ein. **Der Templer *Galfried* erstellt eine Inventarliste aller Besitzungen der Templer in England.**
1276	*Raimundus Lullus* gründet eine Arabischschule für Missionare. Papst *Innozenz V.* († 1276); Papst *Hadrian V.* († 1276); *Johannes XXI.* wird Papst (1276-1277). *Peter III.* wird König von Aragonien.	1286	Ende der Canmore-Dynastie in Schottland; Abhängigkeit von England bis 1314.
		1288	*Nikolaus IV.* wird Papst (1288-1292).
1277	*Nikolaus III.* wird Papst (1277-1280). *Maria von Antiochia* verkauft die Krone von Jerusalem an *Karl von Anjou*; Bürgerkrieg in der Grafschaft Tripolis. 1. Juni: † *Baibars.*	1289	26. April: *Kalawun* nimmt Tripolis ein.
		1290	Juli: Der Mameluckensultan erobert Tyros und Sidon und damit Syrien; 4. November: † *Kalawun*; sein Nachfolger wird *al-Aschraf Khalil.*
1279	*Diniz*, der Gerechte, wird König von Portugal (1279-1325). *Kalawun* (Qualawun) wird Sultan von Ägypten.		
1280	† *Albertus Magnus.*	1291	**Wilhelm de Beaujeu**, Großmeister der Templer, fällt bei der Verteidigung Akkons. **Peter von Sevrey** folgt ihm im Amt, er fällt bei der Einnahme des Templerturmes in Akkon durch die Mamelucken; **Theobald Gaudin** wird sein Nachfolger (1291-1293). **18. Mai: Fall Akkons: Die lateinischen Staaten des Heiligen Landes hören auf zu existieren.**
1281	*Martin IV.* wird Papst (1281-1285).		
1282	Die „Sizilianische Vesper" (Volksaufstand gegen die französische Herrschaft) beendet die Herrschaft der Anjou; *Karl von Anjou* verliert Sizilien an *Peter III.* von Aragonien. † Kaiser *Michael VIII. Palaiologos* wird Herrscher von Nikäa; *Andronikos II.* wird Kaiser von Byzanz.		
		1292	*John Balliol* wird von *Eduard I.* zum König von Schottland eingesetzt.
		1293	16. April: † *Theobald Gaudin; Jaques de Molay* wird der letzte **Großmeister der Templer.**
1284	Vermählung *Philipp IV., des Schönen* mit *Johanna*, der Erbin von Navarra und der Champagne. *Johann I.* wird König von Jerusalem und Zypern.		
		1294	*Coelestin V.* wird Papst (5. Juni – 13. Dezember 1294); *Bonifaz VIII.* wird Papst (1294-1303).
1285	† *Philipp III; Philipp IV., der Schöne*, **wird König von Frankreich (1285-1314).**	1298	*Marco Polo* schreibt in genuesischer Gefangenschaft den Bericht über seine Reisen in Asien.

Albrecht I. von Österreich wird deutscher König (bis 1308).

22. Juni: Die Templer kämpfen an der Seite König *Eduards I.* bei Falkirk gegen die Schotten.

1300   Der Templerorden fasst auf der Tortosa vorgelagerten Insel Ruad Fuß.

1302   Papst *Bonifaz VIII.* fordert die Oberheit der Kirche über jede weltliche Macht (Bulle „Unam Sanctam"); er steht damit im Gegensatz zu *Philipp IV.*.

1303   **Niederlage der Templer auf der Insel Ruad; der letzte Stützpunkt der Kreuzfahrer im nahen Osten muss aufgegeben werden.**
Wilhelm Nogaret, der Kanzler König *Philipps IV.*, klagt den Papst vor den Generalständen als Ketzer an.
7. September: Die Festnahme des Papstes in Anagni durch *Nogarets* Truppen mißlingt; *Bonifaz* flieht nach Rom und stirbt am 12. Oktober. Vor seinem Tod belegt der Papst *Philipp IV.* und *Nogaret* mit dem Kirchenbann.
Papst *Benedikt XI.* (1303-04) hebt den Bann gegen *Philipp IV.* auf.
Die Templer werden von *Philipp IV.* vergeblich zum Bündnis gegen den Papst aufgefordert.

1304   6. Februar: *Benedikt XI.* bestätigt die Privilegien des Templerordens.
7. Juli: † *Benedikt XI.*.
Joinville verfasst die Geschichte *Ludwigs IX.*, des Heiligen.

Chronologie des Unterganges der Templer:

1305   14. November: *Klemens V.*, Erzbischof von Bordeaux, wird in Lyon Papst

(1304-1314). Er verständigt sich mit *Philipp IV.* und *Nogaret* und bleibt in Frankreich.
Erste Denunziationen des Templerordens durch *Esquieu de Floyran* bei *Jakob II.* von Aragon.

1306   28. Jänner: *Klemens V.* bestätigt die Privilegien des Templerordens.
Verbannung der Juden aus dem Königreich Frankreich.
6. Juni: Einladung des Papstes an die Großmeister der Johanniter und der Templer, unter dem Vorwand einen neuen Kreuzzug vorbereiten zu wollen.
April-Mai: *Heinrich* übergibt die Herrschaft über Zypern an seinen Bruder *Amalrich von Lusignan.*
23. Juni: Beginn der Johanniterinvasion auf Rhodos;
15. August: Die Stadt Rhodos fällt in die Hand der Johanniter.
Robert I. Bruce wird König von Schottland.
November: *Molay* geht in Marseille an Land.

1307   7./8. April: *Klemens V.* kommt nach Poitiers;
Treffen *Molays* mit dem Papst; Ablehnung der Vereinigung der Johanniter mit den Templern durch *Molay.* Erste Vorwürfe des Papstes wegen der angeblichen Verfehlungen der Templer.
Eduard II. wird König von England (1307-1327).

24. Juni   Ordenskapitel unter der Leitung von *Jaques de Molcy*, der zu diesem Zeitpunkt keine Ahnung von den bevorstehenden Verhaftungen hat.

24. Aug.   Zusage des Papstes in einem Brief an *Philipp*, eine Untersuchung über die Vergehen der Templer durchführen zu

wollen, obwohl die Mehrzahl der Kardinäle gegen ein solches Verfahren ist.

Anf. Sept. *Philipp* fasst mit *Nogaret* und *Marigny* den Beschluss die Templer verhaften zu lassen.

14. Sept. Der geheime Befehl zur Verhaftung und zur Beschlagnahme der Güter der Templer ergeht an alle Seneschalle und Baillis.

22. Sept. Großinquisitor *Wilhelm Imbert* ersucht, vom König zuvor dazu aufgefordert, *Philipp* um Hilfe gegen die Templer.

1.-8. Okt. Der Papst beginnt die Untersuchung gegen den Templerorden; *Molay* und *Pairaud* sind deshalb in Poitiers.

13. Okt. Der „schwarze Freitag": Verhaftung und Anklage der in Frankreich anwesenden Templer, darunter auch *Jaques de Molay*, der sofort isoliert und später nach Corbeil gebracht wird. Wenige Templer können entkommen. Hervorragende Persönlichkeiten und Würdenträger, unter ihnen der Großprior von Frankreich, werden gefangen. Nur dem Präzeptor und Visitator von Frankreich *Gerhard de Viller* gelingt die Flucht. Insgesamt werden in Frankreich 546 Templer an dreißig verschiedenen Plätzen gefangengenommen.

14. Okt. *Nogaret* und *Imbert* machen den Magistern und Kanonikern der Universität Paris Mitteilung über die Ketzerei der Templer.

15. Okt. Erste Verhöre der Ordensangehörigen; Papst *Klemens V.* beruft ein Konsistorium in Poitiers ein.

16. Okt. *Philipp* richtet ein Schreiben an alle Könige und Fürstenhäuser Europas, mit der Aufforderung alle Templer zu verhaften.

19. Okt. Beginn der Verhöre von 138 Templern; Papst *Klemens* fühlt sich durch diese Vorgangsweise des Königs übergangen und erhebt zaghaft Protest.

21. Okt. Geständnis *Gottfrieds von Charney*, dem Präzeptor der Normandie.

23. Okt. Verhaftung von Templern in Pamplona.

24. Okt. Erstes Verhör von Großmeister *Jaques de Molay* durch *Wilhelm Imbert*. *Klemens* teilt seine Mißbilligung über das Vorgehen der Inquisition gegen die Templer in einem Schreiben den Erzbischöfen von Reims, Bourges und Tours mit.

25. Okt. *Molay* befiehlt den gefangengesetzten Templern in einem Schreiben, nachdem er an Folterungen von Ordensbrüdern teilnehmen musste, die ihnen vorgeworfenen Vergehen zu gestehen.

26. Okt. *Philipp* unterrichtet *Jaime* in einem Schreiben über die Ergebnisse der ersten Verhöre.

27. Okt. Schreiben des Papstes an König *Philipp*:
„Euer überstürztes Vorgehen ist eine Beleidigung gegen mich und die römische Kirche."

30. Okt. Brief *Eduards II.* an *Philipp*, in dem er seine Zweifel an der Wahrheit der Beschuldigungen äußert.

9. Nov. Verhör *Hugo de Pairauds*.

22. Nov.	Der Papst verfügt mit der Bulle „Pastoralis praeeminentiae" die Verhaftung aller Templer und die Unterstellung aller Besitzungen unter die Herrschaft der Kirche.
1. Dez.	Der König von Aragon ordnet die Verhaftung der Templer an. Außer in Valencia leisten die Templer Widerstand und verschanzen sich in den Burgen Monzon, Miravet und Asco. Der Widerstand hält bis 1309. *Molay* und die anderen Würdenträger widerrufen ihre Geständnisse vor zwei vom Papst entsandten Bischöfen.
4. Dez.	*Eduard II.* schreibt an die Könige von Portugal, Kastilien, Aragon und Sizilien den Gerüchten über die Templer keinen Glauben zu schenken.
14. Dez.	*Eduard* erhält die Bulle „Pastoralis praeeminentiae" und ist so gezwungen, die Templer zu verfolgen.
20. Dez.	*Eduard* gibt Befehl, die Templer in England, Schottland, Wales und Irland zu verhaften.
24. Dez.	*Jaques de Molay* widerruft vor den päpstlichen Legaten sämtliche bei den Verhören gemachten Aussagen.
1308	*Heinrich VII.* von Luxemburg wird deutscher König und Kaiser.
10. Jän.	Verhaftung der englischen Templer; Festsetzung in London, York und Lincoln.
24. Jän.	Verhaftung der Templer in der Provence.
3. Feb.	Verhaftung der Templer in Irland.

	Klemens suspendiert *Wilhelm Imbert*, den Großinquisitor von Frankreich. *Philipp* stellt sieben Fragen an die theologische Fakultät der Universität von Paris.
9.-24. März	Einberufung des Ständerates durch *Philipp*.
25. März	Die theologische Fakultät der Universität von Paris gibt ein vom König gefordertes Gutachten ab, in dem festgestellt wird, dass weltliche Gerichte nicht über Ketzerei urteilen dürfen.
Mai 1308	Die päpstliche Bulle „Pastoralis praeeminentiae" erreicht die Insel Zypern; die Templer weigern sich hier die Waffen niederzulegen.
5.-15. Mai	Der Ständerat tagt in Tours.
17. Mai	Die Templer Aragons ergeben sich.
26. Mai	*Klemens* trifft *Philipp* in Poitier.
29. Mai	Erste Rede *Plaisians* vor dem päpstlichen Konsortium. *Klemens* erklärt *Philipp*, dass er die Templer für unschuldig hält.
1. Juni	Der Ordensmarschall *Aymé de Oselier* gibt den Templern von Zypern den Befehl die Waffen niederzulegen.
14. Juni	Zweite Rede *Plaisians*.
27. Juni – 1. Juli	*Philipp* übergibt dem Papst 72 gefangene Templer, die dann von fünf mit *Philipp* befreundeten Kardinälen verhört werden.
5. Juli	Päpstliche Bulle „Subit assidue": *Klemens* nimmt seine Sanktionen gegen den Inquisitor *Imbert* zurück.

37

9. Juli	Der Papst setzt fünf Erzbischöfe zur Verwaltung der templerischen Güter ein.
12. Juli	*Molay* und vier weitere Ordensobere werden von Corbeil nach Chinon verlegt.
12. Aug.	Päpstliche Bullen „Faciens misericordiam" (ordnet eine allgemeine Untersuchung über die Templer an, und befielt die Verfolgung der Templer) und „Regnans in coelis" (das Konzil von Vienne wird angekündigt).
13. Aug.	Der Papst reist von Poitier ab.
17.-20. August	Drei Kardinäle befragen die in Chinon gefangenen Templer *Gottfried de Charney, Raimbau de Charon, Gottfried de Gonneville, Hugo de Pairaud* und *Jaques de Molay*.
Ende August	Die Protokolle der Verhöre werden übersetzt und verlesen; die Kardinäle kehren zu *Klemens* zurück.
30. Okt.	*Klemens* befielt allen nichtfranzösischen Fürsten die Verhaftung der Templer.

1309

März	Das Kardinalskollegium versammelt sich in Avignon; Beginn der bischöflichen Untersuchungen gegen die Templer als Einzelpersonen.
8. August	Die päpstliche Kommission eröffnet das Verfahren gegen den Orden.
9. August	Folterungen von Templern, um sie für die Aussagen vor der Kommission gefügig zu machen.
19. Aug.	Der Papst behält sich den Urteilsspruch über *Molay* und die Würdenträger des Ordens vor.

22. Nov.	Eine Enquete, die über die Schuld der Templer in einer Achterkommission entscheiden soll, beginnt mit den Untersuchungen; *Pairaud* erscheint vor der Kommission und bestätigt die Aussagen von Chinon; Beginn der Verhöre in York, London und Lincoln.
26. Nov.	*Molay* erscheint vor der Kommission, um den Orden zu verteidigen; es werden ihm eine Reihe von Unterlagen vom Lateinischen ins Französische übersetzt; er widerruft frühere Aussagen.
28. Nov.	*Molay* erscheint neuerlich vor der Kommission; er erklärt, dass nur der Papst über ihn zu richten habe, und er daher nur in dessen Anwesenheit aussagen werde; die Sitzungen der Kommission werden auf den 3. Februar 1310 verschoben.

1310

3. Februar	Die Kommission tritt zum zweiten Mal zusammen.
2. März	*Molay* tritt zum dritten Mal vor die Kommission. In England befielt der König die Isolierhaft der Templer.
14. März	Den Templern werden 127 Anklagepunkte vorgetragen.
28. März	Treffen von 546 Templern im bischöflichen Garten von Paris zur Verteidigung ihres Ordens.
4. April	Päpstliche Bulle „Alma mater": der Beginn des Konzils wird um ein Jahr verschoben.
7. April	Verteidigung des Ordens durch vier gewählte Prokuratoren.

Mitte April	*Philipp von Marigny* wird Erzbischof von Sens.
23. April	Memorandum der gefangenen Templer an den Papst, in dem die Methoden des Königs angeprangert werden.
5. Mai	Die Untersuchungskommissare verpflichten sich den Zeugen gegenüber zur Geheimhaltung ihrer Aussagen.
10. Mai	*Philipp von Marigny* setzt eine Diözesansynode ein, welche die einzelnen Templer seiner Kirchenprovinz verurteilen soll. Die vier zu Prokuratoren gewählten Templer legen Protest gegen das Provinzialkonzil von Sens ein, die Appellation wird von den Kommissarien unterschlagen.
12. Mai	54 Templer werden durch die Synode des Erzbischofs von Sens zum Tod durch das Feuer verurteilt. Die Todesurteile werden in Paris, in der Nähe der Porte Saint-Antoine, vollstreckt.
19. Mai	Vier weitere Templer werden verbrannt; 43 Brüder verzichten auf ihre Verteidigung.
26. Mai	Das Konzil von Sens löst sich auf, nachdem es seinen Zweck erfüllt hat.
30. Mai	Die päpstliche Kommission vertagt sich auf November, nachdem sie durch die Vorgangsweise des Königs das erforderliche Beweismaterial verliert.
13. Juli	*Klemens* tadelt *Eduard II.*, weil er die Anwendung der Folter gegen die Templer verhindert hatte.
3. Nov.	Die päpstliche Kommission beginnt ihre dritte Sitzung, wobei nur drei der päpstlichen Kommissare erscheinen; zur Verteidigung des Ordens meldet sich niemand.

1311

14. Feb.	Die Preisgabe der Templer an die Inquisition wird von *Klemens* definitiv zugestanden; *Philipp* verzichtet auf einen Prozess gegen *Bonifaz VIII.*.
18. März	*Klemens* fordert die Herrscher außerhalb Frankreichs zur Anwendung der Folter auf.
27. April	*Klemens* spricht *Philipp* und *Nogaret* von allen gegen *Bonifaz* begangenen Vergehen frei; *Nogaret* allerdings nur unter der Auflage schwerer Gelübde.
26. Mai	Die Achterkommission beendet ihre Tätigkeit; nur 225 Templer waren verhört worden.
25. Aug.	Angesichts des unzureichenden Beweismaterials ordnet der Papst neue Untersuchungen an, die mit „Folterungen bis zur Erzielung des Gewünschten" fortzusetzen waren.
Ende Sept.	Der Papst und die Kurie begeben sich nach Vienne.
16. Okt.	Eröffnung des Konzils von Vienne durch *Klemens V.*; sieben (nach manchen Quellen neun) Templer sollen den Orden verteidigen.
Anf. Dez.	Die Mehrzahl der Konzilväter ist für die Zulassung einer rechtlichen Verteidigung der Templer.
30. Dez.	Die Gefahr erkennend ruft *Philipp* die Generalstände für den 10. Februar nach Lyon.

1312

20. März   *Philipp IV.* trifft mit heeresartigem Gefolge in Vienne ein.

22. März   Konzil von Vienne; *Klemens V.* löst mit den Bullen „Vox clamatis" und „Vox in excelso" den Templerorden auf.

2. Mai   Päpstliche Bulle „Ad providam": die Besitztümer des Templerordens außerhalb der iberischen Halbinsel werden dem Johanniterorden übergeben.

6. Mai   Päpstliche Bulle „Considerantes dudum": Unterscheidung zwischen unschuldigen und schuldigen Templern und deren Bestrafung.

16. Mai   *Klemens* verlässt Vienne.

1313

21. März   Die Johanniter sind bereit, für die Güter der Templer 1 Million Pfund zu bezahlen.

1314

18. März   Hinrichtung *Jaques de Molays* und *Gottfried de Charneys* auf dem Scheiterhaufen, nachdem sie alle belastenden Aussagen widerrufen hatten.

20. April   † *Klemens V..*

29. Nov.   † *Philipp IV. der Schöne.*

Lexikalischer Teil

A

Abaelard, Peter: (* 1079 in Le Pallet bei Nantes, †
21. April 1142 im Kloster Saint Marcel/Chalon
sur Saône); (Peter Abaelardus, Pierre Abaelard,
Pierre Abailard, Abaillard oder Abélard, Petrus
Abaelardus); entstammte einem Adelsgeschlecht
aus der Bretagne; als Philosoph und Theologe
war er Vertreter der Früh-→Scholastik. Sein
Werk „Sic et non" („Ja und nein") gilt als grundlegend für die Scholastik. Er verlangt als Rationalist, dass der Glaube der Erkenntnis zu folgen
habe („intellego ut credam" – „ich verstehe, damit ich glauben kann"). In der Ethik setzte er
neue Maßstäbe, indem er Gesinnung und Gewissen als die ausschlaggebenden Kriterien bezeichnete. Seine Lehre wurde 1141 beim Konzil
von Sens von seinem erbitterten Feind →Bern-
hard von Clairvaux als Ketzerei verurteilt, und
Papst →Innozenz II. verbot ihm zu lehren. Bekannt auch wegen seiner verbotenen Liebe zu
seiner Schülerin, der 18-jährigen Heloise (* 1101,
† 1164), der Nichte des Kanonikus Fulbert von
Notre Dame, wegen der er in der Nacht von der
Fulbert-Sippe in seinem Quartier überfallen und
entmannt wurde. Diesem Verhältnis (das durch
geheime Heirat legalisiert wurde) entsprang ein
Sohn namens Astralagus. Seine Peiniger wurden
zwar geblendet und ebenfalls entmannt, Abaelard aber war gebrochen und beschämt. Er und
Heloise gingen daraufhin ins Kloster. In der
Schrift „Historia calamitatum mearum" (1136)
und in den „Epistulae" (Briefverkehr mit Heloise) schildert er dieses Liebesverhältnis. Einer
seiner Schüler war →Arnold von Brescia.

Abakus: Neben der Bedeutung als antikes Re-
chenbrett pythagoräischen Ursprungs („Tafel
des Pythagoras") und der Abdeckplatte eines
Kapitels, auch Stab der →Großmeister im Templerorden, als Zeichen der Großmeisterwürde; an
einem Ende befand sich eine runde Platte, auf
der das Templerkreuz in einem Kreis eingraviert
war. Vielleicht auch symbolhaft für den Stab Aa-
rons, aber auch für den Stab der Meister aller
Baumeister.

Abbasiden: sunnitische Kalifendynastie (750-
1258); Nachkommen von Abbas (al' Abbas, * um
565 in Mekka, † 653 in Mekka), dem Onkel des
Propheten →Mohammed. Lösten die Omajaden
ab; 762 Gründung von Bagdad als neuer Hauptstadt; Blütezeit im 9. und 10. Jhdt.; später waren
sie Marionetten anderer Herrscher. 1258 wurde
der letzte Kalif aus dieser Dynastie von den
Mongolen getötet. In Kairo noch bis 1517 als
Scheinkalifen (→Kalifen) unter mameluckischen
Sultanen. Die bedeutendsten Abbasiden-Kalifen
waren: Mansur (754-775), Mehdi (775-785),
Harun al-Raschid (786-809), Mutasim (833-842)
und Nasir (1180-1225).

Ablass: (lateinisch „indulgentia"); in der katholischen Kirche seit dem 6. Jhdt. der Nachlass öf-
fentlicher Kirchenbußen; seit dem 11. Jhdt. auch
die Tilgung zeitlicher Sündenstrafen bei voran-
gehender Bußgesinnung des Sünders. Im Spät-
Mittelalter trat an die Stelle einer nachgelassenen
Bußstrafe oft eine Almosenspende, die dann von
der Kirche als Geldquelle missbraucht und theo-
logisch missdeutet wurde (Ablasshandel). Daran
entzündete sich die Kritik der Reformation, die
den Ablass schlechthin verwarf.
Zur Zeit der Kreuzzüge wurden den Teilnehmern an den Kreuzzügen Ablass all ihrer Sünden
und Vergehen versprochen; später konnten sich
alle, die nicht selbst am Kreuzzug teilnehmen
wollten, auch von der Teilnahme freikaufen,
wenn sie an Gemeinschaften, die sich dem
Kampf gegen die Muslime anschlossen, Spenden leisteten. Die →Ritterorden konnten durch diese
Option in kurzer Zeit ein riesiges Vermögen an
Spendengelder ansammeln.

Absolution: Nachlass von Sünden, Kirchenstrafen
und Strafen für begangene Sünden; eng mit der
Bußdisziplin der Kirche verbunden; Absolution
wird in der Regel vom Priester im Zuge der
Beichte ausgesprochen.

Abt: (griechisch-lateinische Kirchensprache „Abbas", französisch „Abbé"); Vorsteher einer klösterlichen Gemeinschaft (→Abtei) mit Jurisdik-
tionsgewalt; im frühen orientalischen Mönchtum
war der Abbas die geistige Autorität der Mönchs-
siedlung; er war keinem Bischof unterstellt und
besaß die Gerichtsbarkeit über die Angehörigen

seiner Abtei. Die Wahl des Abtes erfolgte durch den Ordenskonvent.

Abtei: (lateinisch „abbatia"); ein von einem →Abt oder Äbtissin geleitetes Kloster; auch die nach außen streng abgeschlossene Wohn- und Lebensgemeinschaft von Mönchen oder Nonnen.

Abu, l-Feda: Fürst von Hama; (Abulmahassen); muslimischer Geschichtsschreiber; schreibt über den Fall von →Akkon:

„Am Freitag, dem 17. des ersten Dschumadi (Mitte Mai) bei Tagesanbruch, als alles für den allgemeinen Angriff bereit war, stieg der Sultan mit seinen Truppen zu Pferde; man hörte den Lärm der Trommeln, vermischt mit entsetzlichem Geschrei. Der Angriff begann schon vor Sonnenaufgang. Bald ergriffen die Christen die Flucht, und mit dem Schwert in der Hand drangen die Muslime in die Stadt ein. Es war um die dritte Stunde des Tages. Die Christen eilten zum Hafen, die Muslime verfolgten sie, töteten sie und machten Gefangene. Sehr wenige retteten sich. Die Stadt wurde der Plünderung preisgegeben, alle Einwohner wurden umgebracht oder in die Sklaverei geführt. Mitten in Akkon ragten vier Türme, die den Templern, den Spitalrittern und den Deutschen oder teutonischen Rittern gehörten; dort versuchten sich die christlichen Ritter zu verteidigen. Als jedoch am nächsten Tag, dem Sonnabend, einige muslimische Soldaten und Freiwillige sich an das feste Haus der Templer und an den Turm herangearbeitet hatten, boten diese von selber an, sich zu ergeben. Ihrem Verlangen wurde stattgegeben, und der Sultan versprach ihnen Sicherheit; es wurde ihnen eine Fahne gegeben als Schutz und sie pflanzten sie oben auf dem Turm auf. Als aber die Tore geöffnet wurden, stürzten die Muselmanen in Unordnung hinein und begannen, den Turm zu plündern und den Frauen, die sich dorthin geflüchtet hatten, Gewalt anzutun; da schlossen die Templer wieder ihre Tore, fielen über die Muslime, die im Turm waren, her und machten sie nieder."

Acardus de Arroasia: (Achard d'Arrouaise); († Ende 1136); Augustiner in St. Nikolas d'Arrouaise. Begleitete den Legaten *Kuno* (Bischof von Präneste) 1108/09 ins Heilige Land; wird 1112-36 als Prior des Tempels von Jerusalem bezeugt; verfasste das Gedicht „Super templo Salomonis" in dem er die Geschichte des Tempels von Jerusalem seit der Zeit König →Salomons beschreibt.

Acht: in alten Rechtssystemen (besonders im mittelalterlichen Recht) eine weltliche Strafe (Reichs-, Landes-, Stadt- Acht), die den Betroffenen (Geächteten) in den Zustand der absoluten Rechtlosigkeit setzte. Er wurde für vogelfrei (ex lege) erklärt, es durfte ihn niemand unterstützen, speisen oder aufnehmen, jeder konnte ihn bußlos töten. Die Acht erstreckte sich zunächst auf den Gerichtsbezirk, konnte aber auf das ganze Land ausgedehnt werden (Landes-Acht). Die Reichs-Acht konnte nur vom Kaiser ausgesprochen werden. Der Geächtete war vermögensunfähig (erbunfähig) und rechtlos; seine Frau wurde zur Witwe, seine Kinder zu Waisen. Die Acht wurde für Vergehen ausgesprochen, die eine niedere Gesinnung des Bestraften erkennen lassen: Hausfriedensbruch, Mord, Mordbrand, widernatürliche Unzucht, Bruch des Königsfriedens; die Acht stand oft auch neben dem kirchlichen Bann.

Gegen Ende des 13. Jhdts. wurden viele der Geächteten von Stand in →Ritterorden (Templer) aufgenommen, um dadurch den fehlenden Nachschub der kämpfenden Truppe zu verbessern. Ein Umstand, der den moralischen Verfall speziell innerhalb des Templerordens verdeutlicht.

Acht (-Zahl): In der Zahlensymbolik Zeichen der Auferstehung und des ewigen Lebens (acht Seligpreisungen); der achte Tag der Passionswoche ist der Auferstehungstag.

Achterkommission: (7. August 1309 – 26. Mai 1310); päpstliche Enquête über die Schuld des Templerordens; die Kommission trat im August 1309 in Paris im Kloster der Heiligen Genoveva (S. Geneviève) das erste Mal zusammen. Die Kommission bestand aus acht Mitgliedern: 1. dem Erzbischof *Gilles* →Aycelin aus Narbonne, 2. Bischof *Wilhelm Duran* von Mende, 3. und 4. den Bischöfen von Limoges und Bayeux 5., 6.

und 7. den Archediakonen von Rouen *Matthäus aus Neapel*, von Trient *Johann aus Mantua* und *Johann aus Montelauro* und 8. dem Probst *Wilhelm Agarni*. Den Vorsitz sollte der dem Papst nahestehende *Gilles Aycelin* übernehmen. König →*Philipp IV.* konnte dies verhindern und seinen Getreuen, den Bischof von Mende, einsetzen. Ebenso konnte der König verhindern, dass die Kommission auch in anderen Städten tagen konnte und er so möglicherweise seinen Einfluss auf die Mitglieder der Kommission einbüßen hätte können. Am 9. August wurden die Gefängnisse darüber informiert, dass alle Inhaftierten am 12. November in Paris vorzuführen seien. Nachdem die Kommission aber keinerlei Zwangsrechte für eine Vorführung hatte, erschien zum vorgeschriebenen Zeitpunkt kein Templer. Am 22. November wiederholte →*Hugo de Pairaud* seine früheren Aussagen vor den Kommissaren, und am 26. November erschien →*Molay*, durch *Jean de* →*Joinville* vorgeführt, vor der Kommission, um den Orden zu verteidigen. Er wollte jedoch nur unter Anwesenheit des Papstes aussagen und erklärte sich außerstande, den Orden alleine zu verteidigen. Am 27. November widerrief →*Ponsard de Gisy* seine früher gemachten Aussagen. Als Verteidiger des Ordens vor der Kommission wurden von den Templern die rechtskundigen *Peter von Boulogne* (→*Pierre de Bologne*), →*Reginald von Provins,* (Kaplanbrüder), *Bertrand von Sartiges* und *Wilhelm von Chambonnet* (Ritter) bestimmt. Im April 1310 begannen die Brüder mit der Verteidigung. Sie forderten die Entlassung aller Templer aus der königlichen Gefangenschaft. Mit allen erdenklichen Mitteln versuchte der König die Untersuchung zu beeinflussen und zu behindern. So wurden Renegaten und durch Folter eingeschüchterte oder gekaufte Zeugen vorgeführt. Bei der Verteidigung wird auf diese Beeinflussungen hingewiesen:

„...Es seien den Brüdern, um sie leichter und besser zur Lüge und zum Zeugnis gegen sich und den Orden zu bewegen, Briefe des Königs vorgelegt worden, versehen mit dem Siegel desselben, worin

den Geständigen Freiheit und Erlass jeglicher Strafe zugesichert und gute Versorgung und große jährliche Rente auf Lebenszeit aus den Einkünften des Ordens, der noch einmal verdammt sei, versprochen worden. (...) Auf solchem Wege seien die Zeugen erkauft worden...".

Am 11. April begann das Verhör der ersten Zeugen, die im Sinne der Anklage aussagten. 54 Ordensmitglieder, die frühere Aussagen vor der Kommission widerriefen und sich in der Verteidigung des Ordens besonders hervorgetan hatten, wurden von *Philipp von* →*Marigny*, dem Erzbischof von Sens, um die übrigen Angeklagten einzuschüchtern und sie vor weiteren Widerrufen vor der Kommission zu warnen, auf dem Scheiterhaufen verbrannt (→*Autodafé 12. Mai 1310*). Nach der Verurteilung der 54 Tempelritter trat die Kommission nur mehr wenige Male zusammen und erhielt dann sehr widersprüchliche Aussagen. Peter von Bologne trat als Verteidiger zurück. Am 26. Mai wurde die Tätigkeit der Kommission völlig eingestellt und sollte im November wieder aufgenommen werden. Am 17. Dezember wurde das Verfahren fortgesetzt. Die Verteidiger Reinhard von Provins und Bertrand von Sartiges traten zurück. Peter von Bologne war verschwunden (Mord?, Flucht?). Das Schicksal der anderen Verteidiger des Ordens ist unbekannt. Ende Mai 1311 war die gesamte Untersuchung mit dem vom König gewünschten Ergebnis abgeschlossen. Mit der Fertigstellung und Versendung der Protokolle an den Papst endete das Verfahren am 5. Juni 1311. Die Originalprotokolle wurden in der Schatzkammer von Notre Dame in Paris deponiert.

Aegidius Romanus: (* um 1243, † 22. Dezember 1316 in Avignon); Scholastiker und Haupt der Augustinerschule; Schüler des →*Thomas von Aquin*; 1292-1295 Generalprior seines Ordens (Augustiner-Eremiten); 1295-1316 Erzbischof von Bourges; verfasste etwa 60 philosophische Schriften: „Aristoteles-Kommentare" („Theoremata de ente et essentia"), „De erroribus philosophorum" (Frühschrift); für →*Pilipp IV.*, den Schönen verfasste er um 1280 einen Fürstenspiegel („De regimine principum"); mit seiner Schrift „De ecclesiastica potestate" trat er 1301/02 für die Oberhoheit des Papstes auch in weltlichen Fragen ein. Mit seinem Traktat „Contra exemptos" nahm er 1310 im Templerprozess Stellung.

Affilierte: Weltliche Mitbrüder eines Ordens, die nach seinen Regeln lebten, die einfachen Ordensgelübde ablegten und außerhalb der eigentlichen Ordensgebäude untergebracht wurden. Mit der Vermehrung des Landbesitzes des Templerordens wurde der Verwaltungsaufwand und der Bedarf an Arbeitskräften größer. Es schlossen sich oft ganze Familien dem Orden an, um einerseits den Schutz der Templer und des Heiligen Stuhles zu genießen, andererseits entgingen sie so auch der Zahlung des Zehnten, einer damals verpflichtenden Abgabe. Manche übergaben schon zu Lebzeiten ihren Hof an den Tempel und genossen für den Rest ihres Lebens Kost und Quartier. Auch Frauen (meist Witwen) konnten Aufnahme finden, doch waren sie keine vollwertigen Mitglieder.

Afterkuss: Angeblich Teil des →Aufnahmerituals des Templerordens und Anklagepunkt (→Anschuldigungen) bei den Templerprozessen, durch welchen den Mitgliedern des Ordens Päderastie und Homosexualität vorgeworfen werden sollte. Die Novizen sollen als Prüfstein für Keuschheit und →Gehorsam dem das Aufnahmeritual leitenden Meister auf das untere Rückgrad („fine spine dorsi", „l'épine dorsale", →Dornbusch, Dornen des Rückens, Rückgrat) geküsst haben. Nach dem Teufelsglauben im Mittelalter nahm man an, dass derjenige, der mit dem Teufel in einen Bund treten wollte, diesen auf den verlängerten Rücken küssen musste. Laut hinduistischer Lehre soll durch diesen Kuss die Lebenskraft geweckt werden und über die Wirbelsäule die verschiedenen Energiepunkte (hinduistisch „Schakras") erreicht werden.

Agnes von Courtenay: Gräfin von Jaffa; Schwester des Grafen →Joscelin von Courtenay; erste Frau von →Amalrich I., mit dem sie blutsverwandt war und der sich deshalb von ihr trennen muss-

te, damit ihm die Krone Jerusalems zugestanden werden konnte; Agnes musste Jerusalem verlassen; sie war die Mutter →Balduins IV.; sie war neben zwei weiteren Ehemännern (Hugo von →Ibelin, Reinhold von Sidon) auch die Geliebte des →Patriarchen von Jerusalem →Heraklius und von Amalrich von Lusignan, dem Bruder des späteren Königs →Guido. Sie mischte sich in das Leben ihrer Kinder →Sibylle und Balduin ständig ein. Nachdem sie 1176 an den Hof Jerusalems zurückkehren durfte, war sie bei Intrigen auf Seite der Templer. Agnes, ihr Bruder Joscelin, Sibylle, Guido von Lusignan und der Tempelgroßmeister →Gerhard de Ridefort waren wesentlich an der politischen Entwicklung im Königreich Jerusalem, den kommenden Niederlagen und in weiterer Folge am Verlust des Heiligen Landes beteiligt.

Aibek: (Izz ed-Din Aibek); erster mameluckischer Herrscher in Kairo; beendete die Herrschaft der →Aijubiden (1250), nachdem →Baibars den letzten regierenden Aijubiden-Sultan Turanschah während eines Aufstandes ermordet hatte. Aibek selbst wurde von der Sultana 1260 getötet.

Aijubiden: (Aiyubiden, Ayyubiden); ägyptisch-syrisches Herrschergeschlecht, sunnitische Moslemdynastie; 1171 von →Saladin, dem Sohn des Kurden Aijub gegründet; sie lösten die Fatimiden in Ägypten ab; die Aijubiden herrschten in Syrien, Nord-Mesopotamien und im Jemen, bis sie 1250 von den Mameluken gestürzt wurden. In kleineren syrischen Gebieten hielten sich die letzten Aijubiden bis 1342.

Aimery de Villiers-le-Duc: (Aimery de Villars); Tempelritter; zog die zuvor unter Folter getätigten Aussagen und Geständnisse vor einer päpstlichen Kommission zurück; als er aber an der Verbrennung von 54 Ordensbrüdern teilnehmen musste nahm er am 13. Mai 1310 seinen Widerruf zurück; in diesem Augenblick gab er zu, dass er:

„...ausgesagt hätte, selbst Gott ermordet zu haben, nur um nicht ihr Schicksal teilen zu müssen!"

Aiscelin, Gilles: →Aycelin de Narbonne.

Akkon: (Akko, St. Jean d'Acre, Akka); Stadt am Nordostende der Bucht von Haifa, 40 000 Einwohner; die Stadt wird erstmals in Papyrusrollen des Pharaos *Tuthmosis III.* und später von *Ramses II.* erwähnt. In der Bibel, im Buch der Richter, wird die Stadt zum Stamme Ascher gehörig beschrieben. 200 Jahre später wird Akkon als Teil des Davidischen Königreiches erwähnt. König →*Salomo* gab die Stadt dem Phönizierkönig *Tyrus* zurück. Nun entwickelte sich Akkon zu einem bedeutendem Hafen. 332 nach der Eroberung durch *Alexander den Großen* erfolgt die Umbenennung in Ptolemais. In dieser Zeit wuchs die Bevölkerungszahl auf 60 000 Einwohner. 47 v. Chr. besuchte *Julius Caesar* Akkon, einige Jahre später *Herodes* im Zuge der römischen Eroberung des Heiligen Landes. Nach der arabischen Eroberung (636) erhielt die Stadt wieder ihren alten Namen. Von 1104-1291, nach der Okkupation durch König →*Balduin I.*, wurde Akkon ein bedeutender Kreuzfahrerstützpunkt. Zu dieser Zeit war Akkon mit zirka 50 000 Einwohnern eine der größten Städte der christlichen Welt. 1187 wurde die Stadt von →*Saladin* eingenommen. Bei der Belagerung durch →*Richard I. Löwenherz* 1190 entstand hier der →*Deutsche Orden*. Nach dem Fall Jerusalems (1187) war Akkon (ab der Rückeroberung 1191) Hauptsitz des Templerordens. 1291 wurde die Stadt von den Mamelucken unter Sultan →*al-Ashraf* eingenommen. Zuletzt fiel das Haupthaus der Templer und begrub Verteidiger und Angreifer unter sich. Die Templergroßmeister →*Wilhelm von Beaujeu* und →*Peter von Sevrey* fielen bei der Verteidigung der Stadt. Mit dem Fall des letzten Bollwerkes der Christen hatte das Königreich Jerusalem aufgehört zu existieren.

al-Adil: der um sieben Jahre jüngere Bruder des →*Saladin*; † 1218; Sultan von Ägypten (1200-1218); bildete gemeinsam mit dem ältesten Bruder *Turanshah* den expansiven Teil der →*Aijubiden-Dynastie*; verwaltete während der Abwesenheit Saladins Ägypten; 1184 zog er nach Aleppo, kehrte 1186 nach Ägypten zurück; verwaltete die Finanzen und gab Saladin die erforderlichen Geldsummen für den Kampf gegen die Christen. War während des 3. Kreuzzuges ständig

im aktiven Einsatz. Spannungen zwischen den Söhnen Saladins (*al-Afdal* und *Uthman*) und seinem Schwiegersohn (*az-Zahir*) und schließlich der Tod Uthmans gaben al-Adil den Weg zur Macht frei, wobei die Einheit des aijubidischen Staates erhalten konnte. Noch zu seinen Lebzeiten ging die Macht auf seine Söhne über.

al-Aqsa-Moschee: („el-mesjid al-Aqsa", „das (von Mekka) am weitesten entfernte Heiligtum"); in Jerusalem; wurde gemeinsam mit dem →*Felsendom* und dem umgebenden heiligen Bezirk vom Omajaden-Kalifen *Walid I.* (705-715) über den Trümmern des jüdischen Tempelbergs errichtet; bedeutendstes islamisches Heiligtum nach Mekka und Medina. 746 wurde die Moschee, nachdem sie durch ein Erdbeben schwer beschädigt worden war, durch den Kalifen *el-Mahdi* wieder aufgebaut; 1033 neuerliche Zerstörung durch ein Erdbeben; der Nachfolgebau wurde fünfschiffig errichtet. Nach der Besetzung Jerusalems durch die Christen 1099 wurde die al-Aqsa säkularisiert und unter →*Balduin I.* als königliche Residenz verwendet. 1120 übergab →*Balduin II.* die Moschee dem Templerorden (→*Hugo de Payens*). Die Tempelritter erweiterten sie um zwei Seitenschiffe und verwendeten sie als Sitz ihres →*Großmeisters*. Die Ritter nannten diesen Sitz „Templum Salomonis"; der Orden leitete seinen Namen von diesem Sitz auf dem Tempelberg ab und nannten sich „Pauperes commilitones Christi templique Salomonis"; im Westen schließt die „Weiße Moschee" an die al-Aqsa-Moschee an. Sie wurde von den Templern errichtet. 1187 fiel die Moschee mit der Eroberung von Jerusalem wieder in muslimische Hände; →*Saladin* ließ das Kuppelmosaik anfertigen und stiftete den von Marmorsäulen eingefassten Mihrab (Gebetsnische in der nach Mekka ausgerichteten Wand der Moschee) und den geschnitzten Mimbar (Kanzel) vor der Südwand; die heutige Moschee ist 90 m lang und 60 m breit.

al-Ashraf: (el-Melek al-Ashraf Khalil); Sohn Sultan →*Kalawuns*; 1290 starb sein Vater auf dem Feldzug gegen →*Akkon*; am Totenbett musste al-Ashraf versprechen, diesen Feldzug fortzuführen. Im März 1291 setzte sich das Heer von Ägypten aus in Marsch. Die Belagerung Akkons begann am 5. April.

Alamut: Persische Burg nordöstlich von Qasvin (Kaswin) auf einem 1 800 m hohem Felsen im Elbrusgebirge. Die Burg konnte nur über einen schmalen, steilen Pfad erreicht werden. Alamut war Sitz des →„Alten vom Berge", des Großmeisters und Begründers der ismailitischen Sekte der →Assassinen →*Hassan es-Sabbah*. Alamut soll von einem der Könige von Dailam (Nord-Persien) an einer Stelle errichtet worden sein, an der sich anlässlich einer Jagd ein dressierter Adler niedergelassen haben soll. Die strategisch hervorragende Lage erkennend errichtete der König hier die Burg (dailamitisch Aluh Amut, „Lehre des Adlers"; fälschlich auch „Adlerhorst"). Bei Hassans Ankunft gehörte die Burg einem Aliden namens *Mihdi*. 1090 ging die Festung durch List in seinen Besitz über und blieb der Sitz des Großmeisters der Assassinen bis Alamut 1256 von den Mongolen erobert wurde.

Albe: (die; lateinisch „alba": „weißes Gewand") liturgisches Gewand der katholischen Kirche; knöchellang aus weißem Leinen, mit einem schmalen Band (→Cingulum) gegürtet.

Albert von Jerusalem: →Patriarch von Jerusalem; Freund der Tempelritter; unterstützte den Orden in ihrem Streit mit →*Leo II. von Armenien* um die Burg →*Baghras*; am 3. Oktober 1210 vermählte er →*Johann von Brienne* mit Königin *Maria von Montferrat* in Akkon; *Albert* wurde 1214, angestiftet von den Johannitern, von den Assassinen ermordet.

Albertus Magnus: wirklich Graf Albert von Bollstädt; (* ~1193 in Lauingen/Schwaben, † 15. November 1280 in Köln); bedeutendster Vertreter der Hochscholastik (→Scholastik); Philosoph, Theologe, Dominikaner (trat 1223 in den Orden ein); Lehrer an Ordensschulen in Hildesheim, Straßburg, Paris und Köln; Lehrer von →*Thomas von Aquin*. Albertus nahm die aristotelischen Schriften in den theologischen Unterricht auf und erschloss die arabischen und jüdischen Wissenschaften für das Abendland; betätigte sich

auch als Naturforscher (Zoologie und Botanik). Sein Hauptwerk: Sentenzenkommentar, Aristoteles-Paraphrasen, exegetische und dogmatische Schriften. 1931 wurde Albertus Magnus zum Heiligen und Kirchenlehrer erhoben.

Alibi: südfranzösische Stadt am Tarn mit heute 45 000 Einwohnern; im 5. Jhdt. erste urkundliche Erwähnung; im 13.-15. Jhdt. Sitz des Erzbischofes; bedeutende Bauwerke: Kathedrale Sainte-Cécile mit steinernen spätgotischen Chorschranken, Palais de la Berbie; unterstand 878 dem Grafen von Toulouse; im 12. und 13. Jhdt. Hauptort der südfranzösischen Häretiker, der →Katharer, die aus diesem Grund auch als „Albigenser" (→Albigenserkriege) bezeichnet wurden.

Albigenser-Kriege: (1209-1229); mit dem Kreuzzug gegen die Albigenser wurde die Kreuzzugsidee erstmals in einem christlichen Land umgesetzt. Nach der Ermordung des päpstlichen Legaten *Peter von Castelnau* (1208) durch einen Pagen des Grafen →*Raimund VI. von Saint-Gilles* (Graf von Toulouse) rief Papst →*Innozenz III.* zum erbarmungslosen Kreuzzug gegen die Albigenser (→Katharer) auf. Das Kreuzzugsheer wurde von →*Simon von Montfort, Graf von Leicester* angeführt. Im Juli 1209 wurde Béziers eingenommen und niedergebrannt; 15 000 Einwohner wurden niedergemetzelt oder am Scheiterhaufen hingerichtet. Dabei wurden weder Frauen, Kinder oder Greise geschont. Der Fanatismus war grenzenlos, denn durch ihre Morde erhofften sich die Teilnehmer an diesem Kreuzzug Ablass von ihren Sünden. Danach wandte sich die im Namen der Kirche metzelnde Raubbande gegen Carcassonne. Als die Stadt im August 1209 eingenommen wurde fand man nur etwa 500 alte Männer und Frauen vor. Alle anderen waren durch unterirdische Stollen geflohen. 1213 kam es zur Niederlage *Raimunds VI.* und dessen Schwagers König *Peters II von Aragon* bei Muret. Peter fiel und Raimund musste fliehen. Er kehrte 1216 mit seinem Sohn aus dem Exil zurück und begann sein Land zurückzuerobern. Anlässlich der Belagerung von Toulouse 1218 fiel Simon von Montfort durch einen von der Stadtmauer geschleuderten Stein. Raimund konnte nun nicht mehr an der Wiedererlangung seines Besitzes gehindert werden. 1226 konnte *Ludwig IX.* das Gebiet unterwerfen. Er setzte *Humbert von Beaujeu* als Stadthalter ein, der das Land verwüstete und Verheerungen unter der Bevölkerung anrichtete. 1229 wurde *Raimund VII.* zum Friedensschluss gezwungen. Die Albigenserkriege wurden mit dem Vertrag von Paris beendet. In der Folge wurden die Katharer schrittweise durch die Inquisition vernichtet; es erfolgte die Ansiedlung von Fremden und die katharischen Fürsten wurden abgesetzt.

Die Templer hatten sich geweigert an der Verfolgung und Vernichtung der Katharer teilzunehmen. Diese Haltung basierte auf einer Templerregel, nach der die Tötung eines Christen verboten war und strengste Bestrafung durch den Konvent fand. Auch wurde wahrscheinlich den flüchtenden Ketzern in den Templerkomtureien des Languedoc und der Provence Asyl gewährt. Diese Umstände könnten die Erklärung dafür sein, dass bestimmte gnostische Rituale in den Orden Eingang gefunden haben.

Alcántara: Stadt in der spanischen Provinz Cáceres am Tajo; heute 2 300 Einwohner; Ruinen aus römischer Zeit; bedeutend ist die sechsbogige Brücke über den Tajo, auf der mittig ein Trajansbogen errichtet ist (erbaut 98-103), mit einem kleinen Tempel am Brückenzugang; die Ruinen der sechs Meter hohen arabischen Stadtmauer und das arabische Kastell waren 1218 namensgebend für den Ritterorden (→Alcántara, Orden von); die ehemalige Moschee wurde im 13. Jhdt. umgebaut und erweitert und erhielt das romanische Portal (Santa Maria de Almocóbar).

Alcántara, Orden von: (arabisch „die Brücke"); spanische Stadt am Tajo im Königreich Lèon und Sitz eines der vier für die →Reconquista nach den Regeln der Zisterzienser von Gomèz gegründeten spanischen Ritterorden. Ursprünglich zur Verteidigung der Festung San Julián de Pereiro gegen die Mauren 1156 gegründet, trug deshalb zuerst den Namen dieser Burg. Papst →*Alexander III.* bestätigte 1171 den Orden; 1187 wurde er vom Orden von →Calatrava abhängig und nahm die Zisterzienserregel an. 1218 belehnte *Alfons IX.* den Orden mit der Stadt Alcántara und dieser führte seither diesen Namen. Durch seine Verdienste in der Reconquista erhielten die Ritter eine Reihe von Grundbesitzschenkungen und gerieten durch Ausdehnung in Auseinandersetzungen mit dem Templerorden. Nach der Auflösung des Templerordens 1312 durch Papst →*Klemens V.* traten die Tempelritter auch in den Alcántara-Ritterorden ein. 1494 wurde die Großmeisterwürde mit der spanischen Krone verbunden und 1523 vom Papst bestätigt. Bis zur französischen Besetzung (1808) besaß der Orden 37 Komtureien. Im 19. Jhdt. wurde der Orden mehrfach aufgehoben und letztlich enteignet. 1874 wurde der Orden von *Alfons XII.* wiederhergestellt und zum militärischen Verdienstorden umgewandelt.

Alchemie: (arabisch „al-kimiya"); auch Alchimie, Alchymie; Entwicklungsabschnitt der chemischen Wissenschaft im Altertum und insbesonders im Mittelalter (Spätantike bis 17. Jhdt.); hatte zum Ziel Materie zu „veredeln", also aus einem unvollkommenen in einen vollkommenen Zustand zu bringen; aus Urmaterie sollte durch ein formendes Prinzip eine bestimmte veredelte Materie werden; man bemühte sich den „Stein der Weisen", der seine edlen Eigenschaften auf unedle Ausgangsstoffe (die „prima materia") übertragen sollte, und ein Elixier für die unbegrenzte Verlängerung des Lebens zu finden. Grundsätzlich ist zwischen einer naturwissenschaftlich-praktischen und einer mystisch-spekulativen Ausrichtung zu unterscheiden. Vom 17. bis zum Ende des 18. Jhdt. nur verwendet für Versuche, Gold aus unedlen Stoffen zu gewinnen. *Paracelsus* leitete nach Präzisierung der naturwissenschaftlichen Auffassung zur empirischen Chemie über. Als Schutzgott der Alchemie gilt →„Hermes Trismegistos" (der „Dreimalgrößte"), ihm wurden die alchemistischen Urschriften zugeschrieben; daher wird die Alchemie auch als „hermetische Kunst" bezeichnet.

Ziel der hermetischen Kunst war das „Magisterium" oder das „Opus magnum" (das „große Werk"), nämlich die Selbstwerdung des Menschen durch „Transmutation", einem chemischen Läuterungsprozess, in dem die höchsten innermenschlichen Werte mit der Idee der Stoffe und ihrer chemischen Bedeutung verbunden wurden, das in einem göttlichen Mysterium zur Erfüllung kam.

Alchimie: →Alchemie.

Aleppo: (arabisch Halab oder Haleb); Stadt in Nordwest-Syrien, im Schnittpunkt wichtiger Handelsstraßen und Karawanenwege; 985 000 Einwohner, Universität, Nationalmuseum; Handels- und Industriezentrum; zahlreiche Moscheen, am bekanntesten „Große Moschee" (gegründet 715; heutiger Bau 1169). Eine der ältesten ständig bewohnten Städte der Erde; im 2. Jahrtausend. v. Chr. als „Chalap" Zentrum eines Königreiches; im Altertum stand Aleppo nacheinander unter babylonischer, hethitischer, assyrischer, persischer, griechischer und römischer Herrschaft; 638 wurde die Stadt arabisch; 1183 von den Seldschuken (→Aijubiden 1183-1260) erobert; am 28. Juni 1128 zog →Sengi mit seinen Truppen in Aleppo ein; 1260 wurde die Stadt von den Mongolen fast völlig zerstört; nach dem Abzug der Mongolen durch die →Mamelucken beherrscht; 1516 osmanisch, nach dem 1. Weltkrieg als Teil des Völkerbundmandates Syrien französisch, ab 1946 syrisch.

Alexander III.: eigentlich *Orlando Bandinelli*, (* in Siena, † 30. August 1181 in Civita Castellana); war Lehrer der Rechte in Bologna; 1153 zum Kardinal ernannt und 1156 Kanzler der römischen Kirche; als solcher Berater Papst →*Hadrians IV.*; 171. Papst (7. November 1159 – 30. August 1181); die kaiserfeindlichen Kardinäle (die Mehrheit) wählten Alexander, die kaisertreuen wählten als Gegenpapst *Viktor IV.*; dieses Schisma wurde bis 1180 durch die Gegenpäpste *Paschalis III, Kalixtus III.* und *Innozenz III.* fortgesetzt. Alexander war der erste bedeutende päpstliche Kanonist und einer der machtvollsten Päpste des Mittelalters; in wechselhaften Aus-

einandersetzungen mit Kaiser →*Friedrich I.*, die im Frieden von Venedig (1177) beigelegt wurden; Alexander trat nach der Ermordung des *Thomas* →*Becket* gegen →*Heinrich II.* von England auf; schuf auf dem 3. Laterankonzil die noch heute gültige Ordnung der Papstwahl. Auf dem Konzil verurteilte er die Lehren der →Waldenser und →Katharer (Albigenser). Wichtiger Verbündeter und Freund der Templer; er selbst wurde von den Templern in seinen Auseinandersetzungen mit vier Gegenpäpsten finanziell unterstützt; warnte die Prälaten davor, die Ordenskirchen und deren Geistliche und Kaplane zu behelligen (3. Juli 1160); bestätigte die Bulle „Omne datum optimum" (18. Juni 1163, →Privilegien) und erließ mehrere Mandate zum Schutz der abendländischen Templerkomtureien. 1173 beauftragte der Papst den Großmeister des Templerordens (→*Odo de Saint Amand*) im Interesse des Heiligen Landes mit der Vermittlung im Streit zwischen England und Frankreich.

Der den Templern durch die Amtskirche vorgeworfene Missbrauch der Privilegien führte aber auch den wohlgesinnten Alexander zur Aussage: „*...dass die Brüder des Tempels und des Hospitals (...) die Privilegien, die ihnen der Heilige Stuhl verliehen hat, überschreiten und sich herausnehmen, vieles zu tun, was unter dem Volke Gottes Ärgernis erregt.* "

Alexander IV.: eigentlich *Rinaldo di Conti, Graf von Segni*; 182. Papst (12. Dezember 1254 – † 25. Mai 1261); Neffe Papst →*Gregors IX.*, Viterbo; 1227 wurde er von seinem Onkel zum Kardinaldiakon und 1231 zum Kardinal von Ostia erhoben; setzte die stauferfeindliche Politik mit mäßigem Erfolg fort und war von ständigen Auseinandersetzungen mit dem Staufer *Manfred* gezeichnet. 1255 bannte der Papst Manfred und belehnte den englischen Prinzen *Edmund* mit Sizilien; dies wurde vom englischen Parlament wegen der Bedingungen des Papstes verhindert. Manfred konnte seine Herrschaft in Italien und Sizilien ausdehnen und ließ sich 1258 in Palermo krönen.

Alexander bestätigte in vier Bullen (vom 5., 7. und 8. Dezember 1255 und 8. Februar 1256) die Privilegien der Templer und erteilte ihnen darüber hinaus weitere Rechte, in dem er unter anderem den Ordenskaplänen erlaubte, auch nicht dem Orden Angehörenden, aber in ihrem Gebiet Wohnenden, Sakramente zu spenden und die Absolution zu erteilen (1. November 1260). Er schrieb:

„Es sei Pflicht des Stuhles St. Petri, die Templer kräftig zu schützen, weil sie tapfer gegen die Ungläubigen kämpften und für die gesamte Christenheit schwere Mühen übernahmen.“

Alexander von Lincoln: normannischer Abstammung; (* 1091, † 1148); Bischof von Lincoln (1123-1148); 1121 zum Archediakon von Salisbury erhoben; war unter *Heinrich I.* und *Stephan von Blois* an der Verwaltung Englands beteiligt. 1139 wurden Alexander und sein Onkel Bischof *Roger* von Salisbury von Stefan eingekerkert; ihr Nepotismus, Machthunger und der Ausbau ihrer Burgen hatte das Misstrauen des Königs geweckt. Nach seiner Freilassung unterstützte Alexander *Mathilde* in ihrem Streben nach dem Thron. Alexander war Förderer der →Zisterzienser.

Alexios III. Angelos: († nach 1210 in Nikaia); byzantinischer Kaiser (1195-1203) aus dem Hause →Angeloi; ließ seinen Bruder *Isaak II.* blenden und dessen Sohn →*Alexios IV.* einkerkern; floh mit der gesamten Staatskasse vor den Kreuzrittern (→Kreuzzüge), die 1203 im Zuge des 4. Kreuzzuges Konstantinopel einnahmen; seine Zugeständnisse an Kaiser *Heinrich VI.* schwächten das byzantinische Reich.

Alexios IV. Angelos: (* 1183, † 28. Jänner 1204 in Konstantinopel); byzantinischer Kaiser (1203-04); wurde von seinem Onkel →*Alexios III. Angelos* gemeinsam mit seinem geblendeten Vater *Isaak II.* eingekerkert; nach der Flucht Alexios III. vor den Kreuzfahrern von diesen befreit; Isaak II wurde wieder Kaiser, Alexios IV. sein Mitregent. Beide konnten ihr Versprechen an die Kreuzfahrer nicht einhalten, Geld und Leute für den Zug nach Jerusalem bereitzustellen. Das

Volk erhob sich gegen die Regenten und tötete beide.

Alexios V. Dukas: († Ende 1204); byzantinischer Kaiser (5. Februar 1204 – 11. April 1204); Vertreter der antilateinischen Richtung; Schwiegersohn des →*Alexios III. Angelos*; stürzte →*Alexios IV.*, den Verantwortlichen der Besetzung Konstantinopels durch die Kreuzfahrer; die dadurch provozierten Kreuzfahrer und Venezianer nahmen am 13. April 1204 Konstantinopel ein, plünderten und mordeten. Alexios floh und wurde auf Befehl Alexios' III. geblendet, später von den Kreuzfahrern gefangengenommen, und durch Sturz von der Theodosiussäule hingerichtet.

Alexios I. Komnenos: (* 1048/57, † 15. August 1118); byzantinischer Kaiser ab April 1081-1118; Begründer der Dynastie der →Komnenen; kam als Vertreter des Militäradels an die Macht und löste die für Byzanz katastrophale Herrschaft des Beamtenadels ab. Konnte sich mit den →Seldschuken gegen Abtretung weiter Teile Kleinasiens friedlich einigen; Sieg über die →Normannen mit Hilfe der Venezianer und danach auch über die nomadisierenden Petschenegen; räumte dafür Venedig weitreichende Handelsprivilegien ein. Sein Hilferuf in einem Schreiben an →*Urban II.* war der offizielle Anlass für den 1. Kreuzzug. Gestattete widerwillig den Durchzug des Kreuzritterheeres durch das byzantinische Reich (1096/97); Alexios konnte den 1. Kreuzzug zur Rückgewinnung ehemaliger byzantinischer Gebiete und Städte Kleinasiens (Nikäa) nutzen. Tiefe Feindschaft entwickelte sich zwischen Alexios und dem Normannen →*Bohemund von Tarent* im Streit um →Antiochia. Unter der Regierung Kaiser Alexios' kam es zur Stabilisierung um den Preis einer starken Zentralisierung und Feudalisierung der Staatsstruktur. Seine Tochter *Anna Komnene* beschrieb in ihren Schriften diese Zeit.

Alexios II. Komnenos: (* 14. September 1169, † September 1183); Sohn von →*Manuel I. Komnenos*; verheiratet mit *Agnes von Frankreich*; byzantinischer Kaiser (1180-1183); der minderjährige Regent führte eine lateinerfreundliche

Politik, was im Mai 1182 zum Staatsstreich führte und →*Andronikos I. Komnenos* an die Macht brachte; er wurde Mitregent und ließ alle Anhänger des Kaisers hinrichten. Alexios wurde im September 1183 erdrosselt.

Alfons I.: „el Batallador", „der Schlachtenkämpfer, der Krieger"; (* 1073, † 8. September 1134 in Polenino); König von Aragón und Navarra (1104-1134); dehnte seinen Herrschaftsbereich aus; 1110 heiratete er *Uracca*, die Erbin von Kastilien, ohne dass die Vereinigung beider Länder gelang; ab 1114 war Alfons Vorkämpfer der →Reconquista; 1118 Einnahme des von den →Almoraviden gehaltenen, stark befestigten Saragossa, der späteren Hauptstadt von Aragon; der König war in Auseinandersetzungen mit Katalonien und Kastilien verwickelt. Alfons blieb kinderlos, er vermachte in seinem Testament aus dem Jahr 1131 seine Königreiche den drei Ritterorden (Templer, Johanniter und Orden vom Heiligen Grab) und bestätigte seinen Willen drei Jahre später. Die Ritterorden traten dieses Erbe niemals an. Durch diese subtile Aktion des Königs, der wohl nie tatsächlich seine Königreiche den Orden überlassen wollte, war es jedoch möglich, seinen Bruder *Ramiro*, der gewählter Bischof war, gegen den Willen des Papstes, der *Alfons VII.* von Kastilien und Lèon, bevorzugte, auf den Thron zu bringen. Ein weiterer Erfolg, der ihm durch diese Maßnahme beschieden war, war die Einbindung und der Eintritt des Templerordens und der Johanniter in die Reconquista. Die Orden erhielten dafür ein Fünftel des mit ihrer Hilfe von den Mauren eroberten Gebietes.

Alfons I. Henriques: Alfons I., der Eroberer, (* im September 1110 in Guimarães, Distrikt Braga, † 6. Dezember 1185 in Coimbra); folgte seinem Vater *Heinrich von Burgund*, der für seine militärischen Leistungen bei der →Reconquista von Kastilien und Lèon mit der Grafschaft Portugal belehnt worden war; Alfons regierte unter der Vormundschaft seiner Mutter (→*Theresa von Kastilien*); Graf (ab 1128), König (seit 1139); erhob 1143 Portugal zum von Kastilien-León unabhängigen Königreich in dem er sich zum

päpstlichen Vasallen erklärte; eroberte 1147 das maurische Lissabon. Der Templerorden unterstützte Alfons bei dessen Thronstreit mit seiner Mutter *Theresa*; als äußeres Zeichen seiner Verbundenheit mit dem Orden trat Alfons dem Orden bei und blieb den Templern in seiner 60-jährigen Regierungszeit immer treu. 1159 schenkte er dem Orden die Festung „Castello de Creas".

Allah: (arabisch „al-ila", „der Gott" oder aramäisch „alelaha", „der Gott"); Name eines vorislamischen Hochgottes, den der Prophet →Mohammed als einzigen Gott verkündete. Im Islam ist Allah Schöpfer und Erhalter der Welt, und Richter der Menschen am jüngsten Tag. Ihm allein gebührt Anbetung und Hingabe.

Almohaden: (arabisch „al-Muwahhidun", „die sich zur Einheit Gottes Bekennenden", „Verfechter der Einheit"); religiöse Bewegung, die auf der göttlichen Einheit, dem Glauben an den von Gott gesandten Mahdi und einem puristischen Islam strengster Observanz beruhte; islamische Herrscherdynastie (1147-1269); hervorgegangen aus der Reformbewegung des *Mohammed Ibn Tumart* (* 1091, † 1130), der die sesshaften Berber Marokkos (Masmouda-Berber) zum Aufstand gegen die →Almoraviden organisierte (um 1125). Sein Nachfolger *Abd al-Mumin* (Almansor) eroberte Nordwestafrika bis Tunis (1140-1147), und später *Ykoub el Mansur* das arabische Spanien (1185-1199). Im 13. Jhdt. ging die Herrschaft der Almohaden über Spanien verloren, 1269 wurden sie durch die Meriniden in Marokko gestürzt.

Almoraviden: (arabisch *Al-Murabitun*, „die Klausner", „Leute des Ribat"); (1061-1147); ein von *Abdallah ibn Ysin* († 1059) gegründetes islamisches religiöses Herrschergeschlecht des nomadisierenden Berberstammes Senhadscha (Senhadja). Sie schlossen sich zu einem militärisch-religiösen Orden (→Ribat) zusammen. Unter dem Banner des islamischen heiligen Krieges (djihad) stießen sie nach Norden vor. Mitte des 11. Jhdts. brachten sie Nordafrika und 1086 Spanien unter ihre Herrschaft. Ein derart militärisch-religiöser Fanatismus fand sich nur einige Jahrzehnte später in den Ritterorden und den Kreuzzügen wieder. Die Almorawiden herrschten in Spanien und Marokko bis sie von den Almohaden abgelöst wurden (1147-1195).

Almosenier: Gabenpfleger; englisch „almoner"; jemand, dem die Sammlung von milden Gaben und deren Verwaltung übertragen wird; der spanische „Limosnero" war Hofgeistlicher, der seit dem Hoch-Mittelalter die Aufgabe hatte, die königlichen Almosen zu verteilen, später auch die Überreste der königlichen Tafel; in der Freimaurerei ist der Almosenier der Beamte, dem die Sammlung milder Gaben in der Loge mit dem „Sack der Witwe" übertragen wurde.

Alte vom Berge, der: (fälschlich Schaich al Dschibal, richtig Rasid ad-Din Sinan); als „Alter vom Berge" wurde der Führer der Sekte der →Assassinen bezeichnet. Sein Sitz war →Alamut, eine Bergfestung 50 km nordöstlich von Qasvin.

Amalrich I.: (* 1136, † 1174 in Jerusalem); König von Jerusalem (18. Februar 1163 – † 11. Juli 1174); Sohn des →Fulko von Anjou und der Königin →Melisende von Jerusalem; folgte seinem Bruder →Balduin III. auf den Thron. Er war mit →Agnes von Courteney, der Tochter Joscelins II. von Edessa verheiratet; Kinder: →Balduin IV., →Sibylle. Amalrich musste sich von Agnes auf Grund ihrer Blutsverwandtschaft trennen. Später mit Maria Komnene die Nichte Kaiser →Manuels Komnenos verheiratet (20. August 1167); nachdem Amalrichs Mundschenk →Odo de Saint-Amand, später Großmeister des Templerordens, beim Kaiser, im Auftrag Amalrichs, um die Hand der griechischen Prinzessin für den König angehalten hatte; Tochter: →Isabella. Amalrich setzte die expansive Politik seines Bruders gegen Ägypten fort. Ihm ging es immer wieder um die Eroberung des reichen Nillandes und er unternahm eine Reihe von Feldzügen nach Ägypten (1163-1168), die zwar keine dauerhaften Erfolge, aber reiche Beute, hohe Tribute und Handelsvergünstigungen einbrachten. Die Tempelritter unter ihrem Großmeister →Bertrand de Blanquefort hatten an allen bisherigen Feldzügen gegen Ägypten teilgenommen und 600 Ritter und 20 000 dienende Brüder verloren; 1168 weigerten sie sich jedoch am Feldzug gegen Ägypten teilzunehmen, weil dadurch ein vom Templer Gottfried →Fouchier mit dem Sultan geschlossener Waffenstillstand gebrochen worden wäre und der Orden darüber hinaus auch Handelsbeziehungen mit den Mohammedanern unterhielt. Dazu →Wilhelm von Tyrus: „Der Templergroßmeister und die anderen Brüder wollten sich in diese Affäre nicht einmischen und sagten, sie zögen nicht mit dem König in den Krieg (...). Es ist wohl möglich, dass sie sahen, dass der König keine guten Gründe vorzubringen hatte, um Krieg gegen die Ägypter zu führen, gegen die Übereinkünfte, die durch seinen Eid bestätigt worden waren."

Der Templerorden verweigerte mit dieser Ablehnung der Teilnahme das erste Mal seinen Beistand für den König.

Auch →Nur ed-Din war an Ägypten interessiert und sandte den Kurden Schirkuh in das Nilland. Anfang 1169 wurde Schirkuh Wesir von Ägypten und sein Nachfolger wurde →Saladin. Nur ed-Din war der Schritt zur Vereinigung des Islam gelungen und Amalrich hatte damit den Kampf um Ägypten verloren; zudem hatte er sich zusätzlich in eine äußerst ungünstige strategische Situation gebracht. Im Jahr 1167 und in den Folgejahren übergab Amalrich eine Reihe von Festungen an die Ritterorden. →Tortosa und fast der gesamte Norden von Tripolis ging an den Templerorden (→Raimund II, Graf von Tripolis, befand sich in Gefangenschaft Nur ed-Dins). Im Königreich Jerusalem erhielten die Templer 1169 →Safed.

Am 10. März 1171 trat Amalrich mit großem Gefolge eine Reise nach Konstantinopel an, um mit dem Kaiser ein militärisches Bündnis einzugehen; →Philipp de Nablus (de Milly) fungierte dabei als Botschafter und Berater; er legte für diese Mission sein Amt als Großmeister der Templer zurück. 1172 ging der König ein Bündnis mit den →Assassinen ein, bei dem es um die Erlassung von Tributzahlungen (2 000 Goldbesants) an die Templer von Tortosa ging, wofür die Assassinen anboten zum Christentum überzutreten. Durch den Überfall und den Mord des Tempelritters →*Walter von Mesnil* an den Boten der Assassinen, auf deren Rückreise bei Tripolis, wurde dieses Bündnis verhindert. Amalrich forderte auf Grund dieses Ereignisses vom Papst die Auflösung des Ordens.

1174 schloss Amalrich einen Vertrag mit dem Nachfolger Nur ed-Dins, *El-Muqaddam*, gegen Saladin und über die Freilassung aller fränkischen Gefangenen in Banyas. Amalrich dürfte dort an Ruhr erkrankt sein und lehnte die Behandlung seiner Krankheit durch arabische und griechische Ärzte ab; der beigezogene fränkische Mediziner verordnete Aderlass und Einlauf und schwächte so den König tödlich. Amalrich starb am 11. Juni 1174 an der falschen Behandlung im Alter von 37 Jahren. Nach seinem Tod bestieg der lepröse Knabe Balduin IV. den Thron.

Amalrich II.: Amalrich von Lusignan wurde als 3. Ehemann von →*Isabella*, der Tochter →*Amalrichs I.*, König von Jerusalem (1197-1205). 1198 sicherte er durch einen Vertrag mit *el-Adil* Gibelet den Christen. Er konnte 1204 Jaffa zurückerobern.

Amanusregion: Templer und Johanniter hatten ihren Hauptsitz in Jerusalem und erwarben daneben große Besitzungen in Europa. Im Heiligen Land übergaben oder verkauften die Adeligen und Herrscher der Kreuzfahrerstaaten, wo es an Hilfsmitteln und Soldaten mangelte, Burgen und Festungen an die Ritterorden, die dadurch in die Lage versetzt wurden, das Heilige Land zu verteidigen. Eines der ersten Beispiele dafür ist die Übertragung des Amanusgebietes (Amanusberges), nördlich von Antiochia, an die Templer.

Amaury de la Roche: Günstling des französischen Königs →*Ludwig IX.*, der versuchte Amaury als →Präzeptor des Templerordens in Frankreich zu etablieren; als ihm dies nicht direkt gelang, machte der König seinen Einfluss bei Papst →*Urban IV.* geltend, der daraufhin am 14. März 1264 in einem Erlass an den →Großmeister und den →Konvent anordnete und darauf drängte binnen einer Frist von 3 Monaten, Amaury als Präzeptor

einzusetzen. Dies geschah dann auch unter dem Hinweis des Papstes, dass man dem König zu Dank verpflichtet und daher seinem Wunsche nachzukommen sei. 1268 wurde Amaury urkundlich als Präzeptor in Frankreich erwähnt; Amaury stand Papst *Klemens IV.* (1265-1268) als Vertrauensmann in den sizilianischen Fragen beratend zur Seite.

Die Einsetzung Amaurys war Beispiel dafür, dass →Simonie auch bei der Besetzung der Ämter in den Ritterorden nicht ausgeschlossen war, obwohl nach einer Bestimmung Papst →*Alexanders III.* eine solche Handlungsweise zu bestrafen war und den Bann der Beteiligten und des Begünstigten Ordensbruders hätte nach sich ziehen müssen.

amens: lateinischer Ausdruck für „verrückt" oder „wahnsinnig"; im Rahmen der →Inquisition war dies ein Ausdruck für jemanden, der der Erkenntnis der Wahrheit nicht fähig war, weil sein Geisteszustand für „amens" (verrückt) erklärt wurde. Bei solchen Personen konnte es zu keiner Verurteilung kommen.

Amerika: →Templer in Amerika.

Amfortas: König *Amfortas* ist in der Erzählung „Parzival" des →*Wolfram von Eschenbach* und auch in späteren Bearbeitungen dieses Stoffes der Bewahrer des heiligen →Grals. Amfortas wird durch den Stich einer heiligen Lanze verletzt. Die Wunde bleibt solange unheilbar bis ein ehrenhafter Ritter (→*Parzival*) dieselbe mit dergleichen Waffe berührt.

Anastasius IV.: eigentlich *Corrado della Subarra* (* in Rom, † 3. Dezember 1154); Kardinalbischof von Sabina; wurde als altersschwacher Greis zum 169. Papst gewählt (12. Juni 1153 – 3. Dezember 1154); er war wohltätig und milde; wurde in San Giovanni im Lateran beigesetzt. Während seines Pontifikats konnte →Askalon von den Christen eingenommen werden (16. August 1153).

Andreas von Montbart: →Montbard, Andreas von.

Andronikos I. Komnenos: (* um 1122, † 12. September 1185); byzantinischer Kaiser 1183-1185; wurde durch einen Staatsstreich 1182 Mitkaiser;

ließ alle Anhänger des Kaisers (→*Alexios II. Komnenos*) hinrichten; Alexios wurde 1183 erdrosselt und *Andronikos* folgte ihm auf den Thron. Die grausame Behandlung der Oberschicht, seine außenpolitischen Misserfolge und seine idealistischen Versuche Missstände in der Beamtenschaft auszuräumen machten ihm fast alle Schichten der Bevölkerung zu Feinden. Andronikos wurde während eines Aufstandes von der aufgebrachten Menge zu Tode gefoltert.

Anfänge des Templerordens: →*Wilhelm von Tyrus* schreibt in seiner „Historia rerum in partibus transmarinis gestarum" über die Gründung des geistlichen Ritterordens:

„*...Im selben Jahr (1118) begaben sich einige edle Ritter, die voll Verehrung Gottes, gläubig und gottesfürchtig waren, in die Hand des Patriarchen der Kirche und gelobten, für immer nach den Ordensregeln der Kanoniker leben zu wollen, Keuschheit und Gehorsam zu wahren und jeden Besitz abzulehnen. Die vornehmsten und wichtigsten waren zwei ehrwürdige Männer, Hugo von Payns und Gottfried von Saint-Omer...*".

Die Ordensgründung war eine Reaktion auf die geistig religiösen Tendenzen dieser Zeit; es sollten die Mönchsideale mit denen des Rittertums verbunden werden, und sie war die Antwort auf die Ideologie des Kreuzzuggedankens. Papst →*Urban II.* rief am Konzil von Clermont (27. November 1095) zum Kreuzzug auf und bot jenen Rittern, die von Raub und Mord ihren Unterhalt bestritten, Ablass ihrer Sünden und den Weg zum Heil. Nach der schrittweisen Eroberung des Heiligen Landes durch das christliche Ritterheer war neben den militärischen Aufgaben, die polizeiliche, nämlich die Sicherung der Pilgerwege, notwendig geworden. Dies erkannte →*Hugo de Payens* und nahm sich der Sache an (→Gründung des Templerordens).

Angeloi: byzantinische Familie und Dynastie; der Aufstieg der Familie wurde durch die Hochzeit zwischen *Konstantin Angelos* und der Tochter →*Alexios' I. Komnenos* eingeleitet. *Isaak*, ein Enkel Konstantins, wurde 1185 nach dem Putsch gegen →*Andronikos I. Komnenos* byzantinischer

Kaiser. Die Angeloi stellten bis 1204 die byzantinischen Kaiser; sie regierten bis Ende des 13. Jhdts. in Epirus und nach der Eroberung von Saloniki in Thessalien.

Anjou: ehemalige Grafschaft in Westfrankreich; Hauptstadt Angers; *Gottfried Plantagenet* nahm Mitte des 12. Jhdts. die Normandie, sein Sohn *Heinrich* (König →*Heinrich II.* von England) gewann 1152 durch Heirat mit →*Eleonore* Aquitanien; →*Philipp II. August* eroberte 1204 das angevinische Reich für die französische Krone, die es als Apanage für die jüngeren Prinzen vergab. Begründer der Dynastie der Anjou war →*Karl I.*, der jüngere Sohn →*Ludwigs VIII.*; das ältere Haus (1246-1435) besaß zeitweise die Grafschaft Provence, Sizilien und das Königreich Neapel; das jüngere Haus (1351-1481) die Provence und das Herzogtum Lothringen.

Anklagepunkte: gegen den Templerorden →Anschuldigungen.

Anschuldigungen: Die →Vorwürfe gegen die Templer richteten sich im wesentlichen gegen die geheimen Praktiken der Aufnahmezeremonie, die es sowohl →*Philipp IV.* als auch den Inquisitoren ermöglichte die Anklage der Ketzerei zu erheben. Mit den Methoden der →Inquisition, mit Folter und Verleumdung, wurden die dazu notwendigen Aussagen erzwungen. Die Hauptanklagepunkte behaupteten, dass die Novizen anlässlich ihrer Aufnahme, Christus dreimal verleugnen und das Kreuz dreimal bespeien mussten. Den aufnehmenden Oberen sollten sie auf Gesäß, Genitalien (Nabel?) und Mund küssen, womit die Templer dem Vorwurf der →Homosexualität und →Päderastie ausgesetzt waren. Es wurde ihnen auch vorgeworfen, eine geheimnisvolle Gottheit namens →Baphomet zu verehren. Im wesentlichen waren die gegen den Templerorden gerichteten Anklagen, den früheren Vorwürfen gegen die →Katharer ähnlich. In der Anklageschrift vom 13. Oktober 1307 König Philipps' IV. lautete es:

„*...Eine bittere, beklagenswerte, entsetzlich sich vorzustellende Sache (..). Ein verabscheuungswürdiges Verbrechen, eine scheußliche Missetat (...). Eine ganz und gar unmenschliche, (...) ja je-*

der Menschlichkeit fremde Sache ist uns dank mehrerer glaubwürdiger Menschen zu Ohren gekommen. (...) die Brüder der Miliz vom Tempel, die die Wolfsnatur unter dem Schafspelz verbargen und unter dem Habit des Ordens in erbärmlicher Weise die Religion unseres Glaubens beleidigten, werden beschuldigt, Christus zu verleugnen, auf das Kreuz zu spucken, sich bei der Aufnahme in den Orden obszönen Gesten hinzugeben (...) sie verpflichten sich durch ihr Gelübde und ohne Furcht, das menschliche Gesetz zu beleidigen, sich einander hinzugeben, ohne Widerrede, sobald es von ihnen verlangt wird. Daher trifft der Zorn Gottes diese untreuen Söhne...".

Für den „inneren Kreis" der Templer soll Christus ein falscher Prophet gewesen sein, der seine Worte für die Worte Gottes ausgegeben hat. Das Kreuz war Symbol seiner Schande. Deswegen verleugneten die Templer beim Aufnahmeritual Christus und bespuckten das Kreuz. Sie glaubten nicht an die Verwandlung beim Abendmahl, die heiligen Reliquien und das Fegefeuer. Im einzelnen wurde den Templern die folgenden Vergehen vorgeworfen:

Die Verleugnung Christi war im 14. Jhdt. einer der schwerwiegendsten Anklagepunkte, über den auch der Inquisition die meisten konkreten Aussagen vorlagen. Unter Androhung des Todes sollen die Aufzunehmenden gezwungen worden sein, Christus zu verleugnen und das Kreuz zu bespeien. Ob dieses Ritual als erste Gehorsamsübung zu verstehen ist bleibt ungewiß. Vielleicht sollte diese Handlung symbolisch an die Verleugnung Christi durch *Petrus* erinnern. Laut den Aussagen einiger Ritter des Templerordens im Prozess folgten sie dieser Aufforderung *„...nur mit den Lippen, nicht aber mit dem Herzen...".*

Die Kontakte der Templer mit im Orient vertretenen gnostischen Sekten (→Gnosis) lassen das Ritual möglich erscheinen. Die Manichäer (→Manichäismus) hielten das Kreuz für ein Zeichen Satans.

Die Weglassung der Konsekration (Wandlung) und der Entfall der Wandlungs-Formel „Hoc est corpus meum" in der Messe war Tatsache und ist möglicherweise als Glaubensreinigung zu verstehen, wie sie 200 Jahre später von *Calvin* und *Zwingli* verbreitet wurde. Der Vorwurf führte dazu, dass man die Templer beschuldigte die Sakramente abzulehnen.

Die Anbetung des →Baphomet ist ein Vergehen, das durch das Auffinden eines in Silber gefassten Schädels im Pariser Tempel und eines Kästchens mit der Aufschrift →Caput LVIII den Inquisitoren als Beweis der Schuld für den Frevel genügte. Von der Anbetung dieses Idols namens Baphomet sollen sich die Ordensmitglieder Reichtum und Glück erfleht haben. In diesem Zusammenhang wird das Berühren des Idols mit dem →Cingulum erwähnt, wodurch gewisse Zauberkräfte auf die Ritter übergehen sollten.

Die Homosexualität dürfte als einziger Vorwurf möglicherweise begründet gewesen sein, jedoch nicht als Schuld, die sich aus dem Ordensstatut ergab, sondern als Tat einzelner Ordensangehöriger. Die Strafe für dieses Vergehen zog den Ausschluss aus dem Orden („Verlust des Hauses") nach sich. Die Homosexualität war für das Verständnis der Kirche nicht nur eine einfache Sünde sondern ein Verbrechen gegen die Natur. Der rituelle Kuss anlässlich der Aufnahmezeremonie bei der der Novize den Rezeptor auf Mund, Brust (Nabel) und „in spinae fine dorsi" (After?) küssen musste, bestärkten die Inquisitoren in ihrem Vorwurf. Je länger der Prozess dauerte desto schlimmer wurden die Beschreibungen und Vorwürfe.

Das Geheime Kapitel, in der Nacht abgehalten, war ein Vorwurf für eine Handlung, die keinerlei verwerflichen Hintergrund hatte und entsprach einer Regel des Benediktinerordens. In heißen Ländern war die Nacht und der frühe Morgen für Zusammenkünfte die angenehmste Tageszeit. In Kriegszeiten und bei Gefahr war es für Kriegerorden notwendig ein Kapitel jederzeit, daher auch in der Nacht, zu versammeln.

Die Absolution, die der Ordensvorsteher, ohne Priester zu sein, den Ordensangehörigen, und der Großmeister ohne Beichte erteilte, entsprach im weitesten Sinne den von den Päpsten dem Templerorden übertragenen →Privilegien, konnte aber beim Prozess als Frevel dargestellt werden.

Da der Aufnahme in den Orden kein Noviziat vorausging, was sonst strenge Ordensitte war und wie es den kanonischen Gesetzen entsprochen hätte, musste dies den Inquisitoren verdächtig vorkommen. Da von den Templern nur Ritter (der Ritterschlag musste bereits empfangen sein) in den Orden aufgenommen wurden und für den Eintritt in den Ritterstand eine lange Knappzeit erforderlich war, wäre es den Aufzunehmenden nicht zuzumuten gewesen eine neuerliche Lehrlingszeit auf sich zu nehmen. Dieser Umstand war eine kluge Einführung des Ordens um Männer von Stand einzugliedern. Möglicherweise duldeten aber die Geheimnisse des Ordens auch kein Noviziat.

Die Opferung der Kinder, die in verbotener Liebe gezeugt worden waren, an den →Baphomet war einer der absurdesten Vorwürfe. Diese Kinder wären im Kreise der Brüder herumgeworfen worden bis sie tot waren; die Leichname wären auf Spießen gebraten worden und mit dem Fett wäre das Idol eingerieben worden. Die Absurdität dieses Anklagepunktes macht eine Widerlegung überflüssig.

Die Nahebeziehung zwischen dem Orden und den Sarazenen und →Assassinen brachte den Vorwurf des Verrates; die Templer hätten König Ludwig in Ägypten verraten und →Akkon den Feinden überlassen. Zwietracht, Hass und Neid, die zwischen den Johannitern und den Templern herrschten, und der Stolz der Templer dürften zum allgemeinen Glauben an den Verrat und die Schuld beigetragen haben.

Anselm von Canterbury: (* 1033 in Aosta, † 21. April 1109 in Canterbury); gilt als Vater der →Scholastik; Benediktiner; von 1078-1093 Abt von Bec (Normandie); 1093 Erzbischof von Canterbury. Sein Glaubensbegriff „Credo, ut intelligam" („Ich glaube, damit ich verstehe kann") war bedeutsam für die scholastische Theologie und geht auf →Augustinus zurück.

Hauptwerk: „Cur deus homo" („Warum Gott Mensch geworden ist"); heilig gesprochen; seit 1720 Kirchenlehrer.

Antiochia: (griechisch Antiocheia; türkisch Antakya); türkische Stadt 40 km südlich von Eskenderun, 95 000 Einwohner. Hauptstadt des Verwaltungsgebiet Hatay; archäologisches Museum; Handelszentrum. Römische Brücke, Habib Neccar-Moschee (umgebaute byzantinische Kirche). Antiochia wurde von *Seleukos I.* 300 v. Chr. gegründet und war die größte Stadt des Seleukidenreiches; unter den Römern (ab 64 v. Chr.) Hauptstadt der Provinz Syrien (Syria) und eine der bedeutendsten Hauptstädte des Altertums; wurde zu einer der bedeutendsten christlichen Städte außerhalb von Palästina; seit dem 5. Jhdt. Sitz eines →Patriarchen; wurde ab 638 kampflos arabisch; 969 vom byzantinischen Kaiser *Nikephoros Phokas* rückerobert; 1085 von den Seldschuken besetzt 1097 Belagerung durch das Kreuzfahrerheer; die Festung fiel durch Verrat; 1098 Gründung des christlichen Fürstentums Antiochia durch den Normannenherzog →*Bohemund von Tarent* während des 1. Kreuzzuges; es wurde von Aleppo bis zum zentralen Taurus und zur kilikischen Ebene ausgedehnt; Antiochia wurde Hauptstadt des Fürstentums; nachdem sich Bohemund nach Apulien zurückgezogen hatte kam *Tankred von Lecce* als Regent an die Macht (1100-1112). 1137 wurde Antiochia von Kaiser →*Johannes II. Komnenos* zur Anerkennung der byzantinischen Oberhoheit gezwungen. Nachdem die Linie des Bohemund 1201 ausstarb fiel Antiochia an die Tripolitaner. 1204, nach der Eroberung Konstantinopels durch die Kreuzfahrer, schwand der Einfluss der Byzantiner (→Kreuzzug, 4.). Das christliche Fürstentum ging 1268 an den Islam verloren; ab 1516 beim Osmanischen Reich; 1918-39 beim französischen Protektorat Syrien; seit 1939 wieder türkisch.

Wie in allen Lateinerstaaten waren aus militärischen Gründen die Errichtung und der Ausbau von Burgen von lebenswichtiger Bedeutung. Militärische und finanzielle Schwierigkeiten zwangen die Fürsten im 12. Jhdt.die Burgen den Ritterorden zu überlassen. Die →Johanniter erhielten die Burgen →Margat, →Chastel Rouge, Rochefort, die Templer →Baghras (Gaston) und Arsuz.

Apokryphen: (griechisch „Verborgene"); im hebräischen Alten Testament fehlende Schriften, die in den griechischen und lateinischen Übersetzungen enthalten sind; das sind: *Makkabäer-Bücher, Judith, Tobias, Jesus Sirach* und *die Weisheit Salomos.* Nach dem jüdischen und christlichen Sprachgebrauch nicht vollwertige, aber doch den biblischen Büchern (Kanon) ähnliche Schriften. Nach katholischem Verständnis sind Apokryphen des Alten Testament jene jüdische Schriften aus der gleichen Zeit, die kanonische Geltung anstrebten, aber weder in der Septuaginta und noch in der Vulgata enthalten waren (Pseudoepigraphen).

Die Apokryphen des Neuen Testament sind Schriften, die die Formen der neutestamentlichen Literatur nachahmen, aber vom Inhalt her durch den Geist ihrer Zeit (→Gnosis, Wunderglauben, etc.) bestimmt sind. Die Schriften wurden nicht in den christlichen Kanon aufgenommen. Bedeutsam: gnostisierende Sammlung von Worten Jesu („Evangelium nach Thomas") und eine Sammlung von gnostischen Sprüchen („Evangelium nach Philippus").

Araber: wahrscheinlich aus Mesopotamien eingewandertes vorderasiatisches Volk mit semitischer Sprache auf der arabischen Halbinsel, im Irak, in Jordanien, Libanon, Syrien, Palästina und Nordafrika; als Folge der Ausbreitung des Islam übertragen auf alle Menschen, die Arabisch als Muttersprache sprechen, heute zirka 150 Millionen. Je nach Lebensraum und Wirtschaftsform waren die Araber von alters her Nomaden (Beduinen) mit Pferde- und Kamelzucht, Halbnomaden mit Rinderzucht und Bauern (Fellachen) mit hochentwickelter Bewässerungstechnik, sowie Handwerker, Händler und Seeleute; dadurch kam es zur Entwicklung von Handelsstädten an Karawanenstraßen und Küsten.

Aragón: historische Provinz (Region) im Nordosten Spaniens, hat Anteil an den Pyrenäen (Pico de Aneto, 3 404 Meter über dem Meer), dem Ebrobecken und dem Iberischen Randgebirge (bis 2 313 m). Durch den 2. Punischen Krieg römisch; im 5. Jhdt. westgotisch; 713 arabisch; um 800 fränkische Grafschaft; Aragón bildete sich im 9. Jhdt. als eine vom Emirat von Cordoba unabhängige Grafschaft; im 11./12. Jhdt. vorübergehend zu Navarra (1076-1134), ab 1134 unabhängiges Königreich; →Alfons I. starb kinderlos und vermachte das Königreich zu gleichen Teilen den Ritterorden (Templern, Rittern vom Heiligen Grab und Johannitern); dies rief eine innere Krise hervor, die Navarra zur Abtrennung nutzte. Die Krise wurde beendet, als ein Bruder des Verstorbenen (*Ramiro II.*) zum König bestimmt wurde; während sich Navarra abtrennte, wurde durch die Heirat der Tochter Ramiros' II. (* 1094, † 1154) mit Graf →*Raimund (Ramón) Berengar IV.* von Barcelona (* 1115, † 1176) das binnenländische Aragón mit Katalonien vereinigt (1137). 1238 kam Valencia zum Königreich; Aufstieg zur Großmacht im westlichen Mittelmeer; Erwerb Siziliens (1282), Sardiniens (1323) und Neapels (1442). Die 1469/79 erfolgte Vereinigung mit Kastilien (Heirat *Ferdinands II.* mit *Isabella von Kastilien*) schuf den spanischen Gesamtstaat. Auf Grund seiner Verdienste in der →Reconquista erhielt der Templerorden 1156 von König Raimund IV. Berengar die Burg →Monzon; im Zuge der Templerverfolgung wurde die Burg von den Rittern im August 1308 übergeben und im Herbst wurde die Festung →Miravet aufgegeben. Der Widerstand der Templer endete im Frühjahr 1309. Die Ordensritter wurden vom König gefangengesetzt. Die Untersuchung gegen den Orden führte der Bischof von Valencia; das Konzil von Tarragon trat im Oktober 1310 zusammen, konnte aber keine Schuld der Templer feststellen. →*Klemens V.* verfügte am 18. März 1311 eine neue Untersuchung, die vom Erzbischof von Tarragon und dem Bischof von Valencia geleitet wurde. Am 16. August ließ →*Jakob II.* die Templer wieder gefangen setzen.

Arianismus: die Christologie des alexandrinischen Presbyters *Arius* (* um 260, † 336). Nach ihr ist Christus mit Gott nicht wesensgleich, sondern nur dessen vornehmstes Geschöpf; der Sohn sei durch den göttlichen Willen vor der Zeit ein aus dem Nichts geschaffenes Wesen und sei deshalb dem Vater wesensfremd. Für Arius ist Gott ungeworden und unteilbar. Der Arianismus wurde 325 auf dem Konzil von Nizäa verurteilt; er hielt sich bei Goten, Vandalen und Langobarden bis zum 6. Jhdt..

Armand de Périgord: (Hermannus Petragoricensis, auch Hermant de Perigord, Hermann von Peragors); über seine Herkunft gibt es keine Aufzeichnungen; 17. Großmeister des Templerordens (1232 – 17. Oktober 1244); war vor seiner Wahl Großpräzeptor in Sizilien und Kalabrien. In dieser Zeit (1229) bestätigte Kaiser →*Friedrich II.* die Besitzungen der Templer auf Sizilien. Armand hatte ein besseres Verhältnis zum Kaiser als sein Vorgänger →*Peter von Montaigu.*

1241 schrieb Armand in einem Brief an den Meister von England, *Robert von Sandfort*: „*Wir allein mit unserem Konvent und den Prälaten der Kirchen und einigen Baronen des Landes, die uns ihren ganzen Beistand geben, tragen auf unseren Schultern die ganze Last der Verteidigung des Landes.*"

An seinem Krankenbett verhandelte er mit dem Bischof von Mailand über den Wiederaufbau der Festung →*Safed*, die 1240 wieder in den Besitz des Ordens gekommen war.

In seiner Amtszeit gab es immer wieder Auseinandersetzungen mit den anderen Ritterorden, insbesondere mit den Johannitern. 1242 kam es sogar zu einer Belagerung der Hospitalliter durch die Templer in Akkon. Es wurde den Glaubensbrüdern die Versorgung mit Lebensmittel abgeschnitten und die Beerdigung, der während des Streites verstorbenen Johanniter, nicht gestattet. Um sich an Kaiser Friedrich II. zu rächen, wurden die Marianer und auch der von Friedrich bevorzugte →*Deutsche Ritterorden* angegriffen. Alles das schwächte den Widerstand der Christen in Palästina und so wurde die Grundlage für die Niederlage gegen die anstürmenden →Choresmier gelegt. In →La Forbie (bei Gaza) kam es am 17. Oktober 1244 zu einer vernichtenden Niederlage der Templer, Johanniter und der ihnen angeschlossenen Landesmiliz. Die Templer verloren 300 Ritter, den gesamten Konvent und ihren Großmeister, der möglicherweise auch in Gefangenschaft geraten sein könnte und dort bald darauf starb. Lediglich 4 Ritter und einige Knappen konnten dem Gemetzel entkommen. Als Verweser des Großmeisteramtes wurde von den übriggebliebenen Rittern (laut *Falkenstein*) *Wilhelm von Roquefort* (Guillelmus de Rocaforti) eingesetzt, bis vom Ordenskapitel der nächste Großmeister gewählt werden konnte.

Armand ging gegen die →Simonie im Templerorden vor; nachdem aber eine Reihe von sehr prominenten Templern gegen diese Ordensregel verstoßen hatten und ihm der Strafe – nach der Ordensregel der Ausschluss – für den Ruf des Ordens schädlich schien, ließ er im Einvernehmen mit dem Papst und in dessen Vertretung mit dem Erzbischof von Caesarea die Brüder aus dem Orden ausschließen, ihnen vom Erzbischof die Absolution erteilen, um sie danach unmittelbar wieder in den Orden aufnehmen.

Armand konnte einen einzigen für die Christenheit bedeutenden diplomatischen Erfolg erringen, als er 1243 durch geschicktes Ausspielen der muselmanischen Fürsten die Rückgabe des Tempelbezirkes in Jerusalem erreichte. Er meldete diesen Erfolg in einem Schreiben nach Europa, in dem er mitteilte, die Heilige Stadt neu befestigen zu wollen. Armand war zum Unterschied zu seinen Vorgängern mit dem Kaiser im guten Einvernehmen. In seiner Amtszeit kam es zu dauernden Querelen zwischen Templern und Johannitern und sie war durch den andauernden Streit zwischen Papst und Kaiser gekennzeichnet.

Arnaldus Amalrici: (Amalric, Arnaud Amaury, Arnaud Alméric de Citeaux); Zisterzienser, (* um 1150, † 26. November 1225 in →Fontfroide); 1201 Abt von Citeaux; 1212 Erzbischof von Narbonne; ab 1203 päpstlicher Legat bei der Verfolgung der Albigenser; predigte gemeinsam mit sieben Ordensbrüdern gegen die Häresie des Languedoc; er forderte den Papst (→*Innozenz III*) und den König (→*Philipp August*) bereits sehr früh zu einem kriegerischen Vorgehen gegen die Ketzer auf. 1209 wurde ihm neben →*Simon de Montfort* die Leitung des Albigenserkreuzzuges (→Albigenser) übertragen; er folgte dem wegen Säumigkeit (→*Berengar II.*) abgesetzten Erzbischof von Narbonne in dessen Amt nach. Vom Papst erhielt er die Vollmacht: „...*zu zerstören, zu vertilgen und auszureißen...*". Geriet als Erzbischof sehr bald in Gegensatz zu Simon de Montfort, weil dieser seine Herrschaft nach der Eroberung von Toulouse auch auf die Provence ausdehnen wollte und sich 1215 zum Herzog von Narbonne ausrufen ließ. Damit änderte sich die Haltung des Erzbischofs gegenüber den Katharern; er schlüpfte nun selbst in die Rolle eines okzitanischen Patrioten, der sogar den Grafen →*Raimund VI. von St. Gilles* 1215 am 4. Laterankonzil gegen Simon verteidigte.

Als Legat in Spanien förderte er das Bündnis zwischen Kastilien und Navarra gegen die Mauren.

Arnaldus von Torroja: (de Turre rubea, Arnold von Torogio oder Toroga, Arnaud de Toroge, de La Tour Rouge, de Torage); 9. Großmeister des Tempelritterordens (1179/80 – 30. September 1184); stammte aus dem Aragon und war mit den Königen von Aragon verwandt, er stand im Range eines Barons; hatte bereits in Europa hohe Ämter im Orden eingenommen. Er war →Komtur der Ordensprovinzen in der Provence und in Spanien, gehörte zum Rat des Königs von Aragon und verwaltete das Vermögen des Ordens; später wurde er in Palästina Großpräzeptor; 1179/80 folgte er →*Odo von St. Amand* im Amte nach. Die militärischen Erfahrungen von Arnaldus waren sicher geringer als seine Fähigkeiten in der Verwaltung.

Die Templer errichteten an der Jakobsfurt eine Befestigungsanlage (→Le Chastellet), um vor →*Saladin*s Einfällen in diesem Grenzbereich zu schützen. Dieser erkannte das Vorhaben und machte das fast fertige neue Kastell dem Erdboden gleich. Die Templer wurden geköpft oder gefangengenommen, unter ihnen der Großmeister. Er wurde aus der Gefangenschaft der Muselmanen nur gegen das Versprechen freigelassen, nie wieder Waffen zu tragen. Er legte sein Amt nieder und wurde Großpräzeptor des Ordens.

In seiner Amtszeit wurde das Heilige Land durch Zwistigkeiten im Inneren und durch die ständigen Angriffe Saladins aufgerieben. Um militärische Hilfe aus Europa zu erhalten sandte →*Balduin IV.* eine Gesandtschaft zu der von Papst →*Lucius III.* einberufenen Kirchenversammlung in Verona. Die Mission bestand aus dem Großmeister der Johanniter, *Roger de Moulin*, dem Patriarchen von Jerusalem, →*Heraklius*, und Arnaldus de Torroja, der hier am 30. November 1184 starb.

Arnaud Alméric de Citeaux: →Arnaldus Amalrici.

Arnold de Castro Novo: Meister des Templerordens in Aragon; von ihm stammt eine Urkunde vom 30. März 1272, in der festgestellt wird, dass königliche Beamte gegen Mitglieder und Untertanen des Ordens, die sich der Körperverletzung oder des Totschlags untereinander oder gegen andere Klosterangehörige oder Geistliche schuldig gemacht hatten, erst dann vorgehen durften, wenn der Orden selbst vierzehn Tage lang nichts gegen die Übeltäter unternommen hatte. Nach dieser Urkunde durfte der Orden jedoch nicht zum Tode und nicht zur Verstümmelung verurteilen.

Arnold von Brescia: Augustinerchorherr; (* um 1100 in Brescia, † um 1155 in Rom); Schüler des →*Abaelard* in Paris; predigte gegen die Verweltlichung der Geistlichkeit, gegen die weltliche Herrschaft der Kirche, gegen die Lasterhaftigkeit des Klerus und forderte, dass Mönche und Geistliche zur apostolischen Armut zurückkehren sollten; als Führer einer demokratisch-republikanischen Partei in Rom zettelte er einen Aufruhr an und wurde 1155 von Papst →*Hadrian* aus Rom vertrieben; er wurde von →*Friedrich I. Barbarossa* an den Papst ausgeliefert; als Ketzer verurteilt wurde er vom römischen Stadtpräfekten im Juni 1155 vor der Porta del popolo an einem Pfahl erwürgt und auf dem Scheiterhaufen verbrannt, seine Asche wurde anschließend in den Tiber gestreut. Sein Gedankengut lebte in den religiösen Bewegungen der →Waldenser und →Katharer fort.

Arsuf: (Arsur); Stadt an der Küste des Königreichs Jerusalem, südlich von →Caesarea; wurde 1101 von den Kreuzfahrern unter →Balduin I. erobert. 1191 zog →Richard I. Löwenherz, unter ständigen Attacken der Truppen →Saladins, von →Akkon nach Jaffa. Im Wald von Arsuf am Fluss al-Falik (Rochetaillée) kam es am 7. November 1191 zum Kampf mit den Muslimen. Die Christen siegten mit Hilfe der Templer, konnten die Truppen Saladins besiegen und in die Flucht schlagen. Von 1261-1265 war die Burg von Arsuf von den Johannitern besetzt. 1265 wurde Arsuf vom ägyptischen Mamelucken →Baibars erobert und zerstört.

Artah: (auch Harenk); christliche Befestigung östlich der Grenze des Fürstentums Antiochia; Niederlage →Amalrichs I. am 10. August 1165 gegen die Truppen →Nur ed-Dins bei Artah. Gefangennahme Bohemunds von Antiochia (→Bohemund III.), Raimunds von Tripolis und Hugos von Lusignan, die aneinandergefesselt von hier nach Aleppo verschleppt wurden; große Verluste der Templer; eine einzige Überlieferungen ist →Bertrand de Blanquefort (Großmeister der Templer) in dieser Schlacht am 9. August 1165 gefallen.

Artois, Robert von: (Graf von Artois); Bruder König →Ludwigs IX. von Frankreich; war Teilnehmer am 6. Kreuzzug; 1250 befahl er den Templern, die mit seinen Rittern die Vorhut des christlichen Heeres bei Mansura bildeten, gegen deren Rat und dem Befehl des Königs, und ohne auf das nachrückende Heer zu warten, ein ägyptisches Lager anzugreifen; die Überraschung gelang, das Lager wurde erobert. Nun wollte der Graf Mansura selbst angreifen. Wieder warnten die Templer vor einer überhasteten militärischen Aktion. Artois warf ihnen Verrat und Feigheit

vor, worauf ihm die Templer unter ihrem Großmeister →Wilhelm de Sonnac folgten. Der Emir der Mamelucken lockte sie in eine Falle; er ließ die Ritter in die Stadt, kesselte sie ein und metzelte sie nieder. Von 290 Tempelrittern überlebten nur fünf. Auch der Graf von Artois fiel in der Schlacht.

Artus: (Arthur); halbsagenhafter König der keltischen Briten, der mit den Rittern seiner Tafelrunde zum Mittelpunkt eines ausgedehnten Sagenkreises wurde. Der historische Artus scheint ein britannischer Heerführer gewesen zu sein, der 537 im Kampf gegen die Angelsachsen gefallen sein soll. Er wird vor. Nennius in der „Historia Britonum" (um 500) als „dux" erwähnt, der die eindringenden Sachsen besiegte. In der „Historia regum Britanniae" (um 1135) des Geoffrey von Monmouth, der sich auf bretonisches Sagengut stützt, wurde Artus vom keltischen Lokalhelden zum glanzvollen Herrscher von weltgeschichtlicher Bedeutung erhoben. Artus ist in dieser Erzählung geheimnisvoller Herkunft und Zögling des Zauberers Merlin, seine Gemahlin ist Guinevere (Guanhamara), er ist Eroberer eines Weltreiches. Während eines Kriegszuges gegen Rom wird er von seinem Neffen Modred um sein Königreich und seine Frau betrogen. Artus wird im Zweikampf mit Modred tödlich verletzt und auf der Insel →Avalon von Feen gepflegt; hier ist Artus nicht gestorben sondern entrückt. Der normannische Dichter Wace übertrug die „Historia" in französische Verse („Roman de Brut", 1155); er berichtet als erster von der Tafelrunde auserwählter und vorbildlicher Ritter die Artus in Camelot um sich versammelte (König Artus' Tafelrunde). Die Erzählungen über die einzelnen Ritter der Tafelrunde (Gawan, Erec, Iwein, Lancelot, Galahad usw.) wurden zu Epen ausgestaltet. Auf dem Festland wurden ursprünglich selbständige Stoffe (Tristansage, Lanzelotstoff, Gralssage) integriert. Beginn und Höhepunkt des französischen Artusromans sind die Werke des Robert de Boron und des →Chrétien de Troyes (Entstehungszeit etwa 1165-90): „Erec", „Cligès", „Lancelot", „Yvain", „Perceval".

Bei Chrétien und seinen Nachfolgern ist Artus das große ethische Vorbild des Rittertums, passiver Mittelpunkt einer Schar tapferer Ritter, der Haupthelden der Romane. Die bedeutendsten Vertreter der deutschen Artusepik sind *Hartmann von Aue* („Erec", „Iwein"), *Gottfried von Straßburg* („Tristan und Isolt") und →*Wolfram von Eschenbach* („Parzival", „Titurel"). Seit 1191 wird Glastonbury in Somerset für das sagenhafte Avalon gehalten. Hier soll während der Herrschaft von *Heinrich II.* eine Bleiplatte mit folgender Inschrift gefunden worden sein: „HIC IACET SEPULTUS INCLITUS REX ARTURIUS IN INSULA AVALONA" („Hier liegt der berühmte König Arthur auf der Insel Avalon begraben").

Askalon: (Ashqelon, Ashkelon); heute Hafen im südlichen Israel mit zirka 53 000 Einwohnern; Askalon existierte bereits vor der Einwanderung der Philister (12. Jhdt. vor Christus), die die Stadt zu einer ihrer Sitze machten. 1099 konnte →*Gottfried von Bouillon* in der Nähe der Stadt einen bedeutenden Sieg über die Ägypter unter *Al Afdal* erringen, ohne jedoch Askalon einnehmen zu können. Die Stadt war gut zu verteidigen, ihre Versorgung vom Meer war nicht abzuschneiden und die Besatzung war doppelt so stark wie die Belagerer. Am 25. Jänner 1153 begann die Belagerung der Stadt unter →*Balduin III.*; nach Monaten der Belagerung, am 16. August 1153, gelang es mit Feuer eine Bresche in die Mauer der Stadt zu schlagen, durch die der Großmeister der Templer (→*Bernhard von Trémelay*) mit 40 seiner Ritter in die Stadt eindrang. Andere Templer hinderten andere Kreuzfahrer in die Stadt einzudringen, weil sie angeblich aus Habsucht die Beute nicht teilen wollten. Sie wurden vom übermächtigen Gegner niedergemetzelt und über der Mauer der Festung aufgehängt, damit das christliche Heer die Leichen sehen konnte. →*Wilhelm von Tyrus* erklärt dazu, dass Hochmut und Geldgier, die charakteristischen Charakterzüge der Templer, Ursache dieses Misserfolges waren. Nach der Einnahme, am 20. August 1153, blieb die Stadt bis 1247 mit Unterbre-chung Kreuzfahrerfestung; mit der Eroberung Askalons war die gesamte syrisch-palästinensische Küste in fränkischen Händen. Balduin verlieh Askalon seinem Bruder *Amalrich* (→Amalrich I.). 1177 führte →*Balduin IV.* von Askalon aus mit der Unterstützung der Templer einen Überraschungsangriff bei →Montgisard auf →*Saladin*, der mit einer vernichtenden Niederlage der Muslime endete. Laut Friedensvertrag mit Saladin (2. September 1192) sollte Askalon abgerissen werden, bis es 1270 von →*Baibars* dann endgültig zerstört wurde.

1949 Neugründung Askalons; vom historischen Askalon bestehen nur mehr Ruinen und ein von →*Richard I. Löwenherz* 1192 errichteter 3 km langer Mauerring mit Wehrtürmen.

Assassinen: (arabisch „Haschaschijjin", „Haschischgenießer", französisch „assassin", „Mörder"); die Ableitung der Bezeichnung Assassinen kann auch auf das arabische Wort „Assas", „Wächter" bezogen sein, da sie den mystischen Berg und das Heilige Land als Angelpunkt der geistigen Welt zu schützen suchten. Die Assassinen, ein ismailitischer Geheimbund (1090-1256), forderten von ihren Mitgliedern blinden →Gehorsam. Der Bund wurde von →*Hassan-es-Sabbah* (Hassan-i Sabbah, * 1034 bei Qumm, † 1124), einem persischen →Häretiker aus der Provinz Khorassan gegründet. Er dürfte in Ägypten mit den →Fatimiden in Kontakt gekommen sein und trat nun als deren Sendbote in Persien auf. Mit wenigen Anhängern zog er zur Burg →Alamut bei Qasvin im Iran, südlich des Kaspischen Meeres im Elbrus-Gebirge, wo er den kommandierenden Offizier zur Übergabe der Burg (1090) zwang. Der Großmeister (Scheich al-Dschibal auch El Djebel), der „Alte (Meister) vom Berg" (auch „Gebieter des Gebirges") residierte ab diesem Zeitpunkt in der Festung Alamut. Hier baute er den „Orden" nach fatimidischem Vorbild in verschiedenen Graden aus. Während sich der engste Kreis der Eingeweihten zu einem alle Schranken der Moral und Religion aufhebenden Libertinismus bekannte, wurden ihre Ordensangehörigen als ihre Werkzeuge zum strengsten Fanatismus erzogen. Die Assassinen hatten mit dem „Bethen" ein Pendant zur jüdischen „Kabbala", sie beschäftigten sich mit Zahlenmystik und auch mit Magie. Drogen wurden in meditativen Zusammenkünften zum Erreichen bestimmter Bewusstseinszustände verwendet. Mord an einem vom Meister bezeichneten Feind wurde als ein Gott wohlgefälliges Werk dargestellt, dessen Vollzug die Freuden des Paradieses sicherten. Dadurch war es möglich die Politik durch Morde zu beeinflussen, die von dafür ausgewählten Mitgliedern (arabisch „fedaijin", „fidawi", „fidawijja" oder „fidai" – „die sich selbst Opfernden" auch „Geweihter") ausgeführt wurden. Sie ruhten nicht bis ihr Auftrag erledigt war oder sie selbst bei der Erfüllung ihrer Aufgabe getötet wurden. So hatte Großmeister *Raschid ad-Din Ssinan* zwei Mordkommandos zu →*Saladin* gesandt, die erfolglos blieben, weil sie nicht mit dem Stahlhelm unter dem Turban des Sultans gerechnet hatten. Nach erfolgloser Belagerung der Assassinen-Festung →*Maßjaf* durch Saladin kam es zu einem Friedensabkommen zwischen Saladin und dem Großmeister, das bis zum Tode Saladins treu eingehalten wurde.

Es gelang den Assassinen in kurzer Zeit bis 1092 noch weitere Burgen in Syrien und Persien zu erringen. In ihrer größten Verbreitung dürften die Assassinen zirka 360 Burgen und Festungen besessen und an die 60 000 Anhänger gehabt haben. Alle Versuche der seldschukischen Fürsten den Bund zu unterdrücken scheiterten. 1105 übernahm *Muhammed* die Herrschaft im Seldschukenreich. Er konnte einige Assassinen-Burgen einnehmen, doch als er Alamut belagerte starb er an Gift (1118). Der Bund wurde durch den Mongolenfürst *Hülägü*, einem Enkel *Dschingis Chans,* vernichtet (1256). Der letzte „Alte vom Berge" *Rukn ad-Din Churschah,* dessen Vater *Ala al-Din Muhammad* in seinem Wissen ermordet worden war (1250), weil dieser bestimmte Kultpraktiken ändern wollte (er war Trinker und lebte teilweise in geistiger Umnachtung), wurde in seiner Burg Maimun-Dis (Mai-

mundiz) belagert und zur Übergabe gezwungen. Ruk ad-Din war in weiterer Folge am Hof Hülägüs dem Mongolenfürsten bei der Niederringung und Übergabe anderer Assassinen-Burgen behilflich. Nachdem die meisten Burgen in der Hand der Mongolen waren, wurde er nutzlos. Seine Familie und Dienerschaft wurde ermordet, er selbst bei einer Reise in das Lager des Chans erschlagen. Die Mitglieder des Bundes wurden in der Folge in ganz Persien verfolgt, aufgespürt und getötet.

Die Assassinen bekämpften die →Sunniten Syriens und Persiens, daher konnten sie als Verbündete der Kreuzfahrer gelten, obwohl sie →*Raimund II. von Tripolis* ermordet hatten (1152). Es wurde den Assassinen auch eine Verbindung mit den Tempelrittern nachgesagt; demnach hätte →*Hugo de Payens* die Ordensregeln in Anlehnung an die Regeln des syrischen Ordens festgelegt. Die Assassinen kannten wie die Templer eine Dreiteilung ihres Ordens (da'wa): „Alte" („Väter"), „Eingeweihte" (Dais, auch „Missionare") und „Junge" oder „Gehilfen" (Dailkebirs). Wie die Templer waren die Assassinen weiß gekleidet, ihre Mäntel gürteten sie mit roten Gürteln und rote Mützen bedeckten ihre Köpfe. Statt dessen trugen die Templer das rote →Kreuz. Die Assassinen hatten mit den Templern neben Ähnlichkeiter der Ordenstracht noch einige andere Gemeinsamkeiten. Wie bei den Templern war ihnen eine Baugilde angeschlossen, deren Leistungen noch an den Resten ihrer Festungen zu erahnen sind. Auf Grund der topografischen Lage und der damit verbundenen Schwierigkeiten beim Bau dieser Burgen müssen diese Leistungen besonders bewundert werden. Wie die Templer interessierten sie sich für die religiösen Lehren der Anderen, was beiden Orden den Vorwurf der jeweils eigenen Orthodoxie einbrachte. Die Assassinen waren im Besitz apokrypher Schriften, die die Templer bei ihren Kontakten mit der ismaelitischen Sekte kennenlernten. Dieser Umstand könnte der Ursprung für die den Templern vorgeworfenen gnostischen Thesen sein.

Assisen: (französisch „asseoir", „niedersetzen"); Bezeichnung der Versammlung der Vasallen unter dem Vorsitz des Lehensherrn in der Normandie und in England (12. Jhdt.) und der in diesem Rahmen beschlossenen und kodifizierten Gesetze; aber auch das Rechtsbuch im Königreich Jerusalem und Zypern; oder die Gesetze im Königreich Jerusalem (→Assisen von Jerusalem), die vom König nach Beratung mit den Großen des Reiches (Haute Cour) erlassen wurden.

Assisen von Jerusalem: Bezeichnung für die Sammlung von Abhandlungen über Gewohnheitsrecht und Prozesswesen der Königreiche →Jerusalem und →Zypern; private Kompilation in fanzösischer Sprache; in zwei Gruppen einteilbar: die „coutumes des haute cour" und der „cour des bourgeois". Im Wesentlichen im 13. Jhdt. entstanden; von *Philipp von Novarra* und *Johann von Ibelin*, dem Grafen von Jaffa (→Ibelin), verfasst.

Atabeg: (türkisch „Ata", „Vater", „Beg", „Fürst"); türkischer Fürst und Militärbefehlshaber; Lehensmann des Sultans; an verdiente →Meire verliehener Titel, der mit weitgehender Autonomie ausgestattet war; mit dem Aufschwung des seldschukischen Reiches gewannen die Atabegs zunehmend an Bedeutung. Sie waren ursprünglich den unerfahrenen Seldschukenprinzen als Tutoren zugeordnet. Bei den →Mamelucken Bezeichnung des Oberbefehlshabers sämtlicher Truppen.

Athlit: (Pilgerschloss oder Pilgerburg, Castellum peregrinorum; auch Chastel Pelerin, Château Pèlerin); zirka 15 km südlich von Haifa auf einer felsigen Landzunge; ihren Namen erhielt die Burg, weil
„die Pilger begonnen hatten die Burg zu befestigen";
Templerfestung am Meer bei Haifa, die 1218 unter dem Großmeister →*Guillaume de Chartres*, am Ort einer phönizischen Siedlung, als Castrum Peregrinorum errichtet wurde; beim Bau wurde der Orden von den reichen Kreuzfahrer *Walter de Avesnes* finanziell unterstützt. Die Größe (280/160 m) und Stärke, die Anzahl der Brunnen, die riesigen Lager und Vorratsräume

und der Komfort waren dazu bestimmt langen Belagerungen standhalten zu können. 1220 wurde die Burg von *al-Muazzam* von Damaskus erfolglos belagert. 1229 bemächtigte sich →*Friedrich II.* der Burg. Die Templer zwangen den Kaiser allerdings sehr schnell die Festung zu verlassen. Friedrich rächte sich und griff daraufhin den Templersitz in Akkon an. Am 14. August 1291, nach dem Fall von Akkon, musste die Festung kampflos aufgegeben werden.

Anlässlich von Vermessungsarbeiten, in heutiger Zeit, wurden Gräber gefunden, deren Grabplatten mit einfachen Schwertern aber auch mit freimaurerischen Symbolen geschmückt sind. Über den Beginn der Bauarbeiten schreibt ein Chronist (*Oliver der Skolastiker*):

„Beim ausheben eines Grabens wurde eine sehr alte, lange und massive Mauer freigelegt, und den heutigen Bewohnern unbekannte Münzen wurden gefunden. Dann bei weiteren Graben, wurde eine andere kurze Mauer freigelegt, und zwischen den beiden Mauern sprudelte frisches Wasser aus zahlreichen Quellen hervor. Zwei Türme sind vor der Burg errichtet, aus so großen Steinblöcken, dass ein einziger dieser Steinblöcke nur mit Mühe auf einem von zwei Ochsen gezogenen Karren herbeigeschafft werden konnte. Jeder Turm ist hundert Fuß lang und vierundsiebzig Fuß tief; jeder hat zwei Stockwerke Gewölbe, und sie werden bald die Klippen überragen. Zwischen den beiden Türmen wurde eine neue Mauer mit Zinnen und Schießscharten gebaut, auf so wundersame Weise, dass sich die Ritter dahinter zu Pferd und bewaffnet bewegen konnten. In einiger Entfernung von den Türmen zieht sich eine andere Mauer über das Vorgebirge von einem Ufer zum anderen, sie schützt einen Süßwasserbrunnen...".

Auberge: (Herberge); im Johanniterorden Bezeichnung für den abgeschlossenen, inneren Gebäudekomplex, in dem Ordensbrüder ihren Dienst versahen und der Konvent seinen Sitz hatte.

Aufnahmeritual, templerisches: Die meisten Vorwürfe gegen den Templerorden bezogen sich auf das geheime Aufnahmeritual (→Anschuldigungen). Die anderen Religionen und religiösen Lehren gegenüber toleranten Templer kamen in Erfüllung ihrer Aufgabe mit christlich-islamisch-jüdischer →Gnostik, mit der Lehre des Zoroaster (→Zarathustra) und griechisch-vorderasiatischen Geheimlehren in Berührung. Diese wurden allmählich von einzelnen Ordenskapiteln übernommen und fanden möglicherweise im Aufnahmeritual ihren Niederschlag und wurden als Geheimkult oder Geheimlehre in einem „inneren Kreis" des Ordens verbreitet. Dabei handelte es sich um eine neu-manichäische Form (→Manichäismus) des Christentums, die auch bei den →Katharern (Albigensern) Verbreitung fand. Als echte Vertreter des Mittelalters besaßen sie den Hang zu Geheimbündelei und zur Ausübung von Geheimlehren. So wurden die Templer mit schiitisch-ismaelischen Sekten in Verbindung gebracht und mit dem mohammedanisch-persischen →Dualismus: Gott-Teufel, Gut-Böse fanden Eingang in die Riten der Templer. Da der Ritterorden mehr als ein Jahrhundert Kontakt mit den →Assassinen hatte, wurde ihm auch die Übernahme des dort geübten sogenannten „Teufelskultes" vorgeworfen. Nur Brüder, die durch ihre Fähigkeiten in den „inneren Kreis" aufgenommen waren, waren in den Geheimkult eingeweiht. Die Aufnahme fand in der Nacht, ohne Zutritt von Profanen statt. Der Kandidat musste sich durch einen furchtbaren Eid an den Orden binden und geloben, die erfahrenen Geheimnisse zu bewahren. Der Aufnahmeritus teilte sich in den ursprünglich einfachen, der bei der Aufnahme in den Orden stattfand und in den später hinzugekommenen geheimen, der Einweihung in den „inneren Kreis".

Das einfache Aufnahmeritual: Der Regel gemäß erfolgte die Aufnahme vor dem versammelten →Kapitel in der Ordenskapelle oder im Betsaal. Das Ritual fand geheim, das heißt nur im Kreis der Ordensangehörigen statt. Der Rezeptor (→Großmeister oder →Komtur) eröffnete die Aufnahme:
„Liebe Herren und Brüder, ihr sehet, dass die meisten einig sind, diesen zum Bruder aufzunehmen.

Wäre jemand unter euch, der von ihm etwas wüsste, weshalb er nicht mit Recht Bruder werden könnte, der sage es, denn es ist besser, dass solches vorher angezeigt werde, als nachher, wenn er vor uns geführt ist."
Gab es keinen Einwand gegen die Aufnahme, wurde der Aspirant in einen Nebenraum geführt, wo er von Rittern über die Regeln des Ordens aufgeklärt, über sein Vorleben befragt und über die Festigkeit seines Entschlusses geprüft wurde. Wenn diese Prüfung zur Zufriedenheit verlaufen war, wurde dem Rezeptor von den Prüfenden darüber Bericht erstattet. Nun fragte der Rezeptor noch einmal die Anwesenden, ob jemand gegen die Aufnahme etwas einzuwenden hätte:
„Willigt ihr also, edle Herren und Brüder, ein, dass man ihn in Gottesnamen kommen lasse?"
Dann antworteten die Ritter:
„Lasset ihn in Gottesnamen kommen!"
Nun wurde der Kandidat wieder in das Kapitel geführt. Er trat vor den Rezeptor und warf sich mit gefalteten Händen auf die Knie:
„Herr, ich bin gekommen vor Gott, vor Euch und die Brüder, und bitte Euch um Gottes und unserer lieben Frauen willen, mich in Eure Gesellschaft und die Wohltaten des Ordens aufzunehmen, als Einen, der sein Leben lang Knecht und Sklave des Ordens sein will."
Danach stellte der Rezeptor den Übergang vom eigenen Herren zum Knecht heraus:
„Ihr habt hinfür keinen eigenen Willen mehr. Wenn Ihr im gelobten Land sein wollt, wird man Euch jenseits des Meeres schicken. Wenn Ihr schlafen wollt, wird man Euch befehlen zu wachen, wenn Ihr essen wollt wird man Euch befehlen etwas anderes zu tun. Seht hier das heilige Evangelienbuch, Gottes Wort, und antwortet die Wahrheit auf alle Fragen, die wir Euch stellen werden; denn wenn Ihr lügt, begeht Ihr einen Meineid und werdet aus dem Orden gestoßen, wovor Euch Gott behüte!"
Danach stellte der Rezeptor die Fragen, ob der Kandidat verheiratet oder sonst einer Frau verpflichtet sei, ob er bei einem anderen Orden das

Gelübde abgelegt habe, schuldenfrei sei, damit der Orden nicht belastet werde, er gesund an Leib und Körper und ehelicher Geburt wäre und weiter:

„...*Gelobt Ihr Gott und Maria, unserer lieben Frau, Euer Leben lang dem Meister des Tempels, und dem Euch vorgesetzten Komtur Gehorsam zu leisten? Gelobt Ihr bei Gott und der unbefleckten Jungfrau Maria Euer Leben lang keusch mit Eurem Leibe zu leben und die Sitten und Gebräuche des Tempels einzuhalten, dass Ihr kein persönliches Eigentum haben werdet, dass Ihr nur das besitzen werdet, was euch eure Vorgesetzten geben, dass Ihr alles tun werdet, was in Eurer Macht steht, um die Eroberungen im Königreich Jerusalem zu schützen, zu erobern, was noch nicht errungen wurde, dass Ihr Euch niemals irgendwohin begebt, wo man Christen zu Unrecht tötet, plündert oder enterbt, und wenn Euch Güter des Tempels anvertraut werden, so schwört Ihr, gut auf sie zu achten. Und Ihr werdet den Orden ohne Genehmigung Eurer Vorgesetzten nicht verlassen, sei es um besserer oder schlechterer Umstände willen.*"

Wenn der Kandidat antwortete:
„*Ja, Herr, so Gott will*",
führte der Rezeptor die Aufnahme zu Ende:
„*Nun denn, im Namen Gottes und Marias, unserer lieben Frau, und im Namen St. Peters von Rom und unseres Heiligen Vaters des Papstes und im Namen aller Brüder des Tempels nehmen wir Euch auf zu allen guten Werken des Ordens, die von Anfang an verrichtet sind und bis ans Ende verrichtet werden, Euch, Euren Vater, Eure Mutter und alle, die Ihr Teil daran nehmen lassen wollet...*".

Darauf nahm der Rezeptor den weißen Mantel und band ihn dem Kandidaten um die Schultern. Danach sprach der Kaplan den Psalm 132 („ecce quam bonum") und alle Brüder das „Vater unser". Nach der Umarmung des Aufgenommenen durch den Rezeptor und die anwesenden Tempelritter empfing er einen ersten Unterricht über die wesentlichen →Ordensregeln.

<u>Das geheime Aufnahmeritual:</u> Nach der Eidesablegung soll der Kandidat für den „inneren Kreis" in den Kapitelsaal geführt worden sein,

wo vor dem Kruzifix haltgemacht worden wäre; hier soll der Aufzunehmende hingewiesen worden sein, dass Christus nicht Gottes Sohn war, sondern ein falscher Prophet, der keinerlei Wunder vollbracht habe, weder auferstanden, noch in den Himmel gefahren sei. Dabei soll es zu Bespeiungen und Verhöhnungen des Kreuzes gekommen sein. Nach der Beendigung dieses ersten Teiles des Rituales wurde aus einem Schrein ein heiliges „Haupt" (→Caput LVIII) entnommen. Der Rezeptor stellte es auf ein Podest und soll zu dem Aufzunehmenden gesagt haben: „*Glaube an das Haupt, vertrau ihm, und es wird dir wohlergehen!*"

Während der Zeremonie musste der Neueingeweihte zur Verehrung des Idols barhäuptig niederknien, dazu sprach der Rezeptor: „*Nun ist der Sohn des Menschen gepriesen und Gott ist in ihm gepriesen.*"

Danach wurde aus dem Haupt eine weißwollene Schnur entnommen, die symbolisch den Gürtel →Johannes' des Täufers (er galt als der Schutzpatron der Templer) darstellte, die man dem Aufzunehmenden um die Taille band. Diese Schnur sollte die brüderliche Verbundenheit symbolisieren, aber auch den Eingeweihten als geheimes Erkennungszeichen dienen. Während der Umgürtungszeremonie soll es zwischen dem Rezeptor und dem Neuaufgenommenen zu homosexuellen Handlungen gekommen sein, deren Ursprung in einer sexual-magischen Vorstellungswelt lag. Diese Handlungen sind nie nachgewiesen worden, auch ist die Existenz eines templerischen Geheimstatutes durch nichts, außer den erpressten Aussagen während des Templerprozesses, belegt.

Augustiner: Bezeichnung für katholische Ordensgemeinschaften, die nach den Regeln des heiligen →Augustinus leben.

Augustiner-Chorherren: Gründung im 11. Jhdt.; Zusammenschluss der Domherren, die in klösterlichen Gemeinschaften lebten; ihre Aufgaben waren Seelsorge und Unterricht.

Augustiner-Eremiten: im 13. Jhdt. gegründeter Bettelorden; ab dem 16. Jhdt. mit drei Zweigen

(Orden der Brüder des heiligen Augustinus, beschuhte und unbeschuhte Augustiner).

Augustinus: Aurelius; (* 13. November 354 in Tagaste/Numidien, † 28. August 430 in Hippo Regius/Numidien); Kirchenlehrer und Heiliger; sein Vater, ein Beamter, war Anhänger eines spätrömischen Götterglaubens, seine Mutter *Monika* war eine engagierte Christin. Lehrer der Rhetorik in Tagaste, Karthago, Rom und Mailand; 385 trennte er sich von seiner Frau mit der er einen Sohn hatte. In Mailand begegnete er *Ambrosius,* der ihn 387 taufte, nachdem er den →Manichäismus und die neuplatonische Skepsis überwunden hatte. 395 wurde er Bischof von Hippo in Nordafrika.

Für Augustinus ist Gott die absolute Wahrheit, nach der der Mensch verlangt. Die Seele des Menschen ist durch göttliche Erleuchtung zur Erkenntnis befähigt. Hauptwerke: „Confessiones" („Bekenntnisse", Biographie seines Werde-

Kirchenvater Augustinus

ganges, 397-398); „De trinitate" („Über die Dreieinigkeit"); „De civitate Dei" („Vom Gottesstaat"), der Kampf zwischen der Gemeinschaft der Erwählten, der „Gottesbürger" („Civitas Dei") und der „irdischen Bürgerschaft der Selbstliebe" („Civitas terrena"); Augustinus gesteht den →Apokryphen zu, dass auch bei ihnen manches Wahre enthalten sei, doch da zu viele Irrtümer geschrieben seien, besäßen sie kein kanonisches Ansehen. Augustinus war nicht nur richtungsweisend für die Stellung der Kirche zum Staat, sondern legte auch den Grundstein für die Entwicklung des christlichen Mönchtums. Für ihn galt das Leben füreinander und miteinander als Lebensschule. Der Einzelne sollte in der Gemeinschaft auf Eigeninteressen verzichten und Rücksichtnahme auf den Nächsten üben. In diesem Geiste wurden im Templerorden alle neu Aufgenommenen, unabhängig welchen Stand sie im profanen Leben angehörten, gleich behandelt.

Aumont, Pierre de: Templer; Präzeptor der Auvergne; soll als Maurer verkleidet mit zwei weiteren Präzeptoren und sieben Rittern im Jahr 1310 nach Irland und zwei Jahre später nach Schottland auf die Insel Mull geflohen sein, wo er sich mit anderen geflohenen Templern unter der Führung des Präzeptors *Georg Harris* zusammengeschlossen haben soll. Aumont wird von Baron *Karl von* →*Hund* als Nachfolger →*Jaques de Molays* im Amt des Großmeisters der Templer genannt. Aumont, der seiner Gefangennahme entgangen war, soll vom eingekerkerten Molay den Auftrag bekommen haben, den Orden unter allen Umständen weiterzuführen. Er soll anlässlich eines 1312 abgehaltenen Generalkapitels zum Großmeister gewählt worden sein. Von den anwesenden Rittern wurde festgelegt, den Orden „auf ewige Zeit" zu erhalten. Nach Aumonts Tod wird Harris als Großmeister genannt.

Ausrüstung: →Rüstung, →Rüstung der Templer, →Habit.

Aussatz: (Lepra, Hansen-Krankheit); chronische bakterielle Infektionskrankheit mit vorwiegendem Befall der Haut und/oder des peripheren Nervensystems, die zu Verunstaltungen des Körpers führt. Die Übertragung des Erregers Mycobacterium leprae erfolgt nur bei langdauerndem, unmittelbarem Kontakt mit Leprakranken (Aussätzigen), vermutlich durch Tröpfchen- oder Schmutzinfektion, bevorzugt über den Nasen- und Rachenbereich; die Inkubationszeit beträgt 9 Monate bis 15 Jahre. Auftreten der Lepra besonders in den Tropen und Subtropen; Behandlung und Heilung des lange als unheilbar geltenden Aussatzes sind heute mit Hilfe von Antibiotika möglich; eine strenge Isolierung der Kranken ist nicht mehr üblich. Die Ausbreitung erfolgte in der Antike von Arabien und Palästina aus. Die im Zuge der Kreuzzüge erkrankten Ritter wurden im →Lazarusorden gepflegt. Aussätzige Ordensritter traten in den Lazarusorden über.

Autodafé: (das); aus dem portugiesischen für „Akt des Glaubens" (lateinisch „actus fidei"); charakteristisch für die →Inquisition (Ketzergericht) in Spanien und Portugal; öffentliche Bekanntgabe von Ketzergerichtsurteilen (Freispruch oder Vollstreckung) und deren feierlichen Vollstreckung nach einem Gottesdienst; auch Verbrennung von Ketzern auf dem Scheiterhaufen, aber auch Verbrennung missliebiger Schriften. Die Delinquenten wurden von der Inquisition der weltlichen Gewalt übergeben und in Gegenwart der christlichen und weltlichen Obrigkeit im Feuer hingerichtet. Die Scharfrichter des Papstes, die →Dominikaner, beriefen sich bei ihren Urteilen auf das Johannes-Evangelium (15, 5-6), wo es heißt: *„Ich bin der Weinstock, ihr seid die Reben. Wer in mir bleibt und in wem ich bleibe, der bringt reiche Frucht; denn getrennt von mir könnt ihr nichts vollbringen. Wer nicht in mir bleibt, wird wie die Rebe weggeworfen, und er verdorrt. Man sammelt die Reben, wirft sie ins Feuer, und sie verbrennen."*

Das Autodafé vom 12. Mai 1310, das 54 Templern das Leben kostete, wird von einem Chronisten wie folgt geschildert:
„Auf der Richtstätte angekommen, riss man ihnen die Kleider ab, stieß die unter ihnen befindlichen Priester aus dem geistlichen Stande und band sie dann einzeln an den Brandpfahl. Außer dem eigentlichen Holzstoß waren in einiger Entfernung Reisigbündel bereit gestellt und in Brand gesteckt, aber die Henker warteten noch, bis der Herold noch einmal Leben und Freiheit verheißen hatte, der sich der Anklage schuldig bekennen werde. Freunde und Verwandte der großteils aus edlen und angesehenen Familien entsprossenen Blutzeugen drängten sich herzu und baten sie weinend, sich dem Willen des Königs nicht länger zu widersetzen, sondern durch Nachgiebigkeit dem schmählichen Tode sich zu entziehen. Da war aber Keiner unter ihnen, der durch eine Lüge sein Leben hätte erkaufen mögen; alle beharrten standhaft und folgerichtig in der vollen Ableugnung der ihrem Orden zur Last gelegten Punkte. Nun schoben die Henkersknechte mit langen Stangen die brennenden Reisigbündel erst von der einen, dann von der anderen Seite näher und näher an die Unglücklichen heran. Erst langsam leckte die Flamme an den Gefesselten empor, schlang sich mit Gier immer höher und höher empor, bis über ihnen die Lohe zusammenschlug. Aus dem Geprassel des Feuers erklang noch die Versicherung ihrer Unschuld; man hörte sie Christum anrufen, die heilige Jungfrau und andere Heilige."

Avalon: (Avallohn); sagenhafte Insel (keltisches Elysium) in der keltischen Mythologie. Ort an dem die verstorbenen Könige und Helden weilen („Gefilde der Seligen"). Auf Avalon wurde König →Artus nach seiner Verwundung durch seinen Neffen *Modred* von Feen gepflegt und entrückte. Avalon wird seit 1191 mit Glastonbury in Somerset identifiziert.

Averroes: (arabisch Abu l-Walid Ibn Ruschd oder Roschd); (* 1126 in Cordóba, † 1198 in Marokko); stammte aus einer Juristenfamilie; Philosoph, Richter und Arzt in Spanien; er verband die aristotelische Metaphysik mit der neuplatonischen Emanationslehre (Emanation: Das Hervorgehen aller Dinge aus dem unveränderlichen, vollkommenen, göttlichen Einen). Averroes nahm an, dass ein einheitlich tätiger Verstand das individuelle Denkvermögen aktualisiere, und dass die Einzelseele an den Körper gebunden und wie dieser sterblich sei.

Averroismus: Eine auf →*Averroes* zurückgehende philosophisch-theologische Lehre, die dem christlichen Dogma sehr kritisch gegenüberstand. Die Lehre wurde am 10. Dezember 1270 von der Pariser Universität verurteilt.

Aycelin de Narbonne: (Gilles Aycelin, Gille Aiscelin); Erzbischof und Mitglied des Staatsrates König →*Philipps IV.*, Großsiegelbewahrer; weigerte sich seine Unterschrift auf jene Dokumente zu setzen, die den Befehl zur Verhaftung der Templer beinhalteten. Der König übergab daher das Siegel seinem Vertrauten Wilhelm →*Nogaret*. Ayceline verweigerte die Unterschrift nicht aus moralischen Bedenken sondern aus Habsucht, denn er hätte mit seiner Unterschrift den Zorn des Papstes auf sich gezogen und musste dann fürchten, seine Güter zu verlieren. Er unterließ es auch den Templerorden zu warnen. Er hätte den Orden mit seiner Warnung vor dessen Vernichtung bewahren und so den größten Justizmord der Geschichte verhindern können. Aycelin sollte die Leitung einer vom Papst am 7. August 1309 eingesetzten Untersuchungskommission (→Achterkommission) übernehmen, die gegen den Templerorden als Gesamtheit ermitteln sollte. Philipp

IV. verhinderte dies und konnte statt dessen seinen Getreuen den *Bischof von Mende* einsetzen lassen.

Aymé d'Oselier: Präzeptor des Templerordens in Burgund; später Ordensmarschall auf Zypern; er weigerte sich die Waffen niederzulegen, als im Mai 1308 die päpstliche Bulle „Pastoralis praeminentiae" (der Papst billigt die Verhaftung der Templer und die Einziehung ihrer Güter) die Insel erreichte. Erst nach einigen Gesprächen übergab er am 1. Juni 1308 die Waffen. Die Templer wurden in ihren eigenen Burgen festgesetzt. Aymé d'Oselier wurde wegen seines Widerstandes gegen die Verhaftung wegen Hochverrates angeklagt. D'Oselier starb 1317 nach elender Haft im Kerker auf Zypern.

Aymeric de St. Maur: Präzeptor von England während der Regentschaft →*Johanns I. Ohneland* (1199-1216); er war engster Berater des Königs. Johann galt auch als regelmäßiger Besucher des Londoner Ordenshauses. Auf Aymerics Überzeugungskraft dürfte die Unterzeichnung der „Magna Charta" durch den König zurückzuführen sein. Anlässlich der Unterzeichnung stand er an dessen Seite. Nach dem Tod Johanns wurde er zu einem der Testamentsvollstrecker bestimmt.

B

Babylonische Gefangenschaft: Aufenthalt der Juden in Babylon nach der Zerstörung →Jerusalems durch *Nebukadnezar II.* (597 v. Chr.). Auch Aufenthalt der Päpste in Avignon (Avognonisches Exil der Kirche, 1309-1377); der Zeitgenosse *Francesco Petrarca* (1304-1374) beschreibt die Stadt als:

"...einen stinkenden, schlecht gebauten, wütenden Winden ausgesetzten Platz und als Sitz jeglichen Lasters.. ".

Die Päpste dieser Zeit waren entweder Franzosen oder von der französischen Krone völlig abhängig und dienten ausschließlich der französischen Königsmacht. Rom wurde von einem päpstlichen Vikar verwaltet.

Die Päpste von Avignon waren:

Klemens V.	(1309-1314)
Johannes XXII.	(1316-1334)
Benedikt XII.	(1334-1342)
Klemens VI.	(1342-1352)
Innozenz VI.	(1352-1362)
Urban V.	(1362-1370)
Gregor XI.	(1370-1378)

Folge des kirchlichen Exils war die Verweltlichung der Kirche, sittlicher Verfall der Kurie und unwürdige Zustände am Papsthof. Kurtisanen spielten ebenso eine große Rolle wie Tanz und Völlerei.

bafouer: französisch „verschmähen", „verspotten", „verhöhnen"; möglicherweise leitet sich von diesem Wort auch →*Baphomet*, das angebliche Idol der Templer, ab; oder es wird die Verspottung des Kreuzes in der Aufnahmezeremonie mit dem Wort oder mit dem Idol Baphomet zusammengefasst.

Baghras: (Bagras, Gaston); Templerfestung nördlich von →Antiochia an der Grenze zum armenischen →Kilikien, die sich gegen Byzanz und seine armenische Schützlinge richtete, den Verkehr von der Küste durch die Amanus-Bergkette nach Syrien beherrschte und die Straße von Kilikien nach Antiochia überwachte. Im 8. Jhdt. von den Muslimen befestigt wurde die Festung später (10. Jhdt.) Garnison des byzantinischen Reiches; 1133 wurde die Festung und ihr Umland gemeinsam mit anderen Burgen den Templern übergeben. Der Ritterorden baute die Burg zum Zentrum ihrer ersten Grenzmark aus. 1137 ging Kaiser *Johannes Komnenos* von hier aus gegen Antiochia vor. Am 16. November 1188 musste die Burg vor →Saladin kapitulieren. 1191 ließ er die Burg abreißen, nachdem er abgezogen war bemächtigte sich der Rubenierfürst →*Leo II.* von Armenien des Standortes und baute die Burg wieder auf.

In der Auseinandersetzung König Leos von Armenien mit →*Bohemund III.* von Antiochien und den Templern um die Rückgabe von Baghras, einigen Ländereien und anderen Befestigungen, die durch Leo von den Moslems zurückerobert worden waren, kam es zum Streit und auch zu einem neuerlichen Widerspruch zwischen den Templern und den →Johannitern. →*Heinrich I. von der Champagne* konnte den Streit schlichten, der gefangengesetzte Bohemund von Antiochia wurde freigelassen nachdem er die Oberlehensherrschaft über Antiochia an Leo abgetreten hatte und die Ländereien um →Baghras und Baghras selbst den Armeniern zugesprochen (1196) wurden. Die Johanniter nahmen im Erbfolgestreit im benachbarten Fürstentum Antiochia Partei für Leo und ließen den ältesten Sohn *Bohemunds III. von Antiochia* durch die →Assassinen ermorden (1201). Der Papst entschied zugunsten der Templer und Leo musste 1213 dem Wunsch →*Innozenz III.* folgen und die Burg den Templern zurückgeben. 1268 musste Baghras nach dem Fall Antiochias an →*Baibars*, dem Sultan der →Mamelucken, übergeben werden.

Baibars: (az-Zahir Rukn ed-Din Baibars al-Bundukdari); (* um 1229/33 in Kiptschak/Turkestan, † 1. Juli 1277 in Damaskus); genannt der „Bogenschütze"; wurde an den aijubidischen Sultan (*as-Salih*) verkauft, kam als Sklave an den Hof der →Aijubiden in Damaskus, dann nach Kairo; Kommandeur der Palastgarde, nahm 1250 an der Verschwörung gegen den letzten Ajjubiden *Turan Schah* (Sohn des as-Salih) teil und ermordete ihn eigenhändig; später mameluckischer Herrscher von Ägypten und Syrien (1260-77), wurde Sultan nachdem er seinen Vorgänger *Qutuz* (Kotus) ermordet hatte; siegte gegen die Mongolen 1260 und 1270; unterwarf Nubien, rücksichtslose und grausame Kriegsführung gegen die Kreuzritter. 1265 begann er mit der Eroberung von →Outremer; 1266 eroberte er durch Verrat und Hinterlist die Templerfestung →Safed und am 15. April 1268 die Burg →Beaufort im Sturmangriff. Danach nahm er →Antiochia, damit mussten die Templer die Festungen →Baghras und →Fels von Roissel übergeben. In Syrien wurden Assassinenfestungen überwältigt; 1270 eroberte Baibars Askalon, 1271 fiel der →Krak des Chevaliers durch List (Ein von Baibars gefälschtes Sendschreiben des Grafen von Tripolis). Sein Lebensziel – die endgültige Vertreibung der Christen aus dem Heiligen Land – konnte er allerdings nicht mehr erleben. Er starb 1277, vierzehn Jahre vor dem Fall Akkons. Über seinen Tod gibt es mehrere Spekulationen; nach einer soll er an anlässlich seines letzten Feldzuges erhaltenen Wunden gestorben sein, nach einer anderen soll er zuviel Kumiz (vergorene Stutenmilch) getrunken haben; wahrscheinlich aber starb er an einem vergifteten Becher Kumiz den er für einen anderen bereiten ließ und aus dem er unachtsam trank, ohne dass er diesen hatte vorher reinigen lassen.

Seine militärischen Erfolge und die strenge Verwaltung trugen zur Ausbildung der Mamelukenherrschaft bei. Er wurde zum Held arabischer Volksromane (Sirat Baibars).

Bailli: (Bailiff; vom lateinischen „baiulus", „Lastträger"); frühe Form des bezahlten Beamten; Amt, das die Stellvertretung der Exekutivgewalt beinhaltete, und meist von lokalen Beamten wahrgenommen wurde. In →Outremer wurden dem Bailli die vielfältigsten Aufgaben übertragen, die von der Verwaltung in Ritterorden bis zur Stellvertretung des Königs bei dessen Abwesenheit oder Minderjährigkeit reichen konnten (→Baylie).

Balak: turkmenischer Sultan, der im Nord-Osten des Heiligen Landes alle moslemischen Stämme zum Kampf gegen die Grafschaft →Edessa und das Fürstentum Antiochia vereinigen konnte (1122). König →*Balduin II.* eilte →*Joscelin von Courtenay*, dem Grafen von Edessa, zu Hilfe. Sowohl der Graf als auch der König gerieten in Gefangenschaft und wurden in der Zitadelle von Karputh in den Bergen von Kurdistan festgesetzt. Mit Hilfe der von *Balak* unterdrückten Armenier gelang es beiden als Bettler verkleidet zu flüchten und die Bewohner der Stadt gegen die Zitadelle aufzuwiegeln und diese zu erobern. Balduin zog dann als Kaufmann getarnt Richtung Westen und mobilisierte ein Entsatzheer. Zwischenzeitig gelang es Balak wieder die Zitadelle von Karputh einzunehmen und Joscelin neuerlich gefangenzusetzen. Nachdem alle Versuche der Rückeroberung durch Balduin schon bei Edessa scheiterten, musste Courteney gegen ein hohes Lösegeld freigekauft werden. Balak begnügte sich mit der Eroberung der Grafschaft Edessa (ohne Einnahme der Stadt), und da es zu keiner Einigung mit den Sarazenen im Süden des Landes kam, war die Gefahr für das Heilige Land gebannt. Edessa wurde dann von Emir →*Sengi* 1144 endgültig erobert.

Balduin I.: Balduin von Boulogne, (* 1058, † 2. April 1118 bei al-Aris); Bruder →*Gottfrieds von Bouillon*. Nahm als Führer eines Heeres am 1. Kreuzzug teil. Sonderte sich aber bereits sehr früh vom übrigen Heer ab, um seine eigenen Interessen an Landgewinn verfolgen zu können. Er führte im Inneren des Landes Krieg bis ihn *Thoros*, ein christlicher Armenier, nach Edessa um Hilfe rief. Balduin zwang Thoros ihn zu adoptieren und als Erben einzusetzen, verbündete sich dann mit Thoros Gegnern, setzte ihn gefangen, schwor ihm freies Geleit, überließ ihn dann aber dem Volk, das Thoros mit Knüppeln erschlug und in Stücke riss. Am 10. März 1098 war Balduin Alleinherrscher der „Grafschaft Edessa". Als der Zweifel des Volkes, sich auf die richtige Seite geschlagen zu haben, ließ Balduin 12 aufständische Adelige verhaften, den einen ließ er die Augen ausstechen und den anderen die Glieder abschlagen. Zu einem weiteren Aufstand

kam es nicht mehr. Balduin heiratete *Arda*, eine armenische Prinzessin. Als er vom Tode seines Bruders Gottfried (1100) erfuhr, übergab er seinem Cousin *Balduin von Le Bourg* (→Balduin II.) die Herrschaft über Edessa und trat sofort die Reise nach Jerusalem an, wo er die Nachfolge Gottfrieds antrat, nachdem er die Opposition *Tankreds* und des →*Patriarchen* →*Daimbert* überwunden hatte; er scheute sich nicht wie sein Bruder den Titel König zu tragen. Balduin begann das Land zu befrieden, Burgen zu bauen und für die Wahrung des Rechts zu sorgen. Er beseitigte die Lehenshoheit der Patriarchen. Er eroberte Caesarea 1101, Arsuf 1102, Akkon 1104 und Beirut 1110 und dehnte die Grenzen seines Reiches bis Aqaba (1115/16) am Roten Meer aus. Möglicherweise hat Balduin I. zur Gründung des Templerordens beigetragen. Er starb 1118 auf dem Rückmarsch von seinem letzten Feldzug gegen Ägypten, ohne die Vorsorge für das Thronerbe getroffen zu haben.
→*Wilhelm von Tyrus* beschrieb Balduin: „... er soll von Gestalt sehr hoch und viel größer als sein Bruder gewesen sein (...), Bart und Haare waren dunkelbraun (...), sein Gang war würdevoll, Haltung und Rede ernst (...). Er war geschickt im Führen der Waffen, ein gewandter Reiter, tätig und unverdrossen, so oft ihn die Geschäfte des Reiches in Anspruch nahmen."

Balduin II.: (Balduin von Le Bourg, Boudouin du Bourg); nahm mit →*Gottfried von Bouillon* am 1. Kreuzzug teil; begleitete diesen nach Jerusalem; zog sich später nach Syrien zurück; als sein Vetter →*Balduin I.* König von Jerusalem wurde, wurde er in seiner Nachfolge Graf von →*Edessa* und erbte nach dessen Tod den Titel König von Jerusalem (Amtsdauer 1118, † 21. August 1131). Die Grafschaft Edessa übergab er seinem Cousin →*Joscelin von Courtenay*, der ihn bei der Nachfolge am Königsthron unterstützt hatte. Balduins vorbildliche Ehe mit der Armenierin *Morphia* blieb ohne männlichen Nachfolger, doch entsprangen der Ehe vier Töchter. Balduin kämpfte viele Jahre gegen die Araber und war in seiner Amtszeit mit der Verteidigung der Graf-

schaften Edessa und Tripolis und des Fürstentums Antiochia beschäftigt. 1122 wurde er, als er in Edessa für den vom Muselmanen →*Balak* festgesetzten Joscelin die Regierungsgeschäfte regelte, selbst von Balak gefangengenommen und in Karputh und später in Harrar festgehalten; gegen hohes Lösegeld wurde er im Juni 1124 freigelassen. Balduins größter Erfolg war, mit Hilfe der venezianischen Flotte, die Eroberung von →*Tyrus* im Juli 1124. Damit war der gesamte syrisch-palästinensische Küstenstreifen in christlicher Hand. Seine jüngere Tochter *Alice* verheiratet er mit →*Bohemund II.* von Antiochia. →*Melisende*, seine herrschsüchtige, ältere Tochter vermählte er mit →*Fulko von Anjou*, den er noch vor seinem Tod zu seinen Nachfolger bestimmte. *Hodierna* wurde mit →*Raimund von Tripolis* vermählt; *Joveta*, die jüngste Tochter, wurde Äbtissin im Kloster von Bethanien. Nachdem Bohemund in Kilikien gefallen war, wollte Alice alleine, ohne Bevormundung ihres Vaters, die Regierungsgeschäfte führen. Sie versuchte zum Erreichen ihrer Ziele sogar mit →*Sengi* zu kollaborieren. Balduin eilte nach Antiochia, nahm es ein und beschränkte den Einfluss seiner Tochter auf Latakia und Dschabala. Diese Vorgänge hatten Balduin seelisch und körperlich so stark angegriffen, dass er nach seiner Rückkehr erkrankte. Er starb am 21. August 1131. Er war der letzte König von Jerusalem, der aktiv am ersten Kreuzzug teilgenommen hatte.
In seiner Regierungszeit wurde der Orden der Tempelritter (1118/19/20) gegründet. Er stellte dem Orden als Sitz in Jerusalem einen Flügel des Königspalastes, der ehemaligen →*Al-Aqsa-Moschee* im Tempelbezirk, zur Verfügung. Balduin unterstützte den Orden, obwohl die Ritter seiner Gewalt entzogen und nur dem Papst treuepflichtig waren. Die Templer stellten dem Königshaus von Jerusalem dafür ständig einsatzfähige, pflichtbewusste Kampftruppen, die vorerst ohne persönlichen Ehrgeiz und Gewinnstreben gegen die Muselmanen zogen. Als der Großmeister des Templerordens →*Hugo de Payens* 1128 nach Europa reiste, hatte er von Baldu-

in den Auftrag, auch Truppen für den König anzuwerben.

Balduin III.: (* 1130, † 10. Februar 1162 in Beirut); Sohn →*Fulkos von Anjou* und →*Melisendes*, der Tochter →*Balduins II.*; König von Jerusalem (1143-1163); seine Mutter Melisende war nach dem Tod von Fulko Thronerbin, doch war der Gedanke an eine alleinregierende Königin den Baronen unerträglich, es wurde daher ihr Sohn Balduin zum Mitregenten ernannt. Während seiner Minderjährigkeit war Melisende Verwalterin seiner Herrschaft, allerdings versuchte sie ihn auch später zu beeinflussen und zu bevormunden. Im September 1158 wurde Balduin mit *Theodora*, einer Nichte Kaiser →*Manuel I. Komnenes*, vermählt. Balduin versuchte sich durch militärische Erfolge der Vormundschaft seiner Mutter zu entziehen. Seine Mutter wiederum bemühte sich über die Templer (→*Andreas von Montbart*) ihren Einfluss zu sichern. 1150 wurde die Burg Gaza errichtet, die Balduin den Templern übergab. Dadurch wurde der Weg zur Eroberung von →*Askalon*, der letzten Festung Ägyptens, gebahnt und es wurde 1153 nach fünfmonatiger Belagerung erobert. Weniger erfolgreich waren seine Feldzüge gegen →*Nur ed-Din* und er verlor Edessa.

Als →*Eberhard von Barres* das Großmeisteramt des Templerordens zurücklegte, wählten die Templer, um nicht in Konflikt mit dem König zu geraten, →*Bernhard de Trémelay* zu ihrem Meister. Erst nach dessen Tod (August 1153), bei der Eroberung von Askalon, wurde →*Montbard* Großmeister.

Der König führte im gleichen Jahr Krieg gegen die eigene Mutter, weil diese die Regentschaft nach seiner Großjährigkeit nicht abgeben wollte. Das Reich wurde in eine nördliche und südliche Hälfte geteilt. Nach seinem frühen Tod 1162, verursacht durch schlechte ärztliche Beratung des Leibarztes des Grafen von Tripolis namens *Barac* oder wahrscheinlicher aber durch Gift, wurde sein Bruder →*Amalrich*, der Graf von Jaffa und Askalon, König von Jerusalem.

Balduin IV.: (* 1160, † 16. März 1185); folgte seinem Vater →*Amalrich I.* (Mutter →*Agnes von Courtenay*) 13-jährig auf den Thron Jerusalems (15. Juni 1174 – März 1135); wurde von →*Wilhelm von Tyrus* erzogen; er galt als talentiert, wurde bereits als Achtjähriger vom →*Aussatz* befallen und konnte nur zeitweilig regieren. In der übrigen Zeit überließ er das Reich führungsstarken Männern (z.B. →*Raimund III. von Tripolis*). Er war nicht in der Lage die rivalisierenden Parteien innerhalb des Königreiches in Schach zu halten. Sprecher der alteingesessenen Barone war Raimund von Tripolis. Ihm gegenüber stand →*Guido von Lusignan*. Mit der Hochzeit Lusignans mit der Thronerbin →*Sibylle* wurde er zum Mittelpunkt einer korrupten und intriganten Hofclique, der auch nach 16-jähriger seldschukischer Gefangenschaft →*Rainald de Châtillon*, der übel beleumundete →*Patriarch* von Jerusalem →*Heraklius* und der spätere Tempelgroßmeister →*Gerhard de Ridefort* angehörten. 1177 konnte Balduin bei Montgisard, verstärkt mit achtzig Templerrittern unter der Führung des Tempelgroßmeisters →*Odo von Saint-Amand*, →*Saladins* Hauptheer schlagen; 1179 unterlag Balduin in der Schlacht von Margelion (Mardsch Ayun) Saladin. Balduin verteidigte Aleppo und bekämpfte den Feldherren der Muslime mit großer Klugheit. Seine Nachfolge regelte er in einer Wahlordnung (→Assisen von Jerusalem, „haute cour", Kommission zur Wahl). Von seiner Krankheit bereits stark seh- und gehbehindert musste er die Regentschaft zeitweise an Vertraute übertragen. Zunächst ernannte er →*Balduin V.* (1183) zu seinem Mitregenten (6-jährig), die Regierungsgeschäfte übertrug er *Guido de Lusignan*. Als Balduin 1185 starb wurde durch Intrige Guido de Lusignan an der Seite Sibylles König von Jerusalem.

Balduin V.: (* 1177, † August 1186); Sohn →*Sibylles*, der Schwester →*Balduins IV.* aus ihrer 1. Ehe mit *Wilhelm von Montferrat*. Nach der von →*Balduin IV.* festgelegten Erbfolge sollte der Minderjährige 1185 den Thron von Jerusalem besteigen, starb aber bereits ein Jahr nach dem Tod seines Onkels (1186). Danach entbrannte der Kampf um die Thronfolge. Es sollte nach dem Willen Balduins IV. →*Raimund von Tripolis* die Regentschaft übernehmen, bis sich der Papst, der deutsche Kaiser und die Könige von England und Frankreich auf einen Nachfolger geeinigt hätten. Durch einen Staatsstreich gelang es Sibylle gemeinsam mit ihrem Ehemann →*Guido von Lusignan*, unterstützt von →*Rainald de Châtillon*, →*Heraclius*, dem Patriarchen von Jerusalem, und den Templern, den Thron zu besteigen.

Ballei: die; Verwaltungsbezirk bei den Ritterorden (Johanniter, Deutscher Orden) mit mehreren Prioraten (Komtureien) unter einem →Bailli. (→Baylie).

Bann: das gegen Personen, Orte und Gegenstände verhängte Gebot der Meidung; gleichbedeutend mit →Acht und sozialer Isolierung; Kirchenbann (Exkommunikation): Ausschluss aus der Kirchengemeinschaft.

Banner: (französisch „banière", „öffentlich ankündigen"); bereits bei den Römern bekannte Fahnenform, die durch eine waagerecht hängende Querstange mit dem Fahnenschaft verbunden ist; ursprünglich nur dem Landesherrn, später auch den höheren Lehensherren vorbehalten.

Bannerer: (→Bannerträger); dienender Bruder des Templerordens; war überall wo er sich befand der Vorgesetzte der anwesenden und diensttuenden Knappen. Er ritt bei Kriegszügen vor dem Ordensbanner (→Beauséant). Im Kampf hatte er einen kleineren Banner auf seiner Lanze, führte die Nachhut und befehligte die Knappen, die die Wagenburg und den Nachschub bewachten.

Bannerträger: (→Bannerer); („banneretus", „vexillarius",„chevalier banneret"); das Banner oder auch das kriegerische Gemeinschaftszeichen wurde vom Befehlshaber selbst, oder von einem dafür bestimmten, vertrauenswürdigen Untergebenen getragen. Neben der Ernennung war auch der erbliche Anspruch bekannt. Zum Schutz des Banners ist der Bannerträger von Trabanten umgeben.

Bannockburn: schottische Stadt südöstlich von Stirling (heute 6 000 Einwohner); durch den Sieg des *Robert I.* →*Bruce* über die Engländer unter

→*Eduard II.* am 23. Juni 1314 sicherte das schottische Heer die Unabhängigkeit von England. Der Erfolg wird im besonderen der →Kampftaktik zugeschrieben, die jene der Sarazenen kopierte. Die Templer dürften das Heer des Robert Bruce in Disziplin und Taktik unterwiesen haben. In der Schlacht selbst soll das unerwartete Auftauchen einer Templereinheit in voller Montur, im weißen Mantel mit dem roten Kreuz und mit dem wehenden →Beauséant die Engländer so in Schrecken versetzt haben, dass sie flüchteten. Die Engländer verfügten über 2 000 Mann Kavallerie und 150 00 Mann Infanterie; ihnen standen nur 6 000 Infanteristen der Schotten gegenüber.

Banyas: Grenzfestung; kam 1126 als Geschenk des →Atabeg von Damaskus *Toghtekin* an den Führer der →Assassinen *Bahram von Asterabad*, der sie neu befestigte; seine Anhänger verbreiteten Angst und Schrecken in der Nachbarschaft, bis der Sohn und Nachfolger Toghtekins, die Anhänger des Geheimbundes zu vernichten oder zumindest zu vertreiben versuchte. Die Assassinen suchten aus diesem Grunde die Nähe zu den Franken und traten daraufhin in Unterhandlungen mit den Christen ein, die den Geheimbund auf fränkischem Gebiet anzusiedeln versuchten. Als der Führer der Assassinen *Ismael* 1129 starb und sich dessen Anhänger zerstreuten, konnte →*Balduin II.* Anfang Jänner 1130 Banyas einnehmen.

Baphomet: (Bafomet, Baffomet); Teufelsfigur, die von den Templern verehrt worden sein soll. Mischung aus Mensch und Tier; gehörnt, die Hände wie Pranken eines Tieres, die weibliche Brust weist auf ein hermaphroditisches Symbol hin. Manchmal hatte das Idol zwei oder drei Gesichter. In den meisten Fällen wird er als Büste eines bärtigen, gehörnten Mannes beschrieben (Darstellung am Portal der Kirche in Saint-Merry). *Louis Charpentier* vermutet, dass die Darstellung des Baphomet eine „Zusammenfassung" von alchimistischen Symbolen wäre und die Anbetung eine auf diese Bedeutung gerichtete Meditation sein sollte. Laut *Hammer-Purgstall* (österreichischer Archäologe) dürfte es sich um eine Wortzusammenfassung aus „Baphe" (Taufe) und „Meteos" (Weihe, Weisheit) handeln. Nach *John Charpentier* handelt es sich um die Verbindung der beiden Namen „Baptiste" („Täufer", gemeint ist →Johannes der Täufer) und „Mahomet" (→Mohammed); Bap-homet, ist möglicherweise ein Hinweis darauf, dass die Templer Islam und Christentum vereinen wollten. Nach *Eliphas →Lévi* auch als Verschleierung des Templerwahlspruchs „Templum omnium hominum pacis abbas" („Tempel aller Menschen, Abt des Friedens" oder „Der Tempel aller Menschen ist der Vater des Friedens"). Louis Charpentier stellt eine Verbindung der Templer zur Alchemie her. Dies versucht er mit einer Aussage von *Gérard de Sède* zu begründen: „Bapheus mété", was mit „Färber des Mondes" zu übersetzen wäre. Damit wurden jene Alchimisten bezeichnet, die in der Lage waren, den „Stein der Weisen" herzustellen (das Silber des Mondlichtes in Gold zu verwandeln). Laut dieser Interpretation ist Baphomet eine zu enträtselnde alchimische Allegorie. *Emma Jung* (1960) setzt den „Stein der Weisen" mit dem heiligen Gral gleich und schreibt:

„...Lapis der Alchemie (...) hell-dunkle Einheit der Gegensätze (...). Die Baphomet-Figur, die von den Templern angebetet worden sein soll, scheint ebenfalls ein solch hell-dunkles einheitliches Gottesbild dargestellt zu haben. Es soll ein doppelgesichtiges, androgynes Wesen gewesen sein, mit einem langen silbergrauen Bart oder einem Kopf aus Kupfer, welcher in Orakelform Fragen beantwortete."

Eine andere Erklärung versucht *Hardenberg* vom templerischen →Buchstabenquadrat abzuleiten, wonach durch weglassen aller Buchstaben außer dem „A" und dem „B" sich eine Buchstabensymmetrie ergibt, in der das Templerkreuz wiedergefunden werden kann. Heraldisch setzt sich das Templerkreuz aus Figuren zusammen, die „Fyrfos" genannt werden, zwei Kreuze mit entgegengesetzter Richtung ihrer Flügelkreuze (heraldisch: „das redende Haupt"). Durch diese Figur soll das Feuer des Glaubens entzündet

werden. Das Quadrat könnte demnach auch als ein symbolischer „Feueranzünder" bezeichnet werden. Lateinisch kann Feueranzünder mit „fomes" übersetzt werden. Die Templer sollen bei ihren geheimen Ritualen das magische Quadrat als Symbol benutzt und gesagt haben: „ex literis B A fomitem habemus" („aus den Buchstaben B A haben wir den Feueranzünder"), abgekürzt: „Bafomes" oder „BAfom.t-Bafomet". Demnach ist das Götzenhaupt Baphomet nichts anderes als ein Teil eines Ritualsatzes.

Eine Erzählung spricht von einem Menschenhaupt (→Caput LVIII), das von einer nekrophil geschändeten Jungfrau geboren wurde, und in geheimen Ritualen der Templer seine Zauberkraft an die Eingeweihten des Ordens weitergab. *Idries Schah* bringt *Abu-fihamat* (Vater des Wissens), was im maurischen Spanien als Bufihimat ausgesprochen worden sein soll, in Zusammenhang mit dem „Abgott". In sufischer Terminologie bedeute ras-el-fahmat („Haupt der Erkenntnis"), die geistige Tätigkeit des Menschen nach seiner Vollendung, das verwandelte Bewusstsein. Dann ist „Baphomet" nicht ein angebetetes Götzenbild sondern das Symbol für den vollendet Initiierten.

Möglicherweise leitet sich Baphomet vom französischen „bafouer", „verschmähen" oder „verspotten" ab und bezog sich auf die Verhöhnung des Kreuzes, wie sie von den Templern anlässlich der Neuaufnahme praktiziert und während des Prozesses dem Orden vorgeworfen wurde.

Eine Deutung neuesten Datums liefern *Neundlinger* und *Müksch*. Ihnen zufolge ist „Baphomet" ein aus drei griechischen Wörtern zusammengesetzter Terminus: „Basileos", „Rethos" und „Metaphora", also „Herr", „Antlitz" und „Übertragung". Das kann in weiterer Folge mit „Bild des göttlichen Antlitz" transkribiert werden. Den Autoren zufolge soll es sich beim „Baphomet" also um ein Bild von Jesus Christus gehandelt haben. Neundlinger und Müksch bringen dieses Abbild mit dem Turiner Grabtuch in Verbindung, das sich im Besitz der Templer befunden haben soll.

Barbairano: (auch Barbaira); Familie aus Douzens, die dem Templerorden eine Reihe von Schenkungen zukommen ließ; 11. April 1133 Schenkung der Burg und der Gemarkung Douzens an *Hugo Rigaud*, den Vertreter des Templerordens; die Brüder *Aimeric* und *Guillaume-Chabert* gaben im gleichen Jahr ihre Person samt Waffen und Pferde; eine Reihe von weiteren Schenkungen erfolgten 1136, 1139 und 1143; am 2. Juni 1133 schenkte die Familie die Kirche Saint-Jean-de-Carrière dem Orden mit Douzens und Brucafel. Am 11. Juni machte *Pierre-Raimond* sein Testament, gab Land und Geld an seine Kinder und sich selbst dem Templerorden. 1159 bezog er im Namen des Ordens Almosen. 1158 unterzeichnete er die Urkunde. durch die sein Schwager *Arnaud* seine Person und Nachkommenschaft dem Orden schenkte. Arnaud war bereits 1143 in den Templerorden eingetreten. Ein Nachkomme der Familie gehörte zu den letzten Verteidigern der Katharer-Festung Quéribus (→*Chabert de Barbaira*).

Bartholomäus, Peter: →Peter Bartholomäus.

Bartholomäus Pizan: Tempelritter; war Mitglied einer Gesandtschaft, die 1290 von →Akkon nach Kairo zum Mamelucken-Sultan *al-Ashraf* (Sohn des →*Kalawun*) zu Verhandlungen geschickt wurde; Führer der Delegation war *Philipp Mainboef*, ein Johanniter; ein weiterer Unterhändler war ein Sekretär namens *Georg*. Sie wurden vom Sultan nicht empfangen und starben bald darauf in Gefangenschaft.

Basileos: (weiblich Basilissa); bis ins 6. Jhdt. inoffizielle Bezeichnung von Historikern für die byzantinischen Kaiser; die Bezeichnung „Basileos" entspricht sinngemäß dem römischen Titel „Imperator". 629 wird der Titel „Basileos" in einer byzantinischen Urkunde anlässlich des Sieges Kaisers *Herakleios* über die Perser offiziell gebraucht. Im 8. Jhdt. wird der Titel zum alleinigen und offiziellen Titel für die byzantinischen Kaiser.

Basilika: (griechisch-lateinisch „Königshalle"); ein römischer Gebäudetypus (mehrschiffige Säulenhalle), Amts-, Palast-, Markt- und Gerichtsgebäude, mit Apsis und Portikus an den Schmal-

seiten. *Vitruv* beschreibt auch die Überhöhung des Mittelschiffes, die Vorhalle und die gegenüberliegende Apsis mit Richterstuhl. Im christlichen Kirchenbau in frühchristlicher Zeit eine Kirche mit breiterem Mittel- und 2 bis 4 Seitenschiffen. Das Mittelschiff ist von den Seitenschiffen durch Säulen mit Architrav oder Pfeilerreihen getrennt. Das Mittelschiff überragt die Pultdächer der Seitenschiffe, seine Obermauern haben Fenster (Licht- oder Obergadenfenster), und wird im Osten durch die Apsis abgeschlossen, im Westen Eingang mit Vorhof (Atrium) oder Vorhalle (Narthex). Ab dem 5. Jhdt. wird das Querhaus die Regel; an der Durchdringung von Mittel- und Querschiff entsteht die Vierung (eventuell mit Vierungsturm). Seit dem 11. Jhdt. akzentuieren Ein- und Zweiturmfassaden im Westen den Eingang. Der Altarraum wird nach Osten erweitert (damit die Apsis nach Osten verschoben), im 14. Jhdt. Verlegung des Chors aus der Vierung in diesen Altarraum. Bis zur Mitte des 11. Jhdts. hatten die Basiliken flache hölzerne Decken oder einen offenen Dachstuhl; in der 2. Hälfte des 11. Jhdts. wurden die ersten Tonnengewölbe errichtet bis diese im 12. Jhdt. durch das Kreuzgratgewölbe abgelöst wurden. Die Basilika beherrscht den Kirchenbau bis zum Ausgang des Mittelalters. Im Orient des Mittelmeeres (Byzanz, Armenien) wird der Kirchentypus ab dem 6. Jhdt. langsam durch die Kuppelkirche verdrängt.

Bauhütte: Im 12. und 13. Jhdt. in klösterlichem und mönchischem Umfeld entstandene Genossenschaften von Baumeistern, Steinmetzen, Maurern und Künstlern, die die Errichtung religiöser Bauten zur Aufgabe hatten. Bräuche und Kenntnisse über technische Errungenschaften, Proportionsgrundsätze und Methoden wurden als Gemeingut der Bauhütten der Baubruderschaften geheim gehalten (Hüttengeheimnis). Die Bauhütten hatten ähnlich der Zunftgenossenschaften eigene Gesetze und Statuten. Die Mitglieder waren auf eine bestimmte Hüttenordnung verpflichtet. Pflege der Tradition, Weiterbildung und die Überlieferung der künstlerischen und technischen Geheimnisse waren ihre

Aufgabe. Sonderformen der Handwerksbruderschaften („compagnons") waren ausgehend von den Benediktinerklöstern *Les Enfants de Père Soubise"* und *„Les Enfants de Maître Jacques"*, die im Süden Frankreichs mit dem Bau von Straßen, Brücken und Pilgerwege nach Santiago de Compostela beschäftigt waren. Als weitere Sonderform der Bauhütte entstand die Baumeistergilde des Templerordens die →*„Söhne Salomons"* oder *„Kinder Salomons"* (*„Les enfants de Salomon"*), die ausschließlich Bauwerke ihres Ordens errichteten.

Baylie: Mehrere →Komtureien der Templer wurden zu einem Baylie (auch Baylli oder →Ballei) zusammengefasst, und unterstanden in den die Provinz betreffenden Angelegenheiten dem →Bailli; im Baylie wurden auch die Ordensgelübde der Novizen abgelegt und das Aufnahmeritual durchgeführt.

Beaufort: Templerburg mit gotischem Saal; wurde 1260 gemeinsam mit der Stadt Sidon von *Julius von Sidon* erworben. Von hier kontrollierten die Templer das Litanital. Am 15. April 1268 fiel Beaufort im Sturmangriff der Truppen des Mamelucken-Sultans →*Baibars*.

Beaujeu, Franz von: →Franz von Beaujeu.

Beaujeu, Wilhelm de: →Wilhelm de Beaujeu.

Beauséant: Verschiedene Schreibweisen: Beausseant, Bauséant, Bausent, Baussent, Baucent. Templerisches Ordens-Banner (vexilium templi, vexilium belli- Kriegsfahne, auch →Gonfanon) mit den Farben schwarz und weiß und der Inschrift: „Non nobis, Domine, non nobis, sed Nomini Tuo da Gloriam" („Nicht uns, Herr, nicht uns, sondern Deinem Namen gib die Ehre"). In schweren Gefechten sammelten sich die Ritter um das Banner, wenn die Kampfrufe erschollen: „Beauséant la rescousse!" oder okzitentalisch-italienisch „Beauséant alla riscossa" („Beauséant zu Hilfe!", „Beauséant zum Wiedergewinn oder zum Entsatz!") oder „Vive Dieu Saint-Amour!" (Es lebe der Gott der Liebe!). Die Bezeichnung „Baucent" ist auch mit Zweiteiligkeit zu übersetzen. Schwarz und weiß wie die Mäntel der Ordensangehörigen (je nach Klasse) war auch ihr Banner, weiß weil sie „gegen die Freunde Christi freundlich und gut sind" und schwarz weil sie „seinen Feinden düster und schrecklich sind". Das Beauséant war auch Symbol der Dualität, wie sie auch im →Siegel der Templer zum Ausdruck kommt, das zwei Ordensbrüder auf einem Pferd zeigt. Einer anderen Auslegung nach soll Beauséant von „bien-séant" („anständig, schicklich") kommen, was bedeutet, dass die Ordensbrüder ihren Mitbrüdern unter allen Umständen freundlich und höflich zu begegnen hatten.

Das Tragen des Banners im Kampf war für den Ritter, der es trug, mit schwerer Verantwortung verbunden. Diese Verantwortung teilte er mit fünf bis zehn anderen Rittern. Im Kampf durfte der Schaft des Gonfanon „Beauséant" niemals als Waffe verwendet werden. Das Zuwiderhandeln wurde mit dem „Verlust des Mantels" (→Strafen, templerische) bestraft. Dazu *Schottmüller:*

„...Wer den Confanon oder auch nur ein zusammengebundenes Banner in der Schlacht trägt, muss dieses immer hoch flattern lassen und darf damit nicht auf den Feind stoßen. Tut er es doch, so soll er schwer bestraft werden, und es könnte ihm das Ordenskleid nicht bleiben."

Dies wurde deshalb so streng geahndet, weil alle sehen mussten, dass die Kriegsfahne nicht gefallen war. Denn war das Beauséant gefallen mussten sich die Brüder unter die nächste christliche Fahne dem Kampf stellen. Erst wenn auch das letzte christliche Gonfanon gefallen war durften die Templer flüchten.

Das Beauséant wurde von den freimaurerischen Rittergraden und den Rittergraden des schottischen Ritus übernommen.

Becket, Thomas: Thomas von Canterbury; (* 21. Dezember 1118 in London, † 29. Dezember 1170 in Canterbury); Lordkanzler (1155-1162); Berater und Freund König →*Heinrichs II.* von England; Erzbischof von Canterbury (1162-1170); trat für die Rechte der Kirche und des Papstes ein und geriet deshalb in Widerspruch zu Heinrich; 1163/64 wurde er des Treuebruchs (Felonie) gegen seinen Lehensherrn angeklagt und floh nach

Frankreich; nachdem Becket 1170 von Heinrich nach England zurückgeholt worden war, verfolgte er die königstreuen Bischöfe, erregte damit den Zorn des Königs und wurde noch im gleichen Jahr durch königstreue Ritter in der Kathedrale von Canterbury erschlagen. 1173 heilig gesprochen.

Beginen: Jungfrauen und Witwen, die sich zu kloster-ähnlichen Gemeinschaften zusammengeschlossen haben. In den Niederlanden im 12. Jhdt. entstanden, später auch in Frankreich und Deutschland. Von der katholischen Kirche anerkannte Beginen leben in Belgien und den Niederlanden.

Bekleidung: →Habit.

Belvoir: (arabisch Kawkab al-hawi); Kreuzfahrerfestung in Palästina, auf einem hochgelegenem Plateau, welches das Jordantal und Galiläa überragt; von strategischer Bedeutung, weil von hier aus die Routen von Damaskus zum Mittelmeer beherrscht werden konnten. Wurde 1138-40 erbaut, 1168 an die Johanniter verkauft und blieb im Besitz des Ritterordens bis Belvoir nach 18-monatiger Verteidigung am 5. Jänner 1189 an →*Saladin* übergeben werden musste; 1219 von den Muslimen geschleift und aufgegeben. 1241 wurde die Festung von den Johannitern neu errichtet und bis zur Eroberung durch →Baibars 1263 gehalten.

Belvoir war vom Befestigungstyp ein „Castrum"; die rechteckige Anlage umfasste 1,4 ha und bestand aus einer äußeren (112/110 m) und einer inneren Festung (50/50 m); in der inneren Befestigungsanlage befand sich eine Kapelle.

Benedikt XI.: eigentlich Nikolaus Boccasini; (* 1240, † 7. Juli 1304); Dominikaner; 1296 zum Ordensgeneral gewählt, 1298 Kardinal und 1300 Bischof von Ostia; am 22. Oktober 1303 wurde er als Nachfolger →*Bonifaz' XIII.* zum Papst gewählt. Der schwache Benedikt widerrief alle von seinem Vorgänger gegen Frankreich und →*Philipp IV.* erlassenen Rechtssprüche. Nur der Bann gegen →*Nogaret* blieb bestehen. Er verließ am Beginn des Jahres 1304 Rom wegen der Parteiwirren zwischen Colonna und Orsini und ging nach Perugia. Am 6. Februar 1304 bestätigte Benedikt die →Privilegien des Templerordens. In der Bulle „Flagitiosum scelus" (7. Juni 1304) wurden Nogaret und seine Helfershelfer als „Erstgeborene Satans" bezeichnet. Bereits ein Monat später, nach nur acht Monaten Amtszeit, am 7. Juli 1304 starb Benedikt überraschend, möglicherweise vergiftet auf Nogarets Veranlassung (nach dem Genuss vergifteter Feigen?). Auf seinen Wunsch wurde er in der Dominikanerkirche von Perugia beigesetzt.

Benediktiner: lateinisch „Ordo Sancti Benedicti" (Abkürzung: OSB); erster abendländischer Mönchsorden der katholischen Kirche (mit weiblichem Zweig), wurde im 6. Jhdt. nach den Regeln Benedikts von Nursia (* 480, † 547) gegründet. Die Mönchsregel (Regula Benedicti, RB) wurde im 4. Jahrzehnt des 5. Jhdts. auf Monte Cassino verfasst. Darin sind die Grundlinien des klösterlichen Lebens zusammengefasst, wie →Abt und Gemeinschaft, Gottesdienstordnung und die Strafordnung, die Wahl des Abtes, die Aufnahmeordnung und die Klausur. Die Mönche waren zur ständigen Anwesenheit im Kloster (stabilitas) und zur Arbeit verpflichtet (Grundsatz: „ora et labora" – „bete und arbeite"). Körperliche, geistige Arbeit und Chordienst waren gleichgestellt. Der Urtext der RB wurde 883 bei einem Brand vernichtet, doch hatte *Karl der Große* 787 eine Abschrift des Regeltextes machen lassen, die den Abt *Benedikt von Aniane* als Grundlage für seine Klosterreform in Frankreich diente (816-819). Nach der Auflösung des Karolingerreiches kam es zum wirtschaftlichen, geistigen und religiösen Verfall. Klöster wurden von weltlichen und geistlichen Herren an ihre Vasallen, die als Laienäbte ausschließlich am Besitz interessiert waren und den Mönchen kaum etwas überließen, gegeben. Das 10. Jhdt. war vom Niedergang des Mönchstums gekennzeichnet. Die Erneuerung ging von Benediktinern aus, die als Päpste dazu die Möglichkeit hatten. Das Zentrum einer dieser Reformbewegungen lag im 910 gegründeten Kloster in Cluny. Dies war nur durch die Extemtion des Klosters von der bischöflichen Gewalt möglich. In dieser Zeit schätzt man allein in Frankreich 1 300 Klöster, die von Cluny aus reformiert wurden. Aus dieser einheitlichen Entwicklung des Mönchtums spalteten sich neue Reformbewegungen ab. Aus der Klosterneugründung in →Citeaux entstand der →Zisterzienserorden. Weitere Neugründungen: →Prämonstratenser, Eremiten und Augustinerchorherren. Ursprünglich lebten die Benediktiner-Klöster ohne Verbindung zueinander, bis sie auf Grundlage der Bulle Papst *Benedikts XII.* „Summi magistri", die sogenannte „Benedicta", im 14. und 15. Jhdt zu Landeskongregationen unter einem Abtpräses zusammengeschlossen und einem Abtprimas in Rom unterstellt wurden. Tracht: schwarz mit Kapuze und ledernes →Cingulum (Band zum Gürten von Albe und Soutane).

Bérard, Thomas: →Thomas Bérard.

Berengar II.: natürlicher Sohn Graf *Berengars IV. von Barcelona*; (* um 1150, † 11. August 1213); 1191 Erzbischof von Narbonne; häufig in diplomatischer Mission unterwegs; gehörte der *curia regia* des *Alfons II. von Aragon* an. Blieb dem aragonesischen Königshaus auch unter *Peter II.* verbunden; Berengar reorganisierte den Kirchenbesitz in Lérida und Narbonne. Als mächtiger Kirchenfürst unterstützte er die Verfolger der Katharer (päpstlicher Legat →*Peter von Castelnau* und →*Arnaldus Amalrici oder Arnaud Amaury*) nicht in ihrem Vorgehen gegen die „Ketzer"; er versuchte die französische Intervention zu verhindern. Der drohenden Absetzung nach diesem Konflikt und dem Vorwurf der Simonie begegnete Berengar mit einer Appellation an →*Innozenz III.* (1204), einer Romreise (1207) und einem Edikt gegen die Albigenser (1209); er konnte seine Absetzung jedoch nicht abwenden.

Berg Moriah: Tempelberg in Jerusalem; galt bereits im frühen Judentum als heiliger Ort; *Melchisedek*, der Priesterkönig von Salem, legte hier den ersten Grundstein zu einer Kultstätte; hier wollte *Abraham* seinen Sohn *Isaak* Gott opfern und →*Mohammed* entrückte von diesem Ort in den Himmel; die Muslime errichteten hier zur Zeit des Kalifengeschlechts der Omajaden (661- 750) ein geistiges Zentrum (Felsendom, →Al-Aqsa-Moschee). Auf dem Berg Moriah hat König →*Salomon* seinen Tempel und seinen Palast gebaut, in dessen Nähe die Templer später ihren Hauptsitz vom König vor Jerusalem (→*Balduin II.*) in dessen Palast erhielten. Der Tempelberg ist somit für alle drei monotheistischen Weltreligionen gleichermaßen ein heiliger Ort.

Bergfried: →Donjon.

Bernhard de Trémelay: (Bernardus de Tremelay, Bernard de Tremblay oder Tremolay); 4. Tempelgroßmeister (1152 – 16. August 1153); war ein Ritter (mittlerer Adel) aus der Grafschaft Burgund, dessen Vorgeschichte im Orden großteils unbekannt ist. Jedenfalls war er bevor er nach Jerusalem kam in Gaza stationiert. Von hier aus dürften die Templer die muslimischen Karawanen von Syrien nach Ägypten überfallen und ausgeraubt haben. Die Wahl *Trémelays* zum Großmeister war innerhalb des Ordens umstritten und wurde von vielen Brüdern nicht akzeptiert. Eigentlich sollte der →Seneschall →*Andreas de Montbart* Nachfolger von →*Eberard de Barres* werden, doch waren dessen Beziehungen zu →*Melisende* als deren Berater zu eng und daher sein Verhältnis zu →*Balduin III.* daher schlecht. Bald nach seinem Amtsantritt nahm *Trémelays* mit einem Trupp Ordensritter an der Belagerung von →Askalon teil. Er ließ am 15. August 1153 vor der Befestigungsmauer einen riesigen Holzstoß auftürmen, mit Pech, Öl und Harz bestreichen und anzünden. Die große Hitzeentwicklung ließ das Gestein zerbröckeln und die Mauer in sich zusammenstürzen. Als das Kreuzritterheer durch diese Bresche in die Stadt eindringen wollte wies dies der Großmeister zurück und drang selbst mit 40 Rittern vor. Diese Tollkühnheit kostete sie alle das Leben. Sie wurden von den zahlenmäßig weit überlegenen Sarazenen erschlagen und die Gefangenen, unter ihnen auch *Trémelay*, enthauptet. Die verstümmelten Leichen wurden über der Mauer der Stadt aufgehängt und den Christen vor der Stadt gezeigt.

Diesen Vorfall schildert →*Wilhelm von Tyrus*:
„*Als ein Teil der Mauer einstürzte eilte das ganze Heer zu den Waffen und drängte sich dorthin, wo ihnen durch göttliche Fügung ein Eingang eröffnet worden war. Aber der Meister der Templer war den anderen zuvorgekommen, hatte mit seinen Brüdern den Eingang besetzt und ließ niemand in die Stadt, und zwar deshalb, weil die ersten, die hineinkommen, immer die reichste Beute machen. Als die Bürger. diese geringe Zahl sahen fassten sie neuen Mut, empfingen sie mit den Schwertern und machten sie nieder. Sie schlossen ihre Reihen wieder, griffen erneut zu den Waffen, die sie bereits weggeworfen hatten, und eilten nach der Stelle, wo die Mauer eingestürzt war.*"

Bernhard Gui: Dominikanerprior von Albi, Carcassonne und Castres; wurde 1307 zum Inquisitor von Toulouse ernannt; tat sich besonders bei der Verfolgung der →*Katharer* hervor; schrieb erstmals ein polizeiwissenschaftliches Werk über die Untersuchungsmethoden im „Handbuch des Inquisitors" („forma inquisitionis"). Er schildert darin die Vorzüge einer unbeschränkten, auch über Jahre dauernden, Untersuchungshaft, sowie die der Isolationshaft als Mittel zur Wahrheitsfindung. Mit Bernhard Gui kehrte Unbestechlichkeit, Methodik und Effizienz in die inquisitorische Verfolgung ein. Sein Gehilfe war *Geoffroi d'Ablis*, der bei König →*Philipp IV.* in hoher Gunst stand.

Bernhard Peleti: Angeblich Prior des „Templer-Hauses von Genois"; einer der Verräter des Ordens; wurde noch im Oktober 1307 zu König *Eduard II.* nach England geschickt, um diesen zu Schritten gegen den eigenen Orden zu bewegen; in entsprechenden Protokollen wird er allerdings als nicht templerischer Kleriker bezeichnet und wird in die Reihen der Dominikaner eingeordnet.

Bernhard von Clairvaux: (* 1091, † 20. August 1153 in Clairvaux); *Bernhard de Fontaine* wurde in Dijon als Sohn eines aristokratischen Beamten geboren (Vater: *de Chatillon*, Mutter: *de Montbart*). 1112 trat er in das Zisterzienserkloster Citeaux ein, wurde Schüler des →*Etienne*

Harding und gründete mit zwölf anderen Mönchen 1115 das Kloster Clairvaux („clara vallis" – „das helle Tal"). War Zisterzienserabt und Berater vieler Päpste und Fürsten. 1130 beeinflusste er die Papstwahl für →*Innozenz II.*. Einer seiner Schüler wurde später Papst →*Eugen III.* (1145-1153). Gemeinsam mit →*Hugo de Payens* stellte er die Ordensregeln der Templer auf. Zu deren Ehre er die Schrift: „De laude novae militiae" („Lob des neuen Kriegsdienstes"), ein markantes Zeugnis der Kreuzzugsideologie, verfasste. Er stellte hier die neuen Ritter Christi („militia") dem Rest der Ritterschaft („malitia") gegenüber, die er als verweichlicht, goldüberhäuft, frivol und süchtig nach Ruhm bezeichnete. Er verurteilte die weltliche Ritterschaft in Entsprechung zu den augustinischen Prinzipien und schrieb:
„*Ihr packt eure Pferde in Seide, umhüllt eure Rüstungen mit was weiß ich für wallenden Schärpen; ihr behängt eure Lanzen, Schilde und Sättel; Zäume und Steigbügel sind mit Gold Silber und Edelsteinen verziert, und in solchem Pomp zieht ihr in unverschämter Narrheit oder bestürzendem Leichtsinn in den Tod.*"

Den Templern dagegen sprach er Mut zu indem er schrieb:
„*Der neue Ritter, dessen Leib mit einer Rüstung aus Eisen und dessen Seele mit einer Rüstung des Glaubens bewehrt ist, fürchtet nichts, weder das Leben noch den Tod, denn Christus ist sein Leben, Christus ist der Lohn für seinen Tod.*"
und weiter:
„*Ziehet also los in aller Sicherheit, Ritter, und kämpft ohne Furcht gegen die Feinde des Kreuzes Christi (...). Freue dich mutiger Kämpfer, wenn du überlebst und Sieger im Herrn bist, freue und rühme dich noch mehr, wenn du stirbst und dich zum Herrn gesellst.*"

Die Ritter beschreibt er:
„*Auch tragen sie das Haar kurz geschnitten, weil es ihrer Ansicht nach beschämend für einen Mann ist, langes Haar zu tragen. Niemals übertrieben gekleidet, baden sie selten. Sie sind schmutzig und behaart und ihre Haut erscheint gebräunt vom Tragen des Kettenhemdes und der Sonne. Solche*

Männer hat Gott für sich ausgewählt, die kraftvoll und treu das Heilige Grab bewachen, die mit dem Schwert gewappnet und in der Kriegskunst wohl erfahren sind."

Bernhard von Clairvaux rief 1147 im Auftrag Papst Eugen III. zum 2. Kreuzzug auf und konnte →*Ludwig VII.* und →*Konrad III.* für diesen Gedanken gewinnen.

Bernhard betrachtete die Gottesliebe als die Quelle zur Gotterkenntnis, er wurde damit zu einen Mitbegründer der Mystik. Als Mystiker war er einer der größten Gegner des Scholastikers und Rationalisten →*Abaelard.* Nicht die Ratio, die Vernunft oder der philosophische Bauplan ist die Antriebskraft sondern die gläubige Hingabe, die diesen Plan erfüllt (Die Mystik als Ergänzung zur →*Scholastik).* Bernhard von Clairvaux lobte alle, die sich der Welt verschließen und in mönchischer Abgeschiedenheit ein gottgefälliges Leben führen, um so dem mystischen Urerlebnis – der Vereinigung der Seele mit dem unendlich göttlichen Sein – nahezukommen. Der schmucklose, strenge Stil der zisterziensischen Bauten entspricht seinen Intentionen.

Berthold von Geppenstein: Tempelritter, der um 1280 auf die Regierung in Böhmen entscheidend Einfluss nahm.

Bertrand de Blanquefort: (Bernardus de Blanchefort, auch Blancfort, Blankfort, Blancesfort); 6. Großmeister des Templerordens (1156 – 2. Jänner 1169), Nachfolger von →*André de Montbart*; Sohn *Gottfrieds von Blanquefort* (geboren in Guyenne?); möglicherweise könnte *Blanquefort* einer Katharerfamilie entstammen, denn eine Burg gleichen Namens befand sich in der Nähe von zwei Templerniederlassungen (Bézu und Campagne-sur-Aude), in einem von den →*Katharern* beherrschten Gebiet.

Er soll einer Sage nach in Carcassonne den Schatz des Westgotenkönigs *Alarich* (oder aber auch den Tempelschatz aus Jerusalem) mit Hilfe deutscher Gießer, die, um keine Geheimnisse verraten zu können, der Landessprache nicht mächtig waren, eingeschmolzen haben. Dieser Schatz soll vor der Verhaftung der Tempelritter

in Sicherheit (nach Rennes le Château?) gebracht worden sein.

1156 konnte König →*Balduin III.* Caesarea wieder aus der Hand →*Nur-ed-Dins* befreien, geriet jedoch auf dem Weg nach Jerusalem in einen Hinterhalt. Der König konnte fliehen, 87 Templer unter ihnen Bertrand de Blanquefort und der →*Marschall des Königs* →*Odo de St. Amand* (später Großmeister der Templer) wurden gefangen und erst durch Verwendung des griechischen Kaisers *Manuel* wieder freigelassen (11. Juni 1157). Im gleichen Jahr wurde Bertrand zum Großmeister der Templer gewählt. Nach einem anderen Bericht geriet Bertrand bei der Belagerung von Banyas am Meronsee mit 100 Brüdern in Gefangenschaft, weitere 300 fielen. Die Freilassung erfolgte einige Monate später; auch in dieser Version auf Fürsprache des byzantinischen Herrschers.

Im Jahr 1161 übergab in Frankreich →*Ludwig VII.* die Stadt Gisors samt mehreren Schlössern in die Obhut des Templerordens, bis seine beiden Töchter mit den Söhnen *Heinrichs* vermählt werden konnten. Die Templer verrieten ihren Förderer und lieferten vor der Zeit alles an Heinrich aus und flohen daraufhin nach England. Welcher Umstand die Templer zu diesem Verrat bewog und ob Bertrand de Blanquefort über diese Vorgänge informiert war bleibt im Dunkel. Sicher erscheint, dass diese Handlung den Schatten der Untreue auf den Templerorden warfen. Bertrand de Blanquefort weigerte sich 1168 am Krieg gegen Ägypten teilzunehmen, da einem vom Templer *Gottfried* →*Fouchier* (Komtur von Jerusalem und späterer Großpräzeptor von Palästina) ausgehandelten Vertrag (Waffenstillstand) zuwidergehandelt würde und ein Eingreifen →*Nur ed-Dins* zu befürchten wäre (Dieses Verhalten billige sogar →*Wilhelm von Tyrus.*). Es war dies das erste Mal, dass die Templer dem König von Jerusalem Hilfe verweigerten. Der Grund für die Verweigerung könnte aber auch in der zwischen →*Amalrich*, dem König von Jerusalem, und Bertrand de Blanquefort herrschenden Spannung zu suchen sein. Dieses Missverhältnis war im Vorgehen des Königs gegen den Orden anlässlich eines Angriffes *Nur-ed-Dins* auf eine Festung begründet. Nur-ed-Din konnte durch Verrat diese als uneinnehmbar geltende, den Templern anvertraute Höhlenfestung Tiron bei Sidon einnehmen und gleichzeitig auch die in der Nähe liegende Templerburg. Der zur Hilfe herbeigeeilte Amalrich stellte fest, dass sich die Ritter ohne nennenswerte Gegenwehr ergeben hatten. Er ließ daraufhin zwölf der Ritter aufhängen. Ob Blanqueford oder wie er auf diese Vorgangsweise reagierte ist nicht bekannt. Die Weigerung am Ägyptenfeldzug des Königs teilzunehmen könnte auch hier seine Ursache haben.

In seiner Amtsperiode erließ Papst →*Alexander III.* die Bulle „Omne datum optimum" mit der dem Orden größere Macht und Basis für den späteren Reichtum gegeben wurde, aber auch die Missgunst des Klerus und des Johanniterordens geweckt wurde.

Möglicherweise fiel Bertrand de Blanquefort in der Schlacht bei Harenk (→Artah) am 10. August 1165. Anderen übereinstimmenden Quellen zufolge endete seine Großmeisterschaft allerdings erst am 2. Jänner 1169.

Bertrand dürfte der Verfasser der in den →Retraits festgelegten hierarchischen Organisation des Templerordens sein.

Bertrand von Sartiges: Tempelritter, der gemeinsam mit →*Pierre de Bologne, Wilhelm von Chambonnet* und *Reginald von Provins* die Verteidigung des Ordens vor der päpstlichen Kommission (→Achterkommission) am 7. April 1310 übernommen hatte.

Bettelmönche: (Mendikanten); aus der mittelalterlichen Armutsbewegung entstandene Ordenstypen mit Besitzlosigkeit des Klosters und des Ordens, seelsorgerischer Tätigkeit und genossenschaftlicher Verfassungsformen. Sie erwarben ihren Lebensunterhalt aus ihrer Arbeit und Almosen. Zu Beginn des 13. Jhdts. versuchten sowohl →*Franz von Assisi* (als auch →*Domenikus Calarogas)* die städtische Bevölkerung durch Predigt und auch durch persönliches Vorbild zu

verändern, um so dem Ketzertum entgegenzuwirken. 1210 wurden die →Franziskaner (Minoriten) von Papst →*Innozenz III.* und 1216 die →Dominikaner von Papst →*Honorius III.* anerkannt. Weitere Bettelorden waren die Augustiner und die Karmeliter.

Bibel: →Templerbibel.

Birett: (mittellateinisch: „biretum"); aus dem Barett entwickelte Kopfbedeckung der katholischen Geistlichen; auch liturgische Kopfbedeckung, ohne jedoch bei Gebetsverrichtungen Verwendung zu finden; ersetzte die Kapuze; das Birett gehörte auch zur Standeskleidung der Ärzte und Gelehrten.

Bischof: (griechisch „episkopos", „Aufseher"; lateinisch „episcopus") leitender Geistlicher bestimmter christlicher Gebiete (Bistum, Diözese); in der heutigen katholischen Kirche in der ihm anvertrauten Diözese in der apostolischen Nachfolge stehender Träger der kirchlichen Leitungsfunktionen; durch die Bischofsweihe ausgestattet mit der Vollmacht des Lehr-, Priester- und Hirtenamtes. Im Priesteramt haben die Bischöfe den höchsten Rang. Sie spenden allen Kirchendienern die Weihe und an die Gläubigen die Firmung. Der katholische Bischof hat neben seinen anderen Aufgaben gesetzgebende, richterliche und Strafgewalt inne. Er wird in der Regel vom Papst frei ernannt, nachdem Kapitel und Landesherr einen Vorschlag geleistet haben. Alle Bischöfe bilden das Bischofskollegium. Seit 1965 gibt es außerdem die dem Papst direkt verantwortliche Bischofsynode, die den gesamten Episkopat der katholische Kirche repräsentiert. Die bischöflichen Insignien sind: Brustkreuz, Mitra, Bischofsstab und goldener Ring. In den evangelischen Kirchen kennen einige Landeskirchen das Bischofsamt, verschiedene haben einen anderen Titel für ihren leitenden Amtsträger. Der Bischof wird in der Regel von der Landessynode auf Lebenszeit gewählt, kann aber unter gewissen Umständen wieder abberufen werden.

Bistum: (Diözese); als Organisationsform der römisch-katholischen Kirche eine von einem →Bischof geleitete Gemeinschaft von Gläubigen, die wesentlicher Teil der Kirche ist, und in ihrem Bereich die Kirche repräsentiert.

Bogomilen: (Bogumilen; slawisch „Gottesfreunde"); auch „Bulgari" nach Bulgarien, dem Ort der Entstehung; im 10. Jhdt. entstandene, den →Manichäern (Neumanichäismus) verwandte Sekte, deren Gedanken auch auf die →Katharer wirkten. Ihr Name dürfte auf den Stifter der geheimen Sekte, den Dorfpfarrer *Bogomil* („Gottlieb") zurückzuführen sein. Sie glaubten, wahrscheinlich beeinflusst von den →Paulikianern, dass die sichtbare Welt ein Werk des Teufels sei und lehnten das orthodoxe Christentum mit der Taufe, der Eucharistie und der Anerkennung von Wundern ab. Die Bogomilen übten, wie später die Katharer, die Kreuzesverehrung nicht aus wie dies die römische Kirche vorschrieb, für sie war das Kreuz Symbol des lebenden Menschen Christus. Die Bogomilen wollten durch ein apostolisches, asketisches Leben von der durch den Teufel regierten Welt erlöst werden. Kaiser *Basileios II.* eroberte mit dem byzantinischen Heer 1018 Bulgarien. Nach der Rückkunft der byzantinischen Adeligen vom Eroberungsfeldzug nach Konstantinopel, verbreitete sich hier die Sekte der Besiegten. Die Anhängerschaft stieg, Gebetspraxis und Fastengebote wurden verschärft, der Glaube an die Seelenwanderung wurde eingeführt und Auferstehung und jüngstes Gericht völlig geleugnet. →*Alexios I. Komnenos* (1081-1118) griff gegen die Sekte energisch durch. Einer der Bogomilen-Führer – *Basileios* – wurde 1100 in Konstantinopel öffentlich verbrannt und nach 1140 wetteiferten Kaiser →*Manuel I.* (1143-1180) und die Synoden in ihrer Verfolgung gegen die Bogomilen. Auf Grund der Verfolgung ab 1140 durch den Komnenen Manuel kamen die Bogomilen über Dalmatien, Norditalien auch nach Okzitanien. Trotz der systematischen Verfolgung konnte sich die Lehre bis ins 14. Jhdt. halten, sie verschwand vollends nach der türkischen Eroberung (1463), weil viele Anhänger zum Islam konvertierten. Der Bogomilismus war die mächtigste Sektenbewegung des Balkans, in

der die Mischung des erlebten →Dualismus und des christlichen Lebensernstes zur Lehre wurde.

Bohemund I.: (auch Boemund, Bohemond); (* 1050/58, † 7. März 1111); Sohn des *Robert Guiscart* und der *Alberada*; Fürst von Tarent, Normanne. *Anna Komnene*, die Tochter des byzantinischen Kaisers (→*Alexios I. Komnenos*), schildert ihn:

„*...Dieser Mann war von solch beeindruckender Körpergröße und hatte eine so starke Persönlichkeit, dass ihn nur der Kaiser an Reichtum, Beredsamkeit und anderen Gaben der Natur übertraf.*"

Bohemund schloss sich mit einem kleinen Heer dem ersten Kreuzzug (1096) an, wohl nur in dem Gedanken über diese Gelegenheit das byzantinische Reich erobern zu können. Er hatte allerdings großen Anteil am Sieg bei Dorylaion. Durch List (Bestechung eines Offiziers der Verteidiger namens *Firuz*) gelang es ihm Antiochia zu erobern (2. Juni 1098). Hass auf die Belagerten führte zu einem grauenhaften Massaker an den Seldschuken. Bereits drei Tage später wurde die Stadt von *Kerbogha*, dem Atabeg von Mossul, eingeschlossen und belagert. Bohemund und *Raimund von Toulouse* gelang am 28. Juni 1098 ein Ausfall (→*Peter Bartholomäus*). In offener Feldschlacht vernichtete er das Heer der Seldschuken. Bohemund wurde Herrscher des Fürstentums Antiochia. Der Weg nach Jerusalem wurde dadurch frei. Bohemund zog jedoch nicht mit den Kreuzfahrerheer weiter nach der Heiligen Stadt, sondern blieb in Antiochia und baute hier seine Herrschaft aus und gründete den Kreuzfahrerstaat Antiochia. Er ignorierte dabei seine Versprechungen über die Rückgabe ehemals byzantinischer Gebiete an Kaiser →*Alexios I.*; 1100 wurde er von den Muslimen gefangengenommen und 1103 gegen die Bezahlung von 100 000 Byzantinern Lösegeld freigelassen; 1104 zog Bohemund nach Europa um Propaganda für einen Krieg gegen Byzanz zu machen. 1107 zog die Normannen gegen Alexios, musste sich jedoch bereits 1108 dem Basileus unterwerfen, Antiochia wurde unter die Oberhoheit von Byzanz gestellt und es musste ein orthodoxer byzantinischer →Patriarch zugelassen werden. Bohemund ging nach Apulien, wo er, ohne je wieder ins Heilige Land zu reisen, den Rest seiner Tage verbrachte. Das Fürstentum Antiochia übernahm sein Neffe *Tankred von Lecce*.

Bohemund II.: (* 1108, † 1130); Fürst von Antiochia 1111/1126-1130; während seiner Minderjährigkeit übernahm →*Roger* die Regierungsgeschäfte (1112-1119) und danach →*Balduin II.* von Jerusalem (1119-1126); Bohemund fiel bei einem Feldzug in →Kilikien, als er die Stadt Anazarbos für Antiochia zurückgewinnen wollte; sein Kopf wurde von den Siegern (→Seldschuken) abgeschlagen, einbalsamiert und dem Kalifen der Türken *Ghazi* zum Geschenk gemacht. Bohemund war mit der Tochter König Balduins verheiratet (*Alice*), die nach dem Tod des Fürsten ihrer gemeinsamen Tochter *Konstanze* das Erbe streitig machte und erst mit Hilfe Balduins zur Räson gebracht werden konnte; Konstanze heiratete in erster Ehe →*Raimund von Poitier* und nach dessen Tod 1149 →*Rainald de Châtillon*.

Bohemund III.: der „Stammler" genannt; (* 1145, † 1201); Fürst von Antiochia 1162/63-1201; Sohn →*Rainalds von Châtillon* und der *Konstanze*; wurde von König →*Balduin III.* als Regent eingesetzt obwohl Antiochia in griechischer Abhängigkeit war. Der lateinische →Patriarch *Aimery* wurde, gegen den Willen Konstanzes, bis zur Großjährigkeit Bohemunds mit dem Regierungsgeschäften betraut. Als sich Konstanze an die Byzantiner um militärischen Beistand wandte, wurde sie aus Antiocha verbannt und starb bald darauf. Bohemund unterstützte 1163 König →*Amalrich* bei dessen Ägyptenfeldzug. Am 10. August 1164 wurde Bohemund in der Schlacht von →Artah (Harenc) nach einem unbedachten Angriff gemeinsam mit →*Raimund von Tripolis* und *Hugo von Lusignan* von →*Nur ed-Din* gefangengenommen und später gegen hohes Lösegeld der Griechen freigelassen. Dafür brachte er den griechischen Patriarchen *Athanasios II.* nach Antiochia, worauf der Patriarch Aimery ins Exil in die Burg Qosair ging. 1169 vergrößerte er die Besitzungen des Templerordens um →Baghras

(Gaston). 1170 stürzte in Folge eines Erdbebens die Kathedrale von Antiochia (St. Peter) in sich zusammen und begrub Athanasios, der gerade eine Messe las, und viele Gläubige unter sich. Damit kehrte Aimery auf den Patriarchenstuhl zurück. 1177 heiratet Bohemund eine Verwandte Kaiser *Manuels* (*Theodora*). Nach dem Tod des griechischen Kaisers (September 1180) verstieß er seine griechische Gattin um *Sibylle*, eine zu heiraten. Aus Zorn darüber exkommunizierte der Patriarch den Fürsten und belegte die Stadt mit dem →Interdikt; der Patriarch begab sich wieder nach Qosair. Der König und der Patriarch von Jerusalem →*Heraklios* mussten vermitteln, damit der Kirchenbann durch Aimery aufgehoben und Sibylle als Fürstin anerkannt wurde. 1183 schloss Bohemund einen 4-jährigen Friedensvertrag mit →*Saladin*. 1187 wollten die Christen des Heiligen Landes, ihnen voran die Tempelritter, die Niederlage von →Cresson (1. Mai 1187) rächen. Bohemund entsandte seinen älteren Sohn *Raimund* mit einem Truppenverband unter die Führung des *Balian von* →*Ibelin* nach →Akkon. Die nachfolgende Schlacht bei den Hörnern von →Hattin wurde zur vernichtenden Niederlage für die Christenheit, der König und die Großmeister der Templer wurden gefangen. Im Herbst 1187 ging, nach dem Tod *Raimunds von Tripolis*, die Grafschaft auf den jüngsten Sohn Bohemunds (→*Bohemund IV.*) über. Nach seiner Freilassung aus den Kerkern Saladins begab sich König →*Guido von Lusignan* nach Antiochia um sich der Unterstützung Bohemunds im Streit um die Herrschaft im Heiligen Land zu versichern und sammelte seine verbliebenen Anhänger in Tripolis. 1190 empfing Bohemund das durch den Tod des Kaisers (→*Friedrich I. Barbarossa*) erschütterte und durch Krankheit und ständige Gefechte geschwächte deutsche Heer in Antiochia. Er bewirtete seine Gäste so gut, dass sie im wesentlichen die Lust am weiteren Kreuzzug verloren. 1191 reiste Bohemund mit seinem Sohn Raimund, zahlreichen führenden Tempelrittern und anderen Kreuzfahrern, die Partei für Guido von

Lusignan gegen →*Konrad von Montferrat* genommen hatten, gemeinsam mit Guido nach Limassol, um →*Richard I. Löwenherz* in seiner Auseinandersetzung um Zypern gegen den selbsternannten Kaiser *Isaak Dukas Komnenos* zu unterstützen und um sich Richards Kreuzzug nach →Akkon anzuschließen. Nach der Rückeroberung Akkons schloss Bohemund (1192) mit Saladin einen endgültigen Friedensvertrag der ihm Antiochia und seinem Sohn Tripolis sicherte. Bohemund lag in ständigem Streit mit seinem nördlichen Nachbarn →*Leo II.* von Armenien. Im Oktober 1193 wurde Bohemund von Leo in die von ihm besetzte ehemalige Templerfestung →Baghras eingeladen und dort samt seinem Gefolge kurzerhand gefangengenommen und musste die Oberlehensherrschaft Leos anerkennen. Auf die Intervention *Heinrich I. von der Champagne* wurde er ohne Lösegeld wieder freigelassen. Als Anfang 1197 sein Sohn Raimund plötzlich starb, wurde durch Raimunds Ehe mit einer armenischen Prinzessin (*Alice*) sein Sohn *Raimund-Ruben* Thronfolger. Dieser wurde daraufhin von Bohemund, der den armenischen Einfluss fürchtete, samt seiner Mutter zurück nach Armenien geschickt. Im Thronfolgestreit wurde Bohemund Ende 1198 von seinem jüngeren Sohn →*Bohemund von Tripolis* entmachtet, söhnte sich aber später mit ihm aus; er starb 1201.

Bohemund IV.: (* 1171/82, † 1231); jüngerer Sohn →*Bohemund III.*, nach dem Tod des erbenlosen →*Raimund III. von Tripolis*, Graf von Tripolis und später nach dem Tod seines Vaters 1201 auch Herrscher über Antiochia. 1213 wurde sein ältester Sohn *Raimund* von →Assassinen in der Kathedrale von Tortosa ermordet. Der Mord dürfte von den →Johannitern angestiftet worden sein. Bohemund griff daraufhin die Assassinenfestung Khawabi an. Er musste die Belagerung aber aufgeben, nachdem *az-Zahir* den Assassinen zu Hilfe kam.
Seine Amtszeit war vom Kampf gegen den König von Armenien (→*Leo I.*; →*Kilikien*) um die Herrschaft in Antiochia gezeichnet, das auf

Grund der Erbfolgeansprüche *Raimund-Rubens* gegen Antiochien vorging. Bohemund hatte die Unterstützung der Templer gegen die Johanniter und es gelang ihm die Loyalität der Bürger von Antiochia zu erhalten. Die Verhältnisse in Tripolis waren ruhiger, die Verselbständigung des Herren *von Nevin* wurde mit der genuesischen Familie *Giblet* verhindert. Bohemund galt als fähiger Jurist und war Urheber der Kodifikation des Rechtes Antiochias, der „Assisen von Antiochia" (→Assisen).
Nach dem Tod Leos wurde Bohemunds Herrschaft über Antiochia vor den Armeniern nicht mehr in Zweifel gestellt.

Bohemund V.: Fürst von Antiochia und Graf von Tripolis (1233-1252); stand wie sein Vater im Streit mit Armenien (→Kilikien).

Bohemund VI.: (* 1237, † 1275); 1254 heiratete Bohemund VI. *Sibylle*, die Tochter →*Hethums*; Bohemund regierte im Fürstentum Antiochia von 1251 – 29. Mai 1268, als das Fürstentum durch →*Baibars* erobert wurde. Hinterließ einen 14-jährigen Sohn namens *Bohemund* (→Bohemund VII.) und eine jüngere Tochter namens *Lucia*. →*Hugo de Antiochia-Lusignan* (von Zypern) erhob sofort Anspruch auf die Regentschaft in Tripolis, doch Sibylle, die Mutter des Fürsten, konnte dieses Amt für sich sichern.

Bohemund VII.: Regent von Tripolis (1275-1287); wurde nach dem Tod seines Vaters (→*Bohemund VI.*) als 14-jähriger am Hof seines Onkels Leos III. von Armenien erzogen. 1277 kehrte Bohemund nach Tripolis zurück und stieß, als er die Regentschaft übernehmen wollte, auf den erbitterten Widerstand der Templerritter unter →*Wilhelm von Beaujeu*. Dieser hatte am →Konzil von Lyon den Bischof von Tripolis (*Paul von Segni*) kennengelernt, der seinerseits Machtinteressen des →*Karl von Anjou* in Tripolis verfolgte. Der Großmeister der Templer Wilhelm von Beaujeu, der mit Karl verwandt war, war ebenso entschlossen diesen im Bestreben nach dem Königreich Jerusalem zu unterstützen. Bohemund musste schließlich die Regentschaft Karls von Anjou anerkennen.

Bald nach dem Fall Latakias (März 1287) starb Bohemund kinderlos. Seine Erbin war seine Schwester *Lucia*; diese war mit dem Großadmiral Karls von Anjou verheiratet. Der Adel und die Bürger lehnten die ihnen unbekannte Fürstin ab und bildeten eine Kommune; ihr Bürgermeister wurde *Bartholomäus* →*Embriaco*, dessen Vater *Bertrand Embriaco* zusammen mit →*Guy Embriaco* von Bohemund grausam getötet wurde.

Bonifaz VIII.: (Bonifatius); früher *Benedetto Gaetani* (* 1235 in Anagni, † 11. Oktober 1303 in Rom); stammte aus römischer Adelsfamilie, die durch ihn zu Reichtum und Ansehen gelangte; begleitete 1264 und 1268 Kardinallegaten nach Frankreich und England; 1281 zum Kardinaldiakon ernannt; 1291 erhielt er die Priesterweihe; 194. Pontifikat (24. Dezember 1294 – 11. Oktober 1303); er war ein ausgezeichneter Jurist und Diplomat und als solcher Berater Papst →*Coelestin V.*. Mit der Bulle „Unam sanctam" (18. November 1302) versuchte er den Weltherrschaftsanspruch (Supremat) der Kirche zu behaupten („Subesse Romano Pontifici omnem humanam creaturam" – „Alle menschlichen Wesen sind dem römischen Papst Untertan"). Er hob die von König →*Philipp IV.* eingeführte Besteuerung der kirchlichen Einkünfte auf. Als Philipp den Papst, durch Nogaret, der Ketzerei bezichtigte, und Bonifaz über den König den Bann aussprechen wollte, kam es zur Affäre in Anagni. →*Nogaret*, der Kanzler Philipps, verbündete sich in der Toskana mit dem Ghibellinen *Sciarra Colonna* und überfiel den Papst in dessen Burg in Anagni (7. August 1303), um diesen daran zu hindern den Bann über den König zu verkünden und ihn danach nach Frankreich zu verschleppen. Verkehrt auf einem Esel gebunden, mit einer Narrenkrone am Kopf wurde der Papst in den Kerker geführt. Zwei Tage später wurde er befreit und floh nach Rom, wo er über Philipp und seine Helfershelfer den Bannfluch sprach. Diese Ereignisse schwächten Bonifaz so stark, dass er am 11. Oktober 1303 seiner Stimme nicht mehr mächtig starb. Die französischen Templer unter der Führung des Großvisitators →*Hugo de*

Pairaud unterstützten den König in seinen Aktionen gegen den Papst. Dies obwohl der Papst 1295 alle Rechte (→Privilegien) die der Orden im Heiligen Land innehatte auch für die Niederlassung in Zypern bestätigt hatte.

Bonomel, Ricault: Tempelritter-Troubadour; hielt die Erfolge des Mameluckensultans →*Baibars* bei seinen Eroberungen von Christenburgen →*Caesarea* und →*Arsuf* 1265 in bitteren Gedichten fest; er beklagte, dass Christus diese Demütigungen seiner Anhänger gefällig sei. Das Kreuz wurde auf Grund dieser Verluste zum Symbol der Niederlage des christlichen Gottes gegen den Gott Mohammeds und der christlichen Schmach. Bonomel schreibt unter anderem:

„Schmerz und Zorn erfüllen meine Seele und drohen mich zu töten; wir erliegen fast unter der Last des Kreuzes, das wir genommen haben zu Ehren dessen der daran geheftet war. Es gibt kein Kreuz, es gibt keinen Glauben, die etwas vermöchten gegen diese verdammten Türken! Gott selbst, so sieht jedermann schützt sie zu unserem Verderben (...). Wenn Gott, dem das doch missfallen müsste, solches zulässt und gut findet, dann müssen wir uns freilich zufrieden geben. Ein rechter Thor ist also, wer noch den Kampf gegen die Türken sucht, da Gott denen ja alles erlaubt. Ist es da noch zu verwundern, dass sie alles besiegen und uns Templer hier jeden Tag von Neuem schlagen? Gott der ehemals wachte, schläft jetzt. Mohammed entfaltet seine ganze Kraft und lässt seinen Diener Baibars siegreich walten!"

Boulogne, Peter von: (Pierre de Boulogne); Jurist und Kaplan des Templerordens, war Gesandter des Ordens am päpstlichen Hofe; wurde von den Templern zum Hauptanwalt im Prozess gegen den Orden bestimmt und hat gemeinsam mit *Reginald von Provins, Bertrand von Sartiges* und *Wilhelm von Chambonnet* den Orden vor der →Achterkommission verteidigt. Er und Reginald von Provins entwickelten sich zu den geschicktesten und wichtigsten Verteidigern des Ordens. In ihren Erfolgen dürfte auch die Ursache ihres Verschwindens, Entführung und Ermordung liegen. Lediglich Peter dürfte die Flucht gelungen sein, der Sage nach in die Berge von Schottland. Bei der Verteidigung des Ordens gab Peter folgendes zu Protokoll:

„Alle vom Papst unter dessen Siegel übersandten und uns vorgelesenen Punkte sind unanständig, unvernünftig, abscheulich und verabscheuenswürdig, dazu erlogen, grundfalsch und ungerecht. Sie sind von falschen, uns feindlich gesinnten Zeugen fabriziert, erfunden und aufgewärmt.

Der Templerorden ist rein und unbefleckt von allen jenen Lastern und Sünden, ist es stets gewesen, und diejenigen, die das Gegenteil vorgegeben haben, sprechen als Ungläubige und Ketzer, welche nur darauf ausgehen, den Samen der Häresie und des giftigen Unkrauts in der Christenheit auszustreuen.

Wir erklären uns bereit, dies mit Herz und Mund und Tat zu beweisen. Um das ausführen zu können, bitten wir um persönliche Freiheit und Erlaubnis, persönlich auf dem Konzil erscheinen zu dürfen.

Des weiteren erklären wir, dass die Templerbrüder, welche die Wahrheit jener Lügen oder eines Teiles der selben behauptet haben, gelogen haben. Jedoch ist ihnen dies nicht zur Last zu legen, weder dem Orden noch den Personen, weil die Aussagen bekanntlich durch die allerheftigsten Martern erpresst sind.

Und selbst wenn einige von ihnen nicht auf der Folterbank ausgespannt waren, so sind sie doch durch Angst und den Anblick ihrer gemarterten Brüder so erschreckt worden, dass sie genau nach dem Willen ihrer Peiniger ausgesagt haben. Andere freilich sind bestochen worden durch hohe Preise, glatte, schmeichlerische Reden, durch Versprechungen und Drohungen.

All dies ist so offenkundig und allgemein bekannt, dass es durch keinen Vorwand verdeckt werden kann. Wir bitten um Gottes Barmherzigkeit willen, dass endlich Gerechtigkeit geübt werde. Wir bitten vor allem um die Reichung der kirchlichen Sakramente."

Brahman: Begriff aus dem Hinduismus; das Brahman ist das Absolute, der universale Geist,

der Quell, von dem alles ausgeht und in dem alles mündet, die Kraft die aus dem mystischen Mutterschoß hervorgeht. Wird mit dem Afterkuss des →Aufnahmerituals der Tempelritter in Zusammenhang gebracht wonach der Kuss des Aufzunehmenden auf das verlängerte Rückgrad des Meisters jene Kraft hervorrufen soll, die die Energiepunkte (Schakras oder Cakras) im Rückgrad erreicht.

Brevier: Buch, welches das Stundengebet der römisch-katholischen Kirche enthält. In der katholischen Kirche dem Klerus für bestimmte Stunden vorgeschriebenes (Offizium) privates oder liturgisches Gebet. Im Brevier sind zusammengestellt: Psalmen, Schriftlesung und Gesänge. Das Stundengebet setzt sich zusammen aus den (meist nach den Tagesstunden benannt) Horen: Matutin („Mette", Morgengebet um Mitternacht), Laudes (Lobgebet), Prim (Gebet zur 1. Stunde – Arbeitsbeginn), Terz (zur 3. Stunde), Sext (zur 6. Stunde), Non (zur 9. Stunde), Vesper (Abendgebet zum Abschluss des Arbeitstages) und Komplet („Vollendung", das eigentliche Nachtgebet).

Brian von Jay: englischer Provinzialmeister des Templerordens; Beispiel für die Rücksichtslosigkeit mit der die Templer die Interessen des Ordens in Hinblick auf Erbschaften, Schenkungen oder Verkäufe durchzusetzen gewillt waren. *William von Halkeston* überließ (vor 1298) dem Orden bis zu seinem Tod das Gut Esperton, danach sollte es wieder an seine Frau zurückfallen. Aber anstatt das Gut zurückzuerstatten nahm Brian von Jay der Witwe und ihrem Sohn auch ihr Haus weg. Sie wehrte sich gegen das gewaltsame eindringen in ihr Heim; da sie sich an die Tür klammerte wurde ihr von einem Templer mit dem Schwert ein Finger abgehackt. Den Sohn, *Richard von Esperton*, der heftig auf Rückgabe drängte, ließ Brian in Ballantrodoch kurzer Hand ermorden. Brian von Jay führte die Bogenschützen des Königs in die Schlacht von Falkirk und fiel infolge seiner Tollkühnheit am 22. Jul. 1298.

Bruce, Robert: (* 1274, † 7. Juni 1329); 1292 Earl of Carrick; Anfang 1290 erste Verehelichung mit

Isabel, der Tochter des Earl of Mar; nach dem Tod *Alexanders III.*, König von Schottland (1249-1286), der ohne männlichen Nachfolger blieb und dessen Tochter mit dem norwegischen König verheiratet war, wurde eine provisorische Regierung, bestehend aus sechs Mitgliedern (*Earl of Fife, Earl of Buchan, John Comyn, James dem Stewart* und den *Bischöfen von Glasgow* und *von St. Andrew*), gegründet; diese Regierung wollte *Margarete* der Enkelin Alexanders den Thron sichern und sie mit Prinz *Eduard* (später Eduard II.) verheiraten; nach ihrem frühen Tod 1290 kam es zwischen den Thronanwärtern *John Baliol* und Robert Bruce' Großvater Robert Bruce „dem Bewerber" beinahe zum Bürgerkrieg. Diese Situation machte sich *Eduard I.* zunutze; 1291 beanspruchte er die Oberherrschaft über Schottland. In dem sich gegen ihn entwickelnden Widerstand 1297 taten sich *William Wallace* (Ermordung des Sheriffs von Lanark), *William Lamberton* (Bischof von St. Andrews), *John Comyn* und Robert Bruce besonders hervor. Nach der Niederlage von Falkirk musste Wallace zurücktreten und Bruce und Comyn wurden zu gleichberechtigten Führern gewählt. 1299 kam es zu ersten Rivalitäten zwischen den beiden, die die Aktionen gegen England behinderten. 1304 marschierte Eduard I. wieder in Schottland ein und zwang Comyn zum Treueeid. 1305 wurde Wallace von den Engländern gefangengenommen und bestialisch ermordet. Er wurde sieben Kilometer hinter einem Pferd hergezogen, kastriert, aufgehängt, bei lebendigem Leibe ausgeweidet und enthauptet, seine Leiche wurde viergeteilt und die Stücke an verschiedenen Orten ausgestellt. Um König werden zu können musste Bruce Comyn, der aus einer sehr alten angesehenen Familie stammte, beseitigen. Bruce ermordete seinen Widersacher eigenhändig am 10. Februar 1306 in der Greyfriars Kirk in Dumfries. Er verwundete seinen Widersacher mit dem Dolch, doch starb Comyn nicht sofort; als Mönche seine Wunde versorgen wollten zerrte ihn Bruce wieder in die Kirche und vollendete seine Tat. Sechs Wochen nach dem Tod seines Rivalen

wurde Bruce in Scone in der Abteikirche und nach keltischem Brauch zum König gekrönt und im gleichen Jahr (1306) wurde er von Papst *Klemens V.* wegen des Mordes exkommuniziert; am 19. Juni 1306 überraschte Eduard die Schotten bei Methven und schlug sie vernichtend. Der *Earl of Athol, Simon Fraser, Neil Bruce, Christofer* und *John Seton* wurden gefangen und hingerichtet. *Isabel von Buchan*, sie hatte Robert Bruce nach dem keltischen Ritual zum Thron geführt, Bruces Schwester *Mary* und seine Tochter *Marjorie* wurden gefangen, in hängende Käfige gesperrt und darin jahrelang eingekerkert. Robert Bruce suchte Zuflucht in Argyll; nach seiner Flucht auf die Insel Rathlin bei Ulster, kehrte er im Februar 1307 mit einer Streitmacht nach Carrick zurück. Am 7. Juli 1307 starb Eduard I., sein Nachfolger wurde Eduard II. (8. Juli 1307-20. Jänner 1327). Nun versuchte Bruce seinen Truppen in einer Kampftaktik mit leichter Reiterei und Bogenschützen, wie im Heiligen Land von den Sarazenen praktiziert, und in strenger Disziplin auszubilden. Möglicherweise waren die Ausbilder bereits aus England und vom Festland geflüchtete Templer. Es sollte eine offene Feldschlacht wie in Methven vermieden werden. Die Schlacht gegen die Engländer fand am 24. Juni 1314 (am Tag des heiligen Johannes) bei Bannockburn statt. Bruce besiegte Eduard II. und errang die Unabhängigkeit Schottlands. An seiner Seite soll eine Abordnung von Tempelrittern gekämpft haben, die durch ihr plötzliches Eingreifen mit ihrem wehenden Banner (→Beauséant) und in ihrer weißen Ordenstracht die Engländer in panische Flucht versetzt haben sollen. Erst 1324 wurde Robert Bruce von der Kirche (Papst →*Johannes XXII.*) mit dem Papsttum versöhnt und als König anerkannt. 1328 gelang es ihm die Engländer zur Anerkennung des schottischen Königreiches zu zwingen. Die Kirche hatte, auf Grund der Exkommunikation des Robert Bruce, keine Möglichkeit in Schottland, ihren Willen durchzusetzen. Die Tempelritter dürften sich daher, nach dem 13. Oktober 1307 und ihrer Verfolgung in den christlichen Ländern, unter den Schutz von Robert Bruce begeben haben. Die Gräber von Argyll (→Kilmartin) scheinen dies zu bestätigen (→Templer in Schottland).

Robert Bruce leitete seine Herkunft direkt von den Kelten bis zum alten keltischen Königshaus des *Kenneth MacAlpin von Dalriada* ab, dessen Krönung 850 in Scone, der traditionellen Krönungsstätte, stattfand. Sein Ziel war ein gesamtkeltisches Königreich, in dem Schottland und Irland unter einem Herrscher vereint sein sollten. Die Heirat Bruces Tochter aus erster Ehe – *Marjorie* – mit einem Steward (*Walter der Steward*) begründete das Geschlecht der Stuarts. Der Sohn aus dieser Verbindung – *Robert Iik* – wurde als erster aus dem Haus der Stuarts im Jahr 1371 König von Schottland. Robert Bruce soll einen Orden mit dem Namen →„Herodom-Kilwinning" in Anlehnung an den Templerorden gegründet haben. Über diesen Orden wird spekulativ versucht das templerische Erbe der schottischen Freimaurerei nachzuweisen. Robert Bruce verfügte, dass nach seinem Tode sein Herz in Jerusalem in der Kirche vom Heiligen Grab beigesetzt werden sollte. Tatsächlich machten sich einige Ritter zur Erfüllung dieser Aufgabe auf den Weg. In Spanien begleiteten sie den König von Kastilien in eine Schlacht gegen die Mauren. Bis auf *Sir William Keith* fielen sie alle. Keith brachte das Herz wieder nach Schottland zurück, wo es in der →Abtei von Melrose beigesetzt wurde. Der Körper des Robert Bruce wurde in der Abtei Dunfermline bestattet. Als das Grab im 19. Jhdt. geöffnet wurde soll man die Oberschenkelknochen unter dem Schädel gekreuzt gefunden haben. Eine Legende, die, mit diesem Hinweis auf das freimaurerische Meistersymbol, von der →„Strikten Observanz" als Beweis für deren Verbindung zu den letzten Templern überliefert wurde.

Brüder, dienende: (Servienten, „fratres servientes"); in den Ritterorden gab es neben den Rittern und Geistlichen (→Ordenskaplane) auch die „Klasse" der dienenden Brüder. Die sich weiter in zwei Kategorien teilte: „servantes armigieri", die

den Rittern als Schildknappen und im Kampf als Kriegsknechte dienten; „servantes famuli", Laienbrüder die dem Orden in den →Komtureien zur Verfügung standen (auch: „fratres officii"). Die Handwerker waren wiederum in „Gesellen der Freiheit" (Baumeister und Steinmetze), „Gesellen der Pflicht" (Schreiner und Schlosser) und „Meister der Axt" (Zimmerer) unterteilt. Aus dem Kreis der dienenden Brüder gingen fünf Unterbeamte des Ordens hervor: der →Untermarschall, der →Bannerer (Bannerträger), der Küchenmeister, der Schmiedemeister und der Komtur des Hafens von Akkon. Die Servientes trugen braune Ordensgewänder. Die Stellen und Arbeitsplätze waren sehr begehrt, weil ein sorgenfreies Leben bei geregelter Verpflegung gewährleistet war.

Buchstabenquadrat: Vom templerischen Buchstabenquadrat werden von Hardenberg Hinweise auf geheime Rituale abgeleitet (→Baphomet). Durch das Weglassen der Buchstaben „A" und „B" aus dem Quadrat ergibt sich die Buchstabenreihe „S-T-N-D-M", lateinisch „Salomonis Templum novum Domincrum Militiae Templariorum". Lässt man alle anderen Buchstaben mit Ausnahme des „A" und „B" weg („B" für den Logos und das „A" für die göttlichen Emanationen) lassen sich die vier inneren A so mit Linien umschreiben, dass sich ohne weiteres ein Kreuz, nämlich das Templerkreuz, bilden lässt.

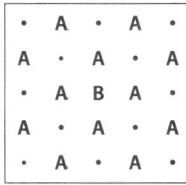

Darüber hinaus ist, ohne Entfall von Buchstaben, die Bildung Folgender Sätze möglich: „Ama data! Natas sata. Damna taba!" – „Die Opfer, nämlich die Erstlinge und Saaten! Verdamme das Zersetzte!" und „Mandabas data amata: nata sata." – „Du sandtest alle Gaben, die wir lieben: Erstlinge und Früchte!".

Streicht man alle Konsonanten aus dem Buchstabenquadrat bleiben die Buchstaben „ST-NDMT" die für „Salomonis Templum novum Dominorum Militiae Templariorum" stehen.

S	•	T	•	N		
•	D	•	M	•		
T	•	B	•	T		
•	M	•	D	•		
N	•	T	•	S		

Ein anderes Magisches Quadrat (SATOR- RO-TAS) ist in lateinischer Sprache gehalten und dürfte aus dem ersten nachchristlichen Jhdt. stammen; dieses Wortquadrat wurde in Frankreich an nur drei Stellen gefunden; in Stenay, →Gisors und in →Rennes-le-Chateau; obwohl die Bedeutung des Wortes „AREPO" ungeklärt ist, dürfte die Übersetzung lauten: „Der Sämann hält die Räder nur mit Mühe"; oder „SATOR" – „der Schöpfer", „TENET" – „hält", „OPERA" – „sorgfältig", „ROTAS" – „Räder"; „Der Sämann Arepo lenkt mit seiner Hand den Pflug".

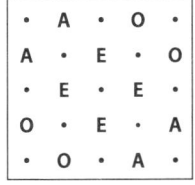

Die Vokale sind A, E und O; verbindet man die Vokale A, E und O jeweils untereinander und über die Mitte ergibt sich wieder das Tatzenkreuz der Templer; „A" für „Alpha", „O" für „Omega"; sollte also für Anfang und Ende stehen. Möglicherweise ist aber auch das dualistische Prinzip des männlichen und weiblichen gemeint, wenn „A" für „Adam" und „E" für „Eva" eingesetzt wird.

Buhurt: (Buhurd); ritterliche Reiterkampfspiele des Mittelalters (Massenkampf), bei denen zwei Gruppen von Rittern mit stumpfen Waffen gegeneinander fochten, und die eine Gruppe die andere zurückzudrängen versuchte.

Bulgari: →Katharer.

Bulle: (lateinisch „bulla", „Kapsel") ursprünglich Bezeichnung für die Schutzkapsel eines an einer Schnur befestigten Urkundensiegels aus Metall (bevorzugt: Gold, Silber, Blei); in frühbyzantinischer Zeit auch aus Ton; später Bezeichnung für die Urkunde selbst; feierliche Form päpstlicher Erlässe in lateinischer Sprache. Das päpstliche Siegel war in der Regel aus Blei („bulla plumbea"); die Bulle war kreisförmig mit zirka 4 cm Durchmesser und ist beiderseits geprägt. Ab dem 12. Jhdt. zeigt die eine Seite die Apostel *Petrus* und *Paulus*, die andere den Namen des Papstes; die Bullen waren zu ihrer Unterscheidung oft nach ihren Anfangsworten benannt (z.B. „Unam Sanctam" 1302). Beim Tod des Papstes wurde das Siegel zerbrochen.

Im Zusammenhang mit dem Templerorden wurden von den Päpsten eine Reihe von „Bullen" erlassen:

„Omne datum optimum" durch Papst →*Innozenz II.* vom 13. März 1139 veröffentlicht, fasst die →Privilegien des Templerordens zusammen: Das templerische Eigentum wurde der bischöflichen Gewalt entzogen; der Templerorden wurde direkt dem Heiligen Stuhl unterstellt und genoss dessen Schutz und Obhut; die Befreiung von der Entrichtung des Zehnten; wurde am 18. Juni 1163 von Papst →*Alexander III.* bestätigt. Weitere Vorrechte für den Orden waren in der Bulle „Milites templi" vom 9. Februar 1143 festgehalten. Der Orden durfte ab nun in unter →Interdikt stehenden Gebieten mit Ordenskaplänen die Messe lesen.

Mit der Bulle „Milites dei" (Papst →*Eugen III.*) vom 7. April 1145 wurde dem Orden erlaubt, eigene Kirchen und Friedhöfe zu besitzen. Die Bulle „Milites templi Ierosolimitani" (Papst →*Coelestin II.*) besagte, dass die Besitzungen der Templer und ihrer Angehörigen von Exkommunikation und Interdikt der Bischöfe ausgenommen bleiben.

90

→*Klemens V.* erklärte in der Bulle „Pastoralis praeminentiae" die Verhaftung der Templer auch nach dem Willen der Kirche für rechtens. „Faciens misericordiam" (12. August 1308) empfahl bei Bann und Kirchenstrafen ein allgemeines Einschreiten gegen den Orden.
Im März 1312 wurde der Orden mit der Bulle „Vox in excelso" und mit der Bulle „Ad providam Christi vicarii" (2. Mai 1312) aufgehoben. In der Bulle vom 2. Mai heißt es :
„*Da der Orden der Tempelherren durch Verbrechen, welche wir wegen ihrer Schändlichkeit mit Stillschweigen übergehen, ganz verdorben ist, so vertilgen wir dessen Dasein, Kleidung, Namen, nicht ohne bittere Wehmut, zwar nicht durch ein Endurteil, da wir ein solches nach den Untersuchungsakten nicht mit Recht fällen könnten; aber wir heben ihn aus Vorsicht und Kraft unserer päpstlichen Anordnung auf, durch unauflösbare und ewig geltende Sanktion, untersagen bei Strafe des Bannes in diesen Orden zu treten, seine Kleidung anzunehmen, zu tragen, oder sich überhaupt als Templer zu zeigen.*"
In der Bulle „Nuper in Generali concilio" vom 6. Mai 1312 werden den Johannitern die Güter der Templer unter der Voraussetzung zugesprochen, dass diese die Christenheit gegen die Türken schützen.

Bundeslade: Die Bundeslade wird von den Juden als Heiligtum der israelitischen Stämme betrachtet. Von *David* war sie nach Jerusalem gebracht worden. *Salomon* baute für sie seinen Tempel. Nach der Zerstörung des Tempels Salomons durch *Nebukadnezar* ist der Verbleib der Truhe unbekannt. In der Bibel, im 2. Buch Mose 25, 10, gibt Gott die Anweisung über den Bau der Bundeslade:
„*Und sie sollen eine Lade aus Akazienholz machen, zweieinhalb Ellen ihre Länge und eineinhalb Ellen ihre Breite und eineinhalb Ellen ihre Höhe. Und du sollst sie mit purem Gold überziehen. Innen und außen sollst du sie überziehen, und du sollst einen goldenen Rand rings an ihr machen. Und du sollst vier Ringe aus Gold (...). Und du sollst das Zeugnis, das ich dir geben werde, in die Lade legen.*"

Spekulationen nach wären die ersten Templer unter der Führung von →*Hugo de Payns* auf der Suche nach der Bundeslade gewesen. Als Indiz dafür wird der Umstand gewertet, dass der Orden in jenem Teil des Königspalastes sein Quartier hatte, der dem Tempel Salomons am nächsten lag.

Bures, Richard de: →Richard de Bures.

Burgen der Templer: →Templerburgen.

Burgenbau: Die Burg (arabisch el-Qasr) ist eine durch Wehr- und Wohnfunktionen gekennzeichnete Befestigungsanlage. Im Heiligen Land waren zunächst die von Byzanz und von den Muslimen errichteten, bereits existierenden Burgen von den Ritterorden und Kreuzfahrern zu übernehmen. Später wurden in eroberten Städten kleinere Festungen als Zentren der lokalen Verwaltung errichtet. Die frühen Burgen im Heiligen Land und Oultrejourdain waren einfache umwallte Offensivburgen, die spätestens mit dem Machtantritt der Zengiden (→Sengi) mehrfach befestigt zu Defensivburgen ausgebaut wurden. Nach ihrer topografischen Lage wurden Niederburgen (palästinensische Küstennähe) und Höhenburgen (westsyrisches Hügelland und in Oultrejourdain) unterschieden.
→*Wilhelm von Tyrus* beschreibt eine Burg in Palästina:
„*Sie war von viereckiger Gestalt, und an jeder Ecke war ein Turm, einer davon wuchtiger und stärker befestigt als die übrigen...*".
Dieser Burgtypus war charakterisiert durch seine einfache, massive Form. Eine im wesentlichen quadratische Festungsmauer, über die der Wehrgang geführt wurde, umfasste den Hauptturm (→Donjon), der in Notfällen letzter Zufluchtsort war. Die diesem Typus entsprechenden Burgen →Ibelin, Blanche Garde und Beth Gibelin sollten helfen Askalon zu erobern (1153) und die Pilgerstraße von Jaffa nach Jerusalem zu schützen und zu kontrollieren. Die ab Mitte des 12. Jhdts. errichteten Burgen Subeibe (Shobek) wiesen ähnliche Strukturen auf, wurden neben den strategischen Aufgaben aber auch für das Eintreiben von Abgaben und Tributzahlun-

gen eingesetzt. Neben diesem Burgtypus waren die riesigen Burgen wie →Athlit (südlich von Haifa), Montfort (bei →Akkon), →Margat (bei Banias), →Safed (Safita, östlich von Tartus) und →Krak des Chevaliers bestimmend. Diese Burgen wurden von den großen →Ritterorden gehalten. Strategisch waren diese Festungen in schwer zugänglichen Gebiet angelegt worden um der im Orient hoch entwickelten Belagerungstechnik entgegenwirken zu können. Sie bildeten das militärische Rückgrad im Heiligen Land. Gräben, gepflasterte Hänge und natürliche Gegebenheiten sollten eventuellen Belagerern den Zugang erschweren und unmöglich machen, die Bergfriede wurden abgerundet, um die Wucht des Aufpralls der Wurfgeschosse abzumindern; die Wasserversorgung aus den Zisternen wurde wesentlich verbessert, um auch langen Belagerungen wiederstehen zu können.

Burghart III.: († 1325); Burchhard; Erzbischof von Magdeburg (November 1307-1325); hatte in →Poitiers das Pallium empfangen; war wegen seiner Gewalttaten übel beleumundet. Es gelang ihm nur einige Templer zu verhaften und nicht alle, wie vom Papst empfohlen (Mai 1308); die übrigen Verfolgten setzten sich mit Waffengewalt zur Wehr. Die Ritter wurden vom sächsischen Adel unterstützt; Fürst *Albert I.* von Blankenburg wurde aus diesem Grund gebannt. Burghart löste damit einen mächtigen Widerstand das Adels aus, an deren Spitze Markgraf *Waldemar von Brandenburg* stand; der Erzbischof ließ deshalb die gefangengesetzten Templer frei, nachdem sie ihm versichert hatten, nicht Rache zu üben. Die Bürger von Magdeburg und Halle machten mit den Aufständischen gemeinsame Sache; sie sperrten den tyrannischen Erzbischof in einen Holzkäfig; später wurde Burghart vom Papst mit den an die Johanniter gekommenen templerischen Gütern entschädigt. Wegen seiner Versuche in Gerichts-, Steuer- und Münzwesen seine Macht zu vergrößern, wurde er im September 1325 ermordet.

Burnus: besonders in Nordafrika üblicher pelerinenartiger Umhang mit Kapuze mit oder ohne Ärmel, aus weißem oder dunklem Wollstoff oder Seide; geht wahrscheinlich auf das „sagum" der römischen Legionäre zurück.

Buße: Abkehr von sittlichen, religiösen Verfehlungen und das Bemühen um die Wiederherstellung des durch diverse Vergehen gestörten Verhältnisses zur Gottheit; äußert sich in den verschiedensten Formen: Waschungen, Fasten, Opfer; in der katholischen Lehre begleitet vom tätigen Willen zur Besserung (Gebet, Fasten, Almosen).
In der älteren Rechtsprechung bedeutet Buße Genugtuung (Geldentschädigungen) und Leistung an den widerrechtlich Verletzten (Beleidigung, Körperverletzung).

Byzantinisches Reich: (Byzanz, Rhomäisches Reich, Ostrom); Bezeichnung für das Oströmische Reich;

Spätantike-frühmittelalterliche Zeit (330/395-610):
Das byzantinische Reich entstand nach der Teilung des Römischen Reiches (395) und der Einweihung der griechischen Stadt Byzanz (Konstantinopel) als neue römische Hauptstadt (330) durch *Konstantin den Großen.* Nachdem die Westgoten (400) das byzantinische Reich verlassen hatten und die Hunnengefahr gebannt war gelang es Kaiser *Zenon* (474-491) die Ostgoten nach Italien zu lenken, womit das byzantinische Reich alleiniger Nachfolger des römischen Reiches wurde. Unter *Justinian I.* (527-565) wurde mit Unterstützung der Kaiserin *Theodora* die Reichseinheit zu erneuern und mit den Feldherren *Belisar* und *Narses* die Ostgoten zu schlagen (535-555) und das von den Vandalen besetzte Gebiet in Nordafrika (533/534) zurückzuerobern versucht. Nach dem Tod Justinians gingen große Teile Italiens wieder an die Langobarden verloren. Das byzantinische Reich blieb aber Weltmacht.

Mittelbyzantinische Zeit (610-1204):
In der durch die Einfälle von Awaren und Slawen hervorgerufenen schweren Krise rettete Kaiser *Herakleios* (610-641) das byzantinische Reich durch Verwaltungs- und Heeresreformen. Die Provinzen im Osten gingen Anfang des 7. Jhdts.

an das Sassanidenreich, nach vorübergehender Rückeroberung ab 636 (Sieg des Kalifen *Omar* am Yarmouk) an die Araber verloren, die sogar 674-678 und 717/718 Konstantinopel belagerten. Der endgültige Verlust der lateinischen Reichsgebiete hatte die Folge, dass sich der griechische Staat entwickelte. Die wechselvollen Auseinandersetzungen mit den Arabern und dem Bulgarenreich begleiteten für Jahrhunderte die byzantinische Geschichte. Nachdem die Bulgaren (813) Frieden schließen mussten begann Kaiser *Basileios* (867-886) mit der Missionierung der Awaren und Slawen. Von *Kyrill* wurde die Missionierung bis nach Russland ausgedehnt. 1054 kam es zum Bruch zwischen der lateinischen und der griechischen Kirche. Unter der Regierung der makedonischen Dynastie (867-1056) konnte ein neuer Höhepunkt der politischen und kulturellen Geschichte erreicht werden. *Basileios II.* konnte 1018 das Reich auf Bulgarien ausdehnen. In der 2. Hälfte des 11. Jhdts. eroberten die Seldschuken Kleinasien (Sieg *Alp Arslans* 1071 bei Manzikert). Die Petschenegen, die 1090/91 Konstantinopel belagerten, konnten bis 1122 niedergeworfen werden. Die Niederlage von Myriokephalon 1176 gegen die Rum-Seldschuken setzte der Großmachtstellung des byzantinischen Reiches ein Ende. Entscheidend für sein Verhältnis zum Abendland war die zunehmende Entfremdung von der römischen Kirche, die sich im Streit um den päpstlichen Primat gegenüber dem →Patriarchen von Konstantinopel, im 8./9. Jhdt. im Bilderstreit (Ikonoklasmus) zeigte und 1054 in das morgenländische Schisma mündete. Die Kaiserkrönung *Karls des Großen* (800) bedeutete für das sich als einzigen legitimen Erben des antiken römischen

Reiches betrachtende byzantinische Reich eine ungeheure Herausforderung. Die Kreuzzüge, obgleich ursprünglich durch Hilferufe des byzantinischen Kaisers gegen die Seldschuken initiiert, schufen neue Konflikte; schließlich waren es die Kreuzfahrer, die auf dem Weg zum 4. Kreuzzug (→Kreuzzüge) erstmals Konstantinopel eroberten (17. Juli 1203) und das lateinische Kaiserreich gründeten (13. April 1204).

Spätbyzantinische Zeit (1204-1453):

Das byzantinische Reich wurde unter die Venezianer und die übrigen Kreuzfahrer aufgeteilt (Entstehung des Lateinischen Kaiserreichs von Konstantinopel, des Königreiches von Thessalonike, der Fürstentümer Achaia und Athen). Eigenständige griechische Reiche bildeten sich um Trapezunt, Nizäa und in Epirus. Nachdem *Johannes III. Dukas Batatzes*, Kaiser von Nizäa 1222-54, den größten Teil der lateinischen Besitzungen in Kleinasien sowie Thrakien und Makedonien erobert hatte, gelang *Michael VIII. Palaiologos* (König 1259-82) neben der Rückeroberung großer westgriechische Landstriche die Wiedereroberung Konstantinopels (25. Juli 1261), doch wurde das byzantinische Reich unter seinen Nachfolgern unbedeutend; viele Teile blieben Kolonie der Venezianer, Genuesen und Aragonesen; die Osmanen, die um 1300 die byzantinischen Besitzungen in Kleinasien besetzten, griffen ab 1354 auf das europäische Festland über; im Nordwesten drangen die Serben, in Thrakien die Bulgaren weiter nach Süden vor. Mit der Eroberung des 1394-1402 und 1422 belagerten Konstantinopel durch die Osmanen (29. Mai 1453) ging das byzantinische Reich unter. Der letzte byzantinische Kaiser *Konstantin IX.* fiel im Kampf gegen die Janitscharen des Sultans *Mehmed II.*.

C

Caesarea: (Caesarea Palaestinae, Caesarea Stratonis, Caesarea ad Mare; arabisch Schaizar; hebräisch Qesari); antike Hafenstadt zirka 50 km nördlich von Jaffa; heute israelischer Fremdenverkehrsort; 29-22 v. Chr. von *Herodes dem Großen* über einem alten phönizischen Hafen errichtet; in hellenistischer und römischer Zeit Hauptstadt Palästinas und Sitz des römischen Prokurators von Judäa; im 2. Jhdt. Bischofssitz; im 3. Jhdt. berühmt durch *Origenes* und seine Schule; die reiche Bibliothek diente *Eusebios* und *Prokopios von Caesarea* zu ihren historischen Arbeiten; *Flavius Josephus* schildert in „Bellum Judaicum" die Schönheit der Stadt; 640 wurde Caesarea von den Arabern erobert und verlor immer mehr an Bedeutung; im Mai 1101 von den Kreuzfahrern unter →*Balduin I.* eingenommen, die muslimische Bevölkerung wurde vertrieben, die städtische Infrastruktur blieb erhalten, die Moscheen in Kirchen umgewandelt, die große Moschee zerstört und durch die Kathedrale St. Peter ersetzt. Nach Akkon, Tyrus und Beirut entwickelte sich die Stadt zur bedeutendsten christlichen Hafenstadt im 12. Jhdt. im Heiligen Land. Die 1250 errichtete Burg von Caesarea stand auf der Südseite des Hafens. 1187 nach der Niederlage der Christen bei Hattin wurde sie von den Sarazenen eingenommen; 1228 gelangte Caesarea wieder in christliche Hand; 1265 wurde die Stadt vom ägyptischen Mamelucken →*Baibars* fast völlig zerstört. Ausgrabungen finden seit 1956 statt; Aquädukt, Amphitheater, Reste des Forums, eines Tempels und Theaters, die einzige Pontius-Pilatus-Inschrift wurden hier gefunden; aus der Zeit der Kreuzfahrer stammen die Reste der Burg.

Calatrava, Orden von: (Kalat-Rawaah). Spanischer Ritterorden, der von König *Alfons VII.* von Kastilien nach der Rückeroberung von Calatrava, einer Festung in der Provinz Cuidad Real, 1158 gegründet wurde. Der König hatte zuvor 1150 dem Templerorden die Verteidigung der Festung übertragen, als die Almohaden kurze Zeit später angriffen und sich die Templer mit Mühe verteidigten, die Burg aber nicht halten

konnten, überließen sie dem Feind die Festung. Alfons war der Meinung, dass der Orden nicht aufopfernd genug gekämpft hätte, enthob daraufhin die Tempelritter als Herren der Burg und gründete gemeinsam mit dem Zisterzienserabt *Raimund von Fitero* und dessem Mönch *Diego Velasquez* den kastilischen Orden von Calatrava, als ersten großen spanischen Ritterorden. Am 26. September 1164 bestätigte Papst →*Alexander III.* den Orden (Zisterzienser Miliz) samt allen an ihn getätigten Schenkungen. Die Tracht der Calatrava-Ritter war von der der Zisterzienser abgeleitet, war aber eine für das Reiten geeignete verkürzte Kutte. 1166 wurde der Orden von Évora angegliedert, der Orden des heiligen Julian wurde Zweig des Ordens in Lèon. Da der Orden immer wieder in die Rechte der kirchlichen Geistlichkeit eingriff kam es zur Auseinandersetzung mit den Zisterziensern von Morimond. 1187 wurde der Orden unter die Aufsicht von Morimond gestellt und die Brüder des Ordens mussten die drei mönchischen Gelübde ablegen (→Mönchtum). Die Änderung wurde am 4. November 1187 von Papst →*Gregor IX.* bestätigt. Der Orden von Montegaudio (→Montjoie) wurde 1221 zwischen Templern und Calatrava aufgeteilt. 1256 erklärte Papst →*Alexander IV.* die Unterordnung des Ordens unter das Kloster für alle Zeit. 1195 musste der Orden nach einer Niederlage Calatrava räumen und zog sich in die Hochebene von Kastilien zurück wo eine neue Grenzfestung („Salvatierra") errichtet wurde. Trotz vieler Privilegien, die dem Orden von Calatrava im Laufe der Zeit von den diversen Päpsten zugestanden worden waren, erreichte er nie die Bedeutung der großen Ritterorden wie die der Templer oder die der Johanniter. 1523 bestätigte Papst →*Hadrian VI.*, dass die Großmeisterwürde mit der spanischen Krone für immer verbunden bleiben sollte.

Calixtus: →Kalixtus.

Camelot: Sagenumwobene Burg König Arthurs (→Artus), Sitz der Tafelrunde.

Caput LVIII: (Haupt 58); rätselhafte, leere Kiste mit der Aufschrift „Caput LVIII", die nach der Verhaftung der Templer im Tempel von Paris bei der Suche nach dem legendären Templerschatz gefunden wurde. War sie das Behältnis für das magische Haupt →Eine Glaubensvorstellung, die auf der antiken Sage von Perseus und Medusa zurückgeht, und die in der Aussage des Notars *Antonio Sicci da Vercelli*, der über vierzig Jahre dem Templerorden gedient hatte, am 1. März 1311 beim Templerprozess ihren Niederschlag fand.

Ein Edelmann liebte eine armenische Edelfrau, der er, solange sie lebte, niemals beischlief, sie aber in ihrem Grab vergewaltigte. Nach seiner Tat hörte er eine Stimme:

„Komm wieder, wenn die Stunde der Geburt gekommen ist, denn dann wirst du ein Haupt vorfinden, die Frucht deiner Werke!"

Als die Schwangerschaft vorbei war, kam der Ritter zum Grab zurück und fand ein Haupt zwischen den Beinen der bestatteten Frau und eine Stimme sagte zu ihm:

„Hüte dieses Haupt wohl, denn es wird dir alles dienstbar machen."

Das magische Haupt, das den Tod in seinen Augen hat, seinem Besitzer aber solange unbesiegbar macht, wie er es nicht ansieht. In der Erzählung wird Perseus zum Ritter – zum Tempelritter – und im Orient wurde dem Orden vorgeworfen ein magisches Haupt zu verbergen.

In diesem Zusammenhang gibt eine andere Quelle diese Erzählung folgend wieder:
Nach dem grauenvollen Unschuldsraub im Grabe erscholl eine Stimme:

„Nach drei mal drei Monden du Schlummergenoss
Komm wieder! dann liegt der Mutter im Schoß
der Sohn der Verwesung im Grabe.
Aus Erd' und aus Feuer entblühet ein Spross
des Himmels köstlichste Gabe!"

Als der Ritter nach neun Monaten zu des Mädchens Grab ging, fand er einen grässlichen Teufelskopf mit feurigen Augen, langem Barte, blutroter Zunge und abscheulichen Hörnern und zugleich soll er die Worte vernommen haben:

„Bewahre dies Haupt, so wirst du Herr des Schicksals; wer es ansieht der geht zu Grunde!"
Der Ritter zog im Besitz dieses Hauptes nach Zypern und konnte mit dessen Zauberkraft einen menschenfressenden arabischen Völkerstamm (Grissonen) schlagen. Als der Ritter sich mit dem das Haupt enthaltenden Kästchen nach Konstantinopel einschiffte, raubten ihm die Seeleute den Schlüssel, öffneten das Kästchen und enthüllten das Haupt. Da geriet die See in Aufruhr und die Elemente brachen los, das Schiff sank, der Ritter ertrank, das Kästchen schwamm nach Damiette wo es die Tempelritter fanden und damit Zauberkünste und Teufeleien trieben. Auf Grund der Verbindung des Ordens zum Islam wurde das Haupt als „Mahomet" (Verballhornung von Mohammed) bezeichnet, woraus später (möglicherweise aus dem Dialekt des Languedoc) →„Baphomet" wurde. Dieses Haupt war für die Templer Teil einer geheimen Initiation. Die Templer hatten um ihren Leib ein Seil gewunden, das mit diesem Haupt in Berührung gekommen war. In der Anklageschrift hieß es:
„Man hört sagen, diese Schnüre seien um den Hals eines Götzenbildes gelegt worden, das die Form eines Männerkopfes mit einem großen Bart habe, und sie würden dieses Haupt auf ihren Provinzkapiteln küssen und anbeten."
Neben dem Fehlen der Konsekration bei den Messen der Templer, war auch damit eine Verbindung zu den →Katharern herstellbar, bei denen die um den Leib gebundenen Schnüre bedeuteten, dass der Träger das →„consolamentum" erhalten hatte. Laut *Charpentier* fand man im Tempel von Paris auch einen Schädel mit der Aufschrift LVIII, der als Kästchen verwendet worden war, möglicherweise als eine Art Reliquienschrein.

Carcassonne: (römische Kolonie „Julia Carcaso"); südfranzösische Stadt im Languedoc; Hauptstadt des Département Aude zwischen Zentralplateau und Pyrenäen; zirka 60 Kilometer nördlich von →*Rennes le Château*; heute zirka 45 000 Einwohner; die Oberstadt (Cité) ist auf einem steilen Felsen errichtet und zeigt das Erscheinungsbild einer mittelalterlichen Stadt mit 52 Türmen und 5 Bastionen. Im Jahr 410 soll das Heer des Gotenkönigs *Alarich*, nach dem Fall Roms, Schätze des Tempels Salomons, darunter auch den am Titusbogen dargestellten siebenarmigen Leuchter, nach Carcassonne geschafft haben. Die Bistumsgründung erfolgte im 6. Jhdt.; 720/25 – 750 von den Arabern besetzt. Ab 870 in der Erbfolge vom König unabhängige Grafschaft. Das 2. Grafengeschlecht von Carcassonne wurde Mitte des 10. Jhdts. von *Arnald* gegründet; auf ihn geht das Grafenhaus von →*Foix* zurück. Später Lehen der Vizegrafen →Trencavel. Im Hoch-Mittelalter ist die Stadt, neben Béziers, Albi, Toulouse, Sitz der →Katharer bis die Stadt in den →Albigenserkriegen vom Kreuzfahrerheer eingenommen wurde (1209). Der Aufstand 1240 zur Rückgewinnung der Herrschaft der Trencavels scheiterte. 1283-85, 1295-99 und 1301-1305 kam es in der Stadt immer wieder zu Aufständen, die sich gegen die →Inquisition richteten.

Später Templerkomturei; von hier soll in der Nacht vor der Verhaftung der Templer der von →*Bertrand de Blanquefort* eingeschmolzene Schatz der Westgoten in Sicherheit gebracht worden sein (→Rennes le Chateau). Nach der Verhaftung der Templer am 13. Oktober 1307 leitete Bischof *Peter von Rochefort* die Untersuchungen gegen den Orden. Unter Anwendung der Folter wurden von den Zeugen Geständnisse erpresst (→Cassanhas).

Caron, Raymbaud de: →Raymbau de Charon.

Carraca: (deutsch Karacke); großes Handels- und Kriegsschiff; mit rundem Vor- und Achterschiff, spitzem Vorder- und hohem Achterkastell, mehreren Decks, meist mehrmastig mit Rah- und Lateinersegeln; mediterrane, portugiesische Entwicklung für den Massentransport (40 m lang, 500/600 Bruttoregistertonnen).

Cassanhas: Präzeptor des Templerhauses in →Carcassonne, der nach der Verhaftung (1307) bei seinem durch Folter erzwungenem „Geständnis" von einem Götzenbild sprach, das in Menschengestalt aus gelben Kupfer gebildet war

und das mit einem Messgewand bekleidet war. Anlässlich der Aufnahmezeremonie sei das Idol mit den Worten enthüllt worden: *„Dies ist ein Freund Gottes, der mit Gott verkehrt wenn er will."* Dreimal sei das Idol durch Verbeugen geehrt und gleichzeitig aber das Kreuz dreimal bespieen worden (→Baphomet). In Paris widerrief Cassanhas sein Geständnis und stellte sich als Verteidiger des Ordens. Er wurde später in Carcassonne verbrannt.

Castelnau, Pierre de: →Pierre de Castelnau.

Chabert de Barbaira: Xacbert de Barbera; (* 1185, † 1273); letzter Verteidiger der Katharer-Festung →Quéribus; leistete während der →Albigenserkriege Widerstand gegen Frankreich und nahm an der Wiedereroberung von Mallorca unter *Jakob I.* von Aragon teil. Jakob unterstützte seinerseits die Interessen Chaberts im Roussillon und in der Grafschaft →Foix. Im Mai 1255 begann *Pierre d´Auteuil* (Seneschall der Carcassonne) mit der Belagerung der Burg Quéribus als letzter „Synagoge des Satans". Der Seneschall fand aber kaum Unterstützung und konnte auch auf Grund der Situierung der Burg keinerlei Wurfmaschinen einsetzen. Pierre d'Auteuil musste die Belagerung aufgeben. Aus nicht geklärten Umständen wurde die Burg Ende des Jahres 1255 aufgegeben. Über den Verbleib der Verteidiger fehlt jeder Bericht. Da Quéribus ohne Zwang übergeben wurde dürften die Verteidiger geflohen sein. Chabert wurde in den königlichen Akten noch mehrfach erwähnt. Nach diesen Aufzeichnungen soll er sich, trotz der langen Feindschaft, der Gunst des französischen Königs erfreut haben (→Barbairano).

Chalons, Jean de: →Jean de Chalons.

Champagne: (lateinisch Campania von „campus", „Feld") ehemalige Provinz in Nordfrankreich im Pariser Becken zwischen der Oise im Norden und der Yonne im Süden; Hauptzentren sind Reims, Châlons-en-Champagne und Troyes. Im 6. Jhdt. fränkisches Herzogtum; im 10. und 11 Jhdt. Grafschaft mit der Hauptstadt Troyes; fiel 1023 durch Erbschaft an den Grafen von

Blois und kam 1284 durch Heirat an →*Philipp IV., den Schönen*, und war ab 1318 Teil des Königreichs.

Champagne, Hugo de: →Hugo de Champagne.

Charney, Gottfried von: (Gaufred de Charney, Geoffroy de Charnay); Präzeptor der Templer in der Normandie; wurde 20-jährig in Étampes in den Orden aufgenommen (1270); mit seiner Aussage erzielten König →*Philipp, der Schöne*, und →*Nogaret* einen wichtigen Erfolg; bereits am 21. Oktober 1307, sechs Tage nach der Verhaftung der Templer, wurde von ihm unter Folter ein Geständnis abgerungen; Auszug aus dem Protokoll des Verhöres:

„Nachdem man ihn aufgenommen hatte, brachte man ihm ein Kreuz mit dem Abbild Jesu Christi, und derselbe Bruder der ihn aufnahm, befahl ihm, nicht an den zu glauben, dessen Abbild dort hing, weil er ein falscher Prophet und nicht Gott sei. Und dann ließ ihn der, der ihn aufnahm, dreimal Jesus Christus verleugnen, was er nach seiner Aussage nur mit dem Mund, nicht aber mit seinem Herzen tat.

Aufgefordert zu sagen, ob er auf das Abbild selbst gespuckt habe, sagte er unter Eid aus, er erinnere sich nicht und er glaube es sei so gewesen, weil sie in Eile waren.

Über den Kuss befragt, sagte er unter Eid, dass er den Meister, der ihn aufnahm, auf den Nabel küsste und Bruder Gerhard von Sauzet, Präzeptor der Auvergne, sagen hörte, es sei besser, sich mit den Ordensbrüdern zu vereinigen als mit den Frauen zu vergnügen, was er nach seiner Aussage nie getan hat und was nie von ihm verlangt wurde".

Am 17. August 1308 wurde Charney, nach voriger Bearbeitung durch Nogaret und seinen Schergen, durch drei Kardinäle (*Berengar, Stephan* und *Landulf*) in →Chinon neuerlich verhört. Er gab kein Geständnis ab und forderte Bedenkzeit.

Von einer Kommission bestehend aus drei Kardinälen wurde Charney gemeinsam mit dem Großmeister →*Molay* am 18. März 1314 zu lebenslanger Haft verurteilt. Als beide alle ihre Geständnisse widerriefen, wurden sie als rückfällige Ketzer zum Tode verurteilt und noch am gleichen Tag auf der Ile de la Cité auf „langsamen Feuer" verbrannt.

Charta Transmissionis: Charta der Weitergabe, auch „Charta des Larmenius"; danach gelten nur jene als Erben des Templerordens, die nach dessen Vernichtung in Frankreich verblieben sind und hier den Orden weitergeführt haben. Die nach Schottland geflüchteten Brüder galten als Deserteure; diese waren vom →„Ordre du Temple" ausgeschlossen.

Chartres: nordfranzösische Stadt an der Eure; Hauptstadt des Départements Eure-et-Loir mit 41 000 Einwohnern. Die Ursprünge der Stadt gehen weit zurück; in der keltischen Zeit war dieser Ort Zentrum des Druidenkultes. Die Römer gaben der Stadt den Namen „Auricum". Im 4. Jhdt. Bischofssitz, später Mittelpunkt der Grafschaft Chartrain im Besitz der Familie Blois. 1145 wurde hier nach dem Muster von St. Denis eine Kirche errichtet. Die bedeutende gotische Kathedrale der Stadt wurde am Platz einer, am 11. Juni 1194 einem verheerenden Brand zum Opfer gefallenen, Kirche errichtet. Von diesem Brand wurde lediglich die Krypta, die Basis der Türme und die Westfassade verschont und beim Kirchenneubau berücksichtigt, womit die Form der Kirche bereits vorbestimmt war. Bereits 1220 soll sie den Aufzeichnungen nach mit einem „wunderbaren steinernen Gewölbe" wiederhergestellt worden sein und der Chor ein neues Gestühl erhalten haben. Warum die Kathedrale aber erst im Oktober 1260 geweiht worden sein soll ist unklar. Ebenso sind die Baumeister nicht bekannt. Es fehlen sämtliche Hinweise wie sie sonst in anderen französischen Kathedralen vorhanden sind. Haben die →„Söhne Salomons", die dem Templerorden angeschlossene Baugilde, am Kirchenbau gearbeitet?

Chartres, Guillaume de: →Wilhelm von Chartres.

Chastel Blanc: (Chateau Blanc); Templerfestung bis 1271; nördlich von Tripolis, 22 km von Tortosa (Tartous) entfernt auf der Bergspitze des „Qual'at Yahmur"; war ursprünglich als Schutz gegen die →Assassinen gedacht. Von den Zinnen der Burg war der →„Krak des Chevaliers" zu sehen.

Chastel Pélerin: →Athlit.

Chastel Rouge: christliche Festung in der Grafschaft Tripolis; *Pons von Tripolis* war durch seine Gemahlin *Cäcilie* über deren ersten Ehe mit *Tankred* in den Besitz des Chastels gelangt; die aufständischen Verbündeten um *Alice*, der Tochter →*Balduins II.*, wurden hier vernichtend von →*Fulko von Anjou* geschlagen.

Château Pélerin: →Athlit.

Châtillon, Rainald de: Renaud de Châtillon; (* in Châtillon-sur-Loing, † 7. Juli 1187); stammt aus einem französischen Adelsgeschlecht, das durch geschickte Heiratspolitik und persönlichen Fähigkeiten zu einem der mächtigsten Fürstenhäuser heranwuchs; Sohn des *Heinrich von Châtillon*; nahm an der Seite →*Ludwigs VII.* am 2. Kreuzzug teil. Heiratete wahrscheinlich heimlich (1153) *Konstanze von Antiochia* (Tochter →*Bohemunds II.*) und wurde so Fürst dieses Landes. Er war rücksichtslos, bösartig und auf die Vergrößerung seines Reichtums bedacht. Ließ nach seiner Hochzeit *Aimery (Amalrich)*, den →*Patriarchen von Antiochia*, der gegen die Heirat eingesprochen hatte, gefangen setzen, ihm den Kopf blutig schlagen und die Wunden mit Honig beschmieren; setzte ihn am Dach der Zitadelle nackt an einen Pfahl gekettet der glühenden Sonne und den Insekten aus. Nach einem Tag der Qualen zahlte der Patriarch an Rainald „Lösegeld" und wurde daraufhin befreit. Von Armenien eroberte Rainald 1153 das Gebiet um Alexandretta zurück und übergab es den Templern, die hier die Burg →*Baghras* zum Schutz der syrischen Pforte errichteten. Damit wurde eine für das Heilige Land verhängnisvolle Freundschaft begründet. Rainald war ein skrupelloser Abenteurer, hatte 1156 gemeinsam mit →*Thoros II.* von Albanien das byzantinische Zypern geplündert und verwüstet, hatte Alte und Kinder gemordet, den orthodoxen Priestern ließ er Nasen und Ohren abschneiden und Frauen vergewaltigen. →*Manuel I. Komnenos* von Byzanz unterwarf ihn 1158 schmachvoll – Rainald

musste barfüßig und barhäuptig vor dem Kaiser erscheinen und sich vor ihm in den Staub werfen. 1160 geriet er in einen Hinterhalt der Muslime und wurde von →*Nur ed-Dins* Truppen gefangengenommen. Nach seiner 16-jährigen Gefangenschaft (1160-1175) heiratete er mit *Stephanie von Milly* in die Herrschaft von Transjordanien ein. Die Templer unter →*Odo de Saint Amand* unterstützten die aggressive Politik Rainalds. 1182 eroberte er den Hafen von Aquaba und stieß bis in die Gegend von Mekka vor. Der Bruder Saladins *al-Adil* konnte die Ritter schlagen und vernichten. Rainald war sicher einer jener Fürsten, die am Verlust des Heiligen Landes großen Anteil hatten. Er konnte die Tragweite seiner Handlungen nie richtig abschätzen. Als Herr des Krak von Moab (Kerak) überfiel er 1187, trotz eines Waffenstillstandes mit Saladin, eine muslimische Karawane bei der sich die Schwester Saladins befand und verursachte damit die Vereinigung des muslimischen Heeres unter der Führung Saladins und die Ausrufung des Heiligen Krieges durch den Sultan. Durch Rainalds Freundschaft mit den Templern konnte er mit den Ordensrittern gemeinsam den König zum unseligen Angriff auf →*Hattin* überreden. Bei der Schlacht von Hattin wurde Châtillon von den Truppen Saladins gefangen genommen und von Saladin wahrscheinlich eigenhändig enthauptet.

Chevalier: Bezeichnung des berittenen Kriegers (deutsch →*Ritter*, italienisch „kavaliere", spanisch „caballero"); später Mitglied eines Ritterordens; das Wort wird erstmals im Rolandslied erwähnt (erstes Viertel des 12. Jhdts.).

Chevaliers de l'Alliance Templaire: haben als ihre Zielsetzung die Werte der materiellen Welt durch „wahren Werte" abzulösen; sie bekämpfen die nachlassende Moral, Gewalt und Drogen. (Sitz: M. Jean-Luc Verger, 4, rue du Cimetière Saint Cyprien, F-31.000 Toulouse).

Chinon: Stadt im Département Indre-et-Loire, am Unterlauf der Vienne, auf einem Felssporn in beherrschender Lage über dem Viennetal; die ältesten Teile der Burg gehen auf die Grafen von

Blois zurück (Ende des 10. Jhdts.); die Grafen von Anjou besaßen die Burg von 1043-1205; 1189 starb hier →Heinrich II. Plantagenet. →Philipp II. August nahm Chinon im Zuge der Rückeroberung des angevinischen Reiches nach langer Belagerung (1205). Philipp erweiterte die Festung zur Sicherung der wiedereroberten Gebiete. Später diente die Burg den Kapetingern als Gefängnis. Die Festung diente König →Philipp IV., dem Schönen, im Templerprozess; hier wurden nach der Verhaftung der Templer die Ritter festgesetzt und von drei Kardinälen (Berengar, Landulf und Stefan) von 17. – 20. August 1308 unter der Folter befragt. Die hier festgesetzten Würdenträger sollten ursprünglich, wie 72 andere Brüder, zum Papst (→Klemens V.) nach →Poitiers gebracht werden, wurden aber unter fadenscheinigen Gründen (Krankheit) in Chinon weiter festgehalten. Fünf Großwürdenträger des Templerordens sollten hier unter physischen und psychischen Druck die gewünschten Aussagen machen: Der Großmeister →Molay, der Präzeptor von Cypern →Raymbau de Charon, der Großpräzeptor der Normandie Gottfried de →Charney, der Präzeptor von Poitou Gottfried de →Gonneville und Hugo de →Pairaud Großvisitator von Fankreich.

Noch heute sind hier an den Kerkermauern eingeritzte Zeichen und Symbole der hier Gefangenen zu finden. Es ist beispielsweise das „Siegel Salomos", der Name Jaques de Molay und Templerkreuze zu identifizieren.

1427 kam Chinon an Karl VII., der die Festung zeitweise zu seiner Residenz machte. Im Febr. 1429 empfing er hier Jeanne d'Arc. Nach Beendigung des hundertjährigen Krieges verlor Chinon seine Bedeutung und verfiel seit dem 16. Jhdt. zur Ruine.

Choresmier: (Chorasmier, Chwarismier, Charismier); Choresm, am Unterlauf Amudarja (Oxus) in Turkestan gelegenes zentralasiatisches Reich; hier lebten nordiranische Stämme, die schon in der Antike eine bedeutende Rolle spielten. Zur Zeit Alexander des Großen machten sie sich vom Iran unabhängig; 712 wurde das Reich von ara-

bischen Stämmen erobert, behielt aber seine Autonomie bis zur Eroberung durch die Ghasnaviden (1017) und die Seldschuken (1047); in der Folge wurden sie sprachlich und ethnisch turkisiert. In der vierten Dynastie der Chorism-Schahs (1097-1231) entwickelte sich ein starkes ostislamisches Reich. Durch die Eroberung durch die Mongolen 1221 wurde das Herrschaftsgebiet geteilt. Im Norden herrschte die „Goldene Horde", der Süden wurde Teil des Reiches Dschagatai. Nachdem die Choresmier weite Landstriche Syriens verwüstet hatten, fielen sie 1243 vom Norden her ins lateinische Königreich ein. Die Choresmier zeichneten sich im Kampf gegen die Christen mit besonderer Härte und Grausamkeit aus. Nachdem sie Jerusalem (1244) erobert und geplündert und die Einwohner niedergemetzelt hatten, riefen die Templer zum Widerstand auf. In einem Rundschreiben an alle Komtureien im Okzident forderten sie jeden Mann umgehend ins Heilige Land zu entsenden:

„...aus dem Osten sind rohe wilde Tiere in das Land Jerusalem eingebrochen. Die Wut der Tartaren erfüllen den ganzen Orient mit Entsetzen. Sie verfolgen alle und machen keinen Unterschied zwischen Christen und Ungläubigen."

Die Schlacht bei →La Forbie gestaltete sich als Niederlage für die Christen mit Verlusten ähnlich denen bei der Schlacht von Hattin.

Die Choresmier versuchten mit den →Assassinen eine Einigung herbeizuführen, um Verbündete im Streit mit den Kalifen im Westen und den Mongolen im Osten zu finden. Diese Allianz war allerdings nicht weitreichend.

Chorherren vom Heiliger Grab: (Ordo. Can. Reg. SS. Sepulchri Hierosolymitani); das Kapitel wurde von den Kreuzfahrern 1099 bei der Grabeskirche in Jerusalem errichtet; stand dem →Patriarchen bei der Verwaltung des Sprengels sowie dem Vollzug der Liturgie zur Seite. Das Kapitel war in den Auseinandersetzungen zwischen dem Königshaus von Jerusalem und der Kirche stark involviert. 1114 wurde es vom Patriarchen nach der Augustinerregel organisiert. Der hohe Rang der Grabeskirche und der in ihr verehrten Reliquien ermöglichten dem Orden den Erwerb eines beträchtlichen Gewinnes und die Gründung vieler Niederlassungen diesseits und jenseits des Mittelmeeres. Der Verlust Jerusalems (1187) und von Akkon (1291) verringerte den Einfluss des Ordens. 1261-64 straffte Papst →*Urban IV.*, ehemals Patriarch von Jerusalem, die Organisation des Ordens. Ab Ende des 13. Jhdts. residierten Prior und Kapitel in Perugia. 1489 hob Papst *Innozenz VIII.* das Kapitel auf und übertrug alle Besitzungen an die →Johanniter zur Unterstützung im Kampf gegen die Türken. Da aber viele der Klöster der Aufhebung nicht folgten machte Papst *Alexander VI.* diese wieder rückgängig. Später fielen viele Klöster der Reformation zum Opfer; einige Klöster hielten sich bis ins 19. Jhdt.; der weibliche Zweig des Ordens verfügt heute noch über Klöster in Holland, Belgien, England, Deutschland und Spanien.

Chrétien de Troyes: (* um 1140 in Troyes, † um 1190); Jurist, Waffenherold oder konvertierter Jude→; altfranzösischer Epiker und Troubadour; Verfasser der höfisch-ritterlichen Verserzählungen, die mit „Lancelot" (1177-81), „Perceval" (1181-88), „Yvain" (1177-81), „Erec et Enide" (um 1170), „Cligès" (um 1176) und „Conte de Graal" alle Ritter der Artusrunde als Helden haben, die ihre ritterlichen Pflichten zugunsten des Minnedienstes vernachlässigen. Bei Chrétien verbindet sich bretonische Sagenwelt und provensalischer Frauendienst mit den Idealen des Rittertums. Seine Epen hatten Einfluss auf die deutschen Dichter *Hartmann von Aue*, →*Wolfram von Eschenbach* und *Gottfried von Straßburg*.

Chrismon: Das Chrismonzeichen ist ein in Urkunden vorkommendes religiöses Zeichen zur symbolischen Anrufung Christi; Monogramm aus den griechischen Anfangsbuchstaben von Christos, „X" („Chi") und „P" („Rho"); ein Buchstabensymbol für das Christentum seit der Zeit von *Konstantin dem Großen* und häufig auf Kirchenfahnen dargestellt, oft von einem Kreis oder Siegeskranz umgeben. Auf dem Labarum der Kreuzfahne soll das Zeichen den Sieg Konstantins über *Maxentius* im Jahr 312 n. Chr. begleitet haben, nach der Weissagung an Konstantin „In hoc signo vinces" („Unter diesem Zeichen wirst du siegen"), doch war es nachweisbar schon früher in Gebrauch. Es bezeichnet den Sieg des Christentums über den Erdkreis oder den Sieg des Erlösers über die Herrschaft der Sünde. Gelegentlich wird das Chi-Rho in einem dreifachen Kreis (Hinweis auf die Dreifaltigkeit) dargestellt und mit den Buchstaben Alpha und Omega an den Seiten kombiniert. Im Kreis wirkt das Christusmonogramm als radförmiges Sonnensymbol, was den triumphalen Charakter des Zeichens verstärkt.

Christentum: (griechisch „christianismós"); Bezeichnung für die Gesamtheit der Anhänger des in Lehre, Ethik und Weltdeutung auf *Jesus Christus* zurückgehenden christlichen Glaubens, sowie Bezeichnung für diesen Glauben (Religion) selbst. Der Begriff findet sich erstmals in einem Brief des syrischen Bischofs *Ignatius von Antiochien* († zw. 107 und 117). Die Anhänger des Christentums sind in zahlreiche und unterschiedliche Gemeinschaften und Organisationen zusammengeschlossen. Die größten organisierten christlichen Gemeinschaften sind die katholische Kirche, die aus der Reformation hervorgegangenen protestantischen Kirchen und die orthodoxen Kirchen (orientalische Kirchen). Die Zahl der Anhänger des Christentums wird auf etwa 1,55 Mrd. geschätzt. Fast 60 % sind katholisch, beinahe 20 % gehören den evangelischen Kirchen an, die restlichen sind den anglikanischen, den orthodoxen oder „unabhängigen" Kirchen zuzurechnen.

Seit seiner Entstehung versteht das Christentum Jesus als von Gott gesandt oder als fleischgewordenes „Wort" Gottes und sich selbst somit basierend auf die göttliche Offenbarung und positiven Heilswillen Gottes. Das Christentum ist daher seinem Wesen nach Offenbarungs- und Erlösungsreligion. Kennzeichnend für den christlichen Glauben ist die Lehre von der Trinität, der Dreieinigkeit Gottes in den Erscheinungsweisen Vater, Sohn und Heiliger Geist;

zentraler Inhalt ist zunächst Jesus Christus selbst, der „Sohn Gottes" und der verheißene Messias (Christus), der sich durch seinen Tod am Kreuz den Menschen gleichgestellt hat und durch seine Auferstehung von den Toten die Menschen von ihrer Sünde erlöst hat, zum anderen die im Evangelium des Neuen Testamentes verkündete „Frohe Botschaft" Jesu vom „Reich Gottes", das, im Alten Testament bereits verheißen, in seiner Person begonnen hat und das Heil für alle Menschen, den Zugang zum wahren „ewigen" Leben bedeutet (Jesus als Heilsmittler). Da der Mensch auch in seinem positiven Streben als Sünder gilt, kann die „Rechtfertigung" des Sünders und das Reich Gottes nur von Gott her kommen. Auch der vom Menschen gewollte Glaube vermag die Distanz zwischen Gott und den Menschen nicht zu überwinden. Die Grundaussagen des christlichen Glaubens sind im Apostolischen Glaubensbekenntnis formuliert. Dennoch werden sie unterschiedlich interpretiert, so dass es keine einheitliche Organisationsform gibt, in der sich alle Christen zusammengeschlossen hätten. Allen Christen gemeinsam aber ist die Auffassung, dass die Christen insgesamt eine Einheit bilden. Sichtbares Zeichen für die Zugehörigkeit zur Gemeinschaft der Christen ist die Taufe.
<u>Entstehung:</u> Das aus dem Judentum hervorgegangene Christentum steht geistesgeschichtlich in Verbindung mit der Christuslehre jüdisch-eschatologischer Herkunft, (meist) orientalischer Mysterien- und Erlösungskulten (→Gnosis), von denen es sich abgrenzte, sowie der spätgriechischen Philosophie und Kultur, der es ein neues Menschenbild entgegensetzte.
<u>Christliches Altertum:</u> Das Christentum entstand zunächst in Jerusalem („Judenchristen": sie verstanden sich zunächst als Juden und hielten an Gesetz und Tempelkult fest) und breitete sich nach teilweiser Vertreibung aus Jerusalem durch Mission (besonders *Paulus*) über Palästina bis nach Kleinasien auf hellenistischen Boden aus, wo es auch Heiden aufnahm und von nun „Heidenmission" betrieb. Mit dem Einfluss der neu-

en Christengruppen („Heidenchristen") wurde das „Judenchristentum" zurückgedrängt (ab zirka 150).
Die christliche Gemeinde galt im römischen Reich zunächst als eine jüdische Sekte, der jedoch bald wegen der Weigerung, den Kaiserkult zu vollziehen, die religiösen und rechtlichen Privilegien entzogen wurden; es kam zu den Christenverfolgungen. Unter Kaiser *Konstantin dem Großen* wurde das Christentum schließlich zur alleinberechtigten Religion im Reich (Toleranzedikt von 313), wodurch eine vom Reich abhängige Reichskirche entstand. Diese Entwicklung wurde endgültig besiegelt, als der oströmische Kaiser *Theodosius I.* 380 die christliche Kirche zur Staatskirche erklärte.
<u>Mittelalter:</u> Nach dem Übergang des christlichen Glaubens auf die germanischen, romanischen und slawischen Völker entwickelten sich die Auffassungen in West und Ost hinsichtlich der Oberhoheit des römischen Bischofs (des Papstes als Oberhaupt des Christentums) so unterschiedlich, dass es 1054 zur bis heute bestehenden Spaltung der Kirche kam (Morgenländisches Schisma). Seit dem Mittelalter prägte das Christentum die europäische Kultur entscheidend; Welt, Mensch und Gesellschaft wurden zunächst sakral gedeutet. Die mittelalterliche Gesellschaft bildete – unter dem Einfluss germanischen Denkens – ein rigides Feudalsystem aus, das mit dem Zusammenwachsen zu einer universalen abendländischen Kultur in einem universalen Kaiser- und Papsttum gipfelte, deren Machtbereiche nach dem Investiturstreit geschieden wurden. Hiermit war der Grund gelegt für den Zerfall der universalen christlichen Kultur im späten Mittelalter. Nationalstaaten begannen eigene Interessen zu verfolgen, die Wissenschaften lösten sich vom Primat der Theologie, Reformbewegungen des christlichen Lebens trat die Kirche mit Zulassung (etwa der Bettelorden) oder Verfolgung durch die Inquisition entgegen.
<u>Neuzeit:</u> Durch die Kritik der Reformatoren (*Luther, Zwingli, Calvin*) kam es im Verlauf der Reformation zur grundlegenden Umbildung der

gesamten westlichen Kirche, die protestantischen und evangelischen Kirchen entstanden. In England kam es nach der Verwerfung der obersten Leitungsgewalt des Papstes zur Entstehung der anglikanischen Kirche. Die Reformation löste die Gegenreformation und die katholische Erneuerung aus, in deren Mittelpunkt das Konzil von Trient (1545-63; Tridentinum) stand. Im Anschluss und im Zusammenhang mit der politischen Expansion der europäischen Mächte (Kolonialismus und Imperialismus) kam es sowohl zur religiösen Legitimation des Kolonialismus wie auch zum erheblichen Widerstand der Missionen gegen kolonialistische Unterdrückung und Ausbeutung. Die in diesem Zusammenhang notwendige Auseinandersetzung mit fremden Religionen und jeweils anderen christlichen Konfessionen führte zur Besinnung auf das Gemeinsame unter den christlichen Konfessionen und schließlich (Ende des 19./Anfang des 20. Jhdt.) zur ökumenischen Bewegung.

Christusorden: →Christusritterorden.

Christusritterorden: (Orden de Cavalaria de Nosso Senhor Jesu Cristo); wurde anlässlich der Auflösung des Templerordens von König →Diniz in Portugal gegründet. In diesen Orden wurden sämtliche →Komtureien und alles bewegliche Gut der Templer übertragen. Papst *Johannes XXII.* bestätigte am 14. März 1318 (1319) den Orden mit der Anweisung, künftig nach den Regeln des heiligen Benedikt und der Satzungen der Zisterzienser zu leben (Bulle „Ad ea ex quibus"), und stattete ihn mit ähnlichen Privilegien aus wie die Templer, allerdings wurde der Großmeister nicht mehr von den Rittern gewählt sondern vom König eingesetzt. Damit verloren die Christusritter ihre Autonomie. 1550 wurde der Orden durch Papst *Julius III.* mit der Krone Portugals direkt verbunden, dadurch waren die Aufgaben des Ordens rein nationale geworden: →Reconquista, Festigung des Königtums und die Vergrößerung Portugals. Da nun immer Könige und Prinzen dem Orden als Großmeister vorstanden, vermehrten die Ritter stetig den Reichtum ihres Ordens. Unter *Heinrich dem Seefahrer* begann dieser

Aufstieg. Castro Morim, an der Mündung des Guadiana, wurde der erste Ordenssitz bis dieser wieder in die alte Templerburg Tomar zurückverlegt wurde (1356). Sowohl im Kampf gegen die Mauren als auch später bei den Entdeckungen spielten die Christusritter eine entscheidende Rolle. Die Entdeckungs- und Eroberungsreisen hatten zur Folge, dass Papst *Calixtus III.* dem Orden die geistliche Jurisdiktion über die Besitzungen in Afrika und Asien übertrug (1456). Mitte des 16. Jhdts. verfügte der Orden über mehr als 450 Komtureien. Als *Joao III.* gemeinsam mit den Jesuiten den Ritterorden in den Mönchsorden „Frades do Crosto" umwandelte (1521) begann der Niedergang. 1789 wurde der Orden verstaatlicht. Mit dem Sturz der Monarchie 1910 wurde der Orden schließlich ganz aufgehoben. Das Ordenszeichen, das achtspitzige rote Kreuz der Templer, war das Wappenbild König *Manuels* und prangte auf den Segeln der portugiesischen Karavellen bei ihren Entdeckungsreisen.

Chymische Hochzeit: aus der →Alchemie; das Erkennen des „Steins der Weisen", Vereinigung von Feuer und Wasser.

Cilicien: →Kilikien.

Cingulum: (lateinisch „der um die Hüfte geschlungene Gürtel"); auch *Zingulum*; der von der antiken Kleidung übernommene liturgische Gürtel zum binden der →Albe (bis an die Knöcheln reichendes liturgisches Untergewand in der katholischen Kirche), ein einfacher Strick oder verziertes Band, aber auch das schärpenartige Band der Soutane: Papst- weiß, Kardinäle- rot, Bischöfe- violett, allgemein- schwarz; auch Gürtel von Ordenstrachten; gesegneter Gürtel, den viele Bruderschaften als Abzeichen oder Andachtszeichen tragen.

Im Templerorden gab man den Brüdern bei ihrem Eintritt in den Orden eine leinene Schnur, die mit dem magischen Haupt (→Caput, →Baphomet) in Berührung gebracht worden war (laut Inquisitions-Protokollen im Templerprozess) und so den Ritter an den Zauberkräften teilhaftig werden ließ. Der Ritter trug das Cingulum auf dem bloßen Leib. Die Schnur sollte die Bindung des

Bruders an den Orden und seine Keuschheit symbolisieren. In sarazenischer Gefangenschaft wurde der Ritter erinnert, dass er nichts für seine Freilassung geben konnte außer dem Cingulum. „Cingulum militiae" (Rittergürtel), über den Hüften getragener metallbeschlagener Ledergurt mit einem Schurz auch metallbeschlagene Lederriemen als Unterleibsschutz; nicht zum tragen von Dolch und Schwert.

Citeaux: Ort im Burgund im Département Côte d'or, geht auf das römische Cistercium (→Zisterzienser) zurück. 1098 wurde hier von →Robert de Molesme ein Reformkloster gegründet. 1112 trat hier *Bernhard von Fontaines* (→*Bernhard von Clairvaux*) mit 30 Gefährten in den Orden ein. Von Citeaux ging eine Reformbewegung aus, die auf die Ursprünge des Benediktinerordens zurückgriff („Ora et labora"). Filialklöster von Citeaux waren La Ferté, Pontigny, Clairvaux und Morimond. 1790 wurde das Kloster aufgehoben; seit 1898 Trappistenabtei. Von den historischen Bauten ist nur wenig erhalten.

Clairvaux: (lateinisch Claravallis); im französischen Département Aube; →*Bernhard von Clairvaux* gründete hier, ausgehend vom Zisterzienserkloster →Citeaux, auf dem Gebiet des Grafen →*Hugo de Champagne* eine neue →Abtei als drittes Tochterkloster (1115); das Kloster lag im „Vallis Absinthialis", die Änderung in „Clara Vallis" war Folge der Arbeit der Mönche. 1792 im Zuge der französischen Revolution säkularisiert und teilweise abgebrochen, seit 1808 als Gefängnis in Gebrauch. Der erste einfache über einem rechteckigen Grundriss errichtete Kirchenbau wurde 1133 fertiggestellt, später wurden im rechteckigem Schema das Querschiff mit Kapellen, das Sanktuarium und im 12. Jhdt. der Chor und Umgang errichtet.

Clamys: →Claym.

Claym: (Clamys); weißer Ordensmantel der Tempelritter mit dem roten Tatzenkreuz, der über der Rüstung getragen wurde.

Clemens: →Klemens.

Cluny: (Clugny, lateinisch Cluniacum); französischer Ort in Südburgund, Département Saône-

et-Loire; ein Mittelpunkt des burgundischen Weinbaus; 4 700 Einwohner; Cluny entstand bei der 908-910 von *Wilhelm von Aquitanien* gegründete Benediktinerabtei (1790 aufgehoben); von den drei hintereinander gebauten Abteikirchen (Cluny I, II, III) war der 2. Bau (981 geweiht, Cluny II) von bestimmenden Einfluss auf den weiteren Kirchenbau im 11. Jhdt. Der 1089 begonnene 3. Bau (Cluny III, 1809-1815 zerstört), stellte den größten Kirchenbau seiner Zeit dar. Er war von mächtiger Ausdehnung und Höhe (5-schiffiges spitztonnen gewölbtes Langhaus mit zwei Querschiffen, Chor, Chorumgang und Kapellenkranz; über den beiden Querschiffen Vierungstürme und ein weiteres Turmpaar über dem ersten Querhaus), verkörperte im Gegensatz zum asketischen Charakter von Cluny II, den Geist einer höchste Machtansprüche verkörpernden Hierarchie. In der französischen Revolution wurde die Klosteranlage fast völlig zerstört. Erhalten geblieben sind lediglich einige Gebäude des Klosters, Reste der Basilika – Arm des Hauptquerschiffes mit oktogonalem Turm, Kapitelle des Chorumganges und Reste des Tympanons des Hauptportals. Cluny war schon unter dem ersten Abt *Berno* († 927) und den als

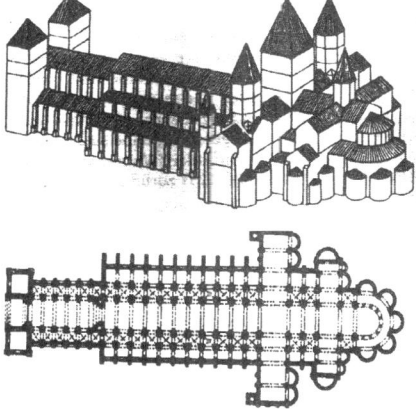

Abteikirche „Cluny III", Baubeginn 1089, zerstört 1809-1815

Heilige verehrten folgenden fünf Äbten *Odo* (942), *Aymard* (965), *Majolus* (994), *Odilo* (1048) und *Hugo* (1109) bedeutendstes Reformzentrum für das abendländische Mönchtum und die Gesamtkirche (kluniazensische Reform) aus dem der Machtanspruch des Papsttums hervorging (Investiturstreit). Grundlage des Klosterlebens war die Benediktinerregel, jeder Laieneinfluss wurde ausgeschaltet und die enge Bindung an das Papsttum hergestellt. Die Abteien, die sich der Reformbewegung anschlossen, bildeten eine Kongregation innerhalb derer der cluniazensische Abt große Machtbefugnisse hatte. Die Richtlinien der Reformbewegung sind in den „consuetudines" („Gewohnheiten") enthalten. Angestrebt wurde strenge Mönchszucht, die feierliche Liturgie und Psalmengebet, unter Vernachlässigung der Handarbeit, forderte.
Coelestin II.: bürgerlich *Guido von Città di Castello*; († 8. März 1144 in Rom); 166. Pontifikat (26. September 1143 – 8. März 1144); Schüler und Freund des →*Abaelard*; rettete *Arnold von Brescia* vor den französischen Verfolgern. Coelestin erweiterte die Privilegien des Templerordens mit der →*Bulle* „Milites Templi Ierosolimitani". Besitztümer der Templer und die ihrer Vasallen durften von bischöflicher Gewalt nicht unter →*Interdikt* gestellt werden. Coelestin starb bereits sechs Monate nach seinem Amtsantritt.
Coelestin III.: eigentlich *Giacinto Boboni-Orsini* (Hyazinth Bobo); (* um 1106, † 8. Jänner 1198 in Rom); 1140 verteidigte er als Schüler →*Abaelards* dessen Lehren auf der Synode von Sens gegen →*Bernhard von Clairvaux*; 1144 Kardinal; wurde als 85-jähriger zum 176. Papst (30. März 1191 – 8. Jänner 1198) gewählt; Cölestin III. krönte →*Heinrich VI.* zum Kaiser, geriet aber bald mit ihm in heftigen Konflikt, weil Heinrich nach der Eroberung Siziliens die Erblichkeit des Kaisertums erstrebte und die päpstliche Macht in Mittelitalien bedrohte. Durch kluge Politik wusste Cölestin III. seine Position zu halten und zu verbessern, bis der plötzliche Tod des Kaisers (1197) eine Wendung zu seinen Gunsten brachte. Coelestin führte die normannenfreundliche

Politik seines Vorgängers →*Klemens III.* fort und erkannte *Tankred* als König an.
Coelestin IV.: eigentlich *Goffredo Castiglioni*; († 10. November 1241 in Rom); Zisterzienser; Neffe Papst →*Urbans III.* aus Mailand; 1227 Kardinal; 180. Papst (25. Oktober – 10. November 1241); wurde erst nach 60 Tagen erzwungener Klausur gewählt; Cölestin IV., der in hohem Alter Papst wurde, war der Kandidat der für friedlichen Ausgleich mit Kaiser →*Friedrich II.* eintretenden Kardinalspartei, die von *Giovanni Colonna* angeführt wurde. Der kaiserfeindliche Senator *Matteo Rosso Orsini* ließ die bei der Wahl anwesenden Kardinäle im Septizonium brutalst einschließen und zwang sie unter härtesten Bedingungen aus ihrer Mitte den Papst zu wählen; viele erkrankten und einige von ihnen starben; der neugewählte Papst bannte Orsini. Coelestin starb bereits wenige Tage nach seiner Wahl, möglicherweise an Gift.
Coelestin V.: eigentlich *Pietro Angelari del Murrone* oder *da Morrone*; (* 1215 in Isèrnia, † 19. Mai 1296 in Castello di Fumone); Heiliger; Benediktiner; Abt in Faifoli und Einsiedler auf dem Monte Murrone bei Sulmona in den Abruzzen. 199. Papst (5. Juli 1294 – 13. Dezember 1294); obwohl ungeeignet, wurde er als der von Streitigkeiten zwischen den Parteien der Colonna und der Orsini als gänzlich Unbeteiligter nach 2 1/2 Jahren Sedisvakanz, gefördert von →*Karl II. von Neapel* (Anjou), zum Papst gewählt, in der Hoffnung, in ihm den vielfach ersehnten Engelpapst zu erhalten. Er geriet bald in völlige Abhängigkeit von Karl II.. Von seiner politischen Unfähigkeit überzeugt, dankte Coelestin nach fünfmonatiger Regierung am 13. Dezember 1294 unterstützt von seinem Nachfolger (Kardinal *Gaetani*) freiwillig ab. Er wurde wieder Mönch und erwies seinem Nachfolger seine Ehrerbietung, wurde von diesem aber nach missglückter Flucht gefangen gesetzt. Sein Nachfolger →*Bonifatius VIII.* ließ Coelestin in der Festung Fumone einkerkern und bis zu seinem Tod in Haft halten, weil der Papst ein Schisma fürchtete. Coelestin starb in einem Mauergeviert von we-

nigen Schritten. Wurde von →*Klemens V.* am 5. Mai 1313 heiliggesprochen; Fest: 19. Mai; →*Dante* hat ihn als Feigling in die Vorhölle verbannt; *Petrarca* ehrte ihn wegen seiner Entsagungen.

Consolamentum: Die →Katharer lehrten das Handauflegen („Consolamentum" – freiwillige Todesweihe), durch das es zum vollkommenen Nachlass der Sünden kam. Ohne diese Handlung konnte es nicht zur Erreichung der Glückseligkeit auf einer höheren Ebene kommen. Die mit dem Consolamentum Getrösteten wurden →„Parfaits" oder „perfecti" (Vollkommene oder Vollendete) und „vestiti" (Bekleidete) genannt. An das Consolamentum folgte die →„Endura", der letzte „harte" Weg. Die Sektenangehörigen, die das Consolamentum erhalten hatten, durften keinen Geschlechtsverkehr mehr haben und keine tierischen Speisen mehr zu sich nehmen, jede Nahrungsaufnahme nicht geweihter Speisen war untersagt und sie versprachen für ihren Glauben den Tod erleiden zu wollen. Ein nicht Getrösteter musste durch Seelenwanderung den Kreis eines Menschenlebens noch einmal durchlaufen. Kindern wurde die Tröstung nicht gewährt. Sie waren, weil auch die Seelenwanderung für sie nicht möglich war, bei ihrem frühen Tod für immer verloren.

Convenenza: Die →Katharer erlangten die Anwartschaft auf die Seligkeit wenn sie mit dem Vorsteher einen Vertrag (Convenenza) unterzeichneten, in dem sich der Unterzeichner verpflichtete, sich am Totenbett das →Consolamentum erteilen zu lassen, womit am Schluss seines Lebens alle seine Sünden auf einen Schlag getilgt wurden. Mit der Convenenza allein war jedoch die Möglichkeit der Seelenwanderung und damit die Chance auf diesem Weg doch das Consolamentum zu erreichen, gegeben. Wer weder Consolamentum noch Convenenza auf sich genommen hatte war für immer verloren.

Couvent: Besatzung der Templer in ihrem Stammhaus in Jerusalem, bestehend aus ungefähr 300 Rittern und der entsprechenden Zahl Sergeanten. Sie stellten die Elitetruppe des Ordens dar. Da die Templer bei allen kriegerischen Auseinandersetzungen die Vorhut bildeten und diese meistens aus dem „Couvent" bestand, wurden bei vielen verlorenen Schlachten zirka 300 gefallene oder hingerichtete Templer erwähnt (z.B. →Hattin 1187; La Forbie 1244; →Mansura 1250).

Cresson: Am 1. Mai 1187 traf eine Truppe bestehend aus Johannitern, Templern und Kreuzrittern auf eine Übermacht von Seldschuken. Gegen den Rat des Johannitermeisters und des Marschalls des Templerordens →*Jaques de Mailly* gab der Großmeister der Templer →*Gerhard de Ridefort* den Befehl den übermächtigen Gegner anzugreifen. In der Schlacht an den Quellen von Cresson (bei →La Fève) wurden 80 Templer, 10 Ritter des Johanniterordens 40 Kreuzritter aus Nazareth und 500 Fußknechte von einer Übermacht von mehr als 7000 Seldschuken niedergemetzelt, nur Ridefort und wenigen anderen gelang die Flucht.

D

Daimbert: († 16. Juni 1107 in Messina); 1088 Erzbischof von Pisa; 1092 von Papst →*Urban II.* zum Legaten von Sardinien erhoben; 1098 Legat von Syrien und erster Patriarch von →Jerusalem (1099-1101); anlässlich der Eroberung der byzantinischen Hafenstadt Laodicea durch →*Bohemund I.* veranlasste Daimbert den entscheidenden Angriff der pisanischen Schiffe. Später distanzierte er sich von diesen Geschehnissen und äußerte sich laut dem Chronisten *Albert von Aachen* einsichtig:
„Jetzt aber haben wir die Wahrheit aus eurem Mund erfahren und wissen, dass nur aus Neid und Habsucht, nicht um Gottes willen, Bohemund diese Leute verfolgt und uns elend betrogen und verführt hat, Christen zu bekämpfen und zu vernichten...".
Daimbert stellte sich den Ansprüchen von Byzanz auf die Oberherrschaft über die neuen Kreuzfahrerstaaten entgegen und wollte Jerusalem und Jaffa nach deren Eroberung unter päpstliche Oberhoheit stellen. Dies konnte von →*Gottfried von Bouillon* und den Fürsten verhindert werden. Gottfrieds Nachfolger →*Balduin I.* gelang es, die Opposition zwischen *Tankred*, dem Nachfolger Bohemunds, und Daimbert zu überwinden und den Patriarchen zu zwingen, ihn selbst in der Geburtskirche zu Bethlehem zu krönen.

Damaskus: (arabisch Dimaschk esch-Scham, französisch Damas); Hauptstadt Syriens; am Ost-Fuß des Antilibanon am Ausgang der Barada-Schluchten, 690 Meter über dem Meer; 1,36 Millionen Einwohner; Universität, Nationalbibliothek und -museum; typische Oasenstadt mit Nahrungsmittel- und Textil-Industrie (Brokatwebereien), daneben Klingenherstellung und Zementfabrikation; Damaskus ist weitgehend von einer Mauer mit 7 Toren umgeben; diese stammt im wesentlichen aus der Zeit des →*Nur ed-Din* und der →*Aijubiden.* Die Omaijaden-Moschee (8. Jhdt.) steht an der Stelle des römischen Jupitertempels; um 1470 v. Chr. erstmals in Inschriften des Pharao *Thutmosis III.* erwähnt; um 1000 v. Chr. Hauptstadt der Aramäer als

Aram. 732 Eroberung durch die Assyrer. Nach 333 Teil des Alexander- und Seleukidenreiches. Kurze Herrschaftsperiode der Nabatäer bis Damaskus 64. v. Chr. von den Römern erobert wurde. 636 kam Damaskus mit seiner aramäischen und jakobitischen Bevölkerung in die Hand der Muslime. 661-744 Residenz der omaijadischen →Kalifen; nach dem Sturz des Omaijadenreiches verlegten die Abbassiden die Hauptstadt nach Bagdad. Seither lediglich Provinzhauptstadt; 1129 erste Belagerung durch die Christen unter Mitwirkung der Templer. 1145 Ziel des 2. Kreuzzuges; dieser endete 1148 mit dem erfolglosen Abzug des Kreuzfahrerheeres. In der Folge gewann Damaskus als Residenz Nur ed-Dins und als Stützpunkt →*Saladins* gegen die Kreuzritter immer mehr Bedeutung. 1399 von *Timur-Leng* geplündert; 1920 Hauptstadt des französischen Völkerbundmandats Syrien.

Damiette: (arabisch Dumjat; koptisch Tamiati; griechisch Tamiathis); Provinzhauptstadt mit heute zirka 100 000 Einwohnern in Unterägypten an einem Nilarm, 15 km vor der Einmündung in das Mittelmeer; war seit 641 wichtiger Hafen und Handelsplatz für die Araber. Wurde mehrfach von den Kreuzfahrern (→Kreuzzüge) belagert und erobert; 1169 von →*Amalrich I.* belagert; 1220 im Laufe des 5. Kreuzzuges und 1249 von →*Ludwig IX.* erobert. 1251 wurde die Stadt vom Mameluckensultan →*Beibars* zerstört und an anderer Stelle wieder aufgebaut.

Dandolo, Enrico: (* um 1108 in Venedig, †14. Juni 1205 in Konstantinopel); entstammte einer venezianischen Patrizierdynastie; Doge von Venedig (1193-1205); als Doge war er bemüht, die Vormachtstellung Venedigs im östlichen Mittelmeer zu festigen; versprach dem Kreuzritterheer des 4. Kreuzzuges eine Flotte zur Überfahrt ins Heilige Land zur Verfügung zu stellen, wenn dafür Dalmatien und Konstantinopel eingenommen würden. Das Kreuzritterheer eroberte beides 1204 und richteten unter der Bevölkerung Massaker an. Als Papst →*Innozenz III.* von diesen Vorgängen und kriminellen Machenschaften erfuhr bannte er den gesamten Kreuzzug. Ein weiterer

Vorstoß nach Palästina war vom Dogen nicht mehr geplant, da er einen Nichtangriffspakt mit dem Sultan von Ägypten zwischenzeitlich geschlossen hatte. Die Bronzequadriga über dem Portal der Markuskirche wurde von Dandolo 1204 aus Konstantinopel nach Venedig gebracht.

Danischmeniden: Zwei Herrscherdynastien im Zentrum und Osten Kleinasiens (1071-1178); sie wurden von *Danischmed* einem Glaubenskämpfer (Ghazi) gegründet. Ihr Herrschaftsbereich wurde zu Lasten der Rum-Seldschuken ausgedehnt.

Dante Alighieri: (* Mai oder Juni 1265, † 14. September 1321); stammte aus adeligem Geschlecht und war Anhänger der Guelfen; seine Jugendsonette spiegeln die Liebe zu *Beatrice*; mit dem Einzug von *Karl von Valois* in Florenz 1301 verlor seine Partei und Dante wurde 1302 verbannt; es begann sein Wanderleben; während seinen Wanderungen entstand die „Divina Commedia" („Göttliche Kommödie"), in der er geführt von *Vergil* und Beatrice die Jenseitsbereiche des Glaubens mit zeitkritischen Anmerkungen und politischen Ausblicken beschreibt; Dante prophezeite in seiner „Göttlichen Komödie", dass Papst →*Klemens V.* für die Vernichtung des „Tempels von Jerusalem" in der Hölle schmoren würde.

De Laude Novae Militiae: („De Laudae Novae Militiae ad milites templi"; „Vom Lob der neuen Ritterschaft, an die Tempelritter"); von →*Bernhard von Clairvaux* verfasste Propagandaschrift über und für den Templerorden (1131 oder 1132). Bernhard schreibt:

„Der neue Ritter, dessen Leib mit einer Rüstung aus Eisen und dessen Seele mit einer Rüstung des Glaubens bewehrt ist, fürchtet nichts, weder das Leben noch den Tod, denn Christus ist sein Leben, Christus ist Lohn für seinen Tod (...). Ziehet also los in aller Sicherheit, Ritter, und kämpft ohne Furcht gegen die Feinde des Kreuzes Christi (...). Freue dich mutiger Kämpfer, wenn du überlebst und Sieger im Herrn bist, freue dich und rühme dich noch mehr, wenn du stirbst und dich zum Herrn gesellst."

An einer anderen Stelle beschreibt er das Äußere der Tempelritter:

„...nie gekämmt, selten gewaschen, mit wildem Bartwuchs, stinkend und schweißbedeckt, geschwärzt von ihren Harnischen und der Hitze...".

Mit dieser Textstelle sollte die Bedürfnislosigkeit dokumentiert werden und dass die Ordensritter sich dem Luxus des Orients nicht hingaben. Mangelnde Hygiene galt im Mittelalter als besonders heilig.

Im folgenden geht Bernhard auf die Ordensregeln der Templer, die er gemeinsam mit →*Hugo de Payens* nach dem Vorbild der Zisterzienser erarbeitet hatte, ein:

„An erster Stelle stehen Disziplin und uneingeschränkter Gehorsam. Jeder kommt und geht, wie es der Vorgesetzte befiehlt. Jeder trägt die gleiche Kleidung und Rüstung. Hinsichtlich Ernährung und Gewandung gibt man sich mit dem Notwendigsten zufrieden und meidet das Überflüssige. Tempelritter leben maßvoll und fröhlich ohne Frauen und Kinder. Um der apostolischen Lebensweise möglichst nahe zu kommen, wohnen sie alle unter gleichen Bedingungen im gleichen Haus. Auch nennen sie nichts ihr eigen, um einer einheitlichen Gesinnung und eines friedlichen Zusammenlebens willen. Ungebührliche Reden, nutzlose Beschäftigungen, Gelächter, heimliches Tuscheln und Hintergehen sind unbekannt. Sie verabscheuen Würfel- und Glückspiele, sie hassen Jagd. Sie verachten Komödianten, Possenreißer, Taschenspieler, Schwätzer und Besserwisser, sie missachten zweideutige Lieder, schamloses Getue, denn sie sehen das alles als sinnlose, billige Torheiten und dumme Geltungssucht an. Auch tragen sie das Haar geschnitten und kurz weil es ihrer Ansicht nach beschämend für einen Mann ist, langes Haar zu haben und damit zu prunken. Niemals übertrieben gekleidet, legen sie kaum Wert auf besondere Körperpflege. Sie bleiben schlicht und einfach als Dienende und Kampfbereite...".

Als Streiter Christi lobt er die Templer weiter:

„...Wenn die Stunde des Krieges schlägt, panzern sie sich innerlich mit Glauben, äußerlich mit Ei-

sen, nicht mit Vergoldungen; sie wollen sich bewaffnen und nicht schmücken; sie wollen dem Feind Schrecken einflößen und nicht seine Begehrlichkeit wecken. Sie bemühen sich um schnelle Pferde und machen sich nicht die Mühe, sie in allen Farben zu zieren, ziehen sie doch in den Kampf, nicht zur Parade; sie trachten nach Sieg und nicht nach eitlem Ruhm, sie wollen gefürchtet und nicht bewundert werden...".

De par Dieu: („im Namen Gottes"); Redewendung mit der die Tempelritter einen Befehl ihres Komturs oder Vorgesetzten bestätigten.

Demiurg: (griechisch „Handwerker"); in der Religionsgeschichte der „Weltbaumeister" (Schöpfergeist der Erde), der die chaotische Materie nach ewigen Ideen zum geordneten Kosmos formt (*Platon*).

Mittler zwischen der höchsten Gottheit und der Schöpfung; in der →Gnosis als Schöpfergott dem Erlösergott gegenübergestellt. Die Weltseele und die Seele des Menschen werden von ihm als eine Mischung aus dem ewig Seienden (Idee) und Werdenden (Körper) hergestellt.

Nach dem katholischen Religionswissenschaftler *Johannes Gründler* ist der Demiurg einer der untersten Aionen (Emanation höchster Wesen), der aus der Materie die Welt der irdischen Geschöpfe bildet. Ohne Einwilligung des höchsten Gottes, entstanden aus selbstsüchtiger Leidenschaft, birgt er Göttliches und Satanisches in sich. Der Demiurg gilt bald als der Gott des Alten Testaments, bald als der →Satan.

Deutscher Ritterorden: (Deutschherren, Deutscher Orden, Marienritter). Wurde 1190/91 von *Friedrich von Schwaben*, dem Sohn →*Friedrich I. Barbarossas*, als Krankenpflegeorden während der Belagerung Akkons gestiftet. Sein Habit war der schwarze Mantel mit weißem Kreuz. 1198 wurde der Orden in einen geistlichen Ritterorden umgewandelt. Der Orden erwarb Gebiete in Frankreich, Deutschland, Livland und Preußen. An der Spitze des Ordens stand der →Hochmeister, der vom Generalkapitel auf Lebenszeit gewählt wurde. Ihm zur Seite standen der Großkomtur, er war der Vertreter des Hochmeisters,

der Marschall, dieser war zuständig für das Kriegswesen, der Tressler (Finanzen), der Spittler (Wohlfahrtswesen) und der Trappier (Bekleidungswesen). Eine Ordensprovinz (→Ballei) wurde vom Landkomtur, ein Haus vom Komtur geleitet. Der erste Sitz des Hochmeisters war →Akkon, ab 1291 Venedig, ab 1309 Marienburg und ab 1466 Königsberg. Ab 1226 begann mit dem Hochmeister *Hermann von Salza* die Christianisierung der Preußen. 1237 brachte die Aufnahme des Schwertbrüderordens einen Teil Livlands. 1308/09 wurde Westpreußen (Pommerellen) mit Danzig erobert. 1347 errang der Orden Estland und siegte gegen die heidnischen Litauer. 1410 wurde der Deutsche Orden im Kampf um Polen bei Tannenberg besiegt. Im „Dreizehnjährigen Krieg" (1454-1466) verlor der Orden Westpreußen, das übrige Preußen kam unter die Lehenshoheit Polens. 1525 wurde der Orden vom Hochmeister Markgraf *Albrecht von Brandenburg* in ein protestantisches, erbliches Herzogtum verwandelt. Der katholisch gebliebene Teil des Ordens lebte im Süden und Westen Deutschlands weiter, Sitz wurde Mergentheim. 1809 wurde der Orden von *Napoleon* aufgelöst, 1834 von *Franz I.* in Österreich wieder hergestellt, bis 1918 waren immer österreichische Herzöge Hochmeister (Hoch- und Deutschmeister). Nach 1918 wurde ein geistlicher Leiter bestellt und ab 1929 lebt der Orden als Laienorden (Bettelorden) mit Sitz in Wien weiter.

Dienende Brüder: →Brüder, dienende.

Diniz: Dinis; (* 9. Oktober 1261, † 7. Jänner 1325 in Santarém); Diniz der Gerechte, König von Portugal (1279-1325); verweigerte dem Papst bei seinem Amtsantritt den Lehenszins und verbot die Vererbung von Grundstücken an die Kirche. Gründete die Universität von Lissabon (1290), dichtete und regte eine Sammlung von Troubadour-Liedern an. Nach der Aufforderung des Papstes zur Verhaftung der Tempelritter mit der Bulle „Pastoralis praeeminentiae" lud Diniz die Templer auf seine große Burg Castro Morim als Gäste ein und bewirtete sie über Jahre. Ihre

Güter ließ der König mustergültig verwalten. In Santarém wurden die Templer von allen Vorwürfen freigesprochen. Später gründete er mit Einverständnis des Papstes →*Johannes XXII.* den →Christusritterorden, dem er alle Güter und Besitzungen der Templer übergab (1319). Das Kreuz der Templer fand weiter Verwendung und wurde mit einem kleinen eingeschriebenen weißen Kreuz, als Zeichen für die Unschuld des Ordens, ergänzt. Mit dem Vermögen des Ordens wurden auch die Entdeckungsreisen Portugals finanziert.

Djesiden: Mohammedanische Sekte; galten bei allen anderen Muslimen als Teufelsanbeter. Sie verehrten den gefallenen Engel „Scheitan" (Satan), dessen Namen die Sektenanhänger nicht aussprechen durften.

Domenikus: heilig; (* um 1170 in Caleruega bei Aranda de Duero, † 6. August 1221 in Bologna); spanischer Ordensgründer (→Dominikaner); 1199 Sekretär des Bischofs von Osma. 1207 schloss er sich in Südfrankreich dem Bekehrungswerk für →Katharer und →Waldenser an und übernahm die Leitung der Missionsstation Prouille bei Toulouse, die er mit neuen Methoden weiterführte; 1215 gründete er in Toulouse eine Genossenschaft von Priestern, die in völliger Armut lebend sich um die Bekehrung der →Albigenser bemühte; daraus entwickelte sich der Orden der Dominikaner; Fest: 8. August.

Dominikaner: Der Orden wurde von →Domenikus Guzmán-Calarogas (1170-1221) gegründet (in Caleruega in Altkastilien, dem Geburtsort von Domenikus). Die Päpste →*Innozenz III.* (1215) und →*Honorius III.* (1216) bestätigten den Orden (Ordo Fratrum Praedikatorum, OP). Nach ihrem Gründer Dominikaner genannt, aber auch nach dem Kloster St. Jakob in Paris als Jakobinerorden bezeichnet. Die Dominikaner waren als Predigerorden vor allem gegen Häresie) gedacht, deren Angehörige, nach dem Muster der Franziskaner, auf jeglichen Besitz verzichteten. Papst →*Gregor IX.* übertrug dem Orden die systematische Verfolgung von Ketzern. Um gegen Ketzer und Häretiker mit geisti-

gen Waffen antreten zu können wandten sich die Dominikaner der scholastischen Wissenschaft zu und entwickelten sich zu einem wissenschaftlichen und politischen Orden. Mit der Übertragung dieser Aufgabe an die Dominikaner wurde die Verfolgung der Ketzer den Bischöfen aus der Hand genommen und zentralisiert. Die Dominikaner waren die Erfinder des Inquisitionsverfahrens (Ankläger und Richter in einer Person), dessen alleiniges Ziel das Schuldbekenntnis des Angeklagten war. 1231/32 wurde das Inquisitionsverfahren von Papst Gregor IX. offiziell dem Orden übertragen. Ein berühmter Vertreter des Ordens war →*Thomas von Aquin.* Der Orden war mit den →Franziskanern hauptsächlich an der Vernichtung der Templer beteiligt.

Domme: Dorf in der Dordogne südlich von Lascaux; →*Philipp IV., der Schöne,* errichtete hier 1280 eine Burg in der zwischen 1307-1318 etwa siebzig Templer des Périgord gefangen waren. Wie in →Chinon wurden auch hier Graffiti an Steinquadern gefunden, die von den eingekerten Templern stammen. Schlangen, ein →Ouroboros, Gruppen von jeweils drei Punkten etc. sind hier dargestellt.

Donaten: (lateinisch „donator", „Spender", „Geber"; „donatus", „der Gegebene"); solche, die sich selbst gaben. Freiwillige, die sich verpflichteten einem Orden Dienste zu leisten und dafür eine Leibrente erhielten.

Donjon: (Bergfried); im mittelalterlichen Burgenbau Bezeichnung für den festungsartigen Haupt- oder Wohnturm, auch Beobachtungsturm; entspricht dem deutschen Bergfried; war für die letzte Verteidigung gedacht und war daher auch im Falle der Burgbesetzung durch den Angreifer vom Burghof schwer zugänglich. Meist rechteckige Türme mit starken Mauern in die Wehrnischen, Wehrgänge, Stiegen, Fallschächte und Kammern eingebaut waren.

Dornbusch: (französisch „epine", „Dorn", „Weisdorn"); *L. Charpentier* stellt in „Macht und Geheimnis der Templer" fest, dass fast alle Komtureien in ihrer Nähe einen Ort dieses Namens gehabt haben sollen; Lépinay, Pinay, L'Epinay, L'Epinat, Epinac oder Epinay; symbolisch für die Dornenkrone Christi, aber auch aus der hermetischen Symbolik, wo das flammende Herz von Dornen umrahmt ist. Épine, der Dorn, kann aber auch als Symbol für Schutz gesehen werden; der Dorn schützt das Geheimnis der Eingeweihten vor dem Zugriff von Unwürdigen. Im Templerorden als Barriere für das unbefugte Vordringen zu den Geheimnissen des Ordens (→Afterkuss); vielleicht soll aus diesem Grund auch die →Bundeslade der Juden aus dem Holz des Dornbuschs gefertigt gewesen sein.

Dorylaion: Stadt in Kleinasien (Phrygien); phrygische Gründung; hellenistisch-römischen Stadt in guter Verkehrslage; in byzantinischer Zeit Verkehrsknoten und Truppensammelpunkt. Durch den Sieg bei Dorylaion über die →Seldschuken unter Kilidsch Aslan erzwang sich das Kreuzfahrerheer unter →Gottfried von Bouillon den Durchgang über Kleinasien ins Heilige Land (1097). Das deutsche Kreuzfahrerheer unter →Konrad III. wurde 1147 bei Dorylaion von den Moslems vernichtend geschlagen und konnte sich mit einer kleinen Schar von Hunger, Durst und Krankheiten geschwächter Kreuzrittern bis zu den byzantinischen Linien bei Laodicea und Nikäa durchschlagen und traf hier auf die Templer unter →Eberhard von Barres. 1176 fiel die Stadt nach der Schlacht von Myriokephalon endgültig in die Hände der Seldschuken.

Dragomanen: niedrige Beamte im Königreich Jerusalem; vertraten als Dolmetscher und Vermittler der Rechte ihre Herren gegenüber deren Dörfern.

Drapier: Beamter des Templerordens; hatte die Aufgabe für die Kleidung von Rittern und Knappen zu sorgen. Setzte sich ein Bruder über die Bekleidungsvorschrift hinweg, konnte ihm der Drapier befehlen, dies in Ordnung zu bringen. Alte Bekleidung wurde durch ihn an Arme verteilt. Alle Geschenke an den Konvent mussten an ihn zur Verteilung übergeben werden.

Drudenfuß: (Fünfstern, Pentagramm); fünfzackiger in einem Strich gezeichneter Stern, bestehend aus zwei gleichschenkeligen Dreiecken; Symbol zur Bannung von Hexen und bösen Geistern (Druden). Im Zusammenhang mit der Symbolik der Zahl „Fünf" häufig im gnostischen Bereich (→Gnosis) anzutreffen; der →Manichäismus kannte entgegen dem herkömmlichen Weltbild fünf Elemente. Die Pythagoräer kannten das Pentagramm als Gesundheits- und Heilssymbol, aber auch als Gruß- und Erkennungszeichen; Magier wie *Agrippa von Nettesheim* sahen in dem Symbol die Gestalt des bewussten Menschen (frühneuzeitliche Magietheorie). Der Stern wird zum Zeichen der „Adepten", zum „Stern der Magier", die durch ihr Wissen um die Welt zum glücklichen Dasein gefunden haben. *Eliphas* →*Lévi* sagt zum Fünfstern:

„Das Pentagramm, das man in den gnostischen Schulen den flammenden Stern nennt, ist das Zeichen der Allmacht und der geistigen Selbstherrschaft...".

Dualismus: In der Philosophie die Annahme, dass alles Seiende auf zwei ursprüngliche, nicht voneinander herzuleitenden Prinzipien gegründet sei, wie Gott-Welt, Geist-Materie, Leib-Seele. In der Religionswissenschaft der Glaube an zwei metaphysische Mächte, beispielsweise in der altchinesischen Anschauung von Yin und Yang. In der →Gnosis und im →Manichäismus wird der Gegensatz zwischen Licht und Finsternis, im →Parsismus Geist und Materie wie Gut und Böse gegenübergestellt; im Christentum wird Gott und Welt, Fleisch und Geist, Reinheit und Sünde zu Gegensätzen. In der Gnosis wird der Schöpfer und Erlösergott voneinander getrennt, denn die böse Welt kann nicht von Gott geschaffen sein, sondern nur von einem →Demiurgen; das Fleisch muss vernichtet werden, damit das göttliche im Menschen wieder zu seinem Ursprung zurückkehren kann (→Bogomilen, →Katharer).

Dubois, Pierre: (Petrus de Bosco); († um 1321); Rechtsgelehrter, Vogt und Hofpublizist König →*Philipps IV.* von Frankreich in Coutance und „avocat du roi", Werkzeug des Königs, zur Vernichtung des Templerordens, in ähnlicher Weise wie er dem König schon gegen Papst →*Bonifaz VIII.* geholfen hatte. Verfasste 1305 und 1306 Schriften über die Wiedereroberung des Heiligen Landes („De recupatione Terrae Sanctae"), was seiner Meinung nach nur über die Vernichtung und Unterdrückung der Templer und Johanniter möglich sein sollte; mindestens sollten die Orden vereinigt und aus dem Abendland entfernt werden; sie sollten sich ausschließlich von den Erträgen der von ihnen wiedergewonnen Güter finanzieren. Die Erträge der Templer-Güter von sechs Jahren sollten zur Ausrüstung von 100 Galeeren verwendet werden. In vielen seiner Schmähschriften, anonymen Pamphleten und Traktaten, wendete er sich gegen den Templerorden und forderte:

1. dass die Bischöfe in ihren Diözesen den Prozess führen sollen;
2. dass der Papst den Inquisitoren die ihnen entzogenen Befugnisse wieder zurückgeben sollte; dass der Templerorden, welcher mehr eine verfluchte Sekte als ein Orden sei, „aus apostolischer Provision" aus der Kirche zu entfernen sei. Im Weiteren wirft er dem Papst und der Kurie vor,
3. dass diese von den Templern bestochen worden seien.

Dubois wendete sich weiters gegen den Nepotismus und die Parteilichke t des →*Klemens V.:*
„...*so habe der geistliche Vater aus zärtlicher Liebe die Benefizien der heiligen Liebe Gottes an seine Verwandten gegeben, wie allein an seinen Neffen, den Kardinal, mehr, als 40 Päpste vor ihm je ihrer gesamten Verwandtschaft gegeben hatten...".*

E

Eberhard von Barres: (Ebrardus de Barris; Evrard des Barres); entstammte dem mittleren Adel; der Name seiner Familie wird in der Geschichte von Burgund und Bourbon erwähnt; 3. Großmeister der Templer (1149-1152); er war ab 1143 Meister (Präzeptor) der Templer von Frankreich (Magister Galliae), unter seinem Vorsitz traten 1147 im →Kapitel von Paris 130 Tempelritter zusammen. Sie dürften hier ihren Aufbruch zum 2. →Kreuzzug vorbereitet haben. Denn im gleichen Jahr fand unter der Leitung von →Eugen III. ein Konzil statt wo Eberhard von Barres die ausweglose Situation im Heiligen Land darstellte und die Hilfe des Heiligen Stuhles erbat. Der Papst erkannte die Situation und rief zum 2. Kreuzzug auf. Anlässlich dieser Gelegenheit hat Papst *Eugen III.* den Templern das ständige Tragen des roten Kreuzes gewährt (27. April 1147) und ihnen das Recht eingeräumt, selbst dort wo das Interdikt verhängt war einmal im Jahr, zum Ärger des übrigen Klerus, die Messe lesen zu dürfen. Eberhard von Barres schloss sich mit einer für den Orden angeworbene Truppe dem Kreuzritterheer an; handelte mit Kaiser *Manuel von Byzanz* den Durchzug des Kreuzfahrerheeres durch Konstantinopel aus. Unter seiner Führung vereinigte sich das französische Kreuzfahrerheer mit →*Ludwig VII.*, als sich dieses in den Bergen Kleinasiens (Chones) von den türkischen Pfeilschützen bedrängt sah. Eberhard und ein Ritter namens *Gilbert* teilten die Ritter in Gruppen von je 50 Mann, die jeweils von einem Templer angeführt wurden. Als kompakte Marschkolonne führte er so das Heer unversehrt bis Antalia. Ein Augenzeuge (→*Eudes de Deuil*, Kaplan Ludwigs VII.) berichtet darüber:
„...Dem König gefiel es seinerseits, ihnen bei ihrem Tun zuzuschauen und ihnen nachzueifern, und er wollte, das ganze Heer sollte sich bemühen, ihrem Beispiel zu folgen...".
Eberhard wurde 1149 Tempelgroßmeister. Durch seinen Eifer und seine kluge Umsicht konnte er den Geist des Ordens festigen und den Wachstum fördern. Offenbar auf Grund der Missstände im Königreich Jerusalem, die aus-schließlich Macht und Intrige zwischen →*Melisande* und ihrem Sohn →*Balduin III.* zum Inhalt hatten und die eigentlichen geistigen Inhalte Ziele des Kreuzfahrergedankens in den Hintergrund drängten, legte Eberhard 1152 sein Großmeisteramt zurück und trat in →*Clairvaux* in den Zisterzienserorden ein. 1174 oder 1176 starb er in Clairvaux.

Edessa: Das heutige Urfa (Sanliurfa), türkische Stadt in Südost-Anatolien; in Antike und Mittelalter strategisch wichtige Lage auf dem Weg von Anatolien nach Mesopotamien. In beherrschender Situation die Reste einer Festung aus der Kreuzfahrerzeit (12. Jhdt.) mit 2 Säulen eines ehemaligen Baaltempels. Unterhalb der Teich Abrahams mit heiligen Karpfen; mehrere Moscheen. Bedeutende altorientalische Stadt; 333 v. Chr. vor. *Alexander dem Großen* eingenommen (griechisch Orrhoe, Edessa); 132 v. Chr. bis 216 n. Chr. Hauptstadt des Reiches der Abgariden; ab dem frühen dritten Jhdt. römische Provinz; das Christentum schlug in dieser Zeit die ersten Wurzeln; später bedeutender Bischofssitz; 641-1031 islamisch (Ar-Ruha); 1094 von den Armeniern (*Thoros*) und 1098 von den Kreuzfahrern erobert. Armenisch-fränkische Grafschaft; von →*Balduin I. von Boulogne*, dem Bruder →*Gottfrieds von Bouillon*, gegründet (1098); sie war in vorgeschobener Position ein Bollwerk gegen die Seldschuken; nach dem Tod *Gottfrieds* von Bouillon wurde Balduin zum König von Jerusalem gekrönt. Sein Neffe *Balduin von Le Bourg* (→*Balduin II.*) folgte ihm als Graf von Edessa (1100-1118), bevor auch er König von Jerusalem wurde. Sein Nachfolger als Graf von Edessa wurde →*Joscelyn von Courtenay*. 1122 wurde die Grafschaft von den Turkmenen unter *Balak* angegriffen und der Graf bei einem waghalsigen Ausfall gefangengenommen. Balduin II., der Joscelin aus den Händen Balaks befreien wollte geriet dabei selbst in Gefangenschaft und wurde wie dieser in der Zitadelle Karputh festgesetzt bis sie von armenischen Freunden befreit wurden. 1131 nach dem Tod des Grafen ging die Regentschaft an seinen Sohn (→*Joscelin II.*);

1144 am Vorabend des Weihnachtsfestes wurde die Stadt, unter Joscelyn II. von Courtenay nach einer einmonatigen Belagerung durch →Sengi, dem Herrn von Mossul und Aleppo, erobert. Er ließ alle Franken töten, Frauen und Kinder wurden versklavt. Edessa blieb nach diesem Gemetzel fast unbewohnt zurück. Die christliche Welt war schockiert; der Verlust Edessas war Anstoß zum 2. Kreuzzug. Ab 1637 wurde Edessa Teil des Osmanischen Reiches.

Eduard I.: genannt Longshanks, (* 17. oder 18. Juni 1239 in Westminster, † 7. Juli 1307 in Burgh by-Sands); aus dem Hause Plantagenet; schlug 1265 den Aufstand der Barone gegen seinen Vater →Heinrich III. nieder; nahm 1268 das Kreuz und war 1270 Teilnehmer am letzten Kreuzzug des →Ludwig IX., wo er nach der Niederlage bei Tunis mit mäßigem Erfolg weiter gegen →Baibars kämpfte und ins Heilige Land zog und dort bei einem Mordversuch von den →Assassinen verletzt wurde. Nach dem Tod seines Vaters 1272 wurde Eduard König (Krönung 1274); eroberte Wales (1277 und 1282-1284), 1290 wies er die Juden aus England aus; 1291-92 stellte er die Herrschaft über Schottland her und schlug 1298 den Aufstand der Schotten unter →William Wallace nieder. Durch seine konsequente Zusammenarbeit mit dem Parlament wurde dessen verfassungsmäßige Stellung gestärkt; Eduard starb auf einem Feldzug zur Niederwerfung des Aufstandes unter →Robert Bruce in Schottland. Unter Eduard änderte sich das von seinem Vater festgelegte Verhältnis zu den Templern nicht. Doch durch den Verlust der letzten Bastionen des Christentums im Heiligen Land (1291) fielen Gründe für die Begünstigung des Templerordens und der Johanniter weg. Eduard beschlagnahmte deshalb alle Mittel, die für den Kampf in Palästina bestimmt waren. Erst auf Intervention Papst →Nikolaus IV. übersandte er diese Mittel nach Zypern.

Eduard II.: Sohn des →Eduard I.; (* 25. April 1284 in Carnarvon/Wales, † 21. September 1327 in Berkeley Castle/Gloucester); einziger überlebender Sohn des Eduard I. und der Eleonore von Kastilien; 1303 Heirat mit Isabella, der Tochter →Philipps IV. von Frankreich; englischer König 1307-1326; trug als erster englischer Thronfolger den Titel „Prince of Wales" (1301); er musste 1314, als er bei Bannockburn von →Robert Bruce geschlagen wurde, die Unabhängigkeit Schottlands wieder anerkennen. An seinem Hof spielten Günstlinge (Pierre Gaveston aus der Gascogne, 1312 ermordet) eine ähnliche Rolle wie an anderen Höfen die Mätressen. Unter der Führung von Thomas Lancaster stellten die Barone Forderungen an den König (Lord Ordainers oder Ordiances), die dieser zum Schutz seiner Günstlinge anerkannte, obwohl er dadurch stark entmachtet wurde. Von 1314 bis 1322 übernahm Thomas Lancaster defakto im Namen des Königs die Regierung. Als er aber gegen die Günstlinge vorzugehen begann, wurde er von Eduard II. bei Boroughbridge geschlagen und enthauptet. Die nun wieder voll einsetzende Günstlingswirtschaft führte zum neuerlichen Umsturz. Der König wurde 1325 vom Hochadel, an dessen Spitze seine Frau Isabella und deren Geliebten Roger Mortimer standen, zu Gunsten seines Sohnes entthront, gefangengenommen und in Kenilworth eingekerkert und 1327 in Berkeley Castle bei Gloucester grausam ermordet. Eduard II. antwortete auf das Schreiben Philipps IV. vom 16. Oktober 1307, das vor diesem an alle europäischen Herrscher im Zusammenhang mit der Verhaftung der Templer gerichtet wurde, bereits am 30. Oktober, und erklärte, dass er kein Wort von den im Schreiben aufgezeigten Anschuldigungen gegen die Templer glaube und teilte dies auch den übrigen Herrschern Europas mit. Unterwarf sich aber später der päpstlichen Bulle „Pastoralis praeeminentiae" (22. November 1307), in welcher der Papst (→Klemens V.) die Verhaftung der Templer und die Unterstellung ihrer Besitztümer unter die Verwaltung der Kirche anordnete. Am 20. Dezember erließ er den Befehl zur Verhaftung der Templer in England. Nur ein geringer Teil (92) der englischen Ordensmitglieder (280) wurden am 10. Jänner 1308 verhaftet und in London, York und Lincoln eingesperrt, in der Haft aber (besonders in York) milde behandelt. Erst am 9. Dezember 1309 erlaubte Eduard, auf drängen des Papstes, die Folter. Doch die aus Frankreich angereisten Inquisitoren fanden kaum jemanden der die Folter anwenden wollte. So gab es daher in England nur sehr wenige den Orden belastende Aussagen. Nach der Auflösung des Ordens belehnte Eduard die zu ihm stehenden schottischen Edelleute mit Gütern aus dem Templerbesitz.

Efendi: türkische Anrede; Ehrentitel für die gebildeten Stände; seit dem 13.Jhdt. in Verwendung.

Egards: Neben den →Retraits, welche die Verhaltensregeln, Rechte und Pflichten der Templerritter und ihrer Würdenträger enthielten, regelten die Egards die disziplinarischen →Strafen bei Vergehen gegen die →Ordensregel (→Livre d'Egards).

Eleonore von Aquitanien: (französisch Aliénor; auch Eleonore von Guyenne, Eleonore von Poitou); (* um 1122, † 1. April 1204 in →Poitiers im Kloster Fontevrault-l'Abbaye); Königin von Frankreich und England; Erbtochter Herzog *Wilhelms X.* von Aquitanien; 1137 verheiratet mit dem französischen König →*Ludwig VII.*, den sie auf dessen Kreuzzug begleitete und bei dieser Gelegenheit mit ihrem Onkel den Fürsten von Antiochia (→*Raimund I. von Antiochia*) ein Verhältnis hatte; ihr wurde sogar ein Verhältnis mit Sultan →*Saladin* nachgesagt. Ab 1152, nach Scheidung ihrer ersten Ehe, verheiratet in zweiter Ehe mit dem späteren englischen König *Heinrich II.* →Plantagenet, dem Sohn ihres Geliebten *Gottfried von Anjou*; Mutter des →*Richard I. Löwenherz* und →*Johann Ohneland*; Eleonore wiegelte später ihre Söhne gegen den Vater Heinrich auf, weil dieser eine Liebesbeziehung zu einer *Rosemund Clifford* unterhielt. Nach der Niederlage ihrer Söhne 1173 wurde sie gefangengesetzt; nach dem Tode Heinrichs 1190 kehrte sie als Königinmutter wieder auf die politische Bühne zurück und blieb bis zu ihrem Tod 1204 politisch aktiv. Eleonore galt als schönste Frau ihrer Zeit und beeindruckte die Mitwelt nicht nur als reiche Erbin, ihr Hof in

→Poitiers wurde zum Zentrum höfischer Kultur (Troubadourdichtung).

Elisian de Mondragone: Templerbruder der um 1290 in den Orden aufgenommen worden war, aber aus dem Tempel flüchtete, obwohl er dadurch in den Kirchenbann fiel und ständigen Verfolgungen ausgesetzt war; er soll im Templerorden unerträgliche Beleidigungen und Belästigungen erfahren haben. Der Beichtvater des Papstes →*Bonifaz VIII.* – *Gentilis von Montefiore* – nahm sich seiner an und nahm ihn nach dreijähriger Flucht wieder in die Kirchen-Gemeinschaft auf und empfahl ihn später den Johannitern, die ihn auf Grund seiner mächtigen Fürsprecher in ihren Orden aufnahmen. Der Abtrünnige dürfte in seinem ehrlichen Bemühen um sein Seelenheil von den Templern enttäuscht und in seinen Gefühlen verletzt worden sein. Anlässlich der Einleitung des Verfahrens gegen die Templer weilte auch Elisian am Hof des Papstes in →Poitiers und dürfte hier über seine Erfahrungen mit dem Orden ausgesagt haben.

Embriaco: Genuesische Familie; →*Guy Embriaco*.

Emir: Herrschaftstitel oder Titel eines muslimischen Militärbefehlshabers; später arabischer Fürstentitel.

Enclos: französisch „eingefriedetes Grundstück" oder „Um- oder Einfriedung"; sachbezogen: Bezirk der Templer oder auch befestigte →Komturei.

„Enclos du Temple" bezeichnete den Templerbezirk von Paris (→Vieux Temple); im Inneren errichteten die Templer zwei Burgfriede, den „Tour de César" und den „Donjon du Temple", die Basilika mit einer Rotonde, sämtliche Unterkünfte und den Konvent etc.; der „Chantier du Temple" war der Bauhof des Ordens; nach der Verhaftung der Templer wurde der „Enclos" von den königlichen Beamten beschlagnahmt. Erst 1328 übergab der König →*Philipp IV.* den →Johannitern übergeben.

Endura: (lateinisch „abstinentia"); Praxis bei den →Katharern; stellt eine besondere Form des „psychogenen Todes" dar. Die Endura wurde vom →Abt demjenigen Ordensmitglied auferlegt, der als Todgeweihter Kranker das →Conso-lamentum erhalten hatte, die Krankheit jedoch überstand. Der Genesene durfte nicht gesunden. Durch (freiwilligen) Entzug der Nahrung oder durch autosuggestiver Beendigung des Lebens sollte und musste der Gläubige sterben. Aber auch Gesunde, die nach dem Consolamentum strebten, übten die Endura. Dieser Verzicht auf ein irdisches Leben zur Erreichung der ewigen Glückseligkeit auf einer höheren Ebene, hat Ähnlichkeiten mit Bräuchen der ismaelitischen →Assassinen.

England: →Templer in England.

Ernoul: Verfasser einer altfranzösischen Chronik des Königreiches Jerusalem. Ernoul war ein Ritter des *Balian von Ibelin* (→Ibelin). Sein Werk wurde nicht in Originalfassung überliefert; drei Fassungen aus verschiedenen Redaktionen sind erhalten, die jeweils mit einem anderen Zeitpunkt enden (1227, 1229 und 1231). Ernoul berichtet über die Hintergründe bei der Schlacht von →Hattin sowie über den 3. Kreuzzug und die Ereignisse bis 1197. →*Guido von Lusignan* wurde von ihm als Mann von geringen moralischen Qualitäten beschrieben; wohingegen →*Saladin* als Mann von hohen charakterlichen Vorzügen dargestellt wird. Diese Stellen der Chronik dürften der Ausgangspunkt der westlichen literarischen Tradition sein, die Saladin als Mann von Ehre und Edelmut sieht.

Erzbischof: seit dem 3. Jhdt. in der Ostkirche Titel einzelner, durch ihre Sitze hervorgehobener Bischöfe (Alexandria, Antiochia); in der katholischen Kirche ab dem 6. Jhdt. Amtstitel des Leiters einer Kirchenprovinz, oder eines →Bischof, der einer Erzdiözese vorsteht; auch vom Papst verliehener Ehrentitel an einzelne Bischöfe, als persönliche Auszeichnung. In der anglikanischen Kirche ist der Titel Erzbischof mit den Bischofssitzen Canterbury und York verbunden.

Eschenbach, Wolfram von: →Wolfram von Eschenbach.

Esclarmonde von Foix: Gräfin von →Foix, Großtante der gleichnamigen Königin von Mallorca; besaß einen Wohnsitz auf dem Castella-Hügel

bei Mirepoix; 1204 wurde ihr das →consolamentum zur →parfaite erteilt; ließ 1207 die Festung von →Montségur ausbauen und der Sage nach zum Hort des Heiligen Grals bestimmen, bald darauf dürfte sie gestorben sein. Sie war eine Vollendete (Erzdiakonesse) der →Katharer und galt als Hüterin des Grals:

„Esclarmonde, Euer Nam' besagt, dass Ihr der Welt klares Licht gebt, und dass Ihr rein seid, dass Ihr nichts tatet, was nicht ziemt; so dass Ihr eine würdige Trägerin seid des Reichtums eines solchen Namens."

Esquieu de Floyran: (auch Floyran de Béziers, Esquin de Floirac oder Squin von Flexian, Esquiu de Floyrano); Prior der Templer von Montfaucon (Agen), und ehemaligen Häftling im Gefängnis von Béziers wo er seiner Hinrichtung entgegensah (wegen des Mordes am Komtur von Mont-Carmel); Hauptdenunziant des Templerordens. Er erhob gegen den Orden Vorwürfe der Ketzerei, des Götzenkultes und der Sodomie (→Anschuldigungen) und denunzierte den Orden (1305) zuerst bei König →Jakob II. (spanisch Jaime) von Aragón und als dieser ihm keinen Glauben schenkte – vielleicht über den Rat des Aragonesen – beim König von Frankreich und bei dessen Großsiegelbewahrers Wilhelm →Nogaret. Floyran soll später erdolcht worden sein. Einer anderen Version zufolge soll Esquieu einem florentinischen Mithäftling namens *Noffodei* über die Vergehen seiner ehemaligen Ordensbrüder informiert haben und dieser habe seiner Freiheit willen den König Mitteilung gemacht. Nach dieser Version soll Esquieu später eines „erbärmlichen" Todes gestorben und Noffodei vom Henker von Paris gehängt worden sein.

Essener: Jüdische Gemeinde, die ordensähnlich aufgebaut war; sie entstand im 2. Jhdt. v. Chr. und existierte bis 70 n. Chr.. Die Essener lebten in Gütergemeinschaft, feierten ihre Mahlzeiten in sakramentaler Weise, forcierten Askese und Ehelosigkeit. Möglicherweise sind sie mit der Glaubensgemeinschaft von Qumran gleichzusetzen. Sie waren eine mönchisch-ritualistisch oppositionelle Sekte mit akuter Enderwartung.

Etienne de Sissey: Ordensmarschall des Templerordens; Papst →*Urban IV.* wollte den Marschall seines Amtes entheben, als diesem vorgeworfen wurde ein Schlachtfeld vor Akkon (1260) feige verlassen zu haben, er widersprach diesem Vorwurf und erklärte er wäre auf dem Schlachtfeld für tot gehalten worden, obwohl er nur bewusstlos war und wies darauf hin, dass nicht der Papst ihn ernannt hätte, sondern das Ordenskapitel und daher hätte nur dieses das Recht ihn abzusetzen. Das Kapitel glaubte ihm, denn sonst wäre er nach den Ordensstatuten des „Hauses" verlustig geworden (→Strafen). Auf seinen Widerspruch hin wurde Etienne vom Papst exkommuniziert. Mit dem Wissen des Tempels verbarg er sich in Paris und später in Italien um den Tod des Papstes abzuwarten, doch auch →*Klemens IV.* bestand auf Abbitte, der Etienne nun freiwillig nachkam. In →Outremer musste er ein Jahr und einen Tag Buße tun. Der Fall „Sissey" ist eines der Beispiele dafür, dass der Orden keinerlei Einmischung in seine Angelegenheiten, weder von den geistlichen, noch von weltlichen Machthabern duldete.

Eudes de Deuil: Mönch aus dem Kloster von St. Denis und späterer →Abt; nahm als Kaplan an der Seite des französischen Königs →*Ludwig VII.* am 2. Kreuzzug teil; schrieb als Zeitzeuge über die Templer und ihren späteren Großmeister →*Eberhard von Barres:*

„...Der Templermeister Eberhard von Barres, ein achtbarer Mann wegen seines Charakters und ein tüchtiges Vorbild für alle Ritter, hielt den Türken stand mit Hilfe seiner Brüder, die mit Weisheit und Mut über die Verteidigung dessen wachten, was ihnen gehörte, und schützte auch mit all seiner Macht und kraftvoll das, was anderen gehörte. Dem König gefiel es seinerseits, ihnen bei ihrem Tun zuzuschauen und ihnen nachzueifern, und er wollte, das ganze Heer sollte sich bemühen, ihrem Beispiel zu folgen, wohl wissend, dass, wenn der Hunger die Kraft der Männer untergräbt, allein ein gemeinsames Streben und aller Mut die Schwachen unterstützen kann. Es wurde also mit Zustimmung aller beschlossen,

dass sich in dieser gefährlichen Lage alle in gegenseitiger Brüderlichkeit mit den Tempelbrüdern vereinen, dass Arme wie Reiche sich ihrem Glauben verpflichten, das Lager nicht zu fliehen und in allen Dingen den ihnen gegebenen Meistern zu gehorchen...".

Eugen III.: eigentlich *Bernardo Paganelli;* (* in Pisa, † 8. Juli 1153 in Tivoli); Zisterzienser und Schüler →*Bernhards von Clairvaux;* →Abt des Klosters Tre Fontane vor Rom; 168. Papst (1145-1153); er regte ein Hilfeersuchen aus dem Heiligen Land den 2. Kreuzzug an. Insbesondere war es der Präzeptor der Templer in Frankreich →*Eberhard von Barres,* der dem Papst die kritische Situation im Heiligen Land nahebrachte. Mit der Bulle „Quantum praedecessores" (1. Dezember 1145) kündigte er das neue Unternehmen an. Eugen der auf Grund von politischen Schwierigkeiten Rom bis 1152 verlassen musste, wäre aber ohne die Hilfe Bernhards von Clairvaux nicht in der Lage gewesen, die Herrscher des Abendlandes für den Kreuzzuggedanken zu begeistern. Bernhard gelang es sowohl →*Ludwig VII.* als auch den Staufer →*Konrad III.* für den neuen →Kreuzzug zu motivieren. Eugen erklärte auch den Kampf gegen die Muslime auf der Iberischen Halbinsel (→Reconquista) zum offiziellen Kreuzzug der dem im Heiligen Land gleichgestellt war.

Eugen war ein Förderer der Kirchenreform und hielt eine Reihe von Synoden ab. Im Konstanzer Vertrag 1153, nach dem Tod Konrads 1152, einigte er sich mit →*Friedrich I.* Barbarossa über den gegenseitigen Rechtsanspruch und Besitzstand. Eugen verlieh dem Orden der Tempelritter, anlässlich der Bemühungen des Ordens um den 2. Kreuzzug, das rote Kreuz (→Tatzenkreuz). Der Grundgedanke zum Tragen des Kreuzes auf dem Gewand dürfte im Lukasevangelium (Lk. 14, 27) zu finden sein:

„Wer nicht sein Kreuz trägt und mir nachfolgt, kann nicht mein Jünger sein."

Mit der →Bulle „Militia dei" (7. April 1145) erhielt der Templerorden von Eugen das →Privileg eigene Ordenskapellen, Kirchen und Friedhöfe zu besitzen. Am 9. November 1145/46 stellte Eugen den Besitz der Templer unter den Schutz des apostolischen Stuhles und am 14. März 1151 untersagt er den Übertritt eines bei den Templern Aufgenommenen in einen anderen Orden.

Eunate: Templerkirche am Pilgerweg nach →Santiago di Compostela; sie wurde Anfang des 12. Jhdts. über einem oktogonalen Grundriss errichtet; der skulpturale Schmuck lassen Köpfe erkennen, die an →Baphomet, das angeblichen Idol der Templer, erinnern.

Évora: wurde 1266 dem →Calatrava-Orden angegliedert und war der portugiesische Zweig des Ordens.

Exkommunikation: Kirchliche Strafe, die den Ausschluss des Betroffenen aus der Kirche und die Verweigerung der Sakramente umfasste. Den anderen Gläubigen war der Umgang mit Exkommunizierten untersagt. Selbst den Templern, die auf Grund ihrer →Privilegien einmal im Jahr in unter →Interdikt stehenden Gebieten die Messe lesen durften, war es nicht erlaubt Exkommunizierte an diesen Gottesdiensten teilhaben lassen. Ob Exkommunizierte in den Templerorden aufgenommen werden durften ist nicht sicher. In Frankreich sollen sich die Ordensritter besonders um die vom Kirchenbann getroffenen gekümmert haben, um diese mit der Kirche zu versöhnen und darauf in ihren Orden aufzunehmen.

F

Faidits: (französisch „Verfemte", arabisch „faida"); der Begriff wird heute noch im Mittelmeerraum für Blutrache oder Fehde verwendet. Im Mittelalter Bezeichnung für okzitanische, exkatharische (→Katharer) Ritter, die von der Kirche und vom Staat verfolgt und enteignet waren; Faidits galten als vogelfrei.

Falkirk, Schlacht von: Am 22. Juli 1298 wurden die Schotten unter *William Wallace* von dem mit den Wallisern verbündeten englischen Heer unter König →*Eduard I.* geschlagen. Auf der Seite der Engländer kämpften Tempelritter. →*Brian von Jay,* der Provinzialmeister des Ordens, führte die Bogenschützen des Königs in die Schlacht von Falkirk; durch deren Einsatz wurde die Schlacht zu Gunsten der Engländer entschieden. Jay fiel infolge seiner Tollkühnheit am 22. Juli 1298.

Fatima: (* um 600, † 633); Tochter →*Mohammeds;* erste Frau *Alis;* ihre Söhne (*Hassan* und *Husain*) sind von den Schiiten anerkannte Imame und waren die Führer eines gemäßigten Flügels der Schiiten (der zweiten Abspaltung des Islam); Fatima gilt als Ahnfrau der Dynastie der →*Fatimiden* und wird von den Schiiten als Mitglied der Heiligen Familie hoch verehrt.

Fatimiden: Vom Imam *Ubaidalah (Abdallah)* 909 in Kairuan/Tunesien gegründet. Ismailitisch-schiitische Dynastie, die von 909-1171 in Nordafrika insbesondere seit 969 in Ägypten herrschte. 973 siedelte der vierte Fatimidenkalif *al-Mu'izz* in die neue Palaststadt Kairo. Die Fatimiden sollen von →*Fatima* der jüngsten Tochter →*Mohammeds* und *Ali (Ali Ibn Abi Talib)* abstammen. Zur Zeit ihrer größten Machtentfaltung, während der Herrschaft des achten Kalifen *al-Mustansir* (1030-94), herrschten die Fatimiden in ganz Nordafrika, Ägypten und Syrien. Sie lösten die Herrscherdynastie der Abbassiden ab. Nach dem Tod *al-Mustansirs* kam es rasch zum Zerfall. Die Auseinandersetzung über die Nachfolge als Kalif zwischen den beiden Söhnen *Nizar* und *al-Musta'li* brachte die Spaltung innerhalb der fatimidischen Sekte. Sie wurde 1171 von →*Saladin* gestürzt. Die häretischen Bücher und Schriften der →*Ismaeli-*

ten wurden verbrannt. Nach zwei Jahrhunderten wurde Ägypten wieder sunnitisch.

Fels von Roissel: (Roche-Roissel); Templerburg nördlich von Antiochia; wurde nach dem Fall Antiochias (1268) an die Mamelucken übergeben.

Felsendom: (arabisch Qubbet es-Sakhra); der achteckige Kuppelbau in Jerusalem wurde von Kalif *Abd-al-Malik* mit Hilfe byzantinischer Baumeister und arabischer Künstler 687-692 errichtet. Der Felsendom wurde auf einem, beziehungsweise um einen, Felsen gebaut, der sowohl Juden, Christen als auch dem Islam heilig ist (Opfer *Abrahams,* Himmelfahrt →*Mohammeds*), und gehörte bereits zum Bezirk des ersten jüdischen Tempelbaus unter König →*Salomo* (587 v. Chr. zerstört). Die mächtige Kuppel des Domes (Durchmesser innen 20,4 m, außen 23,7 m) ruht auf vier Pfeilern und einem Tambour mit 16 Fenstern. Der Durchmesser des Oktogons beträgt 54,8 m (von Ecke zu Ecke), die Seitenlänge 20,5 m (außen) und 19,2 m (innen). Die Zugangstore entsprechen genau den Himmelsrichtungen: das „Westtor" (Bab el-Gharb), das „Paradiestor" im Norden (Bab ed-Djenneh), das „Kettentor" im Osten (Bab es-Silsileh) und das Mekka zugewandte „Südtor" (Bab el-Qibleh) mit dem achtsäuligen Portikus. Der Mosaikschmuck und die Fliesenverkleidung stammt aus dem 16. Jhdt.. Als die Kreuzritter 1099 Jerusalem eroberten, wandelten sie die Qubbet es-Sakhra in eine Kirche mit dem Namen „Templum Domini" („Tempel des Herrn") um, bis →*Saladin* 1187 den Felsendom für den Islam zurückgewinnen konnte.

Ferdinand III.: 'el Santo, der Heilige; (* 1201 zwischen Zamora und Salamanca, † 30. Mai 1252 in Sevilla); König von Kastilien (1217-1252) und León (1230-1252); vereinigte endgültig beide Königreiche; führte die →*Reconquista* auf ihrem Höhepunkt, und konnte Spanien bis auf Granada von den Arabern befreien; Gründer der Universität Salamanca. Von Papst *Klemens X.* 1671 heiliggesprochen.

Ferdinand IV.: 'el Emplazado; (* 6. Dezember 1285 in Sevilla, † 7. September 1312 in Jaén); Sohn

König *Sanchos IV.*; König von Kastilien (25. April 1295 – 7. September 1312); verfügte nach der Auflösung des Templerordens, dass alle Ordensgüter in Kastilien an die Krone fallen sollten.

Festung: Ortsbefestigung an strategisch wichtiger Stelle; aus den befestigten Städten und Burgen des Altertums und des Mittelalters im Laufe der Entwicklung der mauerbrechenden Belagerungsgeschütze, insbesondere der Feuerwaffen, entstanden. An die Stelle der senkrechten Mauer trat der geböschte Wall.

Der Tradition und Vorsicht der Ritterorden folgend, nur jene Gebiete zu erobern, die auch langfristig zu verteidigen waren, mussten entsprechende Burgen errichtet oder erworben werden. Viele Festungen wurden den Orden vom König oder den Fürsten geschenkt oder von diesen von den Rittern käuflich erworben. Die meisten Anlagen aber errichteten die Ritterorden selbst. Dem Templerorden war eine Baugilde, die →„Söhne Salomons", angeschlossen, die ausschließlich Bauten für den Orden errichteten. Vielfach wurden für die Bauarbeiten ortsansässige Arbeiter oder verschleppte oder gefangene Muslime verwendet. Der Typus der Burgen unterschied sich grundlegend. Die Burgen waren im 12. Jhdt. für eine aktive Verteidigung errichtet. Im 13. Jhdt. ließen die Festungsbauten die defätistische Einstellung in den Kreuzfahrerstaaten erkennen. Die Burgen nahmen gigantische Ausmaße an. Sie sollten als Fluchtburgen dienen und langen Belagerungen standhalten, sie waren für hauptsächlich defensive Aufgaben vorbereitet. Darin lag aber das Problem ihrer Verteidigung, denn in der zweiten Hälfte des 13. Jhdts. konnten die notwendigen Besatzungen nicht mehr gefunden werden. In der Zeit von 1265-1275 wurden die meisten Burgen an den Mameluckensultan →*Baibars* verloren. Die bekanntesten Festungen der Templer im Heiligen Land waren: →*Baghras*, Fels von Roissel (Antiochia); Tortosa, →*Castel Blanc* (Tripolis); →*Beaufort*, →*Safed*, →*Le Chastellet*, →*Athlit* (Akkon); Toron des Chevaliers und Gaza (Jerusalem).

Feudalismus: (mittellateinisch „feodum, feudum", „Lehen"), im 17. Jhdt. in Frankreich entstandener Begriff (französisch „féodalité"), der zunächst den Gesamtkomplex lehensrechtlicher Normen bezeichnete. Der Feudalstaat wurde später durch den Ständestaat abgelöst. Im mittelalterlichen Lehensstaat wurde ein vielschichtiges System der Vasallität mit dem König an der Spitze der Lehenspyramide gebildet. Der Feudalherr übte im Normalfall durch das Lehensgericht auch die Gerichtsbarkeit über seine Untertanen aus. Eine politische Ordnung, die durch adligen Grundbesitz und damit verbundene Herrschaftsrechte und Standesprivilegien gekennzeichnet war.

fidawi: (fedaijin, fidawijja oder fidai, fida'i; arabisch „sich selbst Opfernden", auch „Geweihter"); Mitglieder in der Sekte der →*Assassinen*, die sich zur Ausführung eines Auftrags zum Meuchelmord freiwillig meldeten oder vom Großmeister bestimmt wurden. Der Mord an einem vom Meister bezeichneten Feind wurde als Gott wohlgefälliges Werk dargestellt, dessen Ausführung die Freuden des Paradieses dann sicherten, wenn der fidawi beim Vollzug der Tat selbst ums Leben kam. In einem ismailitischen Gedicht wird der Mut, die Loyalität und selbstlose Hingabe des fidawi besonders hervorgehoben.

Flagellanten: (lateinisch Flegler, Geißler, Kreuzbrüder, „flagellatores", „cruciferi", „paenitentes", polemisch „gens sine capite"), Angehörige religiöser Laienscharen (Bußgemeinschaften) des 13.-15. Jhdt., hauptsächlich in den Niederlanden, die sich zur Buße der Selbstgeißelung unterwarfen. Ausgehend von Perugia, wo der dortige Stadtrat auf Betreiben des *Raniero Fasani* eine einmonatige Arbeitsruhe anordnete. Ranieri führte die öffentliche Geißelung als Buße für die Sünden der Welt ein. In Prozessionen zogen die Flagellanten sich selbst geißelnd, mit nacktem Oberkörper, Bußgesänge absingend und Gottes Gnade erflehend durch die Straßen. Begleitet wurden sie von Klerikern mit Kreuzen und Passionsfahnen; während der Pest-Epidemie 1348 traten in ganz Europa Flagellanten-Prozessionen auf, deren Spiritualität durch die Furcht vor der unmittelbaren Verdammnis gezeichnet war. In dieser Zeit hatte die Bußgemeinschaft starken Zulauf aus allen Gesellschaftsschichten. In den Niederlanden zählten ihre Anhänger bis zu 800 000. Für den Ablauf der Flagellanten-Prozession gab es bestimmte Regeln: Die Dauer der einzelnen Prozession sollte 33 1/2 Tage (Zahl der Lebensjahre Christi) dauern; die Lebensbedingungen der Teilnehmer waren während der Dauer der Geißelfahrt genau geregelt (Keuschheit, Bettelverbot). Die Leitung jedes Zuges oblag vier Meistern, denen die Teilnehmer unbedingten →Gehorsam schuldeten. Geregelt war auch die Ordnung des Zuges (Zweierreihe) und die Kleidung (lange weiße Kapuzenmäntel mit roten Kreuzen auf Brust und Rücken) der Teilnehmer. Die Geißeln hatten an ihrem Ende Eisenstücke eingearbeitet (Geißelung bis aufs Blut). Papst *Klemens VI.* versuchte, die Flagellaten zu unterdrücken; 1417 durch das Konstanzer Konzil verboten und Angehörige der Bußgemeinschaft →als Häretiker verdammt.

Flor, Roger de: (*Ritxard de Flor, Rutger von Blum*); (* ~ 1260/68, † ermordet 30. April 1305 in Adrianopolis); sein Name ist eng mit der Flotte der Templer (→Templerflotte) verbunden. Er wurde als Sohn eines Falkners Kaiser →*Friedrichs II.* und einer reichen Bürgers-Frau in Brindisi geboren. Verbrachte seine Kindheit im Hafen von Brindisi wo er und sein Bruder, nach dem Tod seines Vaters 1268 (gefallen in der Schlacht von Tagliacozzo) und dem Verlust des Familienvermögens, von seiner Mutter einem dienenden Bruder des Templerordens – *Vassay* – anvertraut wurden. Er erwarb sich bei diesem Ordens-Bruder, der Pilger von Brindisi per Schiff ins Heilige Land brachte, hohe Kenntnisse in der Seefahrt und Navigation und erhielt, als er 20 Jahre alt war, vom Großmeister (→*Wilhelm von Beaujeu*) den →„Mantel". Er befehligte lange Zeit eines der größten Schiffe der Templer – die „Le Faucon" („der Falke"). Als →Akkon verloren ging übernahm er die Organisation der Überfahrt der

Edeldamen und ihrer Leute samt ihren Reichtümern zum Mont Pelerin (Pilgerberg) bei Tripolis. Er verlangte dafür riesige Fährgebühren. An dieser Überfahrt verdiente er und der Orden ungeheuer viel. Er wurde von Neidern beim Großmeister →*Theobald Gaudin* und dessen Nachfolger *Jaques de* →*Molay* denunziert, nicht alle dem Orden zustehenden Gewinnanteile abgegeben zu haben. Daraufhin wurde sein Eigentum vom Orden konfisziert, er selbst sollte gefangen gesetzt werden, konnte aber nach Genua fliehen. Dort kaufte er sich von geliehenem Geld eine Galeere – die „Olivette" – und trat 1296 in den Dienst *Friedrichs III. von Sizilien*. Er stellte seine berühmte katalanische Kompanie auf, mit der er auch mit Zustimmung *Friedrichs* Piraterie betrieb und den Angevinern großen Schaden zufügte. Als 1302 →*Karl II. von Anjou* und Friedrich Frieden schlossen, lief Roger Gefahr an den Papst und damit an den Templerorden ausgeliefert zu werden. So stellte er sich mit seiner Armee bestehend aus den nun beschäftigungslos gewordenen katalanischen Söldnern (Katalanische Kompanie) in die Dienste von Byzanz, wo er gegen die Türken kämpfte. Roger heiratete *Maria Asanina* die Nichte des Kaisers und dieser gab ihm den Titel „magnus dux". Nach seinen großen militärischen Erfolgen gab sich Flor den Titel „Caesar" und wurde eigenständiger Gouverneur von Kleinasien. Er erregte damit die Eifersucht des Sohnes des Kaisers (*Michael IX.*). 1305 wurde Roger bei Andrinopolis in einen Hinterhalt gelockt und ermordet. Roger de Flor war ständig rücksichtslos bestrebt Beute zu machen und seine Reichtümer zu vermehren; er war das frühe Beispiel eines „Prototyps eines Kriegsunternehmers". Die Rache der Katalanen für den gewaltsamen Tod ihres Führers wurde in Thrakien sprichwörtlich.

Flotte: →Templerflotte.

Fluch des Molay: Als der Großmeister des Templerordens *Jaques de* →*Molay* am 18. März 1314 gemeinsam mit dem Großpräzeptor von Frankreich →*Gottfried de Charney* auf der Ile de la Cité verbrannt wurde, soll Molay,

„...als bereits die Flammen emporzüngelten, seine beiden ungerechten Richter aufgefordert haben, sich vor Gott zu rechtfertigen, zu welchen Zweck der Papst (Klemens V.) binnen 40 Tagen, der König (Philipp IV.) binnen 40 Wochen vor Gottes Richterstuhl erscheinen sollten."
Molay rief:
„Gott weiß, dass dies Unrecht ist. Bald wird Unglück über Euch kommen, die uns ohne Gerechtigkeit verurteilten. Ich sterbe mit dieser Überzeugung. Noch innerhalb eines Jahres sehen wir uns wieder vor Gottes Thron."
Tatsächlich starben →Klemens V. unter unglaublichen Qualen am 20. April 1314 und König →Philipp IV. nach einem Jagdunfall im Wald von Fontainebleau unter mysteriösen Umständen (der König wurde von seinem Pferd abgeworfen und von einem Eber schwer verletzt), am 29. November des gleichen Jahres. Noch vor dem 28. November 1314 starb der Großinquisitor Wilhelm →Imbert; Enguerand de →Marigny, der Finanzminister des Königs und Nutznießer aus der Vernichtung der Templer, wurde dem Versuch der Vergiftung des Königs bezichtigt und im April 1315 in Montfaucon an den Galgen gebracht. →Nogaret, den Handlanger Philipps IV., ereilte das Schicksal im April 1313 noch ein Jahr vor dem Tod seines Königs. →Plaisians, der Minister König Philipps, starb im November des gleichen Jahres. Ludwig X., Philipps ältester Sohn, starb 1316, dessen posthum geborener Sohn Johann I. im gleichen Jahr; 1322 ereilte Philipps zweiten Sohn der Tod, und bereits 1328 wurde Karl IV., der dritte und letzte Sohn, vom Zeitlichen gesegnet. Damit war in nicht ganz 15 Jahren die Hauptlinie der Kapetinger ausgestorben und die Nebenlinie der Valois kam an die Macht. Als Ludwig XVI. vom Henker der französischen Revolution am 21. Jänner 1793 geköpft worden war, soll aus der Menge der Zuschauer gerufen worden sein:
„Jaques de Molay, jetzt bist Du gerächt!"
Des Königs Sohn, der achtjährige Ludwig XVII., starb am 8. Mai 1795 unter nicht aufgeklärten Umständen im Tempel von Paris.

Foix: Stadt und Grafschaft in Südfrankreich, etwa dem Departement Ariège entsprechend; unterstand ab der Mitte des 10. Jhdts. den Grafen von Carcassonne. Bis zum Ende des 11. Jhdts. erreichte die Grafschaft ihren territorialen Umfang, wobei noch die „terre de Mirepoix" unter den Grafen von Toulouse hinzukam. Im 12. Jhdt. schlossen sich die Grafen von →Foix einem Bündnissystem an und unterstützten hier meist die Partei der Grafen von Barcelona, seltener die Seite der Grafen von Toulouse. Im 13. Jhdt. hatte die Grafschaft unter den Albigenserkriegen zu leiden (→Albigenser-Kriege). Die Grafschaft war mit seinem katharerfreundlichen (→Katharer) Adel und wegen seiner Topographie während der Verfolgungen durch die Inquisition Zufluchtsort der →Ketzer. 1242-1245 kam es zu einem Konflikt zwischen den Grafen von Foix und von Toulouse in deren Verlauf Vasallen von Foix in Lehensbeziehungen der Grafen von Toulouse traten. Nach 1249 versuchten französische Kronbeamte in der Grafschaft erfolglos einzugreifen und auch die Inquisition vermochte nicht den ketzerfreundlichen Adel zu gefährden. Die Durchsetzung ihrer Ansprüche in Katalonien führten dort zu einer gräflichen Domäne. 1290 erwarb der Graf von →Foix durch Heirat die Vizegrafschaft Béarn.
Folter: Die Generalversammlung der UNO definierte den Begriff der Folter in der 1975 verabschiedeten Erklärung gegen die Folter (Artikel 1) wie folgt:
„Unter Folter ist jede Handlung zu verstehen, durch die einer Person von einem Träger staatlicher Gewalt oder auf dessen Veranlassung hin vorsätzlich starke körperliche oder geistig-seelische Schmerzen oder Leiden zugefügt werden, um von ihr oder einem Dritten eine Aussage oder ein Geständnis zu erzwingen, sie für eine tatsächlich oder mutmaßlich von ihr begangene Tat zu bestrafen oder sie oder andere Personen einzuschüchtern".
Die Folter galt schon im Altertum als legales Mittel Informationen zu erlangen. Eine Zeugenaussage eines Sklaven galt in Athen und Rom nur dann als glaubwürdig, wenn diese unter der Fol-

ter gemacht wurde. Im kaiserlichen Rom wurde die Folter gegen die Christen verwendet, die unter ihrer Anwendung ihrem Glauben widerrufen sollten. Nach der Christenverfolgung verschwand die Folter.

Im Mittelalter wurde die Folter von Papst →*Innozenz IV.* als Mittel der Inquisition zur „Wahrheitsfindung" in Ketzerprozessen offiziell vorgesehen. Die →*Bulle* „Ad extirpandam" – 1252 veröffentlicht – schrieb die Folter vor und regelte ihre Anwendung. In dieser Rechtsfindungspraxis wurde die Folter als „Beweis aller Beweise" (lateinisch „Probatio probatissimi") angesehen. →*Alexander IV.* (1254) und →*Klemens IV.* (1265) bestätigten diese Bulle. Im römischen, aber auch im kanonischen Recht (bis Mitte d. 13. Jhdts.) waren Geständnisse, die unter Gewalt zustandegekommen waren, ungültig. Die Folter wurde in Frankreich, in Navarra, in der Provence, in Neapel und im Kirchenstaat an all jenen angewendet, „qui semper negaverunt et negant" („die immer bei ihrem nein bleiben"). Im Templerprozess war daher der „Erfolg" der Inquisition in diesen Ländern, mit den durch die Folter erpressten Geständnissen, gegeben. In England, Deutschland, Norditalien und auf der iberischen Halbinsel, wo die Folter nicht oder nur beschränkt eingesetzt wurde, gab es daher auch keine Geständnisse. Ein englischer Templer schreibt:

„*Die Folter ist nicht dazu bestimmt, die Wahrheit ans Licht zu bringen, sondern aus einem Verdächtigen einen Schuldigen zu machen.*"

In vielen Fällen, in denen nicht sofort Geständnisse abgelegt wurden, sind die Delinquenten in wochenlanger Einzelhaft bei Wasser und Brot eingekerkert und zermürbt worden, danach wurden ihnen die päpstlichen Bullen über die Anwendung der Folter vorgelesen und auf Geständnisse anderer Brüder hingewiesen, genügte dies nicht für ein Geständnis, war es oft nur mehr notwendig Folterwerkzeuge vorzuzeigen oder man zwang den Delinquenten einer Folterung beizuwohnen und der Inquisitor erhielt die von ihm gewünschte Aussage. Die Anweisungen des Bischofs von Paris lauteten:

„*Falls erforderlich drohe man ihnen mit der Folter, selbst schwere Folter, und zeige ihnen die Werkzeuge, aber man unterziehe sie ihr nicht sofort (...). Die Folter soll von einem geistlichen und geübten Folterer angewandt werden, auf die übliche Weise und ohne Übertreibung.*"

Die Folterungen wurden in drei Graden angewandt: 1. Grad: die Schultern wurden ausgerenkt und die Sehnen zerrissen, indem die Delinquenten an den Armen am Rücken nach oben gezogen und fallen gelassen und ruckartig im Fall gestoppt wurden. Bei der Anwendung des 2. Grades wurden Knie-, Hüft- und Ellbogengelenke aus den Gelenkspfannen gerissen und im 3. Grad waren das Zerreißen der Sehnen und das Zerspringen der Gelenkspfannen deutlich zu hören. Nach der „Behandlung" im 2. Grad waren die Gefolterten meist ein Leben lang behindert und nach dem 3. Grad fast immer gelähmt.

Jaques de →*Molay*, der der Folterung nicht ausgesetzt war, dürfte unter solchen Eindrücken gestanden haben, als er am 25. Oktober 1307 in einem Brief seine Brüder zum Geständnis aufforderte. Die Templer, die tapfer den Feind im Heiligen Land ohne Angst vor dem Tod bekämpften, waren den Qualen der Folter nicht gewachsen. Dazu sagte anlässlich seines Verhöres am 27. November 1309, →*Ponsard de Gizy*, Komtur zu Payens, folgendes aus:

„*So sehr er bereit sei zu leiden, wenn die Hinrichtung kurz sei, Enthauptung oder Feuertod oder Tod durch verbrühen, so unfähig sei er, die langen, grausamen Qualen zu ertragen, in denen er sich bereits befunden hat durch mehr als zwei Jahre Kerkerhaft.*"

→*Raimund sa Guardia*, Komtur des Mas Deu (Roussillon) und Anführer des Templerwiderstandes in Aragón, erklärte bei seinem Verhör:

„*Da sie kein einziges der Verbrechen, die sie uns zur Last legen, beweisen konnten, griffen diese Verderbten zur Gewalt und zur Folter, denn nur durch sie haben sie einigen unserer Brüder Geständnisse abgepresst...*".

Am 28. April 1310 berichtete *Gérard du Passage* vor der päpstlichen Kommission wie er vom

Bailli des Königs in Mâcon gefoltert und zum Geständnis gezwungen wurde; man hatte an seinen Geschlechtsteilen und an anderen Körperteilen Gewichte angehängt bis er ohnmächtig wurde. *Aymo de Barbona*, Kämmerer des Großmeisters in Zypern, erklärte anlässlich seines Verhöres 1310:

„*...er sei schon dreimal auf die Folterbank gespannt worden, es sei ihm Wasser mit Jauche in den Mund gegossen und er habe neun Wochen bei Wasser und Brot gelebt; er wisse nicht, wozu er sich entschließen solle, da Leib und Seele ihn schmerzten.*"

Andere Folterpraktiken waren es, die Füße mit Öl zu bestreichen und sie dann dem Feuer nahezubringen, wurde dann ein Brett zwischen Feuer und Füße gebracht ließen die Schmerzen nach, gestand der Delinquent nun nicht, zog man das Brett wieder fort und die Schmerzen durch das Feuer verstärkten sich wieder; eine andere Art der Folter war es, die Unglücklichen an Armen oder Beinen aufzuhängen und mit Gewichten zu beschweren; manchmal wurden die Füße in eiserne Strümpfe eingespannt und diese immer mehr zusammengepresst, oft so lange bis die Beine zerquetscht wurden; zwischen Finger wurden keilförmige Hölzer gesteckt und die Finger immer mehr zusammengedrückt bis die Knochen brachen, die Zähne und Haare langsam ausgerissen oder der ganze Körper mit glühenden Eisenspitzen gestochen; auch wurden die Körper an Seilen plötzlich hochgezogen und ebenso plötzlich wieder fallengelassen und dieser Vorgang laufend wiederholt (genannt „Hissen"). Alles dies und vieles andere mehr waren Methoden mit denen die Inquisition Gleichgläubige solange quälte bis die Gefolterten die gewünschten Antworten gaben, um danach Feuertod zu erleiden.

Während der Verhöre unter der Folter starben allein in Paris mindestens 118 Templer, in Sens 61, wie viele „dienende Brüder" die Qualen nicht überlebten ist unbekannt.

Fontfroide: ehemaliges Kloster bei Narbonne; um 1093 im Wald des Vizegrafen *Aymeric de Nar-* *bonne* gegründet; 1144 schloss sich das Kloster den Zisterziensern an; später wurde es vom Papst mit der Bekämpfung der →Katharer betraut. Der 1209 ermordete Legat →*Pierre de Castelnau* war Mönch von Fontfroide. Nach 1229 zog das Kloster aus der Umverteilung der Kathargüter großen Vorteil.

Fouchier, Gottfried: (Godefroi oder Geoffroy Faucher, Foucher auch Fulcher); wurde 1151 erstmals in einem Dokument als Affilierter des Templerordens erwähnt. Am 2. Juni 1157 wurde er in einem Dokument des *Aimery von Askalon* als Bruder des Templerordens erwähnt. Später →Komtur des Templerordens in Jerusalem; war in Abwesenheit des Großmeisters in Jerusalem dessen Vertreter (Grand Commandeur); 1171 Visitator von Frankreich und England und später Großpräzeptor in Palästina unter den Großmeistern →*Bertrand de Blanquefort* (1156-1169) und →*Philipp de Nablus* (1169-1170/71); gemeinsam mit einem anderen Templer – *Hugo von Caesarea* – wurde Fouchier von König →*Amalrich I.* zum Sultan *Schawar* von Ägypten entsandt (1167), um mit diesem einen Friedensvertrag (Waffenstillstand?) auszuhandeln und dafür eine ansehnliche Geldsumme zu erhalten. *Falkenberg* schildert diese Gegebenheit:

„*Fest und kühn traten die tapferen Ritter durch die zahlreichen Wachen und in Gold strotzenden Hofbedienten, in die prachtvollen Vorhallen, von einem Prunkgemach ins andere. Jetzt fliegt ein mit Perlen und Gold durchwirkter Vorhang auf, und mit enthülltem Antlitz, auf goldenem Throne sitzend, in prachtvoller Kleidung, mit Perlen und Edelsteinen übersät, wird die geheiligte Person des Kalifen sichtbar. Die Unterhandlung beginnt. Das edle Benehmen der Templer besticht den Orientalen, und er verspricht nicht nur 400000 Goldgulden, wenn die König Amalrich sein Heer aus Ägypten wegführe, sondern ließ sich so weit herab, dass er auf Verlangen Hugos das Versprechen mit Handschlage bekräftigte. Der stolze Ritter war aber nicht mit der verhüllten Hand zufrieden, und forderte nach abendländischer Sitte die bloße Hand in Hand. Staunen und Bestürzung rings auf den Gesichtern der Höflinge, solche Kühnheit war unerhört und siehe, die heilige Person des Kalifen reichte dem Ungläubigen die unverhüllte Hand zum Unterpfand der Treue."* Dieser Friedensvertrag führte im Jahr darauf zur Weigerung des Großmeisters des Ordens (→*Bertrand de Blanquefort*) am Ägyptenfeldzug 1168 teilzunehmen. Fouchier führte mit dem französischen König →*Ludwig VII.* einen Briefwechsel, in dem er vom König als bedeutende Persönlichkeit bezeichnet wurde. Fouchier wurde als Präzeptor von Frankreich noch 1171 erwähnt.

Franken: (lateinisch „franci"; die „Freien, Kühnen"); westgermanische Stammesgruppe, ab dem 3. Jhdt. n. Chr. literarisch bezeugt. Östlich des Niederrheins siedelnd, nahmen die Franken selbständige Stämme (Salier, Chamaven, Brukterer, Sugambrer, Chattuarier, Usipier) in sich auf und drangen in römisches Gebiet und Gallien ein. Die durch *Chlodwig I.* um 500 eingeleitete Großmachtbildung des Fränkischen Reiches wurde zum wichtigsten politischen Faktor des beginnenden Mittelalters. Die bis 500 unterworfenen Länder im Westen zwischen Somme und Loire, im Osten am Mittelrhein, Main und unterem Neckar wurden fränkisch überschichtet, jedoch relativ dünn, was im Westen bis zum 8. Jhdt. zur Assimilation des germanischen Elements durch das romanische zur Ausbildung der seitdem geltenden Sprachgrenze führte.

Franz von Assisi: (Francesco d'Assisi); heilig; eigentlich *Giovanni Bernardone,* (* 1181 oder 1182 in Assisi, † 3. Oktober 1226 ebendort), italienischer Ordensstifter; stammte aus wohlhabender Familie in Assisi. Nach Krankheit und Bekehrungserlebnissen pflegte er Aussätzige und führte ein Bettlerdasein. Ab 1209 schlossen sich ihm einige Gefährten an. Er verpflichtete sie als „Mindere Brüder" (erste Regel oder erster Orden – „Observanten", 1210) zum Dienst an Menschheit und Kirche in Armut und Buße.; 1212 gesellte sich durch die Bekehrung der adligen *Klara von Assisi* eine Schwesterngemeinschaft (*zweiter Orden* – „Klarissinnen", 1221) hinzu. Über die eigenen Gemeinschaften hinaus zog

Franz von Assisi Frauen und Männer in seinen Bann, die sich im *dritten Orden* („Terziaren", 1223) zusammenfanden. 1223 gab er seinem Orden die endgültige Regel, die von Papst →*Honorius III.* bestätigt wurde. Die Geisteshaltung des Franz von Assisi fand in seinen Schriften (Regeln, Worte der Ermahnung, Sendschreiben, Gebete und besonders im „Sonnengesang") ihren Ausdruck. – Am 16. Juli 1228 heiliggesprochen; Fest: 4. Oktober.

Franz von Beaujeu: (Graf von Beaujeu); bevor *Jaques de* →*Molay* auf dem Scheiterhaufen starb soll er der Legende nach sein geheimes Wissen an seinen Neffen *Franz von Beaujeu* weitergegeben haben. Er hatte ihn insgeheim in den Orden aufgenommen und soll ihn in das innerste Geheimnis des Ordens eingeweiht haben. Unter der Mithilfe von 9 entronnen Templerbrüdern soll es Beaujeu gelungen sein, die Kleinodien und die Urkunden des Ordens in Sicherheit zu bringen und auch Molays Überreste zu bergen. Um nicht erkannt zu werden, hatten sie sich als Werkmaurer verkleidet und mit Maurerwerkzeug versehen.

Franziskaner: (lateinisch Ordo Fratrum Minorum, Abkürzung: OFM) auch Minoriten oder „Graue Bettelmönche"; Orden der Minderbrüder des heiligen Franziskus; geht auf die Gründung des →*Franz von Assisi* zurück; Erster Orden: Minoriten, gegründet 1210; ab dem 16. Jhdt. Franziskaner-Observanten; Zweiter Orden: Klarissinnen – beschaulicher Frauenorden von Franz und Klara von Assisi gegründet 1212; Dritter Orden: Terzianer, verfügte über einen weltlichen Zweig dem neben Männern auch zahlreiche Franziskanerinnen-Kongregationen angehörten. 1223 bestätigte Papst →*Honorius III.* die Ordensregel.

Über die Auslegung der Armutsregel kam es zu Richtungsauseinandersetzungen. 1517 wurde der Orden geteilt in die Konventualen und Franziskaner-Observanten von denen sich wiederum die Kapuziner trennten. Alle sind von einander unabhängig, beziehen sich aber gemeinsam auf die Regel von 1223. Die Leitung des Ordens hatte der „Generalminister" über. Die Ordenstracht der Observanten bestand aus einer braunen Kutte mit Kapuze, Sandalen und weißem Strick.

freie Künste: im Mittelalter verstand man unter diesem Begriff folgende Studienkomplexe: „Trivium"- Grammatik, Rhetorik und Dialektik; „Quadrivium"- Arithmetik, Astronomie, Musik und Geometrie. Sie waren nach antikem Muster organisiert. Die mittelalterlichen Universitäten pflegten die freien Künste als Vorstufe höherer Wissenschaften.

Freimaurer: Im 18. Jhdt. wurde die Legende verbreitet, dass die Freimaurer vom geistlichen Ritterorden der Templer abstammten. Die vor der Verfolgung nach Schottland geflüchteten Ordensbrüder sollen auf Wunsch des *Jaques de →Molay,* der den Orden fortgeführt wissen wollte, den Freimaurerbund gegründet haben. Die Hochgrade der Freimaurer, welche an die Templertradition anknüpften, betrieben die Wiedereinsetzung der Stuarts auf den englischen Thron.

Friedrich I. Barbarossa: Rotbart; (* 1122 in Waiblingen, † 10. Juni 1190 ertrunken im Fluss Salef/Kleinasien); aus dem Hause der Staufer; König 1152, Kaiser 1155-90; Begründer der Dynastie der Hohenstaufen; trennte das babenbergische Österreich vom Herzogtum Bayern. 1154-55 fand auf Grund der Kaiserkrönung der 1. Italienzug statt, im Zuge dessen die ersten Konflikte mit dem Papst (→*Hadrian IV.*) auftraten, als sich Friedrich weigerte die Kaiserkrone als päpstliches Lehen (beneficium) anzuerkennen. Um die kaiserlichen Rechte in den lombardischen Städten wiederherzustellen, unternahm er in den Jahren 1158-62, 1163, 1166-68 und 1174-77 weitere Italienzüge. Sein Eingreifen während des großen →Schismas zwischen den Päpsten →*Alexander III.* und dem von Friedrich unterstützten *Viktor IV.* endete mit einer Niederlage des Ritterheeres. 1178 König von Burgund; Stärkung der staufischen Hausmacht und Sturz *Heinrichs des Löwen* (1180). Anlässlich des 6. Italienzuges (1184) ließ er seinen Sohn *Heinrich (VI.)* zum König von Italien krönen. Frie-

drich fand während des 3. Kreuzzuges (1189-92) im Fluss Salef (Glöksu) den Tod (10. Juni 1190). Sein Beiname Barbarossa ist seit 1512 auf die Kyffhäusersage (Kaisersage) zurückzuführen, die ursprünglich mit →*Friedrich II.* im Zusammenhang stand. Der Sage nach schläft verzaubert im Kyffhäuser (verkarsteter Bergrücken im Nordosten des thüringischen Beckens) ein Kaiser, sein Aufwachen soll die Wiederherstellung der Kaisermacht mit sich bringen.

Friedrich II. von Hohenstaufen: (* 26. Dezember 1194 in Iesi bei Ancona, † 13. Dezember 1250 in Castel Fiorentino bei San Severo); Sohn des deutschen Kaisers *Heinrich VI.* und der normannisch-sizilianischen Prinzessin und Thronerbin *Konstanze* (Constanca d'Hauteville); seit 1198 König von Sizilien und Unteritalien; 1212-50 römisch-deutscher Kaiser, wurde 1215 in Aachen gekrönt, sein Ziel war ein einer Kaiserkrone geeintes Christenreich; mit diesem Ziel lag er im ständigen Konflikt mit dem Papst und den lombardischen Staaten. Mit der Krönung wurde dem jungen Kaiser vom Papst →*Innozenz III.* ein Kreuzzugsgelübde abverlangt, das er im Sinne seines Reiches einzulösen suchte. Mit Hilfe des →Deutschen Ritterordens und deren Hochmeister *Hermann von Salza* betrieb er die Missionierung und Kolonisierung Ostpreußens. Mit dieser Art von Kreuzzügen gab sich Papst →*Honorius III.* nicht zufrieden, und zwang Friedrich, unter Androhung des Kirchenbannes, zu einem Kreuzzug ins Heilige Land; eine Epidemie zwang ihn zur Umkehr (1220). 1225 heiratete er →*Isabella,* die Tochter →*Johanns von Brienne,* die Erbin des lateinischen Königreiches. 1226 enteignete er die Templer und Johanniter und konfiszierte ihre Güter. Durch einen Kirchenbann (1227 Papst →*Gregor IX.*) motiviert, trat er 1228 neuerlich einen Kreuzzug (5.) an. Ein Vertrag mit dem ägyptischen Sultan →*Melek al-Kamil* sicherte die Übergabe der heiligen Stätten von Jerusalem, Bethlehem und Nazareth (18. Februar 1229). Im gleichen Jahr krönte sich Friedrich selbst zum König von Jerusalem (17. März 1229). Der Vertrag wurde sowohl von

Christen als auch von den Muslims schlecht aufgenommen. Papst →*Gregor IX.*, der →Patriarch *Gerald von Jerusalem* und auch die Ritterorden (Johanniter und Templer) lehnten das Übereinkommen ab und stellten sich gegen Friedrich. Der Templerorden machte zusätzlich den Vorwurf, dass der Vertrag nicht vorsah, dem Orden sein altes Hauptquartier in Jerusalem zurückzugeben. 1229 bemächtigte sich der Kaiser der Templerfestung Castel Pèlerin (Pilgerburg, →Athlit) und wollte sie dem Deutschen Orden übergeben. Die Templer reagierten rasch und zwangen den Kaiser die Burg zu verlassen. Um sich für diese Niederlage zu rächen griff Friedrich erfolglos den Templerbezirk von Akkon an. Die Johanniter haben den Kaiser nach seiner Niederlage gegen die Templer aufgenommen, was als erstes Anzeichen der Annäherung des Kaisers mit den Johannitern zu werten war. Sie blieben auf der Seite des Kaisers auch in dessen Streit mit dem Papst. Das Verhältnis des Kaisers zu den Templern wird aus seinen Schriften klar: *„Aufgewachsen in den Wolllüsten der morgenländischen Großen, sind die Templer ganz trunken von Hochmut; ich weiß aus sicherer Quelle, dass mehrere Sultane nebst den Ihrigen in den Orden sehr bereitwillig und mit großem Gepränge aufgenommen worden sind, dass selbst die Templer deren abergläubigen Gottesdienst mit Anrufung Mohammeds und mit weltlichen Pompe geduldet haben.“* Als der Papst 1230 die Exkommunikation Friedrichs aufhob, waren die Templer in ihrem Streit mit dem Kaiser isoliert und verhielten sich nun bei allen Auseinandersetzungen in Outremer neutral. In Sizilien und in allen in seinem Machtbereich befindlichen Besitzungen der Templer zog Friedrich ein; die Ordensangehörigen ließ er aus Sizilien verjagen. Erst 1239 als der Kaiser wieder exkommuniziert wurde löste sich das Dilemma des Ordens. Friedrich II. war ein genialer Herrscher, eine Persönlichkeit mit großer Bildung, dessen Weltoffenheit in seiner Jugendzeit begründet war, die er mit sarazenischen Fischern, arabischen Händlern, römischen Priestern und griechischen Kaufleuten verbrachte. Er beherrschte alle damaligen Kultursprachen wie auch arabisch und hebräisch. Seine für diese Zeit unverständliche Toleranz gegen Andersgläubige – Juden, Moslems und Griechisch-Orthodoxe – brachte ihm den Hass zweier Päpste, und das Unverständnis des Volkes ein.

In seinem Testament ordnete er an, dass alle Güter und alle Templerhäuser, die sich noch in seinem Besitz befanden, an den Orden zurückzugeben waren. In seinem satirischen Testament vermachte der Kaiser die Hoffahrt den Templern und Johannitern solange deren Orden bestehen. Bald nach seinem Tode kam die Sage seiner Wiederkehr auf, die erst um 1500 auf *Barbarossa* (→*Friedrich I.*) übertragen wurde.

Fulko von Anjou: (* um 1090, † 10. November 1143); Graf von Anjou und Touraine, hatte durch erste Ehe die Grafschaft Maine erworben. War sowohl Vasall des englischen Königs *Heinrich I.*, als auch vom französischen König →*Ludwig VI.*; seinen Sohn *Gottfried* verheiratete er mit *Mathilde*, der Tochter Heinrichs I. und der Witwe des deutschen Kaisers. Wurde 40-jährig durch seine Heirat mit →*Melisende*, der Tochter →*Balduins II.* nach dessen Tod König von Jerusalem (14. September 1131 – 10. November 1143). Er war 1120 erstmals im Heiligen Land und schloss sich dort sofort den Templern an („Templer auf Zeit"), wohnte bis 1121 bei den →*Mönchsrittern* und vermachte ihnen ein ansehnliches Vermögen als er nach Frankreich zurückkehrte (20 angevinische Livres jährlich Subsidiengewährung). Balduin II., der keinen männlichen Nachkommen hatte, suchte für seine Tochter Melisende einen geeigneten Mann; seine Wahl fiel auf Fulko. →*Hugo de Payens* kam 1128 auch mit dem Auftrag Balduins II. nach Frankreich und in den Anjou, um Fulko die Hochzeit mit Melisende und damit die Krone Jerusalems anzubieten. Am Himmelfahrtstag 1128 nahm Fulko das Kreuz und im Sommer 1129 legte das Schiff Fulkos in Akkon an; bereits einige Monate später heiratete er die Tochter des Königs. Nach dem Tod Balduins erhielt Fulko neben Melisende und ihrem gemeinsamen Sohn (→*Balduin III.*) die Königswürde. *Alice*, die jüngere Tochter Balduins II., die bereits zu Lebzeiten ihres Vater mit →*Sengi* zu kollaborieren versuchte, erhob nach ihrer Verbannung Anspruch auf Antiochia und schmiedete mit →*Pons von Tripolis* ihre Ränke. Es kam zur ersten blutigen Auseinandersetzung zwischen christlichen Heeren im Heiligen Land, aus der der König als Sieger hervorging.

Fulko war ein ausgezeichneter Feldherr, der erkannte, dass auch mit Bündnissen das Heilige Land für die Christenheit gesichert werden konnte. Sein Bündnis mit *Unur von Damaskus*, sicherte das Reich gegen →*Sengi* und hatte bis über seinen Tod hinaus Bestand. Fulko konnte Sengi die Festung →Banyas entreißen.

Anlässlich eines Urlaubsaufenthaltes in Akkon stürzte Fulko während einer Jagd vom Pferd, der Sattel traf ihn unglücklich am Kopf und verletzte ihn so schwer, dass er drei Tage später, am 11. November 1142 starb. Er hinterließ zwei Söhne, den 10-jährigen *Balduin*, den 7-jährigen *Amalrich* und deren herrschsüchtige Mutter Melisende.

Fulko von St. Michael: Präzeptor der Templer in Aquitanien; führte mit dem →*Bailli des Grafen von Poitou (Alfred von Poitou)* einen Rechtsstreit, da der Bailli jemanden auf Templergebiet verhaftet hatte.

G

Galfried: Präzeptor der Templer in England; stellte 1285 bei seinem Amtsantritt eine Inventarliste aller Besitzungen der Templer in England zusammen. In diesem Verzeichnis sind 47 Komtureien und 23 kleinere Ordenshäuser aufgelistet und 300 Silbermark als Schatz erwähnt. Die Besitzungen bestanden im wesentlichen aus landwirtschaftlich genutzten Grundstücken.

Galiläa: nördlicher Teil von Palästina, zwischen dem oberen Jordantal und dem Mittelmeer; im Norden vom Fluss Litani, im Süden durch die Jezreelebene begrenzt (Länge etwa 80 km; Breite etwa 30–40 km); zentrale Orte sind Nazareth und Karmiel; das Hügelland in Untergaliläa erreicht Höhen bis 600 Meter.

Im 2. Jahrtausend v. Chr. haben in Galiläa einige große kanaanänische Städte bestanden; ab zirka 2000 v. Chr. immer wieder unter ägyptischer Herrschaft; nach 1200 siedelten hier die Stämme Ascher, Naftali, Sebulon und Isaschar. 733 v. Chr. von den Assyrern besetzt; 104 v. Chr. unter jüdischer Oberhoheit; 4 v. Chr. – 39 n. Chr. war Galiläa im Besitz des *Herodes Antipas. Jesus* und die meisten seiner Jünger waren Galiläer. 135 wurde Galiläa nach der Vertreibung der Juden aus Jerusalem, deren Zentrum mit vielen Synagogen und der Rabbinerschule in Tiberias. Im Zuge des 1. Kreuzzuges wurde Galiläa von *Tankred* erobert, nachdem er Tiberias befestigt hatte zog er über Nazareth nach Beisan, das den Bergpass zwischen der Jezreelebene und dem Jordantal beherrschte. Mohammedaner verließen das Land. Tankred nahm den Titel Fürst von Galiläa an.

Gaston: →Baghras.

Gaudin, Theobald: →Theobald Gaudin.

Gautier Le Bachelier: Provinzialmeister des Templerordens in Irland (1295-1301); wurde der Veruntreuung von Ordensgütern beschuldigt und aus dem Orden ausgestoßen (→Strafen, templerische); er fiel damit unter die kirchliche Gerichtsbarkeit, wurde exkommuniziert und in der Bußzelle des Londoner Tempels eingekerkert. Als er starb, wurde er nicht im Templerfriedhof beerdigt, sondern am Platz vor der Komturei.

Gavin Montbart de Béthune: Präzeptor des Templerordens; Vorsteher des Ordenshauses von →Rennes-le-Château; war als junger Tempelritter Herold des Kreuzritterheeres in den →Albigenserkriegen und sicherte als solcher dem Grafen von Carcassonne *Raimund Roger II.* →Trencavel freien Abzug aus der belagerten Stadt zu; →*Simon de Montfort,* der Anführer des Kreuzfahrerheeres, brach das Versprechen, setzte den Grafen gefangen und ermordete ihn im Kerker.

Gaza: (Gasa, Ghaza, Ghazzah); Stadt in der südlichen Küstenebene von Palästina, Hauptort des Gazastreifens, heute 273 000 Einwohner (1991). Gaza, in ägyptischen Quellen erstmals um 1800 v. Chr. erwähnt, war ein wichtiger Handelsplatz und Militärstützpunkt an der Küstenstraße von Ägypten nach Syrien. Im Altertum unter wechselnder Herrschaft, ist es seit dem 7. Jhdt. eine arabische Stadt und teilt die Geschichte Palästinas; ab 1100 christlich.

Die Festung Gaza wurde von →*Balduin III.* in der Mitte des 12. Jhdts. errichtet und dem Templerorden 1152 übergeben. Die Ordensritter hielten diese exponierte christliche Befestigung zur Verteidigung des Heiligen Landes.

Die Templer von Gaza lieferten →*Nasr ibn Abbas (Nasreddin, Nasr-ed-Din),* Mörder des Kalifen el-*Zafir* und dessen Bruder, nachdem sie ihn in der Nähe von Gaza gefangengenommen hatten, obwohl er sich taufen lassen wollte, an die Schwester der Getöteten in Kairo aus; der Hof von Kairo hatte 60 000 Gold-Dinare für ihn geboten. →*Wilhelm von Tyrus,* kein Freund der Ritterorden, schreibt in seiner Geschichte des Heiligen Landes, dass die Templer den beinahe schon zum christlichen Glauben konvertierten *Nasr* aus reiner Geldgier seinen Häschern übergeben hätten. Am 18. November 1177 drang →*Saladin* nach Palästina ein; die Templer riefen alle verfügbaren Ritter zusammen, um ihre Festung Gaza zu verteidigen. Saladin zog aber ohne Halt nach Askalon weiter. Der König (→*Balduin IV.*) verteidigte Askalon und rief die Templer aus Gaza zur Hilfe. Gemeinsam konnte Saladin eine empfindliche Niederlage zugefügt werden.

Nach der Niederlage der Christen bei den Hörnern von Hattin eroberte Saladin die Burgen der Christen. Gaza, als Templergarnison, wurde auf Drängen des Großmeisters →*Gerhard von Ridefort* 1187 kampflos an die Truppen Saladins übergeben; der Großmeister erhielt für die kampflose Übergabe der Festung seine Freiheit zurück.

Geheime Meister: Meister, die angeblich in der Zeit vom 14. Jhdt. bis zum Entstehen eines Neo-Templerordens den geheimen Orden geführt haben sollen.

Geheimes Kapitel: Den Templern wurde vorgeworfen, neben ihren offiziellen Ordensritualen und Regeln, auch in einem geheimen, verschwiegenen, nur Eingeweihten zugänglichen „Inneren Kreis" blasphemischen Riten zu folgen (→Aufnahmeritual).

Gehorsam: Gehorsam ist in der christlichen Theologie eine Tugend; im katholischen Ordenswesen ist Gehorsam Teil des Ordensgelübdes (→Gelübde); von den drei Ordensgelübden (Armut, Keuschheit, Gehorsam) hat der Gehorsam höchste Bedeutung, weil die Aufgabe des freien Willens ein wesentliches Opfer darstellt; für →*Thomas von Aquin* ist der Gehorsam das Zeugnis über die Jüngerschaft in der Nachfolge Christi. Nach der benediktinischen Ordensregel wird der Gehorsam gegenüber den Ordensoberen versprochen. Diese Oberen waren →Abt oder Äbtissin, Propst und Prälat; bei den →Ritterorden →Großmeister und →Komturen. →*Bernhard von Clairvaux* wies in seinem Traktat „De praecepto et dispensatione" auf die inneren Grenzen der Gehorsamsverpflichtung gegenüber den Ordensoberen hin (~1140).

Gelasius II.: eigentlich *Johannes Conniolo Gaeta*; († 29. Jänner 1119 im Kloster von Cluny); Mönch von Monte Cassino; ab 1088 Kardinal-Diakon und Kanzler der römischen Kirche; 162. Papst (24. Jänner 1118 – 29. Jänner 1119); wurde gegen seinen eigenen Willen im hohen Alter zum Papst gewählt; sofort nach der Wahl wurde er von den kaisertreuen, mächtigen Frangipani schwer misshandelt und in Ketten gefangengenommen; unter Druck des revoltierenden Volkes wurde er freigelassen; er floh vor dem von ihm gebannten *Heinrich V.* unter abenteuerlichen Bedingungen nach Gaeta, während Heinrich mit Hilfe der Frangipani einen Gegenpapst erhob (*Gregor VIII.*); als verarmter Pilger kehrte er nach Rom zurück, wo er kaum Unterstützung fand. Bei einer Messe wurde er von den Frangipani neuerlich überfallen und musste fliehen. Auf einem Feld wurde er erschöpft von Frauen aufgefunden; über Pisa flüchtete er nach Cluny wo er bald darauf starb. Während seines kurzen Pontifikates dürfte →*Hugo de Payens* mit sieben Gleichgesinnten ins Heilige Land gereist sein und dort vor dem Patriarchen von Jerusalem das Gelobte des →Gehorsams, der Armut und der Keuschheit abgelegt haben.

Gélis, Antoine: Abbé von Coustaussa, in der Nähe von Rennes le Château; wurde am 1. November 1897 in seinem Pfarrhaus erschlagen. Der oder die Täter waren an Geld nicht interessiert, sie nahmen einen Koffer mit geheimen Dokumenten mit. Der Mord wurde nie aufgeklärt.

Gelübde: Der rechtliche Status von Gelübden entwickelte sich im Kirchenrecht gleichzeitig mit der Kreuzzugsbewegung; Gelübde sind eine Verpflichtung zu einer Handlung oder einer Unterlassung gegenüber Gott, besonders beim Eintritt in eine religiöse Gemeinschaft. Das Gelübde konnte formlos oder feierlich, freiwillig oder zwingend abgelegt werden, war bedingt oder unbedingt gültig, konnte einzeln oder kumulativ abgelegt werden und es konnte zeitlich beschränkt oder ewig (lebenslang) bindend sein. Das Kreuzzugsgelübde wurde immer feierlich und freiwillig abgelegt, war immer auf einzelne bezogen. Gelübde waren im →Mönchtum realisiert, wo die Gelübde auf die sittlichen Maximen des →Gehorsams, der Armut und der Keuschheit geleistet wurden.

Generalkapitel: Die höchste Instanz der →Ritterorden war das Generalkapitel an dem alle hohe Ordensbeamte, die Großpräzeptoren und die angesehensten Rittern aller Provinzen nach Möglichkeit teilnahmen. Der Ort der Versammlung war immer dort wo sich der →Großmeister aufhielt. Im Generalkapitel wurden neue Ordensgesetze erlassen, Verordnungen der →Konvente bestätigt, →Visitatoren und →Komture ernannt oder hohe Ordensbeamte eingesetzt. Das Generalkapitel wurde nur selten abgehalten (zirka 5 jährlich), da es für diejenigen, die von weither anreisen mussten, mit hohem Zeitaufwand und Kosten für den Orden verbunden war. Jedenfalls musste das Generalkapitel zur Wahl des Großmeisters abgehalten werden, was in Kriegszeiten oft nicht einfach war. Aus diesem Grund wurde die →Wahl des Großmeisters im 13. Jhdt. nur von den in →Outremer anwesenden Tempelrittern vorgenommen.

Gens du Roi: (französisch „Leute des Königs"); Geheimpolizei König →*Philipps IV., des Schönen,* die sich bei der Verhaftung der Tempelritter besonders bewährt hat; insbesonders bemerkenswert war ihre Verschwiegenheit über die bevorstehende Verhaftung der Ordensmitglieder. Haben sich in dieser Beziehung auch schon bei der Verhaftung der Juden und der Beschlagnahme ihrer Güter als zuverlässig erwiesen.

Genua: italienisch Gènova; Hauptstadt der italienischen Provinz Genua und von Ligurien am Golf von Genua; 738 000 Einwohner; größter Handelshafen Italiens.
Seit dem 10. Jhdt. selbständige Republik, die von gewählten Konsuln regiert wurde; 1133 Erzbistum. Genua und Pisa vertrieben 1010 gemeinsam die Araber von Sardinien und teilten sich nach langem Ringen die Herrschaft. 1097 stellte Genua, über Aufforderung zweier Legaten Papst →Urbans II., zwölf Galeeren und ein Frachtschiff für den 1. Kreuzzug zur Verfügung. Im Juli dieses Jahres stach diese Flotte von Genua in See. Im November landete das Geschwader im Hafen von St. Symeon (→Antiochia). Nach der Eroberung von Antiochia gestand →*Bohemund* den Genuesern dreißig Häuser, einen Markt und eine Kirche zu. Dies war dann Beispiel für die anderen Handelstädte, die für die Hilfe bei der Eroberung des Heiligen Landes Niederlassungen in jenen Städten als Gegenleistung erhielten an

deren Eroberung sie teilnahmen. 1103 lief eine Flotte von vierzig Schiffen in Latakia ein und eroberte Gibelet (das antike Byblos). Genua erhielt dafür ein Drittel der Stadt.
Kaiser →*Friedrich I.* Barbarossa anerkannte die ganze Küste von Porto Venere bis Monaco als genuesisches Gebiet. 1250 brach in →Akkon offener Streit zwischen den Vertretern der Städte Genua und Venedig aus. Die →Johanniter schlugen sich auf die Seite der Genuesen, die Templer reflexartig auf die gegnerische Seite. Nach der Vernichtung der Flotte Pisas 1284 und dem Sieg über Venedig 1298 gewann Genua die Vormachtstellung im Tyrrhenischen Meer und den Höhepunkt seiner Macht. Genua besaß schließlich vertraglich gesicherte Niederlassungen in Jaffa, Akkon, Caesarea, Arsuf, Tyros, Beirut, Tripolis, Dschebail, Latakia, St. Symeon und Antiochia. Wegen der Aktivität Genuas im östlichen Mittelmeer kam es zu einem hundertjährigen Krieg mit Venedig, der bis 1381 dauerte und zuungunsten Genuas endete. Die Differenzen der großen Familien (Doria, Grimaldi) im Innern gaben dem Volk das Übergewicht, das *Simone Boccanegra* zum Dogen wählte (1339). 1353 übertrug man die Herrschaft dem König von Frankreich. Sein Regiment ging 1421 an Mailand über. Nach vielfach wechselnder Abhängigkeit von Frankreich und Mailand stellte *Andrea Doria,* der Admiral Kaiser *Karls V.,* 1528 die Republik unter den Schutz des Kaisers. Die 1575 eingeführte Verfassung sah einen Senat von 400 und einen engeren Rat von 100 Personen vor. Die Regierung bildeten 8 Prokuratoren. An der Spitze des Staates stand ein auf 2 Jahre gewählter Doge. Der aristokratische Charakter der Verfassung blieb bestehen.
Schweren Schaden erlitt Genuas Handel durch die Türken seit der Eroberung Konstantinopels (1453); im 16. Jhdt. verloren die Genuesen wichtige Niederlassungen an die Türken, die sich auch des Handels im Mittelmeerraum bemächtigten. Als Geldgeber Karls V. und der Spanier und als deren Nachschubhafen erlebte Genua 1528-1627 (Genuesisches Jahrhundert) einen

unerhörten Aufstieg, der mit dem Mantuanischen Erbfolgekrieg endete. Der darauf folgende Abstieg brachte Genua mehrfach an den Rand seiner Existenz. 1684 ließ *Ludwig XIV.* Genua von seiner Flotte beschießen. Im Österreichischen Erbfolgekrieg wurden Stadt und Hafen von einer österreichisch-sardinischen Armee besetzt. Die zur Republik gehörende Insel Korsika, auf der es seit 1729 fast ständig Aufstände gab, wurde 1768 an Frankreich verkauft. 1797 wurde unter französischem Druck in Genua die Ligurische Republik ausgerufen. 1805 wurde Genua von *Napoleon I.* annektiert. 1815 kam Genua zum Königreich Sardinien und 1861 zum geeinten Königreich Italien.

Gerald de Caus: →Gerhard von Caux.

Gérard de Passagio: Templerbruder, der am 27. April 1310 anlässlich des Prozesses gegen den Orden aussagte:

„Er, der ihn in den Orden aufnahm, zeigte ihm ein Holzkreuz und fragte ihn, ob er glaube, dass dies Gott sei. Er antwortete, es sei das Bild des Gekreuzigten. Der Bruder Balduin (Baudoin) sagte ihm, er glaube es nicht, es ist ein Stück Holz. Unser Herr ist im Himmel.“

Er berichtete weiter, dass

„man das Kreuz jeden Freitag barfuss und mit dem größten Respekt in allen Häusern des Ordens anbetete“.

gerechter Krieg: →Krieg, gerechter.

Gerhard von Caux: (Gerald de Caus); wurde 1298 oder 1299 mit zwei anderen Rittern im Ordenshaus der Templer in Cahour aufgenommen, nachdem er fünf Tage davor zum Ritter geschlagen worden war. Der Provinzialmeister *Guigue Adhemar* leitete die Aufnahmezeremonie. Bei den Verhören in Paris 1309-1311 wurde Gerhard zur Verteidigung des Ordens vom Bischof von Paris aufgefordert. Er erkannte die Gefahr und antwortete:

„Ich bin ein einfacher Ritter, ohne Pferd, Waffen und Land, und verstehe es nicht, den Orden, wie es das Kirchenrecht erfordert zu verteidigen.“

Er entschloss sich aber bei seinem Verhör am 12. Jänner 1311 in Paris auszusagen und schilderte

das →Aufnahmeritual entsprechen der Ordensregel:

„Nach der Morgenmesse im Ordenshaus führte der Provinzialmeister ihn mit zwei weiteren Kandidaten in eine kleine Kammer neben der Kapelle. Dort traten zwei Ordensbrüder auf sie zu und fragten: „Begehret ihr die Gemeinschaft des Templerordens und wollt ihr an seinen geistlichen und weltlichen Werken teilhaben?“ Gerhard bejahte, und einer der Brüder fuhr fort: „Ihr strebt nach Großem. Von unserem Orden seht ihr nur den äußeren Glanz, ihr seht unsere schönen Pferde, schönen Rüstungen, ihr seht, wie gut wir essen und trinken (...) die strengen Regeln, die für den Orden gelten, kennt ihr nicht. Es ist ein großer Schritt, den ihr da plant: Ihr, die ihr euer eigener Herr seid, macht euch zum Diener eines anderen, denn ihr werdet nur selten das tun dürfen, was ihr begehrt. Wollt ihr im Abendland weilen, schickt man euch ins Heilige Land, wollt ihr nach Akkon, schickt man euch nach Tripolis...“.

Gerhard von Montreal: genannt „Templer von Tyrus“; schreibt in einer Chronik, dass die Ritterorden versucht hätten, zwischen den 1256 im Heiligen Land in Streit geratenen Handelsstädten Genua und Venedig zu vermitteln. Tatsache ist, dass die Johanniter die Partei für Genua und die Templer die für Venedig genommen hatten und an kriegerischen Auseinandersetzungen teilnahmen. →*Matthaeus Paris* schreibt in diesem Zusammenhang:

„Nachdem sie (die Johanniter) viele der eigenen Leute verloren hatten, die Templer erschlugen, sodass kaum ein Mann entkam...“

und über einen Befehl des Großmeisters der Templer:

„...die Ordensbrüder jedes Landes, alles beiseite zu legen und schnell ins Heilige Land zu kommen, um (...) die Lücken zu füllen und um mit Waffengewalt furchtbare Rache an den Hospitalitern zu nehmen...“.

Als Papst →*Nikolaus IV.* zwanzig Schiffe mit Söldnern zur Verstärkung ins Heilige Land entsandte schrieb Gerhard, dass diese nur schlecht ausgerüstete Abenteurer gewesen sein sollen und eine gefährliche Belastung für die Christen darstellten. In Ermangelung von kriegerischen Aktivitäten erschlugen und beraubten sie harmlose muslimische Kaufleute. Als →*Kalawun* ihre Auslieferung forderte und diese gegen den Rat des Templergroßmeisters verweigert wurde, beschloss der Sultan Akkon einzunehmen (1291). Als 1302 die Insel →Ruad von den Mamelucken angegriffen wurde und die Templer der Übermacht die Garnison übergab hielten sich die Mamelucken nicht an ihr Versprechen des freien Abzuges. Gerhard von Montreal schreibt darüber:

„Die Templer vertrauten ihrer Hinterlist, ergaben sich (...) und verließen ihre Stellung. Die Sarazenen ließen alle syrischen Serjanz enthaupten (für sie wurde kein Lösegeld bezahlt), (...) und die Templerbrüder wurden mit Schimpf und Schande nach Ägypten geführt."

Gerhard von Pasage: Templerbruder, der vom königlichen Baillif von Mâcon anlässlich der ersten Verhöre (1307) – obwohl er alles gewünschte bereits ausgesagt hatte – schwerer Folter (in dem an seinen Geschlechtsteilen und anderen Gliedern schwere Gewichte angehängt wurden) unterzogen und dadurch fast bis zum Tod gequält wurde.

Gerhard von Ridefort: (Gerardus de, Gérard de Ridefort, Girard de Riderfort); genannt „der fahrende Ritter"; umstrittener Großmeister der Templer (1185-1190); stammte aus Flandern und war bereits zur Amtszeit →*Amalrich I.* in →Tripolis ins Heilige Land gekommen (1173). Ein Mann mit wenig positiven Eigenschaften. Er war vom Charakter ein Prahlhans, Abenteurer und Draufgänger. Er trat zuerst als →„sodoier" in den Dienst des Grafen →*Raimund III* von Tripolis, dies bedeutete, dass er für seine Dienste ein Lehen (Soldlehen) zugesprochen bekam. Nachdem Raimund von Tripolis ihm eine reiche Erbin (→*Lucia von Botron* oder *Bodrun*) zur Frau versprach, dieses Versprechen jedoch nicht einhielt, verließ Ridefort Tripolis und war ab diesem Zeitpunkt der Todfeind des Grafen. In dieser unheilbringenden Feindschaft lag der Keim für den

Verlust Jerusalems und einer der unglückseligen Umstände das Heilige Land wieder an die Sarazenen zu verlieren. Etwas später (1179) tauchte Gerhard in Jerusalem als Marschall des Königreiches auf. Nach einer bei den Templern behandelten Krankheit legte er die drei Gelübde ab, wurde sehr bald Seneschall (1183?), und nach dem Tod von →*Arnaldus von Torroja* (1184) wurde Ridefort im Ordenskapitel zu dessen Nachfolger bestimmt (Anfang 1185). Seine Wahl war innerhalb des Ordens nicht unumstritten, viele der Brüder lehnten sich gegen ihn auf. Ridefort war auch in viele politische Intrigen verwickelt, die für die katastrophalen Folgen im Kampf gegen →*Saladin* mitentscheidend waren, speziell in der Auseinandersetzung zwischen →*Guido von Lusignan* und seinen Todfeind Raimund von Tripolis. Auf Grund der Unterstützung des Templergroßmeisters, entgegen der Erbfolgeregelung →*Balduins IV.*, übernahmen →*Sibylle* und ihr Ehemann *Guido von Lusignan* die Regentschaft über Jerusalem. Guido war ein wankelmütiger, unentschlossener und schwacher Herrscher. Sein eigener Bruder rief bei der Krönung aus:

„Wahrlich, die ihn zum König machten, hätten mich, wenn sie mich kennen, zum Gott-Vater selbst machen müssen!"

Ridefort soll anlässlich der Krönung, anspielend auf seine Auseinandersetzung mit Raimund, gesagt haben:

„Diese Krone wiegt die Hochzeit von Botron auf!"

Raimund zog sich auf Grund dieser Entwicklung nach Tiberias zurück und schloss ein Bündnis (Waffenstillstand) mit Saladin. Guido entsandte, um die christlichen Länder zu vereinen, eine Delegation, der auch Ridefort und der Großmeister der Johanniter →*Roger von Moulin* angehörten, zu Raimund. Auf dem Weg trafen sie auf eine Truppe islamischer Krieger. Trotz der zahlenmäßigen Unterlegenheit seiner Ritter befahl Ridefort, entgegen dem Rat des Johanniters und des Templermarschalls →*Jaques de Mailly*, den Angriff, dies obwohl nur 150 Ritter etwa 7000 Muslimen gegenüberstanden. Am 1. Mai 1187 wurden an den Quellen von Cresson alle niedergemetzelt nur Ridefort und wenigen anderen gelang die Flucht.

Entgegen des Rates des Grafen Raimund von Tripolis empfahl Ridefort dem König den Angriff auf Saladin. Der Chroniker →*Ernoul* schreibt:

„Als die Nacht einbrach, kam der Meister der Templer zum König und sagte zu ihm: „Herr trauen sie dem Rat des Grafen nicht. Er ist ein Verräter und ihr wisst, dass er euch nicht liebt. Er will eure Schande und dass ihr das Königreich verliert."

Durch diese falsche Beratung kam es in der Folge am 4. Juli zum Desaster von →Hattin (Hörner von Hattin) und zur Eroberung von Jerusalem durch Saladin. Ridefort geriet nach der Niederlage von Hattin mit dem König in Gefangenschaft. Im Dezember 1187 wurde er gemeinsam mit dem König freigelassen. Für die Freilassung überließ der König den Muslimen Askalon. Ridefort befahl für seine Freiheit der Templerbesatzung von Gaza die Festung Saladin zu übergeben und versprach Saladin nie wieder die Waffen gegen ihn zu erheben. Die Tatsache, dass der Großmeister innerhalb kurzer Zeit zweimal einem Massaker entkam, obwohl alle übrigen Templer erschlagen oder gehäutet waren, gab Anlas für viele Gerüchte. Ridefort soll den islamischen Glauben beigetreten sein. Jedenfalls handelte er gegen die Ordensgrundsatz als er sich aus der Gefangenschaft mit der Aufgabe von Gaza freikaufte. Beim Versuch Akkon an der Seite von →*Richard I. Löwenherz* und Guido von Lusignan zurückzuerobern fiel er am 4. Oktober 1190 bei Casal Humbert. Über seinen Tod gibt es einander widersprechende Versionen. Nach der einen soll er nach seiner Verletzung, obwohl er fliehen hätte können, ausgerufen haben:

„Möge Gott verhüten, dass man mich je wieder irgendwo sieht und dass man den Tempel vorwerfen kann, ich sei geflohen".

Nach der anderen Version wäre er wieder in Gefangenschaft geraten und weil er entgegen seinem Ehrenwort die Waffen nun wieder gegen Sa-

ladin erhoben hatte von diesem als Meineidiger hingerichtet worden.

Gerhard von Villers: (Gerard de Villar, Girard de Villis); →Präzeptor des Templerordens in Frankreich. Konnte der Verhaftung durch die Häscher des Königs (→*Philipps IV., des Schönen*) am 13. Oktober 1307 entkommen. Laut Protokollen von Geständnissen aus dem Templerprozess hatte er eine Reihe von Rittern in den Orden aufgenommen und es soll dabei zum Bespeien des Kreuzes und zu verbotenen Küssen gekommen sein (z.B. Verhör *des Stephan de Novo Castro*). Laut einer beim Papst im Juni 1308 hinterlegten Akte (→ *Jean de Chalon*) soll er gemeinsam mit *Hugo von Châlon* und weiteren 42 Rittern mit drei mit Stroh gedeckten Lastwägen, die mit Truhen des Templerschatzes beladen waren, und mit 50 Pferden Richtung Küste geflohen sein. Im Hafen von →La Rochelle wurde die Ladung auf 17 Schiffe verladen. Der Verbleib dieser Schiffe (→Templerflotte) blieb bis heute unbekannt, doch wird von einigen Autoren hier die Möglichkeit einer Verbindung des Ordens mit Amerika vermutet.

Ghibellinen: kaisertreue Partei in den italienischen Städten im 13. und 14. Jhdt. (erstmals 1215 erwähnt), sie standen im Gegensatz zu den papsttreuen →Guelfen. Nach dem Stammsitz der Salier-Burg Waiblingen genannt; die Anhänger der Staufer verwendeten den Namen der Burg (Waiblingen, italienisiert „ghibellino") als Schlachtruf im Kampf gegen die Anhänger des Papstes; der Kampf zwischen den beiden Parteien überdauerte den Untergang der Staufer (1268) und wurde später auf politische und soziale Gegensätze übertragen, beispielsweise Guelfen – Volk, Ghibellinen – Adel.

Giaco, W. de: Wurde 1303 in den Templerorden als dienender Bruder aufgenommen. Stallknecht und Diener des *Jaques de* →*Molay*, wurde nach seiner Verhaftung am 13. Oktober 1307 von →*Nogaret* vor dem Verhör des Großmeisters der Folter unterzogen und gestand nach schrecklichen Qualen, dass er in nur einer einzigen Nacht von Molay dreimal missbraucht worden sei.

Durch diese Aussage wurde der Großmeister erpressbar und Molay blieb die Wahl zwischen Ehrlosigkeit oder dem Eingeständnis der Schuld des Ordens. Giaco verwickelte sich bei seinem zweiten Verhör in schwere Widersprüche, die seine ursprünglichen Aussagen als falsch erkennen ließen.

Gibelet: (Giblet, Dschebail; das antike Byblos); wurde 1103 von Raimund von Toulouse mit Unterstützung von 40 genuesischen Schiffen von den Moslems erobert; Raimund schenkte dafür ein Drittel der Stadt den Genuesen; 1109 wurde Tripolis unter Mithilfe der genuesischen Flotte zur Übergabe gezwungen und die Genuesen erhielten die restlichen Zweidrittel von Giblet. Ihrerseits verliehen sie die Stadt dem Admiral *Hugo Embriaco*, dessen Nachfahren es zum erblichen Lehen machten. 1157 wurde Gibelet von einem Erdbeben schwer beschädigt und musste wie andere Festungen auch (z.B. →*Krak des Chevaliers*) wieder aufgebaut werden. Im August 1187 ergab sich Gibelet auf Befehl seines Herrn Hugo Embriaco dem Sultan →*Saladin*, der Embriaco wegen dessen Kapitulation freies Geleit zusicherte. Zu Beginn des Jahres 1197 wurde die Stadt zurückgewonnen. Ein Vertrag vom Juli 1198 zwischen König →*Amalrich II.* und *el-Adil* sicherte Gibelet wieder der Christenheit. 1276 wurde einer der Herren von Gibelet (*Guy de Gibelet*) in den Templerorden aufgenommen; er hatte ein Mädchen entführt und sie mit seinem Bruder *Johann* verheiratet; vor der Rache Graf →*Bohemunds VII.* (Herr von Tripolis und Antiochia) flüchtete er zu den Templern. Graf Bohemund war darüber so erbost, dass er das Templerhaus in Tripolis niederreißen ließ. Der Großmeister der Templer →*Wilhelm von Beaujeu* belagerte daraufhin die Stadt Tripolis und zerstörte bei seinem Rückzug die Burg Botrun. Es kam zu mehreren Kämpfen zwischen den Truppen des Grafen und dem Orden; der Streit konnte erst nach mehreren Gefechten mit der überraschenden Vermittlung des Johanniterorden beigelegt werden.

Nach dem Tod Bohemund VII. (1287) unterstützten die Templer in Tripolis die Erbschaftsinteressen der Mutter Bohemunds (*Lucia*) gegen die Interessen der Edlen des Landes und des genuesischen →*Baillies* von Tripolis *Bartholomäus* →*Embriaco*, des Herren von Gibelet, und weil die Templer grundsätzlich immer Venedig gegen die Genuesen unterstützten. Die ehrgeizigen Bestrebungen des Genuesen selbst Graf von Tripolis zu werden und seine Kontakte zum Mameluken →*Kalawun* brachten die öffentliche Meinung zum Umschwenken und Lucia wurde als Gräfin von Tripolis anerkannt.

Gilbert de Heral: (auch Horal, Gilbertus Erail oder Eral, Erral, Arayl, Herail, Roral d'Erals); 13. Großmeister des Templerordens; stammte aus der Familie des Grafen Polignac und war →*Präzeptor* im Burgund und Languedoc. In Spanien setzt er sich in der →*Reconquista* mit dem Orden gegen die Mauren ein. Gilbert wurde nach →*Robert de Sablé* zum Großmeister des Templerordens (1193 – 21. Dezember 1200) gewählt. 1193 starb →*Saladin*, der größte Feind der Christenheit. Unter der Amtszeit Gilberts kam es immer wieder zu Auseinandersetzungen mit den →*Johannitern*, die bis zum offenen Kampf ausarteten. Papst →*Innozenz III.* musste eingreifen; er befahl von beiden Orden Abordnungen (von den Templern *Peter von Villeplan* und den Ritter →*Terricus*, von den Johannitern *d'Isigny* und *Auger*) nach Rom, um sie zu verpflichtete, dass sie in Zukunft ihre Aggression nur mehr gegen den Feind zu richten hätten. In seiner Amtsperiode wurde dem Orden von *Alfons von Aragon* einige Besitzungen übertragen. Die Umwandlung des →*Deutschen Ordens* in einen Ritterorden fand am 5. März 1198 im Templerhaus in Akkon statt. Sein Wunsch, die Festung →*Baghras* (Gaston) zurückzuerobern blieb ihm versagt, er starb am 21. Dezember 1200.

Gilles: Schatzmeister der Templer in Paris; er zog als →*Komtur* mit →*Ludwig IX.* ins Heilige Land und unterstützte den Grafen von Artois, den Bruder des Königs, bei seinem unüberlegten Angriff auf die Stadt Mansura, trotz vieler Warnungen und Bedenken. Die Niederlage war verheerend; im Februar 1250 fielen von 290 Templern bis auf 5 alle, unter ihnen der Gesamte Konvent und möglicherweise auch der Großmeister des Ordens →*Wilhelm von Sonnac.*

Gisors: Templerburg, liegt zwischen Paris und Rouen. Der Grundstein der Burg wurde von *Thibaud,* Graf von Gisors, Sohn einer Schwester des →*Hugo de Payens* 1090 gelegt. Die Arbeiten wurden später unter dem englischen König *Heinrich I.* fortgeführt. 1158 wurde die Burg in die Verwaltung der Templer übergeben und wurde 1184 fertiggestellt. Der Kaufvertrag wurde von *Othon de Saint-Omer,* einem Bruder eines der Mitbegründer des Templer-Ordens (→*Odo de Saint-Omer*) und *Richard von Hastings,* dem Berater des englischen Königs und späterem Präzeptor des Ordens in England, unterschrieben. Die Burg wurde nach der Verhaftung der Templer im übrigen Frankreich (13. Oktober 1307) erst eineinhalb Monate später, am 29. November 1307 übergeben. Sie diente danach dem König als Gefängnis für die festgesetzten Ordensbrüder. Unter anderem wurde hier *Jaques de* →*Molay,* der Großmeister der Templer, von →*Nogaret* verhört.

Gérard de Sède vermutet in seinem Buch „Die Templer sind unter uns", dass in Gisors der Ordensschatz verborgen sein soll. Die Templer hätten auf ihrer Flucht in der Nacht vom 12. Oktober 1307, geführt von →*Gerhard von Villers* und *Hugo von Châlons,* aus Angst vor Entdeckung auf Gisors Halt gemacht und den Schatz hier versteckt. 1946 will der Kastellan der Burgruine von Gisors *Roger Lhomoy* 30 Schatztruhen aus wertvollem Metall in einer unterirdischen Kapelle gefunden haben. Die Kapelle soll ein Ausmaß von 30 Meter Länge und 9 Meter Breite gehabt haben. Neben den Truhen hätte Lhomoy auch 19 Sarkophage mit Würdenträgern des Templerordens entdeckt. Als der Bürgermeister von den Grabungen erfuhr, ließ er diese sofort stoppen und das Loch zuschütten, weil er fürchtete, dass jemand in die Grube stürzen könnte; an die Entdeckung glaubte er nicht. Lhomoy blieb bis zu

seinem Tode bei der Behauptung den Templerschatz gefunden zu haben.

Gnosis: (griechisch „Erkenntnis"), allgemeiner Begriff der Religionsphänomenologie zur Bezeichnung eines systematisch gefassten Wissens um göttliche Geheimnisse, das nur wenigen Menschen als apriorisches Vermögen gegeben ist, aus dem Menschen selbst und nicht aus einer Offenbarung (Gnade) stammt und sich selbst als das umfassende Heil des Menschen versteht. Gnostizismus (Gnostik) ist eine Sammelbezeichnung für verschiedenartigste um Gnosis bemühte Religionen und religiöse Richtungen im Mittelmeerraum des 2. und 3. Jhdts. (jüdisch, hellenistisch, christlich-häretisch). Trotz aller Verschiedenheiten zeigen alle gnostischen Lehren eine Gemeinsamkeit: Eine über alle irdischen Wahrheiten erhabene gute Gottheit entfaltet sich in vielen Abstufungen und Emanationen (Hervorgehen aller Dinge aus dem unveränderlichen, vollkommenen, göttlichen Einen). Die sichtbare Welt wurde nach Plato vom →Demiurgen (ein von Gott abgesunkenes Zwischenwesen) geschaffen, der auch den Menschen schuf, indem er das göttliche Pneuma, das ewig Seiende, mit der chaotischen Materie, dem Werdenden, vermischte. Die Erlösung des Menschen liegt in der Erkenntnis seines kosmischen Geschicks und seiner eigenen Göttlichkeit und im ständigen Ringen um Wissen und Erkenntnis. Aus gnostischer Sicht ist die Schlange im Paradies, die die ersten Menschen dazu verführte die Frucht vom Baum der Erkenntnis zu kosten, nicht der Versuch zum Bösen zu verleiten, sondern die Menschheit durch Erkenntnis zu erlösen. Eva, die Verkörperung des Weiblichen, steht über Adam, der aus der Erde direkt geschaffen wurde. Sie entstand aus dessen Rippe, war also nicht mit der Materie direkt verbunden und steht daher dem Göttlichen näher als das männliche Prinzip. Diese gnostische Sicht dürfte sich in der besonderen Marienverehrung der Tempelritter wiederfinden. Wenn sich ein Templer im Kapitel wegen seiner Vergehen entschuldigte, tat er dies im Namen Gottes und Notre-Dame; ebenso beriefen sich die Brüder anlässlich ihrer Aufnahme auf Gott und

Notre-Dame Saint Marie. Jesus, der auch „Notre Seigneur" genannt wurde, wurde bei dieser Zeremonie nicht erwähnt. Für die Gnostiker war Jesus jemand der seine Erlösung durch göttliche Erkenntnis gefunden hatte. Sein Tod war sein persönlicher Weg und konnte daher nicht stellvertretend für die Menschheit erfolgen. Die den Templern nach ihrer Verhaftung vorgeworfene Verleugnung Jesus' kann in diesen Vorstellungen seine Ursache haben.

Gonfanon: (Gonfalon); Standarte oder Kriegsflagge, die in der Schlacht vorangetragen wurde. Die →Templer hatten eine solche Flagge mit dem Namen →Beauséant, eigentlich „Gonfanon Beauséant"(→Oriflamme).

Gonneville, Gottfried von: (Guonavilla); →Präzeptor (Großpräzeptor) des Templerordens von Aquitanien und des Poitou; gestand bei seinem Verhör durch die Inquisition am 17. August 1308 in Chinon die Verleugnung Christi und erklärte, dass dieser Brauch durch einen Großmeister eingeführt wurde, der durch ein Versprechen über die Einführung dieser Praktik bei der Aufnahme aus muslimischer Gefangenschaft freikam. Von einem Götzenbild habe Gottfried nie etwas gehört.

gotische Kunst: In der kirchlichen Baukunst wird die gotische Kathedrale zur Manifestation des philosophischen Hintergrundes dieser Zeit. Das scholastische Gedankengut und damit die Erkenntnisse aus der Naturwissenschaft erlauben den Baumeistern die Auflösung der schweren, erdgebundenen Gemäuer der Romanik in hochstrebende aus Kraftlinien gebündelte Pfeiler, in leuchtende Felder aufgelöste Wände, aufstrebende Bögen, Maßwerke, Strebepfeiler und die Errichtung von hoch über den Gläubigen im Dunkel liegenden Kreuzrippengewölben. Die Fertigkeit der Baumeister, das Wissen um Material, Proportionen und die Wahl um den richtigen Standort wurde in den Dienst des Glaubens gestellt. Die →Scholastik bietet das System für den Bau, die →Mystik den Inhalt, so liegt das Geheimnis der Kathedrale im mäßig erhellten, mystischen Dämmerlicht des Innenraumes, in

dem die Gläubigen die Nähe Gottes ahnen sollen. Die konstruktiv notwendigen Strebepfeiler und das Strebewerk des Außenbaues werden also ganz in den Dienst des von bunten Wänden durchleuchteten Innenraumes gestellt.

Ausgehend von der Ile de France, der Champagne und der Normandie breitete sich der „neue Stil" über Westeuropa aus. Die Reformbewegung der Zisterzienser um →Bernhard von Clairvaux war geistiger Hintergrund und Triebfeder der Gotik. Die Zisterzienser selbst werden von Historikern auch als „Missionare der Gotik" bezeichnet.

Gottfried de Saint-Omer: (Godefridus de Sancto Audemardo oder St. Uldemar); ein aus Flandern stammender Ritter; Mitbegründer des Ordens der Tempelritter; er war einer der sieben Ritter die →Hugo de Payens 1118 nach Jerusalem begleiten, um die Pilgerwege im Heiligen Land zu schützen. 1128/29 begleitete er Hugo nach Frankreich, wo er für den Orden Flandern besuchte, um dort neue Mitglieder zu werben und Geschenke für den Orden anzunehmen. Er selbst schenkte dem Orden sein großes Gut, das er in Flandern (Ypern) besaß.

Gottfried Foucher: →Fouchier, Gottfried.

Gottfried von Bouillon: (* um 1060 in Baisy, † 18. Juli 1100 in Jerusalem); stammte über seine Mutter (*Ida von Niederlothringen*) von *Karl dem Großen* ab; war Herzog von Niederlothringen und übernahm begeistert den Kreuzzugsgedanken; führte 1096 einen Teil des Kreuzzugsheeres über Ungarn ins Heilige Land, während Graf →*Raimund von Toulouse* über Slawonien und *Hugo von Vermandois* über Italien und die Adria das Heilige Land erreichten. Am 7. Juni 1099 lag das Kreuzfahrerheer vor Jerusalem. Nach 5-wöchiger Belagerung und 2-tägigem Sturm fiel die Stadt am 15. Juli in die Hände der Christen. Aus religiösem Fanatismus wurden 10 000 Mohammedaner niedergemetzelt und die Juden der Stadt in der Synagoge verbrannt. *Albert von Aachen* schildert:

„Anschließend an das Gemetzel gingen alle Kreuzfahrer mit Gottfried an der Spitze zum Grab

*unseres Herrn Jesus und verharrten dort in Trä-
nen, Gebet und frommer Lobpreisung, Gott Dank
sagend, dass er sie gewürdigt habe zu sehen, was
ihnen stets ihres Herzens höchste Sehnsucht gewesen war – Christus."*
Gottfried errichtete gegen den Willen des Klerus,
der ein kirchliches Gemeinwesen schaffen wollte, das christliche Königreich Jerusalem (→Daim-
bert). Er selbst nahm nicht den Königstitel an,
sondern nannte sich „Beschützer des Heiligen
Grabes" („Advokatus Sankti Sepulchri"), denn er
wollte dort nicht eine Krone tragen, wo einst
Christus die Dornenkrone trug. Im August 1099
besiegte Gottfried von Bouillon in der Schlacht
von Askalon ein überlegenes Heer des Sultans von
Ägypten unter der Führung seines Feldherren Al
Afdal. 1100 starb Gottfried von Bouillon in Jerusalem an einer pestartigen Erkrankung; möglicherweise wurde Gottfried von Bouillon von seinen moslemischen Gegnern vergiftet, denn die
Krankheitssymptome traten nach einem Fest-
mahl beim Emir von Caesarea das erste Mal auf;
allen muslimischen Quellen zufolge ist Gottfried,
von einem Pfeil getroffen, im Kampf gefallen (*Ibn
al-Atir*). Er wurde in der Kirche des Heiligen Grabes, in der Nähe des leeren Grabes beigesetzt. Zu
seinem Nachfolger hatte er bereits zu Lebzeiten
seinen jüngeren Bruder *Balduin* (→Balduin I.) bestellt. Gottfried galt im Mittelalter als Vorbildfigur
des europäischen Rittertums.
Gottfried von Charney: →Charney.
Gottfried von Gonneville: →Gonneville.
Gottfried von Mandeville: (Geoffrey de Mandeville); stammte aus einer mächtigen anglonor-
mannischen Adelsfamilie, die 1066 mit *Wilhelm
dem Eroberer* nach England kam und reiche Lehen erhielt; Sohn des *William de Mandeville* Graf
von Exeter; ab 1140 Earl von Essex; kämpfte im
englischen Nachfolgekrieg zwischen *Stephan von
Blois* und Kaiserin *Mathilde* auf der Seite Step-
hans. Gottfried wollte seine drei Burgen, die seine Familie unter *Heinrich I.* einst verloren hatte,
auf diese Weise wiedergewinnen (was ihm auch
gelang). Als er aber später auch an der Seite Ma-
thildes intrigierte und sich die Londoner Bevöl-

kerung gegen Mathilde erhob, wurde er 1143 von
Stephan in London verhaftet und musste als Preis
für seine Freilassung seine Besitzungen wieder
abtreten. In seinem blinden Hass bemächtigte er
sich der Insel Ely und der →Abtei Ramsay; er
plünderte, folterte und mordete. Gottfried gilt als
Protagonist der Anarchie dieser Zeit des Bürger-
krieges und als „Erzverräter". 1144 wurde er vor
Burwell von einem Pfeil verwundet und starb ohne Absolution der Kirche. Zur Stunde seines Todes sollen Tempelritter erschienen sein, die sich
seines Leichnams bemächtigten, ihn mit einem
Kreuz bedeckten und nach London in den „Old
Temple" gebracht haben sollen. Dort legten sie
den Leichnam in einen Sarg und hängten diesen
auf einen Baum, damit christliche Erde nicht beschmutzt würde. Erst als der Papst Gottfried vergeben hatte, wurde er im Friedhof des „New Temple" beerdigt. Warum die Templer hier eingriffen
und welche Verbindung sie zu Mandeville hatten
ist ungeklärt. Die Geschichte wäre aber Indiz,
dass die Templer in den Anfängen des Bestehens
ihres Ordens Exkommunizierte („verfluchte Lei-
ber") offiziell zwar niemals in geweihter Erde be-
gruben, sich aber mit bestimmten Handlungen
im Grenzbereich der christlichen Gemeinschaft
bewegten, in einem Bereich, aus dem der Orden
zuletzt oft auch seine Mitglieder rekrutierte.
Gral: Mystischer Kelch, in dem das heilige Blut
(französisch „Sang Royal", spanisch „Sangre real") aufbewahrt wurde. →*Joseph von Arimathia*
hat der Sage nach in diesem Pokal das Blut des
am Kreuz sterbenden *Jesus* gesammelt. Joseph
soll es auch gewesen sein, der den Gral nach Europa gebracht hat. Der Gral wird auch als Schale, Kessel oder Becher des letzten Abendmahls
beschrieben, aus dem Jesus getrunken haben soll
und wird auch als Smaragd, der aus →Luzifers
Krone fiel, als dieser in die Hölle fuhr, oder als
„Stein der Weisen" und als beseeligende Gottes-
schau gesehen. →*Chrétien de Troyes* bezeichnet
in seiner Verserzählung „Perceval" den Gral als
eine von Goldschmieden angefertigte wertvolle
Schale, Parzival selbst als „Sohn der Witwe", ein
Begriff aus der Bibel, der später bei den Frei-

maurern Verwendung finden sollte. *Robert de Boron* schreibt wenig später „Roman de l'estoire dou Graal". →*Wolfram von Eschenbach* beschreibt in seinem →„Parzival" den Gral als Edelstein (→„lapis exillis") der von Engeln auf der Erde zurückgelassen wurde und als „heiliges Ding", das das Ziel des ritterlichen Strebens darstellt:

„*Es gab ein Ding, das der Gral genannt wurde, (...) der Inbegriff paradiesischer Vollkommenheit, Anfang und Ende allen menschlichen Strebens und ein nie versiegendes Füllhorn irdischer Köstlichkeiten...*".

Der Gral wurde auch mit der Tafelrunde König Arthurs (→Artus) in der englischen Sagenwelt in Verbindung gebracht. Ein Ritterorden, die Gralsritter, hüten den Gral auf der Burg Montsalvat. Auch die Tempelritter (→Tempeleisen bei →*Wolfram von Eschenbach*) werden als die Hüter des heiligen Grals bezeichnet. Sie sollen den Gral in einer Burg in der Bretagne aufbewahrt haben. Die Gralshüter zeichnen sich durch ihren reinen Charakter aus, haben aber doch Schuld auf sich geladen und sind daher in ihrer andauernden Suche nach dem Gral in ständiger Sühne ihrer Sünden. Der Gralskönig →*Amfortas* leidet an einer Verletzung, weil er das Keuschheitsgelöbnis gebrochen hatte. Er und sein Land werden unfruchtbar. Er kann nur durch eine bestimmte an ihn gerichtete Frage geheilt werden. (Bei Eschenbach hätte Parzival die Frage stellen müssen an welcher Verletzung Amfortas leidet; bei Chrétien de Troyes sollte die Frage lauten: „Was ist der Gral und wem dient man damit?"). Parzival hätte diese Frage stellen können, aus dessen Verständnis der Ritterlichkeit unterlässt er aber die Frage. Als Parzival seinen Fehler erkennt beginnt er erneut mit der Gralsuche, um Amfortas zu heilen und damit auch das Land wieder fruchtbar zu machen.

Die Nachkommenschaft Jesus' von Nazareth (königliches Blut) wird auch mit den →Katharern in Südfrankreich in Verbindung gebracht. Sie sollen den „Gral" in der Festung →Montségur aufbewahrt haben. Vor der Übergabe der

Burg 1244 soll das „Geheimnis" in Sicherheit gebracht worden sein. In diesem Zusammenhang wird Parzival mit dem Vicomte *Roger Ramon* →*Trencavel*, dem Verteidiger der Katharer, in Verbindung gebracht und mit ihm identifiziert.

Grand Commandeur: →Großkomtur.

Gregor VII.: vorher Mönch *Hildebrand*; (* zwischen 1019 und 1030 in Soana in der Toskana, † 25. Mai 1085 in Salerno); 158. Papst (22. April 1073 – 1085). War seit Jahrhunderten der erste nichtadelige Papst und ging als „heiliger Eiferer" in die Geschichte ein. Wahrscheinlich aus einfachen Verhältnissen stammend; kam in jungen Jahren nach Rom und wurde hier erzogen; 1047 begleitete er Papst *Gregor VI.* ins Exil nach Deutschland; 1049 kam er als Ordensbruder der Benediktiner nach Rom zurück; 1054 und 1056 päpstlicher Legat in Frankreich; ab 1059 Archediakon von Rom; als Berater einiger Päpste gewann er Einfluss auf die Kurie; bei der Totenfeier Papst *Alexanders II.* wurde er spontan vom Volk zum Papst proklamiert. Er betrieb mit ganzer Kraft die Kirchenreform, trat vehement gegen →Simonie und Priesterehe auf; erließ das Investiturdekret. Die 27 Leitsätze „Dictatus Papae" offenbaren die Weltsicht Gregors. Darin stellt er fest:

„*Der Papst darf den Kaiser absetzen.*
Der Papst darf von Niemandem gerichtet werden.
Nur des Papstes Füße haben die Fürsten zu küssen."

Unter dem Vorwurf der Simonie sollte sich Kaiser *Heinrich IV.* in Rom verantworten; Heinrich seinerseits ließ auf der Reichssynode in Worms (1076) den Papst absetzen, woraufhin ihn der Papst exkommunizierte; nach dem Bußgang nach Canossa (1077) wurde das →Interdikt gegen Heinrich aufgehoben. Heinrich hielt aber an der Investitur fest und wurde neuerlich exkommuniziert; Heinrich erhob nun *Wibert von Ravenna* zum Gegenpapst (*Klemens III.*), eroberte Rom und wurde von Klemens zum Kaiser gekrönt (1084). Gregor verschanzte sich in der Engelsburg und wurde von seinem Vasallen *Robert Guiscard* befreit. Einsam, bis zuletzt unnachgiebig und verbannt, starb Gregor im Exil in Salerno. 1606 von Papst *Paul V.* heiliggesprochen.

Gregor VIII.: eigentlich *Albertus de Morra*; (* in Benevent, † 17. Dezember 1187 in Pisa); Chorherr; seit 1155 Kardinal; Legat Papst →*Alexander III.*; 1178 Kanzler der römischen Kirche; 174. Papst (21. Oktober 1187 – 17. Dezember 1187); Aufruf zum 3. Kreuzzug in seiner Enzyklika „Audita tremendi"; aus Gram über den Verlust Jerusalems verordnete er, dass die Christen am Freitag, Samstag und Sonntag kein Fleisch essen sollten. Gregor war um die Beilegung des Streites mit den Staufern bemüht. Auf Grund der Unruhe im römischen Volk betrat er während des Pontifikates die Stadt nie; so starb er nach knapp zweimonatiger Amtszeit in Pisa an Fieber; er wurde auch hier beigesetzt.

Gregor IX.: eigentlich *Ugolino di Conti, Graf von Segni*; (* um 1170 in Anagni, † 22. August 1241 in Rom); Förderer neuer Orden (→Franziskaner und →Dominikaner); Neffe von Papst →*Innozenz III.*; 1206 Kardinalbischof von Ostia; hoch begabt und besonders juristisch gebildet; 179. Pontifikat (19. März 1227 – 22. August 1241); versuchte mit größter Energie den päpstlichen Machtanspruch und die Freiheit des Kirchenstaats aufrechtzuerhalten, seine Amtszeit war daher von Auseinandersetzungen mit Kaiser →*Friedrich II.* geprägt. Neben seinem religiösen Eifer verfolgte er die härteste Machtpolitik; förderte die Mission, organisierte die →Inquisition und übertrug sie den Dominikanern; er begründete den kirchlichen Inquisitionsprozess. In der Auseinandersetzung mit Friedrich führte er zur Schwächung des von Friedrich geführten Kreuzzuges und zur Auffüllung der leeren Kassen Roms ein, dass das Kreuzzugsgelübde gegen Barzahlung abgelöst werden konnte. Mit der Durchführung dieser Mission wurden die Tempelritter beauftragt, die mit einer besonderen Vollmacht zur Entbindung von geleisteten Gelübden ausgestattet waren. Gregor starb als der Kaiser gegen Rom vorrückte.

Gregor X.: früher *Tebaldo Visconti*; (* um 1210 in Piacenza, † 10. Jänner 1276 in Arezzo); wurde nach drei Jahren Sedisvakanz in Viterbo zum Papst gewählt; 185. Pontifikat (1. September 1271 – 10. Jänner 1276); begleitete 1270 als Archediakon von Lüttich Prinz *Edward von England* ins Heilige Land. Versuchte während seines Papsttums den Christen in →Outremer zu helfen und bedauerte den Ablasshandel und den Missbrauch des Kreuzzugszehnt. Es gelang ihm jedoch nicht den ursprünglichen Geist der Kreuzzüge zu wecken (2. →Konzil von Lyon 1274). Anlässlich des Konzils von Lyon wurde der Templerorden von sämtlichen Kreuzzugsabgaben ausgenommen. Gregor bemühte sich bei diesem Konzil um eine Union mit Byzanz (Kaiser *Michael VIII.*), deren Erfolg aber von →*Karl I. von Anjou* verhindert wurde. Gregor versuchte anlässlich des Konzils die großen Ritterorden zu einem Einzigen zu vereinen. Der Gedanke wurde aber fallengelassen weil die spanischen (→Alcántara, →Calatrava) Orden, aber auch die Templer, einer Vereinigung nie zugestimmt hätten. Auf der Heimreise von Lyon starb Gregor am 10. Jänner 1276 in Arezzo, wo er auch in der dortigen Dominikanerkirche beigesetzt wurde. Wurde von *Klemens XI.* 1713 selig gesprochen.

Griechisches Feuer: Brandsatz, der zur Zeit der Kreuzzüge bekannt wurde; auch „byzantinisches Feuer"; explosiv brennbares Gemisch aus Erdöl, Harz, Schwefel, Salpeter und gebranntem Kalk, das bei Zugabe von Wasser wirksam wurde. Im Mittelalter beim See- und Festungskrieg angewendet und mittels Katapulten gegen den Feind geschleudert. Allein das Geräusch der heranfliegenden Geschosse verbreitete Angst und Schrecken. Als Erfinder gilt der aus Heliopolis stammende Architekt *Kallinikos* (2. Hälfte des 7. Jhdts.).

Großkomtur: (französisch Grand Commandeur); übernahm bei Ableben des →Großmeisters und während längerer oder ständiger Vakanzen (z.B. Gefangenschaft des Großmeisterstuhles interimistisch die Leitung des Ordens. Die Wahl des Grand Commandeurs wurde vom →Marschall des Ordens unter den in →Outremer verweilenden Brüdern veranlasst. Die

Wahl fand bei Ableben des Großmeisters erst nach dessen Begräbnis statt. Der Großkomtur war sein Stellvertreter und bis zur Wahl Gebieter des Ordens. Ihm oblag es mit dem →Marschall und den →Komturen von Antiochien, Jerusalem und Tripolis, den Konvent einzuberufen und den Tag der Wahl festzulegen. Bis ein neuer Großmeister gewählt war führte er das →Siegel des Ordens und leitete die Geschäfte.

Großmeister: (Magnus Magister); Oberhaupt der Templer (auch bei den →Johannitern), aller →Provinzen, →Komtureien und Ordenshäuser; jeder Ritter war ihm zu unbedingtem →Gehorsam verpflichtet. Er wurde nach genau festgelegter Wahlordnung (→Wahl des Großmeisters) gewählt und blieb an der Spitze des Ordens bis zu seinem Tode oder bis zu seinem Ausscheiden aus den Orden (z.B. →Eberhard de Barres). Symbol seiner Autorität war der →Abakus. Er war einerseits Ordensabt, aber auch General und militärisches Oberhaupt der kämpfenden Truppe. Wobei er als →Abt dem Papst direkt unterstellt war, als General war er allein verantwortlich. In militärischen Angelegenheiten war der →Seneschall sein Vertreter. Das →Generalkapitel schränkte die Gewalt des Großmeisters nur statutenmässig ein, nicht aber praktisch. Nur in Ordensangelegenheiten, bei Änderungen der Statuten, der Aufnahme neuer Ritter, bei Verkauf von Ordensgütern und der Ernennung von Großkomturen der Provinzen hatte der Meister die Kapitulare zu befragen und ihre Zustimmung einzuholen.

Der Großmeister hatte Anrecht auf vier Reitpferde, ein turkomenisches Pferd und zwei bis drei Lastpferde; in seinem Gefolge befand sich ein Kaplan, zwei ranghohe Ritter, ein Dolmetscher und Schreiber, der zumeist Sarazene war, Knappen von edler Geburt, ein →Turkopole, der als Ordonanz diente und Bedienstete. Der Großmeister musste seine Mahlzeiten in der Gemeinschaft der Brüder einnehmen, Ausnahme von dieser Regel konnte nur bei Krankheit gewährt werden.

Über die Zahl der Großmeister in der Zeit von der Gründung des Ordens 1118/19/20 bis zur

Hinrichtung des *Jaques de* →*Molay* 1314 gehen die Meinungen auseinander. Die Differenz und die unterschiedlichen Angaben liegen möglicherweise in dem Umstand, dass viele Großmeister im Kampf starben und ein Großkomtur bis zur Wahl eines neuen Großmeisters die Geschicke des Ordens leitete und möglicherweise Großkomture fälschlich in die Liste der Großmeister aufgenommen wurden. Verschiedene diskutierte Großmeisterlisten finden sich im Anhang.

Großpräzeptor: (auch Großprior, Landkomtur oder Provinzialmeister); ihm unterstanden alle →Komturen oder →Baillis seiner Provinz. Er musste stets in seiner Provinz wohnen und durfte ohne Befehl des →Großmeisters diese auch nie verlassen. Beim Antritt seines Amtes musste er sich verpflichten, den Glauben zu verteidigen, die Güter des Ordens zu verwahren und der Geistlichkeit (besonders den Zisterziensern) beizustehen.

Gründung des Templerordens: Die Gründung des Templerordens wird →*Hugo de Payens* zugeschrieben. Er kam mit →*Odo de Saint-Omer* und sechs anderen Rittern nach Jerusalem (1118?) und bot König →*Balduin II.*, an, die Pilgerwege zwischen Jaffa und Jerusalem vor den Angriffen der Seldschuken zu sichern. Vor dem →Patriarchen von Jerusalem legten die acht Ritter ein Gelöbnis der Keuschheit, der Armut und des →Gehorsams ab, womit die eigentliche Gründung des Ordens vollzogen war. Ihren Namen leiteten sie von ihrer Unterkunft auf den Grundmauern des Tempel Salomons ab: „pauperes commilitones Christi templique Salamonici", „Bruderschaft der armen Ritter Christi und des Tempels Salomons". Zur Datierung dieses Ereignisses hat der deutsche Historiker *R. Hiestand* eine Untersuchung durchgeführt, die sich auf die Datierung des Konzils von Troyes bezog. In Nordostfrankreich wurden in dieser Zeit die Jahre nach Mariä Verkündigung datiert, das heißt, dass das Jahr mit dem 25. März begann. Nach zeitgenössischen Texten trat das Konzil von Troyes, neun Jahre nach der Gründung des Ordens in Jerusalem, am 13. Jänner 1128 zusammen, nach unserer Zeitrechnung also am 13. Jänner 1129. Demnach muss die Gründung der „Miliz Christi" im Jahr 1120 erfolgt sein. Dazu →Wilhelm von Tyrus:

„Im selben Jahr begaben sich einige edle Ritter, die voll Verehrung Gottes, gläubig und gottesfürchtig waren, in die Hand des Patriarchen der Kirche und gelobten, für immer nach der Ordensregel der Kanoniker leben zu wollen, Keuschheit und Gehorsam zu wahren und jeden Besitz abzulehnen. Die vornehmsten und wichtigsten waren zwei ehrwürdige Männer, Hugo de Payns und Gottfried de Saint-Omer...".

→Jakob von Vitry schreibt über die Geschehnisse der Ordens-Gründung in seiner „Historia orientalis sive Hierosolymitana". Wilhelm von Nangis, ein zeitgenössischer Historiker, schrieb lediglich, dass man 1120 den „Orden der Miliz des Tempels, befehligt von Hugo seinem Meister" gegründet habe.

Gualdim Pais: (Galdinus); nahm als Ritter des Templerordens an der Eroberung von Santarém teil und kämpfte während des zweiten Kreuzzuges im Heiligen Land. Zurückgekehrt wurde er zum Ordensmeister der Templer von Portugal gewählt. Pais erkannte das Castelo de Ceras, die 1159 von König →Alfonso Henrique den Templern überlassene Festung, zur Verteidigung als nicht geeignet und errichtete 1160 die Festung →Tomar.

Guelfen: (deutsch Welfen); papsttreue Partei in den italienischen Städten des 13. und 14. Jhdts.; Gegner der kaisertreuen →Ghibellinen. Der Name leitet sich von den welfischen Herzögen von Sachsen und Bayern ab (Welfen), die Gegner der Staufer waren. Sie unterstützten die päpstliche Politik im Kampf zwischen Papsttum und dem Kaiserreich (Heiliges römisches Reich Deutscher Nation).

Guido von Lusignan: (Guy de Lusignan); († Ende 1194); stammte aus dem Poitou, war ein Mann mit beachtlichen körperlichen Vorteilen aber sonst ohne jede andere Qualität. Heiratete die Schwester →Balduins IV. (→Sibylle); nach

dem Tod Balduins IV. (1185) wurde er mit Sibylle nach vielen Intrigen 1186 gekrönt. Dies geschah gegen die von Balduin IV. festgelegte Vorgangsweise bei der Wahl des Nachfolgers („haute cour"-Kommission zur Wahl des Königs, in der die Könige von Frankreich und England, der Kaiser und der Papst vertreten sein sollten). Auf der Seite Lusignans intrigierten der →Patriarch von Jerusalem und der Tempelgroßmeister →Gerhard von Ridefort. Durch seine übereilte Handlungsweise und die schlechten Ratschläge von →Rainald de Châtillon und des Tempelgroßmeisters Ridefort kam es zur verhängnisvollen Niederlage von Hattin (Guido wurde gefangen und bis Juli 1189 von →Saladin festgehalten) und zum Verlust von Jerusalem. Danach verweigerten ihm die Überlebenden die Anerkennung als König. Als →Sibylle und seine Töchter an einer Seuche starben, fehlte seinen Ansprüchen auf den Thron jede Grundlage, denn nun wurde Isabella, die zweite Tochter →Amalrichs I., Thronerbin. Die Hochzeit Isabellas mit →Konrad von Montferrat und die Niederlage gegen Saladin bei Hattin beendeten sein Königtum. Er erhielt als Ersatz für diesen Verlust die Krone von Zypern. Damit begründete Guido die Herrschaft des Hauses Lusignan über Zypern.

Guillaume de Chartres: →Wilhelm von Chartres.
Guillaume de Paris: →Imbert, Wilhelm.
Guillaume de Sonnac: →Wilhelm von Sonnac.
Guy Embriaco: (Guido Embriaco, Guy d'Embriac) entstammte einer genuesischen Adels-Familie, die sich bereits 1099 an der Erstürmung von Jerusalem und 1104 von →Gibelet (Dschebail) beteiligt hatte; die Embriacis wurden eine der mächtigsten Lehnsherren in der Grafschaft Tripolis mit dem Sitz in Gibelet.
Guy geriet 1277 wegen eines Heiratskonfliktes in Gegensatz zu →Bohemund VII.; Guy wollte eine reiche Erbin mit seinem Bruder Johann verheiraten; der Graf wollte diese jedoch mit einem Neffen des Bischofs von Tortosa verbinden. Guy entführte das Mädchen und verheiratete sie mit Johann. Aus Furcht vor der Rache Bohemunds flüchtete er zu den Templern. Der Graf ließ aus

Zorn darüber sämtliche Gebäude der Tempelritter in →Tripolis niederreißen. Der Großmeister des Ordens →*Wilhelm von Beaujeu* belagerte mit seinen Rittern daraufhin die Stadt Tripolis und brannte beim Rückzug die Burg Botrun nieder. Der Versuch Nephin zu erstürmen scheiterte und ein Dutzend Ordensritter wurden von Bohemund in Tripolis gefangengesetzt. Kaum waren die Tempelritter nach →Akkon zurückgekehrt griff Bohemund Gibelet an. Wilhelm von Beaujeu hatte allerdings zum Schutz eine Abteilung Ordensritter zurückgelassen, die dem Grafen eine empfindliche Niederlage bereiteten. 1278 wurde Bohemund neuerlich von Guy und den Templern angegriffen und abermals geschlagen; nach mehreren Versuchen sowohl der Templer als auch

von Bohemund sich gegenseitig mit dem Einsatz von Galeeren Schaden zuzufügen, gelang es dem Großmeister der Johanniter in diesem Streit zu vermitteln. Guy war damit nicht zufrieden und versuchte weiter gegen Bohemund vorzugehen. Er schlich sich mit seinen Brüdern und Gefolgsleuten in Tripolis ein. Seine Kontaktaufnahme für eine gemeinsame Aktion mit den ansässigen Templern unter dem Komtur *Reddecoeur* scheiterte und Guy und seine Anhänger flüchteten zu den Johannitern. Auf die Zusicherung durch Bohemund für freies Geleit ergaben sie sich. Bohemund brach jedoch sein Versprechen, er ließ die Gefolgsleute blenden, Guy und seine Brüder bei Nephin ließ er bis zum Hals eingraben bis sie verhungerten.

Habit: Bekleidungen und Bekleidungsvorschriften der Ritterorden; im Falle der Tempelritter der weiße Mantel (ab 1147) mit dem roten Kreuz; Deutschritterorden – weißer Mantel mit schwarzem Kreuz; Johanniter – schwarzer Mantel mit weißem Kreuz; Lazarusorden – weißer Mantel mit grünem Kreuz. Symbolisch bedeutet die weiße Farbe des Templermantels die körperliche Unbeflecktheit und Gesundheit, sein Material aus ungefärbten, unveredelten und ungebleichten Tuch symbolisiert die Armut. Das über der linken Schulter getragene rote Kreuz wurde erst am 27. April 1147 dem Orden von Papst →*Eugen III.* verliehen. Es ist ein Tatzenkreuz und soll an die Leiden Christi erinnern. Rot ist das Symbol für das von Christus vergossene Blut, aber auch für das Leben. Das ständige tragen des Kreuzes soll das Kreuzzugsgelübde bewusst machen.
Die Bekleidung der Ordensgeistlichen im Templerorden bestand aus einem weißen eng anliegenden Rock, ähnlich dem der Zisterzienser, von dem sie nur das rote Kreuz unterschied.
In den Komtureien trugen die Templer weiße hemdartige Gewänder, darunter eine Art Unterhosen, die durch Stoffgürtel gehalten wurden. Üblicherweise war die Bekleidung aus Wolle, doch gab es in Ländern mit heißem Klima die Erlaubnis zum tragen von Leinenhemden. Vor der Kälte durften sich die Brüder mit Schafspelzen schützen, nicht aber mit edlen Fellen.
Ritter trugen weiße, dienende Brüder braune oder schwarze Mäntel, darunter wurde von allen ein weißes Untergewand getragen. Jeder Bruder hatte die gesamte Bekleidungsgarnitur doppelt. Immer stand Zweckmäßigkeit und Einheitlichkeit der Kleidung im Vordergrund.
Die ursprünglich streng eingehaltene Kleiderordnung wurde später (Ende des 13. Jhdts.) aufgeweicht. Viele Templer verließen oft ohne das Ordensgewand zu tragen den Tempel von Paris.
Hadith: der (auch das); arabisch „Rede, Bericht"; Überlieferung angeblicher Aussprüche und Taten des Propheten →*Mohammed*; neben dem →Koran fast gleichwertig geachtete Quelle des islamischen Gesetzes und der Dogmatik.

Hadrian IV.: früher *Nikolaus Breakspear;* (* zw. 1110 und 1120 in Abbots Langley/Hertford, † 1. September 1159 in Anagni); Sohn eines Mönches; Chorherr; Prior und Abt in St. Ruf; von →*Eugen III.* zum Kardinal-Bischof von Ostia berufen (1149); 170. Pontifikat (4. Dezember 1154 – 1. September 1159); einziger englischer Papst; krönte 18. Juni 1155 →*Friedrich I. Barbarossa* zum Kaiser. Beide mussten wegen eines von →*Arnold von Brescia* angestifteten Aufstandes der Römer die Stadt verlassen. Später vertrieb Hadrian den „Häretiker" aus Rom; Arnold geriet in die Hände Barbarossas, der ihn an den Papst auslieferte; als Ketzer verurteilt wurde Arnold auf dem Scheiterhaufen verbrannt; im Sinne →*Gregors VII.* beanspruchte Hadrian vor allem auf dem Reichstag von Besancon, dass der Kaiser vom Papst zu krönen und das Kaisertum ein Lehen Roms sei. Musste aber um einen weiteren Investiturstreit zu vermeiden einlenken und musste den Begriff „beneficium" statt „Lehen als Wohltat" anerkennen.
Im Streit zwischen dem →Patriarchen von Jerusalem *Fulcher von Angoulême,* den Bischöfen von Jerusalem und den →Johannitern verteidigte er die →Privilegien der Ritterorden. Er verbot den Bischöfen den Zehnten von den Templern einzuheben. 1154 bestätigte Hadrian den Orden der Johanniter und deren, auf die der Templer basierenden, Ordensregel. In sein Pontifikat fiel der Tod des Templergroßmeisters →*André de Montbarts,* →*Bertrand de Blanquefort* wurde dessen Nachfolger (1156). Am 6. April 1256 bestätigte Hadrian die dem Templerorden in Spanien übergebenen Schenkungen. 1157 erhielt der Templerorden in Portugal mit der Unterstützung Hadrians von König →*Alfons I. Henrique* die Privilegien der Abgabenfreiheit für alle ihre Einkommen und Besitzungen.
Hadrian V.: eigentlich *Ottobongo Fieschi;* (* in Genua, † 18. August 1276 in Viterbo); *Graf von Lavagna,* Neffe von Papst →*Innozenz IV.;* seit 1251 Kardinal und als solcher von großem Einfluss auf die päpstliche Politik im Sinne Frankreichs und der Anjou; Legat in England (1265-1268); 187. Papst (11. Juli 1276 – 18. August 1276); hob

die Konklaveordnung →*Gregors X.* auf. Galt als äußerst habgierig und wird von →*Dante* in der „Göttlichen Komödie" bei den Geizigen im Fegefeuer erwähnt; er starb in Viterbo ohne Priester- und Bischofsweihe und ohne die Papstkrone empfangen zu haben.

Hadsch: (Haddsch); die dem Moslem einmal im Leben gebotene Pilgerfahrt nach Mekka. Nach vollzogener Pilgerfahrt durfte der Pilger den Ehrentitel Hadschi (Haddschi) führen. Die Kaaba (arabisch „Würfel") ist die zentrale Kultstätte des Islams in Mekka; ein würfelförmiges Bauwerk aus Stein, an dessen Südost-Ecke ein schwarzer Meteorit (Hadschar) eingemauert ist. Das siebenmalige Umschreiten der Kaaba ist der Mittelpunkt der Mekkapilgerfahrt.

Haram: (arabisch „geweihter Platz"); das Geheiligte oder heiliger Bezirk; die Heiligtümer von Mekka und Medina (arabisch „al-haram ascharif"), der Tempelberg in Jerusalem mit dem Felsendom und der →*Al-Aqsa* Moschee.

Harding, Etienne: englisch Stephan; heilig; (* 1059 in England, † 28. März 1134 in Cîteaux); wurde in der „druidisch-keltischen" →*Abtei* von Lismore in Irland erzogen; trat in jungen Jahren in das Kloster Sherborn ein. Führte bald ein Wanderleben durch Schottland und kam auf der Flucht vor den →*Normannen* nach Rom. In Frankreich schloss sich Stefan mit seinem Freund *Petrus* den Mönchen von Molesme (Burgund) an. Nachdem Molesme von einer Krise erfasst wurde gründete Abt Robert mit 21 Mönchen von Molesme (unter ihnen Stefan) das „novum monasterium" →*Cîteaux*. Ab 1108 war Stefan →*Abt* von Cîteaux. Hier wirkte er als Reformator klösterlicher Liturgie und Gesetzgeber („Charta caritatis" 1119) entscheidend auf die Lebensform und Verfassung der →*Zisterzienser*. Einer seiner Schüler und späterer Vertrauter war →*Bernhard von Clairvaux*.
Als →*Hugo de la Champagne* und →*Hugo de Payens* 1105 vom Heiligen Land zurückgekehrt waren, nahmen sie Kontakt mit Harding auf, danach sollen sich die Mönche sogar unter Beiziehung von Rabbinern (*Rabbi Rashi* und dessen

Söhne) intensiv mit der Übersetzung hebräischer Texte auseinandergesetzt haben. Spekulativ wird angenommen, dass sie an einem Geheimtext forschten, auf der Suche nach dem „Heiligen Gral" (→*Gral*), der Bundeslade oder nach geheimen Überlieferungen des Judentums und des alten Ägyptens.

Harenk: (Harenc) →*Artah*.

Häresie: Bei den Griechen und im Hellenismus Bezeichnung für politische, religiöse und wissenschaftliche Denkweise; im katholischen Verständnis eine von der offiziellen Kirchenlehre schwerwiegend abweichende Auffassung (Irrlehre). Da die Kirche für sich das Wächteramt für die christliche Wahrheit beanspruchte, betrachtete sie Häresie als Bedrohung der Kirche, und ab dem 4. Jhdt. galt Gewalt gegen →*Häretiker* als gerechtfertigt.

Häretiker: Anhänger einer von der offiziellen Kirchenlehre abweichenden Auffassung (→*Häresie*).

Harnisch: von französisch „harnais"; der die gesamte Schutzbekleidung von Pferd und Mann bezeichnende Schutz des Kriegers und des Rosses gegen Verwundungen. Neben Helm und Beinschienen (am Unterschenkel) diente seit dem 2. Jhdt. v. Chr. der Panzer zum Schutz des Körpers: Brustharnisch und Rückenschale aus Bronze oder Eisen, Lederpanzer mit Metallschuppen, Kettenpanzer (Ringpanzer, hemdartige Panzer aus Ringen) und Schuppenpanzer (Schuppen aus Bronze oder Eisen). Um 1200 in diesem Sinne von →*Wolfram von Eschenbach* verwendet.

Harran: Tempelberg in Jerusalem.

Hartmann von Aue: (* 1168, † um 1210); Verfasser der höfischen Epen „Erec", „Iwein", „Der arme Heinrich" und „Gregorius"; hatte selbst am 3. Kreuzzug teilgenommen. Für ihn ist die Kreuzfahrt die höchste Form der ritterlichen Bewährung.

Hassan-es-Sabbah: (Hassan ibn Sabbah, Hassani Sabbah); (* in Quom oder Qumm, † 1124); Quom war eine der ersten Ansiedlungen und Zentren der – Zwölfer-Schia (→*Schiiten*) in Persien; Hassans Vater war aus dem Irak und Parteigänger der „Zwölfer-Schia". Auf Grund seines Mentors *Amira Zarrab* fand Hassan Zugang zu den Ismaeliten. Als persischer Häretiker, als der er in seinem Land galt, musste er vor seiner Verhaftung fliehen. So bekam er (1078) in Ägypten Kontakte zu den →Fatimiden, als deren Missionar er später in Persien auftrat. Speziell in den Provinzen im äußersten Norden Persiens, auf die Hochlandregion von Dailam, konzentrierte er seine Tätigkeiten (1081). Die Bevölkerung, die unter der abbasidischen Verfolgung hier Zuflucht fand, bildete ein Zentrum schiitischer Aktivität, die Hassan nun mit ismailitischen Gedankengut infiltrierte. Gleichzeitig sandte er in alle Regionen Botschafter zur Werbung neuer Sektenmitglieder. Auf einer seiner Missionsreisen fand er die Burg →Alamut, die Hassan für sich und seine Anhänger als besonders günstigen Zufluchtsort empfand. Er zog mit seinen Anhängern 1090 zur Burg Alamut im Khorassam-Gebirge (Elbrus), er konnte die Verteidiger mit List zur Übergabe zwingen und gründete hier den ismaelitischen Geheimbund der →Assassinen. Dem bisherigen Burgherrn ließ er freien Abzug. Persischen Chronisten zufolge soll Hassan für die Übergabe der Burg einen Wechsel über 3 000 Golddinar gegeben haben. Als Großmeister (Schaich al Dschibal, „Der alte vom Berge") residierte er ab diesem Zeitpunkt und später seine Nachfolger auf Alamut. Hassan stieg ab diesem Zeitpunkt bis zu seinem Tode (35 Jahre) nie mehr von diesem Felsen und verließ auch sein Wohnhaus nur mehr zweimal. Seinen Orden hatte er streng hierarchisch und nach fatimidischen Vorbild in verschiedenen Graden aufgebaut. Von Alamut aus missionierte er und versuchte in den Besitz neuer Burgen zu gelangen. Wer sich seinen Missionierungsversuchen widersetzte wurde durch Massaker, Krieg, Plünderung und Schändung an sich gerissen. So wurde Lamasar im Jahre 1096 erstürmt. In Quhistan gelang es Hassan die Bevölkerung zum ismaelitischen Glauben zu bekehren und gegen die Seldschuken zu empören. Damit war es ihm

möglich, die Kontrolle über die Städte Susan, Qain, Tabas und Tun zu gewinnen. Den ersten Meuchelmord ordnete Hassan gegen seinen ständigen Widersacher Wesir *Nizam al-Mulk* an, der von einem →fidawi am 16. Oktober 1092 in seiner Sänfte erstochen wurde. Diesem Mord folgten in kurzer Zeit viele weitere Attentate. In Alamut ließ Hassan es-Sabbah eine Ehrentafel anbringen, wo Opfer und Täter verzeichnet waren. In der Folge kam es zu schweren Verfolgungen und Belagerungen der Assassinen-Festungen durch die seldschukischen Herrscher, denen es gelang, den Machteinfluss der Ismaeliten zurückzudrängen.

Im März 1124 wurde Hassan es-Sabbah krank und er ernannte *Busurgumid*, den Kommandanten der Burg Lamasar, zu seinem Nachfolger. Am 23. Mai 1124 starb er auf seinem Sitz Alamut. Von einem arabischen Biographen wird er als „...*scharfsinnig, geschickt, versiert in Geometrie, Arithmetik, Astronomie, Magie und anderen Disziplinen...*" geschildert. Er unterwarf sich strengster Askese, die er auch von seinen Anhängern und Sektenmitgliedern voraussetzte (Exekution des eigenen Sohnes wegen Weintrinkens). Hassan es-Sabbah sah sich selbst als Repräsentant des →Imams, nie als diesen selbst.

Hassan-i Sabbah: →Hassan-es-Sabbah.
Hattin: (Hittin oder Hittim); Tal nordwestlich von Tiberias. „Hörner von Hattin", die aufragenden Reste eines Vulkankraters; hier wurde das Kreuzfahrerheer am 4. Juli 1187 von →*Saladin* vernichtend geschlagen. Das durch ständige Angriffe der muslimischen Bogenschützen dezimierte und durch Hitze und Durst demoralisierte Heer wurde durch die falsche Taktik des Königs von Jerusalem →*Guido von Lusignan*, des Tempelgroßmeisters →*Rideford* und →*Rainald de Châtillon* in den Untergang geführt. Entgegen dem Rat →*Raimund III.* von Tripolis, den König von der Notwendigkeit eines Angriffes auf Saladin überzeugen und auf den Entsatz des bereits von Saladin eingenommenen →Tiberias drängen. Die bogenschießenden Fußtruppen

des Kreuzfahrerheeres waren nicht in der Lage die Reiter Saladins abzuwehren, die Tempelritter, die die Nachhut bildeten, erlitten bei ihren Angriffen hohe Verluste. Als sich der Wind drehte, setzten die Muslime Buschwerk in Brand, worauf die Fußtruppen auf die Hörner von Hattin flüchteten. 15 000 Kreuzfahrer wurden getötet oder sind in Saladins Hände gefallen und wurden als Sklaven verkauft. Ein arabischer Chronist – *Imad ad-Din* (1125-1201) – schildert das Schlachtfeld: „*Ich sah abgeschnittene Köpfe, erloschene oder ausgestochene Augen, staubbedeckte Körper, ausgerenkte Glieder, abgetrennte Arme, gespaltene Knochen, durchschnittene Hälse, gebrochene Lenden, Füße, die nicht mehr am Bein hingen, in zwei Teile gehauene Körper, zerrissene Lippen und eingeschlagene Stirnen.*"
Die gefangengenommenen Tempelritter und →Johanniter wurden hingerichtet, weil sie für die Moslems die Kreuzzugsidee verkörperten. Imad ad-Din schreibt:
„*...während die gefangenen Templer und Hospitaliter gesammelt wurden, um getötet zu werden (...). Sofort wurden ihm zweihundert Gefangene gebracht und auf seinen Befehl enthauptet. Er ließ besonders sie umbringen, weil sie die tüchtigsten Krieger unter den Franken waren; so schaffte er der Bevölkerung Erleichterung von ihnen...*".
Lusignan, Ridefort und Châtillon wurden ebenfalls gefangengenommen. Rainald wurde von Saladin wahrscheinlich eigenhändig geköpft. Lusignan und Ridefort wurden von Saladin gegen das Versprechen nie mehr in den Kampf einzugreifen freigelassen.
Haupt: →Caput LVIII.
Haute Court von Jerusalem: ursprünglich Kommission zur Wahl des Königs von Jerusalem, in der die Könige von Frankreich und England, der Kaiser und der Papst oder deren Stellvertreter und Vasallen anwesend sein sollten; nach 1160 durften neben den Vasallen auch Aftervasallen teilnehmen (→Assisen von Jerusalem).
Hedschra: (arabisch „Ausreise"; Hidschra, Hedjra, Heschra, Hidjra); Auszug des Propheten →Mohammed von Mekka nach Medina (im Septem-

ber 622); Festlegung der neuen mohammedanischen Zeitrechnung unter dem Kalifen *Omar I.*: das Jahr 1 bezogen auf die Hedschra war daher der Anfang des laufenden altarabischen Mondjahres also das Anfangsdatum: 15/16. Juli 622.
Heinrich I. von der Champagne: Graf von Troyes; aus überaus vornehmen Stand; seine Mutter war die Tochter der →*Eleonore von Aquitanien* aus deren französischer Ehe; im Sommer 1190 kam Heinrich mit anderen französischen und burgundischen Edlen ins Feldlager vor →Akkon; dort erkrankte er schwer, war sehr lange ans Bett gefesselt und befürchtete sogar seinen Tod. Im Feldlager von Akkon bestätigte er alle Schenkungen seines Vaters an den Templerorden (1191); verdiente sich später im Kampf gegen →*Saladin*; nachdem →*Konrad von Montferrat* nach dessen Wahl zum König von Jerusalem ermordet wurde, wurde Heinrich in →Tyrus bereits zwei Tage später mit *Isabella* der Thronerbin verlobt und bereits eine Woche später als deren Gemahl König im Heiligen Land (5. Mai 1192 – 10. September 1197); Sitz des königlichen Paares war in der Burg von Akkon. Am 2. September 1192 leistete Heinrich gemeinsam mit den Großmeistern der Johanniter und der Templer den Eid auf den zwischen Saladin und →*Richard I. Löwenherz* ausgehandelten Friedensvertrag. Der Vertrag sprach den Christen die Städte von Tyrus bis Jaffa zu, Pilger durften die Heiligen Stätten frei besuchen; Muselmanen und Christen durften durch ihre gegenseitigen Länder ziehen; →Askalon aber musste abgerissen werden.
Heinrich widersetzte sich bei der Nachfolge das →Patriarchen von Jerusalem die Wahl des Erzbischofs *Aymar von Cäsarea* zu unterstützen; er setzte das gesamte wählende Kapitel (Kapitelherren des Heiligen Grabes) fest; später ließ er die Kapitelherren mit einer Entschuldigung wieder frei. Heinrich wurde bei seinen Aktionen von den Ritterorden unterstützt.
1194 bestimmte Heinrich →*Johann von Ibelin*, den Halbbruder Isabellas, zu seinem Nachfolger. Als →*Guido von Lusignan* in →Zypern starb, er-

kannte er *Amalrich von Lusignan* (→Amalrich II.) als Erben an und schloss mit diesem ein enges Bündnis, das durch die Verlobung der drei Söhne Amalrichs mit den drei Töchtern Isabellas besiegelt wurde.
Heinrich führte eine dem Frieden verschriebene Politik; er wurde von den →Assassinen auf die Burg el-Khaf eingeladen, wo ein Bündnis mit der Sekte angestrebt wurde; die Auseinandersetzung zwischen Antiochia und →*Leo von Armenien* konnte er friedlich beilegen; der gefangengesetzte →*Bohemund III.* von Antiochia wurde freigelassen und Baghras und das umgebende Land wurde armenisch.
Am 10. Oktober 1197 versammelte Heinrich Truppen zur Stärkung Jaffas im Hof seines Schlosses und besichtigte sie vom Fenster einer Galerie im Obergeschoss. Als eine Delegation von Pisanern eintrat, drehte er sich um und machte, vergessend wo er stand einen unachtsamen Schritt zurück. Gemeinsam mit dem Hofzwerg, der ihn zurückhalten wollte, stürzte er auf das Hofpflaster und war, wie der Zwerg, sofort tot.
Heinrich II., König von Zypern: (* 1271, † 1324); aus dem Hause Lusignan, einem Adelsgeschlecht aus dem Poitou; Nachfolger von →*Johann* als König von Zypern und dem Namen nach auch von Jerusalem; Heinrich war gutaussehend und charmant, war aber Epileptiker; Heinrich wurde als 14-jähriger am 24. Juni 1285 zum König von →Zypern gekrönt; er beschloss vorerst nicht zur Krönung zum König von Jerusalem nach Tyrus zu reisen, schickte aber einen Abgesandten nach →Akkon um seine Anerkennung auch als König von Jerusalem zu erwirken. Wurde dabei von den →Johannitern, dem →Deutschen Orden und nach einigem Zögern auch von den Templern unterstützt. Am 4. Juli 1286 kam Heinrich selbst nach Akkon und wurde am 15. August in Tyrus zum König gekrönt. Nach der Krönung kehrte er nach Zypern zurück. Sein Onkel *Balian von* →*Ibelin* wurde →*Bailli* in Tyrus. Drei Tage nach dem Fall von →Tripolis (26. April 1289) landete Heinrich wieder in Akkon. Er schloss

mit Sultan →*Kalawun* einen Waffenstillstand auf zehn Jahre. Danach kehrte er wieder nach Zypern zurück. Als Akkon von →*al-Ahraf* ab April 1291 belagert wurde befahl Heinrich seinen Bruder *Amalrich* mit zyprischen Truppen in die Stadt. 40 Berittene und 2 000 Fußsoldaten trafen ein Monat nach dem Beginn der Belagerung unter der Führung Heinrichs in Akkon ein. Heinrich schickte als Unterhändler die Tempelritter *Wilhelm von Cafran* und *Wilhelm von Villiers* zum Sultan, um ihn an den vereinbarten Waffenstillstand zu erinnern; die Ritter kehrten ohne Erfolg in die Stadt zurück. Als Heinrich die Aussichtslosigkeit der Situation erkannte, schiffte er sich mit seinem Bruder nach Zypern ein. Er wurde dafür der Feigheit bezichtigt.
In einem Schreiben an den Papst beklagte sich Heinrich über Intrigen der Templer gegen ihn und ersuchte den Pontifex die Privilegien des Ordens zurückzunehmen; der König drohte weiters alle Templerfestungen in Zypern abbrechen zu lassen. Die Templer versuchten aus diesem Grund den ungeliebten König loszuwerden. Amalrich verdrängte nun Heinrich mit Hilfe der Templer zeitweise von der Macht und er zögerte daher die Verhaftung der Templer hinaus, nachdem der Papst (→*Klemens* V.) den Verhaftungsbefehl im Mai 1308 zustellen ließ. Im Juni 1310 kehrte Heinrich, nach der Ermordung seines Bruders, wieder an die Macht zurück, ließ die Ritter verhaften und stellte sie, vom Papst aufgefordert neuerlich vor Gericht; dieses Verfahren soll 1311 durchgeführt worden sein; die Brüder die sich mit Waffengewalt gegen ihre Verhaftung gewehrt hatten, wurden des Hochverrates angeklagt und ertränkt, die anderen Angeklagten blieben in Haft.
Heinrich II. Plantagenet: auch Heinrich Kurzmantel; (* 25. März 1133 in Le Mans, † 6. Juli 1189 in Chinon); verheiratet mit der von →*Ludwig VII.* verstoßenen und geschiedenen →*Eleonore von Aquitanien* (1152). Durch diese Ehe (Poitou, Guyenne, Gascogne) und seinem Erbe (Anjou mit Maine und Touraine) auch Herrscher über einen Teil Frankreichs. 1150 Herzog

der Normandie, 1151 Graf von Anjou, 1154 König von England; 1170/72 eroberte Heinrich einen Teil Irlands.

Er stärkte die judikative und administrative Macht der Krone gegenüber den Baronen; durch die Konstitutionen von Clarendon (1164) versuchte er den Einfluss der Kirche einzuschränken. Als sein Kanzler →*Thomas Beckett* zum Erzbischof von Canterbury erhoben wurde und sich dieser im Sinne der Kirche und des Papstes gegen ihn wandte, ließ er ihn 1170 ermorden. Begründer des angevinischen Reiches.

Heinrich schenkte dem Orden der Templer einen Flussabschnitt, der seinem Großvater gehört hatte, für die Errichtung einer Mühle und eines Hauses in Saint Vaubourg bei Rouen.

Heinrich III.: (* 1. Oktober 1207, † 16. November 1272); König von England (1216-1272); Enkel →*Heinrichs II. Plantagenet*; durch den Aufstand der Barone und „commons" (Gemeine) unter seinem Schwager →*Simon de Montfort* wurde er zeitweise verdrängt; musste den Verlust des englischen Festlandbesitzes nördlich der Charente anerkennen.

Am 9. Februar 1227 bestätigte er die von seinem Vater dem Templerorden gewährten Privilegien, dennoch wollte Heinrich die von seinen Vorgängern dem Templerorden erteilten Rechte wieder rückgängig machen.

Als nach der Niederlage von →*La Forbie* 1244 der Großmeister alle verfügbaren Kräfte des Ordens ins Heilige Land beorderte, verweigerte Heinrich die Ausreise der englischen Templer. Dies obwohl Heinrich mit dem Großmeister →*Thomas Bérard* persönlich bekannt gewesen sein dürfte und mit diesem ein gutes Verhältnis gehabt haben soll.

1254 schickte Heinrich den Templer *Robert von Stamford* in die Gascogne um dort ausgebrochene Unruhen zu beruhigen.

1261 deponierte Heinrich, als er die Gefahr des Aufstandes der Barone erkannte, die Kronjuwelen im Pariser Tempel.

Heinrich V.: (* 11. August 1086, Ü 23. Mai 1125 in Utrecht); Sohn von *Heinrich IV.*; König (seit 1098); erzwang erst 1105 die formelle Abdankung seines Vaters; Kaiser (seit 1111). Erpresste von dem von ihm gefangengesetzten Papst →*Paschalis II.* das Recht der Investitur; beendete 1122 im Wormser Konkordat den Investiturstreit. Heinrich war der letzte Salier.

Heinrich VI.: (* Herbst 1165 in Nimwegen, † 28. September 1197 in Messina); König 1169-1197, Kaiser 1191 (von Papst →*Cölestin III.* zum Kaiser gekrönt); zweiter Sohn →*Friedrichs I. Barbarossas* und der *Beatrix von Burgund*; 1186 heiratete er *Konstanze*, die Tochter *Rogers II.* von Sizilien. 1191 versuchte er vergebens seinen Anspruch auf Sizilien durchzusetzen, erst als er den mit seinen Gegenspielern verbündeten →*Richard I. Löwenherz* von *Leopold von Österreich* ausgeliefert bekam und dieser ihm den Lehenseid leisten musste, gelang es ihm bei seinem 2. Italienzug Sizilien zu erobern. 1194 wurde er in Palermo zum König von Sizilien gekrönt. Sein Vorhaben, das deutsche Königtum erblich zu machen, scheiterte am Widerstand der Fürsten und des Papstes. Während der Vorbereitung eines Kreuzzuges verstarb Heinrich an Malaria. Er wurde in Palermo beigesetzt. Sein Sohn →*Friedrich II.* war zu diesem Zeitpunkt 2 Jahre alt.

Heraklius: Erzbischof von Caesarea; wurde am 16. Oktober 1180 zum →*Patriarchen von Jerusalem* gewählt; Heraklius war kaum des Lesens und Schreibens mächtig; seine Wahl wurde von →*Agnes von Courteney* der ersten Gemahlin →*Amalrichs I.* unterstützt, weil sie sein Aussehen unwiderstehlich fand und weil sie seine Geliebte war. Er führte ein ausschweifendes Leben; wurde von *Paschia de Riveri*, der Frau eines Ladenbesitzers (Tuch- und Gewürzhändler) in Nablus, umgarnt, die er als seine Mätresse nach Jerusalem kommen ließ. Sie soll so gekleidet und mit Juwelen behangen gewesen sein, dass man sie für eine Gräfin hätte halten können und erhielt daher den Namen „Madame de Patriarchesse" („Frau Patriardi"). →*Wilhelm von Tyrus* konnte die Wahl von Heraklius nicht verhindern und wurde daher am 1. April 1181 vom Patriarchen mit dem Kirchenbann belegt. Wilhelm starb

1183 in Rom; möglicherweise vergiftet durch einen Agenten des Patriarchen. Herakleus unterstützte gemeinsam mit dem Templergroßmeister →Gerhard de Ridefort die Schwester →Balduins IV. →Sibylle und deren Mann →Guido von Lusignan im Nachfolgestreit und bei Intrigen um den Thron von Jerusalem (1185/86). Balduin IV., vom →Aussatz beinahe blind und ohne Gebrauch von Händen und Beinen, wurde von seiner Mutter Agnes, seiner Schwester Sybille und Herakleius bewogen Guido von Lusignan die Herrschergewalt außerhalb von Jerusalem zu übergeben. Später nahm er diese Entscheidung zurück und Guido kündigte daher die Lehenstreue; er fand in den Großmeistern der Templer (→Arnaldus de Torroja) und Johanniter (→Roger du Moulin) und Heraklius Unterstützung. Gemeinsam mit den beiden Großmeistern reiste der Patriarch 1184 zum Papst, um um militärische Hilfe für das Heilige Land zu bitten. Am Totenbett des Königs versprachen der Patriarch und die beiden Großmeister die von Balduin vorgeschlagene Erbfolge zu unterstützen. Nur der Johannitergroßmeister hielt sich später an den Eid und Heraklius krönte Sibylle und Guido und leistete mit den Anwesenden den Treueeid. Als Herakleus 1187 vor der Schlacht gegen →Saladin aufgefordert wurde, mit dem „Wahren Kreuz" an dieser Auseinandersetzung teilzunehmen, lehnte er unter dem Vorwand eines Unwohlseins kurzerhand ab und blieb bei seiner Geliebten Paschia. Er riet zur Übergabe von Askalon, um nicht Gefahr zu laufen Märtyrer zu werden. Heraklius starb im Lager bei der Belagerung von Akkon 1191. Sein Nachfolger wurde ein unbedeutender Kleriker namens Radulph.

Hermant de Périgord: →Armand de Périgord.

Hermes Trismegistos: (griechisch „der Dreifach-Größte"); auch griechische Bezeichnung für den altägyptischen Mondgott (Thoth), der mit dem Ibiskopf dargestellt wird (Schutzgott aller irdischen Gesetze); ihm wird die Verfassung von 17 Büchern zugeschrieben (wahrscheinlich aus den ersten Jhdtn. n. Chr.), die aus der esoterischen Schule Alexandrias stammen und sich mit Astro-

logie, Tempelritualen und Medizin befassen. Er gilt als der Erfinder der →Alchemie und der Magie (daher auch als hermetische Kunst bezeichnet). Der Sage nach findet Hermes Trismegistos nach der Sintflut die eine und Pythagoras später die zweite Säule auf der alles Wissen vor der großen Flut durch Lamechs Söhne eingegraben war. Hermes Trismegistos und Pythagoras lehrten sie Wissenschaften die sie hier geschrieben fanden. Hermes Trismegistos gilt als erster Lehrer und daher auch als der „Vater alles Wissens". Die smaragdene Tafel des Hermes Trismegistos gilt als Rezept wonach der „Stein der Weisen" gemacht werden konnte.

Herodom-Kilwinning: Ein angeblich von Robert →Bruce bald nach der Schlacht von →Bannockburn gegründeter Orden, der sich in seinen Grundzügen an die Ritterorden, speziell dem der Templer anlehnte. Über diesen Orden wird versucht eine Verbindung zwischen Templern und schottischer Freimaurerei herzustellen. Herodom soll nach einer Überlieferung der heute in Schottland unbekannte Name eines Berges bei Kilwinning gewesen sein. Andere Ableitungen: Heredum, Genetiv vom lateinisch „heres", „der Erbe", als Andeutung des templerischen Erbes der Freimaurerei; Hirodom von „hierosdomos", „das heilige Haus", „der Tempel", davon abgeleitet „Heredis Domus", „das Haus des Erben". Alle diese Ableitungen und Auslegungen weisen auf eine Verbindung zu den Tempelherren und den templerischen Ursprung dieses Ordens hin. Die Templer sollen, um sich vor der Verfolgung oder ihrer Vernichtung zu schützen, in diesem neuen Orden Zuflucht gefunden haben. Papst →Johannes XXII., der in Spanien und Portugal die Fluchtorden der Templer (→Montesa, →Alcantara, →Christusritter) bereits anerkannt hatte, söhnte das Papsttum mit dem exkommunizierten Robert Bruce aus. Robert verfügte, dass sein Herz nach seinem Tode in Jerusalem in der Kirche vom Heiligen Grab beigesetzt werden sollte. Beide Tatsachen können als ein Indiz für einen Zusammenhang der Templer mit dem Orden von Herodom-Kilwinning gewertet werden.

Hethum I.: Sohn des →*Konstantin von Baghras,* König von Kleinarmenien durch Hochzeit mit *Isabella* der Tochter des →*Leo II.* (1226-1269); stand wie sein Vater im Streit mit *Bohemund V.* von Antiochia; 1243 erkannte Hethum die Oberherrschaft der Mongolen an. 1254 heiratete *Bohemund VI. Sibylle,* die Tochter Hethums. 1254 reiste Hethum zum neuen Großkhan *Möngke,* wo ihm die Unverletzlichkeit seiner Person und seines Königreiches bestätigt wurde. Sein Schwiegersohn *Julian von Sidon* überfiel – entgegen aller Verträge – später ein von den Mongolen beherrschtes Gebiet, der Mongolenkhan *Kitbogha* bestrafte ihn, indem er Sidon plünderte und die Bevölkerung metzelte. Hethum war über diese Vorgangsweise Julians wütend, weil dadurch die Templer Gelegenheit erhielten in den Besitz der Burgen Sidon und Beaufort zu gelangen. Die Unterstützung der Mongolen brachten Hethum den Zorn →*Baibars,* des Mamelucken-Sultans. Am 24. August 1266 kam es zum Vernichtungsschlag der Mamelucken gegen die Armenier. Hethum befand sich zu dieser Zeit am Hof der Mongolen. Bei seiner Rückkehr lag sein Reich in Trümmern, sein Sohn *Thoros* erschlagen, sein Sohn *Leo* in Gefangenschaft.

Hierarchie: (im Templerorden, →Ordensaufbau); Ursprünglich wurde zwischen Ritter und Knappen nicht unterschieden. Dazu →*Bernhard von Clairvaux:*
„Unter ihnen gibt es keinen Vorzug der Person; man unterteilt nach Verdienst, nicht nach Adel."
Durch die rasche Expansion des Ordens kam es zur organisatorisch traditionellen dreigeteilten Gliederung in: „bellatores", Ritterbrüder („fratres milites"), Knappen und Sergeanten („fratres armigeri"), „oratores", Kapläne („fratres capellani") und „laboratores", dienende Brüder oder Knechte („fratres servientes famuli et officii"). Neben den Ordensrittern auf Lebenszeit („fratres remanentes") konnten weltliche Ritter auf begrenzte Zeit in den Orden als Gastritter („milites ad terminum") aufgenommen werden. Als Affiliierte hatten sie sich durch ein Gelübde an den Orden gebunden ohne jedoch in der Ordensgemein-schaft zu leben, meistens wurde der Orden als Erbe eingesetzt. Die →Donaten zählten zu den Affilierten, verpflichteten sich aber lediglich bestimmte Arbeiten zu verrichten. →Oblaten kamen bereits als Kinder zu den Mönchsrittern und wurden nach deren Regeln erzogen.

Der →*Großmeister* stellte eine absolute Autorität dar, alle Templer schuldeten ihm absoluten und unbedingten →Gehorsam. Er wurde bis 1184 im →Generalkapitel von allen Brüdern gewählt, danach von einer Kommission, die nach einem festgelegten Verfahren zusammengestellt wurde (→Wahl des Großmeisters). Ab 1140 (→*Robert de Cracn*) musste der Großmeister in Fragen des Krieges, Waffenstillstandes und Grundverkaufs den →Konvent befragen. In Abwesenheit des Großmeisters in Friedenszeiten wurde er vom →Seneschall vertreten. In Kriegszeiten war der →Marschall Herr über alle Streitkräfte, Pferde und Rüstungen. Die Finanzen lagen in der Hand des →Komturs von Jerusalem. Die →Präzeptoren (→Komture) standen den Provinzen vor, die sich ihrerseits aus verschiedenen Komtureien zusammensetzten. Die Komturei als kleinste organisatorische Einheit wurde vom →Komtur befehligt.

Hildegard von Bingen: heilig; (* 1098 in Bermersheim/Alzey, † 17. September 1179 im Kloster Rupertsberg bei Bingen); deutsche Mystikerin; war von Kindheit her visionär begabt. Als 8-jährige wurde sie *Jutta von Spanheim* anvertraut und in der Frauenklause von Disiboden unter Aufsicht des dortigen Benediktinerklosters erzogen. 1113/14 legte sie das Ordensgelübde ab. 1136 wurde sie nach dem Tod Juttas zur magistra der Frauenklause gewählt. Ab 1141 schrieb sie ihre Visionen in lateinischer Sprache nieder („Liber Scivias"). Hildegard gründete gegen den Widerstand der Mönche zwischen 1147 und 1150 das Kloster Rupertsberg bei Bingen und 1165 das Kloster Eibingen. In zahlreichen Predigten und Briefen (auch an mehrere Päpste) setzte sie sich für eine Reform des kirchlichen Lebens ein. Neben ihren mystisch-visionären Schriften verfasste sie 70 selbstvertonte geistliche Lieder, außerdem naturkundliche Bücher. Das zweiteilige Werk „Subtilitatum diversarum naturarum creaturarum" war im Mittelalter eine der wichtigsten naturkundlichen Quellen.

Hiram Abif: Baumeister König →*Salomos* (965-926 v. Chr.) beim Tempelbau (→Salomonischer Tempel) in Jerusalem (Bibel, 1. Könige 9,11); Hiram Abif wurde von seinem gleichnamigen König *Hiram von Tyrus* König Salomo für den Bau zur Verfügung gestellt. Er war „*...ein geschickter Mann, der sich gut auf Arbeiten in Gold, Silber, Eisen, Stein und Holz versteht...*". (2. Chronik 2,13.14).

Er war Sohn eines phönizischen Vaters und einer jüdischen Frau aus dem Stamme Dan. Hiram Abif wurde auch als „Sohn der Witwe" bezeichnet. Der freimaurerischen Legende nach wollten drei Gesellen am Bau des Tempels dem Meister Hiram geheimes Wissen mit Gewalt entlocken. Hiram weigerte sich, er wollte lieber sterben als sein Wissen preiszugeben. Um den Mord zu vertuschen wurde der Leichnam eilig begraben. Um nicht entdeckt zu werden war es sicher nicht möglich die Leiche weit zu befördern, so wurde das Grab von den Mördern im Bereich der Tempelbaustelle ausgehoben. Auf Grund der Lage der Unterkunft des Templerordens im Palast des Königs, in jenem Teil, der dem Tempel am nächsten lag, wird von manchen Autoren angenommen, dass sich die ersten Templer am Berg Moria auf der Suche nach den Spuren der →Bundeslade, eines geheimen Schatzes und dem Grab Hiram Abifs befanden. Basierend auf der Legende um den geheimnisvollen Kopf der Templer (→Caput LVIII) wird unterstellt, dass die ersten Templer das Grab des Hiram gefunden hatten und dass es sich bei diesem Kopf um den Schädel des legendären Baumeisters handelte.

Hittin: →Hattin.

Hochmeister: (magister generalis); Oberhaupt des →Deutschen Ritterordens; entspricht dem →Großmeister der →Johanniter und Templer; der Titel wurde nach der Säkularisation des Ordens 1525 nur mehr inoffiziell gebraucht; erst im Kaiserreich Österreich wurde der Titel für den erneuerten Orden (Hoch- und Deutschmeister, gegründet 1669) wieder eingeführt (1834).

Homosexualität: auf das eigene Geschlecht gerichtetes Sexualempfinden, gleichgeschlechtliche Liebe; Vorwurf (→Anschuldigungen) gegen den Templerorden, wonach die Ordensbrüder sowohl bei der Aufnahme als auch im Ordensalltag homosexuelle Praktiken geübt haben sollen. Anlässlich der Aufnahmezeremonie wären die →Neophyten gezwungen worden den aufnehmenden Meister auf dem After (→Afterkuss) und am Genitalbereich zu küssen. Darüber hinaus habe man den Rittern bei ihrer Aufnahme geraten, lieber Unzucht unter sich zu treiben, als sich mit Frauen einzulassen. Diese den ganzen Orden treffende Beschuldigungen scheinen schon deshalb als äußerst unwahrscheinlich, weil im Mittelalter Homosexualität mit dem Feuertod bestraft wurde und mit ihr gegen die allgemeine Sitte verstoßen wäre. Auch wäre es einem Orden der mehrere tausend Mitglieder zählte schwergefallen solche Praktiken über zwei Jhdte. zu verheimlichen. Der byzantinische Einfluss im Heiligen Land und unter anderem die bei den Griechen üblichen Sexualpraktiken werden sicher einzelne Ordensritter in dieser Variante ihres Sexualverhaltens beeinflusst haben. Die Annahme, dass das →Siegel der Templer, auf dem zwei Ritter auf einem Pferd dargestellt sind, ein Hinweis auf und die Bestätigung für den Vorwurf der Homosexualität sein sollten ist sicher falsch.

Allerdings begleitet der Verdacht der Homosexualität den Orden von Anbeginn. So nahm an der Gründung des Ordens *Johannes II.*, der Bischof von Orléans, teil, dem diesbezüglich ein eindeutiger Ruf voranging; auch →*Richard I. Löwenherz* stand unter dem Ruf Männern zugeneigt gewesen zu sein. Ihn verband innige Freundschaft mit dem Orden. Er reiste immer in der Begleitung von Ordensrittern.

Homs: In der Römerzeit Emesa; Stadt im zentralen West-Syrien am Orontes gelegen; 355 000 Einwohner, Industrie-, Handels- und Verkehrszentrum. Wurde unter Seleukos I. (304-281 v.

Chr.) zur hellenistischen Stadt; ab dem 5. Jhdt. Bischofsitz und wurde nach dem Auffinden des angeblichen Hauptes →*Johannes des Täufers* zur Metropole; ab 637 nach der Niederlage Kaisers *Herakleios* am Yarmuk islamisch; ab 1090 unter der Herrschaft der Seldschuken und wurde zum islamischen Bollwerk gegen die Kreuzfahrer. Nach →*Sengi* bemächtigte sich →*Nur ed-Din* der Stadt und übergab die Stadt 1164 an seinen Emir →*Schirkuh*; 1175 kam die Stadt in den Besitz →*Saladins*. 1260 durch die Mongolen erobert; nach der Niederlage der Mongolen an der Goliathsquelle verlor die Stadt unter den von Sultan *Quutuz* eingesetzten mameluckischen Stadthaltern ihre politische Selbständigkeit und wurde nach der osmanischen Eroberung unbedeutende Provinzstadt. Erhalten sind eine unterirdische Kapelle (5. Jhdt.) und Reste der mittelalterlichen Stadtmauer und der Zitadelle.

Honorius II.: bürgerlich *Lamberto Scannabecchi dei Fagnani*; († 13. Februar 1130 im Kloster des heiligen Andreas); stammte aus einfacher Familie aus Bologna; wurde unter Papst →*Paschalis II.* 1117 zum Kardinalbischof von Ostia erhoben. War als Legat in Deutschland am Abschluss des Wormser Konkordats maßgeblich beteiligt. Nachdem der rechtmäßig gewählte Papst *Coelestin II.*, von den Frangipani (römisches Adelsgeschlecht) gezwungen, sein Amt niederlegte, wurde Honorius von den Frangipani als 164. Papst (15. Dezember 1124) eingesetzt. Er musste *Roger II.* von Sizilien nach dem Frieden von Benevent mit Apulien belehnen. Honorius bestätigte den Orden der →*Prämostratenser.* Während seines Pontifikates wurde das Konzil von Troyes durchgeführt anlässlich dessen die Ordensregeln der Templer bestätigt wurden und so offiziell die Gründung des Ordens (→*Gründung des Templerordens*) vollzogen wurde.

Honorius III.: bürgerlich *Cencio Savelli*; (* um 1150 in Rom, † 18. März 1227 in Rom); stammte aus einem römischen Adelsgeschlecht; 1188 päpstlicher Schatzmeister; 1193 Kardinal von San Giovanni e Paolo; 178. Pontifikat (18. Juli 1216 – 18. März 1227); führte die Politik von

→*Innozenz III.* fort, war jedoch stets auf Mäßigung und Ausgleich bedacht; zwang 1220 →*Friedrich II. von Hohenstaufen* zur Einlösung seines Kreuzzugsgelübdes, durch Androhung des Kirchenbannes; Honorius bestätigte den Orden der →*Dominikaner* (1216), →*Franziskaner* (1223) und der →*Karmeliten* (1226) und garantierte dem →*Deutschen Ritterorden* völlige Gleichstellung mit Templern und Johannitern. Am 12. Juli 1218 forderte er den Templerorden zum Engagement auf der Insel →*Zypern* auf. 1224 verurteilte er die Templer von →*La Rochelle*, sich gewalttätig benommen hatten, über Klage des Bürgermeisters, mit der Bulle „Zur Bestrafung der Frechheit der Templer". Er wies eindringlich auf die Ordensregel hin, wonach die Templer jeden Kampf mit Christen zu vermeiden hatten. Honorius starb am 18. März 1227 und wurde bei Santa Maria Maggiore beigesetzt.

Honorius IV.: eigentlich *Giacomo Savelli*; Großneffe von →*Honorius III.*; (* 1210 in Rom, † 3. April 1287 in Rom); 1261 Kardinal; 191. Papst (1285-1287); wurde als gebrechlicher Mann fast gelähmt in Perugia am 2. April 1285 zum Papst gewählt; kämpfte um die Lehenshoheit über Sizilien gegen *Peter III.* von Aragón und dessen Sohn *Jakob II.* und unterstützte die Anjou. Honorius verbot 1286 die Gemeinschaft der Apostoliker, die die Urkirche wieder herstellen wollten und förderte die Bettelorden; an der Universität Paris ließ er Lehrstühle für orientalische Sprachen einführen, um bei der Missionierung bessere Fortschritte machen zu können. Am Beginn seiner Amtsperiode fiel die Templerfestung →*Margat* den Mamelucken unter →*Kalawun* zum Opfer (17. April 1285). Dem Probst von Orange wies der Papst am 23. Juli 1285 an, die Templer vor Belästigung und Übergriffen zu schützen. Am 23. Oktober 1285 stellte Honorius fest, dass alle Privilegien, die von den Ordensbeamten aus Unkenntnis oder aus Unachtsamkeit nicht genutzt wurden, weiterhin gültig waren, soweit sie nicht ausdrücklich aufgehoben worden waren.

Hospitaliter: →Johanniter.

hospitos: (hospitots); Übernachtungsmöglichkeiten, die an Templerstraßen zumeist an Knotenpunkten in Abständen einer Tagesreise errichtet wurden. Sie boten Wallfahrern die entsprechende Verpflegung, und erlaubten dem Orden auch Arme regelmäßig mit Nahrung zu versorgen.

Hugo III. de Antiochia-Lusignan: Sohn *Heinrich von Antiochias*, Bruder des →*Bohemund V.* von Antiochia und der *Isabella von Lusignan*; 1261 Regent von Zypern; 1264 Regent von Jerusalem für seinen Vetter *Hugo II.* und nach dessen Tod König von Zypern (1267-1284); nach der Hinrichtung *Konradins* Titularkönig von Jerusalem (1268-1284). 1272 konnte er einen Waffenstillstand mit →*Baibars* gegen das Vordringen der →*Mamelucken* vereinbaren. 1276 verlor er →Akkon an →*Karl I. von Anjou*.

Hugo de Buris: (Hugues de Buris); Templerbruder, der am 24. April 1310 anlässlich seines Verhöres beim Templerprozess erklärte, Jesus dreimal mit dem Munde, aber nicht mit dem Herzen verleugnet zu haben. Er habe einmal auf das Kreuz gespuckt, sich aber geweigert, es mit den Füßen zu treten. Man sagte ihm, man habe ihm später etwas anzuvertrauen. Bei der Verleugnung sollen folgende Worte gefallen sein: *„Je reney Dieu (Ich verleugne Gott), Je reney Dieu, Je reney Dieu".*

Hugo de Châlon: →Gerhard von Villers.

Hugo de Champagne: * 1077 als Sohn des Grafen *Theobald III.* Graf von Blois und der Champagne; nach dessen Tod 1093 erhielt er als Erbe die Champagne und sein Bruder *Stephan* Blois und Chartres; →*Hugo de Payens* wurde als Vetter des Grafen nach seiner Rückkehr aus dem heiligen Land (1100) dessen Vasall. 1104 unternahmen sie gemeinsam eine Pilgerreise nach Jerusalem und kehren bereits 1105 wieder zurück. Unmittelbar nach ihrer Rückkunft gab es Kontaktnahmen mit *Etienne* →*Harding*, dem →*Abt* des jungen Zisterzienserordens. Nun begann der junge Orden an hebräischen Texten zu forschen. Zu diesen Forschungen wurde aus dem Hochburgund (Troyes) der Rabbiner *Rashi* (Schlomo Ist'haqui) und nach dessen Tod (1105) seine Söhne beigezogen. Der Grund für diese Forschungen ist unbekannt, ließ aber großen Freiraum für Spekulationen. (Suche nach der →Bundeslade oder dem Heiligen →Gral). 1114 reiste Hugo de Champagne, möglicherweise wieder mit Hugo de Payens, erneut ins Heilige Land. Nach seiner Rückkehr setzte er sich sofort wieder mit Harding in Verbindung. Er schenkte dem Orden einen Wald (Bar-sur-Aube), wo das Kloster Clairvaux vom jungen Mönch →Bernhard gegründet wurde. 1124 kehrte er, nachdem er einen Teil seiner Besitzungen dem Templerorden geschenkt und den anderen Teil seiner Familie überlassen hatte, nach Jerusalem zurück, wo er 1126 in die Miliz Christi aufgenommen wurde.

Hugo de Fauro: Tempelritter aus Limoges; sagte vor der päpstlichen Kommission am 11. Mai 1310 über die Wahl des *Jaques de* →*Molay* aus: *„...in dem Konvent, der die Wahl vorzunehmen hatte, gab es zwei Parteien, welche sich über die Personenfrage nicht einiger konnten: die eine, welche die Majorität besaß und die Brüder aus der Auvergne und Limousin umfasste, sei für Hugo de Pairaud gewesen, der als Großpräzeptor Frankreichs (Francien) ganz besonderes Ansehen genoss, die schwächere dagegen hätte gerne den Burgunder Jaques de Molay erheben wollen. Als letzterer die Ohnmacht seines Anhanges bemerkte, habe er vor dem Hospitalitermeister, dem Ritter desselben Ordens Odo de Grandison und vor vielen Anderen geschworen, dass er selbst gar nicht Meister werden wollte, sondern für den genannten Bruder Hugo stimmen werde. Nachdem nun aber aus diesem Grunde die Mehrheit ihn zum Großkommandeur, der nach dem Tode jedes Meisters gewählt wurde, ernannt hatte, als man über die Wahl des genannten Bruders Hugo zum Großmeister verhandelte, den Brüdern zugemutet, dass, da sie die Kappe gemacht, ihn also zum Großkommandeur ernannt hätten, sie jetzt auch die Kapuze machten, ihn ebenso zum Großmeister wählten, und dass er, sie nun möchten oder nicht, Meister werden wolle. Und so ist er es durch Beeinflussung geworden."*

Hugo de Johre: (Jofre); laut *Hermann Müller* und nach *Falkenberg* folgte Hugo von Johre →*Eberhard von Barres* im Amt des Großmeisters nach (1150). Bei Hugo de Johre dürfte es sich um den Ordensmarschall gehandelt haben, einen alten Haudegen mit außergewöhnlicher Tapferkeit. Er rettete die Stadt Jerusalem in Abwesenheit →*Balduins III.* vor in die Stadt eingedrungenen Sarazenen →*Nur-ed-Dins*, indem er sich ihnen in vorderster Linie entgegenwarf. Hugo de Johre erlitt dabei schwere Verletzungen an denen er später starb (1153).

Hugo de Jouy: Templermarschall zur Zeit des Großmeisters →*Reinhard von Vichiers*; versuchte mit diesem, nach der Niederlage von Mansura, entgegen dem Willen König →*Ludwig IX.*, einen Vertrag mit Damaskus gegen die Mamelucken von Ägypten auszuhandeln. Gemeinsam mit dem Großmeister musste er deshalb beim König kniend Abbitte leisten. Hugo musste Akkon verlassen, und wurde später von den Brüdern zum Präzeptor der Provinz Aragon gewählt.

Hugo de Pairaud: →*Pairaud, Hugo de.*

Hugo de Payens: (auch Hugo de Paenz, Pahens, Payns, Hugo de Paenciis oder de Paganis; nach →*Wilhelm von Tyrus:* Hues de Paienz delez Troies); (* 1080 in Payens, † 24. Mai 1136 oder 1137); stammte aus der Champagne – Payens liegt am linken Seineufer, 10 km von Troyes entfernt, wo er 1080 (1077?) geboren wurde. Offizieller Gründer und erster Großmeister des Templerordens. Er war, vor seiner Laufbahn als →*Mönchsritter*, Beamter der Provinzverwaltung der Champagne, wurde zum Ritter geschlagen und war Herr von Montigny-Lagesse. Die Unterschrift Hugos fand sich auf zwei wichtigen Dokumenten des Grafen von Troyes. Auf einer (21. Oktober 1100) unterschrieb er als Hugo de Paenz, auf der anderen als Hugo de Paenciis. Hugo war verheiratet und hatte einen Sohn (→*Thibaud, Theobald*) der später →*Abt von St. Colombe in Troyes wurde. Es ist wahrscheinlich, dass Hugo gemeinsam mit seinem Bruder *Stephan*, am ersten Kreuzzug im Heer des Grafen de Blois et de Champagne teilgenommen hat, mit dessen Familie er eng verbunden, möglicherweise sogar verwandt war. Seine Bekanntschaft mit →*Gottfried von Bouillon* (Godefrey de Bouillon) und dessen Cousin, der später als *Balduin II.* (1118) König von Jerusalem wurde, brachte dem Orden deren Unterstützung. 1104-1105 reiste *Hugo de Payens* (vielleicht auf Veranlassung *Etienne* →*Hardings*, dem späteren Abt von Citeaux) mit →*Hugo de Champagne*, der seinerseits die heiligen Stätten besuchen wollte, in den vorderen Orient. 1114 dürfte ihn Hugo de Champagne auch bei seiner zweiten Reise ins Heilige Land begleitet haben. Wann sie die Rückreise angetreten haben ist nicht bekannt. 1118 reiste de Payens nun mit sieben „gottesfürchtigen" Rittern *Gottfried von St. Omer (St. Uldemar), André de Montbard, Payens (Pagan, Nivard) de Montdidier, Archembald von St. Amand (Archambaud de St. Agnan, Saint-Aignan), Gottfried Bisol (Joffroi Bissor), Konrak (eventuell auch Roland, Rossal, Roral, Roffal, Roval)* und *Gundemar (Gondemare)* ins heilige Land. 1124 folgte Hugo de Champagne nach Jerusalem, wo die Ritter König →*Balduin II.* (Baudouin) anboten, die Pilgerwege zwischen Jaffa und Jerusalem zu schützen und legten vor dem →*Patriarchen von* Jerusalem ein Gelübde der Keuschheit, Armut und des →*Gehorsams* ab. Die „militia Christi" war geboren (1118/19/20). Wann genau der Orden gegründet wurde ist nicht völlig klar (→*Gründung*). Entsprechend des Armutsgelübdes kleideten sich die Ritter in dieser Zeit fast ausschließlich in Gewänder, die ihnen geschenkt wurden. Balduin II. wies den neun Rittern jenen Teil des Palastes zu, der auf und neben den Trümmern des salomonischen Tempels gelegen war. Daher erhielten sie den Namen „Ritter des Tempels". 1127 kehrte Hugo de Payens mit fünf Templerbrüdern (*Gottfried von Saint-Omer, Archembald von Saint-Amand, Gottfried Bisol, Pagan de Montdiaier* und *Konrak oder Roland?*) nach Frankreich zurück. Er dürfte gemeinsam mit →*Bernhard von Clairvaux* die Regeln des Ordens erarbeitet haben. Darüber hinaus hatte seine Rückkehr den Zweck, den Orden bekannt zu machen und Adepten für den Orden zu werben.

Dazu in der Chronik des *Warvelia*-Klosters:
„Dieses Jahr (1128) kam Hugues de Payns, Oberhaupt der Miliz des Tempels von Jerusalem, mit zwei Soldaten und zwei Geistlichen nach England und durchquerte die ganze Gegend bis nach Schottland und rekrutierte für Jerusalem, und viele nahmen das Kreuz, um sich noch in jenem Jahr oder dem folgenden nach Jerusalem auf den Weg zu machen".
Tatsächlich reiste Hugo durch Frankreich (Poitou, Normandie), England und Schottland. Danach bereiste er Flandern und kehrt Anfang 1128 oder 1129 in die Champagne zurück. Die Bestätigung des Ordens erfolgte beim →Konzil von Troyes (13. Jänner 1128 oder 1129). Ende des Jahres 1129 kehrte Hugo begleitet von →*Fulko von Anjou* und einer gut durchorganisierten Ordens-Armee nach Jerusalem zurück. Auch →*Thibaud*, der Sohn Hugos, soll in seinem Gefolge gewesen sein. Er war Abt von St. Colombe und hatte, sehr zum Ärger der Mönche, einen Teil des Klosterschatzes in seinem Gepäck.
Hugo de Payens fiel am 24. Mai 1136/37 im Kampf gegen die Sarazenen.

Hugo de St. Viktor: (* ~1100, † 1141); Lehrer in Paris; Scholastiker und Mystiker; verfasste einen von Mystik geprägten Text zur Versinnbildlichung und Deutung der Sakralarchitektur dieser Zeit:
„...Nun lass uns also eintreten, und der Herr sei unser Führer und leite unsere Schritte auf dem Weg seiner Gebote (...). Sind wir aber eingetreten, will ich vorangehen und dich durch alles führen, von der Fassade des Hauses angefangen bis ins Innerste des Heiligtums (...). Durchwandern werden wir alle Werke unserer Heilsgeschichte...".
Der Mystiker und Zisterzienser →*Bernhard von Clairvaux* wandte sich gegen die bildnerische Ausschmückung der Sakralbauten:
„Was sollen übrigens in den Klöstern vor den lesenden Brüdern jene lächerlichen Monster (...)? Was die unreinen Affen? Was die wilden Löwen? (...) Was die Halbmenschen? Was die kämpfenden

Krieger? (...) dass man lieber im Marmor liest als in Büchern. Den ganzen Tag ist man damit beschäftigt die Einzelheiten der Werke zu bewundern, anstatt über das Werk Gottes nachzusinnen. Mein Gott! – Wenn man sich schon nicht der Unschicklichkeit schämt, warum scheut man nicht den Aufwand."
Jährlich wurde auf dem in Citeaux, im Mutterkloster der Zisterzienser, abgehaltenen Generalkapitel im Sinne Bernharcs auf das Verbot von Bildwerk verwiesen.

Hugo Wallgraff: Graf; Visitator des Templerordens in Deutschland mit Sitz in Grumbach bei Meisenheim; er drang, nach der Verhaftung vieler Templer in Deutschland (Mai 1308), zwanzig schwerbewaffneten Brüdern in die Synode von Mainz ein, versetzte die anwesenden Prälaten in großen Schrecken und versuchte den dort Versammelten, die Unschuld des Ordens und der Ordensbrüder klarzumachen.

Hund, Karl Gotthelf: Reichsfreiherr von Hund und Altengrotkau; (* 1722, † 8. November 1776 in Meiningen); seine Familie ist bis ins Jahr 1300 zu verfolgen; sein Vater war kursächsischer Kammerherr. 1737-39 studierte in Leipzig; 1741 wurde in Paris Freimaurer, wo er 1743 auch eine Loge leitete; 1742 erklärte Hund, dass er am Hofe des *Karl Eduard Stuart* von einem mysteriösen Ritter „a penna rubra" („Von der roten Feder") in Gegenwart von Lord *Kilmarnock* und Lord *Clifford* die Weihen des in Schottland fortlebenden Tempelritterordens empfangen habe, und dass er zum „Provinzial-Großmeister" (Heermeister) der VII. Ordensprovinz (Deutschland) ernannt worden sei. Hund sei diesem geheimnisvollen Ritter auch vorgestellt worden, der als der „höchste geheime Obere" des Ordens und als der oberste Großmeister und Träger der Templertradition galt. Nachdem seine Angaben angezweifelt wurden, legte Hund ein Heermeisterpatent vor, das bis heute nicht dechiffriert wurde und ihn als Heermeister von Deutschland bezeichnete.

Ibelin: verzweigte Adelsfamilie im Königreich →Jerusalem, die vom Vizegrafen von Chartres abstammte und von *Balian I.* († 1155) begründet wurde; schuf sich eine starke Position in →Jaffa; 1136 erwarb er das namensgebende Lehen Ibelin; Balian nahm in allen Konflikten innerhalb des Königreiches die Seite des Königs ein (→Fulko); durch vernünftige Heiratspolitik konnten die Ibelins den Landbesitz erweitern. Nach der Niederlage von →Hattin verteidigte *Balian II.* († 1193) Jerusalem und nahm Stellung gegen den König (→*Guido de Lusignan*) und dessen Anhänger. →*Johann von Ibelin* († 1236) war Herr von Beirut und sein gleichnamiger Neffe († 1266) Graf von Jaffa. *Balian von Ibelin* wurde 1276 von König *Hugo von Zypern* (→Hugo von Antiochia-Lusignan) als →Bailli von Akkon eingesetzt, aber bereits im gleichen Jahr von *Roger von San Severino* einem Gefolgsmann →*Karls von Anjou* abgelöst.

Ikonium: (Iccnion); Bezeichnung für das Seldschukensultanat von →Konya; das Heer →*Friedrichs I. Barbarossa* schlug am 18. Mai 1190 bei Ikonium die Seldschuken vernichtend.

Imam: (arabisch „Anführer", „Vorbild"); Vorbeter der Gemeinde in der Moschee beim rituellen Gebet (salat). Über die Frage der Rechtmäßigkeit des Imams kam es zur Spaltung innerhalb des Islam. Bei den →Sunniten ist der Kalif gleichzeitig der Imam, bei den →Schiiten gottähnlicher Führer und Mittler, der aus der Familie des Propheten stammen muss. Der letzte Imam gilt seit Jhdt. als verschollen, er soll am Ende aller Tage als Mahdi (Welterlöser, Messias) zurückkehren um das Idealreich zu errichten. Im Jemen war Imam der Titel der früheren Herrscher.

Imbert, Wilhelm: (auch Guillaume de Paris oder Guillaume Humbert); († vor dem 28. November 1314); Dominikaner; ab 1303 Großinquisitor von Frankreich; Bischof von Paris; Beichtvater und Werkzeug von König →*Philipp IV.*, dem Schönen, bei der Vernichtung des Templerordens. Imbert unterstützte →*Nogaret* bei dessen Aktivitäten gegen den Templerorden. Imberts „Acta inquisitio-

nis in causa Templariorum" sind erhalten. Sein Interesse lag in der Zerstörung des durch seine Privilegien mächtigen Ordens. Er gab als Großinquisitor dem König seine Zustimmung zur Verhaftung der Ordensmitglieder, so dass dieser auch vor der Öffentlichkeit anscheinend die rechtliche Möglichkeit zu den ersten Verhören erhielt. Am 19. Oktober 1307 eröffnete Imbert die „Untersuchung" gegen 138 Templer. Die Verhöre dauerten bis 24. November 1307. Erst nach dem die ersten Geständnisse durch die →Folter der Polizei des Königs und durch Imbert und dessen Henker erpresst waren, verhörte Imbert am 24. Oktober 1307 *Jaques de* →*Molay*. Mit den von ihm erpressten Geständnissen versorgte der Inquisitor den König und seine Ordensbrüder, die von allen Kanzeln gegen die Templer wetterten, mit Informationen. Von den 138 von ihm Verhörten kamen 36 bei der Tortur ums Leben. Als Priester und Dominikaner war Imbert dem Heiligen Stuhl zum →Gehorsam verpflichtet. Da er gegen die Intentionen des Papstes durch sein Vorgehen gegen die Templer verstieß, wurde er, allerdings erst drei Monate nach der Verhaftung der Templer, vom Papst seines Amtes enthoben und gebannt. Auf Drängen des Königs hin nahm *Klemens V.* am 5. Juli 1308 seine Sanktionen gegen Imbert und andere Bischöfe zurück:

„...obwohl du mit vollem Recht meine Enttäuschung verdient hast, weil du in meiner unmittelbaren Nähe die Keckheit hattest, ohne meine Requisition gegen die Ritter des Tempels gerichtlich einzuschreiten, so bin ich doch Willens, gegen dich mehr Milde als Strenge walten zu lassen und auf das wiederholte dringende Ansuchen des Königs von Frankreich, unseres geliebten Sohnes, dir zu erlauben, in Gemeinschaft mit den Prälaten des Königreiches und den Delegaten, welche wir ihnen zuordnen werden, vorzugehen, aber nicht anders, als gegen die einzelnen Personen des Ordens vom Tempel."

Imbert starb im gleichen Jahr in dem Jaques de Molay verbrannt wurde.

Innozenz II.: Mit bürgerlichem Namen *Gregorio Papareschi*; (* in Rom, † 24. September 1143 in

Rom); unrechtmäßig von der Kardinalminderheit zum Papst gewählt; von 1130-1143 Pontifex; unmittelbar nach seiner Wahl wird ein Gegenpapst – *Anaklet II.* (1130-1138) – gewählt. Innozenz musste nach Frankreich fliehen. Hier kann er neben →*Bernhard von Clairvaux* auch →*Ludwig VI., Heinrich I. von England* und →*Lothar III.* für sich gewinnen. Lothar III. setzte 1138 (nach dem Tod Anaklets) Innozenz wieder als Kirchenoberhaupt ein. 1139 wurde die Einsetzung am 2. Laterankonzil formell bestätigt; im gleichen Jahr fasste Innozenz, auf Betreiben des Großmeisters →*Robert de Craon*, die Privilegien der Templer in der →*Bulle „Omne datum optimum"* zusammen und schreibt über die Mission der Templer:

„Die Natur hat euch zu Söhnen des Zorns und Anhängern der weltlichen Lüsternheiten gemacht, doch durch die über euch waltende Gnade habt ihr (...) dem weltlichen Pomp und dem persönlichen Eigentum entsagt, den leichten Weg, der zum Tode führt aufgegeben und in Demut den harten Weg gewählt, der zum Leben führt (...) um zu zeigen, dass man euch tatsächlich als Soldaten Christi ansehen muss tragt ihr stets auf eurer Brust das Zeichen des Kreuzes. (...) Gott selbst hat euch zu Verteidigern der Kirche und Gegnern der Feinde Christi gemacht."

Innozenz III.: bürgerlich *Lothar di Conti, Graf von Segni*; (* 1160/61 in Anagni, † 16. Juli 1216 in Perugia); 1190 erlangte er in Bologna die Kardinalswürde; wurde am 8. Jänner 1198 zum 177. Papst gewählt und war bis 16. Juli 1216 Oberhaupt der Kirche. Verfasste das Werk „Über das Elend des menschlichen Daseins" („De miseria humanae conditionis"). Er war vor allem ein genialer Herrscher; in seiner Amtszeit kam es, unter Ausnützung der Probleme der weltlichen Herrscher, zur Stärkung und Ausdehnung der politischen Macht des Papsttums. Er reformierte Kurie, Kirchenrecht und Orden, förderte die Anfänge der Bettelorden und stärkte die Stellung der Bischöfe. Der 4. Kreuzzug (1202-1204) fand seine Unterstützung, als er aber erkannte, dass dieser nur den Interessen Venedigs und dessen

Dogen *Enrico* →*Dandolo* diente, brach er den Kreuzzug ab und verhängte über die Verantwortlichen den Bann. 1207 soll Innozenz als Affilierter in den Templerorden aufgenommen worden sein. Er stärkte die →Inquisition und rief 1209 zum Kreuzzug gegen die Albigenser (→Katharer) auf; er leitete damit eine der traurigsten Kapitel in der Kirchengeschichte ein. Am 4. Laterankonzil (1215) setzte Innozenz eine Reihe von Reformen durch, es wurde das Dogma des körperlichen Vorhandenseins Jesu beim Messopfer beschlossen; aber auch Maßnahmen gegen Ketzer und Juden, denen eine bestimmte Kleiderordnung und das Tragen eines gelben Fleckes auferlegt wurde. Der Judenhass war ab nun zum Kirchenprogramm geworden. Innozenz legte auch das geistige Fundament und die kirchenrechtlich Grundlagen zur Verschärfung der →Inquisition.

Mit der Bulle „Quia maior" (1213) schaffte er die Grundlage für einen neuen Kreuzzug, den er im vom 4. Laterankonzil gebilligten Kreuzzugsdokument festlegte. Zur Finanzierung wurde auch von der Geistlichkeit ein Kreuzzugszehnt (5 % Einkommenssteuer) eingehoben. Alle Bestrebungen Innozenz' galten dem Kreuzzug, dessen Start für den 1. Juni 1217 vorgesehen war. Als er 1216 starb konnte sein Nachfolger →*Honorius III.* diesen Gedanken nicht oder nur bedingt folgen. Seine Macht im Kirchenstaat konnte Innozenz festigen und die päpstliche Lehenshoheit auf Aragón und England ausdehnen. In die deutsche Politik griff er nach der zwiespältigen Königswahl von 1198 ein. Er entschied sich für den Gegenkönig *Otto IV.*, wandte sich aber gegen ihn, als Otto staufische Machtinteressen zu vertreten begann; forthin unterstützte er nun erfolgreich den jungen Staufer →*Friedrich II.*, als dessen Vormund er von dessen Mutter *Konstanze* eingesetzt wurde und für den er während dessen Minderjährigkeit die Regentschaft des sizilianischen Reiches übernommen hatte.

Der kalte Asket und Menschenverächter Innozenz war ein hervorragender Jurist, Politiker und Finanztheoretiker; er studierte an den Universitäten von Paris und Bologna. Er sah Kirche und Papsttum als obersten Lehensherren („verus imperator") für alle Herrscher.

Obwohl Innozenz dem Templerorden wohlgesonnen war kritisierte er den Umgang der Templer mit Exkommunizierten, ihr Verhalten in unter Interdikt stehenden Gebieten und den Missbrauch der Privilegien. Er schrieb am 13. September 1208 über diese häufig beschriebenen Praktiken:

„...*das Zeichen des Kreuzes über jeden Strolch zu schlagen, der ihre Predigten hört, und jenen, die unter Interdikt standen, eine christliche Beerdigung zu geben...".*

Am 28. Februar 1208 untersagte der Papst den Ordensrittern, unter Hinweis auf deren Verpflichtungen, den damals in Frankreich üblichen gerichtlichen Zweikampf. Papst Innozenz III. erließ die Bulle „Licet quibusdam", nach der nur mit Genehmigung des Großmeisters der Orden verlassen werden durfte und in anderen Orden Abtrünnige aus dem Templerorden nicht aufgenommen werden durften.

Innozenz IV.: früher *Sinisbaldo Fiesci, Graf von Lavagna*; (* um 1195 in Genua, † 7. Dezember 1254 in Neapel); hervorragender Kanonist; 1227 Kardinal; 181. Pontifikat (25. Juni 1243 – 7. Dezember 1254); am 28. Juni 1244 floh Innozenz aus Italien nach Frankreich und ließ sich in Lyon nieder; ganz vom päpstlichen Machtanspruch und den Ideen seiner Vorgänger durchdrungen, führte er erbitterte Auseinandersetzungen mit →*Friedrich II.*, den er 1245 am 13. ökumenischen →Konzil von Lyon für abgesetzt erklärte und *Heinrich Raspe* zum Gegenkönig erhob. Konnte aber dadurch die Macht des Kaisers weder in Deutschland. noch in Italien brechen. Wie →*Gregor VII.* vertrat Innozenz mit der →„Zweischwertertheorie" (Bulle „Eger, cui lenia") die Überordnung der geistlichen über die weltliche Macht. Um den verhassten Kaiser loszuwerden, stimmte er sogar dem Plan eines Meuchelmordes zu. Auch der Versuch eines Giftattentats fand die Zustimmung des Papstes. In seinem maßlosen Hass gegen Friedrich II. wollte er sogar einen

Kreuzzug gegen den Staufer. →*Ludwig IX.* drohte ihn deshalb aus Frankreich auszuweisen. Auch nach Friedrichs Tod setzte er den Kampf gegen die Staufer fort. Innozenz IV. förderte die Mission der Ostseeländer und bemühte sich um die Christianisierung der Mongolen. Seine →Bulle „Ad extirpandam" ermächtigte die Inquisition zur willkürlichen Anwendung der →Folter. Nach dem Tod Friedrichs kehrte Innozenz 1250 nach Italien zurück. Am 7. Dezember 1254 starb der Papst in Neapel, verhasst wegen seiner Habgier, seiner Verschlagenheit und seines Nepotismus. Innozenz bestätigte mehrfach die von seinen Vorgängern den Templern zugestandenen →Privilegien und unterstützte sie gegen das Episkopat. So untersagte er am 27. Oktober 1247 den Bischöfen den Bann über jene auszusprechen, die mit den Templern Handel trieben, nur um auch die Templer, die mit diesen Personen weiterhin verkehrten und Geschäfte machten, selbst bannen zu können; den Zuwiderhandelnden wurden schwere Strafen angedroht. Am 18. März 1250 forderte Innozenz den Orden in Spanien auf, den König (→*Jakob I.*) tatkräftigst im Kampf gegen die Sarazenen zu unterstützen.

Innozenz V.: eigentlich *Pierre de Tarentaise*; (* um 1225 in Champigny/Savoyen, † 22. Juni 1276 in Rom); Magister der Theologie in Paris; 1265 Provinzial der Dominikaner von Frankreich; 1272 Erzbischof von Lyon; 1273 Kardinal; 186. Papst (21. Jänner 1276 – 22. Juni 1276); erster Dominikaner auf dem Thron des Papstes. Die wichtigsten Fakten seines kurzen Pontifikats waren Bemühungen um eine Kirchenunion mit Byzanz und eine enge Bindung an Frankreich. Stützte sich bei allen seinen Bemühungen um eine Allianz mit Byzanz auf *Karl von Anjou*; 1898 selig gesprochen.

Inquisition: (lateinisch „Erforschung", „gerichtliche Untersuchung"); bedeutet die von kirchlichen Institutionen durchgeführte Untersuchung zur Aufspürung und Verfolgung von Ungläubigen und Ketzern und war ein raffiniert ausgeklügeltes System der kirchlichen Überwachung, Prüfung und Denunziation. Ursprünglich eine besondere bischöfliche Einrichtung („bischöfliche Inquisition" bis 1215), wurde die Inquisition seit →*Innozenz III.* durch Sonderbeauftragte des Papstes geleitet und am 4. Laterankonzil (1215) die Auslieferung der verurteilten Ketzer an die weltliche Gewalt geregelt; 1229 wurde am Konzil von Toulouse das Verfahren und die Bestrafung geregelt. 1232 zentralisierte Papst →*Gregor IX.* die Inquisition und übertrug sie vornehmlich den Dominikanern (auch den Franziskanern); 1252 wurde von →*Innozenz IV.* die willkürliche Anwendung der →Folter gestattet (→Bulle „Ad extirpendam"). Die Strafen reichten von harmlosen Kirchenstrafen bis zum Tod durch Verbrennen (→Autodafé). Die Inquisition und deren grausame Verfahrensmethoden können nur aus der Einheit von Kirche und Staat verstanden werden. Sie war oft das Mittel politische und kirchliche Ziele durchzusetzen (z.B. der Templerprozess). Der Inquisitor war Ankläger und Richter in einer Person. Ziel des Prozesses war es, aus einem Angeklagten einen Schuldigen zu machen; dazu war der Inquisition jedes Mittel, auch das der Folter, recht. Aber auch vor Toten machte die Inquisition nicht halt und konnte auch posthum Verstorbene zu Häretikern erklären (→*Bernhard Gui*). An der Spitze der Inquisition stand ab 1478 der Groß- oder Generalinquisitor. In Spanien und Portugal waren für die Inquisition die →Autodafés charakteristisch. Der Dominikaner *Thomas de Torquemada* organisierte und regelte hier die grausamen Abläufe des Verfahrens. Die im Zuge der Gegenreformation 1542 von *Paul III.* errichtete oberste Instanz für alle Glaubensgerichte (das „Heilige Offizium") wurde erst auf dem 2. Vatikanischen Konzil (1965) zur Glaubenskongregation umgewandelt, womit auf die Inquisition verzichtet wurde. Die Aussage eines Inquisitors verdeutlicht das rigorose Vorgehen der Inquisition gegen die Ketzer:

„Es ist besser, dass hundert Unschuldige sterben, als dass ein Schuldiger entkommt."

Im Prozess gegen die Templer ab 1307 tat sich besonders *Wilhelm* →*Imbert* als Leiter der inquisitorischen Untersuchung hervor. Er ließ die Ordensritter ohne ausreichende Nahrung in einsamer Haft in schrecklichen Kerkern schmachten. Ohne entsprechende Kleidung der Kälte ausgesetzt, ständig von der Folter bedroht und auf das grausamste von den Folterknechten gequält, konnten selbst die Stärksten nicht widerstehen und viele der Ordensritter gestanden alles was man von ihnen erwartete und noch mehr.

Inquisitionsgericht: (Glaubensprozess, lateinisch „negotia fidei"); zur Einleitung eines Verfahrens vor dem Inquisitionsgericht genügte, dass jemand als →Ketzer denunziert wurde („diffamatio"). Danach kam die Vorführung des Delinquenten als „Zeuge" („testis"), wo das Verhör durchgeführt wurde; wenn das Schuldbekenntnis erwirkt war, musste der Angeklagte sein Bekenntnis vor dem Inquisitionsgericht wiederholen. Diese Geständnisse wurden von den Inquisitoren mit allen Mitteln, auch dem der Folter, erpresst. Während der Verhöre nahmen Notare die Aussagen auf und redigierten hinterher die Protokolle. Mit dem Geständnis wurde der Angeklagte wieder in den Schoß der Kirche aufgenommen, er entging deshalb aber keinesfalls der vorgesehen Strafe. Erst mit der Absolution konnte der eigentliche Prozess gegen den →Häretiker beginnen. Es folgte bei der Verhandlung (Haupt- und Schlussverhandlung) das Verlesen des Protokolls, wobei den Anklägern genehmen Inhalten abgefasst war. Danach konnte der Angeklagte sein Geständnis widerrufen. Kam es zur Bestätigung des Geständnisses musste am Abschluss des Verfahrens durch den Delinquenten bestätigt werden, dass die Aussage nicht auf Grund der Folterqualen oder deren Androhung zustande kam. Der Vollzug der Bestrafung erfolgte durch die weltliche Macht, damit der Klerus in den Augen der Öffentlichkeit kein Blut an seinen Händen hatte.

Das 1307-1311 gegen den Templerorden geführte Verfahren entsprach genau dieser Vorgehensweise; in dieser Form wurde bereits ein Jahrhundert lang gegen die Bevölkerung von Frankreich und in der Grafschaft Toulouse vorgegangen. Seit

→*Innozenz IV.* war der Prior der Dominikaner in Paris das Haupt der französischen Inquisition, damit wurde 1303 *Wilhelm* →*Imbert* in dieses Amt eingesetzt, der die Verfolgungsmaschinerie der Kirche als Werkzeug im Sinne des Königs, aber auch zum eigenen Wohl, gegen den Templerorden einsetzte. Das Inquisitionstribunal bestand aus den von der Inquisition eingesetzten „verlässlichen" Geschworenen, die den Mönchen an den Gerichtshöfen assistierten und sich bei der Urteilsfindung niemals gegen die Inquisitoren stellten.

Intendant der Gebäude: 8. Grad des Alten und Angenommenen Schottischen Ritus (Perfektionsgrad); geht auf eine Legende zurück, nach der König →*Salomo* eine Schule für Architektur gegründet haben soll. Der Intendant soll sich in Beständigkeit üben.

Interdikt: Kirchenstrafe, aus dem Umfeld der Exkommunikation, über bestimmte Personen (Personal-Interdikt), Gebiete und ganze Länder (Lokal-Interdikt). Die vom Bannspruch betroffenen waren von allen Diensten des Klerus und der Kirche ausgeschlossen. Es durften in diesen Gebieten keine Messen gelesen werden und keine Sakramente gespendet werden, auch konnten christliche Begräbnisse verweigert werden. Das Interdikt wurde als Zwangsmittel und zur Zensur ausgesprochen und gegen Herrscher als machtpolitisches Kampfmittel verwendet. Mit der Bulle „Milites templi" von Papst →*Innozenz II.* (→Privilegien) wurde der Templerorden in die Lage versetzt, in Gebieten, die unter Interdikt gestellt waren, einmal im Jahr öffentlich die Messe zu lesen und weiterhin ihre eigenen Gottesdienste abzuhalten.

Isaak II. Angelos: (* 1155/56, † nach dem 28. Jänner 1204 im Gefängnis); byzantinischer Kaiser (1168-1195) und (1203-1204); ließ das deutsche Kreuzfahrerheer →*Friedrichs I. Barbarossa* nur widerstrebend passieren. Friedrich hatte die Byzantiner in mehreren Schlachten geschlagen und hatte Philippopel besetzt. Isaak ging ein Bündnis mit →*Saladin* ein und informierte den ägyptischen Sultan über die Truppenbewegungen des Feindes. Isaak wurde von seinem Bruder →*Alexios III.* 1195 geblendet und vorübergehend abgesetzt.

Isaak Komnenos: byzantinischer Gouverneur auf Zypern (1185-1191), aus einer Seitenlinie des Kaiserhauses; Isaak war 1182, als Statthalter von →*Kilikien*, von →*Bohemund III.* an *Ruben* von Armenien verraten worden und wurde von den Templern gegen hohes Lösegeld befreit; er vergaß auf die Rückzahlung seiner Schuld und zog sich nach Zypern zurück; er löste die Insel aus dem Reich und ließ sich zum Kaiser ausrufen (Schreckensherrschaft). 1191 landete →*Richard I. Löwenherz* im Zuge des 3. Kreuzzuges auf Zypern, besiegte Isaak Komnenos und verkaufte die Insel an den Templerorden unter dem Großmeister →*Robert de Sablé* für die ungeheure Summe von 100 000 Goldbyzantinern.

Isabella: (* 1172, † 1212); Königin von Jerusalem; Tochter *König* →*Amalrichs I.* und Halbschwester von →*Balduin IV.* und →*Sibylle*; 1180 verlobte der König die 8-jährige Isabella mit *Humfried von Toron*, dem Stiefsohn →*Rainald de Châtillons*; drei Jahre später fand die Vermählung auf dessen Burg →*Kerak* statt; nach Annullierung dieser Verbindung in 2. Ehe mit →*Konrad de Montferrat* bis zu dessen Ermordung 1192 durch die →*Assassinen* verheiratet (Tochter *Maria von Montferrat*); noch im gleichen Jahr verband sie sich in 3. Ehe – auch mit Zustimmung der Ritterorden – mit →*Heinrich von Champagne*. Nach dessen Tod 1197 – er fiel aus Unachtsamkeit aus dem Fenster – ging sie bereits drei Monate später mit *Amalrich von Lusignan* die 4. Ehe ein; Töchter *Sibylle* und *Melisende*. Maria, ihre Tochter aus 2. Ehe, heiratete auf Wunsch des französischen Königs →*Johann von Brienne*, einen Ritter aus der Champagne, der der letzte Souverän Jerusalems werden sollte (1205-1225). 1223 verheiratete Johann seine Tochter →*Isabella* mit Kaiser →*Friedrich II.* von Hohenstaufen, die bei der Geburt *Konrads (V.)* im Kindbett starb.

Isabella von Brienne: (* 1212 in Akkon, † 1. Mai 1228 in Andria); Königin von Jerusalem; Tochter *Johanns V. von Brienne* und *Marias von Mont-*

160

ferrat; ihre Mutter starb im Kindbett und ihr Vater übernahm für sie die Vormundschaft und verheiratete sie in einer Vertretungsehe 1223 mit Kaiser →*Friedrich II.*; die Ehe wurde am 9. Mai 1225 in Brindisi tatsächlich geschlossen; Isabella starb 1128 im Kindbett; aus der Ehe ging →*Konrad V.* hervor.

Islam: abgeleitet von arabisch „aslama", „sich hingeben", („Islam" und „Muslim", „Ergebung in den Willen Gottes"); wurde nach dem Berufungserlebnis durch →Mohammed in Medina verkündet (zwischen 622 und 632); →Allah wird als der absolute Herrscher angesehen. Von den Gläubigen (Muslime) wird die unbedingte Ergebung in den Willen Allahs und die Erfüllung seiner Gebote (→Koran) gefordert. Der gläubige Moslem erhält nach seinem Tod einen Aufenthalt voller sinnlicher Freuden im Paradies, alle anderen erwarten furchtbare Strafen; derjenige, der sein Leben für den Glauben hingibt, kommt direkt in das Paradies. Die fünf wichtigsten Glaubenssätze (die „fünf Pfeiler") sind:
1. Das Glaubensbekenntnis: („Schahada"); es gibt keinen Gott außer Allah, und Mohammed ist sein Prophet.
2. Das Gebet: („Salat"); fünfmal am Tag, nach öffentlichem Aufruf, kniend und in ritueller Reinheit.
3. Das Almosengeben („Zakat"); es ist fast einer geregelten Steuer gleichzusetzen.
4. Das Fasten: („Ramadan"); dreißigtägiges Fasten im Monat Ramadan, von Sonnenaufgang bis Sonnenuntergang.
5. Die Wallfahrt nach →Mekka (→Hadsch, Hadjdj); die mindestens einmal im Leben durchgeführt werden muss.
Das heilige Buch des Islam, der Koran, in dem die Lehre Mohammeds in Suren niedergelegt ist, wird von den Anhängern des Islam als geoffenbarte Wahrheit betrachtet. Der Koran mit seiner absoluten und höchsten Autorität bildet auch die Grundlage des islamischen Rechts (→Scharia). Neben dem Koran hat sich aus der mündlichen Überlieferung der Verhaltensweisen und Entscheidungen Mohammeds in bestimmten Fragen und Situationen die →Sunna herausgebildet. Seinen Ausgang nahm der Islam in Mekka, wo auch die Kaaba, das arabische Nationalheiligtum, steht. Nach dem Tod Mohammeds wurde der Islam von seinen Nachfolgern, den →Kalifen, verbreitet.
Der Islam wird durch zwei Glaubensrichtungen repräsentiert: →Sunniten (um 90 %) und →Schiiten (um 10 %).

Ismaeliten: (isma'ilijja); islamisch-schiitische Sekte; ihre Lehre ist eine Geheimlehre mit 9 Initiationsstufen. Auf Grund ihrer Lehre stehen sie den Manichäern (→Manichäismus) und Gnostikern (→Gnosis) nahe. Die Ismaeliten erkennen nur *Ismail*, den 7. und letzten →*Imam* an und erwarten seine Rückkehr als Mahdi („al-Mahdi", „der Rechtgeleitete"). Der 6. Imam *Dschafar al-Sadiq* (*Gafar as Sadiq*) hatte 760 seinen älteren Sohn Ismail des Amtes nicht für würdig empfunden und ihn zum Vorteil des jüngeren Sohnes *Musa al-Kasim* enterbt und Musa als siebenten Imam erkannt („Siebener Schiiten", Ismailis). Die Linie des Musa setzte sich bis zum 12. Imam fort bis dieser 873 verschwand und entrückte; ab nun wird in seiner Wiederkehr für den Großteil der →Schia der erwartete Mahdi gesehen („Zwölfer-Schia"). Die Ismaeliten waren vom 9.-12. Jhdt. politisch aktiv. In Tunesien und Ägypten gewannen sie als Fatimiden-Dynastie Bedeutung. Von Ägypten aus gründete →*Hassan-es-Sabah* die „Neue Predigt", die →Assassinen (Nizariten). Ismaeliten leben heute in Syrien, Jemen, Afghanistan, Indien und Pakistan. Ihre Missionare predigen eine allegorische und esoterische Auslegung des Koran und die Seelenwanderung. Diese Form des Ismailismus wird auch manchmal „Alte Verkündigung" genannt. Ihr Oberhaupt ist der Aga Khan.

J

Jaffa: (griechisch Ioppe), seit dem 5. Jahrtausend v. Chr. besiedelt, war im 1. Jhdt. v. Chr. wichtige Hafenstadt für Jerusalem; war Schauplatz der biblischen Geschichte; ab 64/63 römisch; im 4. Jhdt. n. Chr. Bischofssitz; 1099 von den Kreuzfahrern eingenommen (→*Gottfried von Bouillon*); danach wichtiger Hafen für den Nachschub (auch genuesische Niederlassung) und bis 1268 Etappenort an der Pilgerstraße. →*Balduin I.* übertrug 1118 Jaffa als Lehen an Graf *Hugo I. von Le Puiset.* →*Melisende*, die Frau des Königs von Jerusalem (→*Fulko*), hatte eine Affäre mit dessen Sohn *Hugo II.*; nach einer angeblichen Revolte wurde den Le Puisets das Lehen von König Fulko von Anjou wieder entzogen und der Graf in die Verbannung geschickt; später war Jaffa eine Apanage für den jüngeren Bruder →*Balduins III.* →*Amalrich*; 1176 →*Sybille*, der Tochter Amalrichs, übertragen; 1187 ergab sich die Stadt kampflos →*Saladin*; 1191 unter der Führung von →*Richard I. Löwenherz* zurückgewonnen, der 1192 mit Saladin vertraglich die christliche Herrschaft im Küstenbereich von →*Tyrus* bis →*Jaffa* vereinbarte. 1229 schloss →*Melek al Kamil* mit →*Friedrich II.* einen Vertrag, der den Christen Jerusalem, Bethlehem und Jaffa (Joppe) sicherte; die Stadt lag danach in der Hand des *Gautier von Brienne* und ab 1247 des →*Johann von Ibelin*; 1252-54 wurde die Befestigung der Stadt auf Veranlassung von →*Ludwig IX.* verbessert. Zwei Jahre nach dem Tod Johanns (1266) wurde die Stadt auf Grund der Uneinigkeiten unter den Christen im Heiligen Land und zwischen den Ritterorden (Templer und Johanniter) durch die islamischen Truppen unter der Führung des ägyptischen Sultan der Mamelucken, →*Baibars* nach nur eintägiger Belagerung eingenommen (7. März 1268). Auf Grund ihrer Gründungsaufgabe, nämlich die Pilgerwege zu schützen, hatten die Templer bereits sehr früh in Jaffa eine Niederlassung von wo aus sie die Pilger auf dem Weg nach Jerusalem vor Überfällen schützten aber auch Beutezüge nach Süden unternahmen und muselmanische Karawanen ausraubten; während einer solchen Aktion dürfte auch →*Reinhard de Vichiers* (Großmeister der Templer) am 20. Jänner 1256 gefallen sein.

Jakob der Ältere, heilige: (Jakobus); Apostel und Märtyrer; der ältere Bruder des Apostel *Johannes*, Sohn des Fischers *Zebedäus* und der *Maria Salome*; in Jerusalem und Samaria verkündete er das Evangelium bis er im Jahr 44 unter König *Herodes Agrippa I.* als erster Apostel den Märtyrertod (Enthauptung) erlitt. Seine Gebeine sollen nach Spanien überführt worden sein. Sein Grab in Santiago de Compostela gilt seit dem 11. Jhdt. als einer der berühmtesten Wallfahrtsorte (→Jakobsweg). Jakob wurde von den Tempelrittern besonders verehrt. Der Schutz des Pilgerweges zu seinem Grab wurde daher ganz besonders durch die Templer sichergestellt. (Sein Fest wird am 25. Juli gefeiert).

Jakob I.: „der Eroberer" (el Conquistador); spanisch Jaime, katalanisch Jaume; (* 2. Februar 1208 in Montpellier, † 27. Juli 1276 in Valencia); Sohn des *Alfons II.* und der *Maria von Montpellier*; durch den frühen Tod seines Vaters (1213) wurde er bei den Templern in →Monzón erzogen. Ab 1218 musste er sehr früh die Herrschaft übernehmen; seine großen Eroberungen: 1229/30 Mallorca; 1232 Menorca, 1235 Ibiza und 1232-35 Valencia; bis 1246 versuchte Jakob mit Kaiser →*Friedrich II.* und →*Heinrich III.* von England das Grafenhaus von Toulouse zu unterstützen und den Einfluss des französischen Königshauses einzugrenzen; musste bis auf Montpellier alle Rechte an →*Ludwig IX.* abtreten. 1264-66 schlug Jakob den Maurenaufstand von Murcia nieder. Seine Kreuzzugsgedanken musste er am →Konzil von Lyon 1274 begraben.

Jakob II.: (Jaime) auch Jakob „der Gerechte" (spanisch „el Justo", katalanisch „el Just"); (* 1264 in Montpellier, † 2. November 1327 in Barcelona); König von Aragón 1291-1327; erhielt 1285 von seinem Vater *Peter III.* das Königreich Sizilien, musste aber 1295 im Frieden von Anagni auf Sizilien verzichten, erhielt dafür Sardinien und Korsika. Verbündete sich mit Venedig gegen Genua. 1297 musste der König von Papst →*Bonifaz*

VIII. zur Anerkennung der Privilegien der Templer gezwungen werden. Als →*Esquieu de Floyran*, ein ausgestoßener Templer, seinen Orden (1305/06) bei Jakob zu verleumden versuchte, fand er angesichts der Verdienste des Ordens im Kampf gegen die Mauren keinen fruchtbaren Boden. Esquieu wandte sich später an den französischen König. Nach der Verhaftung der Templer am 13. Oktober 1307 war Jakob der Meinung, dass der französische König in seinen Handlungen irregeleitet war. Er erhielt einen von →*Romanus de Brugeria* verfassten Bericht (vom 27. Oktober 1307), in dem er über die ersten Geständnisse informiert wurde. Durch dieses Schreiben kam es zum Umschwung in der Meinung des Königs dem Orden gegenüber und er setzte die ersten Schritte gegen die Templer, die sich ihrerseits verteidigungsbereit auf die Ordensburgen zurückzogen. Am 14. Dezember 1307 schrieb Jakob an →*Philipp IV.*, dass er im Gegensatz zu seiner ursprünglichen Meinung nun auch gegen die Templer vorgehen werde und ersuchte Philipp ihn darüber in Kenntnis zu setzen was die bisherigen Verhöre in Frankreich ergeben hätten. Im gleichen Monat gab er den Befehl zur Gefangennahme der Templer und zur Einziehung der Güter des Ordens. Am 13. Februar 1308 begann der König mit der Belagerung von →*Monzón* und →*Miravet*. Jakob beauftragte den Inquisitor von Aragon und die Bischöfe von Saragossa mit Untersuchungen gegen den Orden, während vom Papst der Bischof von Valencia eingesetzt war. Die Übergabe der Ordensfestungen erfolgte nach und nach bis zum Frühjahr 1309. Da Jakob die Folter vorerst nicht anwenden ließ, kam es auch zu keinem Nachweis der Schuld der Ordensritter. Die Templer wurden in lockerem Gewahrsam gehalten. Am 5. März 1311 befahl Jakob alle gesunden Templer zu einem weiteren Verhör zum Konzil nach Tarragon zu bringen und versicherte dem Papst, dass er die Inquisitoren unterstützen werde. Jakob ließ die Templer in Ketten legen und so dem Inquisitionstribunal vorführen. Im August 1311 ließ der Papst die Untersuchung unter Anwendung der Folter durchführen; auch dieses Verfahren endete im Dezember 1311 ohne einen Schuldbeweis zu erbringen. Jakob war mit →*Ferdinand IV.* von Kastilien und →*Diniz* von Portugal bereits 1310 übereingekommen, dass die Güter des Ordens in ihren Herrschaftsgebieten an den jeweiligen König fallen sollten.

Jakob von Vitry: (französisch Jaques de Vitry); (* um 1170 in Vitry, † 1. Mai 1240 in Rom); stammte aus der Umgebung von Reims; studierte in Paris; Prediger und Lehrer in Paris; 1210 wurde er zum Priester geweiht; 1211 Regularkanoniker im Kloster Oignies, wo er die Bewegung der →*Beginen* unterstützte; 1213 Kreuzzugsprediger gegen die →*Katharer*; ab 1216 Bischof von →*Akkon*; hatte dort Kontakt mit den Templern und wurde später auch ihr Freund; er schreibt in seiner „Historia orientalis sive Hierosolymitana", in der er →*Wilhelm von Tyrus'* „Historia rereum in partibus transmarinis gestarum" bearbeitete, über die Gründung des Templerordens:

„Einige von Gott geliebte und seinem Dienst ergebene Ritter entsagten der Welt und weihten ihr Leben Christus. Durch feierliche, vor dem Patriarchen von Jerusalem abgelegte Gelübde versprachen sie, die Pilger gegen Räuber und Wegelagerer zu verteidigen, die Wege zu schützen (...). Sie hielten die Gebote der Armut, der Keuschheit und des Gehorsams (...). Ihre Führer waren zwei ehrwürdige Männer, Hugo von Payns und Gottfried von Saint-Omer. Anfangs waren es nur neun Männer, die einen so heiligen Entschluss gefasst hatten; sie dienten neun Jahre in weltlichen Gewändern und kleideten sich von dem, was die Gläubigen ihnen als Almosen gaben. Der König, seine Ritter und der Patriarch waren des Mitleids voll für diese edlen Männer, die für Christus alles aufgegeben hatten und gaben ihnen bestimmte Güter und Benefizien für ihren Unterhalt und für das Seelenheil der Stifter. Und weil sie keine eigene Kirche oder Wohnstatt hatten, beherbergte sie der König in seinem Palast nahe dem Tempel des Herrn. Der Abt und die Regularkanoniker des Tempels gaben ihnen für die Erfordernisse ihres

Dienstes ein Stück Land nicht weit vom Palast. Und aus diesem Grund nannte man sie später „Templer"...".
Im Zusammenhang mit der Überschreitung der Befugnisse durch die Ordenskaplane (Abnahme der Beichte) warnte er die Templer:
„Laien dürften nicht die Aufgabe der Priester usurpieren (...) denn die Schlüssel sind ihnen nicht anvertraut, auch nicht die Gewalt zu binden und zu lösen."
Jakob nahm 1218-1221 am Kreuzzug nach →Damiette teil; 1219 traf er hier mit dem heiligen Franziskus zusammen; er wurde 1229 zum Kardinalbischof von Tusculum bei Rom gewählt.

Jakobsweg: Pilgerstraße über die Pyrenäen nach Santiago de Compostella; sowohl →Johanniter als auch Templer errichteten entlang des Weges im Abstand einer Tagesreise →Kommtureien und →„hospitos", die die einzelnen Abschnitte für die Pilger zu überwachen und vor Räubern und Wegelagerern zu schützen hatten. Die bekanntesten Templersitze waren Puente la Reina, Villacázar de Sirga und Ponferrada.

Jakobusorden: (Militia S. Jaccobi, spanisch Orden de Santiago); gegründet 1170 auf Initiative König *Ferdinand II.* von León zum Schutz der Stadt Cáceres und zur Unterstützung der →Reconquista; 1172 traten die Fratres de Avila und 1174 die Kleriker von Loyo dem Orden bei. 1175 wurde der Ritterorden direkt dem Papst (→*Alexander III.*) unterstellt; die Mitglieder des Ordens rekrutierten sich aus den Reihen des Adels; Ordensoberhaupt war der „Magister", ihm standen 13 Brüder zur Seite, die auch das Recht seiner Absetzung hatten; Ordensniederlassungen wurden von Komturen (comendatores) geleitet. Das Generalkapitel („Dreizehn" und Komturen) beschäftigte sich mit den gesetzgeberischen Ordensangelegenheiten. Das rote Schwertkreuz wurde auf der linken Seite der Cappa getragen. Das Verhältnis und die Zusammenarbeit mit den →Johannitern und Templern wurde mit dem rivalisierenden Orden von →Calatrava (1188) geregelt.

Jaques de Mailly: Templermarschall der gemeinsam mit dem Johannitergroßmeister →*Roger de Moulins* →*Gerhard von Ridefort* von einem Angriff auf das überlegene Heer →Saladins abbringen wollte. Ridefort wies diesen Rat zurück und warf Mailly vor seine blonden Locken mehr zu lieben als den Kampf:
„Du hast deinen blonden Kopf zu lieb, als dass du ihn verlieren möchtest!"
Jaques antwortete:
„Ich werde in der Schlacht mein Leben lassen wie ein tapferer Mann. Du bist es, der fliehen wird wie ein Verräter!"
Am 1. Mai 1187 wurden in der Schlacht an den Quellen von Cresson (bei →*La Fève*) 80 Templer, 10 Ritter des Johanniterordens, 40 Kreuzritter aus Nazareth und 500 Fußknechte von einer Übermacht von mehr als 7000 Seldschuken niedergemetzelt. Jaques de Mailly kämpfte tapfer weiter obwohl bereits alle Templer erschlagen waren. Er hieb so gewaltig um sich, dass sich ihm kein Muslim zu nahen wagte. Da er einen Schimmel ritt erweckte er mit seinem weißen Templerhabit bei den Feinden einen überirdischen Eindruck. Nur durch Wurflanzen und Pfeile konnte er getötet werden. Die Achtung der Muslime vor diesem tapferen Feind war so groß, dass sie ihn mit Sand überdeckten und diesen Staub über ihren Kopf streuten um dadurch dessen Tapferkeit auf sich zu übertragen. Ein Türke soll ihm sogar die Genitalien abgeschnitten haben, um mit deren Einfluss ähnliche Helden zu zeugen, wie es Jaques de Mailly war. Drei Tempelritter entflohen und überlebten verwundet, einer davon war Gerhard von Ridefort.

Jean de Chalon: Templer von der Komturei Nemours (Troyes); erklärte in einer im Juni 1308 beim Papst hinterlegten Akte, dass er selbst am Vorabend der Verhaftung der Tempelbrüder drei mit Stroh gedeckte Lastwagen sah, in denen die Truhen mit dem gesamten Schatz des Großvisitators von Frankreich, *Hugo de* →*Pairaud*, verborgen gewesen waren, und dass diese, geführt von →*Gerhard von Viller* und *Hugo von Châlon*, Paris Richtung Küste verlassen hätten. Die Last soll im Hafen (→*La Rochelle?*) auf 17 Schiffe verladen worden sein.

Jaques de Molay: →Molay, Jaques de.

Jean de Folliac: wurde 1304 von →*Jean de la Tour* im Pariser Tempel aufgenommen; hoffte auf Grund seiner Rechtsbildung im Orden rasch Karriere zu machen und unterbreitete viele Reformvorschläge in Hinblick auf die neue Situation des Ordens nach dem Verlust des Heiligen Landes. Nachdem seine Erwartungen durch den Orden nicht erfüllt wurden wurde er zum Denunzianten, der den Orden bei seinen Verhören in Paris am 19. Oktober 1307 vor Kardinal *Landulf* und 1308 in →Poitiers vor dem Papst schwer belastete.

Jean de la Tour: (Jean de Turno; (* 3. April 1245 in Poissy, † 5. Oktober 1285 in Perpignan); Schatzmeister der Templer in Paris und König →*Philipps III.* von Frankreich (1270-1285); Jean hatte eigentlich die Rolle eines „Bankpräsidenten" inne; der Vermittlung de la Tours war es zu danken, dass →*Philipp IV., der Schöne*, widerrechtlich von der Krone beanspruchte Besitzungen eines wegen →Häresie verurteilten Ritters wieder an den Orden zurückgab (18. Februar 1287). 1295 wurde Jean de la Tour von König Philipp IV. für dessen Verdienste geehrt, die Jean für den König selbst und dessen Vater erworben hatte; der Tempel erhielt dafür Güter in Sens, Senlis und Paris zugesprochen. Jean unterstützte den König bei seinen zweifelhaften Machenschaften, die seine Geldnöte lindern helfen sollten. Dafür wurde de-la-Tour vom Volk auch noch nach seinem Tod mit Hass verfolgt. 1304 nahm er →*Jean de Folliac* in den Orden auf. *Jaques de* →*Molay* forderte, nach seiner Rückkehr nach Paris, Jean dazu auf, die Almosen zu reduzieren, um für einen neuen Kreuzzug zu sparen. Später setzte Molay den, dem König gefälligen, Schatzmeister ab und verwies ihn des Ordens. Der Grund dafür soll ein von de la Tour gewährtes besonders hohes Darlehen (5 200 Livres) für den König gewesen sein. Diese Vorgangsweise dürfte Philipp als persönliche Beleidigung durch den Großmeister aufgefasst haben. Speziell auch deshalb weil Molay auch die Fürsprachen des Königs und des Papstes nicht erhörte.

Nach einer Quelle ist Jean vor dem 13. Oktober 1307 gestorben, in einer anderen Chronik wurde Jean nach der Verhaftung der Templer 1307 in die Burg Moret gebracht. Er machte bei seinem Verhör (nach dem 20. Oktober 1307) widersprechende Aussagen über die Verleugnung Christi, den Ort der Verleugnung und die Personen, die die Anweisung zur Verleugnung gaben. Er gab an, dass die Aufzunehmenden das Kreuz am Mantel ihrer eigenen Rezeptoren zu bespeien hatten. In seinem unbändigen Hass und um die Diffamierung gegen den Orden in Fluss zu halten, ließ Philipp IV. die Gebeine des Ritters, den er 17 Jahre zuvor geehrt hatte, 1312 aus dem Grab reißen, verbrennen, zerstampfen und in alle Winde verstreuen.

Jean de Turno: →Jean de la Tour.

Jerusalem: Als Urusalimmu (Urusalim, hebräisch „Yerusalayim", „Schau des Friedens", arabisch „Al-Kuds", „das Heiligtum" oder „Beit el-Makdis", „Ort des Heiligtums") schon um 1850 v. Chr. belegt; *David* eroberte die Stadt 997 und Jerusalem wurde Hauptstadt Israels und Judäas; König →*Salomo* erweiterte die Stadt mit dem Palast und dem Tempel; 597 und 587 von Babylon erobert und entvölkert; 63 v. Chr. unter römischer Oberhoheit; infolge jüdischer Aufstände Zerstörung des Tempels durch die Römer (70), Vertreibung der Juden (135) und Umbenennung in Aelia Capitolina. 637/638 Eingliederung in das Kalifenreich unter dem Namen *Al Kuds*. 1099 wurde Jerusalem nach 14-tägiger Belagerung vom Kreuzfahrerheer unter →*Gottfried von Bouillon* eingenommen. Über die grausamen Folgen der Eroberung schreibt der Augenzeuge *Raimund von Anguilers*:

In allen Straßen und auf allen Plätzen waren Berge abgeschlagener Köpfe, Hände und Beine zu sehen. Die Menschen liefen über Leichen und Pferdekadaver. Aber ich habe bis jetzt nur die kleineren Schrecken beschrieben (...), beschriebe ich, was ich tatsächlich gesehen habe, würdest du mir nicht glauben...".

Der muslimische Geschichtsschreiber *Ibn al-Atir* schildert:

„...Die Franken nahmen sie (die Stadt) tatsächlich von der Nordseite, morgens am Freitag, dem 22. Saban (492/15. Juli 1099). Die Einwohner wurden ans Schwert geliefert, und die Franken blieben eine Woche in der Stadt, während sie die Einwohner mordeten...".
Gottfried lehnte den Königstitel ab; sein Nachfolger →*Balduin I.* allerdings ließ sich 1100 in Bethlehem krönen; 1099-1187 und 1229-1244 im Besitz der Kreuzfahrer (1100-1191 Hauptstadt des Königreichs Jerusalem); nach 1153 Zeit der größten Ausdehnung. Das christliche →Königreich Jerusalem war auch über erstgeborene weibliche Nachkommen erblich; deren Ehemänner waren nicht zwangsläufig Nachfolger, wenn ihre erbberechtigten Frauen starben. Den jüngeren Söhnen des Königreiches blieben die Kronländer (Grafschaft Jaffa, Fürstentum Galiläa und die Lehen Sidon und Oultrejoudain) vorbehalten. Wenn die männliche Stammesnachfolge erloschen war konnten Frauen das Kronerbe antreten.
1516-1917 osmanische Provinzhauptstadt; 1920 Hauptstadt des britischen Völkerbundsmandats Palästina. Nach der Eroberung des jordanischen Teils (1967) erklärte Israel ganz Jerusalem zu seiner Hauptstadt. Der Status von Jerusalem gilt als eines der Kernprobleme des Nahostkonflikts.
Die Templer waren in Jerusalem in jenem Teil des Königspalastes untergebracht, der dem ehemaligen Tempel Salomons (→Salomonischer Tempel) am nächsten war. Ihre Residenz richteten sie in der ehemaligen →al-Aqusa Moschee ein, die sie für ihre Zwecke umbauten. Der ehemalige Betsaal wurde in Zellen unterteilt, ein Refektorium und Lagerräume wurden errichtet. Unter der Moschee befanden sich die sogenannten „Stallungen Salomos" in deren riesigen Gewölben die Ordensangehörigen ihre Pferde unterbrachten. Unter dem Tempelbereich sollen 1114 →*Hugo de Payns* und →*Hugo de Champagne* nach geheimnisvollen Schriften gesucht und gegraben haben.
Johann, König von Zypern: ältester Sohn →*Hugos III. von Lusignan*; wurde am 11. Mai 1284 zum

König von Zypern gekrönt und unmittelbar darauf in Tyrus zum König von Jerusalem. Johann starb bereits ein Jahr später am 20. Mai 1285. Sein Nachfolger wurde sein 14-jähriger Bruder →*Heinrich*, der am 24. Juni 1285 gekrönt wurde.
Johann I. Ohneland: John Lackland; (* 24. Dezember 1167 in Oxford, † 18./19. Oktober 1216 in Newark bei Nottinghamshire); aus dem Haus Anjou-Plantagenet; jüngster Sohn →*Heinrichs II.* und der →*Eleonore von Aquitanien*; Bruder →*Richard I. Löwenherz*; König (27. Mai 1199 – 1216); versuchte vergeblich, auch im Bunde mit →*Philipp II. August* von Frankreich, seinem Bruder, während dessen Teilnahme am Kreuzzug, den Thron streitig zu machen. Als Johann nach dem Tod Richards König wurde, erkannte ihn sein früherer französischer Verbündeter nicht an und Johann verlor 1206, auf Grund einer Verurteilung im Lehensgericht, die englischen Festlandsbesitzungen nördlich der Loire an Frankreich. Seinen Neffen *Arthur de Bretagne* ließ er, als dieser ihn in seinen Erbansprüchen behindern und selbst den Thron anstrebte, ermorden. 1207 wurde Johann von Papst →*Innozenz III.* unter →*Interdikt* gestellt weil der König den vom Papst eingesetzten Erzbischof von Canterbury nicht anerkannte. Erst nach 1213 konnte er sich mit dem Papst aussöhnen. Die französischen Besitzungen gingen in der Schlacht von Bouvines 1214 endgültig verloren; 1215 musste Johann die „Magna Carta", die die verfassungsmäßigen Rechte des Adels sicherstellte, anerkennen. Johann ließ diese aber durch den Papst für nichtig erklären.
Obwohl der Templerorden zu Richard ausgezeichnete Beziehungen unterhielt, war sein Einvernehmen mit dem späteren König Johann ebenso eng. Eine der ersten offiziellen Urkunden, die Johann als König ausstellte, war die Bestätigung der von den Templern in England erworbenen Besitzungen und Rechte. Am 28. August 1199 nahm Johann als Herzog der Normandie die normannischen Templer unter seinen Schutz, befreite sie von jeder gerichtlichen Verfolgung und entband sie jeglicher finanziel-

ler Belastung (Zölle, Wege- und Brückengeld etc.). Der Orden wiederum half dem König mehrfach aus Geldproblemen. 1204 verpfändete der König die Kronjuwelen an den Orden und 1215 lieh ihm der Orden beträchtliche Summen um angeheuerte Ritter aus dem Poitou bezahlen zu können. Als 1209 Papst Innozenz III. den König exkommunizierte, vermittelten die Templer. Während der Regentschaft Johanns war →*Aymeric de St. Maur* Präzeptor von England und engster Berater des Königs; nach dessen Tod war er einer der Testamentvollstrecker. Aymeric dürfte den König auch zur Unterzeichnung der „Magna Charta" geraten haben.

Johann von Brienne: Jean de Brienne; (* um 1144, † 23. März 1237 in Konstantinopel); Lehensmann von König →*Philipp II. August*; wurde durch seine Hochzeit (auf Wunsch Philipps II.) mit *Maria von Montferrat* König von Jerusalem (1210-1225). Nach deren Tod (1212) mit *Stephanie* der älteren Tochter von →*Leo II. von Armenien* verheiratet. Nach dem Tod Leos (1219) wollte er in →*Kilikien* für die minderjährige Erbin *Isabella*, für die er bereits die Vormundschaftsregentschaft in Jerusalem übernommen hatte, die Regentschaft in Armenien übernehmen. Bei der Überfahrt starb seine armenische Frau an Misshandlungen die Johann ihr zufügt. Als ihr gemeinsamer kleiner Sohn einige Monate später auch starb verlor er seine Erbansprüche in Armenien. Johann war 1218 Führer des Kreuzzuges gegen Ägypten und leitete die Belagerung von →*Damiette*. Als vom Aijubiden-Sultan *al-Kamil* das Angebot gemacht wurde, für den Abbruch des Ägyptenfeldzuges die seit 1187 besetzten Gebiete um Jerusalem und Jerusalem selbst zu tauschen, war er sofort für die Annahme des Angebotes. Widerstand leisteten der päpstliche Legat →*Pelagius* und die Vertreter der italienischen Seestädte, die in völliger Unkenntnis der strategischen Situation dieses Angebot ablehnten. Nach dem Scheitern des Feldzuges auf Grund der falschen Entscheidungen des Legaten wurde Johann als Geisel für die Einhaltung des mit al-Kamil vereinbarten Waf-

fenstillstand festgehalten. Johann verlor sein Königreich durch Heirat seiner Tochter *Isabella* mit →*Friedrich II. von Hohenstauffen* an diesen. 1224 heiratete Johann die Tochter →*Ferdinands III. von Kastilien – Berengaria*. 1229 wurde er Regent und Mitkaiser von Konstantinopel. Johann starb 1237 in seinem 93. Lebensjahr kurz bevor er in den Franziskanerorden eingetreten wäre.

Johann von Ibelin: (* 1177/78, † 1236); trat auf dem Sterbebett in den Templerorden ein; Sohn des *Ballian von* →*Ibelin* (Herr von Nablus) und der *Maria Komnene*, der Witwe König →*Amalrichs von Jerusalem*; 1197 erhielt Johann durch Protektion seiner Halbschwester Königin →*Isabella* die Lehensherrschaft von Beirut; 1205-1210 Regent von Jerusalem und ab 1217 Statthalter von Zypern; Johann galt als Idealbild eines Ritters, dessen Karriere durch hohe Rechtskenntnis und Beredsamkeit, aber auch von übertriebenem Ehrgeiz und Korruption gekennzeichnet war.

Johann von Salysbury: Seiner Ansicht nach waren die Privilegien der Templer daran Schuld, dass auf die vom Orden kirchlich Abhängigen ein „verderblicher" Einfluss ausgeübt wurde. Die Templer verfälschten das Evangelium, und verkündigten es nicht um Gnade, sondern um Geld. Sie lebten nicht der Wahrheit gemäß sondern im Sinnenrausch; in der Nacht kamen sie an geheimen Plätzen zusammen und lebten dort in Saus und Braus, obwohl sie tagsüber die Tugend predigten.

Johann von St. Viktor: Einer der ersten Biographen von Papst →*Klemens V.* schreibt über die Verhaftung der Templer:

„Wilhelm von Nogaret hat einige Ordensobere der Templer, sowohl edle als bürgerliche, in den verschiedenen Teilen Frankreichs aufgreifen, zur Ablegung von Geständnissen zwingen und lange Zeit in den Gefängnissen von Corbeil bewachen lassen. Veranlasser und Anordner jener Verhaftung war der Predigermönch Imbert, der Beichtvater des Königs. Jene aber widersetzten sich standhaft und kühn, dass die schuldgegebenen Verbrechen irgendwie mit ihren gemeinschaftlichen Einrichtungen zusammenhingen; trotzdem wurden sie zu

Corbeil in Haft behalten, bis der Großmeister und andere Obere gefangen wurden und diese die Verbrechen wenigstens zum Teil eingestanden."
Johannes XXI.: eigentlich *Petrus Juliani*, genannt *Petrus Hispanus*; (* zw. 1210 und 1220 in Lissabon, † 20. Mai 1277 in Viterbo); studierte Medizin in Salerno und unterrichtete 1242-1252 in Siena; war Leibarzt *Gregor X.*; 1273 Erzbischof von Braga und Kardinalbischof von Tusculum; 188. Papst (8. September 1276 – 20. Mai 1277); war der einzige Portugiese auf dem Papstthron; bedeutender Gelehrter; einer der Wegbereiter des Nominalismus. Er starb als die Decke seines Schlafgemaches in Viterbo einstürzte.

Johannes XXII.: bürgerlich Jaques Duèze; (* um 1245 in Cahors, † 4. Dezember 1334 in Avignon); Pontifikat 7. August 1316 – 4. Dezember 1334; 1308 Kanzler König →*Philipps IV.*; 1310 Bischof von Avignon; 1312 Kardinal; festigte das Papsttum in Avignon, in dem er den Zentralismus und das Finanzwesen der Kurie reformierte, politisch wirkte er für die Interessen Frankreichs. Er war eine der treibenden Kräfte im Prozess gegen die Templer. 1317 bestätigte er die Orden von →Montesa und →Calatrava, in denen die Tempelritter nach der Auflösung ihres Ordens am Konzil von Vienne (1312) aufgenommen wurden (Bulle „Pia mater ecclesia"). Am 14. März 1318(19) anerkannte er den →Christusritterorden (Bulle „Ad ea quibus"), obwohl er wusste, dass dieser ausschließlich aus Brüdern des Templerordens bestand. Er stimmte auch zu, dass die ehemaligen Güter der Templer auf die Christusritter übergingen. In Zypern befahl er dem Konvent der Templer, der hier noch nach der Vernichtung des Ordens bestand, sich aufzulösen und die Güter des Ordens den Johannitern zu übergeben. 1324 söhnte er das Papsttum mit dem Exkommunizierten schottischen König *Robert* →*Bruce* aus.
Als kraftvolle Natur verfolgte Johannes eine rücksichtslose Machtpolitik im Sinne der Kirche. Wurden neue Kardinäle gewählt, dann wurden ausschließlich Franzosen berücksichtigt, die ihrerseits wiederum die französische Politik un-

terstützten. Einem grenzenlosen Nepotismus verfallen versuchte der Papst durch eine maßlose Steuerpolitik Mengen an Geld zu horten. Als er starb hatte er zirka 30 Millionen Goldmünzen und Barren hinterlassen.

Johannes der Evangelist: (Johannes der Apostel); Heiliger; Fest: 27. Dezember.; Sohn des Zebedäus, Bruder Jakobus' des Älteren, galiläischer Fischer; Jünger Jesu; leitete zusammen mit Petrus die Jerusalemer Gemeinde. Soll nach altkirchlicher Überlieferung später in Ephesos gewirkt haben, nach Patmos verbannt worden sein und unter Trajan gestorben sein. Seine Verfasserschaft des Johannesevangeliums, der Apokalypse des Johannes und der Johannesbriefe ist umstritten. Die →Katharer und die Templer fühlten sich durch die Worte im ersten Johannesbriefes (1. Joh 2,15-16) geführt:
„Liebet nicht die Welt, und nicht was in der Welt ist. Liebet einer die Welt, ist die Liebe des Vaters nicht in ihm...".
Schutzpatron der Bauhütten, der Bildhauer und, wie →*Johannes der Täufer* auch, des Templerordens und heute der Freimaurer.

Johannes der Täufer: heilig; († wahrscheinlich in Machaerus (Palästina) um 28. n. Chr.); im Neuen Testament bezeugter Bußprediger, der taufend das heranbrechende Reich Gottes verkündend am Jordan agierte. Vorläufer Jesu, wirkte vor dessen Auftreten in Nazareth; Jesus ließ sich von ihm taufen; seine Taufpraxis gilt als Vorwegnahme der christlichen Taufe; die Verbindung von „Umkehr" (Buße) mit der Wassertaufe verbürgt die Rettung im kommenden Endgericht. Johannes wurde auf Befehl des Königs Herodes Antipas hingerichtet. Fest: 24. Juni (Geburt) und 29. August (Enthauptung). Die im christlichen Volksglauben verbreiteten Bräuche um Johannes sind meist durch die Nähe zur Sommersonnenwende, die dem Geburtsfest des Heiligen vorangeht (Johannistag), geprägt, beispielsweise das Umtanzen und Überspringen des Johannisfeuers.
Johannes der Täufer wird seit urdenklichen Zeiten als Schutzpatron der Steinmetzen und der

ihnen angeschlossenen Bruderschaften verehrt. So wie →*Johannes der Evangelist* gilt Johannes der Täufer als Schutzpatron der Templer und heute der Freimaurer. In der Kunst wird Johannes der Täufer in Verbindung mit der Taufe Jesu dargestellt oder als Asket und Bußprediger in Fellkleidung mit Kreuzstab mit Spruchband („Ecce Agnus Dei"), mit einem Lamm an der Seite und das Haupt auf einer Schüssel abgebildet.

Johannes der Priesterkönig: →Priesterkönig Johannes.

Johannes II. Komnenos: (* 13. September 1087, † 8. April 1143); byzantinischer Kaiser (ab 15. August 1118); Sohn des →*Alexios I.*; verheiratet mit *Piroschka* (*Eirene*) der Tochter *Ladislaus I.* von Ungarn; der Ehe entsprangen 8 Kinder; darunter auch der spätere Kaiser →*Manuel I.*; 1130 gründete Johannes mit Papst →*Innozenz II.* und →*Lothar III.* eine Koalition gegen die →Normannen. Im Osten kam es zu ständigen Auseinandersetzungen mit →Kilikien und den Kreuzfahrerstaaten; 1137 nahm der Kaiser →Antiochia und →*Raimund von Poitiers* musste ihm huldigen; 1142 kam es zu einem neuerlichen Feldzug gegen Antiochia; ein bei Anarzabos (März 1143) anlässlich eines Jagdausfluges irrtümlich abgeschossener, vergifteter Pfeil, von dem Johannes getroffen wurde und an dessen Folgen der Kaiser im Feldlager starb (8. April 1143), verhinderte ein weiteres Vordringen nach Palästina.

Johannes Michaelensis: Mönch; Zeichnete am Konzil von Troyes (1128) die von →*Bernhard von Clairvaux* und →*Hugo de Payens* erarbeiteten Ordensregeln des Templerordens auf.

Johannisgürtel: weißwollene Schnur, die den Gürtel →*Johannes des Täufers* symbolisieren sollte; wurde bei der Aufnahmezeremonie der Templer dem Aufzunehmenden (→Aufnahmeritual) in einem Umgürtungs-Ritual über dem Hemd gebunden und musste ab diesem Moment stets sichtbar getragen werden. Später wurde die Schnur als Zeichen der alles umschlingenden brüderlichen Liebe gedeutet und war Talisman und auch Erkennungszeichen. Bei der Umgür-

tungszeremonie soll es zu homosexuellen Handlungen gekommen sein, bei denen der Neuaufgenommene dem Rezeptor das entblößte Glied küssen musste.

Johanniter: (lateinisch Ordo militiae Sancti Joannis Baptistae hospitalis Hierosolimitani, auch Hospitaliter, später Rhodisier und Malteser); war einer der großen Ritterorden, der aus dem Hospital in Jerusalem entstand und →*Johannes dem Täufer* geweiht war. Das Hospital war von Kaufleuten aus Amalfi im Anschluss an ein Benediktinerkloster ~1050 errichtet worden und war zur Versorgung der Palästinapilger gedacht. Mit dem ersten →Kreuzzug und der Eroberung von Jerusalem (1099) und der Kreuzfahrerstaaten erwuchsen für das Hospital neue Aufgaben. Die Meister *Gerhard* († ~1120) und *Raimund du Pui* (1. Großmeister 1118-1160) organisierten das Hospital neu und gründeten damit einen religiösen Orden, der sich zur Krankenpflege und Betreuung der Pilger verpflichtete. Nach und nach wurden in allen Hafenstädten Frankreichs und Süditaliens, an allen Wallfahrtsorten im Okzident und im Heiligen Land Niederlassungen und Hospitäler errichtet. Papst →*Paschalis II.* hatte bereits 1113 das Hospital als unabhängige Einrichtung anerkannt, ~1130 entstand die erste Regel, 1152 Bestätigung der ersten Regel durch Papst →*Eugen III.*; 1154 bestätigte Papst →*Hadrian IV.* den Orden; die danach (1155/56) entstandenen Ordensregeln basierten auf der Augustinusregel und den Regeln der →Templer. Bereits in der ersten Hälfte des 12. Jhdts. bildete sich bei den Johannitern ein militärischer Zweig nach dem Muster des Templerordens aus, der Orden erhielt an strategisch besonders wichtigen Gebieten Burgen. Mit dem Bau der größten Burg im Heiligen Land, dem →Krak des Chevaliers, wurde 1142 begonnen. Der eigentliche Zweck des Ordens, die Krankenpflege trat an die zweite Stelle, damit war die Entwicklung zum Ritterorden bereits vorgezeichnet. Bereits 1206 erscheinen die Johanniter als voll ausgebildeter Ritterorden, dem ein Großmeister vorstand. Oberste Instanz des Ordens war das Generalkapitel. Es wurde deutlich zwischen den waffenführenden, adeligen Brüdern und so wie bei den Templern, den dienenden Brüdern, im Waffen- und Hospitaldienst, unterschieden. Die Seelsorge wurde durch den Kaplanbruder sichergestellt. Bei ihrer Aufnahme mussten die Brüder neben den Gelübden des →Gehorsams, der Armut und der Keuschheit, den Dienst an den Armen und den Schutz des Glaubens geloben. Der →Habit des Ordens bestand aus einem schwarzen Mantel mit einem achtspitzigem, weißen Kreuz, im Krieg aus einem roten Waffenrock mit weißem Kreuz. Das Ordensgebiet gliederte sich in acht „Zungen", die sich wieder in Großpriorate, Balleien und Komtureien unterteilte. Mit dem Fall →Akkons, 1291, verlegte der Orden seinen Sitz vorübergehend nach Zypern und nach der Eroberung von Rhodos auf diese Insel. Hier konnten die Johanniter (Rhodisier) ihre größte Macht erreichen und sich zur Seemacht entwickeln. In dieser Zeit schreckten sie auch nicht vor Piraterie zurück. Zur Zeit der Verfolgung der Templer traten sie in Zypern mit Beschuldigungen gegen den Templerorden auf obwohl sie sich noch vor kurzem mit diesem zu vereinigen suchten. Sie profitierten neben dem französischen König vom Untergang der Templer. Nach der Vernichtung des Templerordens in Frankreich (1312) erhielten die Johanniter im Laufe der Zeit die Besitztümer der Templer, deren Güter und Komtureien vom Papst übertragen. Nach der Eroberung Konstantinopels durch die Türken, bildeten sie das letzte Bollwerk. Gerieten aber immer mehr in Bedrängnis und mussten 1522 Rhodos an die Türken übergeben. Erhielten von Kaiser Karl V. Malta als neuen Hauptsitz. Im 18. Jhdt., nachdem die Bedrohung durch die Türken nicht mehr gegeben war, verlor der Orden seine militärische Aufgabe. Bereits im 16. Jhdt. hatte der Orden seine Besitzungen in den Ländern der Reformation verloren, anlässlich der französischen Revolution, 1798, gingen die Güter in Frankreich und Malta an Napoleon verloren und anlässlich der Säkularisation 1809 Verlust des Besitzes im Heiligen Römischen Reich. 1834 wurde der Hauptsitz des Ordens

nach Rom verlegt und 1879 stellte Papst Leo XIII. die Würde des Großmeisters wieder her (Kardinalsrang mit dem Titel Eminenz). 1953 wurde der Orden von Papst Pius XII. reorganisiert und neuerlich anerkannt. Heute hat der Orden seine eigentlich nie aufgegebene Verpflichtung zur Krankenpflege im großen Umfang wieder aufgenommen und international ausgeweitet.

Johanniter-Bruderschaft für die Auferstehung der Templer: wurde 1978 in Deutschland gegründet und hat sich zum Ziel gesetzt die Ritterideale des →Templerordens zu pflegen und zu verbreiten; bekämpft den Materialismus und beruft sich auf →Kabbala und →Alchemie.

Joinville, Jean Sire de: (Jehan de Joinville, Johann de Jamvilla); französischer Geschichtsschreiber (* 1225, † 24. Dezember 1317); zweiter Sohn des Grafen von Joigny; wurde nach dem Tod seines Vaters und seines Bruders bereits 1238 Erbe der Grafschaft; um 1241 Seneschall der Champagne; begleitete den französischen König →Ludwig IX. auf den 6. Kreuzzug (→Kreuzzüge) nach Ägypten (1248-1254); beschrieb ihn als Chronist („Le livre des saintes paroles et des bons faits de notre saint roi Louis"); später wurde Joinville Berater des Königs und Regent der Grafschaft Champagne. Als Ludwig nach seiner Gefangennahme in Ägypten gegen ein Lösegeld von 200 000 Livres freigelassen werden sollte, gelang es Joinville diese Summe von den Templern zu leihen. Nahm als königlicher Rat an den Verhören der Templer speziell an denen der Würdenträger durch die Kardinäle *Berengar, Landulf* und *Stefan* in →Chinon teil. Joinville gab als guter Erzähler ein deutliches Bild des Lebens und des Denkens seiner Zeit.

Joppe: →Jaffa.

Joscelin II.: (Joscelinus, Josselin); stammte aus dem Hause Courtenay; (* um 1113, † 1159 in Aleppo); Sohn des *Joscelin de Courtenays*, nach dessen Tod Graf von →Edessa (1131-1159, ab 1150 nur mehr nominell); von Lastern gezeichnete, hässliche Erscheinung, der es an allen positiven Eigenschaften seines Vaters mangelte; er war für die ihm gestellten Aufgaben völlig ungeeignet; 1140 musste er *Raimund von Antiochia* (→Raimund von Poitiers) als Oberherren anerkennen; die Fehleinschätzung der Kriegspläne →*Sengis* durch den Grafen verursachten den Verlust Edessas (24. Dezember 1144); 1146 wurde Edessa ohne der Zitadelle kurzzeitig zurückerobert (Oktober-November); nachdem →*Nur-ed-Din* Joscelin wieder in die Flucht geschlagen hatte wurden alle Christen niedergemetzelt, Frauen und Kinder in die Sklaverei geschickt; im April 1150 wurde Joscelin von den Muslimen gefangengenommen und an Nur ed-Din übergeben, der den Grafen blenden ließ und ihn noch neun Jahre bis zu dessen Tode gefangen hielt; der sich noch in den Händen der Christen befindende Teil Edessas wurde an Kaiser Manuel verkauft aber bereits 1151 von den Moslems wieder überrannt. Joscelins Tochter →*Agnes von Coutenay* war mit König →*Amalrich I.* verheiratet.

Joscelin III.: († um 1200); Titular-Graf von →*Edessa*; Sohn des →*Joscelin II.* und Bruder der →*Agnes von Courtenay*; war 1160-1176 in muslimische Gefangenschaft; war unter →*Balduin IV.* Seneschall von Jerusalem und hatte Dank der königlichen Unterstützung große Besitztümer um →*Akkon*; Joscelin wurde nach dem Tod Balduin IV. Vormund des jungen Thronerben →*Balduin V.*; unterstützte nach dessen Tod 1186 gemeinsam mit den Templern (→*Gerhard de Rideford*) erfolgreich die Thronansprüche von →*Sibylle*; damit erhielt er die Herrschaft von Toron. Am 10. Juli 1187 übergab Joscelin Akkon an →*Saladin*.

Joscelin von Courtenay: (Josselin); Fürst von Galiläa, später Graf von →*Edessa* (1119-31); war mit *Balduin von Le Bourg* (→*Balduin II.*) verwandt (Vetter); kam mit den ersten Kreuzfahrern nach →*Outremer* (1100/01), wo er vom Grafen *Balduin* mit großen Besitzungen bei Edessa belehnt wurde. Nach der Niederlage von Harran 1104 kamen Balduin und Joscelin in Gefangenschaft, aus der sie nach drei, beziehungsweise nach vier Jahren befreit wurden; Joscelin führte eine nach Machtgewinn strebende Politik und kam dadurch mit dem Fürstentum Antiochia in Kon-

flikt; Graf Balduin vertrieb aus diesem Grund Joscelin (1113) und bezichtigte ihn des Verrates; darauf ging Joscelin nach Jerusalem, wo er später die Wahl seines Vetters *Balduin von Le Bourg* zum König von Jerusalem erfolgreich betrieben hat; dafür wurde er als Gegenleistung mit der Grafschaft Edessa belehnt; in ständigem Kampf mit den Muslimen verwickelt, wurde Joscelin 1122 neuerlich gefangengenommen. Die Regentschaft Edessas wurde in seiner Abwesenheit von König →*Balduin II.* übernommen (bis 1126). 1127 verband sich Joscelin, weil er seinen Interessen diente, sogar mit den Muselmanen gegen die Christen und geriet deshalb naturgemäß in Streit mit seinem Lehensherren →*Bohemund II.*; eine Auseinandersetzung, die von König Balduin geschlichtet werden musste. Joscelin wurde 1131 bei der Belagerung einer Burg in der Nähe von Haleb durch die herabstürzenden Trümmer eines Turmes schwer verletzt, denn och kommandierte er einen Angriff auf den Sultan von Ikonium und starb, als er seine Ritter schwer verwundet von seiner Sänfte aus zum Kampf anfeuerte († 1131). Sein Sohn →*Joscelin II.* übernahm die Grafschaft. Die Burg →*Montfort* wurde von Joscelin de Courtenay im ersten Drittel des 12. Jhdts. errichtet; 1187 wurde die Burg von →*Saladin* erobert; kam fünf Jahre später wieder in den Besitz der Joscelins; nach dem Tod →*Joscelins III.* wurde die Burg 1228/29 an den →*Deutschen Ritterorden* verkauft.

Joseph von Arimathia: (Joseph von Arimathaia, Arimatäa); Mitglied des jüdischen Hohen Rates (Synedrion) in Staats-, Rechts- und Religionsangelegenheiten. Als heimlicher Anhänger Jesu setzte er dessen Leichnam in dem für sich selbst vorgesehenem Grab bei. In der Gralssage gilt Joseph als derjenige, der das Blut Christi in jenem Kelch gesammelt hatte, der beim letzten Abendmahl verwendet worden ist. Mit diesem Kelch sei Joseph später durch Europa gezogen und soll bis England gelangt sein. Nach einer anderen Sage soll er nach der Kreuzigung die Kinder Jesu nach Marseille gebracht haben; er gilt in der keltischen Überlieferung als erster Hüter des →*Gral*.

Juden: (hebräisch „Jehudi", „Bewohner Judas", griechisch „Judaios", lateinisch „Judaeus"); ursprünglich das nach dem Stamm und späteren Königreich Juda in Palästina benannte Volk, später nach der Zerstreuung ausgedehnt auf alle, die ihre Herkunft auf das Volk Israel zurückführten und sich aufgrund der jüdischen Glaubensgemeinschaft ein gewisses Mass an gemeinsamem Brauchtum bewahrten. Nach jüdischer Tradition gilt als Jude, wer von einer jüdischen Mutter geboren wurde oder zum Judentum übergetreten ist. In Israel dient diese Definition zur Feststellung der jüdischen Nationalität. Unter den europäischen Juden unterscheidet man zwei Gruppen: die Sephardim oder spaniolischen Juden (Spaniolen) und die Aschkenasim oder mittel- und osteuropäischen Juden. In Israel werden als Sephardim die Juden orientalischer Herkunft bezeichnet.

Die Zahl der Juden auf der Erde betrug 1933 rund 16 Millionen, ging durch die national-sozialistischen Verfolgungen (rund 6 Millionen Ermordete) bis 1947 auf 11,3 Millionen zurück und stieg bis 1993 wieder auf 17,8 Millionen an. In Deutschland lebten 1925 rund 565 000 Juden. Nach 1933 verließen 295 000 Juden Deutschland wegen der national-sozialistischen Judenverfolgungen. 4 Millionen Juden aus fast allen Teilen der Welt haben sich in Israel eine neue Heimat geschaffen (hier Israelis genannt).

Juden im Heiligen Land: Vor dem ersten Kreuzzug (→Kreuzzüge) hatten in Jerusalem und Akkon je 200 und in Tyrus etwa 400 jüdische Familien gelebt. In den Massakern des ersten Kreuzzuges wurden sowohl Juden als auch Muslime deutlich dezimiert. Die überlebenden Juden flüchteten aus Angst vor neuerlichen Pogromen, sodass im 12. Jhdt. in der Stadt Damaskus allein mehr Juden lebten als in allen Kreuzfahrerstaaten zusammen.

Judenhut: im Mittelalter zur Kennzeichnung der Juden für diese vorgeschriebener spitzer Hut; wurde eingeführt, als es anlässlich der Kreuzzüge zu Judenverfolgungen kam. Die Juden wurden unter den besonderen Schutz des Königs gestellt, was für sie aber den Zwang zum Tragen besonderer Kleidung bedeutete.

Judentum: Bezeichnung für die Religion des „Volkes Israel" sowie für die Gesamtheit derer, die ihr als ethnische und religiöse Gemeinschaft angehören. Der jüdische Glaube ist die älteste monotheistische Religion und Mutterreligion von Christentum und Islam. Religiöse Autorität beanspruchen allein die Thora und die Halacha. Dogmata kennt das Judentum nicht; jedoch können bestimmte Kriterien der Rechtgläubigkeit angegeben werden: das Bekenntnis zu Jahwe, die Anerkennung der Thora und die thoragemäße Verwirklichung des Gotteswillens (Orthopraxie). Die religiöse Tradition erhebt den Anspruch, dass der einzige wahre Gott und Schöpfer der Welt (Jahwe), der sich in der Bibel geoffenbart hat, in *Abraham* das Volk Israel dazu auserwählt hat, den Glauben an den einen Gott in der Welt zu bekennen. Zeichen dieses „Abraham-Bundes" ist die Beschneidung. Die Offenbarung des Gotteswillens durch Moses am Berg Horeb/Sinai an die Thora verpflichtete, als konstitutiver Erwählungsakt, das (Gottes-)Volk kollektiv zu religiöser und sozialer Solidarität. Um diesen Erwählungs- und Sendungsauftrag zu erfüllen, muss der Offenbarungsinhalt „rein" bewahrt werden. Die deshalb nötige und für das Judentum schicksalhafte Abgrenzung wird durch zahlreiche Vorschriften und Bräuche (Speisevorschriften, Beschneidung, Sabbatfeier) garantiert. Im Zentrum der Religiosität steht also weniger das persönliche Heil des Einzelnen als die Erfüllung des kollektiven Erwählungsauftrags und die Verwirklichung der Gottesherrschaft.

Judenverfolgung im Mittelalter: Im 12. Jhdt. ist noch im Sinne des religiösen Rationalismus der →Scholastik das Glaubensgespräch mit den Juden gesucht worden. In die Zeit der Kreuzzüge waren bereits die ersten judenfeindlichen Tendenzen und erste Fanatismen anzusiedeln. Die Juden wurden mit Gräueltaten wie Ritualmorden und Hostienschändungen verfemt. Anlässlich des 1. Kreuzzuges nach Palästina kam es in Europa zu den ersten Judenpogromen (1096).

Bei ihrem Zug durch Nordfrankreich und die rheinischen Städte Straßburg, Worms, Speyer und Köln richteten Pilger, speziell unter der Führung →*Peter von Amiens*, erste Massaker unter der jüdischen Bevölkerung an. 1103 wurden die Juden nach diesen Übergriffen im Zuge einer Landfriedensordnung von →*Friedrich I. Barbarossa* unter kaiserlichen Schutz gestellt. Die jüdischen Kaufleute waren ihren christlichen Konkurrenten durch ihre internationalen Kontakte und durch ihre Kreditwürdigkeit untereinander weit überlegen. Im 12. und 13. Jhdt wurde dieser Vorteil durch die gesellschaftliche Begünstigung der Christen langsam aufgewogen. Am 4. Laterankonzil (1215) wurde die →Inquisition eingeführt, Beschlüsse gegen Ketzer gefasst und Verhaltensregeln für Juden (Kleiderordnung, gelber Fleck, Verbot des Grundbesitzes) festgelegt. →*Innozenz III.* stellte die Juden unter den Schutz des Vatikans. Das Tragen der Erkennungszeichen sollte den besonderen Schutz ermöglichen. →*Petrus Venerabilis* schlug in einem Schreiben vor (1143), dass, wenn man die Juden schon nicht töten dürfe, sie doch zur Finanzierung des 2. Kreuzzuges herangezogen werden sollten. Später bemerkte er in einem Brief an König →*Ludwig VII.* anlässlich des 2. Kreuzzuges unter anderem:

„Was nützt es aber, die Feinde des christlichen Glaubens in fernen Landen aufzusuchen und zu bekämpfen wenn die liederlichen und lästernden Juden, die weitaus übler als die Sarazenen sind, nicht in fernen Landen, sondern in unserer Mitte so ungehemmt und so verwegen Christum und alle Sakramente ungestraft schmähen und mit Füßen treten, verächtlich machen?"

Der zweitrangige Kreuzzugsprediger und Mönch *Radulf* stiftete die Bevölkerung zur rücksichtslosen Verfolgung der Juden an. Am 8. Mai 1143 kam es in Metz zu den ersten Schlächtereien, die im August auf Köln, Mainz, Trier und Speyer übergriffen. Die Erzbischöfe von Mainz und Köln und der deutsche König →*Konrad III.* nahmen sich der Verfolgten an und zogen dadurch selbst den Hass des Pöbels auf sich. Gegen Ende des 12. Jhdts. fiel der Pöbel der englischen Städte über die des Wuchers beschuldigten Juden her und erschlugen sie. Bei der Huldigung in York für König →*Richard I.* kam es zu Ausschreitungen; die Verfolgten waren auf die königliche Burg geflüchtet; als sie die Ausweglosigkeit ihrer Situation erkannten steckten sie die Burg in Brand und gingen in den Freitod, indem sie sich von den Trümmern der Burg begraben ließen. 1290 ließ →*Eduard I.* die Juden aus England vertreiben.

In Frankreich wurden die Juden der Schändung und Tötung christlicher Kinder beschuldigt und aus dem Land getrieben. Besonders unter →*Ludwig IX.* (er ließ anlässlich einer Diskussion an der Sorbonne 1240 den Talmud verbrennen) und →*Philipp IV.* kam es zu mehrfachen Landesverweisen. Die Güter der Vertriebenen wurden beschlagnahmt und der königlichen Schatzkammer einverleibt.

Mitte des 14. Jhdts. setzten mit der Pestkatastrophe neuerlich aus Angst entstandene Verfolgungen ein, die unter der Verdächtigung einer „allgemeinen Weltverschwörung der Juden" ihre Begründung fanden. Von den damals bestehenden zirka 300 Judengemeinden wurden zweidrittel vernichtet.

K

Kabbala: (hebräisch „Überlieferung"); jüdische Geheimlehre und Mystik, besonders zwischen dem 12. und 17. Jhdt. (im 12. Jhdt. in Südfrankreich entstanden – Buch Bahir); sowie die esoterischen und theosophischen Bewegungen im Judentum überhaupt; die Kabbala ist kein einheitliches System; mystische Interpretationen des alten Testamentes, Umsetzung der Erkenntnisse in Zahlen; ihr Hauptwerk ist das Buch „Sohar" („Lichtglanz"; um 1300 in Spanien), das später zu einem kanonischen Text der Kabbala wurde. Die Kabbala griff auf die Lehre von den 10 „Sefirot" (Schöpfungsfaktoren) des Buches „Jezira" zurück und verband sie mit neuplatonischen Gedanken und traditionell jüdischen Motiven. Die Hauptlehren der Kabbala wirkten sich in der messianischen Bewegung des Sabbatianismus im 17. Jhdt. und im Chassidismus in Polen im 18./19. Jhdt. aus.

Kadosch: →Ritter Kadosch.

Kalawun: (Qualawun, Quelaun); Mameluckischer Herrscher (1279 – 10. November 1290), verdrängte die Kreuzritter fast völlig aus Palästina. 1280 neuerlicher Einfall der Mongolen in Syrien; die Lateiner, ohne die Ritterorden, verbündeten sich mit ihnen; 1281 siegten die Mongolen bei →Homs über die →Mamelucken ohne nachhaltige Wirkung; 1289 eroberte Kalawun die stark befestigte Stadt Tripolis und massakrierte die Bevölkerung. Danach wandte er sich mit seinem Heer gegen →Akkon. Als er auf dem Weg nach Akkon 1290, sieben Kilometer von Kairo entfernt in Mardschat at-Tin starb, wurde sein Sohn *el-Melek al-Ashraf Khalil* Nachfolger und belagerte ab 5. April Akkon. Am 17. Mai 1291 schlugen die Mamelucken eine Bresche in die Mauer der Stadt, beim Gegenangriff wurde der Großmeister →*Wilhelm von Beaujeu* tödlich verletzt. Kalawun war ein großer Sultan, der, ähnlich →*Baibars*, unnachgiebig und unbarmherzig war, aber mit mehr Ehrgefühl und Treue begabt war.

Kalif: (arabisch „chalifa", „Nachfolger, Stellvertreter"); Titel der Nachfolger →Mohammeds als religiöses und weltliches Oberhaupt im islamischen Reich; die ersten vier „rechtgeleiteten"

Kalifen (*Abu Bakr, Omar I., Othman, Ali*) begründeten das islamische Großreich. Kalifen wurden nur von den →Sunniten anerkannt. Sie wurden von den Anhängern Mohammeds in Medina gewählt. *Moawija I.* begründete die Kalifen-Dynastie der Omajjaden (661-750), sie regierten in Damaskus; ihnen folgte die, von *al-Mansur* gegründete, Dynastie der Abbassiden (750-1258), mit dem Herrschaftssitz in Bagdad; ab 960 war das Kalifat ohne politische Bedeutung; 1258 wurde der letzte der Abbassiden Kalifen hingerichtet; 1460 übernahm das Osmanische Reich das Kalifat, bis es 1924 von der türkischen Nationalversammlung abgeschafft wurde.

Kalixtus II.: eigentlich *Guido, Graf von Burgund* († 13. Dezember 1124); mit den Kapetingern und den Saliern verwandt; ab 1088 Erzbischof von Vienne; 163. Papst (2. Februar 1119 – 13. Dezember 1124); wurde in Cluny gewählt, zeichnete sich durch hohe staatsmännische Fähigkeiten aus und konnte so im Wormser Konkordat den Investiturstreit beenden (23. September 1122), darin verzichtete *Heinrich V.* auf die Wahl von Bischöfen und Äbten. Nach einer Rundreise durch Südfrankreich kam Kalixtus erst 1120 nach Rom; der Gegenpapst *Gregor VIII.* (→Gelasius II.) wurde unterworfen und floh, wurde von den →Normannen bei Sutri gefangen und Kalixtus übergeben, der ihn lebenslang in einem Kloster festhielt. Nach seinem Tod wurde Kalixtus im Lateran beigesetzt. Während seines Pontifikates reiste →*Hugo de Champagne* ins Heilige Land (1124) und schloss sich dort →*Hugo von Payens* und den Rittern vom Tempel an.

Kampftaktik: Als das erste Kreuzfahrerheer den Boden des Heiligen Landes erreichte bildeten die schweren Reiter das Gros des Heeres. Die Ritter trugen Panzerhemden mit metallenen Schuppen (später Kettenhemden), die den ganzen Körper bis zu den Knien schützen sollten. Metallplatten in Halshöhe vervollständigten die Rüstung. Darüber wurde ein Überwurf getragen der die Sonnenhitze abhalten sollte. Der Kopf wurde durch einen zylindrischen oder runden Helm mit Nasenplatte geschützt. Weiteren Schutz bot der dreieckige Schild. Der Beschlag des Pferdes, Sattel und Steigbügel gaben dem Ritter Halt. Der Angriff erfolgte mit der langen Lanze. Im Gefecht waren die Ritter in Lanzen, Banner und Batailles aufgeteilt. Der Angriff erfolgte meist in drei Wellen. Die erste Welle diente dem Durchbruch durch die feindlichen Linien, die zweite Welle der Vernichtung des Feindes und die dritte diente als Reserve. Die Tempelritter waren in Schwadrone aufgeteilt, die von Ritterkonstablern befehligt wurden. Das Oberkommando hatte der Ordensmarschall. Jeder hatte seinen zugewiesenen, festen Platz den er niemals verlassen durfte. Das türkische oder muslimische Heer dagegen bevorzugte die leichte mit Bogen bewaffnete Reiterei, die den Gegner umzingelten und ihn mit Schwärmen von Pfeilen beschossen, um sich danach blitzschnell zurückzuziehen. Die Verfolgung hatte meist zur Folge, dass Truppenteile vom Hauptheer abgeschnitten und vernichtet wurden. Die Kenntnis dieser Kampftaktik brachte es mit sich, dass ein Fußvolk von Bogen- und Armbrustschützen und Pikenträger in den Kampf einbezogen wurden. Sie hatten die Aufgabe den Reiterangriff vorzubereiten und die Ritter vor den feindlichen Pfeilen zu schützen. Eine weitere Reaktion auf die muslimische Kampftaktik war die Aufstellung einer leichten Reiterei, die den Kampfstil des Gegners kopierte. Dieses Heer wurde aus der einheimischen, christlichen Bevölkerung von den Ritterorden angeworben. Der Befehlshaber dieser Truppen war der →Turkopole.

Kapelle: Andachtsräume ohne Pfarrrechte; Tauf-, Grab-, Burg-, Friedhofs und Votivkapellen; Kapellen im Chorumgang von Kirchen und Kathedralen (Kapellenkranz); häufig als Anbauten an Kirchenschiffen; in Burgen freistehend oder in einem Mauerturm eingebaut (→Templerkapellen).

Kapetinger: französisches Königsgeschlecht (genannt nach *Hugo Capet*, König 987-996) rheinfränkischer Herkunft, löste 987 die karolingische Dynastie ab und regierte in direkter Linie bis 1328; in Seitenlinien bis 1792 (Haus Valois bis 1589, Haus Bourbon bis 1792 und 1814–30, das Haus Orléans 1830-1848).

Kapitel: Gemeinschaft von Weltgeistlichen, die gemeinsam den Gottesdienst an einer Kirche versahen und nach der gleichen Regel lebten; das Kapitel lebte von einer gemeinsamen Vermögensmasse (Stiftung). Ab dem 12. Jhdt. wurde das Kapitel als selbständige Körperschaft verstanden. An der Spitze des Kapitels stand der Probst, ihm oblag die Verwaltung über die Güter. Dem Dekan unterstand die Aufsicht im Inneren und die Strafgewalt über Kanoniker und Personal. Der Bischof wurde vom Kapitel gewählt.

Im monastischen Bereich gingen die Kapitel aus der Mönchsversammlung hervor, in denen über spirituelle, materielle und disziplinäre Fragen diskutiert wurde. Dem Kapitel stand der →Abt vor. Bei den Ritterorden Ordensversammlung einer Komturei; sie trat einmal wöchentlich überall dort zusammen, wo mehr als vier Brüder anwesend waren.

Das Kapitel der Templer versammelte sich jeweils am Sonntag nach der Messe und übte disziplinarische Funktion aus und bestrafte Vergehen und Verstöße gegen die Ordensregeln. Schwere Vergehen wurden in den hierarchisch höheren Ebenen delegiert (z.B. Provinzkapitel). Jeder Bruder hatte seine Verfehlungen selbst zu bekennen, das Kapitel beriet und fällte das Urteil („esgard"). Sämtliche Beratungen im Kapitel waren geheim, die Verletzung der Schweigepflicht zog den „Verlust des Hauses", also den Ausschluss aus dem Orden, nach sich (→Strafen, templerische). Alle Entscheidungen wurden mit Stimmenmehrheit getroffen.

Beim Eintritt in das Kapitel mussten sich die Brüder dreimal bekreuzigen, ein Vaterunser beten und das Haupt entblößen; wenn alle versammelt waren und der Vorsitzende das Kapitel eröffnet hatte sprach der Kapellan gemeinsam mit den Brüdern ein Gebet. Danach wurde überprüft ob keine Uneingeweihten oder Nichttempler anwesend waren und der Komtur seine Ansprache halten und die Brüder zur Beichte auffordern konnte. Nach der Beichte musste der betreffende Bruder das Kapitel verlassen, damit im Kapitel über seine Bestrafung beraten werden konnte. Nach dem Beschluss wurde ihm das Urteil vor der Versammlung bekannt gegeben, ohne dass er jemals das Urteil einzelner Brüder erfuhr. Nach den disziplinären Angelegenheiten sprach der Komtur über die Ordensstatuten und die darin enthaltenen unklaren Stellen. Nach der Aufforderung zur strengen Befolgung der Regeln wurden vom Komtur allen jenen die gebeichtet hatten vergeben. Mit einem Gebet für die Kirche, das Königreich Jerusalem, für den Orden und alle Wohltäter des Ordens wurde das Kapitel nach einem Vaterunser geschlossen. Das Kapitel war keine gottesdienstliche Versammlung, sondern war für die Ablegung der Schuldbekenntnisse der Brüder bestimmt. Beichte und Buße wurden nicht als Sakramente gesehen und waren zu dieser Zeit in den Klöstern Sache der Äbte und bei den Rittern Sache der Komture.

Kaplane: →Ordenskaplane

Kardinal: („cardinalis", „vornehm, vorzüglich"); um 500 erstmalig nachweisbar und charakterisiert die Zugehörigkeit eines Klerikers zum bischöflichen Presbyterium. Diese Priester wurden auch „diaconi cardinalis" genannt. Im 8. Jhdt. tauchte der Titel „Presbyter cardinalis" auf, der auf die Mitgliedschaft im bischöflichen Presbyterium Roms hinwies und auf die ranghöchsten Würdenträger der römisch-katholischen Kirche angewandt wurde. Ab dem 11. Jhdt. bildete der Papst ein Kollegium von Geistlichen (geheimer Rat), die dann den Kardinalstitel trugen. Ab 1160 unter Papst →Alexander III. wurde ihnen das ausschließliche Recht der Papstwahl übertragen. Die Tätigkeit der Kardinäle besteht in der Beratung der Päpste, die sie durch ihre Arbeit in den Konsistorien ausüben und der Leitung der päpstlichen Gerichtshöfe. Die Promotion der Kardinäle obliegt ausschließlich dem Papst. Den Gewählten wird ihre Wahl durch die Übersendung des Kardinalhutes bekanntgegeben. Bekleidung: roter Kardinalshut, kardinalspurpurne Bekleidung; Ordenskardinäle tragen die Farbe ihrer Ordenstracht. Bis 1908 war die Priesterweihe keine Vorbedingung für die Kardinalswürde.

Karl I. von Anjou: (* Ende März 1226, † 7. Jänner 1285 in Fòggia); Sohn König →Ludwigs VIII. von Frankreich und der *Blanca von Kastilien*, jüngerer Bruder des →Ludwig IX.; Graf von Anjou; 1246 erwarb er die Provence, 1248-1250 nahm er am erfolglosen Kreuzzug Ludwigs IX. teil; vom Papst 1265 mit Neapel und Sizilien belehnt und am 6. Jänner 1266 in Rom zum König gekrönt; König von Neapel-Sizilien 1265-1285; besiegte am 26. Februar 1266 bei Benevent die erbberechtigten Staufer *Manfred* (Sohn Kaiser →Friedrichs II.) und 1268 →Konradin bei Tagliacozzo und räumte durch Scheingericht und Enthauptung den letzten Staufer (*Konradin*) aus dem Weg. Seine Pläne zur Unterwerfung ganz Italiens und des Balkans scheiterten. 1272 nahm er den Titel „König von Albanien" und 1277 den des Königs von Jerusalem an. Der Templergroßmeister →*Wilhelm von Beaujeu* war mit Karl verwandt (Vetter). Dadurch war es naheliegend, dass der Ritterorden die angevinischen Interessen in den noch in christlicher Hand verbliebenen Bereichen im Heiligen Land vertrat. Karl machte seinerseits sein Königreich zum Zentrum für die Lieferung von Kriegsmaterial; die Templer zogen Vorteile aus dieser Situation und mit ihren Ordens-Schiffen übernahmen sie Transporte von Waffen und Pferden nach Akkon. Wegen Karls Härte gegen die Bevölkerung und der Verlegung der Hauptstadt von Palermo nach Neapel kam es zur „Sizilianischen Vesper" (1282), Karl wurde aus Sizilien vertrieben.

Karl II. von Anjou: (* 1254, † 5. Mai 1309 Neapel); Sohn *Karls I. von Anjou* und der *Beatrice von Provence*; kam 1284 im Krieg nach der „Sizilianischen Vesper" in aragonische Gefangenschaft und wurde 1288 erst wieder freigelassen, nachdem er nach dem Tod seines Vaters auf alle seine Rechte auf Sizilien verzichtet hatte und seine Söhne *Ludwig, Robert* und *Raimund-Berengar* als Geisel in den Händen des aragonischen König ließ; König von Sizilien und Jerusalem ab

1289, nachdem er von Papst →*Nikolaus IV.* gekrönt worden war; Karl II. war mit der ungarischen Königstochter *Maria* verheiratet und sicherte den ungarischen Thron für seinen Sohn *Karl Martell* und seinen Enkel *Karl Robert (Caroberto)*. Karl hatte ein gutes Verhältnis zu *Jaques de* →*Molay* und kam dadurch dem Orden mit Steuern und Hafenabgaben entgegen. Am 18. Februar 1295 beauftragte Karl die Templer an jene Ritter, die Akkon verteidigt hatten und sich auf Zypern aufhielten, jährlich zweihundert Tonnen Weizen zu verteilen. Dafür durfte der Orden zirka 1 000 Tonnen Getreide und Gemüse zollfrei ausführen. Er veranlasste aber, über Aufforderung des Papstes (→*Klemens V.*), die Verhaftung der Templer in Neapel und in der Provence am 24. Jänner 1308. Das Verfahren gegen die Templer wurde nach dem Tod Karls am 15. Mai 1310 im königlichen Palast von Brindisi eröffnet. Von den Verhörprotokollen sind nur zwei Aussagen von „dienenden Brüdern" (→Servienten) erhalten. Von Ordensrittern gibt es keine überlieferten Niederschriften. Ob der Präzeptor von Apulien *Odo de Valdric* verhaftet wurde und ob er sich zu dieser Zeit in Apulien aufhielt ist unbekannt.

Karmeliter: (lateinisch Ordo Fratrum Beatae Mariae Virginis de Monte Carmelo, Abkürzung: OCarm); benannt nach dem Gebirgszug im Heiligen Land; strenger katholischer Bettelorden nach den Regeln des *Basilius*, in dem die Mönche in getrennten Zellen in Gehorsamkeit, Keuschheit, Stillschweigen, Armut und Askese unter der Leitung eines Priors leben sollten; als Gemeinschaft von Eremiten, die sich nach der Eroberung Palästinas durch die Kreuzfahrer hier angesiedelt hatten, im 12. Jhdt. am Berg Karmel entstanden; der Berg Karmel galt bereits bei den frühen Christen als heiliger Berg; die Ordensregel erhielten die Brüder durch den Patriarchen von Jerusalem (*Albert von Vercelli*) 1206-1214 („formula vitae"); die Regel wurde von Papst →*Honorius III.* (1226) bestätigt; 1247 Angleichung an Franziskaner und Dominikaner. *The-*

resia von Avila gründete den Orden der unbeschuhten Karmeliten. Die Klöster der Karmeliterinnen (seit dem 15. Jhdt.) folgen den männlichen Observanzen.

Kartäuser: (lateinisch Ordo Cartusiensis, Abkürzung: OCart); katholischer Eremitenorden, der in seinen Klöstern (Kartausen) Einsiedler- und Gemeinschaftsleben verbindet; 1084 in der Grande Chartreuse bei Grenoble durch *Bruno von Köln*, der vom Bischof von Grenoble unterstützt wurde, in der öden Voralpenlandschaft um Chartreuse gegründet; streng beschaulicher Orden. Seit 1145 auch Kartäuserinnen. 1176 vom Papst bestätigt. Die Kartäuser leben in der Kartause in kleinen Einzelhäusern ein strenges Einsiedlerleben mit Schweigegebot. Die Kartause Mauerbach bei Wien ist hierfür ein gut erhaltenes Beispiel.

Kastellan: Offizier des Königs oder eines Herrn, der die Besatzung einer Burg befehligte; konnte aber auch einen Burgherrn (Burggraf) bezeichnen; die Bevölkerung in seinem Machtbereich war seiner Banngewalt (—Bann) unterworfen.

Katharer: (griechisch „kadaroi", „die Reinen", „katharós", „rein"); Der Katharismus geht über →Paulikianer und →Bogomilen auf den alten →Manichäismus zurück (daher in der lateinischen Kirchenliteratur: „Novi Manichaei"). Die Wurzeln dieser Lehre liegen im 7. und 8. Jhdt. vor Christus (→Zarathustra). Im 12. Jhdt. verbreitete sich die Sekte über Oberitalien (Gazzari oder Patareni) nach Südfrankreich (Bulgari, Albigenser – nach der Stadt Albi, aber auch Popelicani, Piphles oder Texerants). Fasste auch in Deutschland, Süditalien und Spanien Fuß. Ausgehend von der mittelalterlichen Armutsbewegung glaubten die Katharer durch völlige Weltentsagung und strengster Askese das Heil finden zu können. Die Katharer suchten die Rückkehr zum Urchristentum und vermischten ihre dualistische Reformbewegung mit den keltisch-druidischen Traditionen des Languedoc. Als erbitterte Gegner von Kirche und Papsttum hatten sie eine eigene Hierarchie und einen eigenen Kult aufgebaut und verwarfen das alte Testament, Sakramente, Altäre, Kreuze und Bilder, waren gegen Kriegsdienst, Blutvergießen und Todesstrafe. Sie verachteten einerseits die Bildung, ihre Bischöfe konnten kaum Latein, andererseits unterrichteten die Schulen der Katharer alle gelehrten Künste. Die Gläubigen verpflichteten sich zu Armut und Keuschheit. Wie die Manichäer wollten die Katharer das vom Fleisch (dem Bösen) beherrschte spirituelle Element in sich befreien. Der Tod eines Wesens befreite dessen Seele. Viele Selbstmorde, durch Verbrennen oder Verweigerung der Nahrungsaufnahme, sind auf diese Einstellung zurückzuführen. Sie glaubten an ein zerrissenes Band zwischen dem Körper und der himmlischen Seele. Dieses Band ist der Geist der zwischen Himmel und Erde fließt und die Seele sucht. Wenn er sie gefunden hat ist dies die Erleuchtung, der Moment in dem der Mensch zum Katharer, zum →„Parfait" zum „Vollendeten" wird. Ab diesem Augenblick verspürt er keine Begierden mehr und er ist bereit in den Himmel zurückzukehren. Für die Katharer ist *Jesus* nicht Retter sondern Verkünder, weder Sohn Gottes noch Sohn eines Menschen, er wäre ein Engel der zum Unterschied zu den gefallenen Engel keinen Bezug zum Bösen fand. Die „Croyants" – die Gläubigen – waren mit der Materie noch zu sehr verbunden, konnten daher heiraten oder auch außereheliche Beziehungen pflegen. Die Croyants durften – anders als die Parfaits – auch Waffen tragen, kämpfen und schreckten auch vor Mord an ihren Verfolgern nicht zurück. Croyants konnten, wenn sie einen hohen Grad an Reife und „Reinheit" erreicht hatten durch die „Tröstung" dem →„Consolamentum" (eine Art Sakrament) zum Parfait erhoben werden. Das Consolamentum konnte auch erteilt werden, wenn ein Croyant sich in Lebensgefahr befand oder im Sterben lag. Das Consolamentum konnte nur ein einziges Mal erteilt werden, was die besondere Askese und Strenge ihres weiteren Lebens zur Folge hatte. Eine weitere Praxis der Häretiker war die →„Endura", das „gewollte Verhungern". Der Gläubige sehnte sich so schnell wie möglich die Seele von seiner irdischen Hülle zu befreien. Ein

Akt, der nur von den letzten Katharern des 14. Jhdts. praktiziert wurde.
Die Kirche versuchte →*Philipp II. August*, König von Frankreich, zum Einschreiten gegen die Sekte zu bewegen. Papst →*Innozenz III.* beschrieb die →Ketzer in einem Brief an den französischen König:
„*Die lange Zeit eingewurzelte, Verderben bringende, verworfene Ketzerei, die im Gebiet von Toulouse unablässig anwächst, hört nicht auf, wahre Ungeheuer als Leibesfrucht zu gebären, die ihre eigene Wahnsinnspest auf andere übertragen und jene verabscheuungswürdige Nachfolge der Verdammten unablässig am Leben und Gedeihen halten.*"
Die Ermordung des päpstlichen Legaten →*Pierre von Castelnau* am 14. Jänner 1208 durch einen Pagen des Grafen →*Raimund VI. von Toulouse* gab dem Papst den notwendigen Vorwand gegen die Katharer vorzugehen. 1209 erließ der Inquisitor von Toulouse, *Bernhard Guidonis*, einen Aufruf zur Verfolgung der Katharer:
„*Sie die sich versteckt halten und in der Dunkelheit umhergehen (...). Handelt mannhaft, Ihr treuen Eiferer Gottes, damit die Gegner des Glaubens nicht fliehen und uns entrinnen können!*"
→*Arnauldus Almarici* ehemals →Abt von Clairvaux, Erzbischof von Narbonne befahl seiner Ordensgemeinschaft:
„*Lasst in Frankreich und in der Welt den Ablass verkünden. Wer das Kreuz nicht nimmt, soll nicht mehr das Recht haben, (...) am Tische zu essen (...), und wenn er stirbt, nicht anders begraben zu werden als ein Hund.*"
Die Katharer wurden in den blutigen →Albigenser-Kriegen (1209-29) von Papst →*Innozenz III.* und den französischen Königen →*Philipp II.*, →*Ludwig VIII.* und →*Ludwig IX.* verfolgt und trotz der Unterstützung durch den König von Aragón geschlagen.
Als am 12. April 1229 der Friede in Paris geschlossen wurde, war zwar die Selbständigkeit der Grafschaft Toulouse und der Einfluss von Aragón auf Südfrankreich beseitigt, der Katharismus aber noch lange nicht vernichtet.

Montségur als eine der letzten Bastionen wurde am 1. März 1243(44) übergeben und viele Katharer wanderten am 16. März auf den von der Inquisition errichteten Scheiterhaufen. Andere konnten entkommen und traten in andere Orden ein oder flohen nach Italien (Lombardei), Nordfrankreich und auch Deutschland. Trotz der ständigen Verfolgung durch die Inquisition hörte die Sekte erst im 15. Jhdt auf zu existieren. Trotzdem war es nicht die Gewalt allein, die die Katharer besiegte, sondern die Mischung aus päpstlichen und kaiserlichen Erlässen, scholastischer Bildung und katholischer Religiosität. Sie werden oft mit den Templern in Zusammenhang gebracht, dies insbesondere deshalb, weil sich viele der Brüder ihres Ordens, wie die der Katharer aus dem mittleren und niederen Adel des Languedoc rekrutierten. Die Templer nahmen an keinem Kreuzzug gegen die Häretiker teil und verhielten sich neutral. Möglicherweise war der Orden nach den Albigenser-Kriegen letzte Zuflucht von vielen, von Papst und König verfolgten, Ketzern. Gegner der Templer behaupteten, dass die Ordensritter der „weltliche Arm" der Parfaits gewesen seien.

Katharina: Katharina von Alexandria; Märtyrerin († Anfang d. 4 Jhdts., um 310), Heilige (25. November); eine der 14 Nothelfer; wurde der Legende nach gerädert, nachdem das Rad auf dem sie hingerichtet werden sollte zerbrach wurde sie mit dem Schwert enthauptet; ihr Leib sei von Engeln auf den Sinai gebracht worden (Katharinenkloster); im Mittelalter galt Katharina hinter der Gottesmutter Maria als ranghöchste Heilige. Neben *Maria* (Mutter Gottes) und →*Maria Magdalena* ist Katharina die dritte Frau, die von den Templern verehrt wurde. Die Templer achteten Katharina wegen ihrer intellektuellen Beredsamkeit und Standhaftigkeit in der Diskussion mit den 50 von Kaiser *Maxentius* zum Disput eingesetzten Philosophen und der Demut mit der sie Folterungen und ihre Hinrichtung ertragen hatte. In der Kunst wird Katharina mit dem Rad, dem Schwert, dem Buch, der Palme und der Krone dargestellt; die zugeschüttete Kapelle unter der Burg →Gisors war Katharina gewidmet. Dieser Teil der Burg soll nur den „Eingeweihten" des Templerordens zugänglich gewesen sein.

Katharischer Glaube: Die Katharer nahmen den bogomilischen Glauben (→Bogomilen) gänzlich auf. Der katharische Grundgedanke sieht einen unüberbrückbaren Gegensatz zwischen der reinen Seele des Menschen und der bösen Welt. Der Teufel schuf alles Sichtbare und Vergängliche, Gott alles Bleibende und Unsichtbare, also auch die menschliche Seele. Die Welt wie man sie sieht ist von Natur her teuflisch. Die radikalen Katharer stellten zwischen die vom Teufel geschaffene böse Welt und der Schöpfung des guten Gottes der „höheren Erde" eine Zwischenwelt des Kampfes wo sich die Mächte messen. Der Gegner der reinen Seele ist der Schöpfer der Welt – →Satan; damit ist er der zentrale Feind der Katharer. Der gute Gott ist eine lichte, ferne Abstraktion und wird in den Gedanken der Katharer nicht näher definiert.

Als Schöpfer der Welt ist der Teufel der Gott der Genesis, demnach ist das Alte Testament die Offenbarung des Bösen. *Christus* verkündet das Ideal der reinen Seele und die Lehre des guten Gottes. →*Johannes der Täufer* gilt als Gegenspieler Christi und Sendbote Satans, er soll mit dem verhassten Propheten *Elias* identisch sein; seine Eltern seien Teufel und viele Katharer hielten Johannes für den Sohn des bösen Gottes selbst. Erst später wurde Johannes als gottgefällig anerkannt.

Christus ist zur Rettung der gefallenen Engel auf die Erde gesandt worden. Sein Kreuzestod war vorherbestimmt, war aber ein sinnloses Opfer und wird zu einem mythologischen Ereignis entwertet. Christus' Sieg über das Böse ist im Glauben der Katharer jedem reinen Menschen möglich.

Der Katharer lebt auf Erden um Buße für seinen Abfall von Gott zu tun, den er vor dem Beginn der Zeit als Engel vollzogen hat. Ziel des Katharers ist die Rückkehr in den Himmel über die Vollendung der irdischen Buße. Die Seele des „Vollendeten" (→parfait) braucht nicht weiterzuwandern und findet zurück zu Gott. Die Auferstehung des Fleisches ist undenkbar. Der Vollendete (die Seele) wird von 18 Engeln im Triumphzug zum Himmel geleitet. Dort werden die Vollendeten ihre Kleider anlegen und Kronen aufsetzen, und alles wird so sein, wie es vor dem Beginn der Geschichte war. Wenn alle gefallenen Engel in den Himmel zurückgekehrt sind, werden die Bösen in einem sinnlosen Kreislauf von Körper zu Körper wandern; das wird die Hölle sein.

Kerak: (Krak des Moabites, alttestamentarisch Kir, Kir-Moab, Kir-Heres); zur Zeit der Richter könnte König *Eglon* in Kir-Moab residiert haben; um 850 v. Chr. wurde König *Mescha* von den israelisch-judäischen Truppen bedroht (unter den Königen *Joram* und *Josafat*); ab 733 v. Chr. wurde Moab den Assyrern tributpflichtig; ab dem 2. Jhdt. v. Chr. nabatäisch; im 2. Jhdt. n. Chr. erscheint der Ort auf provinzrömischen Amtssiegeln und hieß nun Characmoba; im 4. Jhdt. Bischofssitz und im 6. Jhdt. erste Klostergründung; in der Zeit der islamischen (omajjadischen) Eroberung wird der Ort kaum erwähnt; erst mit den Kreuzzügen wurde man sich der ausgezeichneten Lage der Festung bewusst und die Burg von Kerak wurde auf Verlangen →*Balduins I.* zur Kreuzfahrerburg ausgebaut, sein erster Burgherr war *Payen Le Bouteiller*; die Festung war in strategisch ausgezeichneter Position, um den Verkehr zwischen Syrien und Ägypten zu kontrollieren und Karawanen abzufangen; die Burg war →*Saladin* daher ein Dorn im Auge; 1173 kam es zur ersten kurzen Belagerung, die auf Grund der Uneinigkeit der moslemischen Truppen (*Saladin* – →*Nur ed-Din*) abgebrochen werden musste. Während der Hochzeitsfeierlichkeiten (20. November 1183) zwischen *Humfried von Toron* (designierter Erbe von Kerak) und →*Isabella* (Tochter →*Amalrich I.* und *Maria Komnene*) kam es erneut zur Belagerung der Burg durch Saladin, während die Steingeschosse gegen die Wand prasselten, fand in der Burg ein übermütiges Fest statt; der Turm in dem die Hochzeitsnacht stattfinden sollte,

wurde von Saladin allerdings geschont. Der König von Jerusalem schickte Entsatz und am 4. Dezember kehrte Saladin nach Damaskus zurück; von der Burg Kerak startete →*Rainald de Châtillon* trotz Waffenstillstandes seine Überfälle auf Karawanen Saladins; diese waren die Ursache, die zur Vereinigung der muselmanischen Truppen und zur Niederlage bei den Hörnern von →Hattin (1187) führte; Rainald wurde von Saladin gefangen und eigenhändig geköpft; die Burg fiel in die Hand der Muslime (→Aijubiden). Neuer Burgherr wurde der Bruder Saladins *Al-Adil*. Unter mameluckischer Herrschaft wurde Kerak Hauptstadt einer Provinz (ab 1260-1291) und wurde von *Naib* regiert, der dem Sultan in Kairo direkt Bericht erstattete. 1293 zerstörte ein Erdbeben drei Türme der Stadtbefestigung. Im Zuge mameluckischer Machtkämpfe 1342 noch einmal belagert; 1355 trug die Burg den Namen Krähenfeste (Hosn el-Ghurab).

Ketzer: Bezeichnung für Häretiker; Name geht auf die →Katharer zurück, und dürfte aus der Verballhornung von „Catharus" entstanden sein. Gemeint ist mit Ketzerei das Abweichen von der herrschenden Lehrmeinung der offiziellen Kirche. Den Ketzern wurde Teufelsdienst und schlimmste Unzucht nachgesagt. Ein im Mittelalter gefürchteter Vorwurf, dem auch die Sekte der Katharer zum Opfer fiel und später auch die Templer ausgesetzt waren und der letztlich zu ihrer Vernichtung führte. Ursprünglich wandten sich polemische Schriften gegen die „Satansdiener" über deren Treiben man wenig informiert war. Schriften von *Evewin von Steinfeld* (Prämonstratenser-Probst), Mönch *Heribert*, →*Petrus Venerabilis* und →*Bernhard von Clairvaux*, Mitte des 12. Jhdts. verfasst, wendeten sich gegen die Vielzahl von häretischen Sekten.

Ketzer, rückfällige: (lateinisch „relapsi") auch →Relaps; waren alle jene der Ketzerei beschuldigten, die ihre Schuld der Inquisition (z.B. unter der Folter) gestanden hatten, dieses Schuldbekenntnis später aber widerriefen. Sie wurden in den meisten Fällen verbrannt (→Achterkommission, →Molay).

Ketzerverbrennung: →Autodafé.

Kilikien: Cilicien, (lateinisch Cilicia; griechisch Kilikia) heute türkisch Çukurova, Landschaft im süd-östlichen Kleinasien um das heutige Adana, die sich von Melas im Westen bis zum Steilabfall des Amanos in den Golf von Issos im Osten erstreckte. Im 2. Jahrtausend v. Chr. lag in der kilikischen Ebenen das Land Kiswatna, das zum Reich der Hethiter gehörte. Die vom Norden eingewanderten Hilakku gaben dem Land 700 v. Chr. den Namen. Im Altertum als Zentrum der Seeräuber berüchtigt. Seit 102 v. Chr. römische Provinz (Cilicia), von Prokonsuln verwaltet. Die kilikische Pforte war Einfallstor nach Syrien. Wichtige Städte: Tarsos (Heimatstadt des Apostels *Paulus*), Mallos, Soloi. 200 n. Chr. zweigeteilt mit den Hauptstädten Tarsos und Anazarba. Später byzantinisches Reichsgebiet und zu dieser Zeit in drei Provinzen geteilt: Kilikia I (Hauptstadt Tarsos), Kilikia II (Anazarbos) und Isauria (Seleukeia am Kalykadnos); 710 Eroberung durch die Araber, wobei Isauria byzantinisch blieb; 965 Wiedereroberung durch die Byzantiner; 1085 eroberten die Türken Kilikien, wurden bereits 1097 durch den 1. Kreuzzug vertrieben; 1129 war Kilikien Kern des Fürstentums und 1198 des Königreiches Kleinarmeniens; am 6. Jänner 1198 wurde der Rubenide →*Leo II.* als Lehensträgers des deutschen Kaisers König des kilikischen Armeniens; 1375 fiel Kilikien an die ägyptischen Mamelucken und 1574 an das Osmanische Reich. Im armenisches Königreich Cilicien besaßen die Templer eine Mark, durch deren Gebiet die Grenze zum Fürstentum Antiochia verlief. Die Hauptstützpunkte waren der Templer →Baghras, Roche-Guillaume, Roche-Roissel (→Fels von Roissel) und Port Bonnet. Nach dem Fall →Antiochias (1268) wurde Roche-Guillaume der Hauptsitz der Templer in dieser Provinz. Durch die ständigen Spannungen zwischen den Templern und dem armenischen Herrschergeschlecht, konnte der Orden hier jedoch niemals die Bedeutung des Johanniterordens erreichen.

Kilmartin: Dorf in Schottland in den Highlands von Argyll am südlichen Ende des Loch Awe, auf dessen Friedhof außerhalb der Kirche möglicherweise 80 Templergräber aufgefunden worden sind. Einfache Grabplatten ohne jedes christliche Symbol, nur mit einfachen geraden Schwertern, gewappneten Rittern aber auch mit Winkel, Hammer und Zirkel geschmückt. Es fehlt ebenso jeder Hinweis auf die Person des Beerdigten. Die Anonymität und Schmucklosigkeit der Gräber weist auf den Verzicht auf die eigene Identität und auf den materiellen Verzicht der Ordensmitglieder hin. Die ersten Steinplatten (Grabplatten) stammten aus dem 13. Jhdt., die meisten aus dem 14. und 15. Jhdt. und die letzten aus dem frühen 18. Jhdt. Die Gräber von Kilmartin liefern ein stummes Zeugnis über mehr als vier Jahrhunderte. Dieser Umstand lässt *Baigent* und *Leigh* einen Zusammenhang des Clans von Argyll mit geflüchteten Tempelrittern ableiten. Argyll war am Beginn des 14. Jhdts. über den Landweg nur sehr schwer zugänglich, aber über See leicht zu erreichen. Da die Flotte der Templer nach deren Verhaftung zum großen Teil verschollen war, könnten die Flüchtenden mit ihren Schiffen hier ihre Zuflucht gefunden haben (→Templerflotte).

Kinder Salomons: →Söhne Salomons.

Kinderkreuzzug: →Kreuzzug.

Kleiderordnung: →Habit.

Kleinarmenien: →Kilikien; Gründung des armenischen Flüchtlings *Ruben* aus der Bagratiden-Dynastie um 1080 im Gebiet von Kilikien bis jenseits des Euphrat, nach der Belehnung durch Kaiser *Heinrich VI.*; 1198 Königreich; 1375 von den Mamelucken erobert; nach 1393 Titularkönigreich in Personalunion mit dem Königreich →Zypern verbunden.

Klemens III.: eigentlich *Paolo Scolari*; († Ende März 1191 in Rom); stammte aus einer römischen Familie; →Kardinal von Palestrina; 175. Papst (19. Dezember 1137 – 30. März 1191); erhielt im Vertrag von Straßburg von König →*Heinrich VI.* den Kirchenstaat zurück (1189), musste dafür die Reichsrechte wahren und die Kaiserkrönung zusagen. Unter seiner Amtszeit begann der 3. →Kreuzzug, der bereits von sei-

nem Vorgänger →*Gregor VIII.* ausgerufen wurde.
Er schrieb über die Templer:
„*Sie sind dem Dienst des allmächtigen Gottes geweiht (...) und der himmlischen Ritterschaft zuzurechnen*".
Papst Klemens III. bestätigte auch weitere Satzungen des Templerordens; am 14. Februar 1190 bestimmte Klemens, dass selbst päpstliche Erlässe, die den dem Templerorden erteilten Privilegien widersprachen, nicht wirksam seien.
Die Rückeroberung →*Akkons* durch →*Richard I. Löwenherz* konnte er nicht mehr erleben; der immer schon kränkliche Papst starb am 30. März 1191 im Lateran, wo er auch beigesetzt wurde.
Klemens IV.: bürgerlicher Name *Guido Fulcodi* oder *Guy le Gros Foulques* oder *Gui Foucois;* (* um 1200 in Saint-Gilles-du-Gard, † 29. November 1268 in Viterbo); stammte aus Saint-Gilles, Rhône; vorerst im Laienstand und studierte in Paris, wurde erst nach dem Tod seiner Frau um 1256 Priester; 1257 wurde er Bischof von Le Puy; 1259 Erzbischof von Narbonne, 1261 →Kardinal von Sabina, 1265 wurde er in Abwesenheit von den Kardinälen in Perugia zum Papst gewählt; 184. Papst (5. Februar 1265 – 29. November 1268); Kanzler (coseiller du roi) von →*Ludwig IX.* von Frankreich; Klemens belehnte *Karl von Anjou* mit Sizilien und war am Todesurteil für den vierzehnjährigen Staufer *Konradin* mitverantwortlich. In diesen Fragen stand dem Papst der Präzeptor von Frankreich →*Amaury de la Roche* als beratender Vertrauensmann zur Seite.
Am 8. Juni 1265 räumte er den Templern das Recht ein, in Gebieten, die den Ungläubigen entrissen worden waren, Kirchen zu errichten.
In der Angelegenheit mit dem Templermarschall →*Stephan de Sissy (Etienne de Sissey)* verlangte er die Abbitte des Marschalls für dessen angebliche Vergehen. Von ihm stammte der folgende Auszug aus einem Brief an den Großvisitator der Templer:
„*Die Templer mögen sich hüten, meine Geduld zu überfordern, weil dann die Kirche gezwungen wä-*

re, die fast verbürgten Berichte über sträfliche Auswüchse, die bis zum heutigen Tag mit zu großer Nachsicht ertragen wurden, zu prüfen, und dann gäbe es keine Nachsicht mehr."
Im gleichen Schreiben warnte er die Templer:
„*Wenn die Kirche auch nur einen Augenblick die Hand wegnähme, die euren Schutz gegenüber den Weltprälaten und weltlichen Prinzen sichert, könntet ihr auf gar keinen Fall dem Sturmangriffen dieser Prälaten und der Gewalt dieser Prinzen standhalten.*"
Am 24. Juni 1265 entband der Papst den Orden von allen für das Heilige Land zu zahlenden Beiträgen („Zwanzigsten" und „Hundertsten"). Neben dem Pontifikat trat Klemens auch als Troubadoursänger auf („Gedicht über die sieben Freuden Mariens") und versprach jedem, der seine Verse darbot, hundert Tage Ablass. Klemens hatte als Papst Rom nie gesehen, er verließ Perugia nur, um nach Viterbo in den von ihm errichteten Papstpalast zu übersiedeln.
Klemens V.: (Bertrand de Goth); Pontifikat 14. November 1305 – † 20. April 1314; Generalvikar von Lyon, später Erzbischof von Bordeaux; wurde mit Unterstützung von →*Philipp IV.* (dem Schönen) zum Papst gewählt. Die feierliche Krönung fand am 14. November 1305 in Lyon statt. Anlässlich des pompösen Festzuges brach unter der Last der Zuschauer eine Mauer zusammen und begrub einen Teil des Festzuges unter sich. Der Papst stürzte vom Pferd, *Karl von Valois* wurde verwundet, der Herzog von Bretagne und ein Bruder von Klemens getötet. Dieses Ereignis wurde in dieser Zeit als böses Omen für das Pontifikat und als Vorzeichen für das „Babylonische Exil" der Kirche gesehen. Klemens, völlig von der französischen Krone abhängig, wählte die Exklave Avignon als Sitz. Rom hatte aufgehört, Mittelpunkt des christlichen Abendlandes zu sein. Klemens betrieb einen unglaublichen →Nepotismus; in die wichtigsten Ämter (allein 5 Kardinäle) berief er seine mehr als mittelmäßigen Verwandten und opferte damit jede Möglichkeit gegen den König zu bestehen, der im Gegensatz zu ihm, die klügsten Köpfe zu sei-

ner Beratung bestimmte. Klemens war der schlimmste Förderer von Korruption, Luxus und Ämterschacher, der bis zu diesem Zeitpunkt auf dem Papstthron saß. Diesen Vorteil nützte Philipp bei seinem Vorgehen gegen die Tempelritter. Er legte Protokolle seiner Mittelsleute über die angeblichen Vergehen des Ordens dem Papst vor, um Klemens zu einer offiziellen Untersuchung zu überreden. Anfangs lehnte er ab, aber bereits einige Monate später, im August 1307, stimmte er einer Untersuchung gemeinsam mit dem Großmeister des Ordens *Jaques de →Molay* zu.

Klemens residierte ab 1307 in →Poitier; hier empfing er Jaques de Molay, um über die Vereinigung der Templer mit den Johannitern und über die Möglichkeit eines neuen Kreuzzuges zu beraten und hier hielt sich Klemens auf, als am Freitag dem 13. Oktober 1307 die Templer verhaftet wurden. Am 22. Oktober erklärte der Papst das Vorgehen des Großinquisitors *Wilhelm →Imbert* in einem Brevé an die Erzbischöfe von Reims, Tours und Bourges für eigenmächtig und ungesetzlich. In einem Schreiben vom 27. Oktober 1307 an Philipp protestierte Klemens gegen die Vorgangsweise des Königs, er wies darauf hin, dass der Orden ausschließlich ihm unterstellt sei, und die verhafteten Templer und deren Güter der Kirche zu übergeben seien:

„...Ihr habt, geliebter Sohn, – Wir sagen es mit Schmerzen – während Unserer Abwesenheit die Hand auf Personen und Güter gelegt. Ihr seid so weit gegangen, sie ins Gefängnis zu werfen, und ihr habt, was Unseren Schmerz noch erhöht, sie nicht nur nicht freigelassen, sondern, nachdem was man sich im Volke erzählt, ihr seid noch zu schärferen Maßnahmen übergegangen. Den schon durch die Gefangenschaft schwer Geschlagenen habt Ihr noch eine weitere Prüfung auferlegt, die wir aus Scham für die Kirche und auch für Euch übergehen wollen (...). Wir hatten Euch durch Unsere Schreiben mitgeteilt, dass wir selbst diese Angelegenheit in die Hand genommen hatten. Wir wollten selber die Wahrheit erkunden(...). Trotzdem habt ihr dieses Attentat gegen die Per-sonen und Güter von Männern begangen, die Uns selber unterstellt sind. In diesem überstürzten Vorgehen kann jedermann ein verwerfliches Verachten von Uns und der Kirche erkennen. Wir können nicht daran zweifeln, dass Ihr besser heute als morgen Güter und Personen der Templer Unseren Gesandten übergeben werdet."

Der König beantwortete das Schreiben des Papstes vom 27. Oktober 1307 erst sechs Monate später ohne dass Klemens auf diese Missachtung besonders reagierte. Er setzte lediglich den ungehorsamen Großinquisitor von Frankreich, →Wilhelm Imbert (Wilhelm von Paris) drei Monate nach der Verhaftung der Templer ab. Philipp und seine Helfer (→Nogaret) setzten gegen den Papst verleumdende Schriften ein, die neben dem Vorwurf des Nepotismus und der Geldgier auch vor Vorwürfen der Ketzerei nicht zurückschreckten und an die Geschehnisse um Papst →Bonifaz VIII. erinnerten und Klemens ängstigen sollten. Er erließ schließlich unter diesem Druck am 22. November 1307 die →Bulle „Pastoralis praeminentiae", die die Verhaftung der Templer auch nach dem Willen des Papstes ermöglichte. Der Inquisition sprach er das Recht ab die Untersuchungen zu führen, da er selbst solche bereits eingeleitet hatte. *Wilhelm von →Plaisian* warf dem Papst Begünstigung der Templer vor und präsentierte Klemens V. in →Poitier am 27. Juni 1308, 72 ausgesuchte Templer (Renegaten und Gefolterte), mit deren Aussagen der Papst beeinflusst werden sollte. Die Würdenträger des Ordens, unter ihnen Jaques de Molay, →Hugo de Pairaud und →Raymbau de Charon, wurden gleichzeitig in Chinon vom König festgehalten. Am 5. Juli gab Klemens dem Druck Philipps nach und setzte die Inquisition wieder ein, entschied aber, dass die Prozesse gegen die Templer in jeder Diözese dem Erzbischof zu unterstellen waren und unter der Mitwirkung von zwei Dominikanern und Franziskanern und gegebenenfalls unter Beiziehung der Inquisition fortgesetzt werden sollten. Am 12. Juli 1308 wies der Papst die Bischöfe an, die Ordensgüter in ihren Diözesen in die Verwaltung besonderer Kommissarien zu übergeben. Mit der Bulle „Facians misericordiam" vom 12. August 1308 übertrug der Papst Provinzkonzilien die Aufgabe, die Templer als Individuen zu richten; mit der Bulle „Regnans in coelis" wurde das Konzil gegen den Orden für den Herbst 1310 festgelegt. Da die Verfolgung nicht überall lückenlos durchgeführt wurde, richtete Klemens ein Mahn-Schreiben an den Herzog von Österreich (30. Dezember 1308). Ab 1309 residierte Klemens in Avignon („Babylonisches Exil"). Der Papst blieb immer vom König abhängig, so hinderte er Philipp auch kaum mehr an der Verfolgung der Templer, obwohl die Kurie selbst die Untersuchungen durchführte. Er berief 1312 das Konzil von Vienne ein und löste dort, unter Druck Philipps IV., den Templerorden auf. Sein qualvoller Tod am 20. April 1314 – er starb an Dysenterie (Ruhr) – lag nur vier Wochen nach der Verbrennung Jaques de Molays, des letzten Großmeisters. Dieser Umstand wurde mit dem von Molay am Scheiterhaufen ausgestoßenen Fluch (→Fluch des Molay) gegen den Papst, den König und alle, die an der Vernichtung des Ordens, teilgenommen hatten, in Zusammenhang gebracht. Der Leichnam des Papstes wurde nach Carpentras (südfranzösische Stadt) gebracht; die Kirche, in der man den Papst beigesetzt hatte, brannte bald darauf ab und mit ihr der halbe Körper. Die Reste des Leichnams wurden zu Useste feierlich beerdigt. Das Grabmal wurde 1577 von den Hugenotten zerstört.

Kloster: (lateinisch „monasterium", französisch „monastère", englisch „monastery"; von lateinisch „claustrum", „abgeschlossener Raum"); gegen die Außenwelt abgeschlossener Lebens- und Kultbezirk des organisierten (männlichen und weiblichen) →Mönchtums. Aus dem Wunsch geistig-religiös zu leben gegründet. Dies soll durch asketische Abkehr vom weltlichen Leben erzielt werden. Die ersten Klöster sind von den ägyptischen und syrischen Wüstenvätern gegründet worden.

In nichtchristlichen Religionen ist das klösterliche Leben vor allem im Buddhismus und La-

maismus verbreitet, aber auch im Taoismus (China), in der islamischen Mystik und im Judentum (Kumran – →Essener) anzutreffen. Auch der dem klösterlichen Leben abgeneigte Islam entwickelte unter christlich-syrischem Einfluss den →Sufismus und mit dem Derwischorden entstanden seit Ende des 8. Jhdt. auch Klöster.

Das christliche Mönchtum entstand im 3. Jhdt.; zunächst schlossen sich als Einsiedler lebenden Asketen zu Gemeinschaften zusammen, die später nach vorgeschriebenen und verpflichtenden Regeln lebten, bis nach der Benediktinerregel Mönche und Nonnen zur lebenslangen Zugehörigkeit zu einem bestimmten Kloster verpflichtet wurden. Ökonomisch wurde das Kloster durch Arbeit, vor allem in der Landwirtschaft, erhalten („ora et labora"). Im Christentum unterscheidet man zwischen den in den Ostkirchen verbreiteten idiorrythmischen (freiere Form des Mönchtums) und den westlichen zönobitischen Klöstern (eine größere Anzahl von Mönchen lebt in dauernder räumlicher Gemeinschaft – Benediktinerregel).

Am Beginn des 4. Jhdts. entstand baugeschichtlich das erste Kloster als der Kopte *Pachomius* durch die Errichtung einer Mauer um Kirche, Wohn- Schlaf- und Speiseräume einen abgeschlossenen Bereich schuf. Große Klosteranlagen gab es bereits im 5. Jhdt. (Kalat Siman in Syrien, Tebessa in Nord-Afrika, Abu Mena in Ägypten). Der nie ausgeführte Idealplan von Sankt Gallen (um 820) zeigt die Elemente der abendländischen Klosteranlage, die an der Benediktinerregel orientiert. An die Kirche schließt sich um einen Hof der Kreuzgang an, von dem aus die der Klausur dienenden Räume wie Dormitorium (Schlafraum), Refektorium (Speisesaal), Küche, Wärmeraum und Kapitelsaal zugänglich sind. Darüber hinaus waren im Sankt Gallener Plan Klostergebäude wie Abtshaus, Hospital und Wirtschaftsgebäude vorgesehen. Die Bedeutung der klösterlichen Architektur lag im Zusammenhang der Sakralarchitektur mit der Profanarchitektur. Sowohl Gesamtanlagen wie einzelne Details (Kreuzgänge, Bibliotheken) sind bedeutende Zeugnisse der Kunstgeschichte. Mit dem Aufkommen der Bettelorden (→Franziskaner, →Dominikaner) im 12. und 13. Jhdt. kam es zu neuen Formen des klösterlichen Lebens. Diese Orden siedelten sich nun auch in der Stadt an, wo die Mönche auf engstem Raum zusammenleben mussten. Die Klöster waren im frühen Mittelalter Träger der Kultur im Abendland (→Zisterzienser). Auf Grund ihrer Bibliotheken und Schriftkunde hatten die Mönche in geistiger und religiöser Hinsicht großen Einfluss auf die Bevölkerung.

Mit den →Kreuzzügen entstanden – eine für das Christentum völlig neue Form des mönchischen Lebens – die Ordensritter (→Templer, →Johanniter, →Deutsche Ordensritter usw.). Die Verbindung zwischen Heiligkeit und Rittertum war Folge der theologischen Klärung der Frage des „gerechten Krieges" (→Krieg, gerechter) und Basis des Mönchsrittertums (→Mönchsritter). Das Zusammenleben nach der Benediktinerregel erfolgte in →Komtureien, mit den für die Öffentlichkeit vorgesehenen Werkstätten, Stallungen, Übernachtungsräume etc.. Der Klausurteil war durch eine Mauer von diesen Teilen der Komturei getrennt. In Ordensburgen im Heiligen Land waren die dem kontemplativen Bereich dienenden Räume der Ritter in ähnlicher Form von den übrigen Teilen der Festung getrennt.

Knight: englischer „Ritter", dessen Status mit dem kontinentalen Ritter nicht vergleichbar ist; ursprünglich Bezeichnung für einen sozial hervorgehobenen Reiter; bis 1066 waren die Knights in England unbekannt, danach Schaffung von Lehen (Thengs), die zum Unterschied zur ritterlichen Würde vererbbar waren. Später (13. Jhdt.) wurde die zeremonielle Erhebung in den Ritterstand ausgebaut und das Rittertum schloss sich immer mehr nach außen ab. Die Knights wurden vom König immer mehr mit der Bildung lokaler Regierungen beauftragt und zum Dienst in königlichen Kommissionen beordert.

Komnenen: (griechisch Komnenoi); byzantinische Adelsfamilie und Kaiserdynastie, nach dem Ort Komne benannt; ursprünglich in Thrakien, aber wahrscheinlich in Kleinasien und später in Paphlagonien ansässiges byzantinisches Geschlecht des Militäradels Großgrundbesitzer und Statthalter; Isaak I. Komnenos errang durch einen Militärputsch den kaiserlichen Thron (1057-1059); von den rivalisierenden Dukai verdrängt, konnten sich die Komnenen 1078 mit diesen verbinden und für ein Jahrhundert den Kaisertitel erringen (1081-1185); Kaiser: →Alexios I. (1081-1118) Begründer der Komnenen-Dynastie; Johannes II. (1118-1143); Manuel I. (1143-1180); von 1118-1180 stellten die Komnen und ihre verschwägerten Familien 90 % der Elite des byzantinischen Reiches; der letzte legitime Kaiser →Alexios II. (1180-1183) wurde von seinem Onkel →Andronikos Komnenos ermordet; Andronikos errichtete eine Schreckensherrschaft, die trotz der kurzen Dauer (1183-1185), das gesamte System zerrüttete. Die nachfolgende Dynastie der Angeloi führte das Reich in die Katastrophe von 1204 (→Kreuzzüge); eine Nebenlinie der Komnenen gründete 1204 das Kaiserreich von Trapezunt (Großkomnenen), das 1461 von den Osmanen erobert wurde.

Komtur: (auch commandeur, commendator, Präzeptor, Prior); in den Ritterorden stand der Komtur einem Ordenshaus, der →Komturei, der kleinsten Einheit der Templerorganisation, vor. Die Unterscheidung zwischen Hauskomtur und Ritterkomtur lag lediglich in dem Umstand, ob die Würde in Kriegsgebieten vergeben wurde, oder in Friedenszeiten ausgeübt wurde. Bei den Templern lässt sich der Titel 1155, bei den Johannitern 1157 erstmals belegen und stellt die Position in der Verwaltungshierarchie des Ordens klar.

Komtur der Stadt Jerusalem: (französisch „Commandeur de la Terre de Jérusalem"); hierarchisch im Templerorden nach dem →„Komtur des Königreiches" angesiedelt; er war dazu verpflichtet, mit allen ihm untergebenen Rittern, die Pilger bei ihren Wallfahrten im Bereich der Stadt Jerusalem zu beschützen. Bei Abwesenheit des →Marschalls unterstanden ihm alle in Jerusalem anwesenden

Brüder, die unter dessen Banner kämpften. Wie dem Marschall waren ihm vier Pferde, zwei Knappen, ein Turkopole und ein der einheimischen Sprache mächtiger Schreiber zugeordnet.

Komtur des Königreiches: (französisch „Commandeur du Royaume"); ihm unterstanden 10 Ritter samt deren dienenden Brüder (also zirka 100 Bewaffnete), die während der Feldzüge das heilige Kreuz bewachten und stellten in Friedenszeiten den Begleitschutz der Pilger auf dem Weg zum Jordan, damit sie im heiligen Wasser baden konnten. Sie führten eigentlich die ursprüngliche Gründungsaufgabe des Ordens aus. In seinen Aufgabenbereich fiel auch die Verteilung der neu im Heiligen Land ankommenden Templer auf die einzelnen Ordensburgen und er hatte die Funktion des Schatzmeisters von →Outremer. Nach einer Schlacht fiel ihm alles zu, was zu Geld zu machen war, Sklaven, Saumtiere etc.; Waffen, Rüstungen und Pferde musste er dem →Marschall übergeben. Ihm unterstanden der Hafenmeister von Akkon samt der dort liegenden Ordensschiffe.

Komtur von Tripolis und Antiochia: Komture des Templerordens mit besonderen Privilegien; sie hatten die Pflicht die Burgen, die vornehmsten Häuser und Besitzungen ihrer →Komtureien zu besichtigen, und mit Zustimmung und Wissen des Hauskomturs vom jeweiligen Ordensschatz, die für das Heilige Land erforderlichen Mittel zu nehmen. Jedem dieser Komture standen vier Pferde, ein Schreiber für orientalische Sprachen, ein Diakonus, ein dienender Bruder und ein Fußknecht zur Verfügung.

Komturei: (auch Kommende, das „Haus"); Grundzelle des Templerordens und regionales Ordenszentrum, ihr stand ein →Komtur vor. Komtureien wurden im Abstand einer Tagesreise voneinander angelegt. Sie bestanden im Wesentlichen aus einem Mauergeviert mit Türmen, die lediglich als Wegsicherungsposten vor Raubbanden Schutz bieten sollten. Im Geviert befand sich das mehrgeschossige „große Haus", der eigentliche Klosterteil, der Wohnsitz des Komturs, der Ritter und der Ordensangehörigen. In Komtu-

reien und Festungen gab es keine Einzelzellen, sondern nur Gemeinschaftsschlafräume, manchmal durch Stellwände unterteilt. Die Einrichtung beschränkte sich für den einzelnen Bruder auf einen Strohsack, eine leichte und eine dicke Decke, ein Leintuch und ein Kopfpolster oft ein Tisch und Sessel manchmal eine Truhe, die aber unverschlossen bleiben musste. Die Templer schliefen in Hemd und Unterhose. Die ganze Nacht über musste Licht brennen, damit sich die Brüder bei Alarm rasch zurecht finden konnten. Etwas mehr Komfort hatten die Komture, die jeweils über eine Einzelzelle und eine verschließbare Truhe verfügten. Obligatorisch war das gemeinsame Mahl, von dieser Regel war nicht einmal der Großmeister entbunden. Vor der Mahlzeit waren in der Regel sechzig „Vaterunser" zu beten. Während des Essens musste das Schweigegebot eingehalten werden. Vor dem Ende der Mahlzeit durfte sich niemand ohne ausreichenden Grund von der Tafel entfernen. Vom großen Haus direkt zugänglich war die Kapelle der Ritter, ein schmuck- und fensterloser Baukörper (ganz im Sinne von →*Bernhard von Clairvaux*), der über einem runden, quadratischen oder rechteckigem Grundriss errichtet war. Für die Öffentlichkeit war eine eigene Kapelle vorgesehen. Scheunen, Werkstätten, Stallungen und →„hospitos" bildeten die übrigen Gebäude für →Affiliente (z.B. Bauern und Handwerker) und Ordensfremde. Der Klosterteil war in den meisten Fällen durch eine Mauer von diesen Teilen der Komturei getrennt. Mehrere Komtureien wurden zu einem →Baylie zusammengefasst. Baylies standen an der Spitze der Provinzhäuser (→Provinz), hier wurden auch die Aufnahmerituale des Ordens durchgeführt. Die Komturen waren in der gewöhnlichen, landwirtschaftlichen Komturei oft nur dienende Brüder, die von zwei anderen Brüdern unterstützt wurden. Jedenfalls musste jedes Ordenshaus zumindest vier Brüder haben. →*Matthäus Paris*, der englische Chronist, schrieb Mitte des 13. Jhdts:

„...die Templer haben 9 000 Herrensitze, die Hospitaliter aber besitzen deren 19 000...".

Kongregation: die; 1. kirchliche Vereinigung mit einfacher Mönchsregel für bestimmte kirchliche Aufgaben; 2. engerer Verband von Klöstern innerhalb eines Mönchsordens oder Zusammenschluss mehrerer selbständiger Klöster unter einem Oberen; 3. (veraltet) Vereinigung, Versammlung.

Königreich Jerusalem: Nach dem siegreichen 1. Kreuzzug und der Einnahme von →Jerusalem am 15. Juli 1099 unter der Führung von →*Gottfried von Bouillon* wurde das christliche Königreich von Jerusalem als einer der Kreuzfahrerstaaten gegründet. Es war ursprünglich als Kirchenstaat unter der Souveränität des Papstes gedacht; sein erster Herrscher Gottfried von Bouillon nahm allerdings nicht den Titel König an, sondern nannte sich „Bewahrer des heiligen Grabes". Sein Bruder →*Balduin I.* von Boulogne, (25. Dezember 1100 – † 2. April 1118), folgte ihm nach, ließ sich aber bereits zum König krönen. Das Staatswesen war noch europäischem Vorbild geprägt; der König wurde von einer Versammlung von Adeligen, dem „Hohen Rat", gewählt. Die Reihenfolge am Thron:
→*Balduin II.* von Le Bourg, 14. April 1118 – 21. August 1131
→*Fulko von Anjou*, 14. September 1131 – 10. November 1143
→*Melisende*, 25. Dezember 1143 – 1. April 1152
→*Balduin III.*, 25. Dezember 1143 – 10. Februar 1162
→*Amalrich I.*, 18. Februar 1162 – 11. Juli 1174
→*Balduin IV.*, der Lepröse, 15. Juli 1174 – März 1185
→*Balduin V.*, März 1185 – Ende August 1186
→*Sibylle* (gemeinsam mit ihrem Gemahl →*Guido Lusignan*) September 1186 – Verlust Jerusalems am 2. Oktober 1187
Die ständigen Zwistigkeiten zwischen den Kreuzfahrern und auch der Ritterorden schwächten das Königreich bis Sultan →*Saladin* 1187 das Königreich eroberte. Am 18. Februar 1229 konnte Jerusalem von →*Friedrich II. von Hohenstaufen* ohne Waffengewalt für 10 Jahre zurückgewonnen werden. Bis 1291 war der Sitz der Könige

in →Akkon. Mit dem Verlust der letzten festländischen Gebiete 1291 kam es danach zu einem Titularkönigtum in Personalunion mit dem Königreich Zypern.
→*Isabella I.*, (gemeinsam mit ihrem Gemahl →*Konrad von Montferrat*, 24. November 1190 – 28. April 1192), Herbst 1190-1205
→*Heinrich I. von der Champagne* (als Gemahl Isabellas), 5. Mai 1192 – 10. September 1197
→*Amalrich II.* (als Gemahl Isabellas) Jänner 1198 – 1. April 1205
Maria von Montferrat „La Marquise", 1205 – 2. Oktober 1210, † 1212
→*Johann I. von Brienne*, (König als Gemahl Marias) 2. Oktober 1210 – 9. November 1225
Isabella II. (Jolanthe), 1212 – 5. Mai 1228
→*Friedrich II.* (als Gemahl Isabellas), 9. November 1225 – 18. März 1229
Konrad II. (IV.), 5. Mai 1228 – 13. Dezember 1250
Konrad III. (Konradin) 21. Mai 1254 – 29. Oktober 1268
Hugo I., 24. September 1269 – 4. März 1284
Johann II., Mai 1284 – 20. Mai 1285
Heinrich II. 15. August 1286 – August 1291
Mit Tyrus und Akkon gingen die letzten Gebiete verloren, der Mamelucken-Sultan *al-Ashraf* eroberte die letzten Stützpunkte der Christen.

Konrad III.: (* 1093 oder 1094, † 15. Februar 1152 in Bamberg); Gegenkönig (1127-35), König (1138-1152). Sohn des Staufers Herzog *Friedrich I.* von Schwaben, Nachfolger Kaiser →*Lothars III.*; Aufbrechen des welfisch-staufischen Gegensatzes infolge seiner antiwelfischen Politik. 1138 irregulär zum König gewählt. 1146 ließ sich Konrad von →*Bernhard von Clairvaux* für den 2. Kreuzzug gewinnen (Kreuzzugspredigt in Speyer). Vor Antritt des Kreuzzuges erhob er seinen Sohn *Heinrich* zum König. Mit zirka 70 000 Mann brach er gemeinsam mit seinem Neffen *Friedrich von Schwaben* (später →*Friedrich I. Barbarossa*) über Ungarn und Konstantinopel nach Kleinasien auf. Dabei hielt sich Konrad nicht an den Rat Kaiser →*Manuels* sich der Küste entlang zu bewegen, sondern marschierte über Nikäa im Landesinneren Richtung Heiliges Land. Bei Dory-

laeum, am 25. Oktober 1147 als Konrads Heer übermüdet am Fluss Bathys rasten wollte, wurden die Deutschen von den Seldschuken überfallen und vernichtend geschlagen. Konrad konnte sich mit einer kleinen Schar von Hunger, Durst und Krankheiten geschwächt, bis zu den byzantinischen Linien bei Laodicea und Nikäa durchschlagen. Nach einer Erkrankung kehrt er nach Konstantinopel zurück, während sich die Reste seines Heeres den Franzosen anschloss. Konrad traf später den französischen König →*Ludwig VII.* in Jerusalem und nahm mit diesem an der erfolglosen Belagerung von Damaskus teil. Nach dem Rückzug besuchte er Jerusalem und wohnte hier, wie schon bei seinem ersten Aufenthalt bei den Templern. Nach seiner Rückkehr nach Deutschland 1149 starb Konrad bei den Vorbereitungen für einen Zug gegen die Welfen.
Konrad IV.: (* 25. oder 26. April 1228 in Andria, Provinz Bari, † 21. Mai 1254 bei Lavello, nördlich von Potenza, unweit Melfi); Sohn Kaiser →*Friedrichs II.* und →*Isabellas von Brienne*; König von Jerusalem; deutscher König (1237 gewählt-1254); als *Konrad III.* Herzog von Schwaben. Konnte sich seit der Bannung seines Vaters, Kaiser *Friedrichs II.*, 1245, nur mühsam gegen die Gegenkönige behaupten; ging 1251 nach Italien, um sein Erbreich Sizilien zu retten. Ernannte sterbend den Papst (→*Innozenz IV.*) zum Vormund seines Sohnes *Konradin.*
Konrad von Montferrat: (* um 1146, † 28. April 1192 in Tyrus); Sohn Markgraf *Wilhelms V.* und *Judiths von Österreich*; in 3. Ehe verheiratet mit →*Isabella*, der Tochter →*Amalrichs I.* und *Marie' Komnene*; Herr und Verteidiger von Tyrus, kämpfte 1188, nach der Freilassung König →*Guido de Lusignans* aus der Gefangenschaft →*Saladins*, gegen dessen Legitimität als König von Jerusalem, insbesonders weil er nur über die Ehe mit →*Sibylle* an die Krone gelangte und wegen der vermeidbaren Niederlage bei →*Hattin* (1187), an der Guido die Hauptschuld traf. Konrad landete nach der Niederlage von Hattin in Tyrus und baute die Stadt zu seiner Machtbasis aus. Als Sibylle und deren Töchter an einer Seu-

che starben, konnte Konrad Anspruch auf den Thron erheben, denn er wurde mit →*Isabella*, der jüngeren Schwester Sibylles verheiratet. Ab Mai 1191 bezeichnete sich Konrad als „rex electus". Der Großmeister der Templer →*Gerhard de Ridefort*, der wie Guido von Lusignan aus der Gefangenschaft Saladins entlassen wurde, ergriff gemeinsam mit →*Richard I. Löwenherz* gegen Konrad Partei und unterstützte Guido von Lusignan. Die Johanniter dagegen unterstützten Konrad. Als →*Robert de Sablé* das Großmeisteramt der Templer übernahm wechselten die Ritterorden die Seiten. Richard Löwenherz ließ um die Krone durch die Barone abstimmen; Guido erhielt nicht eine Stimme. 1192 wurde Konrad als König von Jerusalem ausgerufen, wurde aber noch innerhalb von Wochenfrist ermordet. Er hatte angeblich ein Assassinenschiff (→*Assassinen*) plündern lassen und wurde aus diesem Grunde am 28. April 1192 von zwei Sektenmitgliedern auf Anweisung des Scheichs *Sinan*, des →„Alten vom Berge", getötet. Nach anderen zeitgenössischen Berichten zufolge wäre Konrad auf Befehl von Richard Löwenherz ermordet worden, weil er seinen politischen Interessen im Wege stand. Guido von Lusignan hingegen wurde, gefördert von Richard Löwenherz, König von Zypern. Isabella, die Witwe Konrads, heiratete auf Wunsch der Ritterorden und König Richards im gleichen Jahr →*Heinrich von der Champagne.*
Konradin: (* 25. März 1252 in Burg Wolfstein bei Landshut, † 29. Oktober 1268 in Neapel); Herzog von Schwaben; letzter Staufer; Sohn des →*Konrad IV.* und der *Elisabeth von Wittelsbach*; wurde von den Päpsten →*Innozenz IV.*, →*Alexander IV.*, →*Urban IV.* und →*Klemens IV.* nur als König von Jerusalem und Herzog von Schwaben anerkannt; wurde beim Versuch, sein süditalienisches Erbe anzutreten, von Papst Klemens exkommuniziert (18. November 1267) und am 23. August 1268 in der Schlacht bei Tagliacozzo von →*Karl I. von Anjou* geschlagen, auf der Flucht von *Giovanni Frangipani* gefangen, an Karl ausgeliefert und auf dessen Befehl in Neapel hingerichtet.

Konsekration: historisch in der römischen Kaiserzeit die Vergöttlichung des verstorbenen Kaisers; in der katholischen Kirche die Wandlung im Messopfer von Brot und Wein in den Leib und das Blut Christi; auch die liturgische Weihe eines Bischofs, einer Kirche (Kirchweihe) oder eines Altars.

Konstabler: (Ritterkonstabler); die Tempelritter waren in Schwadrone eingeteilt, die von Konstablern angeführt wurden; alle unterstanden dem →Marschall.

Konstantin I.: Sohn des *Ruben*; Erbe der Bagratiden-Dynastie; Rubenier-Fürst; Herrscher über Kleinarmenien (1092-1100); setzte sich in Kilikien fest, als sich die Türken im Krieg mit den Byzantinern befanden.

Konstantin der Hethumier: Regent von Kleinarmenien für *Isabella*, der Tochter →*Leo II.* (1220-1226); folgte *Adam von Baghras* in seiner Funktion nach. 1226 zwang er Isabella seinen Sohn *Hethum* zu heiraten, nachdem *Philipp* (Sohn →*Bohemunds IV.* von Antiochia und designierter Ehemann Isabellas) zuerst eingekerkert und im Gefängnis vergiftet wurde. Konstantin wurde in seinem ständigen Streit mit Bohemund von den Johannitern unterstützt, während die Templer die Seite von Antiochia bevorzugten.

Konvent: In der katholischen Kirche und in Klöstern die Versammlung stimmberechtigter Ordensmitglieder. Im Templerorden hatte jede Provinz einen Konvent, der unter der Führung des →Großpräzeptors zusammentrat und an dem sein Assistent, die Komturen seiner Provinz und angesehene Brüder teilnahmen.

Konya: (Ikonium, Ikonion); Stadt in Kleinasien; lag in einer wichtigen strategischen Situation an einer Verbindung zwischen Kleinasien, Kilikien und Syrien. Gehörte zur römischen Provinz Galatien; wurde durch Apostel *Paulus* missioniert; ab 370 n. Chr. Sitz eines Metropoliten. In mittelbyzantinischer Zeit mit der Festung Kabala wichtiges Bollwerk gegen arabische Einfälle. 723 von den Arabern erobert und 906 vom *Emir von Tarsus* niedergebrannt; durch das türkische Heer (Seldschuken) 1069 kurzfristig erobert. 1084 von

Suleiman endgültig in seldschukischen Besitz; 1116 und 1146 Rückeroberungsversuche durch die →*Komnenen*. 1116 Thronbesteigung durch *Massud*, danach wichtigste Residenz der anatolischen Seldschuken. Die Stadtmauer enthielt mehr als 100 Türme und diente neben der Verteidigung auch der Ableitung der jährlichen Hochwässer. 1190 von →*Friedrich I. Barbarossa* erstürmt, aber nach Unterfertigung eines Vertrages mit Kilidsch Arslan wieder geräumt.

Konzil: (Synode); im allgemeinen Versammlung von Bischöfen und anderen kirchlichen Amtsträgern zur Erörterung und Entscheidung theologischer und kirchlicher Fragen. Das ökumenische oder allgemeine Konzil, das mit der Erhebung des Christentums zur gleichberechtigten Religion vom byzantinischen Kaiser einberufen wurde (Konzil von Nicäa 325, Konstantinopel 381, Ephesos 431 Chalcedon 452) und mit der Ausbildung des Papsttums vom Papst berufen wurde, repräsentiert unter dem Vorsitz des Papstes die allgemeine Kirche und besitzt nach katholischem Verständnis in seinen Glaubensentscheidungen Unfehlbarkeit. Man zählt 21 oder 22 ökumenische Konzile.

Konzil von Lyon: das 13. und 14. Ökumenische Konzil wurde in Lyon abgehalten.
Das 1. Konzil von Lyon (28. Juni bis 17. Juli 1245) wurde von Papst →*Innozenz IV.* einberufen, und befasste sich mit der Absetzung Kaiser →*Friedrich II.*, den Kreuzzügen und der Verwaltungsreform des kirchlichen Besitzes.
Das 2. Konzil von Lyon (7. Mai – 17. Juli 1274) von Papst →*Gregor X.* einberufen, befasste sich mit der finanziellen Vorbereitung eines Kreuzzuges, der Union mit der Ostkirche und mit Gedanken über eine eventuelle Zusammenlegung der Ritterorden (→Templer und →Johanniter); unter den Teilnehmern befanden sich *Paul von Segni*, der Bischof von Tripolis, und der neugewählte Großmeister der Templer →*Wilhelm von Beaujeu*.

Konzil von Troyes: Wurde am 13. Jänner 1128 (→Gründung des Templerordens) einberufen. Es wurde ausschließlich zur Bestätigung der Regeln des →Templerordens abgehalten. Da zur Gründung eines Ordens die Einberufung eines Konzils nicht üblich war, wird damit die Vorrangstellung des Ordens dokumentiert. Im Wesentlichen sind die von →Bernhard de Clairvaux mit →Hugo de Payens erarbeiteten Ordensregeln genehmigt und der im Heiligen Land gegründete Orden (1120) bestätigt worden. Teilnehmer am Konzil waren: →Kardinal →Matthias (Matthäus) von Albano (päpstlicher Legat in Frankreich); die Erzbischöfe von Reims und Sens (Heinrich Sanglier); der Bischof von Orléans; mehrere Äbte (neun): von Vézelay, Cîteaux (Stephan Harding), Clairvaux, Pontigny (Hugo von Mâcon), Troisfontaines und Molêsme; einige Laien: Theobald von Blois (Graf der Champagne), Andreas von Baudement (Seneschall der Champagne) und der Graf von Nevers (ein Kreuzfahrer von 1095). Die Anwesenheit der prominenten Zisterzienseräbte zeigt den Einfluss des Reformgedankens auf das Konzil und im weiteren auf den Templerorden. Die Ordensregel, die ursprünglich 72 Artikel beinhaltete, orientierte sich im wesentlichen an der Zisterzienserregel. Die am Konzil getroffenen Festlegungen waren keinesfalls einvernehmlich getroffen worden und bedurften zur Wirksamkeit der Bestätigung durch den Patriarchen von Jerusalem und des dortigen Hauptkapitels, erst dann bestätigte der Papst den Orden.

Konzil von Vienne: Wurde von Papst →Klemens V. am 16. Oktober 1311 eröffnet, nachdem dieses Konzil bereits am 12. August 1308 ausgeschrieben worden war; drei Punkte standen auf der Tagesordnung: der Templerorden, der Kreuzzug und die Kirchenreform. Tagungsort war die Kirche von St. Maurice. Am 18. Juni 1311 forderte der Papst die Bischöfe auf, die Verhörprotokolle, die im Zuge des Verfahrens gegen den Templerorden (→Templerprozess) aufgenommen worden waren, zu übergeben. Diese Unterlagen wurden gesichtet, kategorisiert und in eine übersichtliche Form gebracht. Mitte September kam der Papst nach Vienne. Eine von Klemens geführte Kommission entschied, dass den Temp-

lern die Möglichkeit der Verteidigung gegeben werden müsse; dagegen sprachen sich, im Sinne →Philipps IV., die Erzbischöfe von Reims, Sens und Rouen aus, von allen übrigen Teilnehmern am Konzil wurde diese Möglichkeit befürwortet. Vor dem Konzil erschienen 7 Templer, die erklärten, dass sie bereit seien, gemeinsam mit 1 500 – 2 000 vor der Stadt Lyon lagernden Brüdern die Verteidigung zu übernehmen – eine Drohung? Klemens unterbrach das Konzil. Am 2. März richtete Philipp IV. ein Schreiben an den Papst, in dem er den Orden beschuldigte und die Aufhebung des Ordens forderte; am 5. März kam der König selbst mit großem Gefolge nach Vienne. Bald darauf kam es zu einem Geheimtreffen zwischen Vertretern des Königs und des Papstes und bereits am 22. März veröffentlicht Papst Klemens V., ohne Verteidigungsmöglichkeit für die Templer, die →Bulle „Vox in excelso", mit der der Orden der Templer aufgehoben wurde.

„Da wir nach kanonischen Recht den Templerorden nicht verurteilen können, so haben wir nicht ohne Bitterkeit und Trauer im Herzen auf dem Wege der Provision vorzugehen, mit Billigung des Konzils und Kraft unserer apostolischen Entscheidung. Wir haben den Orden und seine Regel ewig aufgehoben und verbieten einem jeden, in den Orden einzutreten oder das Ordensgewand zu tragen oder sich als Templer auszugeben."

Das Problem der Übertragung des Ordensbesitzes dauerte bis zu seiner Lösung noch bis Mai 1312. Am 2. Mai 1312, mit der Bulle „Ad providam Christi vicarii", in der alle Güter der Templer den Johannitern zugesprochen wurden, hörte der Orden der „armen Ritter vom Tempel in Jerusalem" auf zu existieren. Mit der Bulle „Considerantes dudum" vom 6. Mai 1312 traf Klemens die Entscheidung über das weitere Schicksal der einzelnen Tempelritter. Den Großmeister, den Visitator von Frankreich, die Präzeptoren von Zypern, der Normandie und Apulien und seinen ehemaligen Kämmerer →Olivarius de Penna behielt er seinem Urteil vor. Alle übrigen Ordensangehörigen sollten von den Provinzsynoden abgeurteilt werden.

Koran: (arabisch „Vortrag", „Lesung"; „qarana", „zusammenbinden" oder „qara'a", „lesen", „rezitieren"), das heilige Buch des Islams, das die Zusammenstellung der Offenbarungen enthält, die der Prophet →*Mohammed* zwischen 608 und 632 in Mekka und Medina verkündete. Kalif *Abu Bekr* begann zwischen 632-634 den Prozess des Sammelns der verschiedenen Offenbarungen. Sein Nachfolger Kalif *Omar* (634-644) setzte die Aufgabe fort, bis um 650 unter dem Kalifen *Othman* die Offenbarungen ausgewählt und zusammengefasst wurden. Der Koran ist in Reimprosa abgefasst. Seine 114 Suren (Kapitel) wurden ihrer Länge nach geordnet, die längsten stehen zu Beginn, die kürzesten am Schluss. Jede Sure ist in verschiedene Verse (aja) unterteilt und weiter in „Hälften" (hisf), „Drittel" (suls) und „Viertel" (rub') gegliedert. Den Muslimen gilt der Koran als Wort Gottes und Grundlage ihres Rechts (→Scharia), als einzigartige Wirklichkeit voll tiefster Geheimnisse. Er ist nach festen Regeln für die nach dem Rezitieren einzulegenden Pausen und mit korrekter Aussprache zu lesen.

Krak des Chevaliers: (le Crat, le Crac, Qalat al Hisn a-Akrad); zirka 40 km westlich von →Homs, auf dem höchsten Punkt des Hisn al-Akrad gelegen; schönste und auch größte aller Kreuzritterburgen (Ordensburg der Johanniter), die die nordwestliche Flanke der Grafschaft →Tripolis schützen sollte. Das zur Festung gehörende Umland erstreckte sich fast über die Hälfte der Grafschaft. Vor der Kreuzritterzeit war hier bereits eine wahrscheinlich kurdische Festung (daher auch „Kurdenschloss", arabisch „Hisn al-Akrad) existent. 1109 eroberte *Tankred von Antiochia* die Befestigungsanlage. 1112 Sitz eines Lehens der Grafen von Tripolis; 1142 erwarben die Johanniter die Burg und begannen mit dem Ausbau. 1170 wurde die Festung durch ein Erdbeben schwer beschädigt. 1188 konnte die Burg den Angriffen →*Saladins* standhalten. 1205 wurde die äußere Befestigungsmauer mit Rundtürmen hinzugefügt. 1271 fiel sie durch List in die Hand des Mameluckensultans →*Baibars* nach kaum einem Monat der Belagerung.

Besterhaltene Befestigungsanlage aus dieser Zeit. In Nord-Südrichtung hat die Burg einen Durchmesser von 200 m, in Ost-Westrichtung 150 m. Als Material wurde feinbehauener Kalkstein verwendet. Zwei Ringmauern umgeben die Festung, die äußere umschließt den Zwinger. Im Schutz dieses Walles waren auch die Stallungen, teilweise unterirdisch, angelegt und die Aufenthaltsräume der Besatzung vorgesehen. Den Kern der Festung bildete die Zitadelle (Bergfried, Donjon). Das Haupttor war von außen durch eine Zugbrücke gesichert. Ein Fallgitter, vier weitere Tore, Schießscharten und Pechnasen sollten die Burg uneinnehmbar machen. Die Problematik der Verteidigung lag nicht in der Festungsbaukunst, sondern in deren zweiten Hälfte des 13. Jhdts. die erforderliche Besatzung zur Verteidigung beizustellen. Zu Beginn des 13. Jhdts. hatte die Burg noch zirka 2000 Mann, 1268 waren es kaum mehr als 200.
Im November 2000 konnte sich Barbara Bartmann aus Tribuswinkel von der Verteidigungsbereitschaft der Besatzung überzeugen.

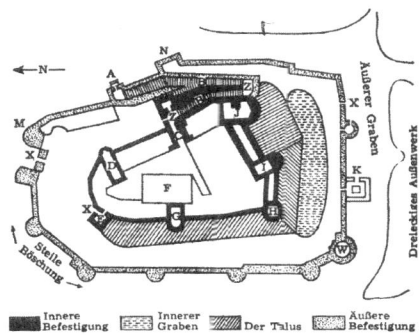

| Innere Befestigung | Innerer Graben | Der Talus | Äußere Befestigung |

Kreuz: die Bedeutung des Kreuzes hat seinen religiösen Symbolgehalt im Laufe der Zeit immer wieder geändert; die aus Mesopotamien stammenden ältesten Beispiele gehen auf das 4. Jahrtausend v. Chr. zurück (Hakenkreuz, Sanskrit: „Swastika", „Glück"); im 1. Jahrtausend in Assyrien als Sinnbild der Sonne und in Ägypten als

Henkel-Kreuz (Anch-Zeichen) als Symbol für das Leben. Im römischen Reich Werkzeug zur Marter und zur Vollstreckung von Todesurteilen. Durch den Kreuzestod Christi wurde das Kreuz zum wichtigsten christlichen Symbol und Zeichen des Heils. Die eigentliche Kreuzverehrung setzte erst mit *Konstantin dem Großen* ein (312). Die Templer sahen im Kreuz ein Sinnbild der Leiden Christi und später als Symbol für Enttäuschung und die Schmach der Niederlage des Christentums im Heiligen Land. Unter dem Eindruck über den Sieg des Gottes Mohammeds über den Gott der Christen sang ein dem Templerorden angehöriger Sänger (→*Bonomel, Ricault*):
„*Schmerz und Zorn erfüllen meine Seele und drohen mich zu töten. Wir erliegen fast unter der Last dieses Kreuzes, das wir genommen haben zur Ehre dessen, der daran geheftet war. Es gibt kein Kreuz, es gibt keinen Glauben, die etwas vermöchten gegen diese verdammten Türken! Gott selbst, so sieht jedermann, schützt sie zu unserem Verderben!*"

Kreuz Christi: Das Kreuz Christi soll mit den beiden Kreuzen der Schächer der Legende nach von *Kaiserin Helena* und Bischof *Makarios von Jerusalem* († 334) auf dem Berg Golgatha um 320 aufgefunden worden sein. *Konstantin* ließ am vermuteten Ort der Kreuzigung und der Grablegung die Grabeskirche errichten (335 geweiht). Das „Wahre Kreuz" soll in ihr aufbewahrt worden sein. 614 erbeuteten die Perser das Kreuz; 630 brachte Kaiser *Herakleios* das Kreuz nach Jerusalem zurück. Bei allen wichtigen Schlachten wurde es dem christlichen Heer von den Templern vorangetragen. In der Schlacht von →*Hattin* 1187 soll es in die Hände →*Saladins* gefallen sein. Die für das Kreuz verantwortlichen Templer sollen es im Kampfgetümmel vergraben haben, wo es später von den Sarazenen aufgefunden wurde. Demgegenüber behaupteten die Templer das „Wahre Kreuz Christi", die wichtigste Reliquie der Christenheit, zu besitzen. Der →Komtur von Jerusalem hatte die Verantwortung für dieses Kreuz und musste es bei Tag und

Nacht von zehn Rittern bewachen lassen. Die Brüder retteten es möglicherweise gemeinsam mit den Ordensschätzen und anderen Reliquien vor der Eroberung Akkons und sollen es nach Zypern gebracht haben.

Kreuzfahrer: auch Kreuzritter; Teilnehmer an den →Kreuzzügen; die Teilnahme an den Kreuzzügen war sehr populär. Bei jedem Kreuzzug legte eine große Anzahl von Rittern ein Kreuzzugsgelübde ab; das Gelübde war verbindlich und ging, wenn es nicht erfüllt wurde, vom Vater auf den Sohn über. Als sichtbares Zeichen wurde ein Kreuz auf das Gewand geheftet (Kreuznahme). Allerdings konnte man durch den Papst oder dessen Bevollmächtigten von der Erfüllung des Gelübdes dispensiert werden: „defermentum" (Aufschub), „commutatio" (Umwandlung in einen anderen Bußakt), „substitutio" (Entsendung eines Ersatzmannes) und „redemptio" (Dispens gegen Geldzahlung); die Redemptio wurde von Papst →*Innozenz III.* zur Finanzierung der Kreuzzüge herangezogen.

Der Kreuzfahrer erhielt für das Gelübde eine Reihe von Privilegien: Rechtsschutz seiner Besitzungen während seiner Abwesenheit; Aufschub bei Lehens- oder Hofdienst und bei Gerichtsverfahren; Freiheit von Zöllen und Steuern; allen Kreuzzugsteilnehmern wurde Ablass gewährt.

Kreuzfahrerstaaten: die als Ergebnis des 1. Kreuzzugs in Palästina und Syrien errichteten Staaten. Von ihnen behauptete das Königreich →Jerusalem zunächst einen gewissen Primat über die anderen größeren Staaten, das Fürstentum →Antiochia und die Grafschaften →Edessa und →Tripolis. Sie waren militärisch den Moslems unterlegen (Edessa wie Jerusalem zählten es etwa 700 Ritter), konnten sich aber halten, weil die ständigen Kriege zwischen den islamischen Mächten es ihnen ermöglichte, das Küstenland zu besetzen und für den Nachschub von Menschen, Waffen und Gütern auf italienischen Schiffen offenzuhalten.

Die Grafschaft Edessa wurde 1098 als erster Kreuzfahrerstaat gegründet. Sie war in exponierter Lage ein Bollwerk gegen die Seldschuken. Unter *Joscelin II.* von Courtenay († 1159) fiel sie schon 1144 wieder in die Hand der Muslime. Das 1098 errichtete Fürstentum Antiochia wurde unter seinen ersten normannischen Herrschern →*Bohemund* von Tarent († 1111) und dessen Neffen *Tankred* († 1112) durch Eroberungen von den Moslems und Byzanz erweitert. Sie hinterließen einen gefestigten Staat, für den aber *Raimund von Poitiers* 1137 dem byzantinischen Kaiser den Lehenseid leisten musste, obwohl Antiochia wie Jerusalem einst als päpstliches Lehen vergeben worden war. 1268 wurde Antiochia, das seit dem Tod *Bohemunds IV.* (1231) in ständigem Niedergang wirtschaftlich verarmt war, vom Mameluckenheer des Sultans →*Baibars* den Christen entrissen. Nicht viel später (1289) fiel die Grafschaft Tripolis, seit Bohemund IV. von den Fürsten Antiochias mitregiert; es war 1109 als letzter der Kreuzfahrerstaaten errichtet und *Bertrand von St. Gilles* als vasallitische Grafschaft des Königreichs Jerusalem verliehen worden.

Unter →*Balduin I.*, dem ersten König von Jerusalem (1100), und seinen nächsten Nachfolgern →*Balduin II.* (1118-1131), →*Fulko von Anjou* (1131-1143) und *Balduin III.* (1143-1162) konnte das Gebiet des Erbreichs erweitert und gegen die Sarazenen behauptet werden. Gegenüber den nördlichen Fürstentümern verhielt man sich damals schon zurückhaltend. Für →*Amalrich I.* (1163-1174) erwies sich der Besitz Ägyptens als notwendig, aber nicht erreichbar, da es in die Hände des →*Ajjubiden* →*Saladin* fiel. Dieser besiegte die Kreuzfahrer vernichtend bei →*Hattin* (1187) und eroberte anschließend Jerusalem. Die Christen gewannen 1191 →*Akkon* unter Führung von →*Richard Löwenherz* zurück, der 1192 mit Saladin vertraglich die christliche Herrschaft im Küstenstrich von →*Tyrus* bis →*Jaffa* vereinbarte. Der (5.) Kreuzzug →*Friedrichs II.*, der sich 1229 zum König von Jerusalem krönte, brachte durch ein Übereinkommen mit Sultan →*Al Kamil* Jerusalem und weitere Gebiete wieder an die Kreuzfahrer. Die Hauptstadt

ging 1244 endgültig verloren; Akkon, Mittelpunkt des restlichen Königreichs, war durch innere Kämpfe geschwächt und fiel 1291. Der Rest Palästinas wurde geräumt; den Kreuzfahrern blieb nur noch Zypern, das Richard Löwenherz 1191 den Byzantinern entrissen hatte.

Kreuzformen:

Kreuzformen: 1 griechisches Kreuz; 2 lateinisches, Hoch- oder Passionskreuz; 3 Andreas- oder Schrägkreuz; 4 Antoniuskreuz; 5 Gabelkreuz; 6 Tatzenkreuz; 7 achtspitziges Malteser- oder Johanniterkreuz; 8 Ankerkreuz; 9 Krückenkreuz; 10 Jerusalemkreuz; 11 Patriarchenkreuz; 12 russisches (orthodoxes) Kreuz; 13 Brabanter Kreuz; 14 Swastika oder Hakenkreuz

Kreuzherren: (Kreuzbrüder, Cruciferi, Crucigeri, Cruciati); Hospital- und Ritterorden, die im 12. und 13. Jhdt. unabhängig von einander entstanden sind und trotz Vereinigungsversuchen unabhängig geblieben sind. Die Verehrung des Kreuzes steht für diese Orden im Vordergrund und ihre Ursprünge werden auf die Kreuzzüge zurückgeführt. Es sind dies die „Chorherren vom Heiligen Grab", „Chorherren von Santa Cruz in Coimbra", „Chorherren von Irland" und „Orden der Chorherren mit Kreuz und rotem Stern".

Kreuzritter: auch →*Kreuzfahrer*; Teilnehmer an den →*Kreuzzügen*.

Kreuzzug der Armen: (auch Kreuzzug des Volkes); der Kreuzzugsaufruf Papst →*Urbans II.* löste eine ungeheure Bewegung aus und entglitt zum Teil der kirchlichen Führung. Volksmassen setzten sich in Richtung Heiliges Land in Bewegung; Männer, Frauen und auch Kinder durchmischten sich mit den sich formierenden Rittertruppen. Unter der Führung des Kreuzzugspredigers →*Pe-*

ter von Amiens und einem *Walther Habenichts* (Walter „Sans-Avoir") zogen 25 000 solcher kampfunerprobter Pilger in ungeordneten Haufen, plündernd durch Deutschland, Ungarn bis ins byzantinische Reich nach Konstantinopel. Gegen den Rat Kaiser →*Alexios Komnenos* überschritt Peter von Amiens mit seinen Scharen den Bosporus. Er griff ohne auf die Ankunft des Ritterheeres zu warten die türkische Stadt Nicäa an. In einem Tal bei Cevetot wurde das Heer eingeschlossen und wer nicht verdurstete oder verhungerte wurde niedergemetzelt. Von den 25 000 Kreuzfahrern konnten nur wenige dem Blutbad entkommen.

Kreuzzüge: (→Krieg, gerechter); der Kreuzzug war ein heiliger Krieg, der der Befreiung der heiligen Stätten und später deren Schutz diente und war eine neue Art von Wallfahrt. Die Teilnehmer an einer Kreuzfahrt galten als Pilger, die Kreuzfahrten als kollektive Sühne. Der Kreuzzug war nach Auffassung der Christenheit den Zeitgenossen als direkt von Gott aus dem Mund des Papstes befohlen. Später sollten vermeintliche Glaubensfeinde innerhalb und außerhalb der christlichen Welt bekämpft werden (Muslime, Slaven, Balten, Mongolen, Orthodoxe, Häretiker aber auch Gegner des Papsttums).

Der 1. Kreuzzug (1095-1099):
Papst →*Urban II.* rief am Konzil von Clermont am 27. November 1095 zum 1. Kreuzzug auf: „*...Bewaffnet euch mit dem Eifer Gottes, liebe Brüder, gürtet eure Schwerter an eure Seiten, rüstet euch und seid Söhne des Gewaltigen! Besser ist es im Kampfe zu sterben, als unser Volk und die Heiligen leiden zu sehen...*".
Grund für den 1. Kreuzzug waren die Seldschuken, die 1071 das bis dahin arabische Jerusalem eroberten, am 19. August die Byzantiner bei Mantzikert schlugen und die den Strom der europäischen Pilger immer mehr behinderten. Der Papst rief daher, auf Grund des Hilferufes des Kaisers →*Alexios I. Komnenos*, zum Kreuzzug auf, um Jerusalem zurückzuerobern und den Schutz des Heiligen Grabes sicherzustellen. Den Kreuzfahrern wurde Ablass ihrer Sünden und

Schutz ihrer Habe während ihrer Abwesenheit versprochen. Die Begeisterung war so groß, dass zirka 330 000 Gläubige sich ungeordnet (→„Kreuzzug der Armen") auf den Weg machten. Unter der Führung →*Gottfrieds von Bouillon* begann der 1. Kreuzzug, der mit der Eroberung Jerusalems am 13. Juli 1099 sein eigentliches Ziel erreichte. Das Königreich Jerusalem wurde als Lehensstaat gegründet. Die Interessen der Kreuzritter waren sehr unterschiedlich, stritt Gottfried ausschließlich um die Rückeroberung des Heiligen Grabes, lag das Streben der beiden →*Normannen Bohemund* und *Tankred*, aber auch des Bruders Gottfrieds *Balduin*, Land zu gewinnen und neu zu ordnen. Sie gründeten das Fürstentum Antiochia und die Grafschaft Edessa. Allein *Raimund von Toulouse* dürfte dem Kreuzzugsgedanken und damit den Vorstellungen Urbans entsprochen haben, ihm wurde als Lehen die Grafschaft Tripolis übergeben.

2. Kreuzzug (1147-1149):
Anlass war die Eroberung der Grafschaft Edessa (Dezember 1144) durch die →*Seldschuken* unter →*Sengi*, dem Sultan von Mossul. *Raimund von Antiochia* bat Papst →*Eugen III.* um Hilfe. Der Präzeptor des Templerordens von Frankreich →*Eberhard de Barres* überzeugte den Papst von der Notwendigkeit eines Kreuzzuges ins Heilige Land. Mit der Bulle „Quantum praedecessores" forderte der Papst →*Ludwig VII.* auf, unverzüglich mit der Rückgewinnung der verlorenen Gebiete zu beginnen. →*Bernhard von Clairvaux* predigte propagandistisch und rief zum 2. Kreuzzug auf. Er konnte sowohl den deutschen Kaiser →*Konrad III.* als auch den französischen König für den Kreuzzugsgedanken gewinnen. Auf dem Weg ins Heilige Land gelang es den Kreuzfahrern, insbesondere den Templern, Lissabon von den Mauren zu erobern. Auf dem Durchzug des Kreuzfahrerheeres durch das byzantinische Reich erpresste →*Manuel Komnenos* den Lehenseid und nach deren Eroberung die Rückgabe aller ehemals byzantinischer Gebiete. Das deutsche Kreuzfahrerheer unter Konrad III. wurde 1147 bei Dorylaion von den Muslimen vernichtend

geschlagen. Das französische Heer wurde in den Bergen Kleinasiens (Laodikeia) von den Türken in einen Hinterhalt gelockt und zersprengt. Erst als Ludwig VII. das Kommando an den Templer *Eberhard de Barres,* dem späteren Großmeister, übergab, gelang es den Kreuzrittern an die Küste von Antalia vorzudringen. Unter Beteiligung des deutschen Königs Konrad III. und des französischen Königs Ludwig VII. wurde Damaskus belagert. *Unur* von Damaskus verbündete sich mit →*Nur-ed-Din.* Uneinigkeit und Verrat unter den Belagerern ließen den Kreuzzug kläglich scheitern, einen Kreuzzug der bereits mit einer militärischen Schwächung dadurch begonnen hatte, dass die Sachsen mit Billigung des Papstes gleichzeitig einen eigenen Kreuzzug gegen die Wenden führten. Konrad ging nach Konstantinopel und verbündete sich mit Kaiser Manuel gegen den Normannen *Roger II.* und Ludwig VII., der versuchte, das Kreuzfahrerheer über den Seeweg nach Syrien zu bringen, er erhielt aber dafür von den Byzantinern nur wenige Schiffe. Auf dem Landweg ging das schlecht versorgte Kreuzfahrerheer zugrunde. Der 2. Kreuzzug war gescheitert. Konrad trat die Heimreise an und schiffte sich am 8. September 1147 in Akkon ein. Ludwig kehrte zu Ostern 1149 nach Frankreich zurück. Mit dem des Tod Bernhards von Clairvaux (August 1153) sank mit ihm nicht nur der Hauptpropagandist für einen neuen Kreuzzug, sondern vorerst auch der Kreuzzugsgedanke mit ins Grab.

3. Kreuzzug (1189-1192):
Nachdem Sultan →*Saladin* 1187 Jerusalem erobert hatte und die Kreuzfahrer aus weiten Teilen Palästinas vertrieben worden waren, riefen Papst →*Gregor VII.* und der deutsche Kaiser →*Friedrich I. Barbarossa* zum 3. Kreuzzug auf, an dem neben dem deutschen, auch der französische König →*Philipp II. August* und der englische König →*Richard I. Löwenherz* teilnahmen. Am 10. Juni 1190 ertrank der deutsche Kaiser in Anatolien (→*Kilikien*) beim Baden im Fluss Saleph (Kalykadnus). Viele der deutschen Kreuzfahrer ergriffen daraufhin mutlos die Heimreise.

Sein Sohn *Friedrich von Schwaben* führte das verbliebene deutsche Kreuzritterheer ins Heilige Land. Richard Löwenherz übernahm das Kommando bei der Belagerung von Akkon. Er überwarf sich mit dem französischen König, traktierte Herzog *Leopold V. von Österreich* mit einem Fußtritt und riss die babenbergische Fahne in den Schmutz. Die unkooperative Haltung des englischen Königs führte sogar dazu, dass das Kreuzfahrerheer getrennte Lager aufschlagen musste. Trotz der Zerwürfnisse bei den Belagerern fiel Akkon am 12. August 1191. Am 2. September 1192 endete der Kreuzzug mit einem Friedensvertrag zwischen Richard und Saladin. Den Kreuzfahrern blieben der Rest ihrer nordsyrischen Besitzungen, und der Küstenstrich zwischen Jaffa und Tyrus. Jerusalem konnte nicht erobert werden, lediglich der freie Zugang der heiligen Stätten für die Pilger wurde zugesichert. Dieser relativ geringe militärische Erfolg war auf Uneinigkeiten und nationalen Zwistigkeiten zurückzuführen.

4. Kreuzzug (1202-1204):
Papst →*Innozenz III.* rief die Christenheit zur Wiedereroberung der Heiligen Stadt auf (August 1198). Die Kreuzritter, in der Hauptsache flandrische und französische Ritter unter der Führung *Bonifaz' von Montferrat,* warteten in Venedig auf ihre Einschiffung nach Palästina. Der Doge →*Enrico Dandolo* versprach dem Heer eine Flotte und Geld für die Überfahrt nach Palästina zur Verfügung zu stellen, wenn die Ritter die 1186 von Venedig an Ungarn gefallene Stadt Zara (Zadar) in Dalmatien und Konstantinopel erobern würden. Er machte damit den Kreuzzug zum Werkzeug seiner eigenen Interessen. Die Ritterorden weigerten sich gemäß ihren Statuten christliche Städte anzugreifen; sie trennten sich vom Hauptheer und segelten ins Heilige Land. Im November 1202 wurde Zara eingenommen und am 17. Juli 1203 fiel Konstantinopel. Ein lateinerfreundlicher Kaiser wurde eingesetzt (*Isaak Angelos* und sein Sohn *Alexios IV.*); nachdem es unter der Bevölkerung zum Aufstand gegen die lateinerfreundliche Politik kam und Alexios IV. und des-

195

sen Vater abgesetzt und erdrosselt wurden und der neue Kaiser *Alexios V.* antiwestlich eingestellt war, wurde die Stadt neuerlich erobert und unter der Bevölkerung ein Massaker angerichtet (15. April 1204). Als Kaiser von Byzanz wurde nun *Balduin von Flandern* als erster lateinischer Kaiser eingesetzt (Gründung des lateinischen Kaisertums). Als der Papst von den Vorgängen erfuhr, tat er den gesamten Kreuzzug in Bann und Enrico Dandolo wurde exkommuniziert. An einen weiteren Vorstoß ins Heilige Land war vom betrügerischen Dogen ohnehin nicht gedacht, er hatte zwischenzeitig einen Nichtangriffspakt mit dem Sultan von Ägypten geschlossen. Außer der Gründung des lateinischen Kaisertums blieb der Kreuzzug ergebnislos.

Kinderkreuzzug (1212-1213):
Französische und deutsche Kinder, ausgehend von Rheinland und Niederlothringen, im Alter zwischen 8 – 16 Jahren, machen sich im religiösen Wahn auf, um ohne Waffengewalt das Heilige Land zurückzuerobern. Neben den Kindern nahmen auch Kleriker und Erwachsene an diesem vom Papst nicht unterstützten und unorganisierten Zug teil. Das Ende war grausam; nur wenige kamen halbverhungert zurück nach Hause, wer nicht beim überschreiten der Alpen erfror, oder bei stürmischer See ertrank, endete auf einem muslimischen Sklavenmarkt oder in der Prostitution.

Pilgerkreuzzug:
Unter der Führung des →Kardinals →*Pelagius* wurde 1219 die Stadt Damiette belagert und nach verlustreichen Kämpfen erobert. Vorher schlug der Kardinal ein Angebot des Sultans *Melek al-Kamil* gegen den Rat der Großmeister der Ritterorden aus für die Aufgabe der Belagerung von Damiette Jerusalem zu tauschen, und auch andere 1187 für die Christenheit verlorengegangene Städte zurückzuerhalten. In weiterer Folge stieß Pelagius mit dem Heer, gegen den Rat der Ritterorden, nilaufwärts weiter ins Landesinnere vor. Bei Mansura bezogen die Christen Stellung, wurden von den Muslimen umzingelt und vom Nachschub abgeschnitten. Als die Ägypter die

Nildeiche durchstachen und so Hochwasser verursachten war die Schlacht endgültig verloren. Die Ritterorden bildeten während des gesamten Kreuzzuges das Rückgrat der Belagerungsarmee und hatten hohen Blutzoll zu zahlen. Die Templer stellten auch Schiffe für den Truppentransport zur Verfügung. Im Kampf hatten sie große Verluste zu verzeichnen, ihr Großmeister Wilhelm von Chartres fiel bei der Belagerung von Damiette. Jakob von Vitry berichtet:
„Die Templer waren erfüllt vom Geist Gideons, und ihr Beispiel wirkte anfeuernd auf die übrigen Christen."
5. Kreuzzug (1228-1229):
→*Friedrich II* unternahm als Gebannter einen Kreuzzug nach Akkon, es gelang ihm, auf Grund seiner sarazenischen Verbindungen, einen Vertrag mit dem ägyptischen Sultan *al-Malik al-Kamil* abzuschließen, wonach der Christenheit der freie Zugang nach Jerusalem, Nazareth und Bethlehem auf 10 Jahre zugesichert wurde. Trotz des Kirchenbannes und des →Interdiktes des Papstes ernannte sich Friedrich II. zum König von Jerusalem (1229).
6. Kreuzzug (1248-1254):
Ludwig IX., der Heilige, französischer König, wollte Kairo, das Zentrum der islamischen Herrschaft, erobern. Nach der kurzfristigen Einnahme von Damiette geriet er jedoch mit der vernichtenden Niederlage in der Schlacht von Mansura in Gefangenschaft und wurde für hohes Lösegeld aus dem Ordensschatz der Templer freigekauft. Nach dem Ausbau der Befestigung von Jaffa und Akkon kehrte er nach Frankreich (1254) zurück
7. Kreuzzug (1270)
Auf Grund der Uneinigkeiten unter den Christen im Heiligen Land und zwischen den Ritterorden (Templer und Johanniter) im Speziellen hatten die islamischen Truppen unter der Führung →*Baibars*, ägyptischer Sultan der Mamelucken, Jaffa erobert. →*Ludwig IX.* brach todkrank neuerlich ins Heilige Land auf. Bereits in Tunis verstarb der König. Prinz *Eduard von England* konnte Akkon noch durch einen Elfjahres-

vertrag erwerben, doch fiel die Stadt 1291 endgültig in die Hand der Mamelucken.

Krieg, gerechter: (lateinisch „bellum iustum", →Kreuzzüge); im Urchristentum wurde jede Art von Gewalt verurteilt. Im Laufe der Zeit differenzierte die christliche Theologie zwischen dem Eroberungskrieg mit dem Ziel Länder und Reichtümer zu erringen und dem Krieg der der eigenen Verteidigung und der Wahrung des Rechtes diente. Grundlagen der Definition des „heiligen Krieges" gehen auf die Ausführungen des heiligen →Augustinus zurück. Der Angriffskrieg zum eigenen Vorteil wurde jedenfalls verurteilt; nur wenn alle Mittel zur Wiedererlangung des eigenen Rechts ausgeschöpft waren durfte das Mittel des Krieges angewendet werden. Der gerechte Krieg sollte strafen und Unrecht gut machen und durfte nur nach Warnung durchgeführt werden. Folgende Bedingungen mussten also zur Führung des „gerechten Krieges" zutreffen: der Rechtsbruch des Gegners als gerechter Grund (iusta causa); die Führung des Krieges durch eine legitime Regierung oder Autorität; die Wiederherstellung des Friedens; die Einbeziehung des Gegners in die Rechtsordnung; verhältnismäßige Kriegsführung, das Unglück, das durch den Krieg entsteht durfte nicht größer sein als das Unrecht das er beseitigen sollte. Diese Einstellung zur Rechtfertigung des Krieges bildete die Grundlage der Argumentation für die Kreuzzüge. →*Bernhard von Clairvaux* hat den Krieg gegen die Ungläubigen als Verteidigungskrieg aufgefasst, er wollte dabei die Gewalt auf ein Mindestmaß beschränken. Mit diesen Überlegungen wird der Krieg der Christen gegen die Heiden vom gerechten zum heiligen Krieg. Derjenige der den heiligen Krieg führte musste sich seiner Pflichten bewusst und moralisch gefestigt sein, denn er kämpfte für Christus und starb für sein Heil. Dazu Bernhard von Clairvaux: „*Wenn er einen Missetäter umbringt, ist er kein Mörder, sondern, wenn ich so sagen darf, ein Übel-Töter. Er rächt Christus an denen, die Böses tun; er verteidigt die Christen. Wenn er selbst stirbt, geht er nicht zugrunde, er gelangt an sein Ziel. Der Tod, den er zufügt, kommt Christus zugute; der ihm zugefügte ihm selbst.*"

Der Zisterzienser *Isaak von Stella* meint dazu, ohne den „heiligen Krieg" zu verurteilen doch zweifelnd:

„*Wenn etwas rechtmäßig getan werden darf, werden wir dann nicht versucht sein, es aus Vergnügen zu tun?*"

Kriegerorden: →Mönchsritter.

Kronberg: Ort im niederösterreichischen Weinviertel; ehemaliger Templersitz, 24 km nördlich von Wien, möglicherweise auch eine der letzten Zufluchtstätte der Templer vor den Häschern der →Inquisition.

La Fève: (al-Fulha); Templerfestung in →Tripolis zirka 1170 errichtet; im Zuge der Auseinandersetzung zwischen →*Guido von Lusignan* und →*Raimund von Tripolis* sollte eine Abordnung von Templern und Johannitern unter der Führung ihrer Großmeister (→*Gerhard de Ridefort* und *Rogers de Les Moulins*) und Rittern des Königs unter der Führung von *Balian de* →*Ibelin* Raimund wieder zu einer Allianz gegen die Muselmanen gewinnen. Am 30. April 1187 bewegte sich die Abordnung im Bereich der Templerfestung La Fève und traf dort an den Quellen des Cresson auf eine Übermacht von 7000 Muslimen. Gegen den Rat des Johannitermeisters und des Marschalls des Templerordens →*Jaques de Mailly* griff Gerhard de Ridefort den übermächtigen Gegner an. Alle Angreifer wurden niedergemetzelt, nur drei Templer unter ihnen ihr Großmeister überlebten und konnten flüchten. Mit den abgeschnittenen Köpfen der Templer auf ihren Lanzen verließen die Sieger das Schlachtfeld in Tripolis.

La Forbie: Ort nördlich von Gaza; am 17. Oktober 1244 fand hier eine Schlacht zwischen den mit den Ägyptern verbündeten →Choresmiern, geführt von Emir →*Baibars*, und einem mit den Damaszenern verbündeten christlichen Heer statt, die mit einer vernichtenden Niederlage der Christen endete. Die Templer verloren hier 300 Ritter, ihren gesamten Konvent und deren Großmeister →*Armand de Périgord*. Insgesamt sollen in La Forbie zirka 5 000 Männer gefallen sein. Weil aber auch das choremische Heer schwere Verluste hinnehmen musste und später durch seinen Bündnispartner Ägypten besiegt und vertrieben wurde blieb diese Niederlage ohne schwerwiegende Folgen für die Christen.

La Rochelle: westfranzösische Hafenstadt am atlantischen Ozean an der Mündung der Gironde (Departement Charante-Maritime) mit zirka 75 000 Einwohnern; heute einer der wichtigsten Fischereihäfen Frankreichs. 1131 ließ sich in La Rochelle der Orden der Tempelritter nieder und es war später der Heimat- und Haupthafen der →Templerflotte. →*Ludwig VII.* übergab 1139 den

Templern die ersten Gründe ins Eigentum. Bevor der Hafen von den Templern befestigt wurde war La Rochelle eine unbedeutende Ortschaft an der Atlantikküste, in der nicht mehr als 144 mündige Einwohner lebten. 1175 erhielt die Stadt auf Grund der Förderung durch →*Eleonore von Aquitanien* eine Kommunalverfassung. 1196 bestätigte →*Otto* Herzog von Aquitanien und Graf von Poitou die Besitzungen des Ordens und insbesondere den Besitz der dem Orden in der Stadt gehörenden Mühlen. 1224 wurden die städtischen Privilegien durch →*Ludwig VIII.* bestätigt. 1222-1224 wurden die Templer vom Bürgermeister der Stadt beschuldigt Unruhen anzustiften und er warf ihnen auch Übergriffe auf die örtliche Hospitaliter (→Johanniter) vor. Auch König →*Heinrich III.* von England führte beim Papst (→*Honorius III.*) Klage, weil die Templer auf Besitzungen des Königs willkürlich ihre Besitzmarke anbrachten, dem König aber die dafür schuldigen Abgaben nicht leisteten. Der Papst veröffentlichte daraufhin die Bulle „Zur Bestrafung der Frechheit der Templer" (1224). 1249 bestätigte der Graf von Poitou (Sohn →*Ludwig IX.*) alle Besitzungen und Rechte des Ordens. Die Templer versuchten durch weiteren Landkauf das Wachstum des Ordens zu steigern. Am 30. November 1269 bestätigte der →Präzeptor des Ordenshauses von La Rochelle *Wilhelm von Legeyo* in einer Urkunde dem Grafen von Poitou eine Summe von 1 250 Livres Tounois für den Ankauf von Gütern schuldig zu sein und dass diese Schuld bis zum nächsten Himmelfahrtstag getilgt sein werde.

Das Meer bildet bei La Rochelle ein natürliches Hafenbecken und ließ sich durch seine Topographie leicht verteidigen. Die Wasserstraße in diesem Bereich führt heute immer noch die von den Templern in Erinnerung an das Heilige Land gegebene Bezeichnung „Pertuis d'Antioche" (Meerenge von Antiochia). In La Rochelle enden sieben →Templerstraßen, über die alle Teile Frankreichs leicht und sicher erreichbar waren. Dieser Umstand dürfte auch die legendäre Flucht →*Gerhard von Villers* mit dem Templerschatz

(→Schatz der Templer) aus Paris nach La Rochelle in der Nacht vor der Verhaftung der Templer (13. Oktober 1307) ermöglicht haben. Während die im Mittelmeer gelegenen Schiffe der Templer nach Portugal flohen und hier auch registriert wurden, blieben die 17 in La Rochelle gelegenen Templerschiffe nach ihrer Flucht für immer verschwunden. Dieser Umstand ließ viele Autoren vermuten, dass die Templer Kontakte nach Amerika pflegten (→Templer in Amerika).

Lachen: Die Kirchenväter drohten, wer im Diesseits lacht wird im Jenseits weinen, dies im Hinblick auf die Bergpredigt Christi:
„Weh Euch, die Ihr lacht, denn Ihr werdet trauern."
Dazu Augustinus († 430):
„Es lachen die Menschen, es weinen die Menschen, und dass die Menschen lachen, muss man beweinen."
Das Lachen wurde ebenso in der Zeit →*Bernhard von Clairvauxs* als Untugend betrachtet. Bernhard selbst hob bei einer Totenrede für seinen Freund *Hubert von Igny* dessen ernste Haltung hervor:
„...auf dessen Gesicht ist niemals ein Lachen erschienen".
Petrus Cantor († 1197) lehrte an der Schule von Notre Dame in Paris, dass Christus zwar dreimal geweint, aber niemals gelacht habe. Im Übrigen stellt das Lachen in der Betrachtungsweise des *Aristoteles* als Wesensteil des Menschen im Roman „Der Name der Rose" von *Umberto Eco* das Zentrum der Handlung dar.

Languedoc: (ab 1290 benannt nach der Sprache, französisch „Langue d'oc"); historisches südfranzösisches Gebiet; Küstenebene am Mittelmeer westlich der unteren Rhône und des südlichen Zentralmassivs; entspricht der ehemaligen römischen Provinz Gallia Narbonensis; um 415 westgotisch, ab 730 fränkisch; das Languedoc hieß in dieser Zeit Gothien oder Septimanien. Im Hochmittelalter gehörte das Gebiet zur Grafschaft Toulouse; nach den →Albigenserkriegen kam 1128 der östliche Teil und der übrige Teil bis 1271 in den Besitz der französischen Krone.

lapis exillis: →Wolfram von Eschenbach bezeichnet in seinem Versroman „Parzival" den Heiligen →Gral als „lapis exillis" – Edelstein – oder als „Heiliges Ding"; möglicherweise eine Ableitung von „lapis ex coelis" („vom Himmel gefallener Stein").

Larmenius, Johann Marcus: Jean Marc Larmenius; ein Dokument aus dem Jahr 1324 („Charta des Larmenius", „Charta Transmissionis") bezeichnet den sonst unbekannten Larmenius als den von →*Molay* bestimmten unmittelbaren Nachfolger im Amt des Großmeisters der Templer. Diese Urkunde gilt als Fälschung aus dem Jahr 1705 mit welcher die neu in die Öffentlichkeit getretene „Ordre du Temple" die lückenlose Fortsetzung des Ordens nach 1312 nachzuweisen suchte. Möglicherweise hat Molay neben →*Pierre d'Aumont*, der in Schottland die Brüder sammeln sollte, Larmenius mit der gleichen Aufgabe in Frankreich betraut. Im Dokument „Charta Transmissionis" wurde durch Larmenius *Theobald von Alexandrien* als Nachfolger bestimmt.

Lateinisches Kaiserreich: (→Kreuzzüge); anlässlich des von Papst →*Innozenz III.* ausgerufenen Kreuzzuges erpresste der Doge *Enrico* →*Dandolo* die Kreuzritter zum Angriff auf Konstantinopel. Nach der Besetzung und Plünderung Konstantinopels durch die Kreuzfahrer und Venezianer wurde 1204 das lateinische Kaiserreich gegründet, das einen Teil Konstantinopels, Thrakien, Nordwest-Kleinasien und einige ägäische Inseln umfasste; es bestand bis 1261.

Lazarusorden: (Hospitaliter vom heiligen Lazarus, Lazariten); geistlicher Ritterorden nach der Regel des →Augustinus, der zur Pflege nur Aussätzige (→Aussatz) aufnahm. Als Symbol diente das Johanniterkreuz in grüner Farbe auf weißem Grund. Der Orden des Heiligen Lazarus wurde im 4. Jhdt. als Bruderschaft kappadokischer Mönche gegründet. Während des 1. Kreuzzuges (1095-1099) wurde er in einen Ritterorden umgewandelt. Der Orden wurde von →*Innozenz IV.* (1255) und →*Klemens IV.* (1265) bestätigt. Wie die anderen Ritterorden hatte auch der „heilige

Lazarus" eine militärische Abteilung, deren Brüder schon von der Lepra befallen lieber den Tod in der Schlacht als verfaulend im Krankenbett suchten. Vom Aussatz befallene Templer traten in den Orden des heiligen Lazarus über, blieben aber mit dem eigenen Orden bis zu ihrem Tod in Kontakt. 1258 zog sich der Großmeister der Templer →*Thomas Bérard* bei einem Angriff der Genueser auf die Pisaner in →Akkon in die Lazarus-Komturei zurück. 1291 verteidigte der Tempel und Lazarus das belagerte Akkon mit gemeinsamen Aktionen. Nach dem Fall des Heiligen Landes breitete sich die Lazarus-Orden rasch in Europa aus, auch in den österreichischen Ländern der Monarchie. In Ungarn war der Primas traditionell Oberhaupt des St. Lazarus Ritterordens. Der französische König *Ludwig XIV.* wandelte den früher katholischen Orden in einen ökumenischen um. Zu dieser Zeit hatte der Orden die Leibwache der französischen Könige zu stellen. Dieser Umstand diente *Alexandre Dumas* als Vorlage für seinen Roman „Die drei Musketiere". Der Orden betrieb auch vor den Toren Wiens sogenannte „Leprosarien", die von den Türken mehrfach zerstört wurden. Auch im 18. und 19. Jhdt. wurden vom Lazarusorden Krankenanstalten unterhalten, die als Lazarette in die deutsche Sprache Eingang fanden. Eine ganze Menge prominenter Namen aus der Geschichte waren und sind Mitglieder des Ordens, von den französischen und spanischen Bourbonen bis zu den russischen Zaren, von Adeligen der österreichisch-ungarischen Monarchie bis zur preußischen Kaiserfamilie. Aber auch große Humanisten wie *Albert Schweizer* und *Hermann Gmeiner* standen für die Ziele des Ordens.

Le Bézu: Ordenshaus und Festung der Templer südöstlich von Rennes-le-Château, und südwestlich vom Ahnensitz →*Bertrand de Blanqueforts*.

Le Chastellet: Templerfestung; unterhalb von →*Safed*, an der Jakobsfurt. Sollte die Jordangrenze verstärken. Nach seinem Sieg bei Beaufort griff →*Saladin* die neuerbaute Festung an und nahm sie nach fünf Tagen Belagerung ein (1179). 80 Tempelritter mit ihren Knappen und Pagen, 15 Konstabler mit jeweils 50 Männern, Handwerker, Steinmetze, Zimmerleute und Schmiede, insgesamt rund 1 000 Mann wurden niedergemetzelt.

Legisten: Rechtsgelehrte, in Frankreich zur Zeit →*Philipps IV., des Schönen*, die sich mit dem römischen Recht befassten, zum Unterschied zu den „Kanonisten", deren Forschungsgebiet das Kirchenrecht war. *Guillaume de* →*Nogaret* war einer der bekanntesten Vertreter.

Lehen: (Lehenswesen); Grundlage des abendländischen Feudalismus, dessen Staats- und Gesellschaftsordnung auf dem Verhältnis von Lehensleuten und Lehensherrn (Lehensverband) beruhte. Grundkomponenten des während des 8. Jhdt. im Fränkischen Reich entstandenen Lehenswesen waren im wesentlichen ein dingliches (Benefizium) und ein persönliches (Vasallität) Element. In der Vasallität verschmolzen die keltoromanische Kommendation (Einlegen der Hände in die des Herrn als Zeichen der Ergebung) und der Treuebegriff der germanischen Gefolgschaft, der Lehensherrn und Lehensmann gleichermaßen verpflichtete. Das Benefizium wurde im Lehen (lateinisch Feudum) zur Belehnung mit einer Sache (Land, Amt) oder einem Recht auf Lebenszeit (später erblich) umgestaltet, die den Vasallen zu Dienst und Treue, den Lehensherrn zu Schutz und Schirm verpflichteten. In der Lehenspyramide trennten die Kronvasallen (Lehensfürsten) als unmittelbare Lehensmänner des Königs/Kaisers diesen von den Aftervasallen (Ministeriale, Dienstmannen) und den Untertanen. Während des Hoch-Mittelalters konnten die englischen und französischen Könige ihre direkte Herrschaft über die Untervasallen durchsetzen. Im Heiligen römischen Reich kam es hingegen zur Ausbildung von Landesherrschaften mit Verfügungsgewalt über alle Lehen im eigenen Machtbereich (Lehenshoheit). Entsprechend der Verlehenungszeremonie hießen die Lehen der weltlichen Fürsten Fahnlehen, die der geistlichen Zepterlehen. Mit der Verdrängung der Ritter- durch die Söldnerheere und dem Eindringen Bürgerlicher in die Verwaltung verlor das

Lehenswesen seit dem Ausgang des Mittelalters an Bedeutung.

Das Königreich Jerusalem wurde nach dem Muster des Feudal-Lehenswesens neu orientiert. Das Kronland bestand aus den Städten →Jerusalem, →Akkon und →Nablus. Die Kronlehen waren: die Grafschaft →Jaffa, das Fürstentum →Galiläa, und die Seigneurien →Sidon und Oultrejourdain.

Leo I.: Rubenier-Fürst aus der Bagratiden-Dynastie; Bruder →*Thoros I.*; Fürst von Kleinarmenien (→Kilikien) 1129-1137 († 1141); 1130 verteidigte Leo das von Thoros eroberte Anazarbos gegen →*Bohemund II.*; eroberte 1131 die Städte Mamistra, Tarsos und Adana aus den Händen der Byzantiner; 1135 Sarventikar des *Balduin von Marasch*; Kilikien war in dieser Zeit Zufluchtsort von Räuberbanden und die Küsten waren von Piraten verunsichert. 1136 versuchten *Balduin von Marasch* und *Raimund von Poitiers* gemeinsam Kilikien für Antiochia zurückzugewinnen, wurden aber von Leo zurückgeworfen; anlässlich der Friedensverhandlungen wurde Leo heimtückisch von Balduin gefangengenommen und gegen das Versprechen freigelassen, die kilikischen Städte an Raimund zurückzugeben. In der Heimat vergaß Leo diese Zusage. 1137 zog der byzantinische Kaiser →*Johannes* von Antalia gegen Kilikien. Leo versuchte ihn aufzuhalten, als nach Tarsos, Adana und Mamistra auch Anazarbos aufgegeben werden musste zog er sich ins Hochgebirge des Taurus zurück. Nach dem Fall von Vahka wurde Leo und seine älteren Söhne *Ruben* und *Thoros* gefangengenommen und in Konstantinopel eingekerkert. Ruben wurde kurz darauf getötet; Leo und Thoros durften unter Bewachung frei am Hof leben. Leo starb vier Jahre später in Gefangenschaft. Thoros floh nach Kilikien. Bis 1143 blieb das Gebiet unter byzantinischer Herrschaft.

Leo II.: (* um 1150, † 2. Mai 1219); Rubenier-Fürst (1185); später König von Kilikisch-Armenien (1198-1219); Erbe seines Bruders →*Ruben III.*; seine Amtszeit war durch ständige Auseinandersetzungen mit →*Bohemund III.* um die Ober-

lehensherrschaft über →*Antiochia* gekennzeichnet; 1186 bemühte sich Leo um ein Bündnis mit Bohemund, er anerkannte dessen Lehensherrschaft, unternahm gemeinsame militärische Aktionen gegen die Turkmenen und heiratete die Nichte der Fürstin *Sibylle*. Als Bohemund eine große Geldsumme von Leo lieh und die Anleihe nicht zurückgab endete die Freundschaft. So blieb Leo neutral als →*Saladin* in Antiochia einfiel. Als Saladin die Tempelfestung →Baghras abgerissen hatte und danach von dort abzog, besetzte Leo dieses strategisch wichtige Gebiet und errichtete die Burg neu. Die Tempelritter forderten unterstützt von Bohemund die Rückgabe der Burg an den Orden; Leo weigerte sich, wodurch er sich die wütende Feindschaft der Templer sicherte. 1193 lud er Bohemund nach Baghras ein, kaum war dieser in der Burg wurde er von Leo, um die Oberlehensherrschaft zu erpressen, gefangengesetzt; über die Intervention →*Heinrichs von der Champagne* wurde Bohemund ohne Lösegeldzahlung wieder freigelassen, doch Baghras und Umgebung blieben in Leos Hand. Selbst die Intervention der Kirche (Papst →*Innozenz III*) konnten ihn nicht dazu bewegen Baghras an den Ritterorden zu retournieren. Nach langem Bemühen um die Königskrone wurde Leo am 6. Jänner 1198 in Sis gekrönt. Leo hatte dafür Papst →*Coelestin III.* und Kaiser →*Heinrich VI.* die Union der armen. Kirche mit Rom zusichern müssen. Unter seiner Herrschaft wurde das kilikisch-armenische Reich zu seinem Höhepunkt geführt. Der König war mit den Häusern Lusignan, Brienne und Nikäa verschwägert; durch Förderungen italienischer Kaufleute konnte Leo den Handel zum erblühen bringen, sein Zentrum die Hafenstadt Ayas war.

1204 belagerte Leo das Antiochia des →*Bohemund IV.* bis diesem die seldschukischen Türken unter *az-Zahir* zu Hilfe kamen. Im Streit um Baghras forderte auch der →*Patriarch von Jerusalem* *Albert* Leo auf die Burg an die Templer zurückzugeben. Darüber verärgert rief Leo 1206 den griechischen Patriarchen *Symeon von Antiochia* nach Kilikien und übergab ihm große

Teile des Landbesitzes der lateinischen Kirche. Im Jahr 1216 gelang es Leo durch verschiedene Intrigen und Machenschaften Truppen nach Antiochia einzuschmuggeln und die Stadt ohne Blutvergießen einzunehmen. In der Freude über seinen Sieg gab er die Burg Baghras den Templern und der Kirche ihre Landgüter in Kilikien wieder zurück. Leo starb im Sommer 1219 und ernannte am Sterbebett seine jüngere Tochter *Isabella* zu seiner Erbin. Für sie übernahm *Adam von Baghras* die Regentschaft bis er bereits einige Monate später auf Betreiben der Hospitaliter von den →Assassinen ermordet wurde. Sein Nachfolger wurde *Konstantin der Hethumier*.

Leo der Casalarius: Aufseher der templerischen Landgüter; verriet und verkaufte anlässlich der Belagerung der Festung →Safed (1266), als Unterhändler der Templer, seinen Orden an den →Mamelucken →*Baibars*.

Lévi, Eliphas: bürgerlich *Alphonse Louis Constant*; (* 8. Februar 1810 in Paris, † 31. Mai 1875); Magier und Begründer des „modernen Okkultismus" in Frankreich; Sohn eines Schuhmachers; wurde vom Pfarrer seines Wohnviertels in seiner Ausbildung gefördert. Ab 1830 studierte er im berühmten Oberseminar von Saint-Sulpice. Während seines Studiums beschäftigte er sich mit alten Sprachen und Schriften des *Raimundus* →*Lullus* und des *Agrippa von Nettesheim*. Über seine Studien kam er in Widerspruch zur Lehrmeinung am Seminar und musste dieses bald nach seiner Weihe zum Diakon verlassen. 1838 begann er mit den Studien der →Kabbala und magischer Werke. 1839 zog er sich in die Benediktinerabtei von Solesmes zurück wo er sich der umfangreichen Bibliothek widmete, insbesonders interessierte er sich für die Gnostiker (→Gnosis). 1840 kehrte Constant nach Paris zurück. Als Apostel eines skurrilen Heiligen verfasste er in dieser Zeit mehrere Schriften. Wegen seiner Schrift „Bibel der Freiheit" (linksradikales Gedankengut) musste er bis 1842 ins Gefängnis. Nach einigen Liebschaften heiratete er 1847 ein 17-jähriges Mädchen. Ab 1848 betätigte er sich für die sozialistische Bewegung. Nach

der Trennung von seiner Frau 1850 wurde aus Constant der Magier Eliphas Lévi; über rosenkreuzerische und mystisch-maurerische Zirkel kam er mit dem Ausland in Kontakt. 1856 schrieb er „Dogme et rituel de la Haute Magie" („Dogma und Ritual der Hohen Magie") und „L'histoire de la Magie" („Die Geschichte der Magie"). Am 7. Oktober 1861 wurde Lévi in der Freimaurerloge „La Rose du Parfait Silence" aufgenommen. Der Deutsch-Französische Krieg (1870/71) brachte eine Unterbrechung seiner ausländischen Kontakte, die ihn auch finanziell traf. Er starb am 31. Mai 1875 in ärmlichen Verhältnissen. In der Betrachtungsweise des Eliphas Lévi wird der Teufel nicht mit dem von den Templern angeblich verehrten →Baphomet gleichgesetzt. Er beschreibt das von ihm selbst entworfene Bild des Baphomet:

Baphomet in der Vorstellung des Eliphas Lévi als Ausdruck einer dualistischen Weltordnung

„Der Baphomet der Templer, dessen Name kabbalistisch in umgekehrten Sinn gelesen werden muss, setzt sich aus drei Abkürzungen zusammen TEM O H P AB (Templum omnium hominum pacis abbas) Bock des Sabbat – Baphomet und Mendes; Pantheistisches und magisches Bild des Absoluten."

Limassol: Stadt an der Süd-Küste →Zyperns, 114 000 Einwohner, Hafen.-Limassol ist die Nachfolgesiedlung des 8 km weiter östlich gelegenen antiken Amathus. Limassol entstand in der Kreuzfahrerzeit; westlich von Limassol liegt die als Festung der Templer gegründete Johanniterburg Kolossi. Im Templersitz von Limassol wurden nach der Vernichtung des Ordens 930 Kettenhemden, 970 Armbrüste, 604 Helme und eine Reihe von anderen Waffen aufgefunden.

Lissabon: (portugiesisch Lisboa); Hauptstadt von Portugal am Tejo (2762 km², 2,12 Millionen Einwohner). Wichtigster Handelsplatz und Hafen des Landes; die Lusitanier bezeichneten die Stadt Olisipp, die Römer als Felicitas Julia. Von 715 an war die Stadt unter der Herrschaft der Mauren (Aloschbuna). 1147 wurde sie von →Alfons I. mit Hilfe der Kreuzfahrerflotte und mit deutschen und englischen Kreuzrittern zurückerobert und wurde 1148 Bischofsitz und 1260 Residenz- und Hauptstadt vom Königreich Portugal. Die Tempelritter, die wesentlichen Anteil an der Rückeroberung der Stadt hatten, erhielten dafür die Burg →Tomár als Ordenssitz.

Livland: historische Landschaft im Baltikum (Nord-Teil in Estland, Süd-Teil in Lettland), zwischen rigensischem Meerbusen, Düna und Peipussee. Von den finnischen Liven bewohntes Land, von denen auch der Name abgeleitet wurde, gründete Bischof *Albert I. von Riga* 1202 zusammen mit deutschen Rittern den →Schwertbrüderorden, der nach verlustreichen Kämpfen mit den Liven 1237 im →Deutschen Orden aufging. Ab 1526 war der livländische Ordensmeister Reichsfürst. Der Landmeister in Livland errichtete 1561 das weltliche Herzogtum Kurland; das eigentliche Livland nördlich der Düna fiel an Polen, 1629 an Schweden nachdem es 1621 von *Gustav Adolf* erobert wurde, 1710/21 an Russ-

land; nach dem 1. Weltkrieg unter Lettland und Estland geteilt.

Livre d'Egards: Kommentar zu den templerischen Gesetzen; Sammlung von Präzedenzfällen samt den dazugehörenden Urteilen.

Lob der neuen Ritterschaft: →De laude novae militiae.

Lockenhaus: Markt im Burgenland, nahe der ungarischen Grenze, nördlich des Geschriebensteins. Die Burg mit Rittersaal, Kapelle mit Freskenresten und unterirdischem „Kultraum" mit zwei Apsiden wurde zwischen 1200-1240 auf den Resten einer alten römischen Wachstation erbaut und wird den Templern zugeschrieben. Eines der schlecht erhalten Freskos in der Kapelle könnte ein Fragment einer Templerdarstellung sein.

Der Burgfried, der Kapellenturm, der Kapitelsaal und der „Kultraum" wurden mit Quadersteinen errichtet, was die Anwesenheit einer Baubruderschaft nahe legt, denn zu dieser Zeit wurden für Festungsbauten gewöhnlich Fluss- oder Bruchsteine verwendet. Diese Baubruderschaft kann ebenfalls mit den Templern in Zusammenhang gebracht werden (→„Söhne Salomons").

Der „Kultraum" wird in der Untersuchung von *Gerhard Volfing* auf der einen Seite mit einem Planetarium, zum Zweck astronomischer Bestimmungen, auf der anderen als Andachtsraum diskutiert.

Nachdem die →Templer in Österreich praktisch auch nach der offiziellen Auflösung des Ordens nicht verfolgt wurden sollen sie bis zum Überfall auf Lockenhaus 1337 durch den ungarischen König *Karl I. Robert* aus dem Hause Anjou hier ansässig gewesen sein. Die Festung fiel durch Verrat in die Hände des Königs. Die Burginsassen wurden allesamt erschlagen.

Logos: In der christlichen Theologie „Wort", „Wahrheit", „Vernunft"; im hymnischen Prolog des Johannesevangeliums auf Jesus Christus als das „Wort Gottes" angewandt:

„...und das Wort ist Fleisch geworden" (Joh.1,1-18).

Der Logos ist hier für die Menschen das fleischgewordene, heilsbedeutende „Wort", der Schöpfungsmittler und Offenbarungsträger durch den Licht und Leben in die Welt gebracht wird. Die Wurzeln dieser Auffassung lagen bei *Philon von Alexandria* wo der Logos mit dem „Wort Gottes" der Bibel verbunden wird. Bei *Heraklit* als Weltvernunft, gesetzmäßige Ordnung und Norm des Weltgeschehens verstanden.

Lothar III.: von Supplinburg; (* 1075, † 3. Dezember 1137 in Breitenwang); Herzog von Sachsen (seit 1106); König (seit 1125); Kaiser (seit 1133). Gegen staufische Thronansprüche durch Verbindung mit den Welfen zum König gewählt. Im Konflikt mit den Staufern (1127 Gegenkönigtum →*Konrads III.*). setzte sich Lothar 1135 durch. Überließ dem Orden der Tempelritter einen Teil der Grafschaft Supplinburg.

Lucia von Botron: (Lucia von Bodrun); reiche Erbin in der Grafschaft →*Tripolis*; 1173 kam der mittellose flämische Ritter →*Gerhard von Ridefort* nach Tripolis und trat in den Dienst des Grafen →*Raimund III.*; Raimund versprach Ridefort für seine Dienste eine reiche Erbin, nämlich Lucia, zur Frau. Nach ihrem Tod ihres Vaters bot ein Pisaner dem Grafen für Lucia deren Gewicht in Gold (64 kg); Raimund vergaß sein Versprechen an Ridefort und verheiratete Lucia mit dem Pisaner. Der zutiefst enttäuschte Ridefort verließ Tripolis und war ab diesem Zeitpunkt Todfeind des Grafen.

Lucius II.: eigentlich *Gherardo Caccianemici*; (* in Bologna, † 15. Februar 1145 in Rom); wurde unter →*Honorius II.* zum →*Kardinal* erhoben und wurde als Legat des →*Innozenz II.* mehrmals nach Deutschland gesandt. Vor seiner Papstwahl war er seit 1141 päpstlicher Kanzler und Bibliothekar der römischen Kirche. 167. Papst (12. März 1144 – 15. Februar 1145); hatte in Rom viele Feinde und versuchte gemeinsam mit dem Adel das von →*Arnold von Brescia* aufgewiegelte Volk vom Kapitol zu vertreiben; er wurde dabei von einem Steinwurf schwer verletzt (angeblich unhistorisch) und starb am 15. Februar 1145 nicht ganz ein Jahr nach seiner Wahl. In sein Pontifikat fiel die Eroberung von →*Edessa* durch →*Sengi* im Jahr 1144.

Lucius III.: eigentlich *Ubaldo Allucingoli*; (* um 1110 in Lucca, † 25. November 1185 in Verona); Zisterziensermönch; erlangte 1141 die Kardinalswürde und 1159 wurde er Kardinalbischof von Ostia; 172. Papst (1. September 1181 – 25. November 1185); auf Grund der republikanischen Revolte konnte er sich nur einige Monate in Rom halten und ging nach Verona; hier beschloss er gemeinsam mit →*Friedrich I. Barbarossa* gegen die →*Katharer* und →*Waldenser* vorzugehen und die →*Inquisition* einzuführen. Mit der Verlobung →*Heinrich VI.* (Sohn Barbarossas) mit *Konstanze* von Sizilien (Tochter *Rogers II.*) hoffte der Papst auf dauerhaften Frieden.

→*Balduin IV.* (König von Jerusalem) entsandte 1184 zur Kirchenversammlung in Verona eine Mission bestehend aus dem Großmeister der Johanniter (→*Roger de Moulin*), dem Patriarchen von Jerusalem (Herakleus) und dem Tempelpräzeptor (→*Arnaldus de Torroja*) mit der Aufgabe, militärische Hilfe für das Heilige Land zu erbitten.

Lucius war kein unbedingter Förderer des Templerordens; er bestätigte aber am 15. Jänner 1182 und am 18. April 1283 die →*Bulle* „Omni datum optimum"; Personen, auch wenn sie geistlichen Standes waren, wurden, wenn sie den Templerorden schädigten, unter →*Bann* und →*Interdikt* gestellt. Die Freiheit vom Zehnten bezog Lucius auf alles was der Orden „mit eigener Hand" (auf den eigenen Grundstücken) erwirtschaftete und auf alles was für den eigenen Bedarf bestimmt war (Lebensmittel, Kleidung). Am 25. November 1185 starb Lucius während der Vorbereitung eines Kreuzzuges.

Luctuosa: (Luytosa); Brauch, nachdem das Leibpferd und die Waffen der aragonischen Könige nach deren Tod an die Templer übergeben wurden. Nach 1308 trat an Stelle der Templer der →*Orden von Santiago*. Der Brauch geht auf das Testament des →*Alfons I.* zurück, der sein Pferd und seine Waffen den Templern vermacht hatte.

Ludwig VI.: der Dicke (französisch „le Gros"); Kapetinger; Vater von →*Ludwig VII.*; (* 1081 in Paris, † 1. August 1137 in Paris); 1098 zum „rex designatus" erhoben; ab 1100 Mitregent mit seinem Vater *Philipp I.*; König von Frankreich 1108-1137; begründete gegen die großen Vasallen eine feste Königsmacht mit der Unterstützung der vom Adel unterdrückten Volksschichten; er verbündete sich beraten von →Abt →*Suger* von Saint Denis mit der Kirche. War mit *Adélaide von Maurienne*, der Nichte von Papst →*Kalixtus II.*, verheiratet, die ihm sieben Kinder schenkte.

Ludwig VII.: (* 1120, † 18. September 1180 in Paris); König von Frankreich (1137-1180); war mit *Eleonore von Poitou* (→Eleonore von Aquitanien), der Erbin von Aquitanien verheiratet. Nahm am 2. Kreuzzug (→Kreuzzüge) teil (1146 Kreuzzugsgelübde in Vézelay) und wurde während seiner Abwesenheit von Abt →*Suger* vertreten, der zur Finanzierung des Kreuzzuges eine direkte Steuer einführte. Als Ludwig 1148 in Antiochia landete dürfte Fürst *Raimund von Antiochia* (→Raimund von Poitiers) ein Verhältnis mit der lebenslustigen Frau des Königs, seiner Nichte Eleonore begonnen haben. Nach Ludwigs Scheidung von Eleonore von Aquitanien wegen dieses Ehebruchs (1152) und ihrer ständigen Untreue, heiratet sie wenig später den englischen König →*Heinrich II. Plantagenet* und brachte diesem Aquitanien, Poitou, Guyenne und Gascogne in die Ehe mit, was zur Ursache des jahrhundertlangen Konfliktes zwischen England und Frankreich wurde.

1140 entband Ludwig die Templer von allen weltlichen Abgaben. Anlässlich seines Kreuzzuges (1147-1149) lernte Ludwig die Kampftaktik der Templer zu schätzen und die Kaltblütigkeit der Ordensritter zu bewundern (→*Eberhard von Barres*). Beim vergeblichen Versuch →*Damaskus* gemeinsam mit den deutschen Truppen unter →*Konrad III.* zu erobern, deckten die Templer nach dem Scheitern der Belagerung den Rückzug des deutsch-französischen Heeres in verlustreichen Nachhutgefechten. Nach Rückkehr nach Frankreich im Frühsommer 1149 gestaltete er sein eigenes Heer nach dem Vorbild der Templerstreitmacht um. Aus Dankbarkeit für

seine Verdienste schenkte er dem Orden ein großes, allerdings sumpfiges, Gebiet im Norden von Paris vor dem St. Antoine-Tor (→Vieux temple). Belegte zum Vorteil der Templer Wechselbanken und Geldverleiher mit Abgaben und förderte damit die Geldgeschäfte des Ordens als Basis für dessen späteren Reichtum (→wirtschaftliche Entwicklung des Templerordens).

Ludwig VIII.: König von Frankreich 1223-1226; (* 5. September 1187 in Paris, † 8. November 1226 in Montpensier/Département Puy-de-Dome); Sohn von →*Philipp II. August*; verheiratet mit →*Blanca von Kastilien* (Blanche de Castille); Ludwig verdrängte die Engländer aus dem Poitou; führte den Kreuzzug gegen die →Albigenser; eroberte Avignon und das Languedoc (1217-1219) und legte damit das Fundament für die Herrschaft des französischen Königtums im Süden Frankreichs. Ludwig starb 1226 auf der Rückkehr von einem Albigenser-Kreuzzug.

Ludwig IX.: genannt der Heilige; (* 25. April 1214 in Poissy, † 25. August 1270 vor Tunis); Sohn von →*Ludwig VIII.*; König von Frankreich (1226-1270); baute Krondomäne und Zentralverwaltung aus; förderte das Rechtswesen (Verbot des Gottesurteils und der Fehde); erreichte 1259 den Verzicht des englischen Königs auf die Normandie und andere Gebiete sowie den Lehenseid für die englischen Besitzungen in Südwest-Frankreich; tiefgläubiger Monarch, im Gegensatz zu vielen anderen Herrschern kann man ihm keine machtpolitischen Überlegungen bei seinen Kreuzzügen unterstellen. Mit dem „Vertrag von →Meaux" 1229 und 1244 mit der Eroberung von →Montségur beendete er endgültig den Feldzug gegen die →Katharer; unternahm 1248-1254 einen neuen Kreuzzug gegen Ägypten (6. →Kreuzzug). Auf Zypern, wo sich Ludwig mit dem aus England kommenden Heer traf, schlichtete er einen Streit zwischen Templern und Johannitern. 1249 traf das Kreuzritterheer vor →Damiette ein. Die Stadt wurde kaum verteidigt und der todkranke Sultan Aijub bot einer Abtausch Jerusalems mit Damiette an. Ludwig lehnte ab und untersagte auch den Templern Verhandlungen mit den Ungläubigen zu führen. Der Kreuzzug verlief ab diesem Zeitpunkt weniger erfolgreich, der König wurde besiegt und bei Mansurah (1250) gefangengenommen. Gegen ein von den Templern aufgebrachtes Lösegeld (800 000 Byzantiner) konnte er und ein Teil des Heeres freigekauft werden. Der Tempel unterhielt zum König bestes Einvernehmen und die Ordensmeister zählten während seiner Kreuzzüge zum engsten Kreis seiner Berater. Nach seiner Befreiung übernahm Ludwig für vier Jahre die Regierungsgeschäfte in →Outremer. Entgegen dem Rat der Templer schloss Ludwig einen Bündnisvertrag mit den Mamelucken in Kairo. Nach seiner Rückreise nach Frankreich ließ er die Christen im Heiligen Land führungslos zurück. 1258 erklärte Ludwig sämtliche von den Templern erworbenen Güter für dessen ungestörten Besitz. 1270 unternahm er bereits schwer krank einen Kreuzzug gegen die „Ungläubigen" in Tunesien. Er starb vor Tunis (28. August 1270). Ludwig stärkte das Königtum durch Ausbau des königlichen Beamtentums. Unter Ludwig wurde die Rivalität der Ritterorden (Templer und Johanniter) für kurze Zeit beigelegt. 1927 erfolgte seine Heiligsprechung.

Lullus, Raimundus: (Ramón Lull); katalanischer Theologe, Schriftsteller, Philosoph und Missionar; (* 1232/33 in Palma/Mallorca, † 1316 auf der Reise Tunis-Mallorca); wurde als Missionar bei Bougie in Nordafrika von Muslims zu Tode gesteinigt. Gehört zu den Universaldenkern des Mittelalters, dessen Werk „Ars magna et ultima" vor 1277 seine logische Kombinatorik darlegte, die auch in der Neuzeit von produktiver Wirkung war (*G. W. Leibniz:* „Dissertatio de arte combinatoria"); Lullus stützt sich in seiner Philosophie auf den christlichen Platonismus und auf die dualistische Gegenüberstellung von Glauben und Wissen; danach sind sämtliche Glaubensinhalte und das gesamte Wissen aus der Vernunft beweisbar. Der „Lullismus" gilt als eine der großen Strömungen der spanischen Philosophie. Dem Katalanischen verhalf Lullus durch Verwendung der Volkssprache in seinem philosophischen Erziehungsroman „Blanquerna" (1282-87, zahlreiche Erzählungen und Gedichte) zum Rang einer Literatursprache. Im Zusammenhang mit den Templern und anderen Ritterorden vertritt Lullus im „Liber de fine" im Kapitel „De modo bellandi" die Auffassung, dass sämtliche „milites Christi" in einem einzigen, neu zu gründendem „Heiligengeistorden" unter der Führung eines „Kriegerkönigs" von königlichem Geblüte", eines →„rex bellator", vereinigt werden sollten.

Lusignan: weitverzweigtes, südfranzösisches Grafengeschlecht; nach dem Ort Lusignan südwestlich von →Poitiers genannt; im 9. Jhdt. das erste Mal erwähnt. Ab der 2. Hälfte des 11. Jhdts. waren die Lusignans mit der Geschichte des Heiligen Landes eng verbunden; *Hugo VI.* (de Lusignan) nahm 1101/02 am Kreuzzug *Wilhelms von Aquitanien* teil; *Hugo VII.* folgte →*Ludwig VII.* 1147 ins Heilige Land und starb in Palästina; *Hugo VIII.* hatte teil am Sieg bei Tripolis, geriet 1164 bei der Schlacht von Harim in Gefangenschaft. Seine Söhne *Guido* (→*Guido de Lusignan*) und *Amalrich* (→*Amalrich II.*) waren Könige von Jerusalem und gründeten das Königreich →Zypern. *Hugo IX.* nahm am 3. Kreuzzug 1190 teil; *Hugo X.* starb 1248 in →Damiette; *Hugo XI.* fiel 1250 bei →Mansura; *Hugo XII.* 1270 vor Tunis und *Hugo XIII.* nahm am französischen Aragón Kreuzzug 1285 teil.

Luzifer: (Lucifer, lateinisch „Lichtbringer"; griechisch „Phosphoros"); in der römischen Mythologie der ursprüngliche Name des Morgensterns (Venus), Sohn der Morgenröte („Eosphoros"); von den Kirchenvätern auf den Teufel (→Satan) als gestürzten Engel übertragen (Bibel Jes. 14, Vers 12- 23). Luzifer ist kein biblischer Name, so häufig er auch als Synonym für Satan verwendet wird. Für die →Katharer aber wahrscheinlich auch für die Templer war Luzifer („Lucibel") der Lichtträger, ein göttliches Wesen, wie der nicht fleischgewordene Christus. →Baphomet könnte für die Templer der Lichtträger gewesen sein.

M

Magisches Quadrat: Quadrat mit n^2 Feldern, denen Zahlen so zugeordnet wurden, dass die Summe jeder Zeile, jeder Spalte und die der beiden Diagonalen gleich ist. Magische Quadrate wurden zuerst in China und im 11.-13. Jhdt. im islamischen Bereich entwickelt (→Buchstabenquadrat).

Maimonides: Moses, genau Rabbi Mose ben Maimon, gen „Rambam" oder „Rabbi Moses", arabisch Abu Imran ibn Maimun ibn Ubaid Allah; Gelehrter, Religionsphilosoph und Arzt; (* 30. März 1135 in Córdoba, † 13. Dezember 1204 in Fustat bei Kairo); nach der Eroberung Córdobas durch die Almohaden 1148 floh Maimonides mit seinen Eltern 1159 nach Fez in Nord-Afrika; ab 1165 lebte er in Fustat; gilt als bedeutendster jüdischer Religionsphilosoph mit aristotelischer Prägung und jüdischer Gesetzeslehrer; er verfasste eine zusammenfassende Darstellung des jüdischen Gesetzes („Mischna Thora"); in Ägypten wirkte er als Leibarzt des Sultan →*Saladin* und als Vorsteher (Nagid) der jüdischen Gemeinde; als Religionsphilosoph versuchte er eine Systematisierung der jüdischen religiösen Überlieferung. Verehrte *Aristoteles*, der für ihn, abgesehen von den Propheten, die höchste Stufe des Wissens erreicht hatte; als Arzt schwor Maimonides *„in seinen Patienten niemals etwas anderes zu sehen als ein Leidendes Mitgeschöpf"*. Beeinflusste die christliche →Scholastik und hier vor allem →*Thomas von Aquin* und →*Albertus Magnus*.

Maître Rocelin: Eigentlich *Rocelin du Fos* (Roncelin de Fos); 1281 in den Templerorden aufgenommen; möglicherweise ist seine Person eine Erfindung des 18. Jhdts.; nach den Statuten des geheimnisvollen Meisters Rocelins mussten die Templer in die sieben freien Künste (sieben Stufen der Weisheit: „Trivium": Grammatik, Dialektik, Rhetorik und das „Quadrivium": Musik, Geometrie, Astronomie, Arithmetik) eingeführt sein; weitere Regeln des Rocelin sollen gelautet haben: „Alle Menschen sind gleich vor Gott, egal, welcher Konfession sie angehören. Wer an Gott glaubt, ist gerettet."

„Jesus war der Sohn Marias und Josephs, er war ohne Sünde und wurde gekreuzigt. Obwohl er verehrt wurde, war er nicht Gott. Das Holz des Kreuzes, an dem er starb, ist nicht Symbol für die Erlösung, sondern gehört dem Bösen an." Diese Gedanken weisen auf den gnostischen Ursprung und Ideen hin, die die Templer mit den apokryphen Schriften in Zusammenhang bringen.

Malteserkreuz: (Johanniterkreuz); Achtzackiges Kreuz, dessen Zacken die acht Seeligpreisungen symbolisieren sollten.

1. Kreuz der Templer, 2. Malteserkreuz, 3. Kreuz der Christusritter und des Orden von Montesa.

Mamelucken: (aus dem arabisch „mameluk", „in Besitz genommen"; „Mamelucken": „Leibeigene", „Sklaven"); Leibwache islamischer Herrscher; meist türkische oder tscherkessische Sklaven (Söldner). Ihr Kauf erfolgte knapp vor oder in der Pubertät. Nach ihrer Bekehrung zum Islam wurden sie für Staats- und Kriegsdienste herangezogen. 1250 wurden sie nach einem Aufstand gegen den letzten Aijubiden *Turan Schah* bis 1517 zu den Herrschern in Ägypten. Der erste mameluckische Herrscher war *Aibek* (1250-57), gefolgt wurde er von →*Baibars* (1260-1277), der die Mongolen 1260 besiegte und durch seine grausame und kompromisslose Kriegsführung große Erfolge gegen die Christen erzielte. →*Kalawun* (1279-90) und *al-Ashraf Halil* (1290-1293) verdrängten der Kreuzritter fast gänzlich aus Palästina. Der Staat der Mamelucken umfasste Ägypten, Syrien und Palästina. Ihre Herrschaft endete mit der osmanischen Eroberung (1517). Unter türkischer Oberhoheit verwalteten die Mamelucken bis 1811 Ägypten, bis sie von *Mehmed Ali* massakriert wurden. Als kulturelle Leistungen sind die gewaltigen Grabmoscheen der Mamelucken-Sultane sowie die

Sultan-Hassan-Moschee in Kairo hervorzuheben.

Mani: Manes, Manechaios; (* 14. April 216 in Mardinu oder Afrunya in Babylonien, † 26. Februar 277 in Gondeschapur); Sohn des *Patek* und der *Maryam*; sein Vater bekannte sich zur mazdaistischen Religion (→Zarathustra) und gehörte einer gnostischen Sekte an. Als 12-jähriger soll Mani eine göttliche Botschaft empfangen haben, die ihn anwies die gnostische Sekte zu verlassen. Nach weiteren 12 Jahren, in denen er religiöse Studien betrieb, ist ihm ein Engel erschienen, der ihn aufforderte nun seine Lehre zu verkünden (→Manichäismus). Nach der von Mani gestifteten gnostischen Erlösungslehre, ist der Weltprozess und die Entstehung des Menschen durch eine schuldhafte Vermischung von Licht und Materie bedingt. Der Mensch muss diese Weltordnung in einem Akt der Erkenntnis durchschauen und die in ihm selbst vorhandenen Lichtteile von der Materie seines Leibes durch Askese befreien. Von 242-273 zog Mani durch das gesamte persische Reich und gewann dabei viele Anhänger. In dieser Zeit wurde er von König *Schapur* unterstützt. Nach dessen Tod gewannen die Magier der Mazdaisten Oberhand und verhafteten Mani und fesselten ihn an die Mauern seines Gefängnisses. Nach seinem Tod 277 gelang es seinen Anhängern seine Lehre so zu etablieren, dass sie lange den Angriffen der Mazdaisten und der Christen standhielt. Der Manichäismus hatte bald nach dem Tod Manis die Verbreitung einer Weltreligion erlangt. Im Osten wurde der Manichäismus. 763 Staatsreligion des zentralasiatischen Reiches der Uiguren. Im Westen hatte er Einfluss auf mittelalterliche religiöse Strömungen (z.B. →Bogomilen, →Katharer).

Manichäismus: Iranische, rein dualistische, gnostische Religion, die von →Mani gegründet wurde; Ausgangspunkt des Manichäismus war ein radikaler Dualismus (Licht-Finsternis, Gut-Böse, Geist-Materie) nach dem der Weltprozess und die Entstehung des Menschen durch eine schuldhafte Vermischung von Licht und Materie

bedingt sind. Der Manichäismus strebte die Erlösung des Lichtes aus der Finsternis an und vereinigte, auf der Grundlage christlichen Gnosis, Christentum, Parsismus (Form der Lehre des →Zarathustra) und Buddhismus. Der Mensch muss diese Weltordnung in einem Akt der Erkenntnis durchschauen und die in ihm selbst vorhandenen Lichtteile von der Materie seines Leibes durch Askese befreien. Aus der christlichen Lehre dürfte der Erlösungsgedanke hergeleitet sein. Die Erlösung ist als physische Lostrennung des Lichtes von der Finsternis gedacht. Um dieses Ziel zu erreichen, waren strenge Regeln zu befolgen: der totale Verzicht auf sexuelle Beziehungen, ausschließlich vegetarische Ernährung und häufiges Fasten. Mani starb 277 n. Chr. im Gefängnis von Gundeshapur. Seine Anhänger wurden grausam verfolgt. 297 gab *Diokletian* das Signal zur Verfolgung und 389 verhängte *Theodosius* die Todesstrafe über sie. Ihre Flucht nach Indien und in das römische Reich sorgten für die Verbreitung der Lehre und nahmen im Westen Einfluss auf mittelalterliche religiöse Strömungen wie →Bogomilen, →Katharer und möglicherweise auch auf den Ritterorden der Templer.

Mansura: (Mansurah); Stadt in Ägypten; bis Mansura stieß →Pelagius 1221 während des Pilgerkreuzzuges (→Kreuzzüge) mit dem christlichen Heer vor, und wurde hier von Sultan *el-Kamil*, einem Sohn →*Saladins*, besiegt; damit war der Kreuzzug für die Christen verloren. Im Februar 1250 wurde hier auch das Kreuzfahrerheer →*Ludwigs IX.* vernichtend geschlagen. Die gesamte Vorhut, die zum großen Teil aus Templern bestand, fiel. Von 290 Ordensrittern blieben nur fünf am Leben. Der gesamte Konvent fiel, und mit diesem auch der Großmeister des Ordens →*Wilhelm von Sonnac.*

Mantel: mittelalterliches ärmelloses, überwurfartiges Kleidungsstück; in der mittelalterlichen Gesellschaft wesentlich als Repräsentationsobjekt; im Kampf Umhang, der über der Rüstung zum Schutz gegen die Sonne getragen wurde. Die Templer trugen einen weißen Mantel (→habit).

mit einem roten →Tatzenkreuz auf der linken Seite. „Den Mantel erhalten" bedeutete in den Orden aufgenommen zu werden, „den Mantel niederlegen" den Templerorden zu verlassen, der „Verlust des Mantels" war eine der schwersten Strafen des Ordens (→Strafen, templerische).
Mantzikert: →Manzikert.
Manuel I. Komnenos: (* 28. November 1118, † 24. September 1180 in Konstantinopel); Kaiser von Byzanz (1143-1180); versuchte vergeblich das römische Reich im Bund mit dem Papst wiederherzustellen; verteidigte 1147 Konstantinopel erfolgreich gegen die Normannen und die französischen Kreuzfahrer des 2. Kreuzzuges; für den Durchzug der Kreuzritter durch sein Reich erpresste er den Lehenseid und die Versicherung, dass alle ehemaligen byzantinischen Gebiete, die die Kreuzritter erobern sollten, an Konstantinopel zurückgeben werden. *Niketas Choniates*, ein byzantinischer Geschichtsschreiber, schildert: *„Und um es kurz zu sagen, es gab nichts Schlimmes, das der Kaiser nicht gegen sie (die Kreuzfahrer) ersonnen und die anderen hätte ausführen lassen, damit dies auch für die Nachkommen der Kreuzfahrer ewige Denkzettel und Anlässe zur Furcht seien, die sie von einem Zug gegen das Rhomäerreich (Byzanz) abhalten sollten."*
Manuel gewann die Lehenshoheit über Serbien und das Magyarenreich. 1158 unternahm Manuel einen groß angelegten Feldzug nach Kilikien und Syrien und unterwarf Antiochia und Kleinarmenien. Nachdem 1159 Kaiserin *Irene* starb vermählte sich Manuel mit *Maria von Antiochia*, der Tochter von *Konstanze* und →*Raimund von Poitiers*. 1176 wurde er von den Seldschuken unter *Kilidsch Arslan II.* in der Schlacht von Myriokephalon entscheidend geschlagen. Als Manuel 1180 starb und nur einen 13-jährigen Nachfolger hinterließ, war die Hochblüte des Reiches überschritten und es zerfiel später unter seinen Nachfolgern sehr rasch.
Manzikert: (Mantzikart, Mantzikert); Ort in der Nähe des heutigen türkischen Malazgirt im Ararathochland, 50 km nördlich des Van-Sees; am 19. August 1071 wurden hier die byzantinischen

Truppen Kaisers *Romanos IV. Diogenes* von den Seldschuken unter *Alp Arslan* vernichtend geschlagen; in der Folge führte die Niederlage zum Verlust Anatoliens und in weiterer Folge zu den →Kreuzzügen.
Margat: (Marqab, Al-Marqab); Festung der Johanniter im Fürstentum Antiochia, in Höhenlage an der Flanke des Berges Gabal al-Ansariya; die Burg wurde 1104 erstmals erwähnt als sie in byzantinischem Besitz war; kam 1117-18 in fränkischen Besitz; kam 1186 in das Eigentum des Johanniter-Ordens. Der Vorbesitzer (*Bertrand Masoriers*) hatte die Burg und deren Umland für eine jährliche Rente von 2200 Goldbyzantinern an den Orden verkauft.
Die Anlage war über einem etwa dreieckigen Grundriss errichtet worden, hatte eine Seitenlänge von etwa 350 m und war mit einer doppelten Ringmauer gesichert; die Zitadelle befand sich in der südlichen Ecke und umfasste einen dreieckigen Hof, eine Kapelle und einen Rundturm mit 22 m Durchmesser. Die Garnison bot rund 1 000 Mann Platz und barg Vorräte für zumindest 5 Jahre. Von dieser Burg wurde das Gebiet der Assassinen und die syrische Küste überwacht. Im Gebiet um Margat waren die Ordensritter faktisch souverän. Nur das Vordringen der Mamelucken verhinderte die Errichtung eines syrischen Johanniterstaates. Die Insassen der Burg verbündeten sich sehr häufig mit den Mongolen gegen die Mamelucken. Am 17. April 1285 erschien →*Kalawun* mit einem großen Heer vor der Burg. Nach fünfwöchiger Belagerung wurde die Festung am 25. Mai an die Besatzer übergeben. Die Ordensritter durften mit all ihren Waffen und ihrer gesamten Habe abziehen, der übrigen Besatzung wurde freies Geleit zugesichert.
Maria Magdalena, heilige: (Maria von Magdala). Neben der *Jungfrau Maria* verehrten die Templer zwei weitere weibliche Heilige: *Maria Magdalena* (22. Juli) und *Katharina von Alexandria* (25. November). Im Lukasevangelium als Begleiterin Jesu genannt. Seit dem 6. Jhdt. mit der Sünderin, die Jesu Füße wusch und mit ihren Haaren trocknete und mit *Maria von Bethanien*,

der Schwester *Marthas* und des *Lazarus*, gleichgesetzt. Maria Magdalena stand mit der Mutter Jesu unter dem Kreuze; ihr erschien der auferstandene Jesu zuerst. Maria Magdalena soll nach dem Tod Jesu dessen Mutter und den *heiligen* →*Johannes* nach Ephesus begleitet haben, wo sie starb; ihre Reliquien sollen 899 nach Konstantinopel gebracht worden sein.
In einer anderen Darstellung war Maria Magdalena mit ihren Gefährten nach dem Tod Jesu von den Juden in einem Boot im Mittelmeer ausgesetzt worden und soll in Südfrankreich gelandet sein; hier habe sie die letzten dreißig Jahre ihres Lebens büßend verbracht. Ihre Gebeine sollen in Vezelay (Frankreich) ruhen.
Die Sünderin Maria Magdalena (als Prostituierte) wurde von den Templern vielleicht deshalb verehrt, weil Gott ihr die Sünden vergab und die Templer, die sehr oft nicht sündenfrei in den Orden eintraten, auf ihre eigene Vergebung hoffen durften.

Marigny, Enguerrand von: († 30. April 1315, am Galgen von Montfaucon); stammte aus der Kleinadelsfamilie des Grafen von Longueville; königlicher Rat, Finanz- und Bauminister König →*Philipps IV., des Schönen*, der in seinem Einfluss auf den König, den allgewaltigen →*Nogaret* zu übertreffen begann. Philipp traf kaum eine Entscheidung ohne vorher den Minister zu hören. Von Amts wegen war Marigny ein Nutznießer des Untergangs des Ordens der Tempelritter und war einer der wichtigsten Helfershelfer des Königs bei der Vernichtung der Ritter. Nach der Verhaftung der Ordensmitglieder kümmerte er sich hauptsächlich um den Besitz des Ordens, um diesen für den König zu sichern. Er veranlasste den König, seinen Bruder *Philipp de* →*Marigny* als Bischof von Sens einzusetzen. Nach dem Tod *Philipps* (1314) übernahm dessen Sohn *Ludwig X.* die Krone. Der vergnügungssüchtige Monarch versuchte die Unzufriedenheit des Volkes über die herrschenden hohen Abgaben damit zu beschwichtigen, dass er dem Volk den Finanzminister als Opfer brachte. Marigny

wurde verhaftet, es wurde ihm der Prozess gemacht und er wurde wegen Verrats, Unterschlagung und Magie verurteilt; Marigny starb 1315 am Galgen von Montfaucon; ihm wurde inoffiziell vorgeworfen, König Philip IV., der nach einem Jagdunfall unter unaufgeklärten Umständen starb, vergiftet zu haben.

Marigny, Philipp von: (* um 1260 in Lyons La Forêt, † Dezember 1316); Bruder des *Enguerrand de* →*Marigny*; Bischof von Cambrai in Nordfrankreich; wurde durch die Bemühungen →*Philipps IV.* von →*Klemens V.* 1309 zum Erzbischof von Sens bestellt und war daher dem König voll ergeben. Marigny wurde damit zu einem wichtigen Werkzeug bei der Vernichtung des Templerordens; am 10. Mai 1310 berief er ein Konzil ein, das in seiner Kirchenprovinz die einzelnen Tempelritter als Individuen verurteilen sollte. Marigny vermischte bewusst das Verfahren der →*Achterkommission* mit den Untersuchungen seines Konzils. 54 Tempelritter, die 1307 unter der Folter gestanden hatten und dieses Geständnis vor der Achterkommission (Verfahren gegen den Orden) widerrufen hatten, ließ Marigny als rückfällige Ketzer zum Feuertod verurteilen. Er wandte sich an die rückfälligen Templer:
„Ihr habt einst bekannt, dass bei den Aufnahmen die Brüder Christum verleugneten und auf das Kreuz spieen, sowie dass ihr selbst an diesem Verbrechen teilgenommen habt. Ihr habt also anerkannt, dass ihr selbst in Ketzerei verfallen wart. Durch euer Bekenntnis und die gezeigte Reue seid ihr gewürdigt worden mit der römischen Kirche ausgesöhnt zu werden, wenn ihr dagegen jetzt euer Bekenntnis zurücknehmt, so betrachtet euch die Kirche nicht mehr als Versöhnte, sondern als in die Ketzerei Zurückgefallene und die Rückfälligen werden zum Feuertode verurteilt."
Bereits einen Tag später, am 12. Mai 1310, wurden die 54 Templerbrüder auf Karren aus Paris zum Scheiterhaufen in der Nähe der Porte Saint-Antoine gebracht und dort auf „langsamen Feuer" verbrannt. Mit dieser Maßnahme wurde der Widerstand der Templer auch vor der Achterkommission gebrochen. Am 18. März 1314 leite-

te Philipp von Marigny jenes Konzil, welches das Urteil über →*Molay* und →*Charney* sprach.

Marqab: →Margat.

Marschall: (althochdeutsch „Pferdeknecht", später „Stallmeister"); ursprünglich zuständig für Pferde und Stallungen; später für Quartierbeschaffung des gesamten Hofstaates (Hof-Marschall); mit dem Aufkommen der Ritterheere war er der Oberbefehlshaber im Krieg. Im Templerorden wurde der Ordensmarschall wie alle höheren Beamten vom →Konvent gewählt (Vertreter des →Großmeisters und des →Seneschalls). Er war Feldherr des Ordens, bestimmte den →Bannerträger und lenkte und ordnete die Schlacht. Er hatte das Recht sogar bei Anwesenheit des →Großmeisters die Truppen zu führen. Die Templer waren in Schwadrone geteilt, die von Ritterkonstablern (→Konstabler) angeführt wurden. Sie und alle Ritter, dienende Brüder, alle Kriegsleute, Rüstungen und Pferde standen, sobald der Marschall zu den Waffen rief, unter seinem Befehl. Bei Ableben des Großmeisters berief der Marschall die Brüder im Heiligen Land zur Wahl des Grand Commandeurs ein. Sein Gefolge bestand aus vier Pferden, zwei Knappen, einem dienenden Bruder und einem →Turkopolen.

Marseille: bedeutendste Hafenstadt Frankreichs; liegt am Mittelmeer östlich des Rhônedeltas am Golfe du Lion, 900 000 Einwohner, Verwaltungssitz des Departement Bouches-du-Rhône, Hauptstadt der Region Provence-Côte d'Azur. Ionische Griechen gründeten um 600 v. Chr. die Kolonie Massalia (lateinisch Massilia), die sich bald zur bedeutendsten Hafenstadt des westlichen Mittelmeeres entwickelte. 310 belagerte Kaiser *Konstantin* die Stadt und nahm hier seinen Schwiegervater *Maximilian* gefangen. 476 bemächtigte sich der Westgote *Eurich* der Stadt; 536 wurde Marseille dem Frankenreich eingegliedert. Ende 12., Anfang 13. Jhdt. konnte sich Marseille von der Stadtherrschaft seiner Vizegrafen befreien und wurde Stadtrepublik. Mit der Provence, zu der es seit 1252 gehörte, kam Marseille 1481 an die französische Krone.

Die Templer verwendeten den Hafen als Ankerplatz für ihre Schiffe, die nicht nur den Nachschub für den Orden im Heiligen Land sicherstellten, sondern auch Waren aller Art steuer- und abgabenfrei transportieren durften. Die örtlichen Reeder wollten diese Bevorzugung und auch die Beförderung von Pilgern einschränken. 1216 erkannte die Stadt den Templern das Recht zu, im Hafen Schiffe zu bauen und im Hafen zu ankern; dies war dem Orden zuwenig und er entschied sich ab 1234 seine Schiffe in Montpellier ankern zu lassen.

Martin IV.: eigentlich *Simon de Brion*; († 28. März 1285 in Perugia); stammte aus Brion bei Angers; seit 1260 Großsiegelbewahrer und Kanzler →*Ludwigs IX.* von Frankreich; 1251 →Kardinal; 190. Papst (22. Februar 1281 – 28. März 1285); abhängig von →*Karl von Anjou*, erniedrigte sich zu dessen Hofkaplan, versuchte mit allen Mitteln, jedoch vergeblich, dessen Herrschaft im aufständischen Sizilien zu erhalten. Auf Drängen Karls bannte er nicht nur *Peter III. von Aragón*, sondern auch den griechischen Kaiser *Michael Palaiologos*, wodurch die 1274 auf dem →Konzil von Lyon erreichte Union mit der griechischen Kirche zunichte gemacht wurde.

Masjaf: (Masyaf); Assassinen-Festung zwischen →Homs und Hama, die 1140/41 durch Eroberung von einem muslimischen Gouverneur in den Besitz der ismailitischen Sekte überging. Auf Grund der strategischen Lage zwischen der Grafschaft Tripolis und dem Fürstentum Antiochia eine der wichtigsten Bollwerke der Sekte. Etwa zur gleichen Zeit dürften auch die Burgen Chawabi, Rusufa, Qulai'a und Maniqa in den Besitz der Assassinen übergegangen sein.

Matthäus Paris: (Matthaeus Parisius oder Parisiensis, Matthew Paris); (* um 1200, † 1259); trat 1217 in das Benediktiner-Kloster St. Alban ein; englischer Historiker; Hauptwerk bildet die „Cronica Maiora", in dem er die Weltchronik des *Roger Wendover* († 1235) für die Jahre 1234-59 weiterführte; er ist auch der Verfasser der Biographien von *Eduard dem Bekenner*, *Thomas Becket* und *Stephen Langton*; auch Erzählungen

über den *heiligen Alban*. Matthäus stand der zentralistischen päpstlichen Macht und der römischen Kurie feindselig gegenüber und übte auch heftige Kritik (1241) an den Templern: „*...die durch so viele Einkünfte fett geworden sind, die für den Kampf gegen die Sarazenen bestimmt waren, und nun ihre Waffen gottlos gegen die Christen, gegen ihre Brüder kehren...*".
Und weiter:
„*...Sie hegen einigen wölfischen Verrat unter ihren Schafskutten (...), denn sonst wären die Sarazenen schon längst besiegt...*".
Er schrieb die Ursache des Verlustes des Heiligen Landes den ständigen Streitigkeiten zwischen Templern und Johannitern (Hospitalitern) zu; Matthäus hat sich trotz seiner negativen Einstellung zu den Templern durch die Sammlung und Überlieferung vieler Briefe und Schriften des Ordens um diesen verdient gemacht.

Matthias von Albano: Kardinallegat; leitete das →Konzil von Troyes (Provinzialkonzil), anlässlich dessen am 23. Jänner 1128 die Ordensregeln der Templer festgelegt und der Orden bestätigt wurde.

Meaux: Stadt und Bistum in der westlichen Champagne; an der Marne in strategisch günstiger Lage errichtet; heute zirka 45 000 Einwohner; im 4. Jhdt. durch einen Schüler des *heiligen Dionysos*, dem *heiligen Sanctinus* christianisiert. Die →Normannen überfielen die Stadt 868 und 888; im 10. Jhdt. gewann Graf *Herbert von Vermandois* die Stadt, dessen Sohn *Robert* auch Graf von Troyes wurde. Fiel später mit der Champagne an das Haus Blois. 1111 versuchte →*Ludwig VI.* die Stadt einzunehmen. 1170 wurde mit dem Bau der Kathedrale begonnen. Ende des 13. Jhdts. war Meaux eine der vier Bailliagen der Champagne (→Bailli). Mit dem Vertrag von Meaux (Jänner 1229) wurde der Albigenserkrieg (→Albigenserkriege) offiziell beendet. Mit diesem Vertrag wurde *Raimund VII.* von Toulouse Besitzer der Grafschaft Toulouse, der Diözese Agen, Rodez, Albi und Cahors.

Melek al-Kamil: (* 1177/80, † 1238); (al-Malik al-Kadil); Sohn *al-Adils*, des Bruders →*Saladins*;

setzte sich im Erbfolgestreit gegen seinen Bruder durch und sicherte sich Ägypten und Südsyrien. Es gelang ihm den ägyptischen Feldzug von →*Pelagius* und →*Johann von Brienne* zu stoppen und 1221 den Christen bei →*Mansura* eine vernichtende Niederlage zu bescheren. 1229 schloss er mit →*Friedrich II.* einen Vertrag, der den Christen Jerusalem, Bethlehem, Nazareth und Jaffa (Joppe), sowie einen Korridor zwischen Jaffa und Jerusalem sicherte. Sein Sohn *al-Malik as-Salich* konnte 10 Jahre später die Heilige Stadt den Christen wieder entreißen.

Melisende: († September 1161 in Jerusalem); Tochter König →*Balduins II.* von Jerusalem und der Prinzessin *Morphia*. Melisende wurde von ihrem Vater 1129 mit →*Fulko von Anjou* verheiratet, der von Balduin II. auch als dessen Nachfolger auf dem Thron Jerusalems vorgesehen war. Politisch war diese Heirat wichtig, doch war Melisende von dem kleinen, rothaarigen, drahtigen Mann mittleren Alters nicht begeistert. Aus dieser Ehe entsprangen zwei Söhne: *Balduin* und *Amalrich*. Wie ihre jüngere Schwester *Alice*, die Fürstin von Antiochia, war auch Melisende eine machtbesessene Intrigantin, die es auch mit der ehelichen Treue nicht genau nahm. Melisende hatte eine Affaire mit *Hugo von Le Puiset*, dem Grafen von →Jaffa, der, nachdem er des Hochverrats bezichtigt wurde, über Jaffa nach Askalon floh, wo er mit dem ägyptischen Gouverneur konspirierte. Als Hugo nach Jerusalem zurückkehrte begnadigte ihn Fulko nicht, doch war die Strafe milde, denn der König schickte ihn lediglich für drei Jahre ins Exil. Hugo wurde beim Warten auf seine Überfuhr nach Sizilien von einem bretonischen Ritter mit einem Dolch hinterrücks angegriffen und schwer verletzt. Melisende setzte daraufhin das Gerücht in die Welt, der Ritter hätte im Auftrag und auf Befehl des Königs gehandelt. Fulko wollte die Wahrheit ans Licht bringen und verurteilte den Ritter zum Tod durch Verstümmelung (Arme und Beine werden abgehackt, die Zunge herausgeschnitten und man lässt den Delinquenten verbluten). Damit der Ritter bis zum Eintreten des Todes die Gelegenheit zum Geständnis hatte wurde ihm die Zunge nicht herausgeschnitten. Bis zu seinem Ende beteuerte der Unglückliche die Unschuld des Königs. Hugo von Le Puiset starb an seiner Verletzung im Exil in Sizilien.

Wilhelm von Tyrus schrieb über die Königin: *„...eine hochweise Frau, erfahren in allen Staatsgeschäften, die über die Grenzen ihres Geschlechtes triumphierte!"*

1134 erwarb Melisende das Dorf Bethanien bei Hebron, und erbaute dort zu Ehren des *heiligen Lazarus* ein Kloster, wo ihre Schwester *Joveta* als Äbtissin eingesetzt wurde. Das Kloster besaß fast die ganze Stadt Jericho und hatte einen eigenen Gerichtshof. Melisende wird auch verdächtigt, den legitimen Erben der Grafschaft von →Tripolis *Alfonso-Jordan* vergiften lassen zu haben, um ihrer Schwester *Hodierna* zu helfen, die mit dem Bastardsohn von →*Raimund IV. von Toulouse* verheiratet war. Nach dem Tod ihres Ehemannes Fulko am 10. November 1143 übernahm Melisende für ihren Sohn →*Balduin III.* die Regentschaft. Sie wurde dabei von einigen Würdenträgern des Templerordens unterstützt (→*Andreas de Montbard*, →*Philipp von Nablus*). Am 30. März 1152 sollte die gemeinsame Krönung von Mutter und Sohn vom Patriarchen *Fulcher* in der Grabeskirche durchgeführt werden, doch Balduin ließ diesen Termin verschieben, drang mit einem Rittertrupp in die Grabeskirche ein und zwang den Patriarchen, ihn allein ohne seine Mutter Melisende zu krönen. Die darauf folgende Spaltung der Partei der Regentin und die des Königs ging quer durch fast alle Bevölkerungsschichten und Organisationen und sollte bis zur Eroberung →*Askalons* (22. August 1153) dauern. Von diesem Konflikt war auch der Templerorden betroffen; so verhinderte die Parteinahme Andreas de Montbarts (Seneschall des Ordens) für Melisende dessen Wahl zum Großmeister der Templer; ihm wurde vorerst →*Bernhard von Trémelay* vorgezogen. Nachdem Melisende auf Jerusalem verzichtet hatte erhielt sie vom König Nablus samt allen zugehörigen Gütern; von hier aus versuchte sie immer wieder in

Staats- und Regierungsgeschäfte ihres Sohnes einzugreifen.

Michael VIII. Palaiologos: (* 1224 in Nikaia oder Nymphaion, † 11. Dezember 1282 bei Selymbria); Sohn des Statthalters von Thessaloniki; seit 1258/1259 Kaiser. Begründete die Palaiologendynastie und war Erneuerer der byzantinischen Großmacht; zunächst Mitkaiser des Reiches von Nikaia; eroberte am 25. Juli 1261 Konstantinopel mit Hilfe eines Bündnisses mit Genua vom lateinischen Herrscher *Balduin II.* zurück; den Thronerben *Johannes IV. Laskaris* ließ er blenden. 1274 schloss er die Kirchenunion mit Rom (2. →Konzil von Lyon). 1282 unterstützte er die sizilianische Bevölkerung im Kampf gegen →*Karl I. von Anjou* („Sizilianische Vesper"). Bei seinem Tod hinterließ er seinem Sohn *Andronikos II Palaiologos* ein Reich in Unfrieden, mit geschwächten und gefährdeten Grenzen im Osten.

Michaelensis Johannes: →Johannes Michaelensis.

Militia Christi: →*Bernhard von Clairvaux* bezeichnet in seinem „De laude novae militae" die Tempelritter als „Militia Christi" (Miliz Christi). Dieser Begriff wurde bereits von Papst →*Gregor VII.* (1073-1085) in seiner Auseinandersetzung mit dem Deutschen Kaiser verwendet, als er die Gläubigen aufforderte, als „militia Christi" Partei für das Papsttum zu ergreifen. Papst →*Urban II.* forderte 1095 die Ritter des Abendlandes auf „milites Christi" zu werden.

Miliz: Das lateinische Wort „militia" bezeichnet den Kriegsdienst, den ein „miles" oder „milites" (Ritter) ausübt, aber auch das Heer als Gesamtheit der Soldaten. Im Zusammenhang mit den Kreuzzügen versteht man unter „militia Christi" die Ritterorden.

Miravet: Festung der Templer in Aragon; am Ebro nördlich von Tortosa gelegen; die Entstehungszeit dürfte um Mitte des 12. Jhdts gelegen sein und von König →*Raimund Berengar IV.* wurde die Festung samt Umgebung dem Templerorden übergeben, weil von den Mönchsrittern die Unterstützung bei der →Reconquista erwartet wurde. Die Burg ist über einem trapezförmigen Grundriss errichtet und ist von fünf in den Außenmauern integrierten Türmen gesichert. Die Bearbeitung des Steines (Kalkstein) erinnert in vielen an die Qualität der Steinmetzarbeit bei den Zisterzienserklöstern. Bei der Anlage wurde auf einen →Donjon verzichtet und die Wohnräume wurden an der Außenmauer um einen Innenhof gruppiert. Der Zugang erfolgt über einen ca. 15 Meter langen abgewinkelten Tunnel-Gang. Die Kapelle hatte eine Dimension von 8 Metern Breite und 20 Metern Länge; eine halbrunde Apsis schlossden Raum ab. Das Langhaus war mit einem Tonnengewölbe überdeckt. Die Burg wurde im November 1308 nach Belagerung durch →Raimund sa Guardia und Berengar von St. Juste an den König und dessen Bevollmächtigten Bernhard de Liberio übergeben; die Ordensritter wurden gefangen gesetzt.

Mithras-Kult: (griechisch-lateinisch „Mithras", indisch „Mitra"); indoiranischer Gott des Rechts und der staatlichen Ordnung, dessen Name – Mitras – „Vertrag" bedeutet (im 14. Jhdt. v. Chr. erstmals erwähnt). In Indien stand er als Mitra in enger Beziehung zu Waruna. Im alten Persien war er als Mithra der göttliche Herr von Männerbünden, von →Zarathustra und Ahura Mazda zeitweilig zurückgedrängt. Seit dem 1. Jhdt. n. Chr. im römischen Reich als ein mit der Sonne in Verbindung stehender Erlösergott besonders von Soldaten verehrt. Daher entstanden seine Heiligtümer, die Mithräen, in Höhlen vornehmlich nahe von oder in Garnisonsorten. Mithras wurde als Überwinder der Finsternis gefeiert; sein Festtag war der 25. Dezember (Wintersonnenwende). Im Mittelpunkt des Kults stand die Tötung eines Stiers. Sein mystischer Kult verbreitete sich von Persien über Kleinasien und Griechenland, dann von Rom nach Germanien und Britannien. Den Templern wurde vorgeworfen, auf die Spuren des alten Mithras Kultes gestoßen zu sein, und dass sie wie die Anhänger des alten Kultes Tapferkeit, Selbstaufopferung und →Gehorsam bis in den Tod von ihren Brüdern forderten. Es gab im Mithras-Kult außer-

dem geheime Initiationszeremonien und Riten, deren Ausübung man auch den Templern vorwarf.

Mleh: Rubenier-Fürst (→Rubeniden) von Armenien (1170-1174); Sohn →Leos I., Bruder von →Thoros II.; flüchtete mit seinen Brüdern nach der Eroberung von Vahka, dem Hauptsitz der Familie, durch die Byzantiner nach →Edessa. Gemeinsam mit seinem Bruder Thoros nahm Mleh an der Schlacht von Artah (10. August 1164) teil; beide konnten nach der Niederlage vom Schlachtfeld flüchten. Das übrige christliche Heer wurde gefangen genommen oder erschlagen. Mleh soll einmal das Gelübde als Tempelritter abgelegt haben, wurde aber abtrünnig und erbitterter Feind des Ordens. Nach einem Mordversuch an Thoros flüchtete er zu →Nur ed-Din und wurde dort zum Mohammedaner. 1170 „lieh" er sich Truppen des Nur ed-Din mit deren Hilfe er seinen Neffen Ruben II. stürzen konnte, und es gelang ihm, Mamistra, Adana und Tarsos den Byzantinern zu entreißen. Danach bedrängte er die Templerfestung →Baghras. 1173 wurde er von →Amalrich I. dem König von Jerusalem angegriffen. 1174 wurde Mleh von seinem Neffen Ruben III. gestürzt.

Mohammed: (arabisch Muhammad oder Mahomed); eigentlich Abul Kasim Muhammad Ibn Abdallah; (* um 569 in Mekka, † 8. Juni 632 in Medina); Prophet und Religions-Stifter des Islam. Mohammed stammte aus einer verarmten Familie, die den führenden Sippe des in Mekka herrschenden Stammes der Koraisch (Qurais) angehörte, den Haschimiden. Ab 595 war er mit der reichen und um 20 Jahre älteren Witwe Chadidscha (Hadiga) verheiratet. Etwa 610 wurde er durch ekstatische Offenbarungs-Erlebnisse aus dem bisherigen Leben emporgehoben. Seine Offenbarung verkündeten →Allah als den die Welt lenkende Schöpfergott. Mohammed fühlte sich ab nun als der von Gott gesandte Prophet mit dem die Reihe der Propheten abgeschlossen war. Um die Araber zum Islam zu führen, fanden seine Gedanken und Visionen im →Koran ihren Niederschlag. 622 wanderte er auf Grund des

Widerstandes der Bevölkerung von Mekka gegen seine Lehrtätigkeit nach Medina aus („Hedschra"). Aus den Mitauswanderern und neuen Anhängern formte Mohammed gegen anfänglichen Widerstand eine Gemeinschaft, die den Islam in Arabien durchzusetzen begann. Er selbst wurde geistliches und politisches Oberhaupt eines theokratischen Staates mit absoluter Autorität. 628 wagte Mohammed in Erfüllung des Pilgerritusses nach Mekka zu ziehen; die Bevölkerung trat ihm zwar entgegen, doch wurde ihm ein 10-jähriger Friede und der Zutritt zum Heiligtum gewährt („Hadsch"). Seine Nachfolger, die Kalifen, schufen für den Islam ein Weltreich (Omajjaden, →Abbasiden).

Molay, Jaques de: (Jacobus, Jakob); letzter Großmeister der Templer (1293-1314); († 19. März 1314); stammte aus der Familie der Herren von Longwy (Longvic) und Raon (Rahon) in der Gegend von Besancon (Burgund); wurde in der Nähe von Belfort im Elsass (Franche-Comté) zwischen 1240 und 1250 geboren. 1265 wurde er von *Himbert von Peyrault* (Humbert von Paraud), dem Visitator von Frankreich, in der Komturei Beaume in der Diözese Autun in den Orden aufgenommen; verbrachte einige Zeit in England und ging 1275 in den Orient. 1291 kam Molay nach Zypern; dort soll er vor einem von 400 Rittern besuchten Generalkapitel erklärt haben, dass er gewisse unerlaubte Dinge und Handlungen im Orden erkannt habe, die er abstellen würde, weil der Orden sonst Schaden nähme. Am 16. April 1293 wurde Molay auf Zypern zum Großmeister gewählt. Seine Wahl gestaltete sich schwierig, denn vom Konvent wurde *Hugo de →Pairaud* (Pairault, Peyraud) bevorzugt. Zur Zeit der Wahl herrschten, laut der Aussage eines Ritters (*→Hugo de Fauro*) vor einer päpstlichen Kommission (11. Mai 1310), zwischen einer burgundischen, Molay unterstützenden, und einer südfranzösischen Gruppierung Spannungen. Jedenfalls dürfte die Wahl Molays durch List gelungen sein. Molay beteuerte, dass ihm an der Ehre dieses Amtes nichts läge und er Pairaud unterstützen würde. Er ließ sich zum Großkomtur

wählen. Kaum war er gewählt, soll er bei der Hauptwahl ausgerufen haben:
„Die Kutte ist fertig, setzt nun auch die Kappe hinzu. Habt ihr mich einmal zum Großkomtur gemacht, so will ich nun auch euer Großmeister sein!"
Überrascht und überrumpelt von dieser Wendung wählten ihn die Brüder zum Großmeister. 1293 besuchte Molay in Sachen des Ordens die Provence, das Königreich Aragon und danach England; 1294 wohnte er der Wahl von Papst →*Bonifaz VIII.* bei; bis 1296 bereiste er mit Hugo de Pairaud, dem Präzeptor Franziens, und mit dem Präzeptor des Burgund, →*Aymé d'Oselier* (*Aymo d'Oiselay*), das Abendland. Am 26. November 1296 leitete er ein Generalkapitel in Arles. 1297 hob Molay den vierten Sohn →*Philipps IV.*, des König von Frankreich, aus der Taufe. 1300 standen die Templer unter der Führung ihres Großmeisters mit den Johannitern den Tartaren gegen die Türken bei. Im selben Jahr bewaffnete Molay sieben Galeeren und fünf kleinere Schiffe gegen Ägypten, war aber kaum erfolgreich.
Ein gespanntes Verhältnis mit der zyprischen Krone, Uneinigkeit in den militärischen Zielen mit den anderen Ritterorden und Kreuzrittern bildeten den Ausgangspunkt der letzten militärischen Aktion des Templerordens. Die von Molay angeführten Templer besetzten und befestigten die Insel →Ruad vor Tortosa (1302). Der Ordensmarschall *Bartolomäus* verteidigte mit 120 Templern, 500 syrischen Bogenschützen und 400 dienenden Brüdern die Garnison. Da ihm jedoch keine Schiffe zur Verfügung standen (taktischer Fehler Molays) war die Niederlage vorprogrammiert. Die Sarazenen nahmen die Insel ein und erreichten die Aufgabe der Templer (1303). Alle Templer die nicht gefallen waren wurden versklavt. Diese schlecht vorbereitete militärische Aktion, die mit einer Niederlage endete, lag ausschließlich in der Verantwortung Molays. Dass es Molay zwischen 1300-1306 nicht gelang und es ihm nicht in den Sinn kam – ähnlich den Johannitern auf Rhodos – einen eigenen

Staat zu gründen, bedeutete letztlich, neben anderen Gründen, den Untergang des gesamten Ordens. Molay wurde gemeinsam mit dem Großmeister des Johanniterordens unter dem Vorwand, einen neuen Kreuzzug besprechen und vorbereiten zu wollen, von Papst →*Klemens IV.* in einem Schreiben vom 6. Juni 1306 eingeladen. *Wilhelm de Villaret*, der Großmeister der Johanniter, schlug die Einladung wegen der Probleme seines Ordens in Rhodos aus. In der Einladung an Molay wird die List des Papstes klar. Er wollte Molay in Frankreich, aber mit möglichst geringer militärischer Deckung: „*Traget aber Sorge, dass ihr einen tüchtigen Befehlshaber und tapfere Ritter zur Verteidigung in Limassol zurücklasset, damit während eurer, obwohl kurzen Abwesenheit dem Orden kein Unfall zustoßen möge.*"
Molay folgte dieser Einladung. Er verließ Zypern und erreichte Frankreich im Spätherbst, am 28. November 1306. Nach seiner Ankunft in Marseille zog er wie ein Herrscher nach Paris. Er führte in seinem Tross die Templerschätze von Zypern mit und scheute sich auch nicht diesen Reichtum öffentlich zur Schau zu stellen. Dies muss dem König als Machtdemonstration vorgekommen sein. Den Papst dürfte Molay erst im Frühjahr 1307 getroffen haben. Anlässlich dieses Treffens lehnte Molay den Wunsch des Papstes ab, den Orden der Johanniter und den der Templer zu verschmelzen, und erklärte in einer eher fadenscheinigen Denkschrift:
„*Es ist eine sehr feindselige und harte Art zu handeln, einen Mann, der sich spontan dem Habit und dem Glaubensbekenntnis eines Ordens geweiht hat, zu zwingen, sein Leben und seine Gebräuche zu ändern oder einen anderen Orden zu wählen, wenn er dies nicht will (...) auch sei die Regel der Templer strenger, als die der Hospitaliter. Es müsse entweder den ersteren einiges erlassen oder letzteren müssten neue Pflichten auferlegt werden ...*".
Die bereits 1305 aufgetauchten Gerüchte über den Templerorden wurden von →*Nogaret* (Großsiegelbewahrer und Mitglied des Staatsrates Philipps

IV.) propagandistisch ausgenützt, um die öffentliche Meinung gegen die Ritter zu beeinflussen. Mitte des Jahres 1307 begann der Papst über Wunsch Molays mit einer Untersuchung der Vorwürfe. Der Großmeister übersah jedoch, dass hinter diesen Denunziationen System steckte und Philipp IV. und sein Helfer Nogaret mit ihrem perfiden Vernichtungswerk begonnen hatten. Auch war Molay der Auffassung, dass der Orden und seine Angehörigen ausschließlich der Gerichtsbarkeit des Papstes unterstellt wären. Er rechnete nicht mit der Schwäche von Klemens V., und mit dem Großinquisitor von Frankreich *Wilhelm* →*Imbert*, der dem König den Auftrag zur Verhaftung der Ordensmitglieder erteilte und damit in der Öffentlichkeit die kirchliche Unterstützung dokumentierte. Molay wurde, wie die meisten in Paris anwesenden Ordensangehörigen, am 13. Oktober 1307 verhaftet und in Corbeil und ab dem Sommer 1308, getrennt von den anderen Würdenträgern des Ordens, in Chinon gefangengesetzt. Obwohl er nicht der Folter unterworfen worden war, verfasste er, offenbar durch die Aussagen seines Stallknechtes →*Giaco* beeinflusst, am 25. Oktober 1307 einen Brief, in dem er allen Ordensbrüdern empfahl, alle ihnen vorgeworfenen Vergehen (Verleugnung Christi, Bespeiung des Kreuzes usw.) dem Inquisitor zu bekennen, nicht aber die Aufforderung zur →*Sodomie*. Dieses Schreiben wurde von den Inquisitoren und Schergen des Königs durch ganz Frankreich gesandt und sollte in der Folge alle verhafteten Ordensangehörige gefügig machen. Das Urteil über Molay und →*Charney* (Präzeptor der Normandie) behielt sich der Papst selbst vor, überließ es aber, auf Drängen Philipps, einer aus drei Kardinälen (*Berengar, Stephan* und *Landulf*) bestehenden Kommission, den Großmeister in Chinon zu verhören. Auf listiges Drängen seines vermeintlichen Freundes →*Plaisian* (Minister Philipps IV.) verzichtete Molay vor dieser Kommission auf seine Verteidigung (Verhör vom 9. August 1308), denn er wollte ausschließlich vor Klemens aussagen. Danach wurde Molay bis März 1310 wieder in Corbeil festgehalten; am 26. November 1309 erschien Molay vor einer aus acht Mitgliedern bestehenden Kommission (→Achterkommission) in Paris, um den Orden zu verteidigen; er wollte jedoch nur in Anwesenheit des Papstes aussagen. Molay wurde nun, ohne mit dem Papst gesprochen zu haben, wieder in Corbeil eingekerkert, bis er nach →Gisors gebracht wurde, wo er bis zu seiner endgültigen Aburteilung in Paris am 18. März 1314, verblieb. Von einer vom König eingesetzten Kommission, bestehend aus den drei Kardinälen *Arnold de Faugiers, Arnold Novelli* und *Nikolaus de Freauville,* wurden die beiden Würdenträger Gottfried (Gaufris) de Charney und Jaques de Molay vor der Kirche Notre Dame in Paris am 18. März 1314 auf Grund ihrer ersten Geständnisse zu lebenslanger Haft (lebenslange Einmauerung) verurteilt. Doch unmittelbar nach der Urteilsverkündung widerrief Molay seine Geständnisse und erklärte alle gegen ihn und den Orden erhobenen Anschuldigungen für falsch:

„Es ist wohl billig, dass ich an einem so schrecklichen Tag und in den letzten Augenblicken meines Lebens die Ungerechtigkeit der Lüge aufdecke und die Wahrheit triumphieren lasse. Ich erkläre im Angesicht des Himmels und der Erde zu meiner ewigen Schande, dass ich das größte aller Verbrechen begangen habe, weil ich um dem Übermaß der Torturen zu entgehen und um jene, die mich quälten, zu beugen, gegen meinen Orden gezeugt habe. Jetzt aber verpflichtet mich die Wahrheit zu erklären, dass der Orden unschuldig ist. Die Anklagen sind erlogen (...). Ich kenne die Strafen die alljenen zuteil wurden, die den Mut hatten, Geständnisse zu widerrufen. Aber die fürchterliche Aussicht, die sich mir bietet, wird mich keine neue Lüge zu der alten häufen lassen. Ich verzichte freudig auf mein Leben, das mir nur zu sehr verhasst ist.“

Charney schloss sich diesem Widerruf an. Auf Betreiben Philipps wurde Molay zusammen mit Charney auf der Seineinsel (Ile de la Cité), dem heutigen Place Dauphine, noch am Abend des 18. März 1314 verbrannt. Nach der Chronik *Gottfrieds von Paris,* der Augenzeuge gewesen sein will, wird die Hinrichtung so dargestellt:

„...Danach bestiegen Molay und der normannische Meister (Charnay) gegen die Vesperstunde den Holzstoß, der nur langsam in Glut gesetzt wurde, um ihre Qual zu vermehren. Die Bitte, dass man ihr Antlitz dem Bilde der Mutter Gottes entgegenwende und dass man ihnen die Handfesseln löse, um sie zum Gebet falten zu können, fand Gewährung. Den Orden preisend und seine Reinheit versichernd, riefen sie Gottes Gnade an, forderten von ihm, dass er ihren Tod räche, und schieden so aus dem Leben.“ (→Fluch des Molay).

Tatsächlich starb Klemens V. am 20. April 1314 unter entsetzlichen Qualen und Philipp IV. hatte bald nach dem Tod Molays einen Jagdunfall, dessen Ursache niemals geklärt wurde und verstarb unter großen Schmerzen am 29. November des gleichen Jahres. *Eliphas →Lévi* berichtet in seiner „Geschichte der Magie“, dass drei vermummte Brüder an die Scheiterhaufen getreten seien und ein Tuch in sein (Molays) Blut getaucht hätten; dann hätten sie mit ihren Dolchen ein Dreieck gebildet und dem Papst und dem König ewige Rache geschworen. Nach den Berichten Gottfrieds von Paris seien Molay und Charney so tapfer in den Tod gegangen, dass die Leute nach dem Verglimmen des Feuers nach Knochenresten der beiden als Reliquien suchten und diese weggetragen hätten.

Nach einer Legende sollen das Wissen und die Geheimnisse der Templer nicht verloren gegangen sein, denn Molay soll insgeheim seinem Neffen *→Franz von Beaujeu* in den Orden aufgenommen haben und ihm all sein Wissen weitergegeben haben.

Mönch: (griechisch „monachós“, „der allein Lebende“); Mitglied eines Mönchsordens, der dem monastisch-liturgischem Leben den Vorrang gegenüber dem mit Familie und weltlichen Tätigkeiten gibt (→Benediktiner, →Zisterzienser etc.). Der Mönch lebt im Regelfall in klösterlicher Gemeinschaft, manchmal auch als Eremit. Das christliche Mönchstum hat seine Wurzeln im Evangelium, es ist in seiner Idealform durch die völlige Hingabe an Gott, durch Armut, ehelose Keuschheit und →Gehorsam gekennzeichnet.

Im Streben nach religiöser und sittlicher Vollkommenheit soll die Selbstheiligung erreicht werden. Oft nicht allein nur als Selbstheiligung verstanden, sondern auch mit karitativen Tätigkeiten in der Welt verbunden.

Mönche, rote: →Rote Mönche.

Mönchssoldaten: →Mönchsritter.

Mönchsorden: (→Mönchtum); klösterliche Gemeinschaft in der Gelübde abgelegt werden; männliche →Orden; Männerorden; Predigerorden, Bettelorden, Einsiedlerorden, Barfüßerorden, Reformorden und Missionsorden. Kongregation →Augustiner-Eremiten (OES = Ordo Fratrum Eremitarum S. Augustini)

Augustiner-Chorherren (OSA = Ordo S. Augustini)

→Benediktiner, Benediktinerorden (OSB = Ordo S. Benedicti)

→Dominikaner, Dominikanerorden (OP = Ordo Praedicatorum)

→Franziskaner, Kapuziner, Konventualen, Minoriten, Minderbrüder, Franziskanerorden (OFM = Ordo Fratrum Minorum)

Jesuiten, Jesuitenorden (SJ = Societas Jesu)

Kamillianer (OSC = Ordo S. Camilli)

Karmeliter, Beschuhte Karmeliter/Karmeliten, Karmeliterorden (O Carm = Ordo Carmelitorum dell'Antica Osservanza)

Unbeschuhte Karmeliter/Karmeliten (OCD = Ordo Discalceato)

Kartäuser, Kartäuserorden (OC = Ordo Cartusiensis)

Lazaristen (CM = Congregatio Missionis)

Oratorianer (CO = Congregatio Oratorii)

Pallotiner (SAC = Societas Apostolatus Catholici)

→Prämonstratenser, Prämonstratenserorden (O Praem = Ordo Praemonstratensis)

Salesianer (OFS = Oblati Francisci Salesii)

Salvatorianer (SDS = Societas Divini Salvatoris)

Schulbrüder, Piaristen (SP = Scholae Piae)

Maristen-Schulbrüder (FMS = Fratres Maristae Scholarum)

Trappisten, Trappistenorden (OCR = Ordo Cisterciensium Reformatorum)

→Zisterzienser, Zisterzienserorden (SOC = Sacer Ordo Cisterciensis)

→Ritterorden.

Mönchsritter: Andere Bezeichnung für Kriegermönche oder Ordensritter; Vereinigung zweier scheinbar entgegengesetzter Ethiken – Heiligkeit (oratores) und Rittertum (bellatores); Voraussetzung war in der christlichen Theologie die Klärung des Begriffes des „gerechten Krieges" (bellum iustum). Ein Krieg zur Erlangung von Reichtum oder Ehre war für das Christentum unstatthaft, ein Krieg hingegen, der zur Wiedererlangung von Land und zum Zurückdrängen des (Glaubens-)Feindes diente galt als gerecht. Dieser Gedanke war Grundlage auf der Papst →Urban II. am Konzil von Clermont zum ersten Kreuzzug aufrief. Der gerechte oder auch heilige Krieg sollte ausschließlich zur Verteidigung des wahren Gottes, des wahren Glaubens und der Kirche geführt werden. Dazu →Bernhard von Clairvaux, der in seiner an →Augustinus orientierten Weltsicht schrieb:
„Wenn er einen Missetäter umbringt, ist er kein Mörder, sondern, wenn ich so sagen darf, ein Übel-Töter. Er rächt Christus an denen, die Böses tun; er verteidigt die Christen. Wenn er selbst stirbt, geht er nicht zugrunde, er gelangt an sein Ziel. Der Tod, den er zufügt, kommt Christus zugute; der ihm zugefügte ihm selbst."
In diesen Gedanken lag der Ursprung der →Ritterorden und deren Ordensritter, die zu den drei kanonischen Gelübden (Armut, Keuschheit und →Gehorsam) den Eid zum Waffendienst leisten mussten. Dazu Bernhard von Clairvaux in seinem „De laude" (→„De laude novae militia"):
„Ich zögere, sie Mönche oder Ritter zu nennen. Und wie könnte man sie besser als mit beiden Namen zugleich bezeichnen, diese Männer, denen es weder an der Sanftheit des Mönches noch an der Bravour des Ritters mangelt."
Die Regeln der Ordensritter stützen sich auf biblische Texte (Paulus, Brief an die Epheser 6, 10-17):
10 „Zuletzt: Werdet stark in dem Herren und in der Macht seiner Stärke.

11 *Ziehet an die Waffenrüstung Gottes, dass ihr bestehen könnt gegen die listigen Anschläge des Teufels.*

12 *Denn wir haben nicht mit Fleisch und Blut zu kämpfen, sondern mit Mächtigen und Gewaltigen, nämlich mit den Herren der Welt, die in dieser Finsternis herrschen, mit den bösen Geistern unter dem Himmel.*

13 *Um deswillen ergreifet die Waffenrüstung Gottes, auf dass ihr an dem bösen Tage Widerstand tun und alles wohl ausrichten und das Feld behalten möget.*

14 *So stehet nun, umgürtet an euren Lenden mit Wahrheit und angetan mit dem Panzer der Gerechtigkeit.*

15 *und an den Beinen gestiefelt, als fertig zu treiben das Evangelium des Friedens.*

16 *Vor allen Dingen aber ergreift den Schild des Glaubens, mit welchem ihr auslöschen könnt alle feurigen Pfeile des Bösen.*

17 *und nehmet den Helm des Heils und das Schwert des Geistes, welches ist das Wort Gottes."*

Mönchtum: In verschiedenen Religionen geübte Form der Selbstheiligung, durch Abkehr vom weltlichen Leben; gekennzeichnet durch abgesondertes Wohnen, Enthaltsamkeit, Verzicht auf Besitz und ehelose Keuschheit. Im frühen christlichen Mönchtum wurde das Ideal der Askese gepredigt. Durch Unterdrückung der menschlichen Bedürfnisse und Begierden sollte die sittliche und christliche Vollkommenheit erlangt werden. Das mittelalterliche, abendländische Mönchtum geht auf *Benedikt von Nursia* (6. Jhdt.) zurück, das im Gegensatz zum weltabgewandten, kontemplativen Mönchtum des Morgenlandes, weltliche Aufgaben (Unterricht, Predigt, Krankenpflege etc.) übernahm und Träger der mittelalterlichen Kultur wurde. Vorerst waren die Klöster selbständige in sich geschlossene Einheiten bis sich verschiedene Klöster ab dem 10. Jhdt. zu Kongregationen unter der Führung von Reformklöstern zu zusammenschlossen (→Cluny, →Citeaux etc.). Mit der Entstehung der Bettelorden im 12. und 13. Jhdt. kam es zur Wandlung des mönchischen Ideals. Im Protestantismus kam es zur Abschaffung der Klöster. Mit dem Jesuitenorden wurde eine Art des Mönchtums geprägt, das das asketische Leben unter den Missionszweck stellte.

Mongolen: (mongolisch „Mongchol", chinesisch „Mongku"); eine große Völkergruppe Innerasiens; rund 5 Millionen, davon 2,8 Millionen in China (Innere Mongolei und andere Provinzen), 1,7 Millionen in der Mongolei und rund 500 000 in Russland. Vorfahren der Mongolen sollen im Gebiet der Mongolei im 5. und 6. Jhdt. die Xianbi gewesen sein. In China wurden sie als Mendwu oder Mengku bezeichnet. Um 1000 wurden die mongolischen Stämme Keräit und Merkit von nestorianischen Missionaren zum Christentum bekehrt. Um 1196 gelang es *Temüdschin* („der Schmied"), einem Nachkommen eines niederrangigem Clans, sich zum zentralen Fürsten des Stammes Monghol (Monggol) zu machen, daraus leitete sich der Name Mongolen ab. Nachdem Temüdschin auch andere Stämme unterworfen hatte wurde er 1206 durch eine Volksversammlung zum *Dschingis Chan* („Groß-Chan") ernannt. Er eroberte das chinesische Jinreich, Buchara, Samarkand und Choresmien. Nach seinem Tod 1227 wurden die eroberten Gebiete unter fünf Nachfolgern (zwei Regentinnen und drei Khane) zum mongolischen Großreich. Sein Sohn *Tolui* erhielt die Mongolei, *Tschagatai* Turkistan, *Ögädäi* die Westprovinzen und wurde Groß-Chan. *Batu* eroberte 1237-1240 Russland und Polen, schlug 1241 deutsche Ritter in Polen bei Liegnitz und die Ungarn auf der Ebene Mohi. Unter *Göjük* (1246-1248) und *Möngke* (1252-1259) hielt das Großreich noch zusammen. *Hülägü* eroberte 1256-1258 Persien und den Vorderen Orient, hier vernichtete er den Bund der →Assassinen, wurde aber von den ägyptischen →Mamelucken (→Baibars) 1260 bei Ain Jalut vernichtend geschlagen. Am 30. Oktober 1281 wurden die vom Armenier *Leo III.* unterstützten Heere der Mongolen unter *Ilkhan Mangu Timur* von →Kalawun bei Homs zwar nicht geschlagen, doch mussten sie sich wieder über den Euphrat zurückziehen.

Danach zerfiel das Reich durch Streitigkeiten innerhalb der Herrscherklans. Hülägü begründete in Iran die Herrschaft der Ilchane (bis Mitte des 14. Jhdts.), *Kublai* in China die Yuan-Dynastie (bis 1368), *Batu* in Südrussland das Reich der Goldenen Horde, das Reich Tschagatais in Turkistan und das Reich des Timur im Iran, Armenien, Georgien, Syrien und Irak.

Monreal del Campo: Ritterorden; wurde um 1124 von König →*Alfons I.* gegründet; die Mitglieder des Ordens wurden von ihm stark privilegiert und der Orden mit reichen Gütern und Einkommen versorgt. Da der Orden aber im Testament des Königs nicht erwähnt wurde, dürfte der Orden bereits 1134 im Templerorden aufgegangen sein.

Montbard, Andreas von: (André de Montbard, Andreas de Monte Barro); war über seine Mutter *Humberga* mit →*Bernhard von Clairvaux* verwandt. Begleiter von →*Hugo de Payens* und sechs anderen Rittern nach Jerusalem (1118) und Mitbegründer des Templerordens; Seneschall des Templerordens zur Zeit des 2. →Kreuzzuges (1147-1149). Unterstützte die Königinmutter →*Melisende* in ihrem Streit mit König →*Balduin III.*, er beeinflusste damit den Entschluss Balduins Damaskus anzugreifen. Seine Parteinahme für die Regentin verhinderte vorerst seine Wahl zum Großmeister des Ordens; *Trémelay* wurde ihm vorgezogen. Wurde 1153 als Nachfolger →Bernhard von Trémelays der 5. Großmeister des Ordens (1153 – 17. Jänner 1156). Von Bernhard von Clairvaux ist ein Brief an Andreas von Montbard überliefert, in dem er seine Vorliebe für die Templer äußert und einige kritische Gedanken zu dem von ihm gepredigten Kreuzzug darlegt:

„Vielleicht sagst du einst mit dem Patriarchen Jakob: Da ich über den Jordan ging hatte ich nichts als einen Stab, nun besitze ich drei Heere! – Ich lese Deine Furcht und Bedenklichkeit wegen des Heiligen Landes; Weh unseren Fürsten! In des Herrn Landes richteten sie nichts aus, in dem ihrigen, wohin sie geschwind zurückkehrten, treiben sie unglaubliche Bosheit. Sie sind nur mächtig Böses zu tun – Gutes zu unternehmen verstehen sie nicht."

Montesa, Orden von: Stadt in der Provinz Valencia und Sitz des Ritterordens „unserer lieben Frau von Montesa"; 1316 von →*Jakob II. von Aragonien* gegründet, in dem sich nach der Vernichtung des Templerordens die letzten Tempelritter Valencias und Aragons sammelten. 1317 wurde der Orden von Papst *Johannes XXII.* bestätigt. Am 10. Juni 1317 wurden in diesen Orden die Güter des Templer- und Johanniterdens von Valencia übertragen. Die Johanniter erhielten als Ausgleich die Güter der Templer in Aragón und Katalonien. Der Orden sollte den König im Kampf gegen die Mauren unterstützen und gleichzeitig eine dem Regenten nahestehende Militär-Organisation zur Stärkung der Macht geschaffen werden.

Montfort: (arabisch Qal'at Qurein oder al-Qurayn; Starkenberg; Castellum Novum Regis, Mons fortis); Kreuzritterburg mit einfacher Umwallung, circa 35 km nördlich von Haifa; von

Graf →*Joscelin de Courtenay* Mitte des 12. Jhdts. über römischen Vorgängerbauten errichtet; 1187 wurde die Burg von →*Saladin* erobert; kam fünf Jahre später wieder in den Besitz *Joscelins III*. († um 1200); nach seinem Tod wurde die Burg 1229 an den →*Deutschen Ritterorden* verkauft; →*Gregor IX*. unterstützte den Orden finanziell, wodurch der Ausbau der Burg zur gewaltigen Festung unter *Hermann von Salza* möglich wurde. Nach der ersten erfolglosen Belagerung durch →*Baibars* 1266 griff der Sultan 1271 erneut an; nach nur einwöchiger Belagerung nahm der Sultan am 12. Juni die Festung ein; gegen freies Geleit und Mitnahme des Archives wurde die Burg an die →*Mamelucken* übergeben und von Baibars geschliffen.

Montfort, Simon de: →Simon de Montfort.

Montgisard: (Berg Gisard); Burg bei Ramleh nahe Gaza; am 25.(27.) November 1177 fand hier der letzte große Sieg der Christenheit über →*Saladin* statt. →*Balduin IV.*, der junge König von Jerusalem, kam Saladin bei dessen Angriff auf →*Askalon* zuvor und konnte die Küstenfestung noch vor den Muselmanen erreichen und sichern. Saladin hob die Belagerung Askalons nach kurzer Zeit auf und ließ sein Heer plündernd, ungeordnet und die Disziplin vernachlässigend in Richtung, dem zu diesem Zeitpunkt schlecht verteidigten, Jerusalem ziehen. Balduin erkannte die Chance für einen Überraschungsangriff. Er rief dazu eine bei Gaza stehende starke Kampftruppe der Templer zur Hilfe. In einer nächtlich geführten Attacke ritten sie mit einigen Hundertschaften die Scharen Saladins (zirka 20 000 Mann) nieder. Der Angriff der entschlossenen Ritter, angeführt von der schnellen, berittenen Templervorhut, kam so heftig, dass die Muslime in Panik flüchteten. In einer arabischen Chronik wird der Angriff als so schrecklich beschrieben:

„*...dass das schwärzeste Haar vor Schrecken weiß geworden sei...*".

Saladin schlug sich nach dieser vernichtenden Niederlage mit dem Rest seiner Truppen nach Kairo durch.

Montjoie: (Montegaudio); Orden nach der Zisterzienserregel (→*Zisterzienser*), von leonesischen Grafen *Rodrigo Álvarez* 1180 gegründet; benannt nach einer bei Jerusalem gelegenen Anhöhe (Mons Gaudii) von der aus die Christen anlässlich des 1. Kreuzzuges das erste Mal Jerusalem sahen; der Orden wurde von Papst →*Alexander III*. am 15. Mai 1180 bestätigt. Als einziger spanischer Ritterorden stellte der Orden „Unserer Lieben Frau von Montjoie" den Kampf gegen die Heiden im Heiligen Land in den Vordergrund. Der Orden wurde von *Alfons VIII. von Kastilien* und *Alfons II. von Aragón* gefördert und konnte in kurzer Zeit sowohl in Spanien als auch in Palästina großen Besitz erlangen, der nach dem Tod von *Álvarez* 1196 zum Großteil an den Templerorden fiel. Die Besitzungen in Spanien fielen 1221 an den Orden von →*Calatrava*.

Montréal: (Mons Regalis, Mons Realis; arabisch Shobeq); eine der bedeutendsten Burgen Jordaniens; wurde von →*Balduin I*. 1115 nach dem Sieg der Kreuzritter in der Schlacht von Tell-Danit auf einem bis zu diesem Zeitpunkt unbefestigtem Berg südlich von →*Kerak* errichtet; Bestandteil des fränkischen Sicherheitskordons zwischen Kerak und Aqaba. *Yakut* ein moslemischer Historiker schreibt dazu:

„*Bedingt durch den Bau dieser Burg war der Durchzug von Ägypten nach Syrien blockiert.*"

Als Kreuzritterburg diente Montréal bis 1189 als die Burg von →*Saladin* erobert wurde; bis zirka 1260 blieb die Festung ajubitisch, in dieser Zeit wird sie durch eine Palastanlage und Gärten ergänzt.

Der berühmte Brunnenschacht ist fränkischen Ursprungs; ein 356 Stufen zählender Treppenweg führt in das Innere des Festungsberges hinunter zu einer noch heute wasserführenden Quelle. Dadurch konnte die Burg der Belagerung Saladins länger widerstehen als die Hauptburg Kerak.

„*In Shobek ging zuletzt das Salz aus, und auf die Dauer hatte das ein Erblinden der Verteidiger zur Folge – eine Ironie des Schicksals angesichts des nahen Toten Meeres.*"

Montsalvat: →Montségur.

Montségur: (Munsalvätsch, Montsalvat; „Berg des Heils", auch „Mont Sur" – sicherer Berg); Burg der →Katharer im Süden Frankreichs auf einem Bergkegel („Pog") im Ariège (Grafschaft →Foix) in den Pyrenäen; wurde 1204 als Festung von →*Esclarmonde von Foix* an einer Stelle ausgebaut an der sich früher eine druidische Kultstätte befand und galt als uneinnehmbar, wurde aber am 1. März 1243(44) als eine der letzten Bastionen der Ketzer von *Hugues d'Arcis* (Präfekt von Carcassonne) erobert. Am 16. März 1243(44) wurden alle Insassen der Burg, die nicht ihrem Glauben abschwuren, auf dem Scheiterhaufen öffentlich verbrannt. Der Ort der Verbrennung wird am Fuße des Burgberges vermutet. In einem Dokument der Inquisition wird allerdings erwähnt, dass die „perfecta" *Alix* „cum aliis pluribus" von Montségur nach Bram gebracht wurde, um dort verbrannt zu werden.
Heute bestehen nur mehr Ruinen der einst so stolzen Festung. In der Nacht vor der Kapitulation sollen vier →Parfaits „bestimmte Geheimnisse" (Schatz) aus der Burg in Sicherheit gebrach haben. Was heute noch zu vielen Spekulationen führt (→Rennes le Chateaux). Die Verteidiger der Burg *Pierre Roger de Mirepoix* und *Ramon de Perella* wurden unter dem Schutz von *Ramon d'Aniort* zu den Verhandlungen mit der Inquisition geführt. Ramon d'Aniort war der Herr von Rennes-le-Châteaux und Rennes-le-Bains. Dieser scheinbare Zusammenhang war der Ausgangspunkt für unzählige Schriften und für viele Abenteurer und Schatzsucher in dieser Region (→Saunière, Beranger).

Monzón: (Mons Gaudii, Mongzei); Templerfestung und Hauptquartier des Ordens in Aragón; strategisch in guter Lage zwischen Huesca und Lérida an der Mündung des Rio Sosa in den Rio Cinca; Mittelpunkt einer Domäne, die 29 Dörfer umfasste. 1143 erhielt der Orden die Burg von König →*Raimund IV. Berengar* von Aragón, Graf von Barcelona, als Abfindung für den Verzicht des Ordens auf das Erbe von →*Alfons I.*; nach dem Neubau 1155 wurde die Burg zum Haupt-

quartier der aragonesischen Templer; ab 1163 unter Leitung eines Komturs, der gleichzeitig als Stellvertreter der Templer-Provinz von Aragón fungierte. 1303 übergab der König von Aragón, den Templern von Monzon, seinen Kronschatz zur Aufbewahrung. Nachdem Papst →*Klemens V.* mit der →Bulle „Pastoralis praeeminentiae" die Verhaftung der Templer in ganz Europa angeordnet hatte, verteidigten sich die Ritter in der Festung Monzon unter ihrem Präzeptor *Bartolomäus de Belbis* gegen die Angriffe der Truppen →*Jakobs II.* noch bis 17. Mai 1308. Die Übergabe der Burg erfolgte 1309. Die gefangengesetzten Brüder wurden an verschiedenen Orten festgehalten. 1319 trat *Guillem de Eril*, Meister des neugegründeten Ordens von →Montesa, die Leitung der ehemaligen Komturei von Monzón an.

Moriah: →Berg Moriah.

Moses Maimonides: →Maimonides.

Mussy, Guillaume de: († um 1306 Mussy); hoher Beamter unter →*Philipp IV., dem Schönen*; stammte aus einer kleineren Adelsfamilie aus der Champagne; 1278-79 war Mussy für den Grafen der Champagne tätig; 1283-84 →Bailli von →Meaux und Provins; 1290-1292 auch Bailli von Troyes. 1292 wurde er wegen Veruntreuung von Geldern und Machtmissbrauch verurteilt und abgesetzt; er musste eine Buße von 3 000 Livres tournois an den König zahlen, deren Bezahlung vom Präzeptor der Templer – *Hugo von* →*Pairaud* – übernommen wurde. Nach einer Zeit, die er zurückgezogen in Mussy verbrachte, kehrte er durch seine Beziehungen wieder in die königliche Gunst zurück und war 1298-1305 Untersuchungsrichter in der Grafschaft Champagne (bis 1301 gemeinsam mit *Wilhelm* →*Nogaret*); trotz seiner Verurteilung häufte er auch weiterhin mit skrupellosen Methoden ein großes Vermögen an; nach seinem Tod spendete sein Sohn *Pierre* die Kartause von Troyes.

Mystik: (griechisch „mystein", „die Augen schließen"); Form des religiösen Lebens, die durch Meditation die Trennung zwischen menschlichem Ich und göttlichem Sein im Erlebnis der Vereinigung („unio mystica") aufzuheben sucht; gilt als die höchste Stufe der Frömmigkeit. Die Mystik kennt verschiedene Wege der Vereinigung: Rauschmittel, ekstatischer Tanz, wie in den griechischen Mysterien, ethische Anstrengungen, wie Askese oder Konzentrationen geistiger Art (tibetische Meditation). Die christliche Mystik ist durch die durch den Neuplatonismus beeinflussten Schriften des *Dionysius Areopagita* geprägt. Im Hochmittelalter erfuhr die Mystik durch →*Bernhard von Clairvaux* eine neue Blü-

te, die in den Gründungen von Mönchs- und Nonnenklöstern ihren Niederschlag fand. Weitere frühe Vertreter der Mystik waren *Hugo de St. Viktor* und *Katharina von Bingen*, in Deutschland *Meister Eckehart*, *Heinrich Seuse* und *Johannes Tauler*. In der Philosophie fand die Mystik bei *Plotin*, *Proklos* und anderen Neuplatonikern ihren Niederschlag. Bereits im 12. Jhdt. findet die Mystik in den literarischen Arbeiten der →*Hildegard von Bingen* Eingang.

N

Nablus: mittelpalästinensische Stadt, die in der Spätantike bereits blühend war; hielt ihren Wohlstand auch unter arabische Herrschaft; 1099 von den Kreuzfahrern erobert, blieb Nablus bis 1101 im Eigentum von *Tankred*, danach an König →*Balduin I.* übergeben, ab dieser Zeit von einem Vizegrafen verwaltet; 1170 viel die Stadt durch Heirat an die Familie →*Ibelin.* 1180 wurde in Nablus von den →Johannitern ein Hospital gegründet; 1187 nach der Niederlage von →Hattin wurde die Stadt von →*Saladin* erobert und blieb auch später in muslimischer Hand.

Nablus, Philipp de: →*Philipp de Nablus.*

Nadir: (arabisch „entgegengesetzt"); Fußpunkt; dem →Zenit gegenüberliegender Punkt der Himmelskugel.

Naplouse, Philipp de: →*Philipp de Nablus.*

Nasr ed-Din: →*Nasr-ibn Abbas.*

Nasr-ibn Abbas: Sohn des Wesirs des Kalifen *el-Zafir-Abbas*; Günstling des Kalifen, was zu Gerüchten über homosexuelle Beziehungen Anlass gab. Nasr lud seinen Gönner zu einer nächtlichen Orgie in sein Haus und erdolchte ihn (16. April 1154). Abbas lenkte den Verdacht auf die Brüder des Kalifen. Er setzte den jüngsten Sohn *el-Fa'iz* auf den Thron, die Schätze des Kalifen behielt er für sich. Die Schwestern des Ermordeten hatten die Wahrheit erkannt und holten den Statthalter von Oberägypten zu Hilfe; Nasr und sein Vater Abbas rafften alle Schätze zusammen und flohen am 29. Mai 1154. Sie wurden, als sie aus der Wüste Sinai herauskamen, von fränkischen Truppen überfallen. Abbas wurde erschlagen, Nasr den Tempelrittern übergeben. Sofort erklärte er, zum Christentum übertreten zu wollen. Der Hof von Kairo bot 60 000 Dinare für seine Auslieferung; die religiösen Unterweisungen wurden daher unterbrochen und Nasr in Ketten von den Ordensbrüdern nach Kairo gesandt, wo er von den Witwen des ermordeten Kalifen eigenhändig verstümmelt und dann erhängt wurde. Die Leiche blieb zwei Jahre lang öffentlich hängend zur Schau gestellt.

Neophyten: griechisch „Neophytos", „der Neueingepflanzte", „der Neugeborene"; zur Bezeich-

nung der Neuaufnahme in einen kultischen Bund; in der →Freimaurerei als Bezeichnung für einen neu aufgenommenen Bruder verwendet.

Nepotismus: von den Päpsten und der römischen Kirche häufig angewandte Vetternwirtschaft; Kinder, Enkel, Neffen (Nepoten) und nächste Verwandte, manchmal aus dem niedersten Stand, wurden unter Benachteiligung verdienter Personen in die höchsten geistlichen und weltlichen Ämter und Würden erhoben.

Nestorianismus: Lehre des *Nestorius*, † Patriarch von Konstantinopel; (* um 381, † nicht vor 451); Hauptthesen: strenge Zwei-Naturen-Lehre (der göttliche Logos und die Menschennatur Jesu sind eng verbunden, aber unvermischt); Maria hat nicht Gott geboren, sondern den mit Gott vereinten Christus; Christus hat sich durch sein sittliches Vorbild die Würde des Mittlers zwischen Gott und den Menschen erworben. Die Lehre wurde 431 auf dem Konzil von Ephesus zusammen mit Nestorius verurteilt. Die Anhänger des Nestorius (Nestorianer) wanderten daraufhin in das Sassanidenreich aus und trennten sich 483 von der Reichskirche; 484 Hauptkirche in Persien später Ausbreitung bis nach Indien (Thomaschristen) und Zentral-Asien (Blüte im 13./14.Jhdt.). Durch den Einfall Timur-Lengs (1380 – „Mongolensturm") wurde die nestorianische Kirche zerschlagen. Ein Teil gelangte 1553 mit Rom zum Ausgleich (chaldäische Kirche); von der weiterhin von Rom getrennten assyrischen Kirche traten viele zur russisch-orthoxen Kirche über. Nach grausamen Verfolgungen durch die Türken, hielten sich Reste im Kurdistan, die zum Teil nach Amerika auswanderten, wo heute ein Patriarchat seinen Sitz in San Franzisko hat. Den Nestorianern ist die Übermittlung des antiken Kulturgutes an die arabische Welt zu danken.

Nichtversöhnte: Templerbrüder, die trotz dreimaliger Folter die Schuld ihres Ordens nicht zugegeben hatten; sie wurden zu ewigem Kerker verurteilt.

Nikäa: (Nikaia, Nicaea, Nicäa, Nizäa); antike Stadt in Kleinasien, heute Iznik (Türkei); lag an strategisch bedeutender Lage für den im Mittelalter wichtigsten Pilgerweg durch Kleinasien, der von Konstantinopel, Nikäa, Dorylaion, Galatien, Kappadokien, und →Kilikien nach Syrien und Palästina führte; wurde 1097 als eine der ersten islamischen Städte von den Christen eingenommen und dem byzantinischen Kaiser (→*Alexios I. Komnenos*) übergeben. 1147 flüchtete das bei Dorylaion schwer geschlagene deutsche Kreuzfahrerheer (→*Konrad III.*) nach Nikäa und traf hier auf die Templer unter →*Eberhard von Barres*. Nach dem Fall Konstantinopels im Zuge des 4. Kreuzzuges von 1204-1261 Sitz des byzantinischen Kaiserreiches (Laskariden); 1331 fiel die Stadt an die Osmanen.

Nikolaus III.: eigentlich *Giovanni Gaetano Orsini*; (* 1210/1220 in Rom, † 22. August 1280 in Soriano/Kalabrien); 1244 →Kardinal; 189. Papst (25. November 1277 – 22. August 1280); eine energische Herrscherpersönlichkeit, setzte gegenüber →*Karl von Anjou*, den er als Kardinal und päpstlicher Legat zunächst unterstützt hatte, mit Erfolg die päpstlichen Ansprüche durch und entzog ihm die Rechte in Tuscien und Rom. Zwischen Karl und dem deutschen König *Rudolf von Habsburg* vermittelte er einen Vergleich. Nikolaus III. entfaltete eine umfangreiche Bautätigkeit (Capella Santa Sanctorum, Vatikanische Gärten, Restaurierungsarbeiten am Lateran) und machte den Vatikan zur ständigen Residenz der Päpste. Dem positiven Bild seines Pontifikats abträglich ist sein heftiger Nepotismus. →*Dante* versetzte ihn deshalb in die Hölle (19. Gesang).

Nikolaus IV.: früher *Girolamo Masci* aus Ascoli; (* um 1230, † 4. April 1292); nach elfmonatiger Sedisvakanz Papst (22. Februar 1288, † 4. April 1292); Franziskaner, 1274 Ordensgeneral und 1278 →Kardinal; 1289 krönte er *Karl II. von Anjou* zum König von Neapel und Sizilien und hatte damit vergebens versucht, Sizilien den Aragonesen zu entreißen und den Anjous zuzuspielen, doch blieb Sizilien weiterhin im Besitz Aragons. Versuch der Missionierung der Mongolen. Nach dem Fall →Akkons (1291) bemühte er sich vergebens um einen neuen Kreuzzug.

Am Konzil von Salzburg (1291) wurde der Entschluss gefasst, die drei großen Ritterorden zu einem einzigen zusammenzufassen. Alle regionalen Konzile unterstützten diese Initiative. In Spanien (Mallorca) wollte auch *Raimundus* →*Lullus* die Ritterorden in einem einzigen Heiliggeistorden zusammenfassen. Nikolaus starb bevor er diese mächtige Streitmacht des Papsttumes bilden konnte.

1292 intervenierte der Papst beim englischen König →*Eduard I.* die von diesem beschlagnahmte Mittel der Templer wieder zurückzugeben.

Nogaret, Wilhelm: Guillaume de Nogaret; (* zwischen 1260 – 70 in Saint-Felix bei Toulouse, † 11. April 1313); Kanzler →*Philipps IV., des Schönen* (1303/04 und 1307 – 1313); 1287 Dr. legum, 1292 Prof. legum; 1293 – 95 Oberrichter (juge-mage) 1296 königlicher Ritter (chevalier le roi), 1299 königlicher Rat (Conseil royal); seit 1296 Mitglied des Staatsrates und ab 22. September 1307 Großsiegelbewahrer (garde du sceau); galt als einer der bedeutendsten →Legisten in Frankreich und führte den Prozess gegen die Templer auf der weltlichen Seite für den König. Nogaret hatte bereits für Philipp den Schönen Intrigen gegen Papst →*Bonifaz VIII.* gesponnen, indem er diesen im Namen Philipps der Ketzerei bezichtigte. Nogaret lies Unterlagen gegen den Papst sammeln, die diesem →Simonie, Mord an seinem Vorgänger, Zauberei und Gottlosigkeit nachweisen sollten. Als Bonifaz sich gegen den König zur Wehr setzen wollte und am 8. September 1303 die Exkommunikation über Philipp aussprechen wollte, überfiel ihn am Tag davor Nogaret bei Anagni und nahm ihn gefangen. Den päpstlichen Schatz plünderte er. Er wollte den Papst zwingen die Exkommunikation zurückzunehmen. Der Papst, der von der Bevölkerung befreit wurde, belegte ihn darauf mit dem Kirchenbann. Dieses Erlebnis hat den Papst allerdings so schwer gezeichnet, dass er am 11. Oktober 1303 an den Folgen starb. Nogaret wurde verwundet und konnte sich nur sehr knapp aus Anagni retten. Er rechtfertigte dieses Attentat vor seinen Zeitgenossen als die

„Vollbringung eines Geschäftes Christi". Am 22. Oktober 1303 wurde Papst →*Benedikt XI.* vom Konzil gewählt. Dieser hob sämtliche gegen Philipp IV. getroffenen Verfügungen auf, nur nicht den Bann gegen Nogaret. In der Bulle „Flagitiosum scelus" (7. Juni 1304) werden Nogaret und seine Helfer als „Erstgeborene Satans" bezeichnet. Am 7. Juli 1304 starb *Benedikt* überraschend, wahrscheinlich von Nogaret vergiftet. Seinem Nachfolger →*Klemens V.* drohte Nogaret offen. In jenem Brief, in dem er um Absolution bittet, verweist er auf das Schicksal seines Vorgängers. In ähnlicher Weise ging er bei der Vernichtung der Tempelritter vor. Hier hatte er einen persönlichen Grund, sein Großvater war angeblich von den Templern bei der →Inquisition als →Katharer denunziert und später verbrannt worden. Nun konnte Nogaret im Dienste des Königs Rache üben, den Orden der Ketzerei bezichtigen und so wie es mit seinem Vorfahren geschah, mit Hilfe der Inquisition auf den Scheiterhaufen bringen. Er sammelte mit Geduld Fakten gegen den Orden, die er von ausgestoßenen Templern und Spionen erhielt.

Aus dem Orden ausgetretene Mitglieder veranlasste er wieder in den Orden einzutreten und verwendete sie als Informanten gegen den Orden. Alle diese Maßnahmen sollten schließlich zur Verhaftung der Templer führen. Zur gleichen Zeit begann Nogaret gemeinsam mit →*Pierre Dubois* die Öffentlichkeit mit Hilfe von Propaganda gegen den Orden zu beeinflussen. Anfang September 1307 fasste König Philipp mit Nogaret und →*Marigny* den Beschluss, die Templer verhaften zu lassen. Am 14. Oktober 1307 machten Nogaret und →*Imbert* den Magistern und Kanonikern der Universität von Paris Mitteilung über die Ketzerei der Templer. Den von Nogaret und der Inquisition angeordneten Verhören gingen schwere Folterungen und Zermürbungen voraus (→Folter). Dies erfolgte solange bis die Gepeinigten gestanden hatten. Nogaret schreckte auch nicht davor zurück den Papst solange propagandistisch unter Druck zu setzen bis ihn dieser gegen das Gelübde an Sühnewallfahrten

teilzunehmen von allen an Papst Bonifaz begangenen Verbrechen freigesprochen hatte (27. April 1311). Nogaret starb 1313 unter geheimnisvollen und elenden Umständen.

Norbert von Xanten: (* 1082 in Xanten/Rhein, † 6. Juni 1134 in Magdeburg); Edler von Gennep; deutscher Ordensstifter; Wanderprediger; gründete 1120 im Tal von Prémontré bei Laôn nach der Augustinerregel den →Prämonstratenser-Orden; seit 1126 Erzbischof von Magdeburg; am 28. Juli 1582 von Papst *Gregor XIII.* heiliggesprochen (Fest: 6. Juni).

Normannen: (Nordmannen, Wikinger); alle Wikinger, die im 8.-11. Jhdt. fremde Länder zu erobern versuchten, sich auch an die Küsten Englands und des fränkischen Reiches festsetzten und über Flüsse ins Binnenland vorstießen. Sie gelangten bis zum Mittelmeer. 911 erhielten die Normannen unter der Führung *Rollos* vom westfränkischen König die Gebiete an der unteren Seine als Lehen und begründeten das Herzogtum Normandie. Sie nahmen das Christentum und bald die französische Sprache an. Unter *Robert Guiscard* kamen normannische Söldner nach Unteritalien und unterwarfen hier die verbliebenen byzantinischen Gebiete und die langobardischen Fürstentümer (1057-1085). *Roger I.* (Roberts Bruder) vertrieb die Sarazenen aus Sizilien (1061-1091) und *Roger II.* vereinigte 1130 beide Herrschaftsbereiche zum Königreich Sizilien, das 1194 an die Staufer überging. Von der Normandie aus unterwarf 1066 *Wilhelm der Eroberer* England.

Nur-ed-Din: (Nur ad-Din Machud oder Mahmud, Nur ed-Din „Licht der Religion"); Sohn →*Sengis*; zog seinem Vater nach dessen Tod (15. September 1146) den Hoheitsring vom Finger und ließ sich zum Herrscher (Emir von Aleppo) ausrufen. Mit seinem älteren Bruder *Saib-ed-Din Ghazi* teilte er sich fortan das Reich, ein weiterer Bruder *Nasr-ed-Din* wurde Vasall Nur-ed-Dins. Persönlich fast bedürfnislos, verwendete Nur-ed-Din die Einnahmen seines Reiches für die Errichtung von Kultstätten, Schulen, Spitäler und für die Absicherung des Reiches mit Festungen. Außenpolitisch versuchte er, die Franken aus dem Heiligen Land zu vertreiben. 1146 vertrieb er die Christen endgültig aus Edessa; 1154 konnte er Damaskus erobern. Der Verdienst der Eroberung gebührte auch *Aijub* einem Kurden und dessen Bruder *Schirkuh.* Nachdem Nur ed-Din Syrien geeint hatte wandte er sich gegen das fatimidische Ägypten. Er verfolgte sowohl ein militärisches als auch ein religiöses Ziel – die islamische Welt zu einen und die schiitische Häresie der →Fatimiden und →Ismaeliten zu beenden. Danach sollten die Franken im heiligen Krieg vernichtet werden. 1169 konnte *Schirkuh* (Feldherr Nur-ed-Dins) die Fatimiden (unter *Unur,* Sultan von Kairo) dazu zwingen ihm den

Oberbefehl über das Heer und die Leitung der Verwaltung zu übergeben. Als Schirkuh noch im gleichen Jahr starb übernahm der Sohn seines Bruders Aijub – →*Saladin* – dessen Stellung. Nachdem er seinen Vater und seine anderen Verwandten ins Land gerufen hatte versuchte er sich dem Einfluss Nur ed-Dins zu entziehen. Als Nur ed-Din gegen den unbotmäßigen Lehensmann rüstete starb er am 15. Mai 1174 an „Halsbräune". Nur ed-Dins Sohn *Ismail al-Malik as-Ssalich* verlegte seine Residenz von Damaskus nach Aleppo. Als dieser starb wurde die ungeschützte Stadt von Saladin, noch bevor sie von den Kreuzrittern eingenommen werden konnte, ohne Kampf besetzt.

227

O

Oblate: (lateinisch „oblatus", „der Dargebrachte"); im Mittelalter Bezeichnung für Kinder, die von ihren Eltern einem Kloster übergeben und für das Klosterleben bestimmt wurden. Erst mit dem Tridentinum (Tridentinisches Konzil) wurde das Mönchsgelübde der Kinder an eine untere Altersgrenze von 16 Jahren gebunden. Später konnten sich auch Erwachsene durch einen widerruflichen Eid an einen Orden binden.

Odo von Saint-Amand: (Odo de Sancto Amando, Eudes de Saint-Armand); Nachfolger des →*Philipp de Nablus* im Amt des Großmeisters (8.) des Templerordens (1170/71 – 8. Oktober 1179). Zum Unterschied von diesem war Odo ohne Besitzungen im Heiligen Land. Er arbeitete sich zu hohen weltlichen Ämtern empor und wurde Marschall und später Mundschenk des Königs von Jerusalem (→*Amalrich I.*). Als intelligenter Mann wurde er häufig vom König mit wichtigen Aufgaben an den byzantinischen Hof in Konstantinopel gesandt, einmal sogar mit dem Auftrag, um die Hand von *Maria* (Großnichte von Kaiser *Manuel*) für König Amalrich zu werben. Trotz seiner Karriere entsagte er den weltlichen Aufgaben und wurde Bruder im Templerorden. Amalrich verfügte, dass die Einkünfte aus Odos Stiftung aus dem Mundschenkamt dem →*Lazarusorden* zukommen sollten. Im Templerorden gelang es Odo sich durch Tapferkeit hervorzutun und dadurch trotz seiner kurzen Ordenszugehörigkeit die Achtung seiner Brüder zu erringen. Seine Wahl zum Großmeister erfolgte einstimmig. Als der englische König →*Heinrich II.* den Erzbischof von Canterbury *Thomas* →*Becket* ermorden ließ (29. Dezember 1170), wurde dem König vom Papst →*Alexander III.*, unter Androhung des Kirchenbannes, zur Buße auferlegt, 200 Bewaffnete in den Dienst der Kirche unter den Oberbefehl der Templer im Heiligen Land zu stellen, und diese ein Jahr lang zu unterhalten; darüber hinaus musste der König dem Ritterorden als Pfand einen bestimmten Betrag für einen von ihm zu führenden Kreuzzug übergeben. 1173 wurde Odo vom Papst (Alexander III.) im Interesse des Heiligen Landes beauftragt, zwi-

schen England und Frankreich Frieden zu vermitteln.

Heinrich der Löwe, Herzog von Sachsen und Bayern, schenkte dem Orden das erste Gut in Deutschland bei Braunschweig, nachdem er in Erfüllung eines Gelübdes den Templern bereits über tausend Mark in Silber überlassen hatte. Während Odos Meisterschaft kam es zu Auseinandersetzungen zwischen dem Orden und dem König von Jerusalem. Amalrich I. war die uneingeschränkte Macht der Johanniter und der Templer ein Dorn im Auge. Der „→Alte vom Berge", das Oberhaupt der →*Assassinen,* schloss mit König Amalrich ein Bündnis und traf eine Vereinbarung, dass, wenn die Templer auf die „Schatzung" (Tribut) von 2 000 Goldstücken (Goldbesants) verzichteten, er sich zum Christentum bekennen würde. Auf ihrer Heimreise gerieten der Gesandte der Assassinen und seine Begleitung in einen Hinterhalt der Templer und wurden erschlagen. Als Amalrich davon erfuhr, sandte der wütende König zwei Barone zu Odo de Saint-Amand, um von ihm die Schuldigen dieses Überfalles ausgeliefert zu bekommen. Odo weigerte sich dem nachzukommen, mit der Begründung, dass er den Schuldigen bereits bestraft hätte und dass er ihn zur weiteren Bestrafung nach Rom schicken würde. Amalrich kümmerte sich aber sehr wenig um die Vorrechte und Eigenständigkeit des Ordens, eilte nach Sidon, drang dort ins Ordenshaus ein und nahm den für den Überfall Verantwortlichen – „einen hochmütigen, einäugigen Ritter namens →*Walter von Mesnil"* – gefangen und warf ihn ohne Verurteilung in Jerusalem (oder Tyrus) ins Gefängnis. Ob Odo etwas gegen diese Vorgangsweise unternahm ist nicht bekannt. Sicher ist, dass dieses Ereignis dem Ansehen des Ordens schadete und die öffentliche Meinung in der christlichen Welt gegen den Orden aufbrachte. Viele behaupteten diese Tat wäre aus Eigennutz passiert, denn wären die Assassinen Christen geworden, so hätten die Templer den von den Assassinen an sie zu zahlenden Tribut eingebüßt. So aber gingen tausende Seelen nach Ansicht der Kirche der Christenheit verloren.

Mit dem Aufstieg des Ordens, durch die in der Bulle „Omne datum optimum" festgelegten →Privilegien, kam es bei den Hospitalitern (→Johanniter) zu aus Neid geborenen Feindseligkeiten, die auch auf dem Laterankonzil zur Sprache kamen. Der Papst befahl beiden Ordensgroßmeistern (Odo de Saint-Amand und *Roger de Moulin*) folgende Friedensurkunde zu unterzeichnen:

1. Aller Streit über Besitztümer, Geld oder liegendes Gut solle beigelegt werden.
2. Entsteht ein neuer Zwist, so sollen aus jedem Orden drei Brüder zur Entscheidung erwählt, und der Beschluss durch die Komture zur Kenntnis gebracht werden.
3. Können die sechs Friedensbrüder sich nicht vereinigen, so werden mehr Ordensmitglieder dazu genommen; gelingt es dennoch nicht, so solle die Sache vor die Großmeister gebracht und von diesen entschieden werden.

1181 wurde diese Friedensakte vom Papst bestätigt, Odo de Saint-Amand erlebte dies nicht mehr.

Odo de Saint-Amand hatte aus seiner Impulsivität Fehler gemacht, einer dieser Fehler, ein voreilig geführter Angriff auf die Truppen →*Saladins*, führte zur Niederlage bei →*Beaufort*, am Eingang zum Jordantal (10. Juni 1179). An der Spitze von 80 Tempelrittern warf er sich Saladin entgegen und geriet dabei in einen tödlichen Hinterhalt. Die Templer, die nicht in der Schlacht erschlagen wurden, wurden von den Hasserfüllten Siegern gefangengenommen und dort mit der Bogenschnur erwürgt oder in der Mitte auseinandergesägt. Auch Odo wurde von Saladin gefangengenommen und wurde von den Sarazenen absichtlich geschont und sollte gegen einen bedeutenden, ebenbürtigen islamischen Gefangenen – einen Vetter Saladins – ausgetauscht werden.

„*Gott verhüte dies*",
soll Odo ausgerufen haben,
„*dass ich meinen Brüdern ein so gefährliches Beispiel gebe, wodurch sie sich berechtigt fühlten, in der Zukunft sich gefangen zu geben in der Hoff-*

nung, wieder eingetauscht zu werden! Ein Tempelritter gibt für seine Auslösung höchstens seinen Gürtel oder Dolch. Siegen oder Sterben ist mein Gesetz und des ganzen Ordens Wahlspruch!"
Odo starb ein Jahr später am 8. Oktober 1179 in der Gefangenschaft.

In einer Beschreibung (*Hermann Müller*) wird Odo als tugendhafter Mann, der Klugheit, Mut, Strenge und Disziplin in seinem Charakter vereinigte, dargestellt. In seiner Amtszeit wuchs das Ansehen der Templer. Anders sieht →*Wilhelm von Tyrus* den Großmeister. In seiner negativen Einstellung gegen die Ritterorden schildert er Odo als schlechten, selbstsüchtigen und hoffertigen Mann, der weder Gott fürchtete, noch vor den Menschen Respekt hatte und der zur Strafe einsam, von niemandem beweint, in einem schmutzigem Gefängnis kläglich starb.

Odo soll gemeinsam mit einem Meister namens *Richard* die erste verkürzte Übersetzung der Bibel ins französische veranlasst haben (→Templerbibel). In seine Großmeisterschaft sollen auch die ersten Häresien – die Verachtung des Kreuzes und die Verleugnung der Kreuzerhebung Christi – aufgetaucht sein.

Olivarius de Penna: (Olivier de Penne); Templer und Geheimkämmerer (Cubicularius) des Papstes, dessen Geständnis und heimlichen Informationen – während der Aufnahmezeremonie vor dem Großmeister und dem gesamten Ordenskapitel Christus dreimal verleugnet und das Kreuz bespuckt zu haben – den Papst von der Schuld des Templerritterordens überzeugte (22. November 1307); diese Aussagen waren ausschlaggebend, dass der Papst die →Bulle „Pastoralis praeeminentiae" erließ, womit er die Verfolgung der Templer forderte. Das Geständnis dieses Ordensritters dürfte aus Gründen der persönlichen Sicherheit und aus der Hoffnung bald wieder freizukommen erfolgt sein. Am 13. Februar 1308 gelang es Olivarius (mit Hilfe des Papstes?) aus dem Gefängnis zu entkommen; Papst →*Klemens V.* setzte allerdings auf die Ergreifung des Flüchtigen 10 000 Pfund aus. Er dürfte tatsächlich wieder festgesetzt worden sein, denn nach den Bestimmungen der Bulle „Ad certudinem" vom 6. Mai 1312 blieb Olivarius wie der Großmeister *Jaques de* →*Molay*, der Visitator von Frankreich *Hugo von* →*Pairaud* und die Großpräzeptoren der Normandie, Aquitaniens und Poitous sowie der Provence dem besonderen Urteil des Papstes vorbehalten. Der Grund warum gerade Olivarius neben den höchsten Würdenträgern des Ordens dieses „Privileg" erhielt, dürfte in der Tatsache zu finden sein, dass der Papst und auch der König ihn auf Grund seines Verrates am eigenen Orden vor Strafe schützen wollten. Olivarius war Denunziant seines Ordens und wie andere Großbeamte des Ordens gab er nach seiner Verhaftung ein schwaches Charakterbild ab. Sein späteres Schicksal liegt im Dunkel. Im Roman „Der letzte Tempelritter" von *Michael Jecks* wird er wegen seines Verrates aus Rache von einem entkommenen Templer an einen Baum gebunden und auf einem Scheiterhaufen verbrannt.

Olivier de Penne: →Olivarius de Penna.

Orden: (lateinisch „Ordo", „Regel", „Ordnung", „Stand", „Reihe"); religiöse oder weltliche Gemeinschaft, die sich bestimmten Regeln unterworfen hat und deren Mitglieder gewisse Verpflichtungen übernommen haben; auch die Abzeichen dieser Gemeinschaften, später auf Formen von Ehrenzeichen übertragen. Gewöhnlich werden in der katholischen Kirche alle jene Gemeinschaften als Orden bezeichnet, deren Mitglieder die Gelübde der Armut, des →Gehorsams und der Keuschheit abgelegt haben und sich zu einem gemeinschaftlichen Leben unter einem Oberen verpflichtet haben (→Ritterorden).

Orden von Alcántara: →Alcántara, Orden von.

Orden von Calatrava: →Calatrava, Orden von.

Orden von Montesa: →Montesa, Orden von.

Orden von Santiago: →Santiago, Orden von.

Orden von Zion: (Prieuré de Sion); 1099 bei der Belagerung Jerusalems auf dem Berg Zion durch →*Gottfried von Bouillon* gegründeter Ritterorden. Zweck des Ordens war das Hüten und Bewahren des „Heiligen Grals". Der →*Gral* soll

beim Einzug König Balduins in Cäsarea (17. Mai 1101) in einer Kirche aufgefunden worden und dann dem Orden übergeben worden sein.

Ordensalltag der Templer: Die Teilnahme an den gemeinsamen Mahlzeiten war Pflicht, von der auch der Großmeister nicht entbunden war. Vor den Mahlzeiten hatten die Ordensangehörigen 60 „Vaterunser" zu beten (30 für die toten und 30 für die lebenden Brüder), nach dem Essen wurde ein weiteres „Vaterunser" gebetet und anschließend in der Kapelle dankgesagt; während des Essens galt die Schweigepflicht und ein Bruder las zur geistigen Erbauung aus der Bibel. Die Ritter waren zwar in einem Raum mit den anderen Ordensangehörigen (Knappen, Kaplane und Affilierte), aßen aber von verschiedenen Tischen. Der Komtur, der die doppelte Ration erhielt, konnte den Überschuss an einen Armen, oder an einen auf Grund einer Strafe fastenden Bruder weitergeben. Am Sonntag erhielten auch die Ritter die doppelte Portion. Am Dienstag, Donnerstag und Sonntag gab es Fleisch; Montag, Mittwoch und Samstag Gemüse und am Freitag Fisch. In Fastenzeiten und zu verschiedenen Festen wurde Fleisch durch Fisch ersetzt. Es gab nur eine Hauptmahlzeit pro Tag, die Gestaltung des Abendessens war abhängig vom Komtur.

Ordensaufbau: Im Orden der Tempelritter bildeten drei Kategorien von Brüdern den eigentlichen Orden: die Ritter („milites" oder „equites"), sie waren immer Angehörige des Adelsstandes (Geburtsadel oder in den Adelsstand Erhobene), denen das Recht der Befehlsgewalt zustand; der Geistlichen (→Ordenskaplane – lateinisch „clerici"), sie begleiteten den Großmeister im Gefolge und versahen den Kirchendienst; die Feldwebel („servientes", →Sergeantenchor), von denen es zwei Kategorien gab: die „servantes armigieri", sie dienten den Rittern als Schildknappen und dem Orden als Kriegsknechte und Begleiter, und die „servantes famuli", diese waren Laienbrüder, die dem Orden in den →Komtureien dienten (auch „fratres officii"). Die Ordenshandwerker wurden noch in die „Gesellen der Freiheit" (Baumeister und Steinmetze), „Gesellen der Pflicht"

(Tischler und Schlosser) und „Meister der Axt" (Zimmerleute) eingeteilt.

An der Spitze des streng hierarchischen Aufbaues stand der →Großmeister, der vom Ordenskapitel gewählt wurde. Er war in seinen Entscheidungen souverän, musste aber bei Aufnahme neuer Ritter, bei Verkauf von Ordensgütern und der Ernennung von Großkomturen der Provinzen das Großkapitel befragen. Der Begriff der Souveränität des Ordens war absolut, denn der Tempel anerkannte keine Gerichtsbarkeit außer der eigenen (→Privilegien).

Die höchste Autorität wurde vom →Generalkapitel ausgeübt. Es setzte sich aus den Präzeptoren der Ordensprovinzen und aus den führenden Würdenträgern zusammen. Es trat alle fünf Jahre zusammen.

Ordensfriedhöfe: In der Bulle „Militia dei" legte Papst →*Eugen III.* am 7. April 1145 das Recht der Templer fest, eigene Friedhöfe und Kapellen (→Ordenskapellen) auf ihren Komtureien zu errichten und zu betreiben. Auf den den Templern eigenen Friedhöfen sollten ausschließlich ordensangehörige Ritter und dienende Brüder beigesetzt werden.

Ordensgeistliche: →Ordenskaplane.

Ordensgründungen: Im Sinne →*Bernhards von Clairvaux,* der die Abkehr vom weltlichen Leben und ein gottgefälliges Leben in mönchischer Abgeschiedenheit predigte, fielen in das 12. Jhdt. eine Reihe von Ordensgründungen. Der Orden →*Franz' von Assisi* (1182-1226) und der von *Domenico* (→*Domenikus) Calarogas'* (1170-1221), der sich im Wesentlichen der Predigt und den Ketzern annahm. 1098 gründete *Robert de Molêmes* den Orden der →Zisterzienser, wo mit dem Eintritt Bernhards von Clairvaux in den Orden eine Neubelebung mit zahlreichen Tochtergründungen stattfand. Einem strengen, asketischen Leben verpflichteten sich auch die →Prämonstratenser, deren Ordensgründer →*Norbert von Xanten* in Prémontré bei Laon ein Kloster errichtete. Andere Bettelorden sind die im 13. Jhdt. gegründeten Karmeliter und die Augustiner Eremiten. Neben den geistlichen Orden wurden eine Reihe von geistlichen →Ritterorden gegründet: 1118/19/20 die →Templer, die →Johanniter und 1191 der →Deutsche Orden.

Ordenskapellen: Mit der Bulle „Militia dei" des Papstes →*Eugen III.* (7. April 1145) erhielten die Ritterorden (Templer und Johanniter) das Recht, vorerst nur in von den Ungläubigen eroberten Gebieten, eigene Kirchen und Friedhöfe zu errichten, die für die spirituellen Bedürfnisse der Ordensangehörigen gedacht waren. Dieses Privileg wurde später auf alle templerischen Besitzungen erweitert. Die Ordenskapellen bildeten oft das Zentrum neuer Sprengel, wodurch durch die Ritterorden das Gerüst der Pfarrsprengel verändert wurde. In Spanien hatten die Ritterorden, neben der Verteidigung der wiedereroberten Gebiete, die Gläubigen zu betreuen und neue reguläre kirchliche Strukturen zu schaffen.

Laut *Violet-le-Duc* sind die Templerkapellen ausschließlich auf einem zentralen Grundriss errichtet, deren Ausdehnung und Proportionen er auf alchimistische Zahlenmystik zurückführt. Die schönsten Beispiele dieses Bautyps stehen in Tomár und in Segovia. Weitere Beispiele sind die Templerkapelle in Laon, der Old Temple in London, Douvres, Bristol, Temple Bruer und Garway. Tatsächlich war die einfache →Templerkirche über einem rechteckigen, einschiffigen Grundriss (Länge 15-20 m / Breite 5-7 m), der entweder in einer rechteckigen oder Halbrunden Apsis endet, aufgebaut. Der Kirchenraum war mit einer Tonne eingewölbt. Die Joche wurden durch wulstförmige Gurtbögen verdeutlicht. Die Schmucklosigkeit geht auf die Bilderfeindlichkeit der Zisterzienser und ihres Abtes →*Bernhard von Clairvaux* zurück. Die Ausschmückung der Kirche von Cressac (Charante) dürfte vom Spender eher als Andenken an den Ritterorden gedacht gewesen sein. Der einfache, praktische Bautyp der Templerkirchen war sowohl in Europa als auch in Outremèr weit verbreitet (→Templerkirchen).

Ordenskaplane: („fratres capellani"); durch das Privilegium in der →Bulle „Omne datum optimum" des Papstes →*Innozenz II.* (29. März

1139) erhielt der Orden der Tempelritter, neben anderen Privilegien, auch das Recht eigene Priester – Ordenskaplane (clerici) – zu haben, die sich um die religiösen Bedürfnisse der Ordensmitglieder zu kümmern hatten. Die Weihen sollten die Kaplane von jedem Bischof empfangen dürfen. In der Ordenshierarchie nahmen die Kaplane keine wesentliche Stellung ein, sie hielten den Gottesdienst, besorgten die Seelsorge und waren ausschließlich für die Beichte der Angehörigen der jeweiligen Komturei zuständig. Sie hatten aber sonst keinen Einfluss und waren vom Willen der Ordensritter abhängig. Sie hatten im Kapitel weder Sitz noch Stimme. Sie trugen ein schwarzes Ordenskleid mit rotem Tatzenkreuz.

Die in den Orden eintretenden Geistlichen wurden der Befehlsgewalt der Bischöfe entzogen, ihr Bischof wurde der Bischof von Rom. Die Bischöfe hatten allerdings die Pflicht, jedem, von den Templern mit den entsprechenden Bescheinigungen ausgestatteten zu ihnen gesandten Geistlichen, die entsprechenden Weihen zu erteilen, ohne dem Geweihten später Weisungen erteilen zu dürfen.

Die päpstliche Bulle „Militia dei" (7. April 1145) erlaubte dem Orden eigene Kirchen und Friedhöfe zu errichten. Jede auch noch so kleine Komturei verfügte daher über eine Gebetsstätte oder Kapelle und im Laufe der Zeit öffneten die Templer ihre Kapellen auch für die Nachbarschaft. Dies zum großen Ärger der Pfarrpriester, die durch die Messen des Ordens Einbußen ihrer Einnahmen hinnehmen mussten. Ein Umstand, der zur ständigen Auseinandersetzung zwischen Weltklerus und Ritterorden führte. Auch überschritten die Ordenskaplane häufig ihre Zuständigkeit und erteilten Ordensfremden Absolution für ihre Vergehen. Im Zuge des 3. Laterankonzils 1179 wurde der Orden vom Episkopat vor Papst →*Alexander III.* beschuldigt, seine Privilegien über das legale Maß hinaus auszunützen, indem er Kirchen widerrechtlich in seinen Besitz gebracht hätte, Gebannten durch seine Kaplane Absolution erteilte und auf seinen Friedhöfen beerdigen ließe. Papst

Alexander rügte zwar den Orden, doch blieben die Anklagen ohne Folgen für die Templer. Am 27. Jänner 1223 erhielten die Ordensgeistlichen der Provinzhauptäuser von Papst →*Honorius III* das Recht den Ordensangehörigen die Absolution zu erteilen. Aus diesem Grund warnte der Bischof von Akkon →*Jakob de Vitry* den Orden vor dem Missbrauch dieser Rechte: *„Laien dürfen nicht die Aufgaben des Priesters usurpieren (...), denn die Schlüssel sind ihnen nicht anvertraut, auch nicht die Gewalt zu binden und zu lösen."* Papst →*Alexander IV.* erweiterte die Rechte der Ordenskaplane, indem er sie ermächtigte, auch allen auf ihren Gütern lebenden Personen die Absolution zu erteilen und ihnen Sakramente zu spenden (1. September 1260).

Ordenskirchen: →Ordenskapellen.

Ordenspriester: →Ordenskaplane.

Ordensprovinz: Im 12. Jhdt. entwickelten speziell die Ritterorden eine zentralistische Verwaltungsstruktur mit geografisch definierten Ordensprovinzen. Die kleinste Verwaltungseinheit war die →Komturei, mehrere Komtureien bildeten ein →Baylie und mehrere Baylies wurden in der Ordensprovinz zusammengefasst. An der Spitze der Provinz stand der →Großpräzeptor →Baillis und →Komturen zur Seite. Eventuellen Verselbständigungsbestrebungen der Ordens-Funktionäre in den Provinzen wirkte der →Großmeister mit →Visitatoren entgegen. Im Provinzkapitel, in dem neben den Präzeptoren und Komturen auch führende Ritter anwesend waren, wurden die eigenen Probleme einer Provinz einer Lösung zugeführt.

Ordensprovinzen der Templer: →Provinzen der Templer.

Ordensregel der Templer: →*Hugo de Payns* soll, als er 1128 nach Europa reiste um für den neuen Orden zu werben, gemeinsam mit →*Bernhard von Clairvaux* die von den Brüdern in Jerusalem bereits gelebte Regel verfasst haben. Die alte lateinische Ordensregel, die anlässlich des Konzils von Troyes (Regel von Troyes) niedergeschrieben und bestätigt wurde, beinhaltete 72 Kapitel und orientierte sich dabei an den strengen Regeln der Zisterzienser; die spätere französische Regel enthielt zirka 700 Artikel. Die in Troyes beschlossenen Satzungen konnten weder die gegenwärtigen noch die zukünftigen Erfordernisse des Ordens erfassen und regeln und ließen ihm daher auch große Freiheiten. Ein ständiges Ergänzen und Adaptieren war daher erforderlich.

Im Vorwort zur Ordensregel schreibt *Johann Michel* (→Johannes Michaelensis):

„...und den Aufbau und die Gliederung des Ritterordens hörten wir gemeinsam aus dem Munde des vorbesagten Meisters Bruder Hugo de Payns; und wissend um unseren geringen Verstand lobten wir, was uns gut und vorteilhaft schien. Und was wir auf dem Konzil nicht vorbringen und beraten konnten (...) überließen wir dem Belieben des heiligen Vaters Honorius und des edlen Patriarchen von Jerusalem Stephan de la Ferté, dem die Angelegenheiten des Morgenlandes und der armen Ritter Christi wohlvertraut waren (...). Ich, Johann Michel (...) war der demütige Schreiber der vorliegenden Sache, auf Befehl des Konzils und des ehrwürdigen Paters Bernhard, Abt von Clairvaux, dem dieses heilige Amt übertragen und anvertraut worden war."

Artikel 9: Es wurde innerhalb des Ordens zwischen Brüdern, die Gott zu Pferde und mit Waffen dienten und den anderen unterschieden. Unter den Kriegern wurde zwischen den Rittern differenziert, die Anspruch auf drei Pferde hatten, und den Knappen die Anspruch auf ein Pferd hatten.

Artikel 10: Da die Templer nicht regelmäßig die Messe zelebrieren konnten, sah die Regel gewisse Ausnahmen vor; die Offizien der Prim, Terz und Sext konnten zusammengefasst werden.

Die *Artikel 11, 12 und 13* befassen sich mit der Aufnahme in den Orden.

Artikel 11: Ordnet die Bestimmung über die Aufnahme von weltlichen Rittern oder anderen Männern, die sich

„...von der Masse der Verlorenen trennen und sich für euer gemeinschaftliches Leben entscheiden...".

Das Kapitel der versammelten Meister entschied über die Aufnahme. Weiters heißt es:

„Prüft den Geist, um zu wissen, ob er von Gott kommt, doch dann sei ihm die Gemeinschaft der Brüder auferlegt und die Regel vor ihm verlesen...".

Artikel 12: Betrifft die exkommunizierten Ritter, die vom Orden nicht zurückgewiesen wurden, aber vor ihrer Aufnahme öffentliche Abbitte leisten mussten, damit deren Exkommunikation zurückgenommen werden konnte. Dann erfolgte die Aufnahme nach dem Vorgang des Art. 11.

Artikel 13: Untersagt jeden Kontakt mit Exkommunizierten.

Artikel 14: Verbot der Oblatur der Kinder; einer Praxis nach der ein Vater sein Kind in jungen Jahren einem Kloster übergab.

Artikel 15-16: Regelung des Verhaltens beim Gottesdienst:

„Es ist uns zu Ohren gekommen, dass ihr ununterbrochen den Gottesdienst stehend hört. Wir empfehlen dies nicht. Wir sind dagegen. Aber wir befehlen, dass (...) zum Gesang des Psalms, der mit venite beginnt, für das Invitatorium und für den Hymnus, sowohl die Starken wie auch die Schwachen sich setzen (...). Am Ende der Psalmen, wenn das Gloria patri gesungen wird, zu Ehren des Heiligen Geistes, erhebt und verneigt euch; die schwachen und Kranken senken den Kopf...".

Artikel 17: Der weiße Mantel wird als Ordenshabit festgelegt und seine Bedeutung erklärt:

„Diejenigen, die das düstere Leben aufgegeben haben, erkennen durch die weiße Kutte an, dass sie mit dem Schöpfer versöhnt sind: sie ist die körperliche Unbeflecktheit und Gesundheit (...) sie ist Keuschheit ohne die niemand Gott sehen kann...".

Durch sein Material (ungebleichtes, unveredeltes und ungefärbtes Tuch) symbolisiert der Mantel auch die Armut. Die dienenden Brüder mussten die schwarze Ordenstracht tragen.

Artikel 20: Die Templer sollten Bekleidung tragen, die den großen Hitze angepasst war und vor Kälte schützen sollte.

Artikel 21: Weisen auf den Anspruch der Ritter auf weiches Bettzeug hin.

Artikel 25:
„Was die Näpfe angeht, so sollen sie jeweils für zwei Brüder verteilt werden, damit ihn sich jeder vom anderen besorge; sie sollen das Leben in Enthaltsamkeit und im Brauch des gemeinsamen Essens schätzen lernen."
Artikel 26: In der Regel aßen die Templer zweimal am Tag, außer in der Fastenzeit. Der Präzeptor konnte eine Mahlzeit mehr anordnen. Dreimal in der Woche aßen die Templer Fleisch. (Dazu auch Artikel 185).
Artikel 55: Verbot der Jagd als ritterliches Vergnügen.
Artikel 56: Präzisiert, dass das Jagdverbot nicht für den Löwen gilt, die eine ständige Gefahr für die Pilger darstellten.
Artikel 68: Servienten und dienende Brüder mussten die schwarze Ordenstracht tragen.
Artikel 69: Ehepaare konnten, wenn sie ein ehrenhaftes Leben führten, nicht im Konvent wohnten und ihren Besitz nach ihrem Tode dem Orden vermachten, assoziiert werden.
Artikel 79: Stellt eine „Pferdehierarchie" her, nach der die Pferde des Ordensmeisters in Friedenszeiten besser gefüttert wurden als die der übrigen Brüder. In Kriegszeiten fiel dieser Unterschied weg.
Artikel 82: Das Pferd war die erste Gabe für Freunde des Ordens, die als Kreuzfahrer ins Heilige Land gekommen waren und längere Zeit im Dienst der Kreuzfahrerstaaten blieb.
Artikel 87: Der Großmeister bestellt mit Zustimmung des Kapitels die Komturen der Länder Tripolis, Antiochia, Frankreich, England, des Poitou, Aragón, Portugal, Apulien und Ungarn.
Artikel 96-98: Alle Brüder haben dem Meister zu gehorchen, der Meister muss seinem Konvent gehorchen, das heißt er musste die im Kapitel versammelten Brüder vor Entscheidungen konsultieren:
„Alles tut der Meister auf den Rat des Konvents hin, er soll die Gemeinschaft der Brüder um Rat bitten und den Beschluss fassen auf das sich die Mehrheit der Brüder und er selbst verständigen."

Artikel 103: Während der Feldzüge unterstehen alle Kriegsleute und dienenden Brüder dem Befehl des Marschalls.
Artikel 111: Der Komtur von Jerusalem war gleichzeitig der Ordensschatzmeister:
„Alle Gelder des Hauses, von wo sie auch gebracht werden, von diesseits oder jenseits des Meeres, sollen in seine Hand gegeben und gelegt werden."
Artikel 121: Dem Stadtkomtur von Jerusalem wird, neben seiner Pflicht die Pilgerwege zu schützen, die Aufgabe zugeordnet, die Verwundeten und Kranken in seinem Zelt aufzunehmen, die entsprechenden Lebensmittel mitzuführen und, wenn nötig, die Pilger auf seinen Lasttieren zurückzubringen.
Artikel 145: Brüder die unterwegs sind dürfen nicht ohne Erlaubnis bei Ordensfremden Unterkunft nehmen, außer wenn sie in der Nähe des Hospitals beherbergt werden.
Artikel 161-162: Die Tempelritter waren in der Schlacht in Schwadrone aufgeteilt, die von Ritterkonstablern geführt wurden, die alle unterstanden dem Befehl des Marschalls.
Artikel 163: Wenn ein Templer bei der Kavalkade mit seinem Pferd disziplinlos aus der Reihe brach, musste er absitzen und wurde zu Fuß ins Lager zurückgeschickt.
Artikel 167-168: Sollte im Gefecht ein Templer von seinem Konvent getrennt werden und kann er den →Beauséant nicht erreichen so möge er sich
„...zum erstbesten Wimpel des Hospitals begeben".
Artikel 169-170: Regelt die Aufgaben der Turkopolen, den Befehlshabern der nach türkenart kämpfenden Truppen.
Artikel 171: Die dienenden Brüder durften zu Pferde, als leichte Reiter kämpfen und unterstanden dann der Befehlsgewalt des Turkopolen. In der Schlachtordnung standen sie auf Grund ihrer leichten Bewaffnung nie in der ersten Reihe.
Artikel 185:
„Man gebe den Brüdern oft zwei Gerichte, damit diejenigen, die das eine nicht essen, vom anderen nehmen können; oder auch drei Speisen, wenn die

Häuser in Überfluss haben und die Komture es wollen."

Artikel 211: Regelung der Wahlordnung des Großmeisters; es wurde ein Großkomtur gewählt, dieser leitet die Kapitelversammlung in der ein Wahlkomtur bestimmt wurde. Diese beiden wählten zwei weitere Brüder, diese vier zwei weitere Brüder usw. bis die Zahl von zwölf Brüdern erreicht wurde (8 Ritterbrüder, 4 dienende Brüder), diese erwählten dann den Kaplanbruder. Diese 13 Wahlbrüder, die aus verschiedenen Ländern sein sollten, bestimmten den Großmeister.

Artikel 241: Regelt das Verhalten des Bannerträgers und seine Bestrafung bei Fehlverhalten; der Beauséant musste sich immer hoch in den Himmel recken; der Schaft des Banners durfte niemals als Waffe benutzt werden.

Artikel 285: Die Ordensbrüder durften niemals faulenzen, wenn ein Bruder nicht für einen Dienst eingeteilt war, musste er sich um seine Pferde, seine Waffen oder sein Gerät kümmern.

Artikel 317: Wettbewerbe in Bogenschießen und Armbrustschießen waren, entgegen des Turnier- und Jagdverbotes, erlaubt.

Artikel 326: Verbot die Ordensregel ohne Erlaubnis des Konvents bei sich zu tragen, denn:

„...die Knappen finden sie bisweilen und lesen sie, und so legen sie unsere Einrichtungen den in der Welt lebenden offen, was unserer Religion schaden kann...".

Artikel 389-391: Die Brüder hatten ihre Verfehlungen im Ordenskapitel zu beichten, nichts wegzulassen und nicht zu lügen; dieses beriet und bestrafte. Sollte ein Bruder ein Vergehen nicht gestehen, konnte der Komtur einen anderen Bruder mit der Anklage vor dem Kapitel beauftragen.

Artikel 539: Regelt die Vergebung nach Sanktionen für Vergehen der Brüder.

Artikel 554: In besonderen Fällen konnte, trotz Kapitelgeheimnis, die Verurteilung von Mitgliedern öffentlich durchgeführt und vollstreckt werden.

Artikel 657-658: Präzisiert die Aufnahme in den Orden. Die Aufzunehmenden wurden in einen kleinen Raum neben der Kapelle geführt und von zwei Ordensbrüdern gefragt, ob sie in die Gemeinschaft des Templerordens aufgenommen werden und an den geistlichen und weltlichen Werken teilhaben wollen.

Artikel 659-661:

„Ihr, die ihr Herr über euch selbst seid, müsst euch zum Knecht eines anderen machen. Denn ihr werdet fast nie tun, was ihr wollt: denn wenn ihr diesseits des Meeres sein wollt, verlangt man euch jenseits des Meeres; wollt ihr schlafen, so müsst ihr wachen, und hungrig müsst ihr fortgehen, wenn ihr essen wollt....".

Nach dem Verlesen dieser Pflichten wurden die Aufzunehmenden gefragt, ob sie bereit sind diese Pflichten auf sich zu nehmen.

Artikel 669-672: Verlangt nach dem katholischen Glauben, die Übereinkunft mit der römischen Kirche und erklärt, dass ein Aufzunehmender frei von körperlichen Gebrechen sein musste, die den Dienst im Ordenshaus oder den Waffendienst behindern würde.

Artikel 673:

„Wenn ihr Leibeigener eines Mannes wart und dieser euch zurückfordert, werdet ihr ihm zurückgegeben (...) und wenn ihr Ritterbruder seid, fordert man nichts derartiges von euch, aber man kann euch fragen, ob ihr Sohn eines Ritters und einer Edelfrau seid, ob deine Vorväter aus ritterlicher Sippe sind und ob ihr einer ordentlichen Ehe entsprungen seid."

Artikel 674-676: Regelt den Gehorsam gegenüber dem Großmeister, die Besitzlosigkeit der Brüder, den Schutz der heiligen Stätten, die Bewachung des Gutes des Ordens und dass die Brüder den Orden ohne Erlaubnis niemals verlassen werden.

Artikel 678: Durch die Übergabe des Mantels wurde der Eintritt in den Orden symbolisiert, nach dem Austausch von Gelübden und dem Kuss des Meisters auf den Mund des Aufzunehmenden

„...soll derjenige, der das Kapitel hält, den Mantel nehmen und soll ihn um den Hals legen und verschnüren...".

Artikel 679: Regelt die Strafen für Vergehen der Ordensbrüder, insbesondere die Verstoßung aus dem Orden und den Verlust des Habit.

Artikel 681: Regelt das Verhalten bei Tisch.

Artikel 682-684: Stellt die wichtigsten Regeln des Alltagslebens, die Versorgung der Pferde und Pflege der Waffen und die religiösen Pflichten vor.

Artikel 686: Erinnert daran, dass die Ordensbrüder um die Taille „einige Schnüre" tragen sollten, um dadurch an das Gelübde der Keuschheit erinnert zu werden und dass ihnen der Umgang mit Frauen verboten war.

Die Ordensregel schloss mit den Worten:

„Gehet hin, Gott wird euch besser machen!"

Ordensschwur: (der Templer); die Anwärter mussten bei ihrer Aufnahme in den Orden folgenden Eid leisten:

„Ich N., Ritter des Ordens des Tempels, verspreche Jesus Christus, meinem Herrn, und seinem Vikar N., dem souveränen Papst und seinen Nachfolgern beständigen Gehorsam und Treue. Ich schwöre, dass ich nicht nur mit dem Wort, sondern auch mit der Waffe und mit allen meinen Kräften die Mysterien des Glaubens verteidigen werde, die sieben Sakramente. Ich verspreche ebenso, dem Großmeister des Ordens untergeben und gehorsam zu sein gemäß den Statuten, die uns von unserem Vater, dem heiligen Bernhard, vorgeschrieben wurden; dass ich jedes Mal, wenn es notwendig ist, die Meere überqueren werde, um in den Kampf zu ziehen; dass ich Hilfe leisten werde gegen die ungläubigen Könige und Fürsten und dass ich vor drei Feinden niemals flüchten, sondern ihnen, wenn es Ungläubige sind, die Stirn bieten werde."

Ordre du Temple: In einem 1705 aufgefundenen Dokument der sogenannten →„Charta Transmissionis", „Charta Aurea" oder „Charta Larmenius" wird versucht, die direkte Verbindung des neu an die Öffentlichkeit getretenen „Ordre du Temple" zum historischen Templerorden herzustellen. In dieser Urkunde überträgt *Johann Markus* →*Larmenius*, ein angeblich von *Jaques de* →*Molay* eingesetzter Nachfolger im Amt des Großmeisters, altersbedingt sein Amt an *Theobald von Alexandrien.* Bereits im ersten Drittel des 18. Jhdts. wurde die Urkunde als Fälschung des Jesuitenpaters und Antiquars *Bonani* bezeichnet.

Ordre rénové du Temple: (O.R.T.) →Templerorden, moderner.

Oriflamme: (Orisflamme; mittellateinisch „Aurea flamma" „Goldflamme"; „Gonfanon", lateinisch „vexilium"); die ursprüngliche Bedeutung ist nicht bekannt; der Begriff entstammt jedenfalls dem Rolandslied; im 12. Jhdt. – 15. Jhdt. die Kriegsfahne des französischen Königs; ursprünglich goldene Sterne und Flammen auf rotem Grund, später goldene Lilien auf blauem Grund. Heute zweizipfeliges Hängebanner. 1124 soll →*Ludwig VI.* das französische Heer unter dem heiligen Banner von St. Denis – „Gonfanon de St. Denis" – (rotes, angebliches Leichentuch des heiligen Dionysius) gegen das verbündete deutsche und englische Heer geführt haben (erste Anfänge des französischen Nationalbewusstseins).

Otto von Grandson: Führte die englischen Hilfstruppen zur Verteidigung →Akkons; unternahm während der Belagerung Akkons in der Nacht vom 15. April 1291 mit den Tempelrittern einen Ausfall; in der Dunkelheit stolperten viele Ritter über die Zeltschnüre und konnten so von den überraschten Muselmanen niedergemacht oder gefangengenommen werden; die Übrigen wurden unter schweren Verlusten in die Stadt zurückgetrieben.

Beim Fall Akkons gelang es ihm, viele Soldaten und den verwundeten Befehlshaber der französischen Truppen *Johann von Grailly* auf von den Venezianern beschlagnahmten Schiffen in Sicherheit bringen.

Ouroboros: eine sich in den Schwanz beißende Schlange; das Ursymbol des immer Seienden, der Ewigkeit. Für die Alchemisten (→Alchemie) ist die Schlange auch als Drache Symbol für die „Prima Materia"

Outremer: Das Land „jenseits des Meeres", der Nahe Osten und mittelalterliche Bezeichnung für die christlichen Besitzungen im Heiligen Land: Das Königreich →Jerusalem (1099-1291), die Grafschaft →Edessa (1098-1144), das Fürstentum →Antiochia (1098-1268) mit Armenien und die Grafschaft →Tripolis (1109-1289). Später auch die französischen Besitzungen in Übersee. Zur Zeit der Kreuzzüge war Outremer in drei Templer-Provinzen eingeteilt: Königreich Jerusalem (Stadt und Land), Tripolis (Libanon) und Antiochia (Syrien).

P

Päderastie: Homosexualität mit besonders auf männliche Jugendliche gerichtetem Sexualempfinden (Knabenliebe); →Anschuldigung beim Prozess gegen die Tempelritter.

Pagan de Montdidier: (Payens de Montdidier); Mitbegründer des Templerordens; folgte 1118 →*Hugo de Payens* ins Heilige Land; 1127 kam Hugo de Payens gefolgt von fünf Templern, unter ihnen Pagan de Montdidier, wieder in den Okzident, um für den Orden zu werben, die Ordensregel festzulegen und Adepten für den Orden zu gewinnen. Pagan zog in diesem Sinne durch die Picardie und Beauvais, gewann neue Brüder und sammelte auch Schenkungen. Als Hugo de Payens 1129 wieder ins Heilige Land zurückkehrte, um seinen Aufgaben und den Pflichten des Ordens gerecht zu werden, ließ er Vertreter zurück, die die Rekrutierung und Werbung für den Orden weiterführten. Einer von ihnen war Pagan de Montdidier der als „Meister von Frankreich" für die Langue d'oil und England zuständig war.

Pairaud, Hugo von: (französisch Hugues de Pairault, Pairaud, Peyraud, Peraud oder Perraud, de Peraudo); Generalvisitator des Templerordens aller Provinzen des Abendlandes („magister occidentalis"); wurde 1263 in den Orden aufgenommen und war 1293 Mitbewerber um das Amt des Großmeisters; allerdings wurde ihm Jaques de →*Molay* vorgezogen (→*Hugo de Fauro*); als er vom Großmeister und dem Ordenskapitel von Frankreich nach Zypern gerufen wurde ermächtigte Papst →*Klemens V.* den Visitator, gegen den Willen des Ordens, in Frankreich zu bleiben und sich in Zypern vertreten zu lassen; Hugo unterstützte König →*Philipp IV.* gegen Papst →*Bonifaz VIII.*; das von Philipp angestrebte Bündnis mit den Templern gegen den Papst kam am 10. August 1303 zustande; in diesem Vertrag sagte der König dem Orden, allen seinen Mitgliedern, deren Verwandten und Freunden und allen die sich diesem Bündnis anschließen würden seinen Schutz gegen alle zu, die sie in ihrer Ehre, in ihren Rechten und Freiheit bedrohen sollten.

Am 13. Oktober 1307 wurde Hugo mit den anderen Templern verhaftet und fügte mit seiner Aussage bei seinen Verhören durch die Inquisition seinem Orden den größten Schaden zu, denn er hatte, auf Grund seines Amtes, an hunderten Aufnahmen teilgenommen. Seine Aussage, in der er die Aussage von →*Charney* vom 21. Oktober 1307 bestätigte, wurde daher große Bedeutung beigemessen. Seinem Geständnis war schwere Folter vorangegangen. Am 9. November 1307 gestand Pairaud das dreimalige Leugnen Christi, das Bespeien des Kreuzes und die Küsse auf After und Genitalbereich des Rezeptors; er habe das Ritual nur deshalb befolgt „*weil es nach den Ordenssatzungen Brauch war*". Über das Götzenbild sagte er aus, er habe dieses nur einmal in Montpellier zu Gesicht bekommen und nur mit dem Mund, nicht aber mit dem Herzen verehrt; der Kopf habe wie ein Tier vier Füße gehabt. Am 18. August 1308 (8. Juli 1308) bestätigte Pairaud bei seinem Verhör in Chinon das in Paris gemachte Geständnis, speziell was die Verleugnung Christi und das Götzenbild betraf, und wurde zu „ewigem Kerker" verurteilt. Am 22. November 1309 erschien Pairaud vor der päpstlichen Kommission (→Achterkommission) in Paris, fügte dem Geständnis von Chinon nichts hinzu, erklärte aber, vor dem Papst ausführlich Auskunft geben zu wollen, um die belastenden Vorwürfe über die Bräuche des Ordens zu mindern; Pairaud starb im Gefängnis.

Pais, Gualdim: →Gualdim Pais.

Palästina: griechisch-lateinisch „Philisterland", arabisch „Falastin", hebräisch „Erez Israel", das biblische Kanaan, „Gelobtes Land" der Juden, als Wirkungsstätte Christi „Heiliges Land" der Christenheit; ein Gebiet, das sich vom Libanon im Norden bis zum Golf von Elat im Süden, von der östlichen Mittelmeerküste im Westen bis zu den Bergländern östlich des Jordangrabens erstreckt. Der Name Palästina stammt aus dem 2. Jhdt. n. Chr.; er war bis ins 19. Jhdt. im wesentlichen nur in der christlichen Literatur gebräuchlich. Palästina war bis 1922 nie eine politische Einheit und hatte daher auch keine eindeutigen Grenzen.

Palästina ist seit der Altsteinzeit besiedelt (Höhlen am Karmel). Die Jäger-, Sammler- und Fischerkultur des Natufien (8.-6. Jahrtausend v. Chr.) vollzog möglicherweise den Übergang zum Pflanzenbau. Im 7. Jahrtausend v. Chr. hatte Jericho bereits städtischen Charakter mit Befestigungsanlagen. Seit Beginn des 3. Jahrtausends v. Chr. bestanden in Palästina zahlreiche Stadtstaaten, die von semitischen Einwanderern und einer älteren nichtsemitischen Bevölkerung bewohnt waren. Zwischen 2000 und 1550 v. Chr. lag die höchste Blüte kanaanitischer Stadtkultur. Während des 2. Jahrtausends v. Chr. geriet Palästina in den Einflussbereich benachbarter Mächte, im wesentlichen der Hethiter und der Ägypter. Zwischen dem 14. und 12. Jhdt. v. Chr. wanderten die Israeliten (Juden) in das Landesinnere und die Philister in den Küstenstreifen ein. Im 10. Jhdt. konstituierte sich das israelitische Königtum, das um 926 v. Chr. in die Teilstaaten Israel und Juda zerfiel. 721 v. Chr. wurde Israel von den Assyrern, 597 v. Chr. Juda von den Babyloniern erobert. In den folgenden Jahrhunderten wechselte Palästina mehrmals die Oberherrschaft; es gehörte zum Perserreich und zum Reich *Alexander des Großen*. Im Jahre 63 v. Chr. wurde es römisch (Pompejus). Nach der Niederwerfung des letzten großen jüdischen Aufstandes (Bar Kochba, 132-135 n. Chr.) nannten die Römer ihre Provinz nicht mehr Judäa sondern Palästina Prima, um die Erinnerung an alles Jüdische auszulöschen. Kerngebiet war das Gebiet östlich des Jordans; Hauptstadt →Caesarea.

Nach der Teilung des römischen Reiches gehörte Palästina zum byzantinischen Reich. 636 eroberten die islamischen Araber das Land. 1099 gründeten die Kreuzfahrer das Königreich Jerusalem; es wurde 1187 vom →Aijubiden-Sultan →*Saladin* vernichtet. Die Kreuzfahrer konnten sich an den Küsten Palästinas noch bis 1291 halten, bis sie der straff organisierten Mamelucken-Armee endgültig unterlagen. Danach gehörte Palästina zu Ägypten. 1517 kam Palästina an das Osmanischen Reichs und bildete in ihm jedoch keine administrative Einheit. Neben der überwiegend arabisch-islamischen Bevölkerung hatte das Land stets auch eine Anzahl jüdischer Bewohner. Im letzten Viertel des 19. Jhdt. begann die organisierte Einwanderung von Juden nach Palästina, die mit dem Aufkommen des politischen Zionismus einen großen Umfang annahm. Im 1. Weltkrieg eroberte Großbritannien das Land. Es versprach 1917 in der Balfour-Deklaration den Juden Unterstützung bei der Errichtung einer „nationalen Heimstätte" in Palästina und machte gleichzeitig den Arabern Hoffnung auf die Einbeziehung Palästinas in ein unabhängiges arabisches Staatswesen. 1922 wurde Palästina britisches Völkerbundsmandat; zum Mandatsgebiet gehörten zunächst auch östlich des Jordan gelegene Territorien. Diese wurden 1923 als Emirat Transjordanien abgetrennt, das zwar formal Bestandteil des Mandats blieb, jedoch zunehmende Autonomie erhielt (Jordanien). Die Balfour-Deklaration galt nur noch für den westlichen des Jordan gelegenen Landesteil, und es bürgerte sich ein, den Namen Palästina auf dieses Gebiet zu beschränken.

Der arabische Widerstand gegen die jüdische Einwanderung trug zum Erwachen eines eigenen Nationalbewusstseins der palästinensischen Araber (Palästinenser) bei. Die Gegensätze zwischen Juden und Arabern erwiesen sich als unüberwindlich. Ein britischer Plan („Weißbuch") von 1939 zur Errichtung eines „binationalen" Staates binnen 10 Jahren entsprach weitgehend den arabischen Wünschen, da er eine rigorose Beschränkung der jüdischen Einwanderung vorsah. Nach dem 2. Weltkrieg überließ die britische Mandatsmacht die weitere Behandlung des Problems der UN. Die Vollversammlung der UN beschloss 1947 die Teilung Palästinas in einen jüdischen und einen arabischen Staat. Die Juden akzeptierten den Teilungsplan, die Araber lehnten ihn ab. Aus dieser Situation erwuchs der Nahostkonflikt.

Nach dem Abzug der britischen Truppen 1948 proklamierten die Juden den Staat Israel. Im darauffolgenden 1. arabisch-israelischen Krieg konnte Israel sein Staatsgebiet über die im Teilungsplan vorgesehenen Grenzen hinaus erweitern; beim Waffenstillstand 1949 umfasste es etwa drei Viertel der Fläche Palästinas. Jordanien annektierte 1949 gegen den Einspruch der anderen arabischen Staaten das sogenannte Westjordanland (auch West Bank; Cisjordanien; Juda und Samaria) mit der Altstadt von Jerusalem. Ägypten besetzte den Gazastreifen, annektierte ihn aber nicht. Im „Sechstagekrieg" 1967 besetzte Israel diese beiden Gebiete und stellte sie unter Militärverwaltung. Damit befand sich das ganze ehemalige Mandatsgebiet Palästina in den Grenzen von 1923 unter israelischer Herrschaft. Das weitere Vorgehen in den besetzten Gebieten war in Israel umstritten. Parteien des rechten Spektrums („Falken") traten für faktische Annexion der Gebiete ein, linksorientierte Gruppen („Tauben") für ihre Räumung unter Wahrung der israelischen Sicherheitsinteressen. Auf arabischer Seite forderte die PLO die „Befreiung" ganz Palästinas, also die Beseitigung des Staates Israel. 1988 proklamierte sie einen in seinen Grenzen nicht definierten Staat Palästina. 1993 schlossen Israel und die PLO ein Abkommen über eine palästinensische Teilautonomie als ersten Schritt zu einer Friedenslösung. 1994 wurden entsprechende palästinensische Selbstverwaltungsorgane in Jericho und im Gazastreifen errichtet.

Pallium: In der katholischen Kirche päpstliche oder erzbischöfliche Insignie; eine mit sechs Kreuzen versehene Schleife, die über dem Messgewand um die Schultern gelegt wird.

Papsttum: Amt und Institution des Oberhauptes der katholischen Kirche, des Papstes. Nach katholischer Glaubenslehre unter Berufung auf Matth. 16, 16 ff.; 28, 20; Lk 22, 31 und Joh 21, 15 ff. von Jesus Christus eingesetzt. Deshalb ist der Papst immer Nachfolger des Apostels *Petrus* als Bischof von Rom, dessen Vorrangstellung in Fragen der Lehre und Disziplin in den ersten Jhdt. allmählich deutlicher hervortrat, obgleich in der alten Christenheit die höchste kirchliche Autorität beim ökumenische Konzil lag.

Ein Aufstieg des Papsttums als Institution begann mit *Cölestin I.* (422-432) und erreichte einen ersten Höhepunkt mit *Leo I.* (440-461), unter dessen Einfluss dann *Gelasius I.* (Ende des 5. Jhdt.) die für die mittelalterliche Verhältnisbestimmung von päpstlich-geistlicher und politisch-königlicher Gewalt (zugunsten des Papsttums) prägende Zweigewaltenlehre formulierte. Nach dem Untergang des weströmischen Reiches schuf die Taufe des Frankenkönigs *Chlodwig* (498) die entscheidenden Vorbedingungen für die weltliche Macht des Papstes und die Entwicklung des Patrimonium Petri zum späteren Kirchenstaat unter *Gregor I.* in der 2. Hälfte des 6. Jhdt.. Diese Entwicklung wurde weiter im 7./8. Jhdt. durch die enge Bindung zwischen Papst und Franken gefördert.

Die seit 476 stets zunehmende Entfremdung zwischen Rom und dem Ostreich vollendete sich im Morgenländischen Schisma (1054). Nach einer Zeit der Abhängigkeit des Papstes vom römischen und mittelitalienischen Adel begann auf dem Hintergrund kirchlichen Reformbewegungen mit den von Kaiser *Heinrich III.* designierten deutschen Päpsten des 11. Jhdt. der unmittelbare Aufstieg des Papstes zur geistlichen Vormacht im Abendland. Die (immer vorhandene) Gegensätzlichkeit der Auffassungen von königlicher und päpstlicher Gewalt führte unter *Gregor VII.* (1073-85) zum Konflikt mit Kaiser *Heinrich IV.* im Investiturstreit. Im Vordergrund der zweiten großen Auseinandersetzung des Papstes mit dem Kaisertum, unter den Staufern, stand im 12. Jhdt. die kaiserliche Hoheit in Italien, dann der päpstliche Widerstand gegen die Vereinigung des Normannenerbes Sizilien mit dem staufischen Kaisertum. In der „geistlichen Weltherrschaft" des →*Innozenz III.* (1198-1216) erreichte das mittelalterliche Papsttum den Höhepunkt seiner Macht, doch waren die folgenden Pontifikate überschattet von den grausamen Kriegen gegen →Katharer und →Waldenser, von →Kreuzzügen und von der sich verschärfenden Auseinandersetzung mit Kaiser →*Friedrich II.* bis zum Vernichtungskampf gegen alle Staufer. Der „Schutz" seitens der von den Päpsten nach Italien gerufenen →Anjou endete in der weitgehenden Abhängigkeit des Papstes vom französischem Königtum; 1309-76 residierten die Päpste in Avignon (Avignonesisches Exil). Es erhob sich grundsätzliche Kritik am Papsttum selbst und an der politisch-gesellschaftliche Ordnung (*Marsilius von Padua, J. Wyclif, J. Hus*). Das „Exil" hatte das Papsttum so geschwächt, dass es 1378 zum Abendländischen →Schisma kam.

Parfait: (französisch „parfait", „vollkommen, vollendet"); Ausdruck bei den →*Katharern* für die „Vollkommenen"; die in die Glaubensgemeinschaft aufgenommenen „Reinen" wurden als „Croyants" bezeichnet (im französischem Volksmund als „buonhommes", „gute Männer"); wenn ein Croyant einen hohen Grad an Reinheit erreicht hatte, konnte er durch das →„Consolamentum" – einer Art Weihe – zum Parfait erhoben werden. Die Parfaits, die „Vollendeten", verspürten ab diesem Augenblick keine Begierden, lebten völlig enthaltsam und waren bereit die Seele, das „Gute", vom Körper, der Materie, dem „Bösen", zu trennen und „vollendet" in den Himmel zurückzukehren.

Paris: als keltisches Oppidum (befestigter Ort) im 3. Jhdt. vor Chr. auf der Seineinsel, der Île de la Cité, entstanden und war seit 52 v. Chr. in gallo-römischer Zeit (Lutetia), der Hauptort der keltischen Parisier (Parisii), deren Name im 3. und 4. Jhdt. auf den Ort überging (Parisia auch Lutetia Parisiorum). Bis zum 3. Jhdt. nach Chr. entstand am linken, hochwassersicheren Seineufer eine nicht befestigte städtische Siedlung, deren Bewohner sich nach Barbareneinfällen auf die Île de la Cité zurückzogen. 486 wurde Paris vom Merowinger *Chlodwig I.* erobert und wurde nach dessen Sieg über die Westgoten (508) Hauptstadt des Merowingerreiches. Unter den Karolingern war Paris nur noch Residenzort der Grafen von Paris, erlangte jedoch erneut politisches Gewicht, als aus diesen 987 die kapetingischen Könige von Frankreich hervorgingen. Zur Hauptresidenz der französischen Könige wurde Paris

erst unter *Philipp II.* (1180-1223); die Stadt hatte damals rund 100 000 Einwohner. 1420-36 war Paris in englischen Händen.

Zur Zeit der Templer wurde nach Payns der Hauptsitz des Ordens in Frankreich nach Paris verlegt (nahe den Straßen „Vieille-du-Temple" und „Blancs-Manteaux"). Der →Tempelbezirk wurde in Paris mit dessem erstem Bauwerk dem, →„Vieux Temple", 1146 gegründet. In einem von Mauern umgebenden Bezirk wurden im Inneren eine Kirche, die der Kirche vom Heiligen Grab nachempfunden war, und im 12. Jhdt. der „Tour de Cäsar" (Turm des Cäsar) errichtet. In der 2. Hälfte des 13. Jhdts. wurde der „Donjon du Temple" (Wohnturm) zugefügt und 1282-1292 gründete der Komtur des Tempels auf diesem Gelände die „Neustadt" („Villeneuve du Temple"). Jedenfalls erreichte der „Temple de Paris" bis 1292 eine größere Bedeutung als das Haupthaus der Templer in →Akkon. Als →*Philipp IV., der Schöne*, wegen der Geldentwertung vor der aufgebrachten Bevölkerung im Tempel von Paris Zuflucht fand und er anlässlich dieser Gelegenheit den Reichtum des Ordens erkannte, wurde im König der Gedanke zur Vernichtung des Ordens zur persönlichen Bereicherung geboren. Der Tempelbezirk wurde 1307 bei der Verhaftung der Templer von →*Philipp IV.* beschlagnahmt und 1328 den Hospitalitern (→Johannitern) übergeben.

Paris, Matthäus: →Matthäus Paris.

Parsismus: Von →Zarathustra gegründete Religion; nach dem Ursprungsland Persien benannt. Das „Awesta", die heilige Schrift des Parsismus, ist durch einen ethisch orientierten Dualismus gekennzeichnet: Dem „guten Gott" Ahura Mazda (nach ihm heißt der ältere Parsismus auch Mazdaismus) steht der „böse Geist" Ahriman (Angra Manju) gegenüber. Ihm sind böse Prinzipien zugeordnet, während die guten Qualitäten Ahura Mazda (Amescha Spentas) zugeordnet sind. In der Sassanidenzeit (224-642) erlebte der Parsismus (in dieser Periode auch Zoroastrismus genannt) eine Blütezeit. Nach der islamischen Eroberung Persiens (642) wanderten die meisten Parsen nach Indien aus. Sie vertreten heute praktisch einen Monotheismus.

Parzival: (Perceval, „durch das Tal"; walisisch „Peredur"; persisch „fal Parsi", „der törichte Reine"); Hauptgestalt der höfischen Romane von →*Chrétien de Troyes* („Perceval", vor 1190, unvollendet) und →*Wolfram von Eschenbach* („Parzival", um 1200-1210). Wolfram beruft sich auf einen mysteriösen, provenzalischen Meister namens *Kyot* (Guiot de Provins?), der die Urfassung des literarischen Stoffes in Toledo gefunden haben soll. Als Autor dieses Buches wird ein gewisser *Flegetanis* erwähnt.

Parzivals Vater *Gahmuret* (bei Chrétien *Bliocadron*) wird als umherziehender, das Abenteuer suchender Ritter beschrieben. Auf seinen Reisen heiratet er eine maurische Königin namens *Belakane*. Nach der Geburt seines Sohnes *Feirefiz* kehrt Gahmuret ins Abendland zurück, zieht aber bevor seine Frau *Herzeloyde* seinen siebenten Sohn *Parzival* zur Welt bringen kann wieder ins Morgenland; im Dienste des Kalifen verliert er auf dem Schlachtfeld sein Leben. Parzival lebt nach dem Tod seines Vaters Gahmuret mit seiner Mutter Herzeloyde in einer einsamen bäuerlichen Waldsiedlung; um ihn vor dem Tod als Ritter, wie dem seines Vaters und seiner Brüder, zu bewahren, wird er von ihr von der Umwelt und speziell von der Ritterschaft ferngehalten und daher auch nicht in den ritterlichen Tugenden erzogen; Parzival verlässt sie dennoch, um den Hof König →*Artus* zu suchen; ritterliche Erziehung genießt er später durch seinen Onkel *Gurnemanz*; nachdem er das Schloss der *Condwiramur* von Belagerern befreit hat, vermählt er sich mit ihr; er zieht weiter zur Gralsburg, wo er es verbsäumt →*Amfortas* die erlösende Frage (Mitleidsfrage nach dessen Leiden) zu stellen und er muss daher den heiligen Ort verlassen. Nach einer Reihe von Abenteuern wird er am Artushof aufgenommen. Nachdem er aber auf der Gralsburg versagt hat, wird er von der Gralsbotin *Kundry* von der Tafelrunde ausgeschlossen und verflucht. Mit Gott hadernd zieht er jahrelang umher bis er vom frommen Klausner *Trevrizent* zur Versöh-

nung mit Gott gebracht wird und das Gralsgeheimnis erfährt. Auf der Gralsburg stellt er die Erlösungsfrage, heilt damit Amfortas und wird schließlich König der Gralsburg, nachdem er die moralische Qualität für dieses Amt erlangt hat. Bedeutendste neuere Bearbeitung des Stoffes ist Richard Wagners „Parsifal" (Uraufführung 1882). Parzival (Perceval) wird häufig mit *Raimund-Roger (Roger Ramon)* →*Trencavel*, dem Grafen (Vicomte) von Béziers und Carcassonne, identifiziert. Zwischen beiden gibt es jedoch keine Identität, denn Trencavel ist erst vier Jahre nachdem Chrétien de Troyes seinen „Perceval" geschrieben hatte geboren worden.

Paschalis II.: eigentlich *Raniero di Bieda*; (* in Bieda di Galeata, † 21. Jänner 1118 in Rom/Engelsburg); Mönch in Cluny oder in den Abruzzen; wurde von *Gregor VII.* zum →*Kardinal von San Clemente* erhoben. 1089-1090 Legat in Frankreich und Spanien. 161. Papst (ab 14. August 1099); Nachfolger →*Urbans II.*; setzte den Investiturstreit mit *Heinrich IV.* und dessen Sohn *Heinrich V.* fort, wurde von Heinrich V. gefangengesetzt und von diesem erst wieder freigelassen, nachdem er Heinrich das Investiturrecht zugesprochen hatte. Am 13. April 1111 wurde Heinrich V. vom Papst zum Kaiser gekrönt. Er erkannte 1113 die Organisation des Hospitals (→*Johanniter*) als unabhängige Institution an. Während seines Pontifikates bereiste →*Hugo de Payens* das Heilige Land (1104-1105, 1114). Die Gründung des Zisterzienserordens durch →*Bernhard von Clairvaux* fiel in seine Amtszeit. Paschalis verbot die grausamen Gottesurteile. Er stand der Situation nach dem ersten Kreuzzug mit Unverstand gegenüber; wo das Abendland immer enger mit Byzanz gegen den Islam hätte zusammenrücken müssen, predigte er in einem „bedenkenlosen westlichen Imperialismus" den „heiligen" Krieg gegen Byzanz.

Patarener: Bezeichnung für →*Katharer* in Italien.

Patriarch: (griechisch „Sippenoberhaupt"). Im früheren Christentum Bezeichnung für einen Bischof mit höherem Ansehen, entsprechend dem politischen Rang der Stadt in dem sich der Sitz des Bischofes befand. In der Ostkirche immer mit jurisdiktionellen Hoheiten innerhalb der Patriarchate verbunden. Das Konzil von Nicäa (325) legte die Vorrechte der Bischöfe von Rom, Alexandria und Antiochia fest; seit dem Konzil von Chalkedon (451) wurde auch Jerusalem zum Patriarchat.

Patriarch von Jerusalem: Die Kirche vom Königreich Jerusalem unterstand dem Patriarchen von Jerusalem, der seinerseits wieder Diener der Krone war. Er wurde vom Kapitel vom „Heiligen Grabe" gewählt, wobei der König von den beiden zur Wahl gestellten einen bestimmte. Dem Patriarchen von Jerusalem unterstanden die Erzbischöfe von Tyros, Caesaräa, Nazareth und Rabbotzh-Moab.

Paulikianer: (Paulizianer); eine um 650 von einem Armenier namens *Konstantin* gegründete ostkirchliche Sekte; mit den →Manichäern verwandt; seit dem 9. Jhdt auf dem Balkan. Lehnten das Alte Testament (als Satanswerk) und Teile des Neuen Testaments ebenso ab, wie Ehe, Bilder, Sakramente und das Kreuzzeichen; sie verehrten besonders den Apostel *Paulus* dem sie auch ihren Namen herleiten. Bei ihren Missionierungen bei den Balkanslawen könnten die →Bogomilen entstanden sein.

Payen de Montdidier: (Pagan de Montdidier). War einer der sieben Gefährten, die 1118 gemeinsam mit →*Hugo de Payens* ins Heilige Land reisten, um dort den Orden der „militia Christi" (Tempelritter) zu gründen. 1128 begleitete er Hugo de Payens mit einem weiteren Ritter (→*Gottfried de Saint-Omer*) und zwei Ordensgeistlichen (wahrscheinlich *Gindemar* und *Kunrak*) nach Frankreich zur Vorbereitung des →Konzils von Troyes, und um Adepten für den Orden zu werben. Nach der Rückkehr Hugo de Payens ins Heilige Land (1130) verblieb Payen de Montdidier in Frankreich; er wurde Meister von Frankreich; sein Sitz war zuerst Payns und später →Paris (nahe den Straßen „Vieille-du-Temple" und „Blancs-Manteaux").

Pelagius: eigentlich *Pelagius Galvani*; († 1230); von spanischer Herkunft; Kardinal-Presbyter von St.

Cecilia (1211); →Kardinal von Albano (1213); Papst →*Innozenz III.* setzte Pelagius als Legaten des Ostens ein; er sollte den Frieden zwischen dem Kaiser von →Nikäa (*Theodor I. Laskaris*) und dem lateinischen Kaiser von Konstantinopel herbeiführen; es war ihm dabei wenig Erfolg beschieden. 1219 wurde Pelagius Kardinallegat während des (5.) Kreuzzuges (→Pilgerkreuzzug) und war vom Papst mit dem Oberbefehl des Kreuzzuges beauftragt worden. Seine Starrköpfigkeit und die völlige Fehleinschätzung der eigenen militärischen Stärke verhinderte den Erfolg des Kreuzzuges, als er das Angebot des Sultans →*Melek-al-Kamil* gegen Übergabe von Jerusalem die Belagerung von Damiette aufzugeben, gegen den Rat der Großmeister der Ritterorden, ausschlug. Als der französische König davon erfuhr soll er ausgerufen haben: *„Ein ganzes Königreich konnte er für eine Stadt eintauschen und lehnte ab!"*
Am 5. November 1219 fiel Damiette. Der weitere Vormarsch gestaltete sich auf Grund der Taktik der „verbrannten Erde" als äußerst schwer; als *Melek al-Kamil* die Dämme des Nils durchstechen ließ und das Land flutete saß das Kreuzfahrerheer auf einer schmalen Insel fest, wo es der Hitze ausgesetzt und hungernd den Geschossen des Feindes ausgeliefert war. Nun musste Pelagius um Waffenstillstand ersuchen (30. August 1221). Unter schweren Verlusten schlugen sich die Kreuzritter zu ihrer Flotte durch und schifften sich ein. Es wurde ein 8-jähriger Waffenstillstand und ein Gefangenenaustausch vereinbart, wobei der Legat und König →*Johann von Brienne* für die Einhaltung des Vertrages als Geiseln dienten. So endete der mit großem Aufwand und anfänglichen Erfolgen geführte Feldzug in einem Fiasko. Der normannische Troubadur *Guillaume le Clerc* kritisierte die Einmischung der Kirche durch Pelagius in militärische Fragen: *„Der Geistliche sollte die Bibel rezitieren, aber den Ritter auf das Schlachtfeld ziehen lassen."*

Périgord, Armand de: →Armand de Périgord.

Peter Bartholomäus: Ein Provenzale mit sehr zweifelhaftem Ruf, der anlässlich des 1. Kreuzzuges nach seinen Aussagen Visionen des heiligen Andreas hatte, der ihm den Fundort der „heiligen Lanze" in der Petruskapelle in →Antiochia offenbart hatte. Unter Anwesenheit von →*Raimund von Toulouse* wurde der Boden der Kirche aufgegraben und es wurde ein Metallstück gefunden, das in der Folge als heilige Reliquie verehrt wurde. Die Reliquie verlieh den halbverhungerten Christen im belagerten →Antiochia übernatürliche Kräfte, sodass sie bei einem Ausfall die Seldschuken am 28. Juni 1098 vernichtend schlagen konnten. Später musste Bartholomäus den Wahrheitsbeweis über seinen Fund durch die Feuerprobe antreten. Er erlitt dabei so schwere Verbrennungen, dass er 14 Tage später an seinen Verletzungen starb.

Peter von Amiens: (auch Peter der Eremit; der Einsiedler oder „kleiner Peter" – „Kukupeter"); († 1115); wurde in der Nähe von Amiens geboren; ein fanatischer Schwärmer; dürfte bereits eine Pilgerfahrt versucht haben anlässlich der er von den Seldschuken misshandelt wurde; predigte bereits 1095 für den Kreuzzug; Peter zog barfüßig mit vor Schmutz strotzenden Kleidern, mit einem Strick gegürtet, das Kreuz in der Hand, auf einem Esel sitzend durch das Land. Er galt als Visionär und hatte eine starke charismatische Ausstrahlung, so dass seine Anhänger sogar die Haare seines Esels als Reliquien verehrten; Peter scharte auf seinen Predigerreisen nach Orléans, der Champagne, Lothringen und später nach Aachen und Köln eine Reihe von Jünger um sich, die er wiederum in andere Gegenden sandte, die er selbst nicht bereisen konnte; überall verließen die Menschen ihre Heimat um ihnen zu folgen; Peter führte im Zuge des 1. Kreuzzuges diesen „Kreuzzug der Armen" an. Einer seiner Jünger *Walter Sans-Avoir* („Habenichts") brachte die erste Horde nach Byzanz, gefolgt von Peters Massen (1096); sie plünderten und brandschatzten Belgrad. Bei ständigen Auseinandersetzungen mit den Truppen der geplünderten Länder und andauernden Streitigkeiten auch untereinander fiel bereits mehr als ein Viertel der Pilgerarmee bevor sie ihr Ziel erreichten. Peter konnte nicht verhindern, dass seine Armee bevor das Hauptheer des Kreuzzuges in Konstantinopel angekommen war die Türken anzugreifen begann. Bei Nikäa geriet das Heer in einen Hinterhalt der Türken (Xerigordon). Die, die nicht erschlagen wurden, wurden in die Sklaverei verschleppt (21. Oktober. 1096). An diesem Volkskreuzzug sollen mehr als 25 000 Menschen teilgenommen haben. Auf dem Zug nach Palästina kam es in Europa auch zu den ersten Judenpogromen. Die genaue Zahl der Pilger, die bis ins Heilige Land gelangten und dort von den Seldschuken erschlagen wurden, ist nicht bekannt. Sicher ist, dass nur wenige überlebten. Der Kreuzzug der Armen endete knapp hinter Konstantinopel. Peter nahm am weiteren Kreuzzug teil und auch an der Belagerung von Antiochia; er desertierte 1097 und wurde von *Tankred* wieder eingefangen und unter Schimpf und Schande ins Feldlager gebracht. 1098 bewies er als Unterhändler, als er von →*Bohemund* zu *Kerbogha* (→Atabeg der Türken) entsandt wurde, um Übergabeverhandlungen (allerdings erfolglos) um Antiochia zu führen, besonderes Geschick. So konnte Peter seinen Ruf halbwegs wieder herstellen. 1101 kehrte Peter wieder in den Westen zurück. Über seine letzten Lebensjahre ist wenig bekannt.

Peter von Montaigu: (Pierre de, Petrus de Monteacuto, Pere de Montagut); 16. Großmeister des Templerordens (1210-1217, nach *Falkenstein* wahrscheinlich 1219 – 28. Jänner 1232) in der Nachfolge →*Wilhelm von Chartres*. Stand in der Provence und in Spanien dem Orden als Präzeptor vor und war mit *Peter II. von Aragon* befreundet (1207-1212). Ob es Zufall war oder ein Versuch der Verständigung und Befriedung der beiden →Ritterorden (Johanniter und Templer) ist ungewiss, jedenfalls stand zur gleichen Zeit seiner Großmeisterschaft sein Bruder *Guérin de Montaigu* dem Johanniterorden vor. In der Amtszeit Peters taten sich die Templer in Spanien mit besonderer Tapferkeit hervor. Dabei sind besonders der Marschall *Gomez Ramirez* und der Großpräzeptor von Aragon *Wilhelm von*

Morendon zu erwähnen. In Deutschland erhielt der Orden in der Amtszeit Peters Komtureien in Braunschweig, Köln und Supplinburg. 1219 wollte der König von Jerusalem (→*Johann I. von Brienne*) den Berg Tabor, auf dem die Sarazenen eine Burg errichtet hatten, zurückgewinnen. Zur Eroberung vereinigten sich die Johanniter mit den Templern. Peter, der in Akkon krank darniederlag, übergab den Oberbefehl auch über die Templer seinem Bruder. Trotz dieser Eintracht unter den Ritterorden blieb dieser Kriegszug ohne Erfolg.

Peter von Montaigu erläuterte in einem Brief an den Bischof von Ely die schwierige Situation der Christen vor →Damiette (1219-1221):

„...Der Sultan von Ägypten hat mit einem riesigen Heer nicht weit von Damiette sein Lager aufgeschlagen und er hat kürzlich über beide Nilarme Brücken gebaut, um den Vormarsch des christlichen Heeres zu verhindern. Seine Soldaten sind so zahlreich, dass die Gläubigen ihre Gräben um Damiette nicht ohne Gefahr verlassen können (...). Seit langer Zeit warten wir nun auf die Ankunft des Kaisers (...) um von unseren Gefahren und Schwierigkeiten befreit zu werden (...). Wenn wir zu unserer Enttäuschung die erwartete Hilfe im nächsten Sommer nicht erhalten (was Gott verhüten möge), werden sich die neu eroberten Gebiete und die Orte, die sich seit langem in unseren Besitz befinden, in einer sehr unsicheren Lage befinden...".

Über das schlimme Ende des Pilgerkreuzzuges in Ägypten schrieb Peter in einem Brief an den Präzeptor von England:

„Unsere Vorräte gingen verloren, viele Männer ertranken (...). Das Wasser stieg unaufhörlich, wir verloren unsere Pferde, (...) unser Gepäck und alle Habe. Wir konnten weder vor noch zurück (...). Wir hatten nichts zu essen, und wie gefangene Fische im Netz, konnten wir nur um Frieden bitten."

Peter war ein den eigenen Ordensbrüder gegenüber sehr harter Großmeister, der streng auf die Erfüllung der Ordensregeln achtete. Bei Verhandlungen war er stets auf seinem Standpunkt beharrend. Seine Amtszeit war von ständigen Auseinandersetzungen des Ordens mit Kaiser →*Friedrich II.* gekennzeichnet.

Peter von Sevrey: Marschall des Templerordens; war nach dem Tod →*Wilhelms von Beaujeu* am 17. Mai 1291 bei der Schlacht von →Akkon Großmeister des Templerordens (interimistisch?); am 18. Mai 1291 befand sich Akkon in der Hand der Ungläubigen, nur die Ordensburg der Templer leistete noch Widerstand. Der Mamelucken-Sultan →*al-Aschraf* bot Peter freies Geleit, wenn er die Festung ohne Kampf übergeben würde. Als es bei der Räumung der Burg zu Übergriffen der Mamelucken kam, entschlossen sich die Templer die Burg bis zu ihrem Tod zu verteidigen. Peter konnte durch seinen Einsatz Frauen und Kinder an Bord der Templerschiffe bringen und den Ordensschatz durch den Ordensmarschall →*Theobald Gaudin* in dieser Phase des Kampfes mit einem Boot auf die Burg nach Sidon in Sicherheit bringen lassen. Al-Aschraf bot am nächsten Tag neuerlich freies Geleit für die Übergabe der Burg an; die Verhandlungen darüber wurden im Zelt des Sultans geführt und die Unterhändler der Templer, unter ihnen Peter, wurden gefangengenommen und geköpft.

Petrus Venerabilis: der „Ehrwürdige"; (* 1092/94 in Montboissier/Auvergne, † 25. Dezember 1156 in Cluny); Schriftsteller und Theologe; Benediktiner; ab 1109 Mönch in Cluny; Prior von Vezelay und Domène (1115/16-1120); ab 1122 →Abt von Cluny, wo er dem Orden neue Statuten gab; Förderer der cluniazensischen Reform; setzte sich mit →*Bernhard von Clairvaux* für →*Innozenz II.* ein. Verfasste apologetische Traktate und veranlasste 1143 die erste lateinische Koranübersetzung („Corpus Toletanum"); war ein besonders heftiger Gegner der Juden. In einem Brief an König →*Ludwig VII.* anlässlich des 2. Kreuzzuges schrieb er unter anderem:

„...Was nützt es aber, die Feinde des christlichen Glaubens in fernen Landen aufzusuchen und zu bekämpfen wenn die liederlichen und lästernden Juden, die weitaus übler als die Sarazenen sind, nicht in fernen Landen, sondern in unserer Mitte

so ungehemmt und so verwegen Christum und alle Sakramente ungestraft schmähen und mit Füßen treten, verächtlich machen? Wie soll Gottes Eifer die Kinder Gottes beseelen, wenn die Juden die schlimmsten Feinde Christi und der Christen, so ganz ungeschoren davonkommen?". Petrus Venerabilis schlug in diesem Schreiben weiter vor, dass, wenn man die Juden schon nicht töten dürfe, sie doch zur Finanzierung des 2. Kreuzzuges herangezogen werden sollten.

Über die Templer schrieb Petrus: *„Wer sollte sich nicht mit der ganzen Macht seines Geistes freuen in Gott, seinem Retter, dass die Ritterschaft des ewigen Königs, das Heer des Herrn Zeboath, zu neuen Kämpfen gleichsam von himmlischen Heerlagern herabgestiegen ist, um die Feinde des Kreuzes Christi zu besiegen?"*

Petrus Venerabilis zeterte 1138 über das Problem das die Wanderprediger und die Häresie im Süden Frankreichs angerichtet hatten:

„...entweihte Kirchen, umgestürzte Altäre, verbrannte Kreuze, Fleischgenus sogar am Tag der Passion des Herrn, ausgepeitschte Priester, eingesperrte und durch Terror und Misshandlung zur Ehe gezwungene Mönche...".

Petrus von Palästrina: Kardinalbischof, der von Papst →*Klemens V.* im Verfahren gegen die Templer am 13. Juli 1308 mit der Beaufsichtigung aller jener Templer beauftragt wurde, die vom König an Klemens übergeben wurden. Bereits am 20. August 1308 erhielt der Kardinalbischof mit dem Schreiben „Iustum et laudabile" die vom Papst erteilte Vollmacht der königlichen Gewalt mit dem Hinweis, dass diese *„...zur Disposition der Kirche zu halten sei."*

Petrus Waldés: (Valdes, Valdesius, Waldus); († 1217); Gründer der nach ihm benannten religiösen Laienbewegung der →Waldenser. Er stammte aus Lyon aus einer großbürgerlichen Kaufmannsfamilie; ließ die Bibel ins Okzitanische (Provenzalische) übersetzen; 1180 verschenkte er all sein Hab und Gut, um, die Armut predigend, durch das Rhône-Tal zu ziehen. Seine Anhänger nannten sich die „Armen von Lyon". Zu ihnen gehörte auch die Frau eines ita-

lienischen Kaufmannes aus Assisi – *Giovanni Bernardone* –, dessen Sohn *Francesco* (→Franz von Assisi) diesen Gedanken in kirchengemäßer Form aufgriff und 1210 den Bettelorden der →Franziskaner gründete. Obwohl die Waldenser nicht die Todessehnsucht der →Katharer („der Reinen") kannten, wurden sie unter dem Sammelbegriff „Albigenser" gesehen; sie konnten sich allerdings vor den Verfolgungen schützen und bis heute überleben.

Peyrepertuse: Katharerfestung in der Grafschaft →Foix, die 1239 von den französischen Truppen nach kurzer Belagerung eingenommen wurde. Anders als die Festungen →Montségur und →Quéribus, die wie „Adlerhorste" als Einzelgebäude auf einem Berggipfel angelegt waren, erstreckt sich Peyrepertuse über einen ganzen Gipfelkamm der Corbières. Die Burg ist heute noch gut erhalten.

Pferde der Ritterorden:
„Das Pferd ist bekanntlich der wichtigste Teil des Ritters!" (Jean Giraudoux).
Die Pferde der Ritterorden wurden besonders gezüchtet und ausgebildet; sie mussten im Stande sein, die Last der schwer gepanzerten Ritter zu tragen und im Kampfgetümmel nicht zu scheuen. Ein Pferd stellte am Anfang des 12. Jhdts. einen hohen Wert dar (10 Ochsen); zur kompletten Ausrüstung eines Ritters gehörten zumindest drei Pferde; ein Lastpferd, ein Marschpferd und ein Streitross, dies um nach langem Anmarsch, zum Kampf bereit zu sein. Wenn ein Templer bei der Kavalkade aus der Reihe der Ritter ausbrach wurde er zu Fuß ins Lager zurückgeschickt; dort hatte er eine entsprechende Strafe zu erwarten (→Ordensregel, Artikel 163); die Berechtigung auf eine bestimmte Anzahl von Pferden wurde durch die Hierarchie innerhalb des Ordens festgelegt (→Großmeister, →Marschall, →Seneschall); in Friedenszeiten wurden die Tiere der Ordensoberen besser gefüttert als die der einfachen Mönchsritter (Artikel 79).

Philipp II. Augustus: (* 21. August 1165 in Paris, † 14. Juli 1223 in Mantes-la-Jolie bei Paris); Sohn

→*Ludwig VII.*; ab 1. November 1179 Mitkönig; französischer König ab 1180. Ließ 1202 König →*Johann I. Ohneland* wegen Verletzung seiner Vasallenpflichten (Felonie) seine französischen Lehen entziehen und konnte in den folgenden Jahren den größten Teil des angevinischen Festlandbesitzes erobern; 1214 bei Bouvines errang er den endgültiger Sieg über die englisch-welfische Koalition und erhielt den Beinamen Augustus. Führte gemeinsam mit Papst →*Innozenz III.* den Krieg gegen die Katharer (→Albigenserkrieg). Philipp bestätigte 1206 die Rechte der Templer in der Normandie, die diese vom englischen König erhalten hatten und bedachte den Orden auch in seinem Testament (→Templer in Frankreich). Für die templerischen Dienste im Heiligen Land befreite Philipp den Orden für alle Zeiten von Zahlungen von Gebühren, die vom Staat für alle mit dem königlichen Siegel ausgestellten Urkunden, Privilegien und Schreiben eingehoben wurden.

Philipp III. der Kühne: Philipp le Hardi; (* 3. April 1245 in Poissy, † 5. Oktober 1285 in Perpignan); Sohn →*Ludwigs IX.* und Vater →*Philipps IV.*; französischer König seit 1270; versuchte gemeinsam mit *Karl I.* von Anjou die französisch-sizilianischen Interessen gegen *Peter III.* von Aragonien zu vertreten.

Philipp bestätigte im August 1279 die Besitzungen der Templer und deren Vorrechte innerhalb der Stadtmauern von Paris; nur die Gerichtsbarkeit auch auf templerischen Besitzungen verblieb beim König, obwohl diese Befugnis vorher in Händen der Templer war. Im Bereich des →„vieux temple", des Haupthauses der Templer in Frankreich, verblieb dagegen die absolute Macht beim Orden. Alles blieb Eigentum des Ordens samt allen Einwohnern und zugezogenen Fremden. Die Gerichtsbarkeit blieb in der Hand der Templer. Der König hatte hier auch nicht das Recht Bewohner des templerischen Gebietes zum Waffendienst zu rekrutieren. Der König versuchte zwar mit dem Gesetz den Erwerb von Lehen und Gütern durch geistliche Orden zu verhindern, doch gelang es den Templern mit

Hilfe ihrer Privilegien dieses Gesetz ohne Folgen zu umgehen.

Philipp IV. der Schöne: französisch Philippe le Bel; (* 28. August 1268 in Fontainebleau, † 29. November 1314 in Fontainebleau, an den Folgen eines Jagdunfalles); Sohn →*Philipps III., des Kühnen*; König von Frankreich (1285-1314); verheiratet mit *Johanna von Navarra* († 1305), der Erbin der Champagne, dadurch Ausweitung seiner Krondomäne. Philipp besaß für einen Fürsten dieser Zeit eine sehr hohe Ausbildung, war nur in Fragen des Glaubens intolerant und unaufgeklärt. Er trat mit Hilfe der Generalstände gegen Papst →*Bonifaz VIII.* auf, der sich gegen die Besteuerung der geistlichen und der kirchlichen Güter zur Wehr setzte und mit der →Bulle „Unam sanctam", in der er alle Leugner der Überordnung der päpstlichen Macht über die weltliche Gewalt, als „Rebellen gegen die göttliche Ordnung" bezeichnete. Mit Hilfe von Verleumdung, Denunziation und Propaganda und seinem Helfershelfer →*Nogaret* versuchte Philipp die öffentliche Meinung gegen den Papst zu beeinflussen. Auf seine Veranlassung überfiel Nogaret Bonifaz VIII. in Anagni, am Tag bevor dieser die vorgesehene Exkommunikation Philipps verkünden konnte (7. September 1303). Der Papst konnte befreit werden, bevor er aber an den Folgen des Überfalles starb, belegte er sowohl Philipp wie auch seinen Handlanger Nogaret mit dem Kirchenbann. Philipp kämpfte über den Tod des Papstes hinaus gegen dessen Verfügungen und für dessen Verurteilung als Ketzer. Papst →*Benedikt XI.* führte eine Frankreich freundliche Politik und hob den Bann gegen Philipp und auch andere Verfügungen seines Vorgängers auf, nur nicht den Bann über Nogaret. Nach dem überraschenden Tod Benedikts unterstützte der König die Wahl des Erzbischofs von Bordeaux (*Bertrand de Got*) zum Papst (→*Klemens V.*).

1287, zwei Jahre nach seiner Krönung, versuchte Philipp templerische Güter für die Krone zu sichern, um damit die Ausweitung des Ordensbesitzes zu verhindern, indem er wie sein Vater

(→*Philipp III.*) dies mit gesetzlichen Mitteln (→Templer in Frankreich) vorerst ohne Erfolg versuchte; bereits 1292 gab er diesen Versuch auf und am 20. Jänner 1293 bestätigte er alle Ordensbesitzungen; gleichzeitig bestätigte er die Besitzungen des Ordens in und um Paris und 1295 sicherte er die zollfreie Ausfuhr von Ordensgütern auf der Flotte des Ordens zu. Am 4. März 1295 richtete Philipp an alle →Baillis seines Reiches ein Rundschreiben, in dem er die Güter und Untertanen des Ordens von Abgaben ausschloss, und bis dahin durchgeführte Beschlagnahmen oder Pfändungen waren zurückzunehmen. Am 10. August 1303 schloss der König mit dem Orden (→*Hugo de Pairaud*) einen Vertrag in dem allen Angehörigen des Ordens Schutz zugesagt wurde; mit dieser Vereinbarung wollte sich Philipp offensichtlich die Unterstützung der Templer im Streit gegen Papst Bonifaz sichern.

Die permanente Geldknappheit zwang den König zu Maßnahmen, die die Inflation im Land förderten. Was ihm bereits von Bonifaz die Bezeichnung „Falschmünzerkönig" eingetragen hatte. 1306 kam es aus diesem Grund zu einem Aufruhr in der Bevölkerung. Der König floh vor der aufgebrachten Menge in den Tempel von Paris. Dort wurde er des Reichtums der Templer ansichtig und sein Hass und Neid auf den Orden wurden geschürt. Die Templer hatten den König bis zu diesem Zeitpunkt (auch gegen Bonifaz) in vielen (finanziellen) Angelegenheiten unterstützt. Im Juni 1304 stellte der König dem Templerorden einen Freibrief aus, indem er den Brüdern für ihre Verdienste alle bisher erworbenen Gütern als unbestreitbares Eigentum zusprach und sie von allen Abgaben befreite. 1304 schrieb Philipp über die Templer:
„Die Werke der Frömmigkeit und Barmherzigkeit, die wunderbare Großzügigkeit, die der heilige Orden des Tempels, vor langer Zeit auf Grund göttlicher Gnade gegründet, auf der ganzen Welt jederzeit offenbart, sein Mut, der es verdient ermuntert zu werden, sich noch aufmerksamer und beharrlicher um die gefährliche Bewachung des

heiligen Landes zu kümmern, →*veranlassen uns, unsere königliche Freizügigkeit auf den Orden und seine Ritter auszudehnen, wo auch immer in unserem Königreich sie sich auch befinden, und dem Orden und seinen Rittern, für die wir eine aufrichtige Vorliebe hegen, die Zeichen unserer besonderen Gunst zu gewähren."*

Philipp war durch seine Heirat zwar nominell Herr der Champagne, doch der Reichtum dieses Gebietes floss in die Kassen der Templer, deren permanenter Schuldner er war. Zu einem früheren Zeitpunkt wollte Philipp ähnlich wie →*Richard I. Löwenherz* im Templerorden affiliieren, dies wurde vom Orden abgelehnt und der König wurde durch diese Abweisung tief gekränkt. Philipp begann die Verfolgung des Ordens in der gleichen Weise, wie er seinen Kampf gegen Bonifaz geführt hatte, mit Denunziation, Verleumdung und Beeinflussung der öffentlichen Meinung durch Propaganda. →*Esquieu de Floyran* lieferte Philipp das dazu notwendige Material. Seine Helfershelfer waren dabei der Großinquisitor von Frankreich und Beichtvater des Königs *Wilhelm* →*Imbert*, sein Berater *Wilhelm* →*Nogaret, Pierre* →*Dubois, Enguerand de* →*Marigny* und der Erzbischof von Sens *Philipp de* →*Marigny*. Er ließ Spione in den Orden einschleusen und Protokolle schreiben, die er dem Papst vorlegte, um von ihm die Erlaubnis für eine Untersuchung zu erwirken. Der Papst wies die Anschuldigungen zurück. Im August 1307 gab er dem König nach und sicherte eine Untersuchung zu und wies darauf hin, dass der Großmeister selbst den Verleumdungen entgegentreten wollte. Nun fasste Philipp den Beschluss selbst zu handeln. In einem geheimen Befehl vom 14. September 1307 an seine Polizei (→Gens de Roi) ließ er, ohne Wissen des Papstes, die Templer in einer konzertierten Aktion in der Nacht zum 13. Oktober 1307 verhaften. Der König veranlasste den Großinquisitor von Frankreich, die Aktion gegen den Orden durch ein Schreiben an ihn zu befürworten, damit Philipp vor der Öffentlichkeit zumindest scheinbar die kirchliche Zustimmung für seine Handlungen hatte. Er missachtete den zaghaften Protest des Papstes, in dem dieser darauf hinwies, dass die Templer ausschließlich der päpstlichen Gerichtsbarkeit unterstanden und ließ trotz dieses Protestes die Ordensmitglieder weiter in Gefangenschaft und durch Folter Geständnisse erzwingen. In der Öffentlichkeit denunzierte Philipp den Orden mit den im Mittelalter schlimmsten Verbrechen: Sodomie, Ketzerei, Götzendienst, Missbrauch des Bussakraments, Messen ohne Konsekration und skrupellose Geschäftspraxis (→Anschuldigungen). Bereits drei Tage nach der Verhaftung der Templer schrieb Philipp an die Könige von England, Aragón und Portugal, in denen diese aufgefordert wurden, seinem Beispiel zu folgen und ähnliche Maßnahmen zu ergreifen.

Am 5. Mai 1308 berief Philipp den Ständerat nach Tours, wo man der allgemeinen Ansicht war, dass die Templer zum Tode zu verurteilen seien. Das vom König angeforderte theologische Gutachten der Pariser Universität sprach allerdings dem weltlichen Gericht das Recht zu, über Ketzerei zu urteilen.

Am 26. Mai 1308 Mai kam Philipp nach →Poitiers, um sich mit Klemens V. zu verständigen. Ihm folgte aus Tours Wilhelm von →Plaisians, der den Papst im Sinne des Königs zu beeinflussen versuchte, und um den Papst zur Verurteilung der Templer als Häretiker zu bewegen. Bei den folgenden Verhören in Poitiers 1308 sorgte Philipp dafür, dass hier nur durch Drohungen und Folter gefügig gemachte Ordensmitglieder aussagen konnten und nur jene Templer nach Poitiers gebracht wurden, die schon bei früheren Verhören die am meisten belastenden Punkte gestanden hatten. Als die Verhöre (72) Ende Juli abgeschlossen waren, war der Papst von der Schuld des Ordens überzeugt. Philipp verließ Poitiers Anfang August mit dem Erfolg, dass ab nun das Verfahren gegen den Orden in seinem Sinne von der Kurie fortgesetzt wurde.

Am 29. November 1314 stürzte Philipp auf einer Wildschweinjagd so unglücklich von seinem scheuenden Pferd, dass er im Steigbügel hängen

blieb. Er wurde vom Eber angefallen und so schwer verletzt, dass er bald danach starb, ohne die letzte Ölung empfangen zu haben. (→Fluch des Molay).

Philipp de Milly: →Philipp de Nablus.

Philipp de Nablus: (Philippus de Neapoli, de Naplouse, Naplous, Napluse, Philipp de Milly); Stammt von der Familie „von Milly" (Vater *Guido de Milly*) aus der Picardie ab, wurde aber bereits in Nablus im Heiligen Land geboren. Er wird in einer Urkunde König →*Fulkos* (von Anjou) am 5. April 1138 erstmals erwähnt. Er war Vertrauter der Königin →*Melisende*. Im Streit zwischen der Königin und ihrem Sohn →*Balduin III.* nahm er Partei für Melisende; kehrte nach deren Thronverzicht an den Hof Balduins zurück. 1161 erhielt er vom König das Lehen (Seigneurie) Transjordanien. Philipp war verheiratet und hatte eine Tochter. Nach dem Tod seiner Frau trat er um 1165 in den Templerorden ein. 7. Großmeister des Templerordens (1169-1170/71); seiner kurzen Großmeisterschaft wird nachgesagt, dass eigentümliche, morgenländische Gebräuche in das Ordensleben eingeführt wurden. Dieser Umstand ist möglicherweise darauf zurückzuführen, dass Philipp der erste Großmeister war, der im Heiligen Land geboren wurde. Philipp hatte eine besondere Nahebeziehung zu König →*Amalrich I.*, dessen Seneschall mit der Tochter Philipps verheiratet war. Warum Philipp bereits ein Jahr nach seiner Wahl zum Großmeister sein Amt freiwillig zurücklegte ist nicht sicher. Er dürfte, nachdem seine Bitten um Unterstützung für die Verteidigung des Heiligen Landes bei den Monarchen Europas fruchtlos blieben, verbittert sein Amt zurückgelegt haben; 1171 soll er den König nach Konstantinopel begleitet haben. 1181 wird er noch als lebend erwähnt. Später dürfte er als Botschafter des Königreichs Jerusalem in Konstantinopel fungiert haben.

Philipp de Plessis: (auch du Plaissis, de Plaissiez); stammte aus Anjou (Bretagne). 14. Großmeister der Templer (1201-1215), Nachfolger von →*Gilbert Heral* (Erail); in dieser Zeit verhielt sich der

Orden in Palästina sehr untätig und richtete sein Interesse eher nach Zypern und nach Europa. Innerhalb des Ordens dürften disziplinäre Probleme aufgrund von Ordensbefehlen (im Generalkapitel 1202) entstanden sein. Einige Brüder wollten daraufhin in den Zisterzienserorden übertreten. Vielleicht war dies die Ursache für die vom Papst (→*Innozenz III.*) erlassenen Bulle „Licet quibusdam", nach der nur mit Genehmigung des Großmeisters der Orden verlassen werden durfte und andere Orden Abtrünnige aus dem Templerorden nicht aufnehmen durften. In der Amtsperiode Gilberts kam es zur Auseinandersetzung mit König →*Leo II.* von Armenien (1202), der alle Templer aus seinem Land jagte und dem Orden den Krieg erklärte. Erst 1213 konnte dieser Konflikt zu Gunsten des Ordens gelöst werden.

In seiner Amtsperiode wurden große Teile der Städte Akkon, Tyrus und Tripolis durch ein Erdbeben zerstört, nur die Templerhäuser blieben unversehrt (20. Mai 1202). Plessis wollte 1209 den Waffenstillstand mit Al-Adil (Saphadin), dem Bruder →*Saladins*, brechen um im Sinne des Papstes Innozenz III. Kriegshandlungen gegen die Muslime setzen zu können. Offensichtlich durch einen, durch sein hohes Alter bedingten, Realitätsverlust vertraute er bei seinen Entscheidungen ausschließlich auf die Gebete der Zisterzienser. Sein Tod verhinderte die Ausführung seiner kriegerischen Vorhaben und bewahrte den Templerorden vor großem Schaden.

Pierre d'Aumont: →Aumont, Pierre d'.

Pierre de Bologne: (Peter von Boulogne oder Bologna); Generalprokurator und Ordenspriester; Vertreter des Templerordens beim Heiligen Stuhl. Er gab bei seinem Verhör am 7. November 1307 vor der Inquisition die Verleugnung Christi, das Bespeien des Kreuzes und die unzüchtigen Küsse zu, widerrief jedoch seine Aussage als Vertreter und Delegierter vor dem päpstlichen Tribunal (→Achterkommission). 1310 gelang es ihm gemeinsam mit *Reginald von Provins*, *Bertrand von Sartiges* und *Wilhelm von Chambon-*

net die Interessen des Königs und die Kreise der Inquisition zu stören. Pierre de Bologne verschwand auf mysteriöse Weise (Ermordung oder Flucht?), Provins erkrankte und war nicht mehr vernehmungsfähig, Chambonnet und Sartiges wurden am 17. Dezember neuerlich verhört. In seiner Verteidigung des Ordens vor der päpstlichen Kommission las Pierre aus einem gemeinsamen Memorandum vor:

„...*Die unterschriebenen Brüder vom Tempel erklären, nicht mit der Absicht einen Streit heraufzubeschwören, sondern nur in Beantwortung der gestellten Fragen, dass sie Prokuratoren weder bestellen können und wollen, noch ohne Zustimmung des Meisters und Konvents dies zu dürfen. Es erklären sich aber alle einzeln und insgesamt zur Verteidigung des Ordens bereit (...). Wenn sie in Freiheit gesetzt sind, sind sie bereit überall zu erscheinen. Für jetzt sind sie damit einverstanden, dass die Priester Reginald von Provins, Pierre de Bologne und die Ritter Bertrand von Sartiges und Wilhelm von Chambonnet alles was sie zum Vorteil bei der Verteidigung des Ordens sagen können, bei der Kommission vortragen sollen. (...). Ebenso protestieren sie dagegen, dass aus dem, was während der Gefangenschaft Templer gegen sich und den Orden aussagen, Gültigkeit habe, da es offenkundig ist, dass sie durch Überredung, Bestechung oder Furcht gezwungen wurden (...). Es ist deshalb nicht nur wunderbar, ja fast erstaunenswert, dass man jenen, welche zur Erhaltung ihres Körpers lügen, mehr glaubt als denjenigen, welche gleichsam als Märtyrer Christi unter der Folter zur Aufrechterhaltung der Wahrheit mit der Palme des Martyriums aus dem Leben geschieden sind, und die um größeren Teil noch jetzt Unsägliches in der Ertragung von Martern und Ängsten bloß zur Beruhigung des Gewissens ertragen...".*

Pierre de Castelnau: († 14. Jänner 1208); entstammte einer Adelsfamilie aus Castelnau bei Montpellier; ab 1202 Zisterzienser-Mönch in der Abtei von →Fontfroide, der 1203 gemeinsam mit seinem Mönchsbruder *Raoul* (Radulphus) und dem Abt der Abtei von Cîteaux →*Arnaud Amaury* als päpstliche Gesandte die Aufgabe erhalten hat-

te, gegen die Ketzerei in Südfrankreich aufzutreten und den örtlichen Klerus zu reformieren. Dazu übertrug ihnen der Papst die Gerichtsbarkeit über die Ketzer, von dieser Vollmacht machten sie ausgiebig Gebrauch. 1205 traf er auf seiner Inspektionsreise in Montpellier auf *Domenico Guzman* genannt →*Dominikus*, der zum Unterschied vom prunkvoll reisenden Legaten, ärmlich gekleidet und barfuss die Häretiker des Südens zu bekehren suchte. Bei einer öffentlichen Diskussion 1206 in Montréal wurde Castelnau als Aushängeschild der „Hure" und „Teufelsweib" genannten römischen Kirche verspottet. Am 29. Mai 1207 exkommunizierte Castelnau →*Raimund VI.*, den Grafen von Toulouse. Um den Zustand der Exkommunikation zu beenden, musste sich der Graf der Kirche unterwerfen und beeiden, die Ketzer in seinen Gebieten zu verfolgen. Anfang 1208 bat der Graf den Legaten zu einer Aussprache auf sein Stammschloss Saint-Gilles in der Camargue im Laufe dessen der Graf den arroganten Legaten anbrüllte:
„Wohin du auch gehst, zu Lande oder zu Wasser, pass auf! Ich werde ein Auge auf dich haben!"
Pierre de Castelnau kam nicht weit; am 14. Jänner wurde der Legat unter mysteriösen Umständen in der Nähe von Saint-Gilles getötet, angeblich wurde er vom Pagen des Grafen von Toulouse von hinten mit einer Lanze niedergestochen. Papst →*Innozenz III.* reagierte sofort mit der neuerlichen Exkommunikation des Grafen und ließ in der gesamten Christenheit den Kreuzzug gegen die ketzerischen →*Katharer* predigen. Der Kreuzzug gegen die Katharer (→*Albigenserkriege*) wurde dem Kampf gegen die Ungläubigen im Heiligen Land und gegen die Mauren auf der iberischen Halbinsel gleichgesetzt.
Um den „Märtyrertod" des Legaten rankt sich auch ein Wunderglaube, der Chronist *Pierre des Vaux de Cernay* schreibt:
„Als der Leichnam des Legaten, der zuerst im Kloster der Mönche von Saint-Gilles bestattet worden war, lange Zeit danach in die Kirche umgebettet wurde, fand man ihn so völlig unversehrt vor, als ob er an demselben Tag bestattet worden

wäre. Es ging auch ein wunderbarer Duft von dem Körper und den Gewändern des Heiligen aus."
Pierre de Montaigu: →Peter von Montaigu.
Pierre de Vaux de-Cernay: (* um 1182, † nach 1218); Neffe des Bischofs von Carcassonne; Zisterzienser und französischer Chronist. Er beschrieb in seiner „Historia Albigensis" den Kreuzzug gegen die Albigenser (→*Albigenserkriege*) in sehr parteiischer Weise. Er interpretierte den Kreuzzug als Kampf zwischen Gut und Böse, und →*Simon de Montfort* wurde bei ihm als Held gefeiert.
Pilger: (kirchenlateinisch „pelegrinus" von lateinisch „peregrinus", „Fremdling", althochdeutsch: piligrim); weit verbreitete Erscheinung des aus religiösen Motiven zeitweise oder dauernd heimatlos Wandernden. Häufigste Form der Pilgerschaft ist die Wallfahrt zu heiligen Stätten, um von den irdischen Übeln befreit zu werden, oder die Suche nach Erleuchtung (z. B. im Islam der →*Hadsch*, im Christentum die Reisen nach Rom, Santiago de Compostella oder ins Heilige Land); die →*Kreuzzüge* waren eine Art bewaffneter Pilgerfahrt mit umfassender Ablasserwartung. An den Pilgerwegen bildeten sich besonders an neuralgischen Punkten wie Flussübergängen oder Bergpässen infrastrukturelle Einrichtungen wie Pilgerherbergen (→*hospitos*) und Hospitäler.
Pilgerburg: →Athlit.
Plaisians, Wilhelm von: *Guillaume de Plasian*; († November 1313); Ritter, Rat und Minister →*Philipps IV., des Schönen*; war wesentlich an der Vernichtung des Templerordens beteiligt; übte gemeinsam mit →*Nogaret* Druck auf →*Klemens V.* aus. Er vertrat die Position des Königs vor einem Konsistorium am 29. Mai 1308; er forderte von Papst die Wiedereinsetzung der von diesem im Februar 1308 eingestellten Untersuchung der Inquisition gegen die Templer und die Abschaffung des „verdammten" Ordens. Klemens antwortete auf diese Forderungen:
„Schreckliches habe er zwar über die Templer gehört, dennoch sagen wir, wenn sie gut sind, wie wir noch glauben, müssen wir sie lieben; wenn sie schlecht sind müssen wir sie hassen (...). Die Kir-

che pflegt nicht sich zu übereilen, sondern langsam vorzugehen, daher sagen wir, dass wir wissen und prüfen wollen, was wirklich geschehen ist, und dann nach dem Rat und der Zustimmung der Kardinäle das Urteil fällen, immer aber unter Wahrung des Rechtsweges!"
Da der Papst nicht Plaisians Vorstellungen entsprechend reagierte, entgegnete er:
„Eure Heiligkeit hat allgemein geantwortet, ohne indes etwas genaues über den besonderen Fall zu sagen; Ihr habt gesehen, dass die Gemüter der anwesenden Zuhörer darüber ziemlich erstaunt waren (...). Denn einige argwöhnen, Ihr wolltet die Templer begünstigen."
Plaisian war anwesend als am 27. Juni 1308 dem Papst 72 „gut ausgesuchte" Templer (Renegaten und Gefolterte) präsentiert wurden, die mit ihren Aussagen den Druck auf Klemens verstärken sollten. Plaisian gab sich bei den Verhören von →*Molay* in Chinon immer wieder als dessen Freund aus. Mit List konnte er den Großmeister zum Verzicht auf seine Verteidigung vor der Kardinalskommission bewegen. Er wurde immer wieder auf die Möglichkeit einer Aussage vor Klemens V. verwiesen. Molay sollte jedoch niemals dem Papst vorgeführt werden.

Plantagenet: (Anjou-Plantagenet); englisches Königshaus, das von 1154-1399, mit seinen Nebenlinien Lancaster und York bis 1485 regierte; Name von der Helmzier des Stammvaters Graf *Gottfried V. von Anjou* (* 1113, † 1151), einem Ginsterbusch (lateinisch „Planta genista") abgeleitet. Seit *Heinrich II.*, Sohn der *Mathilde* und *Gottfrieds des Schönen* (Plantagenet), auf dem englischen Thron sass zur Wappenpflanze erhoben.

Poitiers: Hauptstadt der Region Pitou-Charentes und des Départements Vienne; das gallorömische Limonum, später Civitas Pictonum, Hauptstadt der keltischen Piktonen; wichtiger Verkehrsknotenpunkt. Seit zirka 350 Bischofssitz und im 6. Jhdt. kultureller Mittelpunkt und seit dem Ende des 8. Jhdts. Hauptstadt der Grafschaft Poitou; im Spätmittelalter auch Hauptstadt von Aquitanien.

Im Zuge des Templerprozesses fanden hier Verhöre von Templern (1308) statt, die die Schuld der Templer auch vor dem Papst →*Klemens V.* bestätigen sollten. Die hier aussagenden Templer waren durch Drohungen und Folter so gefügig gemacht worden, dass für die Verhörenden das gewünschte Ergebnis erreicht werden konnte. Insgesamt wurden hier 72 Brüder als Angeklagte und 231 Zeugen verhört.

Politischer Einfluss der Templer: Gemeinsam mit den Ordensmeistern der Johanniter waren die Großmeister der Templer im Kronrat des Königreiches im Heiligen Land vertreten; 1167 war *Gottfried* →*Fouchier* wesentlich an der Errichtung des Vertrages zwischen dem Königreich Jerusalem und Ägypten beteiligt; →*Philipp von Nablus* vertrat 1171 das Königreich Jerusalem als Botschafter; davor hatte er sein Amt als Großmeister zurückgelegt. →*Gerhard von Rideford* war mit seinem Einfluss auf den König von Jerusalem (→*Guido von Lusignan*) am Untergang der christlichen Herrschaft im Heiligen Land maßgeblich beteiligt; 1222-1224 unterstützten die Templer eine politische Partei in →*La Rochelle* und wurden dafür vom Papst (→*Honorius III.*) verurteilt; der Ordensbruder *Richard, der Almosenier* gehörte 1255 dem pro-englischen Rat von Comyn in Schottland an; 1257 vermittelten die Templer von Perugia im Konflikt zwischen Genua und Pisa.

Pons von Tripolis: Sohn *des Bertrand von* →*Tripolis*; wollte die Oberhoheit der Könige von Jerusalem über seine Grafschaft nicht anerkennen; über seine Gattin *Cäcilie* und deren erster Ehe mit *Tankred* dem Fürsten von →Antiochia, kam Pons zur Festung →*Chastel Rouge* und Arzghan als Lehen und wurde aus dem gleichen Grund einer der Barone des Fürstentums Antiochia. Als sich Antiochia von Jerusalem unabhängig machen wollte unterstützte er die Erbin des Fürstentums *Alice* und deren Partei; als →*Fulko von Anjou* mit einem Heer heraneilte, verweigerte ihm Pons den Durchmarsch durch Tripolis. Als Fulko dennoch über die Unabhängigkeitsbestrebungen obsiegte und die Aufständischen bei

Chastel Rouge schlagen konnte, leistete Pons Abbitte und es wurde ihm vom König verziehen. Pons' Sohn →*Raimund II.* wurde 1133 mit der Schwester der Königin →*Melisende* verheiratet. 1137 wurde Pons nahe des Mons Peregrinus gefangengesetzt und getötet.

Ponsard de Gizy: (Ponsard de Gisi); Präzeptor der Templer von Payens; wies anlässlich seines Verhöres in Paris (→Achterkommission) im Prozess gegen den Orden am 27. November 1309 jede Schuld von sich. Er erklärte, dass die vor dem Pariser Bischof (→Imbert) gemachten Geständnisse nur das Ergebnis von unglaublichen Folterungen gewesen seien und widerrief sein damaliges Geständnis:

„Als er gefragt wurde, ob er jemals gefoltert worden sei, antwortete er, er sei drei Monate vor dem Geständnis, das er dem Erzbischof von Paris ablegte, in eine Grube gesperrt worden. Man hatte ihm die Hände so fest hinter dem Rücken zusammengebunden, bis ihm das Blut aus den Nägeln geflossen sei. Er blieb lange dort eingezwängt (...). Er sei bereit zu leiden und Enthauptung, Feuertod oder Tod durch Verbrühen zu erdulden, sofern es nur schnell vorübergehe. Er könne die Qualen nicht länger ertragen, denen er seit bereits mehr als zwei Jahren ausgesetzt sei (...) er würde selbst eingestehen die Mutter Gottes getötet zu haben, wenn er nochmals so gefoltert werden sollte."

Dieses von Ponsard widerrufene Geständnis hatte er in schriftlicher Form weitergegeben und es enthielt die schwersten Vergehen wie unsittliches Treiben mit Schwestern, Simonie und die Aufnahme von Unwürdigen. Ponsard erwähnte, dass 36 Brüder bei den ersten Verhören unter der Folter gestorben seien. Ponsard de Gizy war einer der ersten der 54 Templer, die am 12. Mai 1310 am Scheiterhaufen verbrannt wurden. (→Folter).

Poulain: (Pullanen; französisch „Fohlen"); Nachkommen der lateinischen (fränkischen) Siedler im Heiligen Land. Sie galten im allgemeinen als waffenscheu und verweichlicht. Sie übernahmen die dem Klima angepasste Bauweise der Einheimischen und auch einige derer Sitten. Als sie die Gebräuche der muslimischen Nachbarn über-

nahmen, wurden sie von den Templern als vaterlandslose Gesellen,

„die das Land, nicht aber die Sitten ihrer Väter geerbt haben",

bezeichnet. Ähnlich den Mohammedanern schlossen sie ihre Frauen vor dem Bildungswesen ab. Sie waren oft nur mehr ihrer Herkunft nach Christen; sie verachteten die Kreuzfahrer und deren fromme Begeisterung und nützten die Kreuzzüge zu ihrem materiellen Vorteil aus; wegen ihrer Sittenlosigkeit wurden sie von Christen und Muselmanen gleicherweise verachtet. Im 13. Jhdt. traten sowohl die „Poulains" als auch die Ritterorden für eine vernünftige Mäßigung im Kampf gegen die Moslems ein. Diese Haltung wurde von den neu im Heiligen Land angekommenen Kreuzfahrern als Schwäche ausgelegt.

Prämonstratenser: (lateinisch Candidus et Canonicus Ordo Prämonstratensis; Abkürzung OPraem, oder Norbertiner); größter Chorherrenorden mit der Augustiner-Regel; →*Norbert von Xanten* (* zwischen 1080/85, † 6. Juni 1134) stammte aus einem deutschen Adelsgeschlecht; er war von seiner Familie für den geistlichen Stand vorgesehen und wurde sehr früh Kanoniker im hochbegüterten Chorherrenstift in Xanten. Er war reich und weltlichen Dingen nicht abgeneigt, schwor aber im Augenblick höchster Lebensgefahr den weltlichen Dingen ab und trat in das Benediktinerkloster Sieburg ein (1115). In Klosterrath bei Aachen lernte er die strenge Augustiner-Regel kennen, die auf besonders asketische Lebensweise und auch auf pastorale Tätigkeiten Wert legte. So wollte Norbert von Xanten durch Predigt die Menschen wachrütteln, um sie einer neuen Frömmigkeit nach dem Ideal der Urkirche zu öffnen. Bereits 1115 wurde er zum Priester geweiht. Nachdem er mit dem großzügigen Lebensstil des Xantener Stiftskapitels nicht zufrieden war, zog er predigend durch Deutschland und später durch Frankreich. Erst 1118 erhielt er von Papst →*Gelasius II.* die offizielle Predigererlaubnis. Mit Gleichgesinnten gründete er 1120 in einem öden Tal in der Nähe von Laon das Kloster Prémontré (lateinisch Praemonstratum-pratum monstratum). Die Mönche verpflichteten sich zu einem nach der strengen Augustinerregel ausgerichteten, asketischen Leben. Insbesondere betonte Norbert von Xanten die Armut und verlangte von seinen Mönchen den Verzicht auf Fleisch und Fett. Bekleidung: weißes Bußgewand aus ungebleichter Wolle, bestehend aus dem Talar, →Skapulier, →Cingulum und →Birett; im Winter auch das Almuzia und die Cappa (weißer Mantel mit Kapuze). Am 16. Februar 1126 bestätigte Papst →*Honorius II.* den Orden als „Chorherren des heiligen Augustinus nach den Gebräuchen von Prémontré". 1127 wurde Norbert als Erzbischof von Magdeburg eingesetzt.

Die Prämonstratenserkirchen haben die zisterziensischen Bauformen (Basiliken) mit Langhaus und Kapellen im Querschiff übernommen. Der Verzicht auf jegliche bildliche oder figürliche Darstellung entspricht den Vorstellungen des →*Bernhard von Clairvaux.*

Präzeptor: War für die Güter des Ordens zuständig, und für die Überwachung der Einhaltung der Ordensregeln in dem ihm zugewiesenen Ordensbezirk. Auch als Prokurator, Ministerial oder →Komtur bezeichnet. Qualifiziert nicht unbedingt die tatsächliche hierarchische Stellung des Trägers des Titels. Der Präzeptor konnte sowohl einer Komturei, aber auch dem Orden eines ganzen Landes vorstehen.

Prémontre: →Prämonstratenser.

Priesterkönig Johannes: („Presbyter Johannes"); legendärer christlicher Priester und König eines christlichen Königreiches in Asien; nach einem im 12. Jhdt. in Palästina kursierenden Bericht ein nestorianischer Christ und Priesterkönig, der Perser und Meder besiegt haben sollte und Jerusalem zu Hilfe kommen wollte. Ein angeblicher Brief des Johannes, der von den europäischen Fürstenhäusern weitergereicht wurde, veranlasste 1177 →*Papst Alexander III.* zu einem Antwortschreiben. Im 15. Jhdt. wurde das Reich des Priesterkönigs in Äthiopien vermutet.

Prieuré de Sion: (Priorei, Kloster von Sion); ihre Anfänge führen in das 10. Jhdt. und sie soll mit der Geschichte der Merowinger eng verbunden gewesen sein. Mitglieder des königlichen Stammes Benjamin (die Nachkommen von Jesus und Maria Magdalena) verließen Palästina und zogen über das Arkadien des klassischen Griechenlands weiter nach Europa, wo sie sich im südlichen Gallien ansiedelten. Aus diesem Stamm und der fränkischen Königslinie soll durch Heirat die Dynastie der Merowinger hervorgegangen sein, die vom 5. bis zum 8. Jhdt. das fränkische Reich regierte. Die Dynastie soll aber nicht, wie historisch behauptet, ausgestorben sein; →*Gottfried von Bouillon,* ein direkter Nachfahre der fränkischen Könige, soll knapp vor seinem Tod auf dem Berg Zion eine →Abtei mit dem Namen „Notre Dame de Sion" („Unsere liebe Frau vom Berge Sion") gegründet haben. In der Folge (1188) wurde der Orden „Prieuré de Sion" genannt. Später hätten sich diesem Orden Ritter angeschlossen unter denen auch →*Hugo de Payens* gewesen sein soll. Die „Prieuré" ist daher mit der Gründung des Templerordens in Zusammenhang gebracht worden. Die beiden Orden sollen sich auch bis 1187 die Großmeister geteilt haben. Auch gibt es die Spekulation, dass die Templer der kämpfende Arm der Prieuré gewesen wären. Erst mit der Wahl des umstrittenen Großmeisters →*Gérard de Ridefort* hätten sich die beiden Orden getrennt. Der Schatz der →Katharer in →Montségur hätte nicht aus Gold, Silber und Juwelen bestanden, sondern bestand aus Dokumenten, die die Verbindung der Familie Jesu mit den Merowingern nachwies.

Das Jahr 1188 wird als Gründungsjahr eines weiteren Geheimbundes – „der Rosenkreutzer" (→Rosenkreuzer) überliefert. Der Gründer soll *Jean de Gisors* gewesen sein, der davor angeblich Großmeister der „Prieuré" war. Das „Rosenkreuz" (die Rose als Wiedergeburtssymbol in Verbindung mit dem Kreuz) gilt als Symbol dieses Bundes, dessen geistiger Inhalt als „spirituelle Alchemie" beschrieben wird.

Prior: im katholischen Ordenswesen Bezeichnung für den Zweitobersten in einer →Abtei (Stellvertreter des →Abtes), den Oberen eines selbständigen Mönchsklosters, welches nicht Abtei ist oder in verschiedenen Orden der Obere eines Klosters.

Privilegien: juristische Bezeichnung für die einem einzelnen, einer Personenmehrheit oder Sachen und damit deren Besitzer gewährte rechtliche Sonderstellung sowie für die darüber ausgestellte Urkunde (Freibrief). Darüber hinaus steht Privileg für das nur bestimmten Personen einer Gesellschaft vorbehaltene Sonder- oder Ausnahmerecht.

Das Privilegium bezeichnet den Haupttyp der auf Dauer angelegten und eine Rechtshandlung (Vor- und Sonderrechte) beinhaltenden mittelalterliche Urkunde.

Die von Papst →*Innozenz II.* (1130-1143) veröffentlichte Bulle „Omne datum optimum" (29. März 1139), die „Magna Charta" des Templerordens, fasst die bis zu diesem Zeitpunkt erhaltenen Privilegien zusammen. Die wichtigsten Privilegien waren:

- Der Orden wurde der bischöflichen Weisungsgewalt entzogen und direkt dem Heiligen Stuhl unterstellt.
- Garantie der Unabhängigkeit des Ordens: der Großmeister wurde allein von den Brüdern gewählt; die Autorität des Meisters über die Brüder wurde verstärkt.
- Die Templer erhielten das Recht ihre eigenen Priester zu haben.
- Zum Teil wurde die Freistellung vom Zehnten gewährt.

Papst →*Innozenz II.* erweiterte die Vorrechte mit der Bulle „Milites templi" (9. Februar 1143):

- Die Ordenskapläne durften einmal im Jahr in unter →Interdikt gestellten Gebieten die Messe lesen.

Papst *Eugen III.* veranlasste mit der Bulle „Militia dei" (7. April 1145) ein weiteres Privileg:

- Der Orden durfte seine eigenen Kirchen und Friedhöfe besitzen.

Der heilige Stuhl hielt beständig seine schützende Hand über die Templer und fast alle Päpste bestätigten entweder die Rechte, die die Templer bis zu ihrer Amtszeit erhalten hatten, oder er-

weiterten sie zum Ärger des Episkopats und der Amtskirche; dennoch wandte sich →*Innozenz III.* (Pontifikat: 1198-1216) mit einem strengen Tadel an den Großmeister. Er prangerte jene Templer an, die

„*...über jedem Gauner das Zeichen des Kreuzes schlagen, der ihre Prediger hört...'*

und zeigte die Bestechlichkeit vieler Ordensmitglieder auf. Insbesonders tadelte er, dass Exkommunizierte in geweihter Erde bestattet wurden. Papst →*Alexander III.* (1159-1181) bestätigte am 18. Juni 1163 die Bulle „Omne datum optimum" gegen den Willen der →Patriarchen im Heiligen Land und schuf damit eine kirchenrechtliche Anomalie, die letztlich für den Orden verderblich war.

Papst →*Lucius III.* (1181-1185) verfügte 1182 die Freiheit vom Zehnt für die Templer, für alles, was der Orden selbst geschaffen hatte, wie bewirtschaftete Grundstücke und von allem was der Orden für seinen Unterhalt brauchte. Die Päpste →*Honorius III.*, →*Gregor IX.* und →*Innozenz IV.* haben später dieses Privileg bestätigt. Papst →*Klemens III.* (1187-1191) bestimmte am 14. Februar 1190, dass Erlässe von Päpsten, die erteilten Ordens-Privilegien widersprachen, dem Orden gegenüber nicht wirksam waren und von den Templern nicht befolgt werden mussten. Dieser „Freibrief" wurde auf Grund seiner Bedeutung von einer Reihe von Päpsten bestätigt: Innozenz III. (am 25. November 1198, 22. Juni 1199 und am 8. September 1200), Innozenz IV. (am 9. Juli 1250), *Alexander IV.* (am 1. August 1255, 20. Jänner 1256, und am 6. und 8. März 1257) und von →*Urban IV.* (am 25. Jänner 1262).

Papst →*Gregor IX.* (1227-1241) musste gegen die aragonesischen Bischöfe einschreiten, weil diese entgegen der Privilegien des Tempelritterordens Brüder des Ordens exkommuniziert hatten. Gleichzeitig erweiterte der Papst die Privilegien der Templer, die ab nun keine Rechenschaftspflicht gegenüber den Bischöfen mehr hatten. Papst Innozenz IV. (1243-1254) erließ am 8. August 1253, dass die Schäden, die das weidende

Vieh der Templer auf fremden Gründen verursachten, zwar zu ersetzen waren, aber darüber hinaus keine – wie für andere üblich – Geldbußen zu leisten waren; Papst →*Klemens IV.* bestätigte 1265 diese Exemtion. Am 1. September 1260 sprach →Alexander IV. (1254-1261) den Klerikern des Templerordens das Recht zu, neben den Ordensbrüdern, auch dem Orden Dienenden Sakramente zu spenden und Absolution zu erteilen. Am 8. April 1258 erklärte der Papst, dass aus der Nichtausübung eines Privilegs durch die Templer daraus ein Präjudiz für die Zukunft abgeleitet werden könnte. 1265 warnte Klemens IV. die Templer: „*Wenn die Kirche auch nur einen Augenblick die Hand wegnähme, die euren Schutz gegenüber den Weltprälaten und weltlichen Prinzen sichert, könntet ihr auf gar keinen Fall den Sturmangriffen dieser Prälaten und der Gewalt dieser Prinzen standhalten.*"

Provence: Gebiet im Südosten von Frankreich; zwischen Dauphiné im Norden, dem unteren Rhônetal im Westen, dem Mittelmeer im Süden und der italienischen Grenze im Osten. 121 v. Chr. als Römische Provinz Gallia transalpina (Provincia narbonensis) gegründet; um 536 fränkisch; 855-863 und 879-933 als Niederburgund selbstständiges Königreich. Ab 950 Grafschaft Provence, die ab 1246 an verschiedene Linien des Hauses Anjou aufgeteilt wurde; ab 1481 französisch.

Provins: Stadt im Département Seine-et-Marne in Frankreich, in der südlichen Brie; heute zirka 12 500 Einwohner; seit dem späten 11. Jhdt. Teil der Grafschaft Champagne (Vicomté de Champagne); war eine der vier berühmten Messestädte (Champagnemessen; in der dreimal im Jahr eine Messe veranstaltet wurde; die Währung von Provins, der „Provinois", war international verbreitet. 1165 schenkte Graf *Heinrich I. von Champagne* dem Orden der Tempelritter ein Haus in Provins und legte damit den Grundstein für den Mittelpunkt des templerischen Besitzes dieser Region. 1171 wurde ein Haustausch mit der Kirche Notre Dame durchgeführt, der von Graf

Heinrich bestätigt wurde. Von *Thibaud IV.* de Champagne (→*Theobald von Navarra*; Sohn Heinrich I.) erhielt der Orden weitere Häuser, das Recht Zoll für Wolle und Stoffe einzuheben und Abgaben für alle zum Markt gebrachten Waren zu verlangen. Den Wein, den der Orden selbst in seinen Weinbergen bei Epernay anbaute, durfte er abgabenfrei verkaufen. Im Mai 1268 beurkundete der Präzeptor der französischen Templer →*Amaury de la Roche*, dass dem Orden das Recht von Theobald von Navarra zugestanden wurde, 40 Fässer Wein nach →Provins zollfrei einzuführen. Um 1300 befand sich die gesamte Grafschaft im Besitz und Einfluss des Ordens. Die Templer nutzten ihre Macht immer mehr aus, verletzten ihre Privilegien, missbrauchten ihre Stellung in der Stadt und weiteten ihren Besitz und Reichtum auch gewalttätig aus. In der Bürgerschaft waren die Templer so verhasst, dass sie sich in einer Beschwerdeschrift an König →*Philipp IV.* wandten. Sie beklagten darin vor allem die hohen Zölle auf Wolle und Textilien und wiesen auf unfaire Wiegemethoden für die zum Markt gebrachten Waren durch die von den Templern eingesetzten Wäger hin. Sie machten in ihrer Beschwerde den König darauf aufmerksam, dass auf Grund dieser Umstände keine oder nur geringe Gewinne zu erzielen seien und der König selbst dadurch geschädigt werden würde.

Provinzen der Templer: Der Templerorden war durch den Zuwachs von Ländereien gezwungen, den Orden zur besseren Verwaltung in Provinzen zu unterteilen. In Europa waren dies in der Zeit der größten Machtentfaltung zwölf: Portugal-Kastilien und Lèon, Aragonien-Katalonien, Mallorca, Francien gliederte sich in fünf Präzeptorien (Normandie, Flandern, Burgund, Champagne und die Auverne), Provence, Aquitanien, England mit Schottland und Irland, Deutschland, Böhmen-Mähren-Österreich und Ungarn, Ober- (Lombardei mit Rom) und Unteritalien (Apulien und Sizilien). In →Outremer waren es fünf (beziehungsweise sechs) Provinzen: Jerusalem, Tripolis, Antiochien mit Armenien, Zypern und Romanien (Thessalien und griechische Inseln). Jede Provinz war in kleinere Unterprovinzen unterteilt. Der Sitz des Großmeisters blieb bis 1187 in Jerusalem. Zur Zeit der größten Ausdehnung des Ordens war er in 17 Provinzen geteilt. Nach dem englischen Chronisten *Matthäus Paris* hatten die Templer Mitte des 13. Jhdts. rund 9 000 Komtureien.

Prozess: →Templerprozess.

Q

Qualawun: →Kalawun.

Quéribus: Burg der →Katharer in den Corbières; war nach dem Fall von →Montségur (1244) letzte Zufluchtsstätte der überlebenden Sektenmitglieder während und nach den →Albigenserkriegen. Die Burg wurde 1020 das erste Mal urkundlich erwähnt; im 12. Jhdt. wurde sie Teil eines Gebietes, das vier verschiedenen gräflichen Häusern unterstand (Besalu, Cerdagne, Barcelone und Provence). Nach der Besetzung des katharischen Gebietes durch die königlichen Truppen blieben nur die Gebiete um Fenoullèdes und Peyrepertuse mit der Burg von Quéribus frei. Die Festung wurde in den Augen der Kirche zur letzten „Synagoge Satans". Als →Ludwig IX. (1255) von seinem Kreuzzug nach Frankreich zurückkehrte entschloss er sich, alles für den Fall von Quéribus zu unternehmen. Im Mai des Jahres 1255 wurde die Burg von *Pierre d'Auteuil*, dem Seneschall der Carcasonne, eingekreist. Verteidiger der Burg war →*Chabert de Babaira*, der gute Beziehungen zum König von Aragon unterhielt. Dieser Umstand, einen Verbündeten ständig im Rücken zu haben, erschwerte die Situation der Angreifer so stark, dass die Belagerung im September 1255 aufgehoben werden musste. Warum die Burg am Ende des gleichen Jahres dem König übergeben wurde liegt im Dunkel (möglicherweise durch Verrat des *Olivier de* →*Termes*). Auch das Schicksal der letzten Katharer, die hier Zuflucht gefunden hatten, ist ungewiss. Der Name Chabert de Babaira findet sich noch in Dokumenten des Jahres 1274, danach dürfte er sich der Gunst des Königs erfreut haben. 1258 wurde die Burg wesentlich umgebaut, 1321 wurden die Mauern verstärkt; 1478 wurde die Burg von den Truppen des Königs von Aragon erstürmt. Bis 1789 war die Burg bewohnt und wurde danach dem Verfall preisgegeben.

R

Raimund II.: Graf von →Tripolis (1137-1152); war mit *Hodierna* von Jerusalem der Schwester →*Melisendes* verheiratet; wurde von →*Sengi* beim Kampf um Montferrand gefangengenommen, aber nach der Übergabe der Burg durch König →*Fulko* wieder freigelassen; dürfte an der Beseitigung seines Rivalen um die Herrschaft in Tripolis – Alfonso Jordan, einem direkten Nachfolger des Grafen →*Raimund von Toulouse* – durch Gift beteiligt gewesen sein, aber auch seine Schwägerin Melisende wurde der Täterschaft verdächtigt. Als Königin Melisende Hodierna von Tripolis nach Jerusalem holte, wurde nach deren Verabschiedung ihr Gemahl Raimund von einer Gruppe →Assassinen erdolcht; so fiel Raimund als erster Herrscher eines Kreuzfahrer-Staates einem Anschlag der Assassinen zum Opfer (1152). Die Mörder wurden nie gefasst und der wahre Grund der Ermordung wurde nie bekannt.

Raimund III.: (* 1142, † 1187); Graf von →Tripolis (1152-1187); Sohn von →*Raimund II.* und *Hodierna*; war ein „,Poulain"; nach der Ermordung seines Vaters übernahm König →*Amalrich I.* bis zur Großjährigkeit Raimunds die Regierung der Grafschaft Tripolis; nach der Schlacht bei →Artah wurde Raimund gemeinsam mit →*Bohemund III. von Antiochia* und →*Hugo von Lusignan* von →*Nur ed-Din* gefangengenommen; Raimund verbrachte zehn Jahre in muslimischen Gefängnissen und wurde gegen ein von den →Johannitern bezahltes Lösegeld (80 000 Dinare/Besant) freigelassen (1174); 30 000 Dinare blieb Raimund schuldig und bezahlte sie nie. 1174-1176 regierte er das Königreich von Jerusalem bis zur Volljährigkeit von →*Balduin IV.*, der sich dann auf →*Guido von Lusignan* stützte. Um die Ritterorden bildeten sich zwei Parteien, die das Reich in zwei Lager spalteten. Die Johanniter unterstützten Raimund, die Templer schlugen sich auf die Seite des →*Rainald de Châtillon*. Die Ursache für diese Parteinahme durch die Templer geht auf die Affäre „Botron" zurück, bei der Raimund dem späteren Templergroßmeister und damals mittellosen →*Gerhard von Ridefort*

eine reiche Erbin versprochen (*Lucia von Botron*) hatte, aber nach dem Tod ihres Vaters ihr Gewicht in Gold aufwiegen ließ und sie einem reichen Pisaner zur Frau gab; der enttäuschte Ridefort verzieh Raimund dessen Wortbruch niemals mehr.

Nach dem Tod Balduins, der für seine Nachfolge genaue Festlegungen getroffen hatte, begann ein Intrigenspiel, in dem der Tempelgroßmeister Gerhard von Ridefort eine wesentliche Rolle spielte. Ergebnis dieses Machtkampfes war entgegen des letzten Willens Balduins die Krönung →*Sibylles* und damit Guidos von Lusignan (20. Juli 1286). Raimund zog sich nun auf seine Burg nach Tiberias zurück und traf eine Vereinbarung mit →Saladin, die über einen normalen Waffenstillstand hinausging. Im Zuge dieses Waffenstillstandes erlaubte Raimund den Durchzug eines Trupps von 7 000 Muselmanen →*Saladins* durch Tripolis. Bei →La Fève an den Quellen von Cresson kam es am 1. Mai 1187 zu einer vom Templergroßmeister Ridefort provozierten Schlacht einer Abordnung von Templern, Johannitern und Rittern des Königs von Jerusalem mit diesem Trupp der Muslime, die mit einer vernichtenden Niederlage der Christen endete. Trotz des Waffenstillstandes mit Raimund belagerte Saladin die Burg Tiberias, die in der Abwesenheit Raimunds von dessen Frau *Eschiva* verteidigt wurde. Gegen den Willen Raimunds, der hinter der Belagerung eine List vermutete, sollte die Burg entsetzt werden. Im Zuge des Entsatzes riet er dem König sich keinesfalls von Saladin in das wasserlose Gebiet um die Hörner von →Hattin locken zu lassen. Gerhard von Ridefort und Rainald von Châtillon nannten ihn einen Feigling und der König ließ sich unglücklicher Weise von ihnen beeinflussen. Die nun folgende Schlacht (3./4. Juli 1187) führte zur verheerenden Niederlage, die letztlich den Verlust Jerusalems bedeutete. Raimund gelang es mit seinen Rittern als Einzigen, die Umklammerung der Truppen Saladins zu durchbrechen, und überlebte so diese Schlacht. Bald nach der Schlacht erkrankte er allerdings an Brustfellentzündung und starb kinderlos Ende des Jahres 1187. Die Grafschaft vererbte er seinem Patenkind dem Sohn →*Bohemunds von Antiochia.*

Raimund III. Berengar: (* 11. November 1082 in Rodez, † 19. Juli 1131 in Barcelona); Graf von Barcelona; in 3. Ehe mit *Douce von Provence,* der Erbin der Provence verheiratet (1112); wollte 1130 in den Templerorden eintreten, starb aber zuvor im darauffolgenden Jahr im Templerhaus von Barcelona; einer Urkunde vom 14. Juli 1130 nach hat der Graf den Ordensrittern die Burg Granana samt Ländereien an der Grenze zu den Sarazenen geschenkt.

Raimund IV. Berengar: (* um 1113, † 8. August 1162 in Borgo San Dalmazzo); Sohn →*Raimunds III. Berengar;* Prinz 1137; Graf von Barcelona (1131-1162); mit der Tochter König *Ramiros II.* (dem Mönch) von Aragón – *Petronila von Aragón* – verheiratet, damit wurden Katalonien und Aràgon zusammengeschlossen; Raimund regierte nach der Abdankung Ramiros II. von Aragón als Verweser. Raimund IV. konnte die →Reconquista bis zum unteren Ebro vortragen und Tortosa (1148) und Lérida (1149) zurückgewinnen; er setzte die templerfreundliche Politik seines Vaters fort und war Förderer des Templerordens; als Gönner machte er dem Orden eine Reihe von Schenkungen und übertrug dem Orden die Festung →Monzón und erließ am 15. April 1134 das Exemptionsprivileg zugunsten der Templer. Er musste die im Testament →*Alfons I.* von Aragón verankerten Rechte der Ritterorden ablösen.

Raimund sa Guardia: Präzeptor des Templerordens des Mas Deu (Roussillon); leitete den Widerstand des Templerordens gegen die Verhaftung der Ordensbrüder in Spanien. Verteidigte gemeinsam mit *Berengar de St. Juste* die Festung Miravet. Raimund wurde 1308 in Aragón verhaftet; bei seinem Verhör sagte er über den Vorwurf der Homosexualität:

„...dass jeder Templer, den Statuten gemäß, sein Ordenskleid verlieren und schwer gefesselt in einem finsteren Gefängnis sein Leben endigen musste, wenn er sich einer Sünde gegen die Natur schuldig machte...",

und weiter über die Geständnisse seiner Ordensbrüder:

„Da sie kein einziges der Verbrechen, die sie uns zur Last legen beweisen konnten, griffen diese Verderbten zur Folter, denn nur durch sie haben sie einigen unserer Brüder Geständnisse abgepresst...".

Raimund wurde, wie alle Templer des Roussillon, freigesprochen und lebte

„...ohne Rente und Miete zu bezahlen, mit dem Genus der Garten- und Baumfrüchte, allerdings nur für den eigenen Verzehr...",

weiter in seiner Komturei und bekam überdies eine Pension von 350 Pfund.

Raimund I. von Antiochia: →Raimund von Poitiers.

Raimund von Poitiers: (Raimund I. von Antiochia); Fürst von Antiochia; (* um 1108, † 1149 bei Inab); Sohn Herzog *Wilhelms IX.,* Graf von Poitou und Aquitanien; erhielt am Hof *Heinrich I.* seine Erziehung; heiratete *Konstanze,* die Erbtochter von Antiochia; er entwickelte sich zum unerschrockenen Streiter im Kampf gegen die Muslime. Nahm an der Seite →*Ludwigs VII.* am 2. Kreuzzug (1145-1149) teil. Es wird ihm ein Verhältnis mit →*Eleonore von Aquitanien,* der Frau Ludwigs nachgesagt; →*Wilhelm von Tyrus* schreibt darüber:

„Er (Raimund) fasste nämlich den Vorsatz, entweder mit Gewalt oder mit List dem König die Frau (Eleonore) wegzunehmen, welches ein leichtsinniges Weib war und in den Plan des Fürsten selbst einstimmte. Die Königin war ein unvorsichtiges Weib, wie es deutliche Proben früher und später zeigten...".

Raimund versuchte den fränkischen Einfluss auf →Kilikien zu verstärken und wollte →Antiochia aus dem Herrschaftsbereich von Byzanz befreien. Im Zuge des Kreuzzuges Ludwig VII. wurde er von →*Nur-ed-Din* bei Inab in eine Falle gelockt und nach tapferem Kampf getötet (29. Juni 1149).

Raimund IV. von Toulouse: (Raimund IV. von Saint-Gilles), Graf von Toulouse; (* 1041/42, † 28. Februar 1105); war mit *Elvira von Aragon* verheiratet; traf mit Papst →*Urban II.* bei dessen Reisen anlässlich der Predigten für den Kreuzzug zusammen; er hatte bereits große Erfahrungen auf dem Gebiet des „Heiligen Krieges" in Spanien; im Juli 1096 übergab Raimund einen großen Teil seiner Besitztümer an das Kloster Saint-Gilles zur Verwaltung für seinen Sohn *Bertrand* und gelobte den Rest seiner Tage im Heiligen Land zu bleiben; 1097 trat er den Weg ins Heilige Land an; er wählte mit *Adhemar de Puy* den Landweg über Oberitalien, Istrien und Dalmatien nach Byzanz, wo er – wie die anderen Kreuzfahrer auch – Kaiser →*Alexios I.* den Treueid leisten musste; am 16. Mai gelangte er nach Nikäa und am 26. Juni fiel die Stadt.

Am 10. Juni 1098 wurde ihm der Fundort des Heiligen Speeres (Lanze) von einem gewissen →*Peter Bartholomäus* aus dessen Visionen vorhergesagt; in der Petruskathedrale von Antiochia wurde unter dem Fußboden tatsächlich ein Stück Eisen gefunden, das dann als die heilige Reliquie verehrt wurde.

Raimund kämpfte noch als 60-jähriger bei Doryläon und um Antiochia; es kam zu einem Streit mit →*Bohemund* (Fürst von Tarent) um Antiochia, doch Raimund konnte sich auch krankheitsbedingt nicht durchsetzen und der byzantinische Kaiser entschied für Bohemund. Am 13. Jänner 1099 zog Raimund mit seinen Truppen nach Jerusalem; am 7. Juni traf das Heer vor der Heiligen Stadt ein und am 15. Juli fiel die Stadt; →*Gottfried von Boullion* wurde „Beschützer des Heiligen Grabes". Raimund hatte wieder das Nachsehen. Ende August verließen Raimund und *Robert von Flandern* Palästina in Richtung Norden und Raimund überwinterte in Latakia bevor er von Alexios nach Konstantinopel eingeladen wurde. 1101 befehligte er über Wunsch des byzantinischen Kaisers die zweite Welle des Kreuzzuges nach Kleinasien, die katastrophal endete. Nur ein fünftel des Heeres kehrte nach Byzanz zurück. Bei seiner Rückreise nach Latakia wurde Raimund von *Tankred von Antiochia* gefangengenommen und musste für seine Freilassung schwören, nie mehr in nord-

syrische Angelegenheiten einzugreifen. Er zog nach →*Tortosa* und eroberte die Stadt im Februar 1102; später griff er mehrfach erfolglos →*Tripolis* an; er errichtete in der Nähe der Stadt, um einen ständigen Belagerungszustand herbeiführen zu können, eine Burg (Pilgerberg, Mons Peregrinus). Bei einem Ausfall der Belagerten wurden Häuser gebrandschatzt, Raimund wurde von einem herabstürzendem Gebälk getroffen, schwer verletzt und starb an seinen Brandwunden am 28. Februar 1105.

Raimund V. von Toulouse: Graf von Toulouse; bedeutendster der okzitanischen Herrscher; duldete die →*Katharer* in seinem Herrschaftsgebiet, weil er durch England und von den Plantagenets von Aquitanien her ständig bedrcht wurde. 1159 rief er aus diesem Grund seinen Schwager →*Ludwig VII.*, den König von Frankreich zur Hilfe. Er selbst hegte lange Zeit Expansions-Interessen in die Provence; 1171 verheiratete er seine Tochter *Alazais* mit *Raimund Roger* →*Trencavel* dem Vizegrafen von Carcasonne. 1177 trennte sich Raimund von seiner Frau *Constance*, setzte sie vor die Tür und bewarb sich um die Erbin der Provence; im gleichen Jahr schrieb Raimund an den Zisterzienserorden nach Citeaux, in dem er über die Verbreitung der Häresie der Katharer Klage führte und wiederholt den französischen König zu Hilfe rief. 1194 starb Raimund.

Die Tempelritter kauften 1161 von Raimund Land und 1177 räumte der Graf den Viehherden des Ordens das Weiderecht ein.

Raimund VI. von Saint-Gilles: Graf von Toulouse; beherrschte das Gebiet zwischen Garonne-Tal, Rouergue, Quercy und Haute Provence; beschützte die →*Katharer* in seinem Herrschaftsbereich und wurde dafür vom päpstlichen Legaten →*Pierre de Castelnau* 1207 exkommuniziert und sein Land wurde mit dem →*Interdikt* belegt bis er sich endlich der Kirche unterwarf; wurde wegen des Mordes an Castelnau durch einen seiner Pagen von Papst →*Innozenz III.* neuerlich exkommuniziert. Unter entwürdigenden Umständen fand er am 18. Juni 1209 wieder Aufnahme in die Katholische Gemeinschaft – er musste nackt unter Rutenhieben am Grab des erschlagenen Legaten Abbitte leisten. Raimund ließ sich auch, um seine Güter zu sichern und seine Besitzungen zu retten, zum Kreuzritter schlagen; griff anfangs allerdings nicht aktiv in den Kampf der →Albigenserkriege und bei der Verfolgung der Ketzer ein. Erst 1213 versuchte er gemeinsam mit seinem Schwager *Peter II. von Aragón* gegen →*Simon von Montfort* zu kämpfen; die vereinigten Heere wurden aber am 12. September bei Muret geschlagen. Peter fiel und Raimund musste sich mit seinen Truppen nach Toulouse zurückziehen. Als 1215 Montforts Truppen in das Herrschaftsgebiet von Toulouse einzogen floh Raimund – er war in vierter Ehe mit *Joan von Plantagenet,* einer Schwester →*Richard I. Löwenherz',* verheiratet – mit seinem Sohn ins Exil nach England.

1216 kehrte er mit seinem Sohn zurück und versuchte seine Besitzungen wiederzuerlangen. Im September 1217 zog Raimund wieder in Toulouse ein. Als Simon von Montfort 1218 bei der neuerlichen Belagerung von Toulouse fiel, konnte Raimund große Teile seines ehemaligen Herrschaftsbereiches den französischen Truppen wieder abringen. *Amaury de Montfort,* der Sohn Simons, konnte der Befreiungsbewegung nichts entgegensetzen. 1222 starb Raimund VI. in einer Phase, als die Bewegung der Katharer scheinbar wiedererstarkte und er selbst wieder im Besitz fast aller seiner bereits verlorenen Gebiete war. Die Kirche verweigerte ihm ein christliches Begräbnis. In seinem Vermächtnis bedachte er den Templerorden mit seinen Pferden und seinen Waffen.

Raimundus Lullus: →Lullus, Raimundus.

Ramleh: (heute Ramla); Stadt 20 km südöstlich von Tel Aviv; 711 von den Omajjaden gegründet; am 3. Juni 1099 traf das Kreuzfahrerheer vor der Stadt ein, die Bevölkerung floh ohne Gegenwehr aus der Stadt; Errichtung einer Kreuzfahrerburg und einer Kreuzfahrerkirche, die heutige „Große Moschee". In der Nähe von Ramleh waren sowohl die Templerburg „Le Toron des Chevaliers" und die Befestigung der Johanniter „Belmont".

Raoul de Gisy: Templerbruder und königlicher Finanzeinnehmer in der Champagne; gab nach seiner Verhaftung am 9. November 1307 zu, Christus unter Tränen gegen seinen Willen verleugnet und das Götzenbild (→Baphomet) in sieben Ordenskapiteln gesehen und angebetet zu haben. Das Bild sei so schrecklich anzusehen gewesen, dass er jedes Mal, wenn er es erblickt habe, am ganzen Körper gezittert hätte. Auf die Frage warum er das Idol verehrt hätte, gab Gisy an, dass man zuvor schon mit der Verleugnung Christi Schlimmeres getan hätte, daher sei auch das Idol angebetet worden. Er hätte ihn jedoch niemals mit dem Herzen verehrt.

Raymbaud de Charon: (Raymbaud de Caron); (* 1246); wurde um 1263 in den Templer-Orden unter dem damaligen Präzeptor der Provence *Roucelin de Fox* aufgenommen; wurde später →Großpräzeptor von Zypern (→Präzeptor). Raymbaud wies bei seinem Verhör in Paris am 10. November 1307 vorerst jede Schuld von sich, am Abend des selben Tages gab er aber nach vorangegangener Folter die dreimalige Verleugnung des Kreuzes zu. Weiters soll ihm ein anderer Bruder während der Rezeption gesagt haben: „...dass wenn der Naturtrieb sich bei ihm bis zur Unerträglichkeit steigerte, er sich an die Brüder seines Ordens wenden sollte, mit denen er seine Lust befriedigen sollte, dass er aber ebenso diesen Brüdern auf ihre Bitte zu Willen sein müsste." Raymbau wurde am 17. August 1308 (8. Juli 1308), gemeinsam mit →*Gottfried de Charney* und →*Gottfried de Gonneville,* von drei Kardinälen in →Chinon verhört. Dem Verhör war eine intensive Vorbereitung, Bearbeitung und Zermürbung durch →Nogaret und seine Helfer vorangegangen. Der 61-jährige Charon gestand danach alles von ihm verlangte im Sinne der Anklage. Charon wurde danach gemeinsam mit *Hugo de* →*Pairaud* und *Jaques de* →*Molay* nach Corbeil gebracht und dort inhaftiert.

Raynier de Larchant: Templerbruder; gab bei seinem Verhör am 20. Oktober 1307 vor der Inquisition zu, das Götzenbild (→Baphomet) zwölfmal – zuletzt im Tempel von Paris – gesehen zu haben; in seiner Aussage beschrieb er das Idol als Kopf mit Bart; er habe es geküsst, angebetet und Erlöser genannt. Tatsächlich ist im Tempel von Paris lediglich ein nummerierter Schädel (möglicherweise eine Reliquie) und ein Behältnis mit der Aufschrift →Caput LVIII gefunden worden. Als Larchant am 4. Februar 1311 vor der päpstlichen Kommission in Paris neuerlich vernommen wurde, gab er an, nicht mehr zu wissen was er anlässlich des ersten Verhöres ausgesagt habe, denn er wäre vorher gefoltert worden.

Reconquista: (8. Jhdt. – 1492); christliche Wiedergewinnung und Rückeroberung der ab 711 von den Mauren in Iberien eroberten Gebiete durch die christlichen Heere. Ausgehend von Asturien begann die Reconquista bereits im 8. Jhdt.; im 11. Jhdt. erreichte die Reconquista ihren Höhepunkt und ihre eigentliche Dynamik; 1146 billigte der Papst das Engagement der Templer im Kampf gegen die Muslime in Spanien. Die Einnahme von Tortosa 1147 und die Einnahme Leridas 1149 beweisen den besonderen Einsatz des Ordens. In der Zeit zwischen 1158 und 1175 wurden neben den bereits bestehenden Ritterorden (Templer und →Johanniter) eine Reihe neuer Bruderschaften gegründet, deren bedeutensten die Orden von →Alcàntara, von →Santiago und →Calatrava waren. 1228 auf Mallorca, 1238 in Valencia und bei der Belagerung von Cáceres bekämpften die Templer die Almohaden und Mauren. Der Orden erhielt für seine Bemühungen von den Königen Kastiliens, Leóns und Aragons eine Reihe von →Schenkungen. Der Ritterorden übernahm dafür die Bewachung der Grenzen und die Sicherung des Landes. Mit der Eroberung des andalusischen Granada durch das katholische Königspaar *Isabella I.* von Kastilien und *Ferdinand II.* von Aragonien war die Reconquista 1492 abgeschlossen. Durch Papst →*Innozenz III.* (1198-1216) wurde jeder Kampf gegen Ungläubige zum Heiligen Krieg erklärt. Der Kampf gegen die →Katharer und die Reconquista waren nun den eigentlichen Kreuzzügen gleichgesetzt. Er entfachte damit eine neue Welle der Kreuzzugsbegeisterung,

schwächte aber damit die Energien für die Rückgewinnung des Heiligen Landes und Jerusalem.

Reginald de Bichers: Großpräzeptor der Templer in Frankreich und ab 1247 Ordensmarschall (→Marschall) der Templer während des 6. Kreuzzuges; als am 20. November 1249 →*Ludwig IX.* von Damiette weiter nach Ägypten vordrang, bildeten die Templer unter der Führung von Reginald de Bichers die Vorhut. Möglicherweise ident mit dem späteren Großmeister →*Reinhard de Vichier.*

Reginald von Provins: Ordensgeistlicher der Templer in Orleans, der sich gemeinsam mit →*Wilhelm von Chambonnet,* →*Pierre de Bologne* und →*Bertrand de Sartiges* zur Verteidigung des Ordens vor der päpstlichen Kommission im April und Mai 1310 bereit erklärt hatte (→Achterkommission).

Reichtum der Templer: Die Templer hatten bereits sehr früh die Möglichkeiten erkannt, die sich aus Geld in seinem direktem oder indirektem Wert ergaben. Der Orden wurde von vielen Seiten durch Spenden und →Schenkungen für seine Aufgaben im Kampf gegen die Ungläubigen im Heiligen Land gewürdigt. Jedenfalls brachten sehr häufig die bei den Templern aufgenommenen Adeligen, nach dem Vorbild des →*Hugo de Payens,* ihre Besitzungen in den Orden ein. Aber auch Laien und Kleriker übergaben aus gläubiger Begeisterung ansehnliche Spenden.

Darlehen wurden gegeben, Kredite gewährt und dafür beinahe wucherhafte Zinsen gefordert. Zu den größten Schuldnern des Ordens zählten Könige und Herrscherhäuser. Nach dem Ausbau der →Komtureien und „hospitos" war bereits der →bargeldlose Zahlungsverkehr üblich. Die Templer spekulierten nicht und arbeiteten ausschließlich mit ihrem eigenen Vermögen. Dadurch gewann der Orden im Laufe der Zeit das Vertrauen der Landesherren, die durch Grundstücksschenkungen (→Schenkungen) versuchten, den Ritterorden dazu zu bewegen, sich in den jeweiligen Ländern sesshaft zu machen. *Thibaud IV.*, Graf von Blois, Chartres und Brie, übertrug dem Orden im Bereich der Handelsstadt →Provins mehrere Ländereien und das Recht zur Einhebung von Zöllen und Abgaben. Zu Beginn des 12. Jhdts. übertrug →*Heinrich I.* von England dem Orden große Ländereien und Güter in der Normandie. 1129 ließen sich die Templer in Kastilien nieder. 1131 wurde La Rochelle der Heimathafen der templerischen Flotte. Im April 1133 stiftete *Roger de Béziers* seine „Villa Brucafel" samt den umgebenden Wiesen, Weinbergen und der Bevölkerung; 1147 trat *Robert de Béziers* sein Gut in Razès an den Orden ab. 1154 schenkte der Bischof von Evreux den Rittern die Kirche von Saintinges usw. (→Templer in Frankreich).

Die Templer versuchten Schenkungen verschiedener Natur oder geographisch verstreute Flächen zu einheitlichen Gebilden zusammenzufassen, was die Verwaltung vereinfachte und den Gewinn steigerte. Schenkungen, Geldgeschäfte und Geldverleih, Tribute und Lösegelder, Pfanderlöse Geldbußen und Gewinne aus den Gurtsverwaltungen brachten dem Orden die entsprechenden Mittel, um im Heiligen Land die Muslime zu bekämpfen und waren Basis des sagenhaften Reichtums.

Reinhard de Vichiers: (Reinaldus de Vicheris, Renaud de Vichier, Rainald de Vichiers); 20. Großmeister der Templer (1250 – 20. Jänner 1256), er folgte →*Wilhelm von Sonnac*, der bei →Mansura gefallen war, im Amt. Reinhard stammte aus Frankreich, möglicherweise aus der Champagne; 1235 wird ein *Rainald de Bichier* als Förderer des Klosters Auberive der Diözese Langres erwähnt; 1240 war Reinhard →Komtur von →Akkon, später →Präzeptor der Provinz Frankreich und ist wahrscheinlich ident mit →*Reginald de Bichers*, dem Ordensmarschall während des 6. Kreuzzuges. Als Marschall des Ordens sollte er das Lösegeld für den bei Mansura in Gefangenschaft geratenen König →*Ludwig IX.* zur Verfügung stellen, weigerte sich jedoch, denn entsprechend der Ordensregel durfte nur der Großmeister und der Konvent über den Ordensschatz verfügen. Daraufhin sei das Schatzschiff

der Templer gestürmt und das Lösegeld mit Gewalt genommen worden. Nach einer anderen Quelle gab der Marschall die notwendige Summe freiwillig und gerne. König Ludwig soll deshalb seine Wahl zum Großmeister beim Papst unterstützt haben. Nach der Freilassung des Königs aus der mameluckischen Gefangenschaft lebte Ludwig IX. im Templerbezirk von Akkon. 1251 besuchte ihn eine Abordnung der →Assassinen damit sie sie vom Tribut, den Templer und Johanniter von ihnen einhoben, befreite. Dieses Ansuchen wurde abgelehnt. Möglicherweise vereinbarte Ludwig bei dieser Gelegenheit einen gegenseitigen Verteidigungsvertrag mit den Assassinen. In die Amtsperiode Reinhards fiel die Affäre um den Ordensmarschall →*Hugo von Jouy.*

In Europa konnte der Orden seine Macht und seinen Reichtum unter Reinhards Leitung vergrößern. 1252 trat ein mährischer Ritter (*Wratislaw von Pernstein*) in den Orden ein, der vorher den Templern seine Burg (Eichhorn) vermacht hatte. In der Auseinandersetzung mit seinem Bruder, der Anspruch auf diese Burg erhob, kam es zum bewaffneten Streit, der von *König Ottokar* zu Gunsten der Templer geschlichtet wurde.

Am 15. Juni 1255 wurde von Vichier beurkundet, dass der Streit des Templerordens mit der Königin von Navarra *Margarete,* dem König von Navarra *Thibaud* (→*Theobald von Navarra*) und deren Tochter *Isabella* über die Anerkennung der templerischen Erwerbungen, beigelegt wurde.

1255 wurde auf Beratung des Großmeisters ein 10-jähriges Waffenstillstandsabkommen mit dem Kalifen von Damaskus *al-Mustasim* vereinbart.

Papst →*Alexander IV.* bestätigte die Privilegien der Templer in vier Bullen (5., 7. und 8. Dezember 1255 und 8. Februar 1256) mit den Worten: „...*Es sei Pflicht des Stuhles Sankt Petri, die Templer kräftig zu schützen, weil sie tapfer gegen die Ungläubigen kämpften, und sie für die gesamte Christenheit schwere Mühen übernahmen...".*

Unter der Herrschaft Vichiers wurde der Orden wieder zur Elitetruppe des Kreuzfahrerheeres, auf Disziplin und Ordnung wurde wieder besonders geachtet.
Von Jaffa aus unternahmen die Templer Beutezüge nach Süden, während einer solchen Aktion dürfte Reinhard am 20. Jänner 1256 gefallen sein.

Renaud du Trembley: Prior des Templerordens; sagte nach seiner Gefangennahme am 20. Oktober 1307 vor der Inquisition aus, Christus verleugnet zu haben, und auf das Kreuz auf seinem Mantel gespuckt zu haben.

Reitordnung der Templer: Wurden in den Templerstatuten (→Ordensregeln), die das Verhalten der Brüder auf den Heereszügen regelten, festgehalten:

- Keiner der Brüder durfte ohne Befehl des Marschalls sein Pferd besteigen; der Sattel, Flaschen, Axt, Strick und Schöpfkelle wurden vorher aufgeschnallt.
- Knappen ritten den Ritterbrüdern voraus; nachts durfte bis zum ersten Gebet nicht gesprochen werden; auch sonst musste in der Marschkolonne völlige Ruhe bewahrt werden.
- Wenn die Templer auszogen musste der →Bannerer vor dem Banner (→Beauséant) vorausreiten, und dieses durch einen Knappen tragen lassen.
- Die Templer hatten das Recht, im Kreuzfahrerheer die Vorhut oder den rechten Flügel zu bilden.
- Ohne Erlaubnis durfte niemand die Rotte verlassen, um sein Pferd zu tränken.
- Wurde das Banner in den Boden gerammt lagerten die Brüder um dieses. Den Platz durften sie jedoch erst einnehmen, wenn der Ruf erscholl: „Im Namen Gottes, ihr Herren Brüder lagert euch!".

Relaps: Angeklagter vor der →Inquisition, der sein früheres Geständnis widerrief. Solche „Rückfällige" wurden schwerer bestraft, als die Angeklagten, die sich schuldig bekannten. Am 13. Mai 1310 wurden 54 Templer aus diesem Grund bei lebendigem Leib verbrannt.

Rennes-le-Château: aus der gotischen Stadt Rhedae hervorgegangen; sechzig Kilometer südlich von Carcassonne am Fuße der Pyrenäen an der mittelalterlichen Pilgerstraße nach →Santiago de Compostella gelegen; in der Nähe befindet sich die Ruine einer Burg (Bézu) in der einst Tempelritter lebten, hier soll →Bertrand de Blanquefort, späterer Großmeister des Templerordens, mit der Hilfe deutscher Gießer und Bergleute den in der Burg lagernden Schatz des Westgotenkönigs Alarich eingeschmolzen haben, und unter Tag nach Silber graben lassen haben. 1871 soll hier der Dorfseelsorger Abbé Béranger →Saunière bei der Renovierung der Kirche in einer Säule geheime Dokumente gefunden haben, die die Merowinger als die Nachkommen Christi ausgewiesen haben sollen. Möglicherweise war dies der in der Nacht vor der Übergabe der Burg →Montségur in Sicherheit gebrachte Schatz (→Gral). Was immer auch Saunière gefunden hat liegt im Dunkel, es hat den Abbé allerdings über Nacht reich gemacht und sicher sind die vom Abbé durchgeführten teuren Umbauten seiner Kirche in einer sehr armen Gemeinde Indiz dafür. Über dem Portal der Kirche steht: „Terribilis est locus iste" („dieser Ort ist grauenvoll"; Genesis 28, 17.18).

Retraez: →Retraits.

Retraits: (retraez); Statuten des Templerordens (Verhaltenskodex), die am Ende des 12. und im 13. Jhdt. auf Basis der von →Bernhard von Clairvaux am Konzil von Troyes verabschiedeten →Ordensregeln erarbeitet wurden. Möglicherweise sind diese Regeln, die auch die hierarchische Ordnung des Templerordens festlegten, im wesentlichen in der Amtszeit des Großmeisters →Bertrand de Blanquefort (1156-1169) niedergeschrieben worden. 1230 und um 1260 wurden Artikel hinzugefügt, die sich mit dem Leben im Konvent und den Strafen für Verstöße auseinandersetzten.

rex bellator: Am 2. →Konzil von Lyon (1274) wurde der Gedanke der Zusammenfassung der Ritterorden diskutiert. Papst →Nikolaus IV. wollte 1292 die Vereinigung der Templer und Johanniter durchführen, starb jedoch bevor er sie in die Tat umsetzen konnte. Die Führung dieses mächtigen Ordens sollte ein „dominus" oder „rex bellator" innehaben. *Raimundus →Lullus* vertrat in diesem Zusammenhang in seiner Schrift „Liber de fine" im Kapitel „De modo bellandi" die Auffassung, dass sämtliche „milites Christi" in einem einzigen neu zu gründendem „Heiligengeistorden" unter der Führung eines „Kriegerkönigs von königlichem Geblüte", des „rex bellator", vereinigt werden sollten.

Ribat: Befestigtes militärisches und religiöses Zentrum zum Schutz der Karawanenstraßen und der Grenzen des Islam (Klosterburg). Wurden vom 8. Jhdt.-12. Jhdt. hauptsächlich im Bereich der nordafrikanischen Mittelmeerküste im Wüstenvorland errichtet. Dem Ribat waren häufig eine Moschee (Betsaal), ein Mausoleum und eine Medrese (Betschule) angeschlossen. Der Dienst in einem Ribat war eine Art Askese und Pflicht als Teil des Djihad, dem heiligen Krieg des Islam. Mit einigen Modifikationen gelten die Ribats als Muster für den Templerorden, wobei die charakteristischen Merkmale des Ribat soweit verändert wurden, dass sie mit dem traditionellen Mönchtum zu vereinbaren waren. Allerdings war der Dienst im Ribat zeitlich beschränkt und an keine Gelübde gebunden.

Richard de Bures: (Richardus); 18. Großmeister der Templer (1244/45 – 9. Mai 1247); wurde nach der Niederlage der Christen bei →La Forbie Nachfolger des →Armand de Périgord. Interimistisch führte *Wilhelm de Roquefort* den Orden bis die Wahl (→Wahl des Großmeisters) in der vorgeschriebenen Form durchgeführt werden konnte. Richard war →Komtur der Festung →Safed (1241) und hatte in seiner Funktion einen Vertrag mit →Bohemund V. und den →Johannitern unterschrieben; später war er einer der Schiedsmänner im Streit der Templer mit den Johannitern um Besitzungen in Tripolis und Margat (1243). Sein Vorleben und die Umstände seines Todes liegen im Dunkel.

Richard I. Löwenherz: (* 8. September 1157 in Oxford, † 6. April 1199 in Châlus bei Limoges);

wurde als dritter Sohn von →*Heinrich II. Plantagenet* und →*Eleonore von Aquitanien* in Oxford geboren. 1171 zum Herzog von Aquitanien eingesetzt; kämpfte auf Seite →*Ludwigs VII.* und →*Philipps II.* gegen seinen eigenen Vater und 1173-74 gegen seinen Bruder →*Johann.* 1189-1199 König von England. Nahm am 3. Kreuzzug 1189-1192 teil. Eroberte gemeinsam mit *Philipp II.* Zypern aus der Hand des byzantinischen Reiches und belagert mit *Philipp II., Friedrich von Schwaben* (Sohn →*Friedrichs I.* Barbarossas) und *Leopold V. von Österreich* Akkon. Die Stadt fiel am 22. Juli 1191. Richard Löwenherz schloss die Deutschen von der Beute aus, beleidigte Herzog Leopold V. von Österreich auf das Gröbste (Leopold ließ seine Fahne auf einem durch ihn eroberten Turm hissen, Richard ließ diese herunterreißen und durch den Dreck zerren) und geriet mit Philipp II. in Streit. Als Philipp II. erkrankte und nach Frankreich zurückkehrte blieb Richard als der alleinige Leiter des Kreuzzuges zurück. Am 7. November 1191 kam es bei Arsuf unter dem Oberbefehl Richard I. Löwenherz' zur ersten offenen Feldschlacht seit →Hattin. Der Sieg war nicht zuletzt auf die Templer zurückzuführen, sie hatten im Kampf den linken und rechten Flügel der Schlachtenlinie inne. Richard ließ, als Lösegeldzahlungen →Saladins ausblieben, 3 000 gefangene Sarazenen ermorden. Wegen Uneinigkeiten im eigenen Lager musste Richard zweimal vor Jerusalem umkehren. Schloss im August 1292 einen Vertrag mit →*Saladin*, der den Christen den ungehinderten Besuch des Heiligen Grabes und die Küstenstreifen von Jaffa bis Tyros zusicherte. Richard gab →*Guido von Lusignan* →*Zypern* als Lehen und ernannte seinen Neffen *Heinrich de Champagne* nach der Ermordung →*Konrads von Montferat* zum Titularkönig von Jerusalem. Auf seiner Heimreise per Schiff wurde Richard bei Aquileia schiffbrüchig. Da er befürchtete von Philipp II. gefangengesetzt zu werden (Abkommen zwischen Heinrich VI. und Philipp II.), geriet er auf seiner Rückreise auf dem Landwege, als Pilger (in einer anderen Quelle als Tempelritter) verkleidet, nach Österreich, wurde am 21. Dezember 1192 in der Nähe von Wien in einem Gasthaus in Erdberg erkannt und auf der Burg Dürnstein von Leopold V. gefangengesetzt. Leopold lieferte ihn an Heinrich VI. aus, der ihn auf der Burg Trifels festhielt und für die Bezahlung von 100 000 Silbermark ein Jahr später freiließ. 1194 kehrte er nach England zurück und unterwarf seinen aufrührerischen Bruder Johann I. Ohneland. Richard fiel 1199 bei der Belagerung von Chalus von einem verirrten Pfeil getroffen. Nach seinem Tod bestieg sein Bruder Johann I. Ohneland den Thron.

Von Richard Löwenherz erwarb der Tempelritterorden 1190 die Insel Zypern. Dies war durch das zwischen Richard und den Tempelrittern bestehende gute Einvernehmen möglich. Dieses gute Verhältnis war für das englische Königshaus traditionell. Heinrich II., Richards Vater, unterhielt engste Kontakte zum Orden, der sich auch bemühte den Streit zwischen dem König und →Thomas Becket zu schlichten. Richard Löwenherz konnte als Templer ehrenhalber betrachtet werden. Er reiste auf den Schiffen der Templer, residierte und übernachtete in ihren Ordenshäusern. Als Richard bei der Belagerung von Chalus (Haute-Vienne) durch einen Pfeil tödlich verletzt wurde und am 12. September 1199 starb, soll er vor seinem Tod bei der Beichte dem Priester *Fulko von Neuilly*, als ihn dieser aufforderte seinen Töchtern Hoffart, Habsucht und Wollust zu entsagen, geantwortet haben:

„Er wünsche alle drei zu vermählen und zwar den Stolz mit den Templern, den Geiz mit den grauen (den Zisterziensern) und die Wollust mit den schwarzen Mönchen (der hohen Geistlichkeit)".

Richard von Cornwall: (* 5. Jänner 1209 in Winchester, † 2. April 1272 in Berkhampstead Castle); Sohn des englischen Königs →*Johann I. Ohneland*; Bruder König →*Heinrichs III.* von England; Neffe des →*Richard I. Löwenherz*; seit 1225 Graf von Cornwall; zog 1240 ins Heilige Land und konnte dort durch einen Vertrag mit dem ägyptischen Sultan *as-Salih Aijub* das Gebiet von Askalon und das Hinterland von Ak-

kon, Tyrus und Sidon bis zum See Genezareth der Christenheit sichern. Richard ließ die Befestigungsanlagen von Askalon notdürftig sichern und kehrte 1241 wieder nach England zurück. So war er ohne einen einzigen Schwertstreich der erfolgreichste Kreuzfahrer des 13. Jhdts. Auf seiner Rückfahrt aus dem Heiligen Land war er in Sizilien Gast seines Schwagers →*Friedrich II. von Hohenstaufen*; wurde nach dessen Tod als deutscher Gegenkönig (13. Jänner 1257 – 2. April 1272) gegen den Staufer *Manfred* aufgestellt. Richard konnte sein deutsches Königtum nie durchsetzen.

Durch sein gutes Verhältnis zu Friedrich und der Verfolgung dessen Politik war er den Templern gegenüber eher feindlich eingestellt. Er verglich die Templer und Johanniter als feindliche Brüder, und brachte die schlechte Lage der Christen mit dem animosen Verhältnis der beiden Ritterorden untereinander in Zusammenhang. Den Grund für den Hass zwischen den Orden sah er in der Habgier der Ordensritter.

Rinaldo de Concorrezzo: Erzbischof von Ravenna; wurde im September 1309 als Leiter einer Untersuchungskommission gegen den Templerorden in Norditalien eingesetzt. Der Kommission gehörten zwei Dominikaner und ein Franziskaner an. Die in Bologna, Piacenza und Faenza inhaftierten Templer wurden gegen den Willen der Dominikaner freigesprochen. Die Dominikaner wendeten sich mit einem Brief an den Papst, indem sie sich beschwerten, dass der Erzbischof bei den Verhören keine Folterungen durchführen ließ. Rinaldo weigerte sich auch nach nochmaliger Aufforderung durch den Papst die Folter zur Anwendung zu bringen.

Ritter: →Ritterstand.

Ritter Kadosch: 30. Grad des Alten und Angenommenen Schottischen Ritus; auch als Ritter vom Weißen und Schwarzen Adler bezeichnet; er ist der letzte der philosophischen Grade (19.-30. Grad), bedeutet aber die volle Einweihung und ist der praktisch höchsterreichbare Grad, denn die Grade 31-33 sind administrative Grade. Im 30. Grad wird der Untergang des Templerordens mit der Ermordung des letzten Großmeisters *Jaques de →Molay* symbolisiert. Das Zeichen des Grades ist der Dolch und das heilige Wort ist „nekam", was hebräisch „Vergeltung" bedeutet. Diese Vergeltung gilt den beiden „Verächtlichen", also Papst *→Klemens V.* (Bertrand de Goth) und *→Philipp IV., dem Schönen,* die für die Vernichtung des Ordens die Schuld tragen. Sie verkörpern den kirchlichen Despotismus und die weltliche Tyrannei, der Märtyrertod des Großmeisters das Freiheitsstreben. Der Kandidat schwört bei der Aufnahme in diesen Grad, Jaques de Molay zu rächen und die königliche Krone und die päpstliche Tiara „in den Staub zu treten". Der Kandidat wird auch darüber unterrichtet, dass Ehrsucht, Unwissenheit und Fanatismus als die Feinde des Ordens zu bekämpfen sind. Die Vergeltung ist hier nicht als „blutige Rache" zu verstehen, sondern als Kampf gegen die weltliche und kirchliche Tyrannei. Ziel ist es einen sittlichen Zustand zu erreichen, der die Unterdrückung der Menschen unmöglich macht.

Ritter von Sidon: Erzählung über einen Ritter aus Sidon, der einer Jungfrau, welcher er zu Lebzeiten des Mädchens nie beischlafen konnte, in ihrem Grab die Unschuld raubte. Als der Ritter nach neun Monaten das Grab besuchte fand er zwischen den Beinen des Mädchens ein grässliches Haupt, das dem Ritter solange er es nicht ansah Unbesiegbarkeit vermittelte, ihn aber vernichten würde, wenn er es betrachtete. Diese Geschichte wurde mit dem magischen Haupt (→Caput LVIII) der Tempelritter (→Baphomet) in Verbindung gebracht.

Rittermönche: →Mönchsritter.

Ritterorden: Sonderform der geistlichen Orden, deren Angehörige neben den Mönchsgelübden den Schutz der Pilgerwege ins Heilige Land und den Kampf gegen die „Ungläubigen" gelobten („Mönchsrittertum"). Entstanden nach dem 1. Kreuzzug; sie verbanden karitative Motive mit dem Kampf gegen die Glaubensfeinde. Hervorzuheben sind →Tempelritter, →Johanniter, und der →Deutsche Ritterorden. Darüber hinaus gab es eine Reihe anderer Ritterorden wie in Spanien

die Orden von →Alcántara und →Calatrava und nach der Vernichtung der Templer ab 1314 den →Christusritterorden in Portugal. In der Regel umfassten die Orden drei Gruppen von Mitgliedern: Ritter („milites"), dienende Brüder („servientes") und Kleriker („capellani"). An der Spitze der Ordenshierarchie stand der Großmeister (Deutscher Ritterorden – der Hochmeister), er wurde vom →Generalkapitel auf Lebenszeit gewählt. Die →Komturei (Kommende) war die kleinste Ordenseinheit. Mehrere Komtureien wurden zu einem →Baylie (Baylli oder Ballei) zusammengefasst. Mehrere Baylies bildeten die Ordensprovinz. An deren Spitze standen Großpräzeptoren, Großprioren, →Baillis, Landkomture, →Präzeptoren, Priore und →Komture. Die Ordensfunktionäre waren in ihren Bereichen mit großem Einfluss, ihnen zur Seite stand das Kapitel, in dem alle führenden Ordensritter vertreten waren. Aufgabe der Provinzialbeamten war im wesentlichen die Unterstützung des Ordens im Heiligen Land mit Geld, Truppen und Nachschub. Den Verselbständigkeitsbestrebungen der Funktionäre wirkte der Großmeister mit Visitatoren entgegen.

Die Ritterorden wurden zu einer Art stehendem Heer der Kreuzfahrerstaaten. Sie besaßen mächtige Burgen als Stützpunkte und erlitten im Kampf oft totale Verluste. Die ihnen vom Papst zugestandenen Privilegien, ihr angewachsener Grundbesitz und die Beschäftigung in Finanzgeschäften brachten die Orden bereits im 12. Jhdt. in Widerspruch zum Episkopat. Bestrebungen alle Orden zu einer einzigen Organisation zusammenzulegen wurden ganz besonders von den Templern bis zu ihrem Untergang verhindert.

Ritterstand: (mittelhochdeutsch „Svertleite", „Schwertführung"); Ritterstand ist ein Sammelbegriff, der die unterschiedlichsten Gruppen umschloss; ursprünglich Leibeigene (Dienstmannen auch Ministeriale) später auch Edelfreie, Grafen und Herzöge. 1180 bestimmte Kaiser *→Friedrich I. Barbarossa,* dass Söhne von Priestern und Bauern nicht in den Ritterstand erhoben werden durften. Ritterliche Herkunft war Vorraussetzung für die Zugehörigkeit zum Ritterstand. Ebenso gehörte das Eintreten für den christlichen Glauben zum Ritter. Der Geist des wahren Rittertums bestand im wesentlichen aus Tapferkeit, Liebe und Religiosität. Diese Vorraussetzungen wurden am reinsten von den Ritterorden (→Johanniter, →Templer, →Deutschordens) verwirklicht. Man verbreitete die Ideale des Rittertums durch altfranzösische Heldengedichte, die allesamt Werke von Benediktinermönchen waren. Die Ritterwürde wurde nach einer Probezeit (Knappenzeit) durch die →Schwertleite (ab dem 13. Jhdt. Ritterschlag) verliehen. Seit dem Spätmittelalter verstand man unter dem Ritter einen Angehörigen des niederen Adels. Die Ritterwürde war im Mittelalter die höchste zu erlangende militärische Ehre. Ihre Erlangung war mit kirchlichen Feiern und großem Pomp verbunden. Der für die Erhebung in den Ritterstand Vorgesehene musste drei Tage fasten, danach die Beichte ablegen und die Waffenwache am Grabe eines Heiligen halten. Am Tage der Feierlichkeit betrat er ohne Kopfbedeckung, in weißem Wams gekleidet, das Schwert um den Hals hängend, die Kirche. Die Haare wurden ihm vorne abgeschnitten und er musste sich mit gefallenen Händen vor den Altar knien. Der älteste der anwesenden Ritter schlug ihm hier mit der flachen Seite des Schwertes auf beide Schultern und den Hals und sprach:

„Im Namen Gottes, des heiligen Michael und des heiligen Georg mache ich dich zum Ritter; sei tap-

fer, unverzagt und getreu! Nimm diese Schläge und keine mehr!"

Danach wurde ihm das Schwert umgegürtet und er bekam Sporen, Lanze, Helm und Schild (→Symbolik der ritterlichen Waffen). Nach seiner Einkleidung erhielt er von allen Anwesenden Rittern den Bruderkuss und er legte das Gelübde ab:

„Treue und Recht zu bewahren, Menschlichkeit und Großmut zu üben, für Religion, Kirche und ihre Diener zu fechten, Frauenunschuld zu schützen, Witwen und Waisen zu schirmen und alle Feinde der Christenheit sowie alle Ungläubigen zu verfolgen."

Zur Erfüllung dieser Aufgaben wurden Schwert und Lanze besonders geweiht.

Robert I. Bruce: →Bruce, Robert.

Robert de Craon: Robertus de Burgundio, Robert der Burgunder oder französisch „Le Bourguignon"; im Jahr 1093 wird er das erste Mal erwähnt. 2. Tempelgroßmeister (1136/37–1149), er folgte →Hugo de Payns in seinem Amt. Robert de Craon gehörte dem Hochadel an; über seinen Großvater war er mit den →Kapetingern verwandt. So wurde er wegen seiner Abstammung auch als „Der Burgunder" bezeichnet. Sein Vater war durch Heirat mit *Domitia von Vitré* Herr von Craon geworden. Er verkehrte am Hof von Angoulême und war im Dienst Herzogs *Wilhelm IX. von Aquitanien*. Robert trat in den Dienst des Grafen *Vulgrin* und leistete diesem später Waffenhilfe bei dessen Fehde mit Herzog Wilhelm IX.; er folgte dem Grafen an den Hof *Wilhelm X.*; nach einem Erbschaftsstreit verließ Robert das Land und trat 1126 in Palästina in den Templerorden ein. 1132 und 1136 war er als →Seneschall des Ordens in Europa. Insbesondere kümmerte er sich hier um die spanischen Angelegenheiten. 1136 wurde er zum Großmeister des Ordens bestimmt. In diesem Jahr überfielen die Seldschuken die Stadt Tekoa am Toten Meer. Die Templer unter der Führung Roberts traten ihnen entgegen und es kam zum blutigen Gemetzel. Als die Türken flüchten, setzen ihnen die Ritter nach und gerieten so in einen taktischen Hinterhalt.

Von allen Seiten eingeschlossen wurden viele von ihnen erschlagen. Unter ihnen *Otto von Montfaucon* und der Bannerträger *Bernhard Vacher*.

Vom Anfang seiner Amtszeit an, versuchte Robert de Craon den Templerorden aus dem Einfluss der Amtskirche zu lösen. Sie war der Realisierung der templerischen Zielsetzungen hinderlich. 1139 erwirkte er von Papst →*Innozenz II.* mit der →Bulle „Omne datum optimum" die Zusammenfassung der →Privilegien für den Orden (Entfall der Zehentzahlung, die direkte Unterstellung des Ordens unter den Papst). 1139 übersetzte er die Ordensregel ins Französische. In seiner Amtszeit konnte der Templerorden nicht nur im Heiligen Land, sondern im westlichen Europa neue Niederlassungen gründen; der Ordensaufbau erlangte seine Gestalt. Um 1140 wurde die Macht des Großmeisters erheblich eingeschränkt. Es wurde dem Großmeister untersagt, ohne Zustimmung des Konventes Land zu veräußern, Befehle des Konventes eigenmächtig zu ändern, Kriege zu erklären und Waffenstillstände zu schließen.

Robert de Molêsme: (* ~ 1028 in der Champagne, † 29. April 1111 in Molesme); Mönch und später Prior in Montier-La-Celle; 1068 →Abt von St. Michel de Tonnerre; später Prior von St. Ayoul de →Provins; 1075 Gründung der →Abtei Molesme, in der Robert die strengste Befolgung der benediktinischen Regeln durchsetzte; auf der Suche nach einem rigorosen asketischen Ideal lebte er um 1090 in einer Einsiedelei; später gründete er mit seinen Mönchen das Kloster „Vivicus"; 1098 übersiedelte er in das Kloster →Citeaux, wurde aber genötigt wieder nach Molesme zurückzukehren; Robert gilt als Schöpfer der Spiritualität der →Zisterzienser.

Robert de Sablé: (auch Sabloil, des Sables, Robertus de Sablolio); stammte aus sehr reichem Haus aus Maine; 12. Tempelgroßmeister (1191 – 28. September 1193); Kommandeur der englischen Flotte; hatte sich im Kampf der Engländer in Portugal gegen die Mauren ausgezeichnet. Vor seinem Eintritt in den Orden im Heiligen Land war er zweimal verheiratet und hatte auch Kinder. Robert war wegen seiner Umsicht und Tapferkeit hoch geachtet. Unter seiner Meisterschaft und durch seine guten Kontakte (Freundschaft?) zum englischen König →*Richard I. Löwenherz* konnte die Insel →Zypern für den Orden erworben werden. Auf der Insel wurden vier Komtureien errichtet, in die die Templer später alle Unterlagen der Archive von den Ordensburgen in Kleinasien unterbrachten.

Nach dem Fall Jerusalems lag das Interesse des Ordens nicht sosehr in Palästina, sondern auf die Ausbreitung der Ländereien und Besitzungen in ganz Europa. So wurden in dieser Zeit der Meisterschaft von Robert de Sablé Ländereien bei Köln (Neuß), Braunschweig und Görlitz erworben und Komtureien in Supplinburg, Brandenburg, in Thüringen, Schlesien und Bayern errichtet. In der Auseinandersetzung zwischen →*Konrad de Montferrat* und →*Guido de Lusignan* um die Krone Jerusalems schlug sich Robert de Sablé auf die Seite Konrads. 1192 wurde Konrad König von Jerusalem, Guido erhielt Zypern. Unter dem Einfluss Sablés entwickelte sich ein gemäßigter Realismus unter den Tempelrittern. Er war auch um eine Aussöhnung zwischen Moslems und Christen bemüht und schlug sogar eine Heirat zwischen →*al-Adil*, dem Bruder →*Saladins*, mit *Johanna Plantagenet*, der Schwester Richards I., vor. Saladin lehnte dies allerdings ab. Robert starb am 28. September 1193.

Robert de Saint-Alban: stammte aus England; Tempelritter, der zum Islam konvertierte, zu →Saladin überlief, eine Verwandte des Sultans zur Frau nahm, der ihm einen Offiziersrang einnahm, die Christen bekämpfte und das Land verwüstete. Solche Vorkommnisse machten die Templer bei der Bevölkerung verdächtig und es wurde ihnen jeder Verrat zugetraut, wenn es darum ging, sich bereichern zu können.

Robert von Artois: →Artois, Robert von.

Rocelin: →Maître Rocelin.

Roche-Roissel: →Fels von Roissel.

Roger Bacon: Rugerius Baconis; (* um 1214 in Ilchester/Somerset, † 1292 in Oxford); englischer

Franziskaner; Theologe und Naturphilosoph in aristotelischer Tradition; im augustinischen Sinn versteht er Gott als den Intellekt, der mit jeder Erkenntnis auf die Seele des Menschen wirkt; wegen seiner umfassenden Kenntnisse auch „doctor mirabilis" der mittelalterlichen Naturphilosophie genannt. Als Empiriker ließ er auch die innere Erfahrung gelten, die bis zur ekstatischen Verzückung führt. War eine streitbare Persönlichkeit, der die Gesellschaft insgesamt, aber auch Franziskaner und Dominikaner wegen ihres Versagens als Erzieher, kritisierte. Seine Hauptwerke vollendete er bis 1268 und legte sie seinem Gönner Papst →Klemens IV. vor dessen Tod vor: „Opus maius", „Opus minus" und „Opus tertium"; Studien über Astronomie, Magnetismus und Optik; von ihm stammen auch Beiträge zur Kalenderreform; er verfasste eine griechische und hebräische Grammatik.

Roger de Béziers: Vizegraf; trat 1147 sein Campagne-sur-Aude genanntes Gut samt allen Bewohnern, Wiesen, Weiden und Ackerland, Mühlen, Fischteichen, den Rechten sowie allen Abgaben dem Orden der Templer ab. Er forderte dafür keine Gegenleistung. Im Hafen La Tourette in Agde bestätigte er bei seiner Abreise ins Heilige Land diese Schenkung.

Roger de Flor: →Flor, Roger de.

Roger der Templer: →Präzeptor von London und zugleich →Almosenier König →Heinrichs II.; verschenkte königliche Almosen an die Armen; wurde später von →Heinrich III. entlassen, weil die Templer keine Bürgschaft für den Herzog von Gloucester übernommen hatten.

Roger du Moulin: Großmeister des Johanniterordens (1179-1187); weigerte sich den Schlüssel zur Sakristei, in der die Krone von Jerusalem aufbewahrt wurde, herauszugeben als →Sibylle zur Königin gekrönt werden sollte. Erst als man ihn so heftig bedrängte, dass er keinen Ausweg mehr sah warf er den Schlüssel zu Boden und rief aus, dass er mit diesen Vorgängen nichts zu tun haben wollte. →Gerhard von Ridefort, der Großmeister des Templerordens, der die Partei Sibylles ergriffen hatte, holte die Krone aus ihrer

Aufbewahrung und übergab sie für die Krönungszeremonie dem →Patriarchen →Heraklius. Roger gehörte mit →Arnaldus von Torroja und Heraklius einer Mission an, die bei Papst →Lucius III. militärische Hilfe für das Heilige Land erbitten sollte (1184).

Romanus de Brugeria: Lehrer der Theologie in Paris zur Zeit der Verhaftung der Templer (13. Oktober 1307). Er informierte →Jakob II. von Aragon über den Stand der Verhöre in der Untersuchung gegen den Orden in einem am 27. Oktober 1307 verfassten Schreiben. Der darin enthaltene Bericht über die ersten Geständnisse (Jaques de →Molay) machte den König wankelmütig in seiner positiven Einstellung gegenüber den Templern. Romanus wurde von Jakob im Dezember 1307 über die ersten Maßnahmen gegen den Orden in Aragon unterrichtet.

Rosenkreuzer: benannt nach Christian Rosencreutz (* 1378, † 1484); das Jahr 1188 wird als Gründungsjahr des Geheimbundes „Die Rosenkreuzer" überliefert. Der Gründer soll *Jean de Gisors* gewesen sein, der davor angeblich Großmeister der „Prieuré" (→Prieuré de Sion) war. Das „Rosenkreuz" gilt als Symbol dieses Bundes, dessen geistiger Inhalt als „spirituelle Alchemie" beschrieben wird. Die Rose stellt dabei die „Prima Materia" dar, den Urstoff, der durch das Kreuz veredelt und in eine göttliche Substanz umgewandelt werden sollte. Über die Rosenkreuzer ist die Verbindung zur Freimaurerei hergestellt worden (→Ritter Kadosch). Der belgische Schriftsteller *Wittemans* versuchte die Spuren der Rosenkreuzer bis zu Pharao *Amenhotep* nachzuweisen. 1614 wurden die Rosenkreuzer das erste Mal in der Literatur erwähnt. Das in Kassel 1610 erschienene zweiteilige Buch hatte den Titel:
„Allgemein und General Reformation der gantzen weiten Welt. Beneben der Fama Fraternitatis des Löblichen Ordens des Rosencreutzes an alle Gelehrte und Häupter Europas geschrieben".
Als Autor wird der Pastor und Schriftsteller *Johann Valentin Andreae* (1586-1654) geführt. Das Buch handelt von einem mysteriösen 1378 ge-

borenen „Christian Rosenkreutz", der auf seinen Reisen nach Jerusalem, Damaskus und Fez in die Geheimnisse und Weisheiten der Araber eingeweiht worden war. In Deutschland hat er gemeinsam mit drei Klosterbrüdern und vier anderen Genossen die Bruderschaft zu dem Zweck gegründet, die Kirche zum Urchristentum zurückzuführen. Grundanliegen war die umfassende Erneuerung von Kirche, Staat und Gesellschaft. Der Forscher *Erich Peuckert* wies allerdings nach, dass die Rosenkreuzer vor dem 17. Jhdt. nicht existiert haben; Andreae hätte mit seiner Schrift „Chymische Hochzeit Christiani Rosenkreuz" lediglich eine Satire über die von Wundern, Spiritisten, Sterndeutern und Sektierern überfüllten Zeit geschrieben. Ob die „Fama Fraternitatis" oder „Brüderschaft des Hochlöblichen Ordens des C. R. C." von Andreae stammt ist unsicher.

Rosslyn Chapel: entstand Mitte des 15. Jhdts. in der Nähe von Temple in Schottland; wird auf Grund der Steinskulpturen und Symbolik mit der Freimaurerei in Verbindung gebracht. Über eine steinerne Säule wird folgende Legende erzählt: Der Meister der Steinmetzen habe ein Modell dieser Säule gesehen und war ins Ausland gereist, um das Original zu sehen, um es zu kopieren. In seiner Abwesenheit hat ein Lehrling das Modell in einer derartigen Vollkommenheit kopiert, dass ihn der rückkehrende Meister voller Neid und Zorn erschlug. Dieser Lehrling wird als „Sohn der Witwe" beschrieben. Diese Legende wird als Vorläufer der freimaurerischen Hirams-Legende (→Hiram Abif) gewertet. Die Köpfe des Meisters, des Lehrlings und der Mutter sind ebenfalls in Stein dargestellt. In der Krypta befindet sich ein Steinsarkophag, der den Templern zugeschrieben wird. Die Nähe von Balantrodoch/Temple scheint dies zu bestätigen.

Rotbart: →Friedrich I. Barbarossa.

Rote Mönche: gemeinsame Bezeichnung für Hospitaliter und Tempelritter; dabei spricht die Überlieferung von bösen, jähzornigen, grausamen, Mönchen, entführenden und vergewaltigenden Rittern, die auch dem Suff nicht abge-

neigt waren. Um Rote Mönche wurden in manchen Gegenden Spuklegenden gesponnen, in denen der mit schwerer Schuld beladene Komtur in stürmischen Nächten um seine ehemalige Burgruine ritt.

Royston Cave: Royston ist ein kleiner Ort im englischen Hertfordshire etwa 20 km südlich von Cambridge, in dessen Umgebung sich mehrere Komtureien der Templer befanden. 1742 wurde hier eine runde, unterirdische Kammer entdeckt; sie ist an der Basis 6 m im Durchmesser, verjüngt sich nach oben und hat eine Höhe von 9 m; der Zweck des Bauwerkes ist geheimnisvoll, seine Existenz wird jedoch in Zusammenhang mit den Templern gebracht. Möglicherweise war Royston eine der ersten Besitzungen des Ordens in England (→Templer in England).

Ruad: Insel 3 km vor →Tortosa (Tartous); bis 1303 in christlichen Besitz; die Templer errichteten auf der wasserlosen Insel Ruad unter *Jaques de* →*Molay* eine Ordensburg und verstärkten eine vorhandene Festung; die beiden Befestigungsanlagen sind noch heute verhältnismäßig gut erhalten; auf Grund der strategisch günstigen Lage wollte Molay von hier Überfälle auf die ägyptische Küste durchführen, und die Schifffahrt an der Ostküste des Mittelmeeres kontrollieren. Die Insel hatte jedoch kaum Wasserreserven und musste ständig von außen versorgt werden; die Flotte des Ordens und die Besatzung waren zu schwach, um die Insel auf Dauer halten zu können; 1303 landeten die →Mamelucken auf der Insel und die zu geringe Besatzung der Festung (der Ordensmarschall *Bartolomäus* verteidigte mit 120 Templern, 500 syrischen Bogenschützen und 400 dienenden Brüdern die Garnison) konnte sich nur kurze Zeit der erdrückenden Übermacht widersetzen. Die Überlebenden wurden nicht erschlagen, sie wurden mit Schimpf und Schande als Sklaven nach Ägypten verschleppt. Die Templer zogen sich nun auf die Insel →Zypern – ihre letzte Zuflucht – zurück.

Ruben II.: Rubenier-Fürst; Erbe von →*Thoros II.* (1168-1170); →*Mleh*, der Bruder des Thoros, machte ihm die Erbfolge streitig und konnte ihn mit Hilfe der Truppen des →*Nur-ed-Din* 1170 stürzen.

Ruben III.: Rubenier-Fürst (1174-1185); Neffe des →*Mleh*; stürzte 1174 seinen Onkel; war Freund der Franken; nahm das Fürstentum der Hethumer, das sich unter der Schirmherrschaft Konstantinopels befand. 1185 wurde er zu einem Versöhnungsmahl zu →*Bohemund* eingeladen und bei seinem Eintreffen verhaftet. Er wurde erst wieder freigelassen nachdem sein Bruder Mamistra und Adana an Bohemund abgetreten hatte.

Rubeniden: armenisches Herrschergeschlecht in →Kilikien (1080-1375); →*Leo II.* erlangte 1198 die Königskrone.

Rum: Arabisch-türkischer Name für das byzantinische Reich und das Seldschukensultanat von →Konya (→Ikonium).

Rüstung: Schutzbekleidung des Kriegers und seines Pferdes gegen Verwundungen. Neben Helm und Beinschienen (am Unterschenkel) diente seit dem 2. Jhdt. v. Chr. der Panzer zum Schutz des Körpers: Brustharnisch und Rückenschale aus Bronze oder Eisen, Lederpanzer mit Metallschuppen, Kettenpanzer oder Kettenhemd (Ringpanzer: hemdartige Panzer aus Ringen) und Schuppenpanzer (Schuppen aus Bronze oder Eisen).

Rüstung der Templer: In der Schlacht trugen die Templer ein Kettenhemd (Haubert), das lang oder kurz sein konnte, darunter einen gepolsterten Schulterschutz, über dem Kopf eine Panzerkapuze und darüber einen Eisenhelm mit Wangen und Nasenschutz. Hatte der Ritter ein kurzes Kettenhemd an wurden die Beine gesondert gepanzert. Über der Panzerung trugen die Templer ein ärmelloses, knielanges Kleid, auf dem das rote Tatzenkreuz prangte. Der Mantel wurde über der Rüstung angelegt, aber auch während der Gottesdienste und Andachten getragen. Die Waffen bestanden aus Schild, Schwert, Lanze, einigen Messern und einer Keule (Morgenstern) samt Zubehör, und waren leichter als die in Europa gebräuchlichen, weil der Kampf im Orient eine größere Beweglichkeit erforderlich machte (→Kampftaktik). Drei Pferde standen dem Ritter zur Verfügung. Ein Knappe, der nicht unbedingt ein dienender Bruder sein musste, sondern in den meisten Fällen von edler Herkunft war und das Kriegshandwerk erlernen wollte, stand dem Ritter zur Seite.

Rutger von Blum: Roger de →*Flor*.

Safed: (Saphet, Safita, Zefat, Tsefat, Zepath, Zfad, Safad) Castrum Album; strategisch wichtige Templerfestung im Binnenland zur Sicherung der Straße nach →Damaskus, einen Tagesmarsch von →Akkon entfernt; in einer Höhe von ungefähr 850 Metern (zwischen →Tortosa und →Krak des Chevaliers); kontrollierte das Westufer des Sees Genezareth, den Übergang über den Jordan und die Straße von Damaskus nach Akkon. Die Burg wurde über einem ovalen Grundriss errichtet und wurde mit einer doppelten Mauer umgeben. Darüber ragte ein mächtiger quadratischer Bergfried auf. Vor der ersten Mauer lag ein in den Fels gehauener Graben.

Die Burg wurde von →Fulko von Anjou (1131-1143 König von Jerusalem) 1140 errichtet, und 1169 von →Amalrich den Templern übergeben. In den ersten Jahren wurde von den Templern eine Summe von 1 100 000 sarazenische Goldmünzen für den Bau der Burg aufgewendet; es mussten ständig zirka 1 700 Menschen in Friedenszeiten und 2 200 Menschen in Kriegszeiten verpflegt werden; für die täglichen Aufgaben waren 50 Ordensritter, 30 berittene →Sergeanten, 50 →Turkopolen, 300 Armbrustschützen, 820 Bedienstete und Arbeiter, des weiteren 400 Sklaven erforderlich.

Nach der Niederlage von →Hattin musste die Burg nach einmonatiger Belagerung und schwerer Beschießung →Saladin überlassen werden (6. Dezember 1188). Das Erdbeben vom 20. Mai 1202 richtete an der Festung großen Schaden an; wieder saniert, wurde die Burg 1210 von Sultan →al-Adil neuerlich zerstört. Nachdem die Templer ein Bündnis zwischen Damaskus und den Franken vermittelt hatten, wurde ihnen 1240 die Stadt Safed wieder zurückgegeben, und ab dem 11. Dezember 1240 wurde die Burg zögernd wieder aufgebaut. Die Rückgabe der Festung an die Templer führte zu Auseinandersetzungen und sogar zu offenen Kämpfen mit den Johannitern, die ihrerseits, wie auch die kaiserlichen Truppen, im Gegensatz zu den Templern, Ägypten unterstützten.

1266 belagerten →Baibars Truppen die Festung, konnten die Burg aber nur durch Verrat des Unterhändlers der Templer, →Leo der Casalarius, und durch falsche Versprechungen Baibars am 22. Juli 1266 einnehmen. Die gesamte Besatzung wurde, entgegen des Versprechens des freien Geleites, gefangengenommen und nach schwerer Folter hingerichtet. Den Gefangenen wurde bei lebendigem Leib die Haut abgezogen, und als dies geschehen war ließ der Sultan die Geschundenen auspeitschen.

Die strategische Schwäche der Festung lag in der Notwendigkeit einer großen Besatzung. In Safed waren zur Verteidigung rund 2 000 Mann erforderlich. Im 13. Jhdt. fiel es den Lateinern aber immer schwerer solche Burgen mit der erforderlichen Mannschaft zu besetzen. Im 16. Jhdt. wurde von Isaak Luria hier ein kabbalistisches Studienzentrum eingerichtet. Heute ist Safed eine Stadt mit rund 15 000 Einwohnern.

Saint-Denis: Abtei nördlich von Paris (Département Seine-Saint-Denis); die →Abtei wurde unter den Merowingern (Dagobert I.) gegründet und war bereits unter den Karolingern eine der wichtigsten Abteien Galliens. Der Heilige Dionysius (Denis) galt als Schirmherr des Landes. Gegen Ende des 11. Jhdts. hatte die Abtei viel an Besitz und Ansehen verloren. Das spirituelle Leben ermattete. 1120 fand →Abaelard nach seiner Trennung von Heloise einige Zeit Zuflucht in der Abtei. 1122 wurde →Suger (1122-1151) zum →Abt gewählt. 1124 bekannte sich der König als Lehensmann des Klosters. St. Denis wurde zum fränkischen Nationalheiligtum. Abt Suger begann mit dem Neubau beziehungsweise Umbau der romanischen Abteikirche. Mit diesem Baubeginn wird in der Kunstgeschichte der Beginn der Gotik festgesetzt. Die Kirche wurde zum Manifest der neuen gotischen Baukunst. Die Vorhalle und West-Fassade wurde 1137-1151, der Chor 1140-1143 errichtet; das Lang- und- Querhaus und der Chor wurden unter der Leitung von Pierre de Montreuil († 1264), dem Architekten →Ludwigs IX., einhundert Jahre später im Stil der Hochgotik fertiggestellt. St. Denis ist die

Grabeskirche fast aller französischen Könige; das königliche Mausoleum befindet sich unter der Kreuzung des Querschiffes mit dem Langhaus (Vierung) in dem auch →*Philipp IV.*, der gnadenlose Verfolger des Templerordens, seine letzte Ruhe fand. In der Krypta befindet sich ein Kapitell auf der die Bundeslade abgebildet ist. Oberhalb des Reliefs mit der Bundeslade sind neun kleine Köpfe eingemeißelt, die auf Grund ihrer Haartracht als eine Darstellung von Templern zu deuten sind. Ein Hinweis darauf, dass die ersten neun Ritter des Templerordens bei ihrer Rückkehr aus dem Heiligen Land geheimes Wissen mitgebracht hatten oder dass sie bei ihrer Suche im Tempelbereich auf dem Berg Moria tatsächlich auf die Bundeslade gestoßen sind.

Saladin: (Salah ad-Din, „Der den Glauben in Ehren hält"); Sultan al-Malik al-Nasir Salah ed-Din Yusuf ibn Aijub genannt „Saladin"; (* 1138 in Takrit oder Tikrit/Mesopotamien, † 3.(4.) März 1193 in Damaskus). Sohn *Aijubs* (*Nadsche ad-Din Aijub*), eines sunnitischen Kurden, der für →*Nur-ed-Din* Damaskus erobern konnte. Saladin war klein von Statur und einäugig; ab 1169 Anführer der Truppen des Sengiden Nur-ed-Din; wurde von Nur-ed-Din nach Ägypten entsandt, übernahm nach dem Tod *Schirkuhs* (Bruder *Aijubs*) dessen Amt; stürzte 1171 den letzten Fatimiden-Kalifen und gründete seine eigene Dynastie der →*Aijubiden* (1169-1250); 1175-1193 Herrscher (Sultan) von Ägypten und Syrien. Der Assassinen-Großmeister (seit 1169 *Raschid ad-Din Sinan*), der bereits zwei Mordkommandos zu Saladin gesandt hatte, schloss nach abgewehrter Belagerung seiner Festung Masjaf durch Saladin mit diesem ein Friedensabkommen, das bis zu dessen Tode ehrlich eingehalten wurde. Mit dem Tod Nur-ed-Dins im Jahr 1174 war der Weg für Saladin frei, er nahm Damaskus und besetzte Mittelsyrien und ehelichte die Witwe Nur-ed-Dins. Als 1181 der Herrscher von Aleppo starb, zwang Saladin dessen Nachfolger *Iss-ad-Din* nach und nach zur Übergabe seiner Länder. Nach der Einigung seiner Länder ging Saladin daran, die wie ein Keil in seinen Herrschaftsbe-

reich ragende Macht der Franken zu brechen. 1187 schlug Saladin die vereinigten Kreuzfahrerheere von Jerusalem und Tripolis bei →*Hattin* am See Genezareth, eroberte Akkon und Askalon, schließlich am 2. Oktober Jerusalem und große Teile des Kreuzfahrergebietes. Tyrus konnte unter der Führung →*Konrads von Montferrat* den Angriffen des Sultans standhalten. Saladin belagerte Tripolis und Antiochia, während ein neues Kreuzfahrerheer vor Akkon erschien, das seinerseits wieder von den Truppen des Sultans eingeschlossen wurde. 1191 eroberten →*Philipp II.* von Frankreich und →*Richard I. Löwenherz* Akkon. Ein Waffenstillstand vom 1. September 1192 überließ Saladin Jerusalem und sicherte lediglich den Pilgern den Zugang in die Stadt. Nach dem Tode Saladins wurde sein Reich, entsprechend seines Willens, an seine Söhne und seinen Bruder verteilt. Bereits ein Jahr später kam es zum Krieg zwischen den Erben. Sein Bruder *al-Malik al-Adil* konnte 1200 das Reich noch einmal unter seiner Herrschaft vereinen, verlor jedoch ein Jahr vor seinem Tod (1218) Damiette an die Kreuzfahrer. Das Verhältnis Saladins zu den Tempelrittern und den anderen Ordensrittern war von konsequenter Härte geprägt. Er soll gesagt haben, dass er die Erde von allen Ordensrittern reinigen wolle, die niemals von ihrer Feindschaft ablassen würden und als Sklaven keine Dienste leisteten. Saladin galt als Inbegriff religiöser Toleranz, in Wahrheit aber dürfte er ein fanatischer sunnitischer Muslim gewesen sein, der mit gleicher Härte gegen Christen und Schiiten kämpfte. Sein Ziel war die Wiederherstellung des islamischen Weltreiches unter seiner Führung.

Saladinpfennig: →Saladinzehnt.

Saladinzehnt: →*Philipp II.* von Frankreich und →*Heinrich II.* von England beschlossen auf Grund des Falls von Jerusalem (1181) ihre Feindseligkeiten einzustellen, und zur Finanzierung eines Kreuzzuges (des 3. Kreuzzuges) gegen →*Saladin* eine Sondersteuer einzuheben: den „Saladinzehnt" (1188). Diese Steuer betrug zehn Prozent des Einkommens oder des Wertes der beweglichen Güter.

Salomo: (von hebräisch „schalom", „Friede", daher eigentlich „der Friedliche"); Salomo, König von Israel, Jerusalem und Juda, etwa 965-926 v. Chr., Sohn *Davids* und der *Bathseba*. Gegen die Ansprüche seines Halbbruders *Adonija*, Sohn der *Haggit*, von David als Nachfolger bestimmt. War mit der Tochter des ägyptischen Pharaos *Scheschonq I.* verheiratet. Vom Verlust der Randgebiete im Süden- und Nordosten (Aramäer und Edomiter) abgesehen, gelang es Salomo, das von seinem Vater geschaffene, aber zu zerfallen drohende Großreich zu erhalten; nach außen durch diplomatische Beziehungen, und gegenüber fremder Kulturen durch freizügige Religionspolitik, im inneren durch Stabilisierung des Staates, durch Modernisierung der Verwaltung (die Einteilung des Reichs in 12 Verwaltungsbezirke) und die Reorganisation des Heeres; die Fronarbeit wurde nicht nur von den unterworfenen Völkern, sondern auch von den Israeliten selbst verlangt, was zusammen mit den alten Spannungen zwischen Nord- und Südstämmen den Anlass zur Reichsspaltung nach dem Tod Salomos (926 v. Chr.) gab. In seiner Regierungszeit wurde durch den Bau des Tempels Jerusalem zum religiösen Zentrum. Berichte über Salomo finden sich in der Bibel (1 Kön. 3-11); Salomo gilt als Inbegriff der Gerechtigkeit (salomonisches Urteil) und Weisheit (1 Kön. 5, 9-14).

Salomonischer Tempel: Der Tempelbau ist in der Bibel im Buch der Könige (1 Kön. 5, 15-32 und 1 Kön. 6, 1-38 und 2 Chr. 2-8) beschrieben; →*Salomo* errichtete für seinen Vater *David* den legendären Tempel, und beauftragte einen Architekten und Baumeister aus Tyrus – →*Hiram*, den Sohn einer Witwe aus dem Stamm Naftali – mit der Errichtung. Mit dem Bau des Tempels wurde etwa 965 v. Chr. begonnen, und er wurde sieben Jahre danach fertiggestellt. Hier brachte man die Bundeslade mit den Gesetzestexten unter. 586 wurde der Tempel vom Babylonier *Nebukadnezar* zerstört, und nach der Rückkehr der Juden aus dem babylonischen Exil der zweite Tempel von *Zerubabel* 516 neu gebaut. Durch *Antiochus Epiphanes* entweiht stellte *Juda der*

Maccabäer den Tempel 165 v. Chr. wieder her. Die vollständige Umgestaltung fand unter *Herodes* 21 v. Chr. im hellenistischen Stil statt; 70 n. Chr. wurde dieser Tempel im römisch-jüdischen Krieg fast vollkommen zerstört. Seit 644 stand auf dem alten Tempelplatz eine Moschee. Nach der Eroberung Jerusalems durch die Kreuzfahrer war die Moschee Sitz und Residenz König →*Balduis II.*, bis er diesen Bereich den Templern überließ, die die Moschee im Geiste mit dem salomonischen Tempel identifizierten, sich hier häuslich niederließen und ihren Namen diesem Umstand verdankten.

sangroyal: („sang royal", „königliches Blut"); es liegt die Idee zu Grunde, dass sich die Nachkommen des *Jesus von Nazareth* (aus dem Hause David) nach dessen Kreuzigung nach Südfrankreich in den Languedoc retten konnten und Keimzelle für das Herrschergeschlecht der Merowinger bildeten; wird auch mit dem →*Gral* (sang_*royal*) in Verbindung gebracht.

Sankt-Thomas von Akkon: Ritterorden, der aus einem Haus der Regularkanoniker in →*Akkon* hervorgegangen ist; wurde während des 3. Kreuzzuges gegründet und war *Thomas* →*Becket* geweiht. Als Gründer gilt →*Richard I. Löwenherz* (1191/92). Der Sitz des Ordens in Palästina verfiel aber bereits im frühen 13. Jhdt., bis der Bischof von Winchester (*Peter des Roches*) den Sitz des Ordens wiederherstellte. Als Regeln des Ordens wurden die des →*Deutschen Ritterordens* zugrundegelegt. Der Orden wurde nur sehr begrenzt unterstützt und hatte im 13. Jhdt. einigen Besitz in England. Im späten 13. Jhdt. sollte der Orden mit den Templern vereinigt werden, was aber am Widerstand der Templer scheiterte. Nach dem Fall Akkons (1291) wurde der Hauptsitz nach Zypern verlegt, bis im 14. Jhdt. London zum Standort des Haupthauses gewählt wurde. Ende des 16. Jhdt. wurde der Orden im Zuge der allgemeinen Säkularisierung aufgehoben.

Santiago de Compostela: (vom spanischen „San Diego" – heiliger Jakob); Stadt im Nord-Westen Spaniens (Provinz La Coruna/Galicien); wurde im Bereich eines ehemaligen römischen Militärlagers (1.-4. Jhdt.) errichtet. 813 wurde ein Grab aufgefunden, das der Legende nach die Gebeine des Apostels →*Jakob des Älteren* enthalten haben soll. Unter *Alfons II. von Asturien* (789-842) entstand hier ein Wallfahrtsort. Papst *Leo III.* (Pontifikat 795-816) erhob den Ort zum Bischofssitz; unter Papst →*Urban II.* (Pontifikat 1088-1099) erhielt die Stadt den Namen Santiago de Compostela (1095) und unter →*Alfons IV.* von Kastilien und Lèon wurde Santiago de Compostela neben Jerusalem und Rom zu einer der bedeutendsten Wallfahrtsorte der Christenheit.

„Les Enfants de Maître Jacques", eine Baugenossenschaft (→Bauhütte), war im Süden Frankreichs und in Nord-Spanien mit dem Bau der Straßen und der Errichtung von Brücken nach Santiago de Compostela und zur Grabstätte Jakobs des Älteren beschäftigt. Der Schutz dieser Pilgerwege zum Grab des Apostels wurde auf Grund der besonderen Verehrung von Jakob dem Älteren durch die Templer sichergestellt; mit der Gründung des Ritterordens von Santiago (→Santiago, Orden von) 1175 übernahm der Orden, neben seiner Aufgabe dem Kampf gegen die Mauren, auch den Schutz der Pilgerwege.

Santiago, Orden von: (Ritterorden des heiligen Jakob, Jacobusorden); wurde 1175 vom Papst bestätigt; die Ordensritter hatten die Aufgabe die Pilger auf dem Weg nach →Santiago de Compostella zu schützen. Der erste Meister des Ordens war *Don Pedro Fernandez*, der von König *Ferdinand II.* von Lèon die Burg Cáceres als Ordensfestung zum Geschenk erhielt.

Sarazenen: Eine nur im Abendland gebräuchliche Sammelbezeichnung für alle im Mittelmeerraum ansässigen Araber; Synonym für Moslems und Gegner der Kreuzfahrer (z.B. auch Türken). Ursprünglich Bezeichnung für einen nordwestarabischen Stamm.

Satan: (hebräisch-griechisch-lateinisch „Widersacher", hebräisch „satan", „Widerstand leisten"); erstmals im Buch Hiob (1, 6-12) erwähnt, hier ist Satan noch Engel an der Seite Gottes; im Alten Testament auch der Gegner im Krieg und vor Gericht (1 Sam. 29,4; 1. Kön. 5, 18) und als Mitglied der „himmlischen Ratsversammlung" Gott untergeordnet (Sach. 3, 1-20); im Einfluss dualistischer Spekulationen (→Dualismus) dann Opponent Gottes, schließlich der Versucher und Verführer (→Teufel). Personifikation des Bösen, das sich dem positiven Wirken Gottes entgegensetzt und als Versucher die Knechtschaft der menschlichen Seele anstrebt. Böser Widerpart Jesu, der diesen in der Wüste zu verführen sucht. Hat Satan mit seinen Verführungen Erfolg, wird er zum Vollstrecker des göttlichen Gerichtes. Dem Gedanken nach entspricht Satan dem Bild des Teufels, →Luzifer oder anderen Personifikationen wie →Baphomet bei den Templern. Andere Synonyme: Beelzebub, Belial, Mephistopheles (hebräisch „Mephophiel", „Zerstörer des Guten"), Leviathan, Mastema und Samael.

Satorformel: →Buchstabenquadrat.

Saunière, Béranger: (* 1350 in Montazel, † 22. Jänner 1917 in Rennes-le-Château); ab 1885 Dorfpfarrer (Curé) in →Rennes-'e-Château. Ende des 19. Jhdts. kam er zu unerklärlichem Reichtum und wird deshalb mit dem verschollenen Templerschatz in Verbindung gebracht (→*Bertrand de Blanquefort*). Sein Reichtum konnte aber auch aus einem Wissen entsprungen sein, dessen Verbreitung verhindert werden sollte, und für dessen Bewahrung sich der Vatikan selbst zur Bezahlung eines Schweigegelds entschlossen haben könnte. Das Geheimnis soll in einem unwiderlegbaren Beweis dafür bestanden haben, dass *Jesus* nicht am Kreuz starb, sondern mit seiner Frau →*Maria Magdalena* und seinen Kindern (dem →„*Sang Royal*", dem „Heiligen Blut") nach Frankreich gekommen war. Abbé Saunière soll auf diese Beweise bei den ersten Umbauarbeiten der Kirche von Rennes-le-Château bereits 1886 gestoßen sein. Denn plötzlich konnte er die teuren Umbaumaßnahmen an seiner Kirche durchführen, mit teuren Antiquitäten handeln und er bekam in Paris Zugang zur Gesellschaft. Zu seinem Bekanntenkreis zählte auch Erzherzog *Johann von Österreich*. Ihm wurde auch ein Verhältnis zu der in ihrer Zeit hochgeschätzten Sängerin *Emma Calvé* nachgesagt.

Saunière verweigerte auch gegenüber dem Bischof von Carcassonne jede Aussage über die Herkunft seines Reichtums. Der Bischof versuchte deshalb den Abbé seines Amtes zu entheben. Sainière wandte sich darauf direkt an den Vatikan und wurde vom Papst unterstützt. Er nahm sein Geheimnis mit in sein Grab; auch seine Haushälterin *Marie Denarnaud*, die ihm ihr Leben lang die Treue hielt, verriet nichts.

Scharia: (arabisch „Scheriat"). Das Gesetz (Pflichtenlehre) des Islam, das die von Gott bestimmte kultische Lebensweise vorgibt. Abgeleitet vom heiligen Buch des Islam, des →Koran, und der Sammlung „verlässlicher Tradition" (→Hadith), den Aussprüchen →Mohammeds. Sie umfasst die kultischen Pflichten (Gebet, Fasten, Almosen, Pilgerfahrt), die ethischen Normen, wie auch Rechtsgrundsätze für alle Lebensbereiche, wie Ehe, Erbschaft, Vermögen, Wirtschaft, innere und äußere Sicherheit der Gemeinschaft. Die Scharia ist aus der Arbeit islamischer Rechtsgelehrter zwischen dem 7. und 10. Jhdt. entstanden. Das islamische Gesetz unterscheidet sich vom westlichen Gesetz dadurch, dass es im wesentlichen unveränderlich ist. Es regelt das Verhältnis der Moslems zum Staat und ihren Mitbürgern und bestimmt ihr Gewissen und Verhältnis zu Gott.

Schatz der Templer: Der Orden der Tempelritter galt als unermesslich reich. Über 200 Jahre bewahrten sie ihre Reichtümer, die sie durch →Schenkungen von überantwortetem Besitz von in den Orden Eintretenden, Kirchenzehenten und Zinsen aus verliehenem Kapital (trotz kirchlichen Wucherverbotes) erworben hatten. Viele Menschen dieser Zeit glaubten, die Templer hätten den „Stein der Weisen" entdeckt, andere schrieben den Reichtum geheimen Gold und Silberminen des Ordens zu, wieder andere ließen die Templer (→*Bertrand de Blanquefort*) den geheimen Goldschatz des Westgotenkönigs *Alarich* einschmelzen. Jedenfalls war der Reichtum der Templer so groß, dass sie Königen große Summen in kurzer Zeit zur Verfügung stellen konnten. Als →*Philipp IV., der Schöne*, wegen der Geldentwertung vor der aufgebrachten Bevölkerung im Tempel von

Paris Zuflucht fand, dürfte er den Templerschatz zu Gesicht bekommen haben, der seine Gier und später seinen Hass gegen den Orden steigerte und zur Vernichtung der Templer führte. Allein *Jaques de* →*Molay* soll bei seiner Rückkehr nach Frankreich 150 000 Goldstücke sowie 10 Maultierlasten Silberdenare mit sich geführt haben. In der Nacht vor der Verhaftung der Ritter durch die Schergen des Königs sollen →*Hugo de Châlon* und →*Gérard de Villers* den Ordensschatz auf drei mit Stroh bedeckten Wagen aus Paris zum Meer gebracht und dort auf siebzehn Schiffe verladen haben.

Schatzmeister: Dieses Amt war ausschließlich mit dem Amt eines →Komturs vom Königreich Jerusalem verbunden. Er war der Rechnungsführer des Ordens, und musste dem Großmeister alljährlich über Ein- und Ausgaben Rechnung legen; er hatte die Aufsicht über alle im Heiligen Land anwesenden Schiffe und deren Ladungen. Gemeinsam mit dem →Drapier hatte er die Aufsicht über die Bekleidungskammer.

Schenkungen: Eine durch Vertrag vorgenommene Zuwendung, durch die jemand aus seinem Vermögen einen anderen unentgeltlich bereichert.

Ein wesentlicher Teil des Reichtums der Templer entsprang Schenkungen (→Schatz der Templer). Jeder der in den Orden eintrat und sich ihm anschloss machte eine Schenkung. Geschenkt konnte alles werden, Ländereien, Burgen oder aber nur Geld. Die Schenkungen lassen sich in drei Kategorien einteilen:

1. Schenkungen „pro anima". Der Spender band an sie keine Bedingung, ihm ging es nur um sein Seelenheil.

2. Schenkungen „in extremis". Von vorsichtigen Pilgern, die ins Heilige Land zogen und fürchteten von dort nicht zurückzukehren; waren selten, denn die testamentarische Schenkung trat an ihre Stelle.

3. „Schenkungen gegen Entgelt". Sie sind schwer von Verkäufen zu unterscheiden, doch waren sie immer zum Vorteil des Beschenkten. Der wesentliche Grund für das Entgelt war die Sicherung der Schenkung vor der Reue des Stifters und der Ra-

che der Erben. Das Entgelt war für die Unwiderrufbarkeit der Schenkung Voraussetzung.

Die meisten Schenkungen waren in den Jahren 1130-1140, 1180-1190 und 1210-1220 zu verzeichnen. Gegen Ende des 13. Jhdt., mit dem Nachlassen des Kreuzzugsideals, wurden kaum mehr Zuwendungen an die →Ritterorden gemacht.

Die ersten Schenkungen hatten mit der Herkunft der ersten Mitglieder zu tun und sind vor allem in der Champagne, in der Pikardie und in Flandern dem Orden zugeführt worden (→*Gottfried de Saint-Omer* stiftete sein Haus in Ypern, →*Pagan de Montdidier* sein Gut in Fontaine, →*Hugo de Payens* seine Güter). Viele Regenten unterstützten den Orden, um ihn in ihrem Bereich sesshaft zu machen, damit sich der Orden an der Verteidigung der Länder beteiligte. Bedeutende Schenkungen erhielt der Templerorden aus diesem Grund und wegen seiner Beteiligung an der →Reconquista in Spanien und Portugal. →*Alfons I.*, König von Aragon und Navarra († 1134), setzte den Orden als Erben seines gesamten Reiches ein; das Testament wurde allerdings nie vollstreckt. →*Raimund IV. Berengar* von Barcelona schenkte 1143 dem Orden die Burg →Monzón. Besonders entwickelte sich der Templerorden im Süden Frankreichs, wo die Ritter von →*Raimund III. Berengar*, Graf von Barcelona und der Provence, große Ländereien in der südlichen Auvergne (1128) erhielten. *Theresa von Kastilien*, Witwe des Grafen *Heinrich von Burgund*, des Begründers des Königreichs Portugal, bestätigte die früheren Schenkungen an den Orden. Im April 1128 stellte Theresa eine Urkunde aus, in der sie dem Orden die Burg Soura und das zugehörige Gebiet südlich von Coimbra überschrieb. 1159 schenkte König →*Alfonso Henrique* dem Orden die Festung „Castelo de Ceras". Der Vicomte *Roger von Carcassonne* übertrug den Templern 1150 große Ländereien in der Nähe von Narbonne. Besondere Unterstützung erhielt der Orden von König →*Ludwig VII.*; die Schenkung der Mühlen bei →La Rochelle 1143, 1149 die Domäne Savigny samt einer Rente von 30 Livres und 1156 die Übertragung von Grundstücken bei Orleans gehen auf ihn zurück. 1141 fasste der Orden in der Bretagne Fuß, wie auch in der Normandie, in England (→Templer in England) und in Italien.

Die Erlöse aus Schenkungen sollten dem „heiligen Zweck", der Finanzierung des Ordens für den Kampf gegen die Moslems dienen. Der Orden fühlte sich daher moralisch in die Lage versetzt, ihre Interessen auch mit Druck gegenüber natürlicher Erben zu vertreten (→*Brian von Jay*), (→Templer in Frankreich). Diese oft rücksichtslosen Handlungsweisen brachten den Orden neben dem Vorwurf des Stolzes, die nicht unberechtigte üble Nachrede der Habgier ein.

Schia: Hauptgruppe des Islam (→Schiiten, arabisch „Nachfolge", „Fährte"), deren Name von Schi'at Ali (Partei Alis) abgeleitet ist. Anhänger des 4. Kalifen *Ali Ibn Abi Talib*, des Neffen und Schwiegersohn →*Mohammeds*. Anerkannten nur dessen Nachkommer als rechtmäßige Nachfolger Mohammeds (Imame). Lagen im erbitterten Streit mit dem sunnitischen Kalifat von Bagdad.

Schiiten: (arabisch „schia", „Partei", „Schi'at Ali", „Partei Alis"); kleinere der beiden Hauptgruppen des Islam (Schiiten – →Sunniten); ursprünglich die Anhänger von *Ali*, dem Vetter und Schwiegersohn →*Mohammeds* und 4. →Kalifen (*Ali Ibn Abi Talib*). Die Schiiten anerkannten nur Ali und seine Nachfolger als rechtmäßige Kalifen und Nachfolger Mohammeds. Im Gegensatz zu den Sunniten erkennen sie den →Imam als gottähnlichen Mittler und Führer an; zum Teil die Lehre vom noch kommenden Imam (Mahdi). Die Schiiten sind in verschiedene Sekten gespalten: →Ismaeliten („Siebener Schiiten") im Iran, Imamiten („Zwölfer Schiiten") in Syrien, Zaiditen („Zwölferpartei") im Jemen. Insgesamt machen die Schiiten nur etwa 10 % der Muslime aus, bilden aber heute im Iran und Irak die Mehrheit.

Schisma: (lateinisch „scissura", „Absonderung", „Spaltung"); Kirchenspaltung aus kirchenrechtlichen, aber nicht aus dogmatischen Gründen;

beim Schisma gibt der Schismatiker die Kircheneinheit auf; bei Häresie der Häretiker die Glaubenseinheit.

Scholastik: (lateinisch „schola", „Schule"); theologisch-philosophische Wissenschaft des Mittelalters, wie sie an Universitäten und Domschulen gelehrt wurde. Kann in drei Abschnitte gegliedert werden: 1. Früh-Scholastik (9.-12. Jhdt); 2. Hoch-Scholastik (12.-13.Jhdt); 3. Spät.-Scholastik (14.-15. Jhdt.).

Früh-Scholastik: Die Schulen erlebten unter den Förderungen der weltlichen und kirchlichen Fürsten eine neue Blüte. Die Philosophen waren bestrebt mit den Mitteln des Denkens im Rahmen des christlichen Glaubens ein umfassendes Weltbild zu finden. →*Abaelard* ließ in seiner Schrift „Sic et non" zu jeder Frage die Bibel und verschiedene Kirchenlehrer zu Wort kommen, um daraus die Antworten zu formulieren. Als Rationalist lehrte er (wie *Berengar von Tours*), dass der Glaube der Erkenntnis zu folgen habe: „Intelligo, ut credam" („Ich verstehe, damit ich glauben kann") und stand damit im Gegensatz zu →*Anselm von Canterbury* (1033-1109), der sein „Credo ut intellegam" („Ich glaube, damit ich verstehe") verkündete. *Meister Michael*, ein Freund →*Hildegards von Bingen*, war ursprünglich als Anhänger des →*Thomas von Aquin* bekannt, neigte sich später aber *Erasmus von Rotterdam* zu, in der Hochscholastik wird er aber auch mit *Francois Villon* verglichen, dessen ungestüme Lebensweise ihm am nächsten kam.

Hoch-Scholastik: Ab dem Ende des 12. Jhdts. wurden Erkenntnisse aus den griechischen und arabischen Wissenschaften (Mathematik, Medizin und Astronomie) und die Naturphilosophie und Metaphysik des *Aristoteles* aufgegriffen und verarbeitet. Es wurde die These der Widerspruchslosigkeit zwischen Wissen und Glauben bei der Wahrheitssuche aufgeworfen. Demgegenüber stand die Auffassung möglicher Widersprüche. Thomas von Aquin fügte die wissenschaftlichen Erkenntnisse des Aristoteles harmonisch in das christliche Weltbild ein. →*Roger Bacon* hantierte neben seinen theologischen

Überlegungen mit Sprengstoff, versuchte die Lichtgeschwindigkeit zu messen und erfand einen Dampfkessel, →*Albertus Magnus* arbeitete an der Pflanzenphysiologie und *Duns Scotus* drang in die exakte Astronomie vor.

Spät-Scholastik: Die Einheit zwischen Wissen und Glauben wurde gesprengt, neben den mystischen Bewegungen stand eine starke Tendenz zur einzelwissenschaftlichen Forschung. Es wurden drei philosophische Systeme gegenübergestellt: Thomismus (Thomas von Aquin), Scotismus (Duns Ockham) und der Nominalismus (*Wilhelm von Ockham*). Im 16. Jhdt. erlebte die Scholastik einen durch Dominikaner und Jesuiten getragenen Aufschwung. Im 19. Jhdt. fand eine Neubelebung der Scholastik in der konfessionell gebundenen Philosophie statt (Neu-Scholastik). Es entstanden zwei Gruppierungen: der Neuthomismus, der auf den christlichen Aristotelismus des Thomas von Aquin zurückging und einer Gruppe, die auf Duns Scotus und damit auf die augustinisch-neuplatonische Tradition zurückging.

Schottland: →Templer in Schottland.

Schwarzer Freitag: Am Freitag, dem 13. Oktober 1307 ließ König →*Philipp IV., der Schöne*, in einer koordinierten Nachtaktion alle in Frankreich lebende Tempelritter verhaften, einkerkern und ihre Güter beschlagnahmen. Ab diesem Zeitpunkt wurde der „Freitag, der 13." zum allgemeinen Unglückstag, zum „schwarzen Freitag".

Schwert: (→Symbolik der ritterlichen Waffen); alte ein- oder zweischneidige Hieb und Stichwaffe (seit der Bronzezeit); gerade, breite Klinge mit einem von einem Querstück (Parierstange) geschützten Griff. Im Mittelalter neben der Lanze die Hauptwaffe des Ritters. Als Rechts- und Herrschaftssymbol der obrigkeitlichen Gewalt galt insbesondere das Schwert des Königs, als Zeichen seiner Schutzherrschaft und Friedenssicherung, und das Schwert des Richters (Gerichts-Schwert), als Symbol hoher Gerichtsbarkeit; auch Sinnbild der höchsten päpstlichen Jurisdiktion (→Zweig-Schwerterlehre).

Schwertbrüderorden: lateinisch „Fratres militae Christi de Livonia" („Brüder der Ritterschaft Christi von Livland"); geistlicher Ritterorden, der nach dem Muster des Templerordens vom Zisterziensermönch *Theoderich von Treyden (Treisen)* zur Christianisierung →Livlands 1202 gegründet wurde. Ihren Namen erhielten sie von dem auf ihrer linken Schulter getragenem rotem Schwert auf dem weißen Rittermantel. Sie gelobten zwar *Albert I. von Riga* →Gehorsam, erzwangen aber 1207-1210 die Abtretung eines Drittels Livlands mit voller Landeshoheit an den Orden. 1236 erlitten die Schwertbrüder bei Saule allerdings eine vernichtende Niederlage gegen die heidnischen Litauer. Die Reste „der Schwertbrüder" wurden mit dem →Deutschen Ritterorden verschmolzen. 1237 Bestätigung durch Papst →*Gregor IX.*

Schwertleite: Bis zum 13. Jhdt. wurde die Erhebung vom Knappen zum Ritter durch die zeremonielle Handlung der Schwertleite durchgeführt, danach erfolgte die Erhebung durch den →Ritterschlag. Die Bekundung der Mündigkeit und Waffenfähigkeit erfolgte nach der Ausbildung der ritterbürtigen Knaben im Zweikampf zu Pferde mit Schwert und Lanze und einer geistig musischen Erziehung und wurde mit der Schwertleite abgeschlossen.

Seldschuken: Fürstendynastie des vorderen Orients; ihr Stammvater *Seldschük* wanderte um 1000, als Anführer der türkischen Oghusen, nach Buchara und nahm hier den islamischen Glauben (sunnitischer Islam) an. *Tugril I.* eroberte 1040 den Iran und 1045-1048 den Irak und Syrien. Die Seldschukensultane herrschten in diesen Gebieten anstelle der Abbasiden-Kalifen. In der Schlacht von Mantzikert (1071) errangen die Seldschuken unter der Führung *Alp Arslans* (1063-1072) die kleinasiatischen Teile des byzantinischen Reiches. *Malik-Schah* (1072-1092) folgte als →Sultan. Ab 1150 zerfiel das seldschukische Reich im Iran. Zweige herrschten noch bis 1174 in Syrien, bis 1194 im Nordwest-Iran und bis 1307 in Anatolien die Rum-Seldschuken.

Rum-Seldschuken: Um 1077 rebellierte *Sulaiman*, ein Sohn eines Seldschukenanführers, gegen den Sultan und ließ sich mit seinen Anhängern in Nicäa (Kleinasien) nieder. Später, nach der Eroberung Nicäas durch die Kreuzfahrer, wurde →Konya (→Ikonium) Hauptstadt. 1176 wurde das byzantinische Heer von *Kilidsch Arslan II.* bei Myriokephalon vernichtend geschlagen und Ende des 12. Jhdts. stand das gesamte muslimische Kleinasien unter seldschukischer Herrschaft. 1243 nach dem Sieg der Mongolen wurde das Sultanat den Mongolen tributpflichtig und 1307 von diesen erobert.

Seneschall: hoher merowingisch-fränkischer Hofbeamter (althochdeutsch „Senescalh", französisch „Sénéchal"); in Frankreich unter den Kapetingern mächtigster Kronbeamter (seit 1191 nicht mehr besetzt); oberster Repräsentant der königlichen Gewalt.
Bei den Templern zweithöchster Würdenträger des Ordens, stand dem →Großmeister (Johanniter und Templer) in allen militärischen Angelegenheiten zur Seite. Er trug die Verantwortung für Waffen und Pferde. Ihm standen vier Marschpferde und ein Kampfross (Turkmene) zur Verfügung. Sein Stab bestand aus 2 Rittern, einem Sergeantenbruder, einem Geistlichen (Ordens-Kaplan), der gleichzeitig die Horen anzusagen hatte, einem einheimischen Übersetzer (Schreiber), einem →Turkopolen, dem Reitknecht und einem Koch. Der Seneschall vertrat den Großmeister bei dessen Abwesenheit in allen Angelegenheiten und durfte zum Zeichen seiner Würde das gleiche Siegel wie der Großmeister verwenden. Im Feld war er ebenso ausgerüstet wie der Großmeister.

Sengi: Imad ad-Din Zengi, auch Zenki oder Zengi, Zenghi, Zangi; Atabeg von Mossul; (*1087 in Aleppo, † 14. oder 24. September 1146 (ermordet)); Sohn des Statthalters von Aleppo *Aqsonqor*; Sengi war einer der bedeutendsten türkischen Befehlshaber und Hauptstreiter gegen die Christen; erfolgreich gegen Kreuzfahrer und Byzanz, gewann Mesopotamien und das nördliche Syrien; Gründer der Sengiden-(Zengiden)-Dynastie, die bis um die Mitte des 13. Jhdt. in Mossul an der Macht war. Sengis Sohn und Nachfolger in Syrien →Nur ed-Din eroberte 1154 Damaskus. In seinem Auftrag ging Saladin nach Ägypten; Sengi regierte zuerst als Atabeg des seldschukischen Prinzen Massud in Mossul und später ab 1127 als Emir. Er galt als geschickter Stratege, guter Diplomat und vorzüglicher Verwaltungsbeamter. Mit diesen Fähigkeiten gelang es ihm bis zu seinem Tod 1146 seinen Machtbereich über fast ganz Mesopotamien und auf große Teile Syriens auszudehnen. Sein letzter großer Erfolg war 1144 die Wiedereroberung von →Edessa, das ab 1098 in den Händen der Franken gewesen war. Nach der Niederwerfung einer seldschukischen Verschwörung, die angeblich durch sein Mündel Prinz Alp Arslan angezettelt wurde, wurde Sengi bei der Belagerung der Okailiden Burg Kal'a Dschabar am Euphrat von seinem eigenen Sklaven, einem Eunuchen fränkischer Herkunft, im Schlaf ermordet. Sengi hatte den Eunuchen dabei überrascht als dieser aus seinem Weinglas trank, über die Zurechtweisung wütend lauerte der Sklave seinem Herrn im Schlaf auf und ermordete ihn (14. September 1146). Sengis Söhne Saif ed-Din Ghazi und Nur ed-Din teilten sich die Herrschaft des Vaters, doch hatte Nur ed-Din, der jüngere Sohn, seinem Vater den Herrscherring (Hoheitsring) vom Finger gezogen und ließ sich in der Folge als Herrscher ausrufen.

Sergeanten: (sergents); dienstpflichtige →Freisassen; von ihrer Herkunft vollbewaffnete Fußsoldaten fränkischer Abstammung, die sich auf den Lehensgütern ihrer Herren angesiedelt hatten.

Sergeantenchor: (Serjanz); Angehörige rekrutierten sich aus nichtadeligen Kreisen, gehörten aber neben den Rittern ebenso zum Templerorden. Mitglieder des Sergeantenchors mussten keinen Ordenseid ablegen, doch konnten sie auch über ein Noviziat Mönchsritter werden. Sie waren im Heiligen Land wie die Ritter berittene Kämpfer, verfügten aber über weniger Pferde. Zum Unterschied zu den weißen Mänteln der Ritter trugen die Sergeanten blaue. In Friedens-

zeiten und in der →Komturei mussten sich die Sergeanten um die Pferde der Ritter kümmern.

Serjanz: →Sergeantenchor.

Servienten: →Brüder, dienende.

Sibylle: (* um 1159, † 25. Juli 1190 in →Akkon); Tochter →Amalrichs I. und der →Agnes von Courtenay; Schwester →Balduins IV. und Mutter des Thronerben →Balduin V.; wurde 1176 mit Wilhelm Langschwert von Montferrat vermählt; bereits 1177 verstarb Wilhelm noch vor der Geburt Balduins (V.) und 1180 heiratete Sibylle auf Wunsch des →Patriarchen →Herakleus →Guido von Lusignan. Mit ihm gemeinsam gelang es die von Balduin IV. festgelegte Regelung der Thronfolge zu annullieren und, nach dem Tod Balduin V. (1186), die Herrschaft über das Königreich Jerusalem zu erringen. Am 20. Juli 1186 wurde Sibylle in der Grabeskirche vom Patriarchen von Jerusalem gekrönt.

„Nun bist du Königin, aber das Weib bedarf des Mannes; wähle den, der mit dir das Reich regiere, noch liegt die zweite Krone auf dem Altare." Ohne zu zögern setzte sie die Krone auf das Haupt Guidos von Lusignan. Der Templergroßmeister →Gerhard von Ridefort hatte an dieser Entwicklung eine entscheidende Rolle gespielt. Sibylle starb im Heerlager vor Akkon im Juli 1190 an einer Seuche, der auch ihre Töchter Alice und Maria zum Opfer fielen; ihre Halbschwester →Isabella wurde Erbin des Königreiches Jerusalem.

Sidon: (griechisch Seidon, heute Saïda); Stadt an der südlichen Küste des Libanon 40 km von Beirut, 45 000 Einwohner, Seekastell (um 1230) auf einer Felsinsel zirka 100 Meter vom Strand entfernt, Moschee (an der Stelle eines Johanniterspitals des 13. Jhdt.). In der Antike Sidon (bedeutende Phönikerstadt); von →Balduin I. erobert verblieb Sidon von 1111-1291 in der Hand der Kreuzfahrer; wurde immer wieder zerstört und wieder aufgebaut; ab 1133 Bischofssitz; Kapitulation am 29. Juli 1187 vor →Saladin; 1197 halfen die deutschen Kreuzfahrer unter Herzog Heinrich von Brabant bei der Rückeroberung Sidons; neue Befestigungsanlagen wurden von

Kaiser →*Friedrich II.* 1227-1228 errichtet und 1253 von →*Ludwig IX.* erneuert; 1260 wurde die Burg den Templern übergeben, sie nannten die Festung „Saietta" oder „Sagitta"; im Juni 1283 unterschrieben die Templer von Sidon, ihre Brüder von Athlit und der Seneschall von Akkon einen 10-jährigen Friedensvertrag mit dem Sultan →*Kalawun*, der den Christen Sidon, Athlit und das Gebiet nördlich von Akkon bis zum Berg Karmel sicherte; am 14. Juli 1291 kapitulierten die Ordensritter vor den Mamelucken unter dem Emir *Schudschai* als diese begannen, einen Damm zur Burg zu bauen; die Mamelucken ließen die Festung schleifen; 1516-1918 beim Osmanischem Reich.

Siegel: Siegel des Tempelherrenordens, auf dem zwei Ritter auf einem Pferd dargestellt sind. Das Siegel ist umschrieben mit „Sigillum militum Christi-secretum templi", „Siegel der Streiter Christi – Abgeschiedenheit des Tempels". Die beiden Reiter auf einem Pferd bedeuten keinesfalls, dass die Ritter so arm waren, dass sie zu zweit auf einem Pferd sitzen mussten, sondern sollte die Verbundenheit der Ordensbrüder untereinander und ihre Verpflichtung zur gegenseitigen Hilfe dokumentieren. Die Ordensregel sah vor, dass jeder Ordensritter zwei Pferde zur Verfügung haben sollte. Im militärischen Sinn

deckt der zweite Ritter die ungeschützte Flanke seines Bruders. Möglicherweise auch in abgewandelter Form ein Hinweis auf König *Janus*, der der Legende nach gleichzeitig in Zukunft und Vergangenheit sehen konnte. Das Motiv findet sich auch am Königstor der Kathedrale von →*Chartres*, wo sich zwei Ritter mit nur einem Schild schützen. Dazu bemerkt →*Bernhard von Clairvaux*:

„Damit nichts an himmlischer Vollkommenheit fehle, leben alle in einem Haus, ohne Eigentum und eines Sinnes. Wachsam bewahren sie die geistige Einheit, die der Friede verbindet. Diese Schar hat sozusagen nur ein Herz und eine Seele...".

Irgendwann entstand eine Legende, nach der sich der eine Ordensritter dem Teufel verschrieben hatte, während der andere Jesus diente; als in einer Schlacht der jesustreue Templer verwundet wurde während der „teuflische" heil blieb, soll der Gefährte die Seite gewechselt haben. Der Ursprung dieser Geschichte dürfte in der Gnostik (→*Gnosis*) zu suchen sein. Ein anderer Deutungsversuch bezieht sich auf keltische Quellen und soll die zwei Naturen der Ritter, die göttliche und die menschliche, versinnbildlichen. Das Pferd weist auf den keltischen Ursprung hin.

Feinde des Templerordens haben die Darstellungen von den beiden Rittern auf einem Pferd als Zeichen der Homosexualität gedeutet (→*Anschuldigungen*).

Silber: Zur Zeit der →*Kreuzzüge* war Silber Mangelware und hatte oft einen höheren Wert als Gold und diente als Schmuck und Münzmetall. In Europa sind heute keine Silberminen mehr in Betrieb. In der Nähe von Toulouse versuchten die Templer einige, aus der Römerzeit bekannte, Silberminen wieder in Betrieb zu nehmen. Zu diesem Zweck wurden aus Deutschland Berg- und Hüttenarbeiter angeworben (→*Bertrand de Blanquefort*). Die Templer brachten sie in Le Charbonnières völlig isoliert und unter Bewachung unter. In den →*Komtureien* von La Coume Sourde und Ermitage wurden Münzen geprägt. Ob der Reichtum des Tempels von diesen Minen stammte ist allerdings zweifelhaft. Vielmehr wird die Herkunft der mysteriösen, templerischen Silbermünzen auf Silberimporte der Templer aus Amerika zurückgeführt (→Templer in Amerika). Diese Spekulationen stützen sich auf den Umstand, dass eben die Herkunft des Tempelsilbers unbekannt war, die Templer an der Atlantikküste mit →La Rochelle ihren wichtigsten Hafen besaßen und ihre hier stationierte Flotte nach dem Untergang des Ordens verschollen blieb. Berichte und Überlieferungen von Indios über das Kommen von „Kulturbringern" aus dem Osten, sprechen von Ankunftszeiten, die nach denen der Wikinger, aber vor der Entdeckung Amerikas durch Kolumbus lag, und deren Bezeichnung durch die Indios „Tecpantlaken" mit „Leute vom Tempel" zu übersetzen ist.

Simon de Montfort: (* 1165, † 25. Juni 1218); stammte aus einem Adelsgeschlecht, das in der französischen und englischen Geschichte im 11. und 12. Jhdt. eine bedeutende Rolle spielte; Baron und ehrgeiziger Lehensherr der Île de France; durch seine Mutter *Amicia* Count of Leicester; war mit seinem Bruder *Gui* Teilnehmer am 4. Kreuzzug (→Kreuzzüge); konnte erst nach langem Bemühen die Kosten der Überfahrt ins Heilige Land aufbringen, wo er ein Jahr an den Kämpfen gegen die Muslime teilnahm; stellte sich nach seiner Rückkehr nach Frankreich in den Dienst der Politik von →*Innozenz III.*; durch seine Ehe mit *Alice von Montmorency* fand er Aufnahme in die Umgebung des Königs (→*Philipp II. August*); führte ein Kreuzzugsheer 1209 gegen die →Katharer in Südfrankreich. Nachdem Bézier und Carcassonne eingenommen waren, übernahm er die Besitzungen und nachdem er den Vicomte *Raimond Roger* →*Trencavel* einkerkern und vergiften hatte lassen, auch dessen Titel; ab 1215 auch Graf von Toulouse. Unter seiner Führung wurden Montréal, Fanjeaux, Limoux, Castres, Mirepoix, Pamiers, Saverdun, Lombers und Albi erobert. Simon verhielt sich rücksichtslos und sehr grausam; so ließ er nach der Eroberung von Bram 100 Männern die Augen ausstechen und die Nasen abschneiden, nur einem ließ er ein Auge damit dieser die Anderen

zur Abschreckung zur noch besetzten Festung Cabaret in Lastours bringen konnte. Simon war zwar fromm und tapfer, doch ein gewissenloser Mensch, der seinem Eroberungsdrang, seiner Hab- und Herrschsucht zuliebe auch gegen die Befehle Roms handelte.

Anlässlich der Belagerung von Toulouse im Juni 1218 fiel Simon von Montfort durch einen von der Stadtmauer – der Legende nach von Frauen und Mädchen – mit einer Schleudermaschine geschossenen Stein:

„...und der Stein flog schnurstracks dahin, wo er hingehörte und traf den Herzog so haargenau am Helm, dass alles in Stücke zerfiel: die Augen, das Hirn, die Zähne, die Stirn und der Kiefer. Der Graf fiel zu Boden, blutend, schwarz, tot...".

Simon war für sechs Jahre in Carcassonne beigesetzt, bis er von seinem Sohn auf die Île de France überführt wurde.

Dem Templerorden dürfte Simon positiv gegenübergestanden sein, obwohl er von den Ordensrittern militärisch nicht unterstützt wurde; er schenkte dem Orden den Ort Montredon.

Simonie: (nach dem Zauberer *Simon Magus* in Samaria, Apostelgeschichte); Übertragung von geistlichen Würden und Dingen gegen Geldzahlungen. Ursprünglich wurden darunter Sakramente, Sakramentalien und kirchliche Ämter verstanden; im Mittelalter wurde der Begriff auf die Besetzung der geistlichen Stellen durch Laien und Laieninvestitur ausgedehnt. Nach katholischem Kirchenrecht unter Strafe gestellt; in der Kirchengeschichte jedoch häufig. Ursprünglich in den Ordensregeln der Templer kein zu bestrafendes Delikt. In dem zwischen 1164 und 1187 redigierten Strafkodex stellt Simonie unter zirka 30 neu aufgenommenen Vergehen die schwerste Verfehlung dar:

„...wer das Ordenskleid durch Simonie erlangt hat, geht dessen verlustig, da seine Seele nicht zu retten ist".

Dennoch sind eine Reihe von Vergehen durch die Ordensoberen bekannt, bei denen gegen Bezahlung von Bestechungsgeldern, die Übertragung von Waren und Ländereien Aufnahmen durchgeführt wurden. Papst →*Innozenz III.* wies am 25. Juni 1213 in einer Bulle auf diese Missstände hin, ohne diese Bräuche jedoch gänzlich abstellen zu können. 1217 übertrug ein *Guibertus de Puteneia* für seine Aufnahme Grundstücke der Komturei von Renneville; der Visitator →*Hugo de Pairaud* nahm für das Ordenshaus in Chambord für eine Aufnahme Getreide als Zins und 30 Livres in bar; sogar Verheiratete nahm man auf, wenn deren Vermögen an den Orden übertragen wurde.

Sinan Rasid ad-Din: (Raschid ad-Din Sinan, Sinan ibn Salman ibn Muhammad); →Assassinen-Führer in Syrien unter dessen Amtszeit zwei missglückte Mordversuche an →*Saladin* erfolgten. Nachdem Saladin die Assassinenfestung →*Masjaf* erfolglos belagerte kam es zu einem Waffenstillstand, den Saladin bis zu seinem Tode streng einhielt. Sunnitischen Historikern zufolge soll es mit der Aufhebung der →*Scharia* durch Großmeister *Hassan* (1164) und durch die Bekanntgabe der Doktrin durch Sinan in →Alamut zu einem Verfall der Sitten gekommen sein: *„...er erlaubte ihnen, ihre Mütter, Schwestern und Töchter zu schänden, und er befreite sie vom Fasten im Monat Ramadan...".*

Das Ende des islamischen Gesetzes führte auch in Syrien zu einer Reihe von Exzessen. *Kamal al-Din* schreibt:

„Im Jahre 572 (1176/77) gaben sich die Menschen in Dschebel al-Summaq der Schande und der Ausschweifung hin. Sie nannten sich „die Reinen". Männer und Weiber vereinten sich zu Trinkgelagen; kein Mann enthielt sich seiner Schwester oder Tochter; die Weiber trugen Männerkleider, und eine von ihnen erklärte, Sinan sei ihr Gott."

Sira: Biographie des Propheten →*Mohammed,* von *Ibn Ishaq* († 768) verfasst.

Skapulier: (lateinisch), Bezeichnung für einen von manchen katholischen Orden getragenen, breiten, über Brust und Rücken bis zu den Füßen reichenden Tuchstreifen (→Prämonstratenser).

sodoier: Ritter im Dienste eines Herrschers, der von diesem für diese Dienste ein Lehen, ein sogenanntes „Soldlehen", zugesprochen bekam.

Sodomie: (nach Sodom); Geschlechtsverkehr mit Tieren; eine der →Anschuldigungen, die gegen den Templerorden im Prozess vorgebracht wurden.

Sohn der Witwe: In der Bibel (1. Buch der Kön. 7, 13-15) wird →*Hiram,* der Baumeister am salomonischen Tempel, als „Sohn einer Witwe vom Stamme Naphtali" bezeichnet.

Ebenso wird *Horus,* der Sohn des von seinem Bruder *Seth* getöteten *Osiris* und der *Isis* als „Sohn der Witwe" genannt.

In einigen Systemen der schottischen Freimaurerei gelten der Templerorden als „Witwe", Hiram als der auf dem Scheiterhaufen hingerichtete *Jaques de* →*Molay* und die Freimaurer als „Söhne der Witwe".

Söhne Salomons: (auch „Kinder Salomos" oder „Kinder des Maître Jaques"); eine dem Templerorden angeschlossene Baugilde, die Anfang des 12. Jhds. entstanden war: sie stellte die Baumeister und Architekten, die die Bauten des Ordens selbst errichteten und an den Kathedralen beschäftigt waren. Sie galten nach außen hin als weltoffen und unreligiös; der Bauorden kannte eine Hierarchie, die in Lehrlinge, Gesellen, Meister und Eingeweihte gegliedert war. Die Legende des Baumeisters des „Salomonischen Tempels" →*Hiram Abif* war ihnen bekannt und ihr Ideal war es, in ihrer Arbeit die Perfektion ihres Vorbildes zu erreichen. Sie könnten am Bau der Kathedrale von →Chartres wesentlichen Anteil gehabt haben, weil hier jeder Hinweis auf einen Baumeister (Steinmetzzeichen), wie sonst üblich, fehlt.

Mit der Auflösung des Templerordens wurden auch die Mitglieder der Gilde verfolgt; sie dürften in anderen Dombauhütten Zuflucht gefunden haben und dort ihr Wissen eingebracht haben. Im Exil nannten sie sich „Ausländische Gefährten der Pflicht Salomons". Sie traten nach der Auflösung der Zünfte 1790 wieder in Erscheinung und wurden trotz eines Verbotes geduldet. Über sie wird oft versucht, die Verbindung zwischen der Freimaurerei und den Templern herzustellen. Der Umstand, dass auf

Grabplatten in Kilmartin und Temple in Schottland (→Templer in Schottland) auch Bauhüttensymbole gefunden wurden, lässt die Vermutung zu, dass Mitglieder der templerischen Bauhütte, um der Verfolgung →Philipp IV., des Schönen, zu entgehen, auch nach Schottland geflohen waren.

Sonnac, Wilhelm von: →Wilhelm von Sonnac.

St. Denis: →Saint-Denis.

Stefan Harding: →Harding, Etienne.

Stephan de Sissy: (Etienne de Sissey; † 1272); →Marschall des Templerordens; er vertrat den Ordensmeister →Thomas Bérard während dessen längerer Krankheit; Stephan führte gemeinsam mit den Komtureien von Akkon, Safed und Athlit 1260 einen missglückten Feldzug gegen die Turkmenen; viele Templer fielen und die späteren Großmeister des Ordens →Wilhelm von Beaujeu und →Theobald Gaudin gerieten in Gefangenschaft. Angeblich hätte Stephan seine Aufgaben nicht erfüllt und wäre deshalb aus dem Orden ausgeschlossen worden; später hätte er durch Papst →Gregor X. seine Wiederaufnahme erreicht. Stephan wurde später Präzeptor von Sizilien und Apulien; als →Urban IV. in Sizilien zur Niederwerfung der Staufer rüstete, verweigerte Stephan die Teilnahme und die Unterstützung Karls von Anjou. Urban war darüber so erbost, dass er den Marschall für abgesetzt erklärte und über ihn den Bann verhängte; Stephan ignorierte diesen Befehl, weil er auf Grund der Privilegien des Ordens einzig und allein vom Großmeister Thomas Bérard aus dem Amt entfernt werden konnte und die Ordensoberen verhielten sich Stephan gegenüber loyal. Nach dem Tod Urbans 1264 wurde unter →Klemens IV. die Angelegenheit beigelegt und Stephan wurde vom Papst rehabilitiert.

Stolz der Tempelherren: Eigenschaft, die dem Orden und seinen Rittern zum Vorwurf gemacht wurde. Die Templer waren auf ihren Orden stolz, der durch seine Errungenschaften zu hohem Reichtum gekommen war, sie waren stolz auf ihren Todesmut, der in der islamischen Welt Furcht und Schrecken verbreitete und auf ihre Standhaftigkeit im Streben zum Erreichen ihrer Ziele.

Angeblich soll →Richard I. Löwenherz auf seinem Totenbett über seine schlechten Eigenschaften Stolz, Geiz und Wollust gesagt haben: „Ich wünsche alle drei zu vermählen und zwar den Stolz mit den Templern, den Geiz mit den grauen (den Zisterziensern) und die Wollust mit den schwarzen Mönchen (der hohen Geistlichkeit)."

Strafen, templerische: Wurde das Vergehen eines Bruders gegen →Ordensregeln offenbar, wurde er von seinen Brüdern getrennt bis der →Komtur die entsprechende Strafe gefunden hatte. Die geringste Strafe war, dass der Schuldige einen Tag bei Wasser und Brot verbringen musste. Gewöhnlich bestand die Strafe in drei Hieben mit der Geißel oder dem Gürtel auf den nackten Rücken. Im Falle der Wiederholung drohte der „Verlust des Habit", des Mantels (oder Kleides), eine der schwersten templerischen Strafen. Der Ritterbruder musste seinen Mantel ausziehen und ihn gegen eine Kutte ohne Kreuz tauschen. Während der Dauer der Strafe – maximal ein Jahr und einen Tag – musste der Bruder entehrende Arbeiten verrichten und vom Boden speisen. Einen Hund, der auch von seinem Napf fressen wollte, durfte er nicht verjagen. Diese Strafe konnte auch bedingt ausgesprochen werden: Verlust des „Habit in Gottes Hand". Die Folgen dieser Strafe war auch, dass der Bestrafte kein Amt ausüben durfte und keine Stimme im →Kapitel hatte.

Die schwerste Strafe war der „Verlust des Hauses", was den Ausschluss aus dem Orden bedeutete. Diese Strafe wurde ausgesprochen für: Mord an einem Christen, Weitergabe von im Kapitel Besprochenem, üble Nachrede über einen Bruder, Diebstahl oder Verlust von anvertrautem Besitz, Flucht vor dem Feind solange der →Beauséant noch aufrecht getragen wurde, Verrat oder Überlaufen zu den Sarazenen, Irrglauben und →Ketzerei, Sodomie (Homosexualität), →Simonie und die Rezeption eines Mannes gegen Geld.

Ohne Erlaubnis des Konvents durfte kein Bruder den Orden verlassen. Tat dies ein Bruder dennoch und wollte er wieder in den Orden zurückkehren musste er die Frist von einem Jahr und einem Tag abwarten. Dann musste er sich vor die Pforte der Komturei begeben und alle ein- und ausgehenden Brüder kniend um Barmherzigkeit bitten. Der →Almosenier brachte dann die Aufnahme des Reuigen vor das Kapitel. Nur im Hemd bekleidet mit einem Strick um den Hals musste der Rückkehrende vor dem Kapitel erscheinen, hier kniend laut sein Unrecht bekunden und um Barmherzigkeit flehen.

In Geldangelegenheiten entwickelten die Templer eine besondere Strenge. Kein Templer durfte unerlaubt Geld mit sich führen, der unerlaubte Geldverleih und die ohne Genehmigung erfolgte Herausgabe von Geldern (→*Reinhard von Vichiers*) führten zum „Verlust des Mantels". Wurde nach dem Ableben eines Bruders in dessen Nachlass Barschaften gefunden, wurde er nicht mehr unter seinen Brüdern beigesetzt, sondern wurde

„wie ein Hund verscharrt".

Der →Präzeptor konnte alle Strafen mildern. Auffallend ist, dass viele der Vergehen, die den Templern von der Inquisition anlässlich ihres Prozesses vorgeworfen worden waren bei den Templern selbst unter strenger Sanktion standen.

Strikte Observanz der Templer: Ein freimaurerisches Hochgradsystem, dessen Wurzeln in Frankreich und Schottland zu suchen sind. *Karl Gotthelf Reichsfreiherr von Hund auf Altengrotkau* (→Hund, Karl Gotthelf) hatte Kontakte zu Pariser Hochgradsystemen, die seit dem frühen 18. Jhdt. den Zusammenhang zum Templertum suchten. Es soll in Schottland ein von *Robert* →*Bruce* nach der Schlacht von →Bannockburn gegründetes, templerisches Kapitel namens →„Herodom-Kilwinning" bestanden haben, das die Templer vor Verfolgung und Vernichtung schützen sollte. Diese Legende ist historisch nicht haltbar, wurde aber von den französischen Hochgradsystemen gerne aufgenommen. Freiherr von Hund erklärte, er wäre am Hof des Präsidenten *Karl Eduard Stuart* in Gegenwart des

Lord *Kilmarnock* und des Lord *Clifford* von einem „Ritter von der roten Feder" („Equus a penna rubra") zum Tempelritter und gleichzeitig zum Heermeister der in der Freimaurerei wiedererstandenen templerischen Ordensprovinz ernannt worden. Der wahre Namen des Ritters von der roten Feder wurde von Hund niemals bekannt gegeben. In Deutschland hielten sich Freiherr von Hund und seine Gleichgesinnten als berechtigte Nachfahren der Tempelherren.

Sufismus: islamische Mystik, die in Anknüpfung an hellenistische Vorbilder neben der Gesetzesreligion mit dem Ziel entstand, die Kluft zwischen den Menschen und Gott zu überwinden. Der Sufi will durch mystische Selbstentäußerung bis hin zur Ekstase alles überwinden, was ihn von Gott trennt. Der Sufismus wirkte auf die arabische, besonders die persische Dichtung; in ihm wurzeln auch die Orden der Derwische.

Der Templerorden soll unter dem Einfluss des Sufismus jene Entwicklung genommen haben, die dem kirchlichen Standpunkt widersprach und die für den Orden letztlich den Untergang bedeutete.

Suger: (* 1081 bei St. Oder. † 13. Jänner 1151 in St. Denis); ab 1122 →Abt vor. St. Denis; wurde mit 10 Jahren der Abtei von St. Denis als →Oblate übergeben; erhielt in der Klosterschule von L'Estrée seine Ausbildung. Suger stand im Dienst *Ludwigs VI.* und →*Ludwigs VII.* und führte die Regierungsgeschäfte für Ludwig VII. während dessen Abwesenheit (2. →Kreuzzug). Er schrieb über beide Könige Biographien. Er war neben seinen Bemühungen um das klösterliche Leben und seinem politischen Engagement auch Mäzen der beginnenden Gotik.

Sultan: (arabisch „Herrschaftsgewalt", aramäisch „sultana", „Macht", „Herrschaft"); ab dem 10. Jhdt. Titel eines unabhängigen Herrschers in islamischen Ländern. In der Hierarchie dem →Kalifen nachfolgender Titel und Rang, der zuerst von den →Seldschuken verwendet wurde.

Sunna: (arabisch „Gewohnheit"); Aussprüche, beispielhafte Verhaltensweisen, Entscheidungen und „Gewohnheiten" →*Mohammeds*, die als

Sammlung vorliegen und neben dem Koran als autoritative Glaubensurkunden gelten und im Islam als Richtschnur des persönlichen, gesellschaftlichen und staatlichen Handelns betrachtet werden.

Sunniten: Anhänger der →Sunna (Worte und Taten des Propheten →*Mohammed*) wie sie in den „Hadith" (Überlieferungen) festgehalten sind; zu den Sunniten gehören die meisten Moslems; im Gegensatz zu den →Schiiten erkennen sie die Kalifen als rechtmäßige Nachfolger Mohammeds an. Sie erheben den Anspruch dem Beispiel Mohammeds zu folgen.

Sure: (die); Kapitel des →Korans.

Symbole, templerische: Der dreifache Raum wird von drei konzentrischen Quadraten gebildet, die untereinander durch vier zu den Seitenlinien senkrechten Geraden verbunden sind. Es sollen vielleicht die drei Grade eines Ordens dargestellt werden, der sich bei seiner Gründung mit den Geheimnissen des salomonischen Tempels auseinandergesetzt hatte, der gleichermaßen für Christen, Juden und Muselmanen als Ausdruck der Weisheit seines Erbauers galt. So ergibt sich ein zweifaches Symbol, das der drei Kategorien von Brüdern (Ritter, Kaplane und Serjants) und das der Einheit der drei monotheistischen Religionen. Der dreifache Raum geht auf keltisch-druidische Ursprünge zurück. Das Symbol wurde an den Wänden der Templerburg von Gisors und in den Mauern der Gefängnisse (→Chinon), in denen die Templer nach ihrer Gefangennahme festgehalten wurden, wiedergefunden. Der Umstand, dass ähnliche Symbole auch in Amerika (Kolumbien) entdeckt wurden, ließ *Jaques de Mahieu* eine Verbindung der Templer zur neuen Welt vermuten (→Templer in Amerika).

Symbolik der ritterlichen Waffen: Der Griff des <u>Schwertes</u> stellt das Kreuz dar und soll immer an das Leiden Christi erinnern, gemeinsam mit der Klinge wird es zum Symbol der Gerechtigkeit. Die <u>Lanze</u> symbolisiert die Geradheit derer sich ein Ritter befleißigen sollte. Die eiserne Spitze stellt die Kraft der Wahrheit dar, der flatternde Wimpel soll daran erinnern, dass die Wahrheit offen gezeigt werden muss. Der <u>Helm</u> gilt als Sinnbild der Schamhaftigkeit und der Demut. Wie der Helm das edelste am Menschen – den Kopf – deckt, deckt der <u>Harnisch</u> die Brust und symbolisiert so den eisernen, festen Mut des Ritters. Durch die <u>Sporen</u> soll der Ritter zu Ehrenhaftigkeit angehalten werden und durch den <u>Dolch</u> (misericorde) an die Barmherzigkeit Gottes erinnert werden. Der bewehrte <u>Handschuh</u> soll ihn vor bösen Taten und sein Gewissen vor Meineid, Raub und unrechtem Gut bewahren. Als äußeres Zeichen der Reinheit trägt der Ritter den weißen <u>Waffenrock</u>.

Tatzenkreuz: Kreuz der Tempelritter, das die Ordensritter mit Erlaubnis Papst →*Eugen III.* seit dem 27. April 1147 in roter Farbe auf weißem Mantel tragen durften (→Malteserkreuz); es wurde über der linken Schulter vor dem Herzen getragen, sollte durch seine Form (Tatzen) die Leiden Christi und durch die rote Farbe das vergossene Blut Jesu symbolisieren.

Tempel, schwarzer: Die den Templern vorgeworfenen Verbrechen (→Anschuldigungen) und die oft einander widersprechenden Aussagen der Ordensbrüder nach ihrer Verhaftung ließen breiten Raum für viele Vermutungen. Es wurde im Orden eine zweite, höhere Ebene oder Observanz vermutet. Hier sollen geflüchtete →Katharer und →Bogomilen Aufnahme gefunden haben, und die den Templern vorgeworfenen Bräuche eingeführt haben.

Nach der Vernichtung des Ordens habe der schwarze Tempel überlebt und in Geheimgesellschaften überdauert. Als →Freimaurer sollen die Mitglieder dieses geheimen Ordens Rache an den Bourbonen und der Kirche genommen haben.

Tempel von Jerusalem: →Salomonischer Tempel.

Tempel von Paris: →Vieux temple.

Tempeleisen: *Wolfram von* →*Eschenbach* nennt die Gralsritter „Tempeleisen" und schreibt in Vers 468 des →„*Parzival*":

Der Einsiedler sprach:

Es ist mir wohl bekannt,
dass manch wehrhafte Hand wohnt
zu Munsalvaesche bei dem Gral.
Auf Abenteuer geht es oft,
wenn sie – und das häufig – ausreiten;
Die selben Tempeleisen,
wo immer sie Niederlage oder Sieg erjagen,
tun sie es für ihre Sünden.
Da wohnt eine wehrhafte Schar.

Diese Stelle lässt sehr deutlich erkennen, dass dem Dichter die Tempelritter als Vorlage dienten. Die Bezeichnung Tempeleisen dürfte nur die dichterische Verfremdung des französischen „templier" und des lateinischen „templarii" sein.

Temple, vieux: →Vieux temple.

Templer: lateinisch templarii; („Ordo Pauperorum Commilitonum Christi Templique Salomonici" – „Orden der armen Gemeinschaft Christi und des salomonischen Tempels"; andere Bezeichnungen: Tempelritter (milites templi), Tempelherren, auch die „armen Soldaten Christi", „Miliz der armen Ritter Christi", oder „Arme Ritterschaft vom Salomonischen Tempel", „Fratres Militiae Templi" („Brüder der Tempelritterschaft"), „Commilitones Christi" („Glaubensbrüder Christi"); da sie sich zu einer starken Marienverehrung bekannten bezeichneten sie sich oft als „Servi Dei et beatae Mariae" („Diener Gottes und der seligen Jungfrau Maria"); Mitglieder des 1118/1119/1120 durch →*Hugo de Payens* gegründeten Ordens (→Gründung). Die Ordensbrüder mussten ein Gelöbnis des →Gehorsams, der Armut und der ehelosen Keuschheit ablegen und mussten sich zusätzlich zum Waffendienst verpflichten. Zur Aufnahme war es erforderlich ritterlichen Geblütes, ledig und nicht Angehöriger eines anderen Ordens zu sein. Ihre eigentliche Aufgabe war der Schutz der Pilgerwege und der religiösen Stätten im Heiligen Land. (Bethlehem, wo „das lebendige Brot vom Himmel herabgestiegen ist"; Nazareth, wo Jesus aufwuchs; der Ölberg; das Tal Josaphat; der Jordan, wo Christus getauft wurde; der Kalvarienberg und das Grab). Ihren Namen erhielt die Ritterschaft nach dem ihr von König →*Balduin II.* überlassenen Teil des Palastes in Jerusalem, der in der Nähe des salomonischen Tempels errichtet beziehungsweise dort errichtet worden war, wo einst der salomonische Tempel gestanden haben soll. Die Ordensregeln wurden mit →*Bernhard von Clairvaux* ausgearbeitet und am 13. Jänner 1129 (1128) anlässlich des Konzils von Troyes dem Orden übergeben. Bekleidung (→Habit): Weißleinener Mantel (nach den Zisterziensern) mit rotem Kreuz als Symbol des Märtyrertums. Das rote Kreuz erhielt der Orden von Papst →*Eugen III.* anlässlich des zweiten Kreuzzuges. Die Päpste gaben dem Orden im Laufe der Zeit eine Reihe von →Privilegien, die ihn vom Zehnten, von Zöllen und Abgaben befreiten. Über Donatoren (Stifter) und Affilierte hatten die Templer

Einfluss in allen Bevölkerungskreisen. Durch ihre Privilegien, →Schenkungen, Handel und Landwirtschaft, durch Grundstückstausch und -zusammenlegungen, durch ihre finanziellen Gebarungen wie Geldverleih mit Zinsen, Pfänder und Geldbußen wurde der Reichtum des Ordens immer größer. Die Templer führten fortschrittliche Techniken im Finanzwesen (bargeldloser →Zahlungsverkehr) und in der Buchführung ein. Sie galten als die Großbankiers Europas. Beste Kunden der Templer waren Könige und Päpste. Im Mittelpunkt dieser Geschäfte stand der „Tempel" von Paris. Eine weitere Einnahmequelle war im Heiligen Land durch Beute, Tribute und Lösegelder für gefangene Ungläubige gegeben. Alle diese Ressourcen steigerten den Reichtum des Ordens. Darüber hinaus betrieben die Templer innovativen Landausbau mit künstlichen Bewässerungen (Rio Cinca – Tal bei Aragón) und der Anlage von Mühlen-Systemen (beispielsweise an der Aude in Südfrankreich), oder durch die Einführung des vierjährigen Fruchtwechsels.

Bernhard von Clairvaux verfasste eine Lobschrift über die Tempelritter: „De laude novae militae ad milites Templi" („Vom Lob der neuen Ritterschaft, an die Tempelritter"). Der Orden wuchs zum stehenden Heer im Königreich Jerusalem und diente im Waffendienst den anderen Ritterorden (→Johanniter und →Deutscher Orden) als Vorbild. Kühnheit und Todesmut machten sie zu gefürchteten Kämpfern, so dass in Gefangenschaft geratene Templer von den Muslimen sofort geköpft wurden. Dem Orden stand der →Großmeister vor, der allerdings in Fragen, die den gesamten Orden betrafen, vom Generalkapitel beschränkt war. Ihm zur Seite stand der →Seneschall und der →Marschall. Das Finanzwesen oblag dem Großpräzeptor von Jerusalem. Das Ordensgebiet war in einzelne Ordensprovinzen unterteilt, die wiederum aus mehreren →Baylies bestanden, die sich ihrerseits wieder aus mehreren →Komtureien zusammensetzten (→Ritterorden).

Die Großmeister berieten die Könige von Jerusalem in vielen militärischen Angelegenheiten und waren oft kontroversieller Meinung. Ihre hervorragenden Leistungen für das Heilige Land wurden von extremen Fehlleistungen getrübt, die letztlich auch zum Verlust Jerusalems und in weiterer Folge des gesamten Heiligen Landes führten. Die ständigen Auseinandersetzungen und Rivalitäten und sogar offene Kämpfe und Fehden mit den Johannitern schwächten ihr eigenes Potential und den Stand der Christen in →Palästina.

Mit dem Fall →Akkons und dem Verlust des Heiligen Landes setzte sich der Orden zunächst auf der Insel →Zypern fest. Es gelang ihm in dieser Zeit nicht, nach dem Verlust der ursprünglichen Aufgabe die Pilgerwege zu schützen, eine neue Aufgabe zu formulieren. Der Untergang des Ordens hatte begonnen. In Frankreich wurde der Orden von →*Esquieu de Floyran* denunziert. →*Philipp IV., der Schöne*, und sein Kanzler *Wilhelm* →*Nogaret* nahmen diese →Anschuldigungen zum Anlass den Orden zu vernichten, um so an die vermuteten Schätze und Reichtümer zu gelangen und die Staatskasse aufzufüllen. Im wesentlichen bezogen sich alle Beschuldigungen auf Handlungen während der Aufnahmezeremonie. In der Nacht zum 13. Oktober 1307 wurden von den Häschern des Königs (→Gens du Roi) viele der in Frankreich anwesenden Ordensangehörigen und fast alle Großwürdenträger, unter ihnen *Jaques de* →*Molay* verhaftet. Unter der →Folter der →Inquisition gestanden viele der Gefangenen, die ihnen vorgeworfenen Vergehen begangen zu haben. Als später einige ihre Geständnisse widerriefen, wurden sie verbrannt (12. Mai 1310). Der vom König bei seiner Wahl unterstützte Papst →*Klemens V.* verteidigte den Orden nur sehr zögernd und dort wo er Anweisungen gab wurden diesen weder vom König noch von der Inquisition Folge geleistet. Unter dem Druck des Königs berief Klemens V. das Konzil von Vienne ein und hob den Orden am 22. März 1312 auf. Das Eigentum des Ordens ging teilweise in den Besitz des Königs, im wesentlichen aber in andere Ritterorden über (→Johanniter, →Christusorden). Der Großmeister Jaques de Molay und Großpräzeptor der Normandie *Gottfried de* →*Charney* widerriefen ihre Schuldbekenntnisse (18. März 1314) und wurden auf Anweisung des Königs noch am gleichen Tag auf dem Scheiterhaufen verbrannt.

Templer auf Zypern: →Zypern.

Templer in Amerika: Spekulative Überlegungen und Theorien sprechen von der Möglichkeit einer Verbindung des Tempelritterordens mit dem amerikanischen Kontinent. Als Beweis für diese Annahmen werden der geheimnisvolle Reichtum des Ordens an dem, im Mittelalter seltenen Metall →Silber und die Positionierung der Flotte des Ordens in La Rochelle erwähnt (→Templerflotte). Da die Herkunft des Silbers und der daraus geprägten Silbermünzen nicht eindeutig geklärt ist, wird Amerika das Herkunftsland und als die Quelle des Reichtums angenommen.

Im französischen Staatsarchiv wurden Siegel des Templerordens gefunden, die anlässlich der Verhaftung der Templer beschlagnahmt worden waren. Auf einem dieser Siegel mit der Inschrift „Secretum Templi" wurde in der Mitte ein Indio dargestellt, der nur mit einem Lendenschurz bekleidet ist, einen Kopfschmuck aus Federn trägt und in der Hand einen Bogen hält.

Laut *Jaques de Mahieu* kennen die Indios im Sprachbereich von Quiché (Mexiko) den Begriff „Tecpantlaken". Wobei „tecpán" mit Tempel, „tecutli" mit Herr, „pantli" mit Palast und „tlaca" mit Personen übersetzt werden kann und der Begriff daher sinngemäß „Leute vom Haus des Herrn" oder „Leute vom Tempel" bedeuten könnte. Nach der gleichen Quelle bedeutet. „tecpán" auch „Haus des (irdischen) Herrn" oder „Herr der Templer" (Großmeister). Symbole wie das Kreuz, das Siegel Salomos, das Pentagramm und das templerische Symbol des dreifachen Raumes kommen in vielen Abwandlungen in künstlerischen Darstellungen der Indios vor. In der Sprache der Inkas werden viele französische Worte aufgenommen, wobei die Vielzahl dieser Ähnlichkeiten über den Zufall hinausgehen (z.B. „tir", „anziehen" von „tirer", „ziehen"; „guz", „wohlschmeckend" von „goût", „Geschmack";

„bu", „Erde aufweichen" von „Boue", „Schlamm" usw.). Die Templer sind nach de Mahieu zwischen 1272 und 1294 in Mexiko gelandet und haben im Golf von Santos und im Hafen von Parnaíba Silberbarren auf ihre Schiffe geladen. 1307 landeten erneut Schiffe der Templer. Dieser Umstand wird mit der Vernichtung des Ordens durch den König von Frankreich →*Philipp IV.* und der Flucht des Großpräzeptors →*Gerhard de Villers* auf den im Hafen von La Rochelle gelegenen Schiffen des Ordens in Verbindung gebracht. Die Flotte der Templer, die in →La Rochelle stationiert war, verschwand nach der Verhaftung der Templer am 12./13. Oktober 1307 möglicherweise mit dem Schatz des Ordens. Dazu findet sich in einer Niederschrift der Aussage von →*Jean de Châlon*, einem Ordensritter der Diözese in Troyes, ein Hinweis für diesen Vorgang:

„Ich habe am Abend vor der Razzia, am Donnerstag, dem 12. (13.) Oktober 1307, selbst drei mit Stroh beladene Wagen gesehen, die kurz nach Einbruch der Nacht den Tempel von Paris verließen, und Gérard de Villers und Hugo de Châlons, die dazu 50 Pferde führten. Auf dem Wagen waren Truhen verborgen, die den gesamten Schatz des Generalvisitators Hugo de Pairaud enthielten. Sie nahmen Richtung auf die Küste, wo sie an Bord von 18 (17) Schiffen des Ordens ins Ausland gebracht werden sollten "

Templer in Deutschland: Über die Größenordnung des Besitzes des Ordens und die Anzahl der Mitglieder gibt es wenig Aufzeichnungen und es sind die Forschungen noch nicht weit vorgedrungen. Die älteste Niederlassung des Ordens dürfte bei Metz unter Bischof *Stephan von Bar* 1123 gegründet worden sein. In Niederdeutschland war die Komturei Supplinburg der älteste Besitz der Templer, durch eine Schenkung Kaiser *Lothars* 1130. *Heinrich der Löwe*, Herzog von Sachsen und Bayern, schenkte in der Amtszeit des Großmeisters →*Odo von Saint-Amand* (1171-1179) dem Ritterorden ein Gut bei Braunschweig, und in Erfüllung eines Gelübdes über 1 000 Mark Silber. In Deutschland wurde der Nachwuchs der Ordensmitglieder über junge

Adelige sichergestellt, die unter anderem auch als Servienten und Kaplane aufgenommen wurden, wofür der Orden von den jeweiligen Familien eine sogenannte „Mitgift" erhielt. Dadurch konnte der Orden seinen adeligen Charakter bewahren und nahm nicht die verhängnisvolle Entwicklung des Ordens wie in Frankreich, wo durch die beinahe unbeschränkte Aufnahme von Brüdern mit zweifelhaften Charakter und Ruf und niederem Stand zum Untergang des Ordens beigetragen wurde. Der Orden in Deutschland hatte dadurch einen festen Rückhalt in den Adels- und Fürstenhäuser. Dem Befehlen des Papstes wurde daher kaum gefolgt.

Bei der Verfolgung des Ordens wurden die ersten Schritte gegen den Orden vom wegen seiner Gewalttaten übel beleumundeten Bischof von Magdeburg (→Burghart III.) im Mai 1308 gesetzt. Der Umstand, dass der Orden durch seine Mitglieder mit den adeligen Häusern eng verbunden war, ermöglichte die Flucht vieler Ordensritter zu ihren Familien. Andere fanden in der Burg Beyer-Naumburg unterstützt vom Hause des Fürsten von Blankenburg Zuflucht und setzten sich mit Entschlossenheit zur Wehr. Der Präzeptor von „Niederdeutschland" *Friedrich von Alvensleben* suchte Unterstützung bei den weltlichen und geistlichen Fürsten in Deutschland. Worauf der Erzbischof einlenken und die bis zu diesem Zeitpunkt festgesetzten Templer am 19. November 1308 wieder freilassen musste. Ohne Anwendung der Folter waren keine Zeugen zu finden, die die Anschuldigungen bestätigt hätten. Dieser Umstand veranlasste den Papst später dem Erzbischof Burghart von Magdeburg den Befehl zur Durchführung der Folter zu geben (Frühjahr 1311). Mit wenig Erfolg, denn die Templer setzten sich hier mit Waffengewalt zur Wehr. →*Hugo Wallgraff*, der Visitator von Deutschland, soll mit zwanzig schwerbewaffneten Tempelrittern in die Synode von Mainz eingedrungen sein und hätte dort mit Nachdruck die Unschuld des Ordens und seiner Brüder bezeugt. Am 1. Juli 1311 wurden die Templer in Deutschland von jeder Schuld freigesprochen. Nach der Auflösung des Ordens

(1312, Konzil von Vienne) traten die Templer in Deutschland dem →Deutschen Ritterorden und den →Johannitern bei. Sie wurden hier mit offenen Armen aufgenommen.

Templer in England: Der Orden der Tempelritter war bereits vom Anfang seiner Gründung an mit dem englischen Königshaus eng verbunden. →*Hugo de Payens* bereiste bereits 1128 das Land um bei König *Heinrich I.* für seine Sache zu werben. (→Templer in Schottland). Sein erstes Ordenshaus erhielt der Orden anlässlich der Reise Hugos von *Philip de Harcourt* in Shipley in Essex. Der erste Großpräzeptor in England war *Hugh d'Argentein*, seine Nachfolger waren *Osto de St. Omer* und *Richard de Hastings*. Unter diesen Meistern begannen die Templer mit der Übersetzung der Bibel in die Landessprache.

König *Stephan*, der Sohn des Grafen Blois, der am ersten Kreuzzug teilgenommen hatte, brachte dem Orden besondere Sympathie entgegen. Während seiner Herrschaft baute der Orden seinen ersten Hauptsitz in Holborn und konnte den Grundbesitz durch Schenkungen bedeutend erweitern. Im Jahr 1161 bezogen die Ritter den „neuen Tempel" an der Themse und der heutigen Fleet Street, wo die Templer einen eigenen Themse-Hafen unterhielten. Das Templerhaus in London entwickelte sich, neben dem in Paris, zu einem der wichtigsten Ordenshäuser des Westens. Einmal im Jahr fand im „neuen Tempel" ein Kapitel statt, an dem alle Würdenträger des Ordens aus England, Schottland und Irland teilnahmen.

Heinrich II. führte die engen Beziehungen zum Orden fort, der sich seinerseits besondere Mühe mit der Vermittlung zwischen dem König und *Thomas* →*Becket* gab. Heinrich und seine Gemahlin *Eleonore* verfügten auch ihre Beisetzung im „Tempel". Unter Heinrichs Sohn →*Richard Löwenherz* wurde diese Beziehung noch enger; Richard wurde oft als Templer ehrenhalber betrachtet. Er reiste auf ihren Schiffen, wohnte in ihren Häusern und verkaufte nach der Eroberung →*Zyperns* die Insel an den Orden. Bei seiner Rückkehr aus dem Heiligen Land war er selbst als Templer verkleidet und von einer Gruppe Templer eskortiert. Sein Bruder →*Johann I. Ohneland* wurde von →*Aymeric de St. Maur*, dem Präzeptor von England, beraten. Die Besitzungen der Templer waren in England ausgedehnt, doch gibt es kein vollständiges Verzeichnis ihrer Güter. Das Präfix „Temple" dürfte aber mit Sicherheit auf Ländereien und Besitzungen des Ordens hinweisen.

Der Reichtum des Ordens in England begründete sich nicht auf die Landgüter allein, sondern war auch Ergebnis des Exportes der von ihnen erzeugten Wolle, die sie mit ihren Schiffen nach dem übrigen Europa transportierten. Der Haupthafen der Templer war Bristol, wo der Orden auch einen großen Teil der Stadt besaß, von hier gab es einen regen Schiffsverkehr nach →La Rochelle. Im Archiv *Heinrich III.* werden zwei Templerschiffe (→Templerflotte) namentlich erwähnt, „La Templère" und „Le Buscard". Weitere Einnahmequellen waren im Geldverleih, in Steuereinnahmen, Abgaben und Spenden zu finden. Auch setzte der Orden ganz besonders in England einige Privilegien gerichtlich durch und machte durch Zermürbungstaktik und Schikane die Gemeinden gefügig. Der Orden selbst weigerte sich im Gegensatz dazu sich gerichtlichen Urteilen zu unterwerfen wenn gegen ihn Klage geführt wurde.

Der Aufruf →*Philipps IV.* von Frankreich zu Verhaftung und Verfolgung der Templer wurde von →*Eduard II.* scharf zurückgewiesen:

„Euer überstürztes Vorgehen ist eine Beleidigung gegen uns und die römische Kirche",

er glaube von den Anschuldigungen kein Wort und forderte vom Papst

„zum Schutze der Templer einzuschreiten, die so schändlich verleumdet werden!"

Eduard unterwarf sich aber später der Bulle „Pastoralis praeeminentiae". In England wurden am 10. Jänner 1308 135 Templer verhaftet und in London, Lincoln und York gefangengehalten. Die Güter der Templer wurden königlichen Beamten zur Verwaltung übergeben. Die Verhöre der Templer ergaben kaum Beweise im Sinne der

Anschuldigungen. Am 29. Jänner 1310 gab der Bischof von London den Befehl, die Brüder in Isolierhaft zu nehmen und über 24 Anklagepunkte neuerlich zu vernehmen. Nachdem diese Untersuchung kein für die Inquisitoren befriedigendes Ergebnis ergab, wurden am 3. März 1310 und 8. Juni 1310 weitere Verhöre durchgeführt. Dass in England die Folter nur sehr beschränkt zur Anwendung kam, geht aus einem Brief Philipp IV. an Eduard II. vom 14. Juli 1310 hervor:

„Ihr habt verboten, dass man im Prozess gegen den Orden und die einzelnen Personen der Ritterschaft bei der Untersuchung über die ihnen vorgeworfenen Verbrechen die Folter anwenden sollte und dass in Folge dessen eben jene Templer über die Anklagen die Wahrheit einzugestehen verweigern sollen. Wir bitten Euch teuerster Sohn, wohl darauf zu achten und vorsichtig zu überlegen, ob dies Eurer Ehre und Eurem Seelenheil und der Erhaltung Eures Königtums förderlich sei."

Auf Grund dieses Schreibens gab Eduard Befehle wonach seine Beamten den Aufforderungen der Inquisitoren Folge leisten sollten. Trotz dieser Maßnahme konnten nur vereinzelte abstruse Aussagen von Eingeschüchterten und Renegaten erhalten werden. Zum Zeitpunkt der Auflösung des Ordens gab es in England zirka 40 Komtureien.

Templer in Frankreich: Auf Grund der verwandtschaftlichen Beziehungen des Ordensgründers →*Hugo de Payens* mit den Grafen der Champagne und der Herkunft der ersten Brüder des Ordens, waren naturgemäß die ältesten Ordenshäuser in der →Champagne und den benachbarten Gebieten vorzufinden. Wobei Graf *Thibaud IV.* (Graf von Blois, Chartres, Brie und Champagne) die Templer wesentlich unterstützte; sie erhielten durch ihn eine Reihe von Begünstigungen, auf den Gütern der Templer in der Champagne durfte der gewonnene Wein auf den Märkten abgabefrei verkauft werden. 1126 trat der Bruder des Grafen (→*Hugo de Champagne*) selbst in den Templerorden ein. 1134 erhielt der Orden von Bischof *Manutius von Toulouse* die Kirche von Lavamet geschenkt. 1135 begann der Orden mit dem Erwerb der Gebiete der späteren Komturei Douzens. Durch den Mitbegründer des Ordens →*Gottfried de Saint-Omer* erhielten die →Mönchsritter einen beträchtlichen Besitz in Flandern und Artois. 1137 übertrug *Guillaume de Saint-Omer* einige Kirchen den Templern; in Vermandois fasste der Orden 1156 Fuß und 1160 schenkte der →Abt von St. Quentin den Rittern Land bei Péronne. 1150 erhielt der Orden von Vicomte *Roger von Carcassonne* Grundbesitz bei Narbonne. 1156 wurden die Güter von St. Gilles durch eine Schenkung des Abtes *Bernhard* vermehrt. Die Erlaubnis zur Errichtung eines Bethauses erhielt der Komtur „de la Tour rouge" 1169 vom Abt von St. Gilles. 1225 wurde der Orden von allen Abgaben befreit. Über dieses Privileg hinaus wurde den Templern eine „Meistbegünstigtenklausel" eingeräumt, das heißt, wenn ein anderer Orden eine Begünstigung erhielt, wurde diese automatisch auch den Templern gewährt. Mitte des 12. Jhdts. erhielt der Orden durch seine Verbindung zum englischen Königshaus die ersten Besitzungen in der Normandie und später von König →*Johann Ohneland* eine Reihe von Privilegien, die nach der Vereinigung der Normandie mit Frankreich von König →*Philipp II. August* bestätigt wurden. 1206 wies der französische König seine →Baillis dazu an, die Rechte des Ordens zu respektieren. In seinem Testament bedachte Philipp (1222) die Templer mit 1000 Silbermark und 50 000 Livres, damit der Orden drei Jahre lang 300 Ritter im Kampf gegen die Ungläubigen unterhalten konnte.

→*Ludwig VII.* übergab 1139 den Templern die ersten Besitzungen in →La Rochelle wo später der Haupthafen der →Templerflotte entstehen sollte.

Die älteste Templerniederlassung dürfte sich in St. Gilles befunden haben, die 1155 durch eine Zuwendung des Abtes →*Bernhard von Clairvaux* vergrößert wurde. 1161 kauft der Orden von Graf →*Raimund V. von Toulouse* Land und 1177 räumte der Graf den Viehherden des Ordens auf gräflichen Gütern das Weiderecht ein; 1169 wird in St. Gilles eine Ordens-Kirche errichtet und 1174 wurden den Templern von der begüterten Familie *Porcellet* deren gesamter Besitz unter der Voraussetzung vermacht, dass die Mitglieder der Familie auf dem Ordensfriedhof beigesetzt würden.

1215 übergab der Führer der Kreuzritter gegen die Albigenser →*Simon de Montfort* dem Orden den Ort Montredon, dies obwohl die Ordensritter seine Sache in keiner Weise unterstützten. Simons Widersacher in den Albigenserkriegen →*Raimund VI. von Toulouse* bedachte den Orden in seinem Testament mit seinen Pferden und seinen Waffen und sein Sohn →*Raimund VII.* sprach im Falle seines Todes, den Templern feste Einkünfte zu. Diese Tatsache zeigt die enge Verbundenheit des okzitanischen Adels mit den Templern, die den Verfolgten später auch Zuflucht vor der Inquisition boten und oft Häretiker in den Orden aufnahmen oder Verstorbene, die unter →Interdikt standen auf ihren Friedhöfen beisetzten. Am 18. April 1214 war der Ordensmeister der Provence und Aragon anwesend, als sich der Graf von →Foix der Kirche unterwerfen musste und am 25. April die Konsuln von Toulouse vor dem päpstlichen Legaten der Ketzerei abschworen. In Südfrankreich nahm der templerische Besitz gewaltigen Umfang an. Ihre Komtureien bestanden (alphabetisch) in Aix, Arles, Bordeaux, Bordères, Gap, Montpellier, Montredon, Narbonne, Nimes, Nizza, Orange, St. Gilles, St. Maurice, Toulouse, Valenceizza und Villedieu.

1146 wird in einer Urkunde der Tempel von Paris (→„Vieux temple") das erste Mal erwähnt, der 1152 bis 1182 laufend mit Schenkungen der benachbarten Hauptstadt bedacht und vergrößert wurde. 1258 erklärte König →*Ludwig IX.* sämtliche Liegenschaften und Güter, die die Templer erworben hatten, für deren uneingeschränkten Besitz. →*Philipp IV.* unternahm zwar 1287 den Versuch diese Gesetze aufzuweichen, doch wurde dieser Versuch sehr bald durch den König aufgegeben. Jedenfalls erreichte der „Temple de Paris" bis 1291 eine größere Bedeutung als das

Haupthaus der Templer in →Akkon und stellte zunehmend einen Staat im Staate dar, der sein eigenes Heer und eine eigene Gerichtsbarkeit unterhielt, ein Ort wo der König keinerlei Rechte besaß. Diese Umstände, der unermessliche Landbesitz, die Privilegien und der Reichtum des Ordens waren für Philipp IV. unerträglich und führten zum →Untergang des Templerordens. Dies obwohl →*Hugo de Pairaud*, der Ordenspräzeptor von Frankreich, den König in seiner Auseinandersetzung mit Papst →*Bonifaz VIII.* offen unterstützte und der Schatzmeister des Ordens →*Jean de la Tour* Philipp immer wieder aus dessen Geldnöten half.

Templer in Irland: Über die Besitzungen des Ordens in Irland gibt es weniger Aufzeichnungen als über die in England (→Templer in England). Über die Existenz von sechs Ordenshäusern gibt es keinen Zweifel. Eines in Dublin, drei in den Grafschaften Waterford und Wexford, eines in Kilsaren in der Grafschaft Louth, dem auch zwölf Kirchen angeschlossen waren und an der Westküste mindestens eines Temple House in Sligo. Ähnlich England wurden am 10. Jänner 1308 die Ritter des Ordens gefangengesetzt. Im Februar 1310 wurde die Untersuchung gegen 14 Templer und 41 Zeugen in der St. Patrickskirche in Dublin eingeleitet. Die Kommission bestand aus drei Dominikanern, zwei Franziskanern und einem Kanoniker von Kildare; die Folter wurde nicht angewendet. Die Beschuldigungen wurden energisch zurückgewiesen. Über den weiteren Verlauf des Templerprozesses in Irland gibt es kaum Aufzeichnungen. Nach der Auflösung des Ordens lebten die ehemaligen Ordensangehörigen von den Einkünften der Komtureien von Kilclogan, Crook und Kilburny.

Templer in Italien: Der Templerorden war in Italien und auch in England wie in Frankreich organisiert. Hauptzweck war den hier bedeutenden Grundbesitz zu verwalten und die entsprechenden Geldmittel zur Finanzierung des Kampfes im Heiligen Land bereitzustellen. Italien war in zwei Großpriorate geteilt: 1. Oberitalien mit der Lombardei, Marken, Romagna und Toscana

und 2. Apulien und Sizilien; wesentliche Komtureien waren in Genua, Venedig, Brindisi und Barletta stationiert, sie hatten die Überfahrt für Pilger und den Nachschub sicherzustellen. In Rom gab es zwei Komtureien und Templerhäuser; das eine im Lateranpalast (1308 abgebrannt), das andere auf dem Aventin. Die Templerbesitzungen waren ab 1266 in Oberitalien durch politische Veränderungen stark reduziert worden. Die Güter in Süditalien waren dem Orden durch sein schlechtes Verhältnis zu →*Friedrich II.* mehrfach und völlig entrissen worden. In der Folge der „sizilianischen Vesper" (1292) musste der Orden vom sizilianischen Festland auf die Insel übersiedeln. Durch das gute Verhältnis von *Jaques de* →*Molay* mit →*Karl II. von Neapel* konnten für den Orden besondere Begünstigungen für Hafenzölle und Finanzgebühren ausgehandelt werden. Durch die Bedeutung von Brindisi und Bari für den Verkehr von Templerschiffen wurde für diese Region ein eigener Großpräzeptor gewählt, der außerhalb Italiens „magnus praeceptor Apuliae" genannt wurde. Vor dem Untergang des Ordens dürften drei Ordensprovinzen bestanden haben: Ober- und Mittelitalien mit dem Großpräzeptor *Jacob von Montecuccio*, Apulien mit *Odo de Valdric* und Sizilien mit *Albert von Canellis.*

Über die Verfolgung und den Prozess gegen den Orden ist relativ wenig bekannt. Nach den spärlichen Unterlagen zu schließen waren im wesentlichen nur die Inquisitoren von Brindisi, Neapel und Benevent zur Untersuchung beauftragt. Die Folter wurde nur im Kirchenstaat und in Neapel angewandt. In Norditalien wurde im September 1309 der Erzbischof von Ravenna *Rinaldo Concorrezzo* mit der Leitung der Untersuchung betraut. Die wenigen inhaftierten Templer von Bologna, Piacenza und Faenza wurden in dem von ihm geleiteten Konzil, zum Ärger der dominikanischen Inquisitoren, freigesprochen. Rinaldo weigerte sich auch nach Aufforderung durch den Papst, die Folter anzuwenden. In Venedig wurden die Templer nicht verfolgt und konnten hier sogar auf ihrem Sitz verbleiben. Die einzige inquisitorische Untersuchung auf der Insel Sizilien fand in Messina statt, dem Hauptsitz des Ordens. Der hier ansässige Erzbischof und der Bischof von Sora leiteten Verhöre gegen 32 nicht dem Orden angehörige Zeugen, die für den Orden nichts Nachteiliges erbrachten. In Brindisi trat die Untersuchungskommission am 15. Mai 1310 unter der Anwesenheit des Erzbischofs von Brindisi in der Kirche St. Maria de Casali zusammen. Hier wurden nur zwei gefangene dienende Brüder verhört. Was mit allen anderen Brüdern passierte ist im Dunkel. Möglicherweise sind sie auf die Insel Zypern geflüchtet. Das Verfahren gegen die beiden Servienten (*Johann von Nerito* und *Hugo von Samaya*) endete am 4. Juni 1310; aus ihren Aussagen wurde die ketzerische Schuld des Ordens abgeleitet. Ihren Aussagen sind schwere Folterungen vorangegangen. In Rom, Florenz, Ravenna und Viterbo sind ähnliche Ergebnisse durch die Folter erlangt worden und hatten ein ähnliches Ergebnis wie die Verhöre in Frankreich.

Templer in Österreich: Da die Verfolgung der Templer nicht überall lückenlos durchgeführt wurde richtete →*Klemens V.* auch ein Schreiben (30. Dezember 1308) an den Herzog von Österreich *Friedrich I.,* den. *Schönen,* in dem er mahnte, die Templer entsprechend der Bulle „Pastoralis praeeminentiae" zu verfolgen. Friedrich antwortete dem Papst darauf, dass er dessen Wünschen gerne nachkommen würde, doch in seinem Herrschaftsgebiet gäbe es keine Templer. Demgegenüber sind jedoch in Urkunden des letzten Babenbergers *Friedrich II.* Hinweise auf Templer zu finden; am 23. Jänner 1243 wird ein Komtur *Fridericus* erwähnt, der eine Komturei in Mähren leitete, die sich weit in den niederösterreichischen Raum erstreckte (Urkunde um Mautfreiheit für das Zisterzienser-Kloster Zwettl). In einer anderen Urkunde vom 30. September 1302 wird ein Ordensmeister *Seyfried* (Syfrido) angeführt, der möglicherweise für den niederösterreichischen Raum zuständig war; eine Inschrift auf einem Grabstein aus der Wiener Neustädter Pfarre lau-

tet: „anno domini 1317 mortu est Seifrid mgirem (magistrem)", „Im Jahre des Herren 1317 ist Magister Seifried gestorben".

Diese Unauffindbarkeit von Tempelrittern auf österreichischem Gebiet wird durch die neueste Untersuchung von *Neundlinger* und *Müksch* geklärt. Analog der Gründung des →Christusritterordens in Portugal durch König →Diniz als „Auffangorganisation" für die verfolgten Templer, wurde in Österreich von Herzog *Otto,* dem Bruder Herzog Friedrichs, der Orden der „Tempeleisen" 1309 gegründet. Die „Tempeleisen" erhielten die St. Georgs Kapelle im Kloster der Augustiner Eremiten neben der Burg des Herzogs als ihren Ordenssitz. Sie blieben also im Zentrum der Macht. In weiterer Folge werden Schenkungen an die „Tempeleisen" beschrieben, eine weitere Parallele zur Praxis der Templer.

Es führten einige Pilger- und Kreuzfahrerwege über österreichisches Gebiet entlang der Donau nach Ungarn, Jugoslawien, Bulgarien und Rumänien nach Byzanz, und von dort nach Kleinasien und Palästina. Eine Nord-Süd Verbindung lief von Brünn nach Znaim, über Wien, Mödling und Wiener Neustadt. Entsprechend der Prinzipen der Templer waren solche Wege von →Komtureien in Abständen von einer Tagesreise zu schützen. Von der Komturei Schejkowicz führte der Weg nach Wien über Poysdorf, Mistelbach und Kronberg; von Brünn gelangte man über Retz, Schöngrabern, Stockerau, Korneuburg und Ullrichskirchen nach Wien, von wo die Reisenden ins Heilige Land über Belgrad das byzantinische Reich zu erreichen versuchten. Die Lokalisation der Komturei Schejkowicz bereitete Historikern Probleme, da es eine ganze Reihe von Orten mit ähnlicher Bezeichnung gab. Die historische Templerniederlassung Schejkowitz liegt in der Nähe von Breclav und lässt noch immer die Anlage einer gewaltigen Templerburg erkennen. Von Wien weg führte einer dieser Wege über Fischamend, Ödenburg und Burg Lockenhaus nach Krain.

Neundlinger und Müksch konnten die Anwesenheit der Templer in einer Reihe von österreichischen Ortschaften belegen. Es seien nur einige exemplarisch aufgeführt.

In Petronell findet sich ein um 1200 errichteter, mit einem Templerkreuz gekennzeichneter Karner, der heute als Gruft der *Grafen Abensberg-Traun* dient.

In Kleinzwettel findet sich eine Wehrkirche im „Urzustand", die ebenfalls mit einem Tatzenkreuz versehen ist. Unter der Kirche befindet sich ein Gangsystem, das als Erdstall und als Fluchttunnel diente.

In Wilhelmsburg befindet sich eine Marienkirche mit zugehörigen Gebäuden, die den exakten Grundriss der Komturei von Coulommier in Frankreich aufweißt. Das und andere Hinweise lassen den Schluss zu, in Wilhelmsburg ebenfalls die Existenz einer Komturei anzunehmen.

1302 ist in Wien der Besitz des Domvogthofes (Teinfaltstrasse/ Löwelstrasse) urkundlich nachweisbar, den die Templer dem Schottenstift gegen eine Backstube in der Bräunerstrasse (7) überließen. Nach einer aus dem 15. Jhdt. stammenden Chronik soll sich auf dem Areal des 1226 gegründeten Dominikanerklosters (Postgasse 2-4) vorher eine Templerniederlassung befunden haben.

Der Überlieferung nach war die Burg →Lockenhaus eine Ordensburg der Tempelritter; die Festung dürfte um 1230 errichtet worden sein und wurde 1242 das erste Mal urkundlich erwähnt, bewährte sich im Mongolensturm und wurde später mehrfach baulich erweitert; der unterirdische „Kultraum" wird jedenfalls den Templern zugeschrieben. Möglicherweise wurde die Burg 1312 nach der Auflösung des Ordens an die *Grafen von Güssing* gegen ein Wohn- und Nutzungsrecht übertragen.

Templer in Portugal: *Teresa von Kastilien,* die uneheliche Tochter *Alfons' VI.* von Kastilien und Lèon und Witwe des Grafen *Heinrich von Burgund,* des Begründers des Königreichs Portugals, bestätigte die früheren Schenkungen an den Templerorden zu Händen der Brüder *Galdinus* und *Arnald de Roccha* (28. August 1131). Im April 1128 stellte Teresa eine Urkunde aus, in der sie

dem Orden die Burg Soura und das zugehörige Gebiet südlich von Coimbra überschrieb, das es gegen die Mauren zu sichern galt. Ihr Sohn *Alfons Henriques* trat 1129 in den Orden ein, bevor er 1139 König von Portugal wurde (→*Alfons I. Henrique* 1139-1185). Gemeinsam mit dem Orden gelang es von den Mauren Land zurückzugewinnen. Die Templer durften in den wiedererlangten Gebieten (südlich von Source) Burgen errichten und ihren Besitz vermehren. Im März 1147 wurde mit ihrer Hilfe Santarem erobert und König *Alfonso* übertrug dem Orden die Einkünfte der dortigen Kirchen und deren Besitzungen. 1157 wurden alle Güter und Einkünfte für den Orden dem König gegenüber abgabefrei. Anlässlich des zweiten Kreuzzuges im Oktober 1147 unterstützten die Templer auch die →Reconquista und konnten bei der Wiedereroberung von Lissabon einen wesentlichen Beitrag leisten. Für ihre Leistungen erhielten sie aus Dank die Festung de Ceras (Castelo de Ceras) und später die Burg Tomár am Rio Nabao, die von →*Gualdim Pais* (Galdinus), dem Ordensmeister des Landes, 1160 entsprechend befestigt wurde. Den Namen erhielt die Burg nach dem arabischen Flussnamen für Nabao „Tomár". 1174 erhielt der Orden die Orte Cardiga und Zezeres, die vom Präzeptor Galdinus ausgebaut wurden und das Marktrecht erhielten. 1186 bestätigte der Sohn und Nachfolger Alfons I. König *Sancho I.* die Besitzungen der Templer in Portugal. Im Gegensatz zu den Ordensregeln war die Leitung des Ordens in Portugal sehr eng mit der Krone verbunden. Die von Papst →*Alexander III.* →Bulle („Omne datum optimum") zur Befreiung des Ordens von Lehens- und Treueeiden galt in Portugal nicht. Der König hatte ein Mitspracherecht bei der Besetzung der Leitung des Ordens und es durften nur Portugiesen aufgenommen werden; das Provinzkapitel durfte nur an einem der vom König bezeichneten Ort stattfinden. Templermeister durften nur mit Erlaubnis des Königs das Land verlassen, außer er zog in den Kampf gegen die Ungläubigen. Ordensbesitzungen durften nur mit Zustimmung des

Königs veräußert werden und selbst Zuwendungen an die Ordensbrüder in Jerusalem musste der König genehmigen. Alle diese Gründe führten dazu, dass der Orden tief in der Bevölkerung verwurzelt war und Laien aus allen Ständen zum Orden affilierten.

Nach der Aufforderung des Papstes →*Klemens V.* zur Verhaftung der Tempelritter, mit der Bulle „Pastoralis praeminentiae", lud König →*Diniz* die Templer auf seine große Burg Castro Morim als Gäste ein und bewirtete sie über Jahre. Ihre Güter ließ der König mustergültig verwalten. In Santarém wurden die Templer offiziell freigesprochen. 1317 gründete Diniz den →Christusritterorden, dem er später alle Güter und Besitzungen der Templer übergab (14. Mai 1320). Papst *Johannes XXII.* bestätigte den Orden am 14. März 1318. Das Kreuz der Templer fand weiter Verwendung und wurde mit einem kleinen weißen Kreuz, als Zeichen für die Unschuld des Ordens, ergänzt. Mit dem Vermögen des Ordens wurden die Entdeckungsreisen Portugals finanziert. 1356 wurde Tomár zum Hauptsitz des Ordens. Der erste Meister des Christusritterordens *Don Gil Martins* liegt hier neben dem ersten Präzeptor des Templerordens in Portugal *Gualdim Pais* begraben.

Templer in Schottland: Die Dokumente über Templerbesitzungen in Schottland sind wegen der hier herrschenden chaotischen Zustände im 13. Jhdt. eher spärlich. Auf Grund eines Verhöres eines Ritters aus Schottland, *William de Middleton*, vor der Inquisition sind zwei bedeutende Ordenshäuser bekannt: Maryculter in der Nähe von Aberdeen am Fluss Dee und Balantrodoch (gälisch „Stätte der Krieger") bei Edinburgh (heute Temple) am Firth of Forth. Weitere Güter der Templer sind in Berwik, Temple Liston und Argyll nachgewiesen. Bereits 1128 bereiste →*Hugo de Payens* England und Schottland, um für den Orden zu werben. In der angelsächsischen Chronik heißt es über diesen Besuch:

„Der (englische) König empfing ihn mit viel Ehre und gab ihm viele Geschenke aus Gold und Silber. Und danach schickte er ihn nach England hinein;

und dort wurde er von allen guten Männern empfangen, die ihm Geschenke reichten, und in Schottland ebenso (...). Und er lud das Volk nach Jerusalem ein; und es gingen mit ihm und hinter ihm mehr Menschen als je zuvor."

In Temple Liston schlug die englische Armee 1298 ihr Lager im Kampf gegen Schottland auf. Sie wurde von einer Abteilung des Templerordens unter der Führung des Großpräzeptors von England (*Brian de Jay*) und dem Präzeptor von Schottland unterstützt. In dieser Zeit waren die Templer noch nicht verfolgt, die Teilnahme an einem weltlichen Krieg widersprach allerdings den Ordensstatuten (→Ordensregel). Möglicherweise wurde der „Kreuzzug" gegen die aufständischen Schotten dadurch legitimiert, dass die in Schottland immer noch gepflogenen keltischen Bräuche als Beweis der Ketzerei gewertet wurden. In der Schlacht von Falkirk wurden die Schotten geschlagen und die beiden Würdenträger des Ordens fielen. Nach der Verhaftung der Tempelritter in Frankreich und ihrer Verfolgung in fast ganz Europa, sind flüchtende Ritter des Ordens möglicherweise über den Seeweg nach Schottland gelangt. Diese Flucht auf den Schiffen des Ordens (→Templerflotte) führte um die West- und Nordküste Irlands in die Highlands von Argyll. Auf diesem Weg haben die Ritter Waffen, Gerät und möglicherweise den Ordensschatz transportiert. Die Flucht in den Herrschaftsbereich des →*Robert Bruce*, der von Papst →*Klemens V.* 1306 wegen des Mordes an seinem Widersacher *John Comyn* exkommuniziert worden war, entzog die Templer vor dem Zugriff der Inquisition. Möglicherweise nahm ein Ritter namens →*Aumont*, nach dem Tod *Jaques de* →*Molay* auf dem Scheiterhaufen, das Amt eines Großmeisters in Schottland ein. Die Templer bildeten im Kampf des Robert Bruce um die Unabhängigkeit Schottlands eine wesentliche Verstärkung. In →*Kilmartin*, in den Highlands von Argyll, sind anonyme, fast schmucklose Grabsteine aus dem 14. Jhdt. gefunden worden. Die Grabsteine zeigen lediglich eingemeißelte gerade Schwerter, Ritter in Rüstungen und auf einigen

Steinen Bauhüttensymbole. Sie sind stumme Zeugen für die letzte Zufluchtstätte der Ordensritter. Über den angeblich von Robert Bruce gegründeten Orden von →„Herodom-Kilwinning", der Elemente des Templerordens übernommen haben soll, wird versucht eine Verbindung zwischen den Templern und der schottischen Freimaurerei herzustellen.

Templer in Spanien: Am 17. Juli 1130 übergab *Raimund Berengar III.* von Barcelona dem Orden der Tempelritter die Burg Granena (südlich von Huesca, Provinz Lerida) samt den dazugehörigen Ländereien. Bischof *Oldegar von Barcelona*, ein Förderer des Ordens, sicherte 1133 all jenen die sich den Templern in der Bekämpfung der Ungläubigen anschlossen besondere kirchliche Vorteile zu, die die den Orden behinderten wurden mit kirchlichen Strafen bedroht. 1131 setzte der kinderlose König von Aragón und Navarra →*Alfons I.* (el batallador) in seinem Testament die drei Ritterorden (Templer, Johanniter, Ritter vom Heiligen Grab) als Universalerben ein. 1134 bestätigte er seinen letzten Willen. Die Orden schlugen diese Schenkung aus, obwohl sie dadurch auf ein Herrschaftsgebiet mit rund 600 000 m² verzichteten. 1143 erhielten die Templer vom König von →Aragón (→*Raimund IV. Berengar*) ein Fünftel der von den Mauren zurückgewonnenen Gebiete und die Stadt Gerona mit der Burg auf dem Berg Mons Gaudii, wo der Orden den Hauptsitz in Aragonien installierte. Am 17. November 1143 räumte Berengar den Templern umfassende Rechte ein und schenkte ihnen die Burg →Monzón und andere befestigte Plätze. Später reduzierte sich die Großzügigkeit der spanischen Herrscher. 1233 widerrief *Jakob I. der Eroberer* die Schenkung von 1143. Ab diesem Zeitpunkt erhielt der Ritterorden Schenkungen, speziell in Palencia, nunmehr im Verhältnis zur bei der →Reconquista beigestellten Hilfe. 1165 besaßen die Templer bereits ein Fünftel der Stadt Tortosa. 1183 erhielten die Templer von *Ferdinand II.* die Burg Ucles, um Toledo vor den Mauren zu schützen. 1247 kam es zwischen dem Orden und dem König von Aragón (Jakob I., dem

Eroberer) über das Fünftel („quinta cavalcatarum"), der von den Templern den Sarazenen abgenommen Beute und das dem König zu übergeben war, zum Streit, den der Papst (→*Innozenz IV.*) zu vermitteln versuchte. 1250 forderte der Papst die Templer auf, den König im Kampf gegen die Sarazenen zu unterstützen.

In Kastilien und Lèon hatten die Templer 24 Komtureien. 1292 weigerten sich die Templer für den König von Aragón gegen das christliche Navarra in den Krieg zu ziehen. →*Jakob II.* bedrohte die Templer mit Verfolgung, falls sie sich weigerten für Aragón zu kämpfen (keine Duldung vom „Staat im Staate"). Nach der Veröffentlichung der Bulle „Pastoralis praeminentiae" durch →*Klemens V.* verschanzten sich die Tempelherren in ihren Burgen →Monzón und Miravet. →*Raimund sa Guardia*, der Miravet befehligte, war entschlossen, die Burg bis aufs äußerste zu verteidigen. Die Belagerung durch Jakob II. begann am 13. Februar 1308 und erst im November des gleichen Jahres musste sich die Besatzung der Burg ergeben und wurde vom König eingekerkert. Monzón hielt sich noch bis in das Frühjahr 1309, auch hier wurden die Ordensbrüder, nach der Übergabe der Burg, gefangengesetzt. Die vom Bischof von Valencia geleitete Untersuchung dauerte bis zum Herbst 1309, ohne dass die Schuld des Ordens bewiesen wurde. Auch die vom Papst am 18. März 1311 geforderte und vom Erzbischof von Taragon geleitete Befragung unter der Folter (ab 16. August 1311 – Dezember 1311) führte nicht zur Verurteilung und von König Jakob wurden den, unter den Folgen der Folterungen leidenden, erhöhte Unterhaltszahlungen zugesprochen.

In Kastilien und Lèon wurden Ende April 1310 der Präzeptor von Kastilien und 30 Ritter in Medina del Campo von Erzbischof *Gonzalo von Toledo* verhört, der die Ritter in keinem der Anklagepunkte für schuldig befand. Die Konzile von Taragon, Salamanca und Lissabon wiesen die Vorwürfe gegen den Orden zurück. Im März 1311 erging vom Papst die Anordnung, die Inquisition stärker einzusetzen; und dort wo die

Dominikaner als Verfolger des Ordens auftraten waren die Ritter in Gefahr. In der Region Badajos wurden sie in ihrer eigenen Festung Jerez de los Caballeros hingerichtet. In Aragon und Valencia konnten die Tempelritter im Orden von →Montesa überleben. Alle Besitzungen und Güter gingen in den Besitz der Hospitaliter über. In Spanien konnte der Orden nie die Bedeutung erlangen, die er in Frankreich und England hatte. Zudem wurde der Templerorden für die Reconquista durch die Gründung der nationalen Ritterorden von →Santiago, →Calatrava und →Alcantara entbehrlich.

Templer in Ungarn: Gehen auf König *Bela III.* (* um 1148, † 13. April 1196) zurück, der den Orden bei seiner Wallfahrt ins Heilige Land kennengelernt hatte; Hauptsitz war Vanna zwischen Jadra und Sebenico in Dalmatien. Später kam es zum Konflikt zwischen König *Bela IV.* (* 1206, † 3. Mai 1270) und dem Orden und zur zeitweiligen Beschlagnahme der Ordensgüter durch den König. Gegen Ende des 13. Jhdts. wurde eine Komturei St. Martin erwähnt. 1307 wurden die Güter der Templer von der ungarischen Krone eingezogen.

Templer von Tyrus: →Gerhard von Montreal.

Templerbezirk: französisch „Enclos du Temple"; dieser Begriff bezeichnet den Tempel in Paris, dessen erstes Bauwerk 1146 mit dem →„Vieux Temple" errichtet wurde. Der Bezirk war von Mauern umgeben und war durch →Privilegien der Päpste geschützt. Im Inneren errichteten die Templer eine Kirche, die der Kirche vom Heiligen Grab nachempfunden war. Der Tour de César (Turm des Caesar) stammt aus dem 12. Jhdt.. In der 2. Hälfte des 13. Jhdts. wurde der Donjon du Temple (Wohnturm) errichtet. Da nicht der gesamte Bezirk bebaut war, konnte 1282-1292 der Komtur des Tempels innerhalb der Mauern eine „Neustadt" (Villeneuve du Temple) gründen. Der „Enclos" wurde 1307 bei der Verhaftung der Templer von →*Philipp IV.* beschlagnahmt und erst 1328 den Hospitalitern (Johannitern) übergeben. Diese errichteten im Bezirk für ihren Großprior einen Palast, doch der Name „Enclos

du Temple" blieb immer unverändert. Der Großprior der Hospitaliter wurde hier immer „Großprior des Tempels" genannt. Heute erinnern an die ehemaligen Besitzer dieses Stadtteiles noch Straßen- und Platzbezeichnungen: „Rue du Temple", „Rue Vielle du Temple", „Rue des Blancs-Manteaux" und „Square du Temple". Der Templerbezirk stellte einen kleinen Staat im Staate dar, mit eigenem Militär und Gerichtsbarkeit in dem der König keine Rechte besaß. Bis ins 19. Jhdt. diente der Donjon auch als Gefängnis. *Ludwig der XVI.* und *Marie Antoinette* waren dort gefangengesetzt. Vielleicht ist dieser Umstand auch ein Symbol für die späte Rache der Templer an den →Kapetingern, die auch bei der Enthauptung von Ludwig dem XVI. durch den Ausruf *„Jaques de Molay, jetzt bist du gerächt!"* zum Ausdruck kommt (→Fluch des Molay). Der Templerbezirk wurde erst im 19. Jahrhundert im Rahmen der Stadterweiterung durch Bürgermeister *Hausmann* geschleift.

Templerbibel: Die Templer besaßen eine Bibelübersetzung in französischer Sprache; in der mittelalterlichen Kirche waren Bibelübersetzungen verboten, schon der Besitz einer solchen Übersetzung galt als →Häresie; aufgefundene Übersetzungen wurden sofort vernichtet. Die Entstehung der verkürzten Übersetzung dürfte um 1170 zu datieren sein und soll auf Veranlassung und für einen „Meister Richard" und einen „Meister Othon" (→*Odo von Saint-Amand*) angefertigt worden sein. Bei Meister Richard dürfte es um den 1160 und 1163 urkundlich erwähnten Komtur des Ordenshauses von Corbie in der Reimser Diözese handeln. Nach den Angaben des Übersetzers im Prolog hat er auf Veranlassung dieser beider Meister „große Mühe" darauf verwendet, das Buch der Richter ins Französische zu übertragen.

Bei der Übersetzung der fünf Bücher Moses und dem Buch Josuah lassen sich nach *Hans Prutz* zwei Hauptgruppen erkennen:

„Solche, die das sachliche Verständnis erleichtern, und solche, die den verborgenen, höheren Sinn der Bibelworte erschließen sollen."

Diese erste gekürzte Übersetzung der Bibel enthält keine Texte häretischen Inhaltes, lässt allerdings in Einleitung und Erläuterungen Abweichungen von der orthodoxen Meinung und Bibelauslegung erkennen und ist in fast naiver Weise textiert.

Templerburgen: (→Burgenbau); in Erfüllung ihrer Aufgabe, im Heiligen Land die Pilgerwege zu schützen und christliche Interessen gegen die Mauren zu verteidigen, war die Errichtung von Ordensburgen an strategisch wichtigen Punkten ein unbedingtes Erfordernis. Im Zuge der Eroberungen der lateinischen Staaten im Heiligen Land waren die Ritterorden die einzigen denen die besetzten Gebiete anvertraut werden konnten. Zur Sicherung der eroberten Gebiete wurde vorerst auf ältere von Byzantinern und Arabern errichtete Befestigungen zurückgegriffen. Später wurden viele der von den Fürsten und Grafen errichteten Burgen den Ritterorden (Templern und Johannitern) zum „Geschenk" gemacht oder verkauft. 1260 erwarben die Templer z. B. die Stadt Sidon und die Burg →Beaufort. Die meisten Burgen wurden von den Ritterorden allerdings selbst errichtet; dem Orden zugehörige Baumeister oder örtliche Architekten wurden mit dem Bau betraut; die Arbeiten wurden meist von verschleppten oder gefangenen Muslimen ausgeführt. Die ersten Burgen dieser Zeit wurden mit teilweise großformatigen Quadern errichtet, wobei Viereckanlagen (castrum) mit quadratischen Ecktürmen und mit einem mehrstöckigem →Donjon am verbreitetsten waren. Später wurden auf Berghöhen von den Ritterorden und Fürsten umfangreiche Anlagen gebaut. Um den freistehenden Donjon wurden nach Erfordernis eine Reihe von Zweckbauten, auch Kirchen oder Kapellen angeordnet. Erst bei Großburgen wie Margat, Krak des Chevaliers oder Safed waren gegenüber den anwachsenden oder additiven Bauten auch vorausschauende Planungen erkennbar. Die Festungen des 13. Jhdts. sollten, dem Defätismus dieser Zeit entsprechend, als Fluchtburgen dienen und langen Belagerungen standhalten. Die Festung →Athlit wurde 1218 von Großmeister →*Wilhelm von Chartres* errichtet. Die Festung →Safed wurde von König →*Fulko von Anjou* errichtet und von König →*Amalrich* den Templern übergeben. Weitere Burgen wurden an strategisch wichtigen Punkten im grenznahen Bereich errichtet: →Baghras im Norden des Fürstentums →Antiochia, →Chastel Blanc und →Tortosa in der Grafschaft →Tripolis, La Fère und →Athlit im Königreich Jerusalem.

Templerflotte: Legendäre Flotte der Tempelritter, deren Schiffe schon von weitem an dem roten →Tatzenkreuz auf dem weißen Segel, zu erkennen und von allen gefürchtet waren. Ihre Schiffe dienten nicht nur dem Truppentransport und dem Nachschub für den Orden, sie wurden auch von Kaufleuten gechartert und dienten dem Transport von Rohstoffen. Aus solchen Charterverträgen sind einige Schiffsnamen bekannt: „La Bonne Aventure" (1248), „La Rose du Temple", „La Bénite" (mit 33 Mann Besatzung). Die „Le Faucon du Temple" war ein großes Rundschiff, das vom Orden in Genua erworben wurde und Bruder *Roger de Flor* (→*Flor, Roger de*) anvertraut wurde. Die Schiffe „Die Templerin" und „Le Buscard" verkehrten zwischen →La Rochelle und England und sollten den Nachschub für die englischen Komtureien des Ordens sicherstellen. Die Flotten der Ritterorden wurden auch für den Transport der Pilger verwendet. Die Pilger vertrauten den Orden, weil ihre Schiffe eskortiert wurden und die Pilger sicher sein konnten, nicht auf Sklavenmärkten verkauft zu werden, wie dies gelegentlich auf den Schiffen der Pisaner und Genueser passierte. Die Einschiffungs-Häfen des Ordens waren immer in der Nähe einer Komturei: Arles, Saint-Gilles, Marseille, Biot, Bari, Barletta, Brindisi... .

Für den Pferdetransport, der für die Kreuzfahrer immer wichtiger wurde, wurde ein eigener Schiffstypus entwickelt, die „Torschiffe". Diese Schiffe werden von →Joinville beschrieben: *„An jenem Tag ließ man das Tor des Schiffes öffnen und man brachte all unsere Pferde hinein, die wir über das Meer mitnehmen wollten. Dann* *schloss man das Tor wieder und dichtete es gut ab, wie man ein Fass abdichtet, weil das ganze Tor unter Wasser liegt, wenn das Schiff auf See ist".* In einem solchen Schiffstypus konnten bis zu 60 Pferde befördert werden. Die Pferde wurden im Rumpf festgemacht. Bei der Landung wurde das Tor heruntergelassen und der Ritter, der sich bereits im Sattel befand, konnte direkt an Land reiten.

Als mit →Akkon das letzte Bollwerk der Christenheit im Heiligen Land fiel verließen die letzten Einwohner und Verteidiger die zerstörte Stadt auch auf den Schiffen des Templerordens. Nach der Verhaftung der Tempelritter am 13. Oktober 1307 flüchtete die Mittelmeerflotte in der Hauptsache nach Portugal und zog sich hier nach Serra d'El Rei zurück, um 1315 in den von König Diniz gegründeten →Christusritterorden übernommen zu werden. Die an der Atlantikküste gelegenen Flottenteile (→La Rochelle) verschwanden spurlos.

Templerkirchen: Alle Templerniederlassungen, wie groß sie auch waren, verfügten über eine Gebetsstätte. Sie dienten ursprünglich allein den spirituellen Bedürfnissen der Ordensbrüder. Später öffneten sie ihre Kirchen und Kapellen zum Ärger des Weltklerus auch der Nachbarschaft. In weiterer Folge sollten die Ordenskirchen das organisatorische Gerüst der Pfarrsprengel bilden. Es werden drei Baugrundtypen unterschieden. Die einfachste war die einschiffige über einem rechteckigem Grundriss mit einem Tonnengewölbe mit wulstförmigen Gurtbögen gedeckte Ordenskirche mit einem rechteckigem Chorabschluss (Länge 15- 20 Meter, Breite 5- 7 Meter). Der meist fensterlose Bau besaß lediglich drei kleine Obergadenfenster am rechteckigem Chorabschluss. Diese Form war hauptsächlich in Mittel und Westfrankreich traditionell, auch die Burgkapellen Kataloniens, Aragons, Kastiliens und im Heiligen Land entsprachen diesem Typus. Der zweite Bautyp ergänzt den Grundtyp um eine Apsis mit halbkreisförmigen Grundriss und halbkugelförmigem Abschluss und war eher in Südwestfrankreich vertreten. Die dritte Bau-

form war der Zentralbau, der sich vom Kreis oder dem Polygon ableitete. Der Zentralbau wurde nur für bedeutende Komtureien errichtet. In Frankreich war die erste Kirche des „alten Tempels" als Rundbau mit einer Kuppel konzipiert; Laon besitzt eine Templerkirche mit achteckigem Grundriss und laternenartigem Dachaufbau. In England gibt es mehrere Beispiele: Old Temple in London, Temple Bruer (Lincolnshire), Douvres, Bristol, Garvey und Asklaby; in Spanien Segovia und in Portugal Tomar. Nach dem französischen Architekten und Kunsttheoretiker *Violet-le-Duc* leiteten die Templer die Bauproportionen von einer geheimnisvollen Alchemie der Zahlen ab. Entsprechend der Vorstellungen des →*Bernhard von Clairvaux* waren Kapellen und Kirchen völlig schmucklos. Die Fresken in der Kapelle von Cressac (Charente) und San Bevignato in Perugia stellen eher eine Ausnahme dar (→Ordenskapellen).

Templerkreuz: auch →Tatzenkreuz; die „Tatzen" sollen an die Leiden Christi erinnern; die Farbe „Rot" weist auf Blut als Symbol für das Leben und die Aufopferung der Ordensritter im Kampf. Wie Jesus sein Blut für die Menschen vergossen hat sollen die Ordensritter ihr Blut gegen die Feinde der Christenheit hingeben. Das Kreuz wurde auf dem weißen Ordensmantel über der linken Schulter vor dem Herzen getragen.

Templerorden, moderne: Der „Ordre Rénové du Temple"(O.R.T.) ist ein sehr junger Orden. Der Großmeister wurde am 23. November 1968 in der Krypta der Kathedrale von Chartres eingesetzt. O.R.T. behauptet von sich eine geheime Abstammung zu besitzen, die über Jahrhunderte hinweg an geheimnisvollen Orten am Leben gehalten wurde. Unter anderem soll diese durch *Dante, Jeanne d'Arc* oder *Agrippa von Nettesheim* getragen worden sein.

„Die wahren Templer": Im Jahr 1753 von Freimaurern gegründete Vereinigung, die es sich zur Aufgabe gemacht hatte den „Wahren Orden der alten Templer" fortzusetzen. 43 Großmeister sollen *Jaques de* →*Molay* bisher gefolgt sein. In einem Dekret *Napoleons III.* vom 18. Juli 1853 wird der Orden anerkannt und nennt sich ab diesem Zeitpunkt Ordo Supremus Militaris Templi Hierosolmitani (OSMTH).

„Deutsche Templer": Die von *Freiherr von Hund* gegründete „Strikte Observanz".

Templerprozess: politischer Prozess, dessen Protagonisten König →*Philipp IV., der Schöne,* von Frankreich, der königliche Großsiegelbewahrer *Wilhelm* →*Nogaret* und Papst →*Klemens V.* waren. Wenn von Templerprozess gesprochen wird ist damit eine Reihe von Untersuchungs- und Prozessverfahren gemeint, durch die die Schuld des Ordens nachgewiesen werden sollte (→Untergang der Templer):

1. Verfahren die von Philipp IV. veranlasst wurden, und zur Vorverurteilung des Ordens führen sollten; wurden vor 1307 meistens in Corbeil durchgeführt.
2. Inquisitionsverfahren und Folter durch den Dominikaner →*Wilhem Imbert* in Paris, unmittelbar nach der Verhaftung der Ordensmitglieder (1307).
3. Inquisitionsverfahren in ganz Frankreich durch die Diözesanbischöfe unter der Leitung Wilhelm Imberts (1307).
4. Untersuchungen der königlichen Vögte ohne Zuziehung der Geistlichkeit (1307).
5. Verhöre in →Poitiers im Mai und Juni 1308 um durch die hier erpressten Aussagen auch für den Papst glaubwürdige Beweise zu erhalten.

Diese Phasen (1.-5.) des Verfahrens müssen als kirchenrechtlich ungültig bezeichnet werden.

6. Verhör von 72 Templern in Poitier.
7. Verhöre des Großmeisters und der Ordensoberen in →Chinon.

Die Phasen 6.) und 7.) können als erlaubte Voruntersuchungen für den eigentlichen Prozess betrachtet werden.

8. Imbert und die Diözesanbischöfe erhielten ihre Befugnisse vom Papst zurück und führten 1308-1309 ihre Inquisitionsverfahren in Sens, Reims, Rouen, Tours, Bourges, Bordeaux, Narbonne und Lyon durch, um

9. der päpstlichen →Achterkommission (Generalkommission), die in Paris tagte, Beweismittel zu entziehen. Die Achterkommission ist als Voruntersuchung für den Prozess gegen den ganzen Orden eingesetzt gewesen, um entsprechende dem König dienliche Beweismittel für die Verurteilung herbeizuschaffen.
10. Die Diözesanbischöfe veranlassten die erneute scharfe Anwendung der →Folter um dadurch möglichst viele belastende Aussagen von den einzelnen Templern zu erhalten.

Die fraglichen Aussagen beim Prozess waren im wesentlichen auf die, dem Verhör vorangegangene Anwendung der Folter, Einschüchterung, Bestechung und auch der Fälschung von Dokumenten und Protokollen zurückzuführen. Viele der gemachten Aussagen wurden von den Ordensbrüdern zurückgenommen; die Geistlichkeit verbrannte diese „Rückfälligen" (→Relaps) im Sinne des Königs auf dem Scheiterhaufen. So wurde die Grundlage für den Papst vorbereitet, damit dieser den Orden beim →Konzil von Vienne auflösen konnte.

Templerwege: Es ist anzunehmen, dass die von den Templern benutzten Wege in den meisten Fällen bereits vorhandene Straßenverbindungen waren, die oft bis auf die Römer zurückgingen. Die Komtureien sind fast immer an Wegkreuzungen, Brücken oder an Pilgerwegen errichtet worden. Da die Templerhäuser (→hospitos) nur eine Tagesreise von einander entfernt sein sollten, konnte der Reisende sich auf von den Templern gesicherten Straßen bewegen. Solche Wege verbanden das Binnenland mit den Häfen, andere folgten den Kreuzfahrern über Land. Pässe wurden sowohl in den Alpen, als auch in den Pyrenäen besetzt und Brüder wachten über Bergabschnitte. Im Heiligen Land erstreckte sich ein Netz von Wegen zwischen der Küste bis zur Wüste. Entlang dieser Straßen reihten sich die militärischen Anlagen der Ritterorden zur Verteidigung von →Outremer. Die Enge des Straßennetzes und seine Flexibilität erlaubten bereits Mitte des 12. Jhdts. den raschen Transport von

Menschen und Material zur Hilfe und Unterstützung des Heiligen Landes.

Termes: war im 13. Jhdt. eine gewaltige Festung von der heute nur mehr Ruinen übrig sind; im Zuge der Albigenserkriege boten der Burgherr *Raymond de Termes* und sein Sohn *Olivier* (* 1198) den vor den Kreuzrittern flüchtenden →Katharern Zuflucht. Vier Monate konnte sich die Burg gegen →*Simon de Montfort* halten, durch Wasserknappheit, Hitze und die Ruhr musste die Burg schließlich 1211 übergeben werden; Raymond de Termes wurde getötet; Olivier unterstützte nun die letzten Trencavels und lief nach deren Scheitern zum französischen König über; später wurde Termes eine Königsburg, die im 17. Jhdt. vom König durch Sprengung zerstört wurde.

Terricus: War zur Zeit der Gefangenschaft des Großmeisters →*Gerhard von Ridefort* (1187-1188) →Großkomtur des Templerordens (interimistische Leitung des Ordens); nach *Falkenstein* Großmeister des Templerordens (1193-1201), demnach Nachfolger von →*Gilbert Heral*; in seiner Amtsperiode kam es wegen der Weigerung des Ordens 1 300 „Byzantinern" zurückzuzahlen, die sich der Orden vom Bischof von Tiberias geliehen hatte, zur Auseinandersetzung mit der Amtskirche, der durch Papst →*Innozenz III.* geschlichtet werden musste. König →*Johann Ohne Land von England* schenkte dem Orden eine Insel (Lundeia?) am Ausfluss der Saverne. Terricus gehörte einer Abordnung der Templer an, die von Großmeister Gilbert Heral nach Rom entsandt wurde, um den ständigen Streit mit den Johannitern zu schlichten.

Wann und unter welchen Umständen Terricus starb ist nicht bekannt.

Aus einem Schreiben des Terricus an alle Ordensmitglieder wird die verzweifelte Situation des Ordens in dieser Zeit klar:
„Bruder Terricus und die Bruderschaft, die fast ganz vernichtet ist, an alle Präzeptoreien (...). Wir bitten Euch, sogleich uns und der Christenheit, die im Orient fast vernichtet ist, Unterstützung zu gewähren, damit wir mit Gottes Hilfe und mit Un- terstützung Eurer Waffen retten können, was uns noch an Städten geblieben ist."

Teufel: (von griechisch „diábolos", „Verleumder"; lateinisch „diabolus"); abgeleiteter Begriff für die Personifikation der Gegnerschaft Gottes und Verkörperung des Bösen. Die Gestalt des Teufels geht im christlichen Bereich auf den →Satan als Verführer des Alten Testaments zurück. Spätere Traditionen identifizieren den Teufel mit →Luzifer. Im Mittelalter und in der beginnenden Neuzeit findet der Teufelsglaube seine stärkste Verbreitung. Der Teufel erscheint im Volksglauben in vielfältiger auch menschlicher Gestalt, meist mit Hörnern, Vogelkrallen, Bocksbeinen, Flügeln, Hufen und Schwanz. Er gilt als gefallener Engel und kann vom Menschen angerufen und durch Pakt zu Hilfeleistungen veranlasst werden. Diese von →*Augustinus* ausgebildete Teufelspakttheorie (Dämonenpakttheorie) hatte großen Einfluss auf den Hexenwahn.

Theobald Gaudin: (französisch Thibaud Gaudin oder Guydin, Thybaldus Gaudini); 23. Großmeister (1291-1293); entstammte einer im 12. und 13. Jhdt. in Chartres und Blois mächtigen Familie; er folgte →*Wilhelm von Beaujeu* beziehungsweise →*Peter von Sevrey* in ihrem Amte nach. Er wurde von den Templern, die dem Gemetzel von →Akkon entronnen waren, in Sidon gewählt. Von ihm gibt es wenig zu berichten. Er war vorher Großkomtur und Ordensmarschall im Heiligen Land. Organisierte den Transport des verbliebenen Ordensarchives und Schatzes zuerst von Akkon nach Sidon und dann nach →Zypern. Als →*al-Ashraf* Tyrus und Sidon angriff, reiste Theobald nach Zypern und versuchte hier mit mäßigem Erfolg den Entsatz von Akkon zu organisieren. Er starb am 16. April 1293. Sein Nachfolger war *Jaques de* →*Molay*.

1291 fasste Papst →*Nikolaus IV.* im Konzil von Salzburg den Entschluss die drei Ritterorden zu einem Einzigen zusammenzufassen und die besten Statuten von allen zu einer Regel zu formen. Doch bevor er die für die weltlichen Fürsten so gefährliche Entwicklung in die Tat umsetzen konnte starb Nikolaus am 4. April 1292.

Theobald von Navarra: Thibaud IV. (Thibaud IV.) de Champagne; (* 30. Mai 1201 in Troyes, † 7. Juli 1253 in Pamplona); König von Navarra (seit 1234); vereinigte Navarra mit der Champagne; ab diesem Zeitpunkt wird Navarra immer mehr mit dem französischen Kulturkreis verknüpft; seine Enkelin *Johanna* wurde später mit →*Philipp IV., dem Schönen* vermählt; Theobald von Navarra war französischer Dichter und Sänger und mit seinen Liebesliedern einer der bedeutendsten Lyriker des französischen Mittelalters. Zog 1239 nach Akkon und konnte hier aber nur wenige, mit den fränkischen Streitkräften konzertierte Aktionen ohne besonderen Erfolg durchführen. In dieser Zeit traten die Gegensätze zwischen den beiden Ritterorden klar zu Tage. Die Templer strebten ein Bündnis mit Damaskus an und die Johanniter eines mit Kairo. →*Richard von Cornwall* war der Nutznießer dieser Situation. Er konnte, nach dem Abzug *Theobalds,* ohne Schwertstreich, allein durch einen Vertrag mit dem ägyptischen Sultan *as-Salih Aijub,* Jerusalem, die Gebiete um Askalon, das Hinterland von Sidon, Tyrus und Akkon bis zum See Genezareth, der Christenheit sichern. Nach seiner Rückkehr aus dem Heiligen Land kam es zwischen Theobald und den Templern zur Auseinandersetzung über die von den Templern verwalteten Güter; →*Ludwig IX.* konnte den Streit 1241 mit dem Ergebnis schlichten, dass die Templer das bis zu diesem Zeitpunkt Erworbene behalten konnten, alle zukünftige Erwerbungen bedurften aber ab diesem Zeitpunkt der Genehmigung des Königs.

Theodat de Bersiac: (auch Bersiako, Bersey oder Breisach); nach *Falkenstein* Großmeister des Templerordens (1204-1210), zuvor →*Großkomtur* (1209-1210); Nachfolger von →*Philipp de Plessis.* Galt als würdiger Mann, der alles gegen die im Orden eingerissenen Unsitten tat. Wollust, Habsucht und Stolz hatten bereits tiefe Wurzeln geschlagen. Ein Ereignis von 1204 beleuchtet die Situation des Ordens, der auch nicht davor zurückschreckte sich durch Betrug auf Kosten des Volkes zu bereichern: In einem Kloster in der Nähe von Damaskus soll ein Marienbild auf einmal Fleisch und Blut angenommen haben. Die ölartige Milch, die aus den Brüsten floss, verkauften die Templer als Getränk an die Pilger.

Das Privileg, in einem unter →*Interdikt* stehenden Gebiet einmal im Jahr die Messe lesen zu dürfen, verwendeten die Ritter dazu, unwürdigen Handel mit Heiligem zu führen. Gegen eine ansehnliche Summe beerdigten sie unter Kirchenbann stehende Personen in geweihter Erde, für Geld lasen sie Messen und ließen die Glocken erklingen. Der Klerus verlor dadurch eine wichtige Einnahmequelle. Die Missgunst der Bischöfe wurde dadurch immer heftiger und Papst →*Innozenz III.* musste den Orden rügen und zur Mäßigung in der Ausnutzung ihrer Privilegien auffordern.

Unter Theodat kamen die Templer auch nach Pommern und erhielten hier verschiedene Lehensgüter.

Theresa von Kastilien: (* um 1070, † 1130 in Braga); Gräfin von Portugal und später Königin; illegitime Tochter *Alfons VI.* von Léon und Kastilien; verheiratet mit *Heinrich von Burgund,* nach dessen Tod 1112 führte sie für ihren Sohn →*Alfons I. Henriques* die Herrschaft in Portugal, ab 1117 mit dem Titel Königin. Stand den Interessen ihres Sohnes immer mehr entgegen. 1128 übernahm Alfons die Herrschaft in Portugal und Theresa musste sich nach Galicien zurückziehen.

Obwohl Theresa 1127/28 die Schenkungen ihres Vaters an den Templerorden bestätigte und sie selbst die Burg Soura und den Wald von Cera dem Orden überließ, unterstützte die Templer die politischen Interessen ihres Sohnes.

Thibaud: →Abt von Sainte Colombe; Sohn des →*Hugo de Payens,* dem Gründer des Templerordens; ging 1128 oder 29 mit seinem Vater nach Jerusalem; er nahm auf diese Reise eigenmächtig den Schatz und die Barschaften seines Klosters mit; von den Mönchen von Sainte Colombe wurde er aus diesem Grunde als „gemeiner Dieb" bezeichnet.

Thibaud de Champagne: →Theobald von Navarra.

Thomas Bérard: (auch Béraud, Berardi); 21. Großmeister des Templerordens (1256 – 25. Mai 1273); über seine Herkunft vor dem Eintritt in den Templerorden ist nichts bekannt. Er dürfte mit dem englischen König *Heinrich III.* gut bekannt gewesen sein, weil er von ihm als „sehr lieber Herr" und „ganz besonderer Freund" bezeichnet wurde. Thomas war in die Auseinandersetzung zwischen den italienischen Handelsstädte im Heiligen Land involviert. Die Hospitaliter nahmen für Genua Partei, die Templer für Venedig und Pisa. 1258 griffen die Genueser mit ihren Schiffen →Akkon an. Die Templer unter Thomas Bérard schützten die Niederlassungen Venedigs und Pisas, während die Flotte dieser beiden Städte die Genueser zur See angriff. Venedig und Pisa konnten dadurch den Sieg erringen. Es kam aber auch zur direkten Auseinandersetzung zwischen Johannitern und Templern. Die Johanniter kämpften mit solcher Wut, dass sie alle Templer derer sie habhaft wurden in Stücke schlugen. In dieser Auseinandersetzung musste sich der Großmeister Bérard in die Komturei des →Lazarusordens zurückziehen.

In der Amtszeit Bérards breitete sich der Orden in Europa weiter aus und konnte sich auch in den Niederlanden weiter festsetzen; Arras (Atrecht) wurde Hauptsitz. Je mehr der Ruf der Templer im Heiligen Land litt, desto mächtiger wurde er in Europa. Mit König *Hugo I.* von Jerusalem (Hugo III. von Zypern) unterhielt er ein neutrales Verhältnis, obwohl er keine Sympathie für ihn hegte, konnte aber so den inneren Frieden im Königreich aufrechterhalten.

In seiner Großmeisterschaft fielen die Mongolen über Bagdad (1258), Aleppo und Damaskus (1260), Armenien und Antiochia her.

Am 24. Juni 1264 wurden die Templer in der Burg →Safed von den Truppen →*Baibars* eingeschlossen. Möglicherweise durch Verrat oder List des Sultans konnte die Festung eingenommen werden. Die gefangenen Ordensritter wurden aufgefordert zum Islam zu konvertieren.

Nach ihrer Weigerung wurden der Komtur und die Ritter bei lebendigem Leib geschunden (gehäutet), mit Ruten ausgepeitscht und zuletzt geköpft. Der Sage nach soll über den Leichen in der Nacht ein grelles Licht gesehen worden sein. Generell waren die militärischen Erfolge in der Amtsperiode Thomas Bérards sehr gering. Insgesamt genoss Bérard keinen guten Ruf. In seiner Amtsperiode soll die Korruption und der Sittenverfall innerhalb des Ordens begonnen haben. In seiner Amtsführung war er sonst aber nicht zu tadeln.

Bei der Untersuchung im Templerprozess wurde Bérard als derjenige beschuldigt, der die Verleugnung Christi in das Aufnahmeritual eingeführt haben soll.

Thomas d'Angleterre: (Thomas of Britain); lebte in der 2. Hälfte des 12. Jhdts. am englischen Hof; Verfasser des Heldenepos „Tristan" in anglonormannischer Sprache (um 1180); *Gottfried von Straßburg* verwendete diesen Tristan als Hauptquelle für „Tristan und Isolde".

Thomas von Aquin: (* ~1225 in Roccasecca bei Aquin, † 7. März 1274 in Fossanova/Latium); Philosoph und Theologe und Dominikaner; studierte bei *Albertus Magnus* in Köln. Thomas von Aquin lehrte in Italien, Neapel und Paris. Er war der bedeutendste Kirchenlehrer des Mittelalters, sein christliches philosophisches Werk („Summa philosophica") und sein theologisches Werk („Summa theologica") bildeten den Höhepunkt der →Scholastik. Aus der Verbindung zwischen aristotelischer Philosophie und christlicher Theologie ergibt sich für ihn die ganze christliche Wahrheit. Er bejaht die Vernunft, ordnet sie allerdings dem Glauben an die offenbarte Wahrheit unter. Thomas hat den übernatürlichen Charakter der biblischen Offenbarung nie angezweifelt. Die Lehren des Thomas von Aquin beeinflussten bis zum 2. vatikanischen Konzil das philosophische Studium der katholischen Theologen und die kirchliche Philosophie (Thomismus). Gegenüber Ketzern nahm er eindeutig Stellung: *„Die Ketzerei ist eine Sünde, derentwegen man nicht nur von der Kirche exkommuniziert, son-*

dern auch von der Welt durch den Tod ausgeschlossen werden sollte. Bleibt der Ketzer bei seinem Irrtum, so soll es die Kirche aufgeben, ihn zu retten; sie soll für das Heil der übrigen Menschen sorgen. Das weitere überlässt sie dem weltlichen Richter, damit er den Ketzer durch den Tod von dieser Erde verbanne."
Sein Hauptwerk: „Summa contra gentiles" (1258-1264) – Auseinandersetzung mit dem islamischen Denken; „Summa theologica", „Quaestiones disputatae" – Niederschrift der akademischen Disputationen. 1323 Heiligsprechung, 1567 wurde er zum Kirchenlehrer erhoben.

Thomas von Montaigu: Großmeister des Templerordens (1219-1234); durch seine Namensgleichheit mit dem Großmeister →*Peter von Montaigu* kam es mehrfach zu Verwechslungen. Nach *Mathäus Paris* dürfte er aber → *Wilhelm von Chartres* im Amt nachgefolgt sein. Bei der Belagerung von Damiette (→Kreuzzüge/Pilgerkreuzzug) führte er gemeinsam mit dem Ordensmarschall (*Askan dem Burgunder*) den Entsatz der, von den Sarazenen eingeschlossenen, selbst belagerten, Belagerer. Damiette fiel nach 18-monatiger Belagerung am 5. November 1219. Der Anblick in der eroberten Stadt war erschütternd. Verhungerte Menschen, Frauen und Kinder, Haufen von Leichen und überall Blut, herumschwankende Gestalten mehr Gerippen als Lebenden ähnlich.
Während der Belagerung gelang es den islamischen Truppen Caesara einzunehmen.
Als →*Friedrich II.* seinen dem Papst gelobten Kreuzzug führte, bildeten die Ritterorden die Nachhut. Papst *Honorius III.*, der mit Friedrich im Streit lag, befahl den Ritterorden dem Kaiser nicht zu gehorchen, sodass es sogar zum offenen Verrat der Templer kam. Diesem Umstand war es zuzuschreiben, dass der Kaiser nach seiner Heimkehr die Güter der Templer und Johanniter beschlagnahmen ließ.
1228-34 gelang es dem Orden sich in Brandenburg, Pommern und Böhmen festzusetzen und so seinen Reichtum und Machtbereich auszudehnen. Bei keinem der früheren Großmeister war diese Politik der Bereicherung so offensichtlich.

Thomas von Montaigu starb 1134 nach langer und kluger Amtszeit.
Thoros I.: Rubenier-Fürst: (* vor 1100, † 1129); machte Sis zur Hauptstadt von Armenien; lag mit dem Fürstentum Antiochia um Anarzabos, das Thoros besetzt hielt, im Streit Nachdem sein Sohn *Konstantin* im Zuge einer Palastintrige den Tod gefunden hatte, wurde nach Thoros' Tod sein Bruder →*Leo I.* dessen Nachfolger.
Thoros II.: Rubenier-Fürst von Armenien; (1143-1168); Sohn →*Leos I.*; wurde gemeinsam mit seinem Vater und seinen Bruder Ruben von den Byzantinern nach dem Fall von Vahka gefangen gesetzt; nach dem Tod Leos floh Thoros 1143 aus der Gefangenschaft in Konstantinopel und suchte Schutz bei seinem Vetter *Joscelin II.* von →*Edessa*. Von hier aus eroberte er den Familiensitz Vahka zurück und gemeinsam mit seinen Brüdern →*Mleh* und *Stephan* 1151 die kilikische Ebene; um 1153 eroberte →*Rainald von Châtillon* das Gebiet um Alexandretta für Antiochia von den Armeniern zurück und übergab dieses Gebiet dem Templerorden, der zum Schutze der syrischen Pforte die Burg →*Baghras* errichtete. Nach der Versöhnung zwischen Thoros und Rainald 1156 überfielen sie gemeinsam das byzantinische Zypern, plünderten und verwüsteten das Land mit unglaublicher Grausamkeit gegen die Bevölkerung. Als der byzantinische Kaiser Manuel 1158 mit einem gewaltigen Heer nach Armenien und Antiochia zog, flüchtete Thoros auf eine abgelegene Bergspitze. 1162 nachdem Stephan, der Bruder Thoros', ermordet wurde (die Ermordung lag auch in Thoros' Interesse), stürmte er von seiner Bergfestung die Städte Mamistra, Anazarbos und Vahka, überrumpelte die griechischen Besatzungen und zog sich nach dem →*Amalrich I.* dem Kaiser Hilfe angeboten hatte wieder in die Berge zurück. 1164 unterstützte er das christliche Heer gegen →*Nur ed-Din* (→*Bohemund III.*). Am 10. August 1164 kam es bei →*Artah* (Harenc) zur Schlacht. Thoros und sein Bruder *Mleh* entkamen, das übrige christliche Heer wurde erschlagen oder gefangengenommen. 1165 besuchte Thoros Kö-

nig Amalrich in Jerusalem und soll gesagt haben: *„Sire, als ich Euer Land durchquerte und fragte, wem die Burgen gehörten, sagten mir die einen, sie gehörten dem Tempel, die anderen hingegen, dem Hospital, sodass ich keine Burg und keine Stadt gefunden habe, von der man mir hätte sagen können, sie gehöre Euch...".*
1168 starb Thoros, er hinterließ einen Nachfolger namens →*Ruben II.*; sein Bruder Mleh, der einmal das Gelübde als Tempelritter abgelegt haben soll, machte dem Kind die Erbschaft streitig.

Tiberias: Stadt in Israel, am Westufer des Sees von Genezareth; 28 000 Einwohner; archäologisches Museum; Kurort (heiße Mineralquellen); benannt nach Kaiser *Tiberius*; seit Ende des 2. Jhdt. n. Chr. Zentrum jüdischer Gelehrsamkeit; 637 arabisch; 1099-1187 in der Hand der Kreuzfahrer; am 2. Juli 1187 wurde die befestigte Stadt von einem Teil →*Saladins* Truppen eingenommen und verlor danach an Bedeutung; die christlichen Truppen wurden zum Entsatz der Stadt angelockt und wurden von Hitze und Durst gezeichnet bei →*Hattin* vernichtend geschlagen.

Tod eines Templers: Starb ein Templer, so wurde sein Platz am Tisch vierzig Tage von einem Armen eingenommen; beim Tod eines Komturs, der üblicherweise die doppelte Ration hatte, erhielten zwei Arme zu Essen. Wurden im Nachlass eines Ritters Wertgegenstände gefunden, wurde dieser nicht am Friedhof des Ordens und ohne Zeremoniell begraben.

Tomár: Templerburg in Portugal am Rio Nabao, wurde von *Gualdim Pais*, dem Ordensmeister des Landes, 1160 errichtet. Den Namen erhielt die Burg nach dem arabischen Flussnamen für Nabao „Tomar". Die Burg wurde 1540 gotisch (manuelinisch) umgebaut, Rose und Vorhalle der ersten Templerkirche blieben erhalten. König →*Diniz* konnte die Auflösung des Templerordens 1312 zwar nicht verhindern, doch gründete er einen neuen Orden –"Orden de Cavalaria de Nosso Senhor Jesu Cristo" (→*Christusritterorden*) – in den er sämtliche Komtureien und alles bewegliche Gut der Templer übertrug.

Tortosa:
1. (Tartous, lateinisch Dertosa; arabisch Tartusha); Stadt an der Küste von Syrien und Küstenfestung der Tempelritter nördlich von Tripolis; seit der Antike nachweisbare Siedlung gegenüber der Insel Ruad (heute Arados), wurde 638 von den Muslimen erobert und zerstört. Später vom Kalifen *Muhawiya* zur arabischen Garnisonsstadt ausgebaut; im 10. Jhdt. kurzzeitig von Byzanz besetzt; im Zuge des 1. Kreuzzuges 1099 von den Christen erobert, vom Emir von Tripolis bald darauf zurückgewonnen, wurde Tortosa im Februar 1102 von →*Raimund von Toulouse (St. Gilles)* mit genuesischer Flottenunterstützung erobert; Raimund richtete sich hier fest ein und unternahm von hier Eroberungen anderer muslimischer Befestigungen. 1123 wurde mit dem Bau der Kathedrale begonnen. 1152 bemächtigte sich →*Nur ed-Din* kurzfristig der Burg; die Templer erhielten die Stadtburg 1152 von König →*Balduin III.* von Jerusalem, bildeten um sie eine kleine Mark, befestigten die Festung und bauten den Hafen aus. Ursprünglich war Tortosa ein Marienwallfahrtsort. *Petrus* selbst soll hier das erste Marienheiligtum geweiht haben. Es war daher auch naheliegend diese Festung den Templern zu übergeben, weil der Orden Maria ganz besonders verehrte. 1167 wurde die Stadt Tortosa und Teile des Nordens von Tripolis von König →*Amalrich* dem Templerorden übergeben, →*Raimund III. von Tripolis* befand sich in Gefangenschaft →*Nur ed-Dins*. 1188 versuchte →*Saladin* die Festung zu erobern, der Sultan zog nachdem er die Stadt zerstört hatte ab, ohne dass er die Festung hätte überwältigen können. 1202 wurde die Stadt durch ein Erdbeben schwer beschädigt. 1270 griff Sultan →*Baibars* die Stadt an, die Templer schlossen einen 10-Jahres-Friedensvertrag (15. April 1282), mussten aber am 3. August 1291 die Stadt und die Festung dem →*Mamelucken* Sultan *al-Asraf* noch vor Ablauf der Vereinbarung übergeben.
2. Stadt in Nordost-Spanien; am unteren Ebro in der Provinz Tarragona mit gotischer Kathedrale und katholischer Bischofssitz; ursprünglich als

karthagischer Handelsplatz Hibera, unter römischer Herrschaft Dertosa; frühchristlicher Bischofssitz; als Turtusa 717-1148 unter arabische Herrschaft.

Die Templer waren bereits 1165 in Besitz von mehr als einem Fünftel der Stadt und brachten in der Folge die gesamte Gerichtsbarkeit in ihre Macht. Über die Beschwerde der Bürger bei Papst →*Urban IV.*, bestätigte der Papst zwar die Rechte des Ordens, verpflichtete den Orden aber nach den entsprechenden Studien die Rechtsgebräuche von Barcelona und das lokale Recht von Tortosa zur Anwendung zu bringen.

Tote Hand: („manus mortua"); Bezeichnung für alle geistlichen Stiftungen und Korporationen, wie Kirchen und Klöster, in Hinblick auf deren unbewegliche Güter. Ein aus dem Feudalrecht entwickelter Begriff; mit den Regelungen der „toten Hand" sollte verhindert werden, dass die Lehensgüter in die Hand von Personen gelangten, die außerhalb des Lehensverbandes waren. Von dort gelangte der Begriff in das allgemeine Recht und in das Kirchenrecht. Der Erwerb solcher Güter durch juristische Personen verhinderte den Erbfall (daher die Bezeichnung „tote Hand"), und die Veräußerung solchen Besitzes. Die „tote Hand" konnte nur Güter gegen Bezahlung von Abgaben erwerben.

Trémelay, Bernard de: →Bernard de Trémelay.

Trencavel: Adelsgeschlecht der Vizegrafen (Vicomtes) von Carcassonne und Bézier unter der Lehenshoheit der Grafen von Toulouse; *Raimond Roger Trencavel* Beschützer der →Katharer und Kämpfer für ein freies Okzitanien. In den Albigenserkriegen wurde er 1209 von →*Simon von Montfort* gefangengenommen. Er starb im Gefängnis von Carcassonne. Sein Sohn wurde am Hof des Grafen →Foix erzogen und schwor alle verlorenen Vizegrafschaften (Carcassonne, Albi, Razès) zurückzuerobern. Der junge Trencavel führte den Aufstand der →Faidits (1240), der letztlich mit einer Niederlage endet. Um ihn rankten sich Geheimnisse, die mit einem riesigen Schatz in Zusammenhang gebracht wurden. Auch mit Parzival (Perceval) wird Trencavel wegen der

Namensähnlichkeit identifiziert. →*Chrétien de Troyes* schrieb seinen „Perceval" 1181.

Treuga Dei: (Gottesfriede); im 11. Jhdt. war Gewalt an der Tagesordnung, wobei die Ritter, die Berufskrieger zu Pferde, sich besonders als Plünderer, Vergewaltiger, Kirchenräuber etc. hervortaten. Durch den Niedergang der königlichen Macht (*Ludwig VI., der Dicke*) als Verteidiger der Armen musste die Kirche diese Rolle übernehmen. Auf Synoden und Konzilien verkündeten die Bischöfe den Gottesfrieden. Dadurch sollten bestimmte Personen (die Armen), bestimmte Güter (Kirchengüter, Geräte der Bauern) und bestimmte Orte vor den Übergriffen der Ritter geschützt werden. Über den Gottesfrieden hinaus legte die Kirche fest, dass sich die Ritter an bestimmten Tagen (Sonntag) und an bestimmten Festen (Ostern, Fasten) sich der Gewalt zu enthalten hatten. Diese Maßnahme implizierte jedoch, dass die Ritter außerhalb der festgelegten Tage sehr wohl ihren Gewalttaten nachgehen konnten.

Tripolis: (Tripoli, Tripolitanien); Stadt im nördlichen Libanon; 1109-1289 bedeutende Kreuzfahrer-Grafschaft; Ostprovinz Karthagos; 146 v. Chr. numidisch, 46 v. Chr. römisch. 435 Eroberung durch die Vandalen, ab 534 Teil des byzantinischen Reichs; seit 643 unterstand es arabischen Herrschern; unmittelbar vor den Kreuzzügen war Tripolis eine blühende Stadt mit 20 000 Einwohnern. 1102 während des 1. Kreuzzuges von →*Raimund IV. von Toulouse (Reimund IV. von St. Gilles)* erobert, der hier eine Grafschaft gründete; die Stadt Tripolis konnte erst nach fünfjähriger Belagerung von Raimund eingenommen werden. Die Grafschaft erstreckte sich entlang des Mittelmeeres nördlich von →Tortosa bis Gibelet, umfasste im Osten die Binnengebiete um den Orontes und reichte bis an das Libanon-Gebirge heran.

Nach dem Tod Raimunds wurde von →*Balduin I.* das Kronlehen an den Sohn des Grafen *Bertrand* weitergegeben. Bis ins 12. Jhdt. wurde die Vererbung der Grafschaft vom König anerkannt. Die Grafen von Tripolis hatten eigene Hofämter,

durften Münzen prägen und unterhielten wie die Könige von Jerusalem einen „Haute Cour". Die Grafschaft unterhielt ein relativ kleines Heer, demgegenüber aber eine große Flotte. Den Grafen von Tripolis werden später enge Kontakte zu den →Assassinen nachgesagt.
In Tripolis konzentrierte sich neben Tyrus die zuckerverarbeitende Industrie. Bereits im 10. Jhdt. wurden in Glashütten bunte Glaserzeugnisse und auch Gebrauchsgläser von hervorragender Qualität hergestellt. Die in Tripolis erzeugten Seidenstoffe waren denen aus China ebenbürtig. Im 12. Jhdt. überstand Tripolis mehrere muslimische Überfälle (1133 unter→*Sengi*, 1137 aus Damaskus, 1180 unter →*Saladin*); 1170 wurde Tripolis durch ein Erdbeben zerstört. →*Wilhelm von Tyrus* schreibt vom
„...*Steinhaufen und Massengrab seiner Bürger...*".
Nach dem Tod →*Raimund III. von Tripolis* (1187) wurde der Sohn →*Bohemund III.* (→*Bohemund IV.*) als Erbe eingesetzt. Mit Bohemund IV. wurde Tripolis und →Antiochia gemeinsam regiert. Ab 1270 ging unter den ständigen Angriffen der Mamelucken immer mehr Land in die Hände der Muslime über. Mit dem Verlust eines überwiegenden Teil des Heiligen Landes 1289 ging auch Tripolis für das Christentum verloren. Ende März 1289 stand das Heer →*Kalawuns* vor den Mauern der Stadt. Die Ritterorden schickten Hilfe. *Gottfried von Vendac*, Marschall der Templer, befehligte die Kampftruppe des Ritterordens, ohne aber die Niederlage verhindern zu können. Am 26. April fiel die Stadt. Die Marschälle der Ritterorden konnten gemeinsam mit *Amalrich von Lusignan* nach Zypern flüchten, der Befehlshaber der Templer *Peter von Moncada* kam ums Leben. Kalawun ließ die Stadt dem Erdboden gleichmachen.
1516 kam Tripolis zum Osmanischen Reich (1516-1918); 1864 auf Betreiben Frankreichs Einsetzung eines christlichen Gouverneurs; 1918 zusammen mit Syrien französisches Völkerbundmandat. 1920 schuf Frankreich das Gebiet Libanon in seinen heutigen Grenzen, mit einer geringen Mehrheit christlicher Einwohner.

Troubadour: provenzalisch Trobador (provenzalisch „trobar", „finden"); Dichter-Sänger des 12. und 13. Jhdt., die Texte und Melodien ihrer Lieder trugen sie meistens auch selbst vor (meistens zur arabischen Laute). Troubadoure waren Adelige, Ministerialen, Kleriker, Bürgerliche, darunter aber auch Frauen. Im Mittelpunkt ihrer Lyrik stand der Minnekult, die Verehrung einer unerreichbaren höfischen Herrin. Die Dichtung der Troubadoure ist eine in den Rahmen der aristokratischen Hierarchie eingespannte Gesellschaftskunst. Die Sprache der Troubadour-Dichtung war die des Langue d'oc. Diese Art der Dichtkunst stellt die erste Blüte der Lyrik dar (bedeutend für den deutschen Minnesang) und hat sich in zahlreichen Handschriften („Chansonnier du roi", 13. Jhdt.) erhalten. Hauptgattung war die Kanzone (Canso), drei Stilformen hatten sich herausgebildet: „trobar leu" (einfach), „trobar ric" (ausgeschmückt) und „trobar clus" (hermetisch, geheimnisvoll). Als ältester Troubadour gilt *Wilhelm IX.*, Herzog von Aquitanien, unter dem Pseudonym *Coms de Peitieu*; weitere bedeutende Vertreter: *Bernart de Ventadour* (* zw. 1125 und 1130, † um 1195), *Peire Cardenal* (* um 1174, † um 1272), *Bertran de Born* (* um 1140, † vor 1215), *Peire Vidal* (* um 1175, † um 1210), *Arnaut Daniel, Foulquet de Marseille, Raimon de Miraval und Gaucelm Faidit;* der Name →*Faidit* stellt möglicherweise eine Verbindung zu den in den Albigenserkriegen in Südfrankreich Verfolgten her. Die Troubadoure entstammten wie viele Ketzer dem niederen Adel des Langue d'oc. Tatsächlich stand die Kunst der Troubadoure den Ketzern nahe; so sang *Peire Cardenal* über die römische Kirche: „*Sie heißen zwar Hirten, doch sind sie vielmehr Betrüger; ihr Kleid scheint heilig, aber sie gleichen dem Wolf, der in eine Herde schlich, aber umhängt mit einem Hammelfell, die Hund zu täuschen, und dann alle Schafe auffraß. Je höher sie stehen, desto schlimmer sind sie; die Lüge wächst bei ihnen auf Unkosten der Wahrheit und die Ränkesucht ersetzt die Wissenschaft, während von Demut nicht ein Haar gefunden wird. Niemand* *war von jeher Gott so feindselig wie die Pfaffenbande.*" Durch dieses und viele anderen Lieder („Sirventes") konnte in den Albigenserkriegen die Stimmung der Bevölkerung beeinflusst werden; der scharfe und leidenschaftliche Ton machte diese Art der Troubadourpoesie zu einer gefürchteten Waffe. Nach der grausamen Verfolgung durch die →Inquisition verschwand Ende des 13. Jhdts. diese Kunstform der Lyrik.

Als weitere nicht unbedeutende Troubadoure sind zu nennen: *Dietrich auf der Hayde,* freier Geselle; war aufgrund seiner Ähnlichkeit mit dem Sänger *Blondel* bekannt, der →*Richard I. Löwenherz* aus der Gefangenschaft der Babenberger befreit haben soll. *Markgraf von Hatzer,* der sich der hohen Minne verschrieben hatte und besonders dem Tanz zugeneigt war; seine Auftritte waren von virtuoser Beinarbeit gekennzeichnet. *Geraldus von Aue* sprengte mit seiner gewaltigen Individualität den Rahmen des traditionellen Gesanges. *Cretien de Maisonrouge* gilt als Verfasser des ältesten erhaltenen „Gudrunfragmentes"; seine musikalischen Fähigkeiten waren eher klein bemessen, er spielte vorwiegend auf der „flute anchantez". Von *Theoderich von Styrien* sind eine Vielzahl von Liedern überliefert. Nach einer Fahrt ins Heilige Land schloss er sich dem →Deutschen Ritterorden als Chronist an.

Es muss unklar bleiben, ob diese urkundlich nicht bezeugten Dichter aus einem ritterlichen, ministralen oder bäuerlichen Geschlecht waren.

Troyes: Stadt, Bistum und ehemalige Grafschaft in der südöstlichen Champagne am linken Seineufer; Hauptstadt des Département Aube; hieß in augusteischer Zeit Augustobona Tricassium. Bereits im 4. Jhdt. wird die Zugehörigkeit der Civitas von Troyes zur „Campania" erwähnt. Um 300 war der erste Bischof der Heilige *Amator,* womit hier das Christentum in Erscheinung trat. Im frühen 5. Jhdt. wird die Zugehörigkeit von Troyes zur Provinz Sens bezeugt. Seit der Merowingerzeit (König *Guntram,* 567) gehörte Troyes dem frankoburgundischen Reich mit Sitz in Châlon sur Saône an. Besondere Verehrung wur-

den dem *heiligen Frodobert* († um 673), Gründer und Abt des Klosters Moutier-la-Celle und dem karolingischen Kirchenpolitiker *Prudentius Galindo* (zirka 846-861) entgegengebracht. Seit dem 9. Jhdt. war Troyes Sitz eines karolingischen Grafen. 950 gewann *Robert von Vermandois* (Graf von Meaux) durch Heirat die Grafschaft Troyes dazu. Später kam die Grafschaft an das Fürstenhaus von Blois.

Durch die besondere Lage der Stadt am Knotenpunkt wichtiger Verkehrswege konnte sich Troyes wirtschaftlich und städtisch entwickeln (Messestandort). →*Heinrich I. von der Champagne* (1152-1181) erbte die Champagne mit der Hauptstadt Troyes. Seine Gemahlin *Marie de Champagne* (Tochter des →*Ludwig VII.* und der →*Eleonore von Aquitanien*) sorgte mit ihrem Mäzenatentum für die Entwicklung der höfischen Kultur (→*Chrétien de Troyes*) und der Gesellschaft. In der wohlhabenden Stadt entwickelte sich auch eine jüdische Gemeinde deren geistiges Leben vom Talmudkommentator *Rashi* (Schlomo Ist'haqui, 1040-1105) geprägt wurde. Der Graf →*Hugo de Champagne* unternahm 1104 und 1115 gemeinsam mit →*Hugo de Payens* eine Pilgerreise nach Jerusalem, 1126 trat er dort in den Templerorden ein.

1204 wurde in Troyes die Kathedrale gegründet und ab 1227 als fünfschiffig im Stil der Hochgotik ausgebaut. Papst →*Urban IV.* gründete die Kollegiatskirche St. Urbain (1262-1286). In Troyes fanden eine Reihe von Synoden und Konzilen statt. Am 13. Jänner 1128/29 wurden hier anlässlich eines Konzils die Regeln des Templerordens in Anwesenheit und mit Unterstützung von →*Bernhard von Clairvaux* festgeschrieben und der Orden vom Papst bestätigt.

Nach dem Tod *Heinrichs III. de Champagne und Navarra* (1274) gewannen die Kapetinger immer mehr Einfluss bis die Grafschaft 1361 in die Krondomäne eingegliedert wurde.

Troyes, Stephan von: War einer der wichtigsten Ankläger des Templerordens, den er kurz vor den Verhaftungen verlassen hatte; er sagte am 27. Juni 1308 vor dem Papst aus, *Hugo von* →*Pairaud*

hätte ihm das Kreuz gezeigt und zu ihm gesagt: *„Du musst den verleugnen, den dieses Abbild darstellt."*
Troyes hätte dies verweigert, da zog einer der Brüder sein Schwert, berührte ihn mit der Spitze an seinen Rippen und rief: *„Wenn du Christus nicht verleugnest, durchbohre ich dich mit diesem Schwert und du stirbst auf der Stelle".*
Alle anderen bedrohten ihn auch mit dem Tod, deshalb verleugnete er Christus, aber *„nur dieses eine Mal".*

Turkopole: (Turkopolier); Befehlshaber der von den Ritterorden aus der im Heiligen Land ansässigen christlichen Bevölkerung angeworbenen Hilfstruppen gleichen Namens. Sie kämpften nach der türkischen Taktik, mit leichter Reiterei (nur leicht gepanzert) und die mit Bogenschützen nach byzantinischem Vorbild operierten. (Ordenssatzungen Art. 169-172). Die Turkopolen bestanden aus einheimischen Christen oder zum Christentum Bekehrten, sie verdingten sich als Söldner an jenen, der gerade das Gebiet beherrschte in dem sie lebten. Nach dem Verlust des Heiligen Landes sind viele dieser Truppen zuerst in Zypern und später in Frankreich, zwischen Albi und Toulouse, angesiedelt worden.

Tyrus: (Tyros; hebräisch Tsor), Stadt im südlichen Libanon; phönizische Hafenstadt, heute Sur; in der Spätantike und frühbyzantinischen Zeit Hauptstadt der Provinz Syria Phoenice (Syrien); wurde im 11./10. Jhdt. zur wichtigsten Stadt Phöniziens (neben Sidon), Ausgangspunkt der phönizischen Kolonisation von Kition, Utica und Karthago; erst *Alexander der Große* nahm 332 nach einem Dammbau die Inselstadt ein; seit 64/63 v. Chr. römisch; 638 durch die Araber erobert; am 7. Juli 1124 Eroberung durch die Kreuzfahrer nach fünfmonatiger Belagerung; Tyrus blieb bis 1291 in der Hand der Christen. Seit 1124 Erzbistum, dessen berühmtester Erzbischof der Chronist →*Wilhelm von Tyrus* war. Nach der Schlacht von →Hattin war Tyrus die einzige verbliebene Hafenstadt des Königreichs Jerusalem. →*Konrad von Montferrat* konnte die Stadt gegen die Angriffe →*Saladins* erfolgreich verteidigen. 1225 kam die Stadt in den Besitz →*Friedrichs II.*; ab 1243 in der Hand der Familie →*Ibelin;* 1246 wurde die Stadt *Philipp von Montfort* als Lehen gegeben. 1289 fiel die Stadt als erledigtes Lehen wieder an die Krone zurück und war, bis zur Eroberung der Stadt durch die Muslime (1291), in der Hand *Amalrichs von Zypern.*

U

Untergang der Templer: Die Vernichtung des Templerordens war von langer Hand vorbereitet. Es war List, Tücke und Verleumdung erforderlich, um den größten Justizmord der Geschichte zu begehen. Der mächtige Orden, dessen Ritter sich in unzähligen Schlachten für die Christenheit eingesetzt hatten, und dessen Großmeistern es gelungen war, durch Geschick, den Reichtum des Ordens zu vergrößern, fiel dem Neid eines Königs, der Schwäche eines Papstes und auch seinem eigenen Hochmut zum Opfer. Die öffentliche Meinung wandelte sich im Laufe der Zeit von flammender Begeisterung, die den mutigen →Mönchsrittern entgegengebracht wurde, zur feindseligen Haltung. Nicht nur Stolz, Habgier und Sittenlosigkeit führten zum schlechten Ruf der Templer, es war auch die Rücksichtslosigkeit mit der sie ihre Ansprüche auf Besitz und →Privilegien durchzusetzen gewohnt waren. Ihr Hauptfeind König →*Philipp IV., der Schöne*, war ständig in wirtschaftlichen Schwierigkeiten, daher konnte ihm die Vernichtung des Ordens, um an dessen Reichtümer zu gelangen, als Lösung seiner Probleme erscheinen. Gleichzeitig wäre damit aber auch die militärische Gefahr, die von den aus dem Heiligen Land zurückkehrenden Templern ausgehen hätte können, gebannt werden. Sich die öffentliche Meinung zu Nutze machend, begann er mit seinem Vernichtungswerk. Am 6. Juni 1306 lud Papst →Klemens V. die Großmeister des Johanniter und des Templerordens, unter dem Vorwand einen neuen Kreuzzug vorbereiten zu wollen, nach Frankreich. Nur der Großmeister der Templer *Jaques de* →*Molay* folgte dieser Aufforderung. Im Frühjahr 1307 kam es zum Treffen zwischen Papst und Großmeister. Molay verweigerte die Aufforderung des Papstes, seinen Orden mit dem der Johanniter zu verschmelzen, und es gelang ihm vorerst, die gegen den Orden vorgebrachten Anschuldigungen auszuräumen. Nun begann König Philipp mit seinem perfiden Spiel gegen die Templer. Er bediente sich dabei der zweifelhaften Aussage des →*Esquieu de Floyran*, eines ehemaligen Ordensbruders, der schwere →Anschuldigungen über

Verfehlungen der Templer vorbrachte. Am 14. September 1307 wurde die Verhaftung der Ritter und die Beschlagnahme der Güter des Ordens beschlossen. Der Befehl zur Verhaftung erging an alle →Baillis mit der Forderung: *„...man solle auf jede Weise versuchen die Wahrheit zu finden, und zwar, wo es für notwendig gefunden wurde, unter Anwendung der Folter...".* In der Nacht vom 12. auf den 13. Oktober (auch „dies nefastus" – Unglückstag) wurde der Verhaftungsbefehl durchgeführt und die meisten in Frankreich anwesenden Ordensmitglieder verhaftet. Am Abend vor der Verhaftung soll König Philipp sich und seinen Hofstaat zu einem Besuch im „Temple de Paris" angesagt haben. Als er sich nach durchzechter Nacht von seinen Gastgebern verabschiedete, begannen seine →„Gens de Roi" mit den Verhaftungen. 140 Ritter, der Großmeister und die Würdenträger des Ordens wurden in ihrer eigenen Festung, dem Tempel von Paris, gefangengesetzt. Bereits am 15. Oktober fanden die ersten Verhöre des Großmeisters und der Ordensoberen statt. Die Aussagen wurden ausschließlich unter Folter oder unter Androhung deren Anwendung erzwungen. In einem Schreiben vom 16. Oktober 1307 forderte der König alle anderen Königs- und Fürstenhäuser Europas auf, seinem Beispiel zu folgen. In der Zeit vom 19. Oktober bis 24. November 1307 wurden 138 Templer verhört. Nachdem der zaghafte Protest des Papstes gegen die Vorgangsweise des Königs und die Anwendung der Folter diesen wenig beeindruckt, verfasste der Papst die Bulle „Pastoralis praeeminentiae", mit der er die Verhaftung der Templer verfügte und die Unterstellung aller Güter des Ordens unter die Kirche anordnete (22. November 1307). Die Exkommunikation oder Suspendierung von Inquisitoren (*Wilhelm* →*Imbert*), die den Intentionen des Papstes nicht folgten, konnte den Lauf des Unterganges nicht mehr behindern. Im Mai 1308 traf Philipp IV. gestützt durch einen Propagandatext von *Pierre* →*Dubois* mit Klemens V. zusammen. Und bereits im Juni und Juli 1308 fanden in →Poitiers weitere Verhöre von 72

Templern vor dem Papst und einer fünfköpfigen Kardinalskommission (3 Kardinallegaten: *Béranger Frédol, Étienne de Suisy, Landolfo Brancaccio* und →*Nogaret* und →*Plaisian*) statt, die, unter der Folter erzwungen, die früheren Aussagen bestätigten. Jaques de Molay und *Hugo de* →*Pairaud* wurden dem Papst nicht vorgeführt und blieben während der Verhöre in Chinon in Haft. Der Papst lehnte es zwar ab, als er aus Poitiers abreiste, die Templer zu verurteilen, machte aber Zugeständnisse. Er bestätigte den Inquisitor Wilhelm Imbert in seinem Amt und setzte in den Diözesen kanonische Prozesse gegen den Orden in Gang. In Paris wurden die ersten Diözesanprozesse (→Achterkommission), geleitet vom Erzbischof →*Aycelin de Narbonne*, eröffnet (8. August 1309); bis zum Frühjahr 1310 wurden unter der Folter 573 Templer verhört. Die Verteidigung des Ordens wurde von →*Pierre de Bologne, Renaud de Provins, Bertrand de Sartiges*, und *Guillaume de Charbonnet* (→*Wilhelm von Charbonnet*) übernommen. Am 12. Mai 1310 wurden 54 Templer, die zur Verteidigung des Ordens aussagen wollten und ihre früheren Geständnisse vor der Kommission widerrufen hatten, auf Anordnung von *Philippe de* →*Marigny* in der Nähe von Paris öffentlich verbrannt. Womit der Widerstand der Templer gebrochen war, die Verteidiger des Ordens traten zurück und damit waren der päpstlichen Kommission die Beweismittel entzogen. Die päpstliche Untersuchungskommission stellte fest, dass die Schuld des Ordens nicht erwiesen sei und ihm das Recht auf Verteidigung eingeräumt werden müsse. Dennoch stellte die Kommission am 5. Juni 1311 ihre Arbeit ein. Der schwache Papst war im Widerstreit mit dem König nicht mehr in der Lage das Schicksal des Ordens abzuwenden. Am 16. Oktober 1311 trat das Konzil von Vienne zusammen. Am 22. März 1312 wurde hier der Orden mit der Bulle „Vox in excelso" aufgelöst: „...per mondum provisionis seu ordinationis apostolica." – „...aus fürsorglicher Rücksichtnahme auf das allgemeine Wohl und mittels päpstlicher Verordnung."

Am 6. Mai 1312 wies der Papst die Provinzialkonzilien an, ihre Prozesse gegen die Templer fortzuführen; die hohen Würdenträger des Ordens Jaques de Molay, Hugo de Pairaud, *Gottfried von* →*Charney* und Gottfried von →*Gonneville* wurden einer vom Papst am 22. Dezember 1313 eingesetzten Kommission (Kardinäle *Nicolas de Fréauville, Arnaud d'Auche* und *Arnaldo Novelli*) zugeteilt. Pairaud und Gonneville wurden zu „ewigem Kerker" verurteilt; Jaques de Molay und Gottfried de Charney wurden am 18. März 1314 vor der Kirche Notre Dame in Paris öffentlich wegen ihrer früheren Geständnisse ebenfalls zu lebenslanger Haft verurteilt. Als beide ihre Aussagen widerriefen wurden sie zum Tode auf dem Scheiterhaufen verurteilt. Das Urteil wurde auf Anweisung Philipps IV. noch am gleichen Abend vollstreckt. In den Flammen soll der Großmeister den Papst und den König verflucht haben (→Fluch des Molay). Beide starben noch im gleichen Jahr.

Untermarschall: Amt und Titel im Templerorden, der als Belohnung für gute Führung und besondere Eignung an einen dienenden Bruder vergeben wurde. Er war der Gehilfe des Ordensmarschalls und war für die Beschaffung, Instandhaltung und Verteilung der Waffen zuständig. Der Untermarschall war allen im Stall und mit den Pferden Arbeitenden vorgesetzt. Er führte das Kapitel der Dienenden, sorgte für ihre Disziplin und hatte das Recht Knappen zu züchtigen.

Urban II.: bürgerlich *Odo von Châtillon* oder *Lagery*; (* um 1035 in Châtillon-sur-Marne, † 29. Juli 1099 in Rom); am 12. März 1088 zum Papst gewählt; Studien in Reims bei *Bruno dem Karthäuser*, später Kanoniker und Archediakon in Reims; 1067-1070 Mönch und später Prior des Klosters Cluny. Als →Kardinal von Ostia (ab 1080) stand er ganz in der Tradition seines Vorgängers Papst →*Gregors VII.*, er war jedoch nachgiebiger und diplomatischer als sein Vorgänger. Schon Gregor VII. hatte 1074 geplant, mit Rittern in den Osten zu ziehen, um den byzantinischen Kaiser zu unterstützen, das Heilige

Land zurückzuerobern und um die christliche Kirche wieder zu vereinigen. Nachdem 1095 der byzantinische Kaiser →*Alexios I. Komnenos* auf der Synode von Piacenza die Christenheit gegen die Türken zu Hilfe gerufen hatte, nahm Urban II. diesen Gedanken auf und rief am 27. November 1095 beim Konzil von Clermont mit dem berühmten „Gott will es...!" zum 1. Kreuzzug auf:

„...Bewaffnet euch mit dem Eifer Gottes, liebe Brüder, gürtet eure Schwerter an eure Seiten, rüstet euch und seid Söhne des Gewaltigen! Besser ist es, im Kampfe zu sterben, als unser Volk und die Heiligen leiden zu sehen...".

Der Papst versprach allen am Kreuzzug Teilnehmenden den Ablass ihrer Sünden, weil die Kreuzfahrt einer Pilgerfahrt gleichgesetzt war. Die Botschaft über die Eroberung Jerusalems erreichte ihn nicht mehr, da er 1099 starb. Urban erwirkte die Einsetzung des →*Anselm von Canterburry*, den „Vater der →Scholastik", als Erzbischof von Canterburry. In die Zeit seines Papsttums fiel die Gründung des →Zisterzienserordens durch →*Robert de Molêsme*.

Urban III.: bürgerlich *Uberto Crivelli*; (* 1120 in Mailand, † 20. Oktober 1187 in Ferrara); 1182 →Kardinal, 1185 Erzbischof von Mailand, 173. Pontifikat (25. November 1185 – 20. Oktober 1187), Nachfolger des →*Lucius III.*; wegen Unruhen in Rom Residenz in Verona; seine Amtszeit war von Auseinandersetzungen mit Kaiser →*Friedrich I. Barbarossa* geprägt, dessen Sohn →*Heinrich VI.* (verehelicht mit *Konstanze von Sizilien*) den Papst in Verona belagerte. In seiner Amtszeit wurden die Christen im Heiligen Land bei →Hattin vernichtend geschlagen und Jerusalem am 2. Oktober 1187 an →*Saladin* verloren. Die Nachricht über den Verlust der Heiligen Stadt verursachte bei Urban einen Herzschlag, er starb am 20. Oktober 1187 in Ferrara; Urban und sein Nachfolger →*Gregor VIII.* haben Rom nie betreten.

Auf Grund der dem Papst vom Episkopat vorgebrachten Klagen gegen den Templerorden wegen des andauernden Missbrauches der Ordenspri-vilegien, legte Urban in einer Bulle vom 28. April 1186 fest, dass der Templerorden sämtliche ab 1169 an den Orden gekommene Kirchen und Kirchenzehnten zurückgeben sollte.

Urban IV.: eigentlich *Jaques Pantaléon*; (* um 1200 in Troyes, † 2. Oktober 1264 in Perugia); Sohn eines Schuhmachers aus Troyes; 1247 päpstlicher Legat in mehreren Ländern; 1255 →Patriarch von Jerusalem; 183. Pontifikat (29. August 1261 – 1264); regierte zuerst in Viterbo, später in Orvieto, Urban hat Rom nie betreten; Gegner der Staufer, verbündete sich mit *Karl von Anjou* gegen deren Herrschaft. Am 25. →Klemens III. festgelegtes Privileg der Templer, wonach sie päpstliche Erlasse nur dann befolgen mussten, wenn diese den bis zu diesem Zeitpunkt dem Orden übertragenen Privilegien nicht widersprachen. 1164 kam es zu einer Auseinandersetzung mit dem Templerorden in Zusammenhang mit der Affäre →„*Stephan von Sissy (Etienne de Sissey)*", bei der der Papst innere Angelegenheiten des Ordens beeinflussen wollte. Auch in einem anderen Fall versuchte der Papst (15. März 1264) in die inneren Ordensangelegenheiten einzugreifen; er befahl dem Ordenskapitel →*Amaury de la Roche* als Präzeptor von Frankreich einzusetzen und diesem Befehl innerhalb von drei Monaten nachzukommen.

Usama ibn Munqid: (* 4. Juli 1095 in Schaizar, † 1188 in Damaskus); Emir von Schaizar (→Caesarea); entstammte der Familie der Munqiten-Emire von Schaizar; erhielt eine gute Ausbildung in Literatur, Jagd und dem Waffenhandwerk; erlebte als 15-jähriger der Angriff der Kreuzfahrer auf seine Heimatstadt; 1129-1138 nahm er an den Feldzügen des *Imad-ad-Din* →*Sengi* teil; Chronist, Ritter, Jäger und Höfling; war ein skrupelloser Intrigant mit guten Kontakten zu den Franken, den syrischen Emiren, aber auch zu den Fatimiden Ägyptens (1144-1154 am Hof der Fatimiden in Ägypten). Usama musste Ägypten wegen seiner Verstrickung in politische Intrigen verlassen. Er rühmte sich selbst seiner Freundschaft mit den Templern. Berühmt war er für seine autobiografischen Schriften („Kitab al-i'tibar", „Buch der Belehrung durch Beispiele" und „Kitab al-'asa", „Buch des Stockes"), in denen in anekdotischer Form eine Autobiographie und Darstellungen über fränkische und muslimische Zeitgenossen enthalten waren. Usama starb nach dem Fall Jerusalems zur Zeit der größten Siege →*Saladins*.

V

Vaganten: fahrende Schüler (wandernde Scholaren) des 12. und 13. Jhdt.; sie bildeten den Hörerkreis der „Universitas" (Studiengemeinschaften von Lehrern und Schülern außerhalb der Kathedral- und Klosterschulen). Die Vagantenlieder (Vagantendichtung) besingen die Lebensfreude und sind umstrittene Bezeichnung für weltliche lateinische Dichtung, besonders für mittelalterliche Lyrik verschiedenster Gattungen wie Bettel- und Scheltlieder, Trink-, Spiel- und Buhllieder, Liebes- und Tanzlieder (Vagantenlieder), Parodien, Satiren und Schwänke (Carmina Burana).

Valdes: →Petrus Waldes.

Verbrennung: →Autodafé.

Verfall des Templerordens: Am Ende des 13. Jhdts. war der Ruf des Ordens in weiten Kreisen der Bevölkerung nicht mehr der Beste. Der Kampf im Heiligen Land war zwar noch nicht beendet, doch trat er in seiner Bedeutung für das Christentum und den Orden in den Hintergrund. In dieser letzten Phase des Kampfes der Templer im Heiligen Land wurde der Zulauf von Rittern in den Orden geringer. Der Wegfall der für Novizen vorgeschriebenen Probezeit ermöglichte es nun auch, zweifelhafte Charaktere in den Orden aufzunehmen. Der sittliche Verfall durch die lockere Auslegung der Ordensregeln und das Abweichen vom „rechten Glauben" ließ das Ansehen des Ordens stetig sinken. Die Vorwürfe der →Häresie wurden laut. In manchen Ordenshäusern wurden wüste Zechgelage gefeiert und unter dem Schutz des Ordenskleides frönten die Templer fleischlichen Freuden. Aus dieser Phase des Verfalls stammt daher die Redewendung der Bevölkerung:

„Er säuft und küsst wie ein Templer!"

Der Präzeptor des Templerordens von Payens →Ponsard de Gizy hat anlässlich seiner Befragung durch die Inquisition ausgesagt, dass mit weiblichen Angehörigen des Ordens Unzucht getrieben worden sei. Ein anderer Templer wies den Vorwurf homosexueller Unzucht mit dem Argument zurück, dass genügend hübsche Mädchen in den Komtureien zur Verfügung standen

und der gleichgeschlechtliche Ersatz daher nicht gesucht werden musste.

Neben diesen sittlichen Verirrungen trugen die missbräuchliche Auslegung der Privilegien zum schlechten Ruf des Ordens bei und durften von der Kirche nicht geduldet werden. Bereits Papst →*Innozenz III.* sprach 1206 in einem Schreiben von gebannt Gewesenen, die in den Templerorden aufgenommen worden waren, dass in unter Interdikt stehenden Gebieten in allen Kirchen unter Glockengeläute von den Templerkaplänen die Messe gelesen wurde und gegen Bezahlung von einigen Dinaren Ablässe gewährt wurden; auch erlaubte es der Orden – gegen entsprechende Bezahlung – auf seinen Friedhöfen Begräbnisse für jene durchzuführen, denen die Kirche Beerdigungen in geweihter Erde versagte. Diese Vergehen dienten ausschließlich der Bereicherung des Ordens und mussten den Unmut der Amtskirche erwecken. Fast 60 Jahre später wurden von Papst →*Klemens IV.* sehr ähnliche Vorwürfe gegen den Orden erhoben.

Verhaftung der Templer: →Schwarzer Freitag, →Untergang der Templer.

Verleugnung des Kreuzes: Die Verleugnung des Kreuzes als Symbol für die Leiden und dem Tod Christi am Kreuz wurde von den →Bogomilen nach Südfrankreich gebracht. Für sie, wie für die →Katharer, war das Kreuz das Symbol für den lebenden Jesus. Ein südprovenzalischer Priester –*Peter von Buis* – zog durch den Süden Frankreichs und predigte die Zerstörung der Kirchen und der Kruzifixe. Er wurde 1126 verbrannt. Die Verspottung des Kreuzes war einer der Anklagepunkte (→Anschuldigungen) im Prozess gegen die Templer; ein Vorwurf, der in allen Ketzerprozessen verwendet wurde; die Verleugnung des Kreuzes war eine der Praktiken der Katharer. Im 14. Jhdt. sicher eines der schrecklichsten Verbrechen. Bei den Aussagen im Templerprozess wurde von 231 Zeugen immer wieder angegeben, dass die Verleugnung Christi und die Bespeiung des Kreuzes, während der Aufnahmezeremonie, vom Novizen nur mit Angst und mit den Lippen nicht aber im Herzen erfolgte. Die Handlung könnte als Prüfung des →Gehorsams des Aufzunehmenden gedient haben. Wahrscheinlicher ist sie aus der Einstellung der Ordensmitglieder zu Christus. Nach der Ansicht der Templer handelte es sich bei Christus um einen falschen Propheten, der weder Wunder vollbracht hatte, noch auferstanden und in den Himmel gefahren wäre. Das Kreuz war Symbol für diese falschen Behauptungen und die Verehrung des Kreuzes daher Götzendienst. Im Aufnahmeritual (in den „inneren Kreis"?) mussten die Kandidaten aus diesem Grund das Kreuz bespeien und mit den Füßen treten. Diese Verschmähungs-Zeremonien sollen sich an jedem Freitag wiederholt haben und den Karfreitag zum Paroxysmus erhoben haben.

Vichiers, Reinhard de: →Reinhard de Vichiers.

Vieux temple: (deutsch „alter Tempel"); Gebiet, das von →Ludwig VII. aus Dankbarkeit für die Leistungen der Templer anlässlich des 2. Kreuzzuges, dem Orden geschenkt wurde. Gemeint ist das erste Ordenshaus in Paris, das 1146 im Sumpfgebiet am rechten Seineufer vor der Pforte St. Antoine von Jean le Turc, dem Großpräzeptor von Frankreich, errichtet wurde. In unmittelbarer Nähe befand sich der Hafen des Tempels. Die Templer legten ein Gebiet trocken, das sich heute etwa zwischen der „Rue de la Verrerie" (im Süden), der „Rue Béranger" (im Norden), der „Rue du Temple" (im Westen) und der „Rue Vieille du Temple" (im Osten) befindet. Mitte des 13. Jhdts. war der Ausbau des Tempels beendet. König →Philipp III. sicherte im August 1279 dem Orden in diesem Bereich absolute Rechte zu (Gerichtsbarkeit, Abgabefreiheit etc.). Mit dem Erwerb weiterer angrenzender Güter, bildete dieser Bereich den →Templerbezirk (französisch →„Enclos du Temple"), der nun in seinen Ausdehnungen größer war als der Bereich des königlichen Schlosses. Dieser Umstand und auch der wegen Geldmangels angeordnete Baustopp am Schloss, weckten den Neid König →Philipps IV.. Nach der Auflösung des Templerordens gingen dessen Besitzungen 1328 auf den Johanni-

terorden über. Zur Zeit der französischen Revolution diente der Hauptturm als Gefängnis für Ludwig XVI.; Napoleon versteigerte 1808 die Türme des Temple an einen Abbruchunternehmer, der innerhalb von zwei Jahren diese Gebäudeteile abgetragen hatte. Zuletzt wurde im 19. Jhdt. durch den Bürgermeister Hausmann der gesamte Rest des „Enclos du Temple" der Neugestaltung von Paris geopfert. Heute erinnert die Metrostation „Temple" und die „Rue des Blanc-Manteaux" („Straße der weißen Mäntel") an den ehemaligen Templersitz.

Villers, Gerhard von: →Gerhard von Villers.

Vinland: Während der großen skandinavischen Expansion während der Wikingerzeit (798-1066) im gesamten nordatlantischen Raum dürften zur Zeit der Landnahme Grönlands jenseits der Davisstraße fremde Küsten entdeckt worden sein. Diese Küsten gingen in die isländische Geschichtsschreibung mit dem Namen „Vinland" oder „Markland" ein. Genauere Angaben über „Vinlandfahrten" sind in der isländischen Geschichtsschreibung enthalten. Danach wurde die Küste von Bjarni Herjólfsson das erste Mal (zirka 986) gesichtet. Leif Erikson, der Sohn Erik des Roten (Entdecker Grönlands 982), unternahm 1001 die eigentliche Entdeckungsfahrt; er bezeichnete die Küsten als Helluland („Steinplattenland"/Baffinland?), Markland („Waldland"/Labrador?) und Vinland („Weideland"); in Vinland überwinterte Leif und begründete einen Besiedlungsversuch an dem sein Bruder Thorwald am Widerstand der Eingeborenen scheiterte. Danach kam es zu keinen weiteren Besiedlungsversuchen; 1121 soll isländischen Annalen zur Folge Bischof Erik Gnupsson von Grönland ausgezogen sein, um Vinland zu suchen. Die Kapitäne der Flotte des Templerordens (→Templerflotte) dürften auf Grund ihrer Kontakte mit den Wikingern (→Normannen) von den Entdeckungen der Nordmänner Kenntnis bekommen haben und dieses Wissen zum Nutzen des Ordens verwendet haben (→Templer in Amerika) und für die Flucht der verfolgten Ritter (1307) eingesetzt haben.

Visitator: Amt (eines Ritterordens) auf Zeit, das vom →Konvent vergeben wurde. Visitatoren unterstanden direkt dem →Großmeister und ihre Einsetzung musste vom →Generalkapitel bestätigt werden. Ihre Aufgabe war es, Provinzen zu inspizieren, Streitigkeiten zu schlichten, Missbräuche abzustellen oder neue Einrichtungen zu installieren. In Ausübung ihrer Aufgabe waren den Visitatoren die →Großpräzeptoren der betreffenden Provinzen untergeordnet. Nach vollendeter Aufgabe endete das Amt.

Vive Dieu Saint-Amour: deutsch „Es lebe der Gott der Heiligen Liebe!"; Kampfruf der Tempelritter, wenn sie in die Schlacht zogen oder wenn sie sich im Kampfgetümmel befanden.

Vorwürfe gegen die Templer: (→Anschuldigungen). Im Laufe der Zeit hatte sich die öffentliche Meinung gegen den Orden wesentlich gewandelt; der Schwerpunkt der Tätigkeit der Ritter lag seit dem →Fall Akkons (1291) nicht mehr im Kampf gegen den Islam sondern in der Verwaltung der erworbenen Güter. Die ständige Verwicklung in weltliche Ränke, der Reichtum des Ordens, der Stolz und die Arroganz der Ordensritter beeinflussten die öffentliche Meinung ungünstig. Man vermisste an den Rittern die Hingabe zu ihren ursprünglichen Idealen. Ende des 13. Jhdts. ließ die Kleiderdisziplin nach und die Ordensritter verließen das Ordenshaus in Zivilkleidung. Ein weiterer Vorwurf war der, der →Simonie innerhalb und außerhalb des Ordens (z.B. →Amaury de la Roche), also die Einflußnahme von Fürsten und Päpsten auf die Besetzung der Ordensämter und der Einsatz von

Templern an wichtigen weltlichen und geistlichen Positionen. 1173 beauftragt →Alexander III. den Großmeister des Ordens mit der Vermittlung im Streit zwischen England und Frankreich. 1280 sollen die Ritter in Kroatien den Aufstand des Adels gegen Herzog Andreas unterstützt haben. Rücksichtslose Selbstsucht veranlassten den Orden oft seine Waffen, wenn es seinen profanen Interessen diente, auch gegen Christen zu richten.

Mit dem Niedergang des Kreuzzugsgedankens musste der Orden immer mehr Bewerber aufnehmen, die weder vom Stand, der Bildung und moralischen Reife den ursprünglichen Anforderungen entsprachen, um die vielen kommerziellen Unternehmungen und Aufgaben gerecht werden zu können. Selbst eine bedenkliche Vergangenheit war kein Hindernis mehr aufgenommen zu werden. Dazu kam die Enttäuschung über die Niederlagen der Christen im Heiligen Land, die ein Sänger dem Orden angehörte in seinen Versen verdeutlicht:

„Wenn Gott, dem das doch missfallen müsste, solches zulässt und gut findet, dann müssen wir uns freilich zufrieden geben. Ein rechter Thor ist also, wer noch den Kampf gegen die Türken sucht, da Gott denen ja alles erlaubt. Ist es da noch zu verwundern, dass sie alles besiegen und uns Templer hier jeden Tag von Neuem schlagen? Gott, der ehemals wachte, schläft jetzt: Mohammed entfaltet seine ganze Kraft und lässt seinen Diener Baibar siegreich walten!"

Vrana: Festung der Templer an der kroatischen Adriaküste.

W

Waffenhemd: im 12. und 13. Jhdt. entwickeltes weißes Hemd, das zum Schutz vor großer Hitze über der Panzerung getragen wurde.

Wahl des Großmeisters: Zur Wahl des →Großmeisters versammelte sich der Ordenskonvent (→Konvent) samt allen eingeladenen →Komturen unter der Führung des Großkomturs in der Ordenskapelle. Drei der geachtetsten Ritter wurden aus dem →Kapitel befohlen. Unter diesen wurde der Wahlkomtur gewählt. Dieser musste ein unparteiischer, redlicher und geachteter Ritter sein. Ihm wurde ein Wahlgehilfe zur Seite gestellt. Die beiden wählten nun zwei weitere Brüder, diese vier wiederum zwei, dies geschah solange bis zwölf Wählende festgelegt waren. Die einfache Stimmenmehrheit entschied die Wahl. Nach der Wahl kehrten die Wahlmänner in das Kapitel zurück. Der Wahlkomtur verkündete:

„Liebe Herren und Brüder! Lasst uns Gott und unserer lieben Frau Dank sagen, dass es uns gelungen ist, in Einigkeit nach eurem Befehle einen Meister des Tempels zu wählen."

Darauf mussten alle Brüder dem noch unbekannten Meister Treue geloben und der Großpräzeptor trat vor den gewählten Meister und sprach:

„Im Namen Gottes, des Vaters, des Sohnes und des Heiligen Geistes haben wir Euch Bruder N.N. zu unserem Meister gewählt!"

Und zu den Brüder gewendet:

„Liebe Herren und Brüder! Seht hier unseren Meister!"

Waldenser: (italienisch Lombarden); vom reichen Lyoner Kaufmann →*Petrus Waldés* (Waldus) um 1175 ins Leben gerufene Gemeinschaft („Arme von Lyon" oder „Arme Christi"), die durch Besitzlosigkeit und apostolische Wanderpredigt gekennzeichnet war. Papst →*Alexander III.* erkannte zwar das Armutsgelübde an, nicht jedoch die Sittenpredigten. 1184 führte der Streit mit der Amtskirche auf dem Konzil von Verona zur Verurteilung. Unter Einfluss der →Katharer lehnten die Waldenser Ablass, Fegefeuer, Fürbitten für Verstorbene und den Kriegsdienst ab. Als Sakramente erkannten sie nur Taufe, Buße und

Abendmahl an. Die Bewegung verbreitete sich in Südfrankreich, Italien, Spanien, Deutschland, Ungarn, Polen und Mähren. Da die Waldenser häufig auch in den selben Gebieten wie die Katharer predigten, fielen sie auch den →Albigenserkriegen zum Opfer, obwohl sie sich 1181-1184 zu den Katharern in allem Grundsätzlichen deutlich abgrenzten („Liber antihaeresis"). Papst →*Lucius III.* bannte sie 1184 wegen ihrer Tendenzen, zu den Grundsätzen des Urchristentums zurückkehren zu wollen. Sie haben sich trotz Verfolgung in einigen Seitentälern des Piemonts erhalten. Die Waldenserkirche unterhält heute eine theologische Hochschule in Rom und gehört dem reformierten Weltenbund an.

Waldés, Petrus: →Petrus Waldés.

Wallgraff, Hugo: →Hugo Wallgraff.

Walter von Mesnil: Die →Assassinen nahmen Kontakt zu König →*Amalrich I.* auf, um der Tributpflicht von 2000 Byzantinern (Goldstücken) gegenüber den Templern zu entgehen. Dafür wollten sie zum Christentum übertreten. Nachdem der Vertrag mit dem König geschlossen war wollten die Unterhändler in ihre Berge zurückkehren. In Tripolis gerieten sie in einen tödlichen Hinterhalt der Templer, die von Walter von Mesnil (einem „hochmütigen und einäugigen" Ritter) angeführt worden waren. Die Gesandten der Assassinen wurden allesamt erschlagen. Amalrich wollte den Schuldigen vom Großmeister der Templer (→*Odo de Saint-Amand*) ausgeliefert erhalten. Odo weigerte sich den von ihm bereits bestraften Ritter dem König zu übergeben. Er hatte Walter in Sidon festgesetzt und wollte ihn zur weiteren Bestrafung nach Rom schicken. Amalrich machte kurzen Prozess und holte den Missetäter aus der Templerfestung und setzte ihn in Tyrus fest. Was mit Mesnil passieren sollte ist nicht bekannt. Amalrich starb bevor eine Entscheidung getroffen worden war am 11. Juli 1174.

Walter von Spelten: (Gaultier?); Großmeister der Templer (1189-1190/91); folgte →*Gerhard von Ridefort* nach dessen Tod im Kampf um →Akkon im Amte nach. Möglicherweise übernahm er als Ordensmarschall interimistisch das Amt bis die reguläre Wahl durch den →Konvent durchgeführt werden konnte. Bei der Belagerung, an der der französische König →*Philipp II. August*, der englische König →*Richard I.* Löwenherz und der Herzog von Österreich *Leopold* teilnahmen, kam es immer wieder zu Unstimmigkeiten sowohl zwischen den Heerführern als auch unter den Ritterorden. Die Tempelritter waren auf der Seite der Engländer, die Hospitaliter (→Johanniter) auf der der Franzosen. Diesem Umstand war es zuzuschreiben, dass die Belagerung länger als erwartet dauerte. Walter von Spelten erlebte die Eroberung nicht mehr, er fiel im Kampf.

Wechselbriefe: Da es im Mittelalter kein Papiergeld gab, waren die Kaufleute gezwungen mit Säcken voller Münzen zu reisen, und lebten damit in der ständigen Gefahr überfallen, beraubt und getötet zu werden. Die Templer führten daher in ihren Provinzen das System des „Wechselbriefes" ein. Der Kaufmann hinterließ in einer →Komturei sein Bargeld und erhielt dafür einen Wechselbrief, den sich der Reisende am Zielort in der dortigen Komturei bar ausbezahlen ließ. Um vor Betrug und Fälschung geschützt zu sein, trugen die Wechselbriefe Geheimzeichen. Mit der Einführung des Wechsels revolutionierten die Templer das Bankenwesen.

Wesir: (arabisch „wazir" von „waraba", „eine schwere Last tragen"); ursprünglich Verwaltungstitel in den arabischen Staaten (Abbasiden, Seldschuken); später wurden alle Höflinge mit diesem Titel bezeichnet; bei den Osmanen Titel der Inhaber von Ministerposten; das Amt des Großwesirs entsprach dem eines Ministerpräsidenten.

Wilhelm von Beaujeu: (französisch Guillaume de Beaujeu, Guillelmus de Belloioco, Guillem Belloch); 22. Großmeister des Templerordens (1273 – 18. Mai 1291); war ein Verwandter des französischen Königs und durch Heirat mit *Karl von Anjou* (König von Sizilien) verwandt. Er unterstützte daher die angevinischen Interessen im Heiligen Land und war somit automatisch Geg-

ner Königs *Hugo von Zypern* (→Hugo von Antiochia-Lusignan).

Er trat 1253 als etwa 20-jähriger in den Templerorden ein. 1261 geriet er bei einem Überfall auf die Turkmenen gemeinsam mit →*Theobald Gaudin* in Gefangenschaft aus der er später freigekauft wurde. 1268 wurde er →Komtur von →Beaufort, 1271 →Präzeptor von Tortosa und 1272 Komtur von Sizilien und Apulien, also auf dem Herrschaftsgebiet seines Vetters *Karl von Anjou*. Wilhelm von Beaujeu war ein hochgeachteter aber auch gefürchteter Mann. In Beaujeu vereinigten sich die Charakterzüge, die für die Templer typisch waren: Stolz, Mut, Verachtung der Gefahr aber auch der Menschen. Unterstützte einen Affiliierten des Ordens, *Guy de Gibelet*, gegen *Bohemund VII.* von Antiochia, worauf dieser die Tempelerfestung von Tripolis plündern ließ.

Nach seiner Wahl zum Großmeister blieb er noch zwei Jahre in Europa und visitierte Ordenshäuser in Frankreich, England und Spanien und warb um Unterstützung für den Orden und die Sache des Heiligen Landes. 1274 nahm am →Konzil von Lyon teil, anlässlich dessen Papst →*Gregor X.* die Orden der Johanniter und Templer vereinigen wollte. Am 15. September 1275 traf er in Akkon ein. Sein Verhältnis zu →*Hugo III.* von Zypern war auf Grund seiner verwandtschaftlichen Verbindung zu Karl von Anjou sehr schlecht und es gelang ihm auch, Hugo aus Akkon zu verdrängen. 1276 kaufte der Orden ohne die Genehmigung des Königs ein Dorf südlich von Akkon; in seinem Ärger darüber, dass der Orden auf seine Einsprüche nicht reagierte verließ er Akkon in Richtung Zypern. Nach dem Tod Hugos (1284) verbesserte sich das Verhältnis zur Familie Lusignan und die Templer erhielten ihre Besitzungen auf Zypern zurück. Wilhelm warnte die untereinander im Streit lebenden Christengemeinden vor der neuerlichen Gefahr durch die Mamelucken. Ein im Sold der Templer stehender Emir (*Badr ed-Din Bektasch el-Fakhri*) hatte Beaujeu über die Absichten →*Kalawuns* Tripolis anzugreifen informiert. Die

Warnungen des Großmeisters wurden nicht gehört; im Februar 1289 stand plötzlich ein Heer von 40 000 Reitern und 200 000 Mann Fußvolk unter der Führung Kalawuns vor Tripolis und eroberte die stark befestigte Stadt. Unter der Führung von Wilhelm von Beaujeu wurde Akkon verteidigt. Er selbst wurde bei einem Gegenangriff beim „Verfluchten Turm" auf in die Stadt eindringende Muslims am 17. Mai 1291 tödlich getroffen. Wilhelm starb einen Tag später. Die Tempelritter verteidigten ihren Turm bis dieser zuletzt, Verteidiger und Angreifer unter sich begrabend, in sich zusammenstürzte. Akkon wurde nach 40-tägiger Belagerung von den Truppen →al-Ashraf Khalils (einem Sohn Kalawuns) eingenommen. Mit dem Fall Akkons hatte das Königreich Jerusalem aufgehört zu existieren.

Wilhelm von Charbonnet: Tempelritter, der sich gemeinsam mit →Reginald von Provins, →Pierre de Bologne und →Bertrand de Sartiges bereit erklärt hatte, den Orden vor der päpstlichen Kommission (→Achterkommission) zu verteidigen. Wurde nach seinen ersten Aussagen im Mai 1310 noch einmal am 17. Dezember 1310 gemeinsam mit Bertrand de Sartiges verhört. Auf ihr Verlangen, dass auch die beiden anderen Verteidiger des Ordens teilnehmen sollten, wurde ihnen mitgeteilt, dass Pierre de Bologne geflohen und entkommen war, und Reginald de Provins durch seinen Gesundheitszustand an einer Teilnahme gehindert wurde.

Wilhelm von Chartres: (Guillaume de Chartres, Willelmus de Carnoto); entstammte einer Familie „de Ver" mit Besitzungen südlich von Chartres; sein Bruder war Vasall des Grafen von Blois und Chartres; 15. Großmeister der Templer (1216 – 25. Juli 1219); ließ nach dem Fall Jerusalems, damals als Ordenskomtur, bei Akkon das „Castrum Peregrinorum" (Pilgerburg, →Athlit) errichten. Diese stark befestigte Burg mit dem mächtigen Turm an der Nord-Westspitze der Stadt diente den Tempelrittern bis zur Aufgabe der Festung (14. August 1291) als Hauptsitz. Wilhelm von Chartres ließ auch in Paris den Templer-Turm errichten, der 1811 auf Veranlassung Napoleons abgetragen wurde. Im Zuge des Sukzessionskrieges um Antiochia, nahmen die Templer Partei für Bohemund IV., um über ihn die Burg →Baghras, die →Leo II. von →Kilikien 1191 in seine Hand gebracht hatte, wiederzuerlangen. 1211 geriet ein Templerkommando bei der Versorgung der Burg Arsuz (Port Bonel) in Kilikien in einen Hinterhalt der Armenier. Dabei wurde Wilhelm von Chartres schwer verletzt. 1219 nahm er am Pilgerkreuzzug (→Kreuzzüge) teil. Er war der Überzeugung, dass durch einen Erfolg in Ägypten auch die Heiligen Stätten zurückzugewinnen wären. Gegen seinen Rat wurde dann allerdings die Belagerung von Damiette (Ägypten) fortgesetzt und erst nach schweren Verlusten und 18-monatiger Belagerung erobert. Bei der Bestürmung waren die Templer durch ihren Mut und ihre Kampfkraft Vorbild. Am 25. Juli 1219 fiel der Großmeister im Kampf um die Festung; (nach anderen Berichten erlag er der Pest).

Wilhelm von Montbart: (französisch Guillaume de Montbart); Templerbruder, der von den →Assassinen in deren Orden eingeweiht wurde. Eines der Beispiele für die dem Templerorden vorgeworfenen Nahebeziehungen zum →„Alten vom Berge". Dieser Umstand ließ einige freimaurerische Schriftsteller des 19. Jhdts. vermuten, dass von Wilhelm freimaurerische Rituale etabliert wurden, die in den Hochgradsystemen Eingang gefunden haben sollen.

Wilhelm von Paris: →Imbert, Wilhelm.

Wilhelm von Sonnac: (französisch Guillaume de Sonnac, auch Sonnat, Sennay, Sennar, Guillelmus de Sonayo); 19. Großmeister der Templer (1247 – 11. Februar 1250); stammte aus dem Languedoc (Saunhac-Belcastel); 1224 war er →Präzeptor von Auzon in der Nähe von Poitiers; 1236-1246 →Komtur von Aquitanien; 1247 wurde er auf Grund seiner Erfahrung zum Großmeister gewählt. Während des 6. Kreuzzuges war Wilhelm einer der Berater →Ludwigs IX. und traf gemeinsam mit dem König am 17. September 1248 in Limassol ein; durch seine Ratschläge ver-

hinderte er vorerst eine vorzeitige Niederlage des Kreuzritterheeres als er einen zu frühen Angriff auf die gut befestigten Stellungen des Sultans unterband. Nach der Eroberung von Damiette schlug der König Waffenstillstandsangebote des Sultans aus und drang weiter nach Ägypten vor (20. November 1249). Die Vorhut bildeten die Templer unter der Führung des Ordensmarschalls →Reginald von Bichers. Als der Bruder des Königs →Robert von Artois immer wieder auf die Taktik der Muslime einer vorgetäuschten Flucht hereinfiel und dabei große Verluste erlitt, wurde er von Wilhelm von Sonnac vor unüberlegten Verfolgungen gewarnt. Als Robert die Festung →Mansura angreifen wollte, ohne auf das Heer des Königs warten zu wollen, wurde er vom Großmeister neuerlich gewarnt. Robert war darüber erzürnt und warf den Templern höhnisch Verrat und Feigheit vor. Der Großmeister soll darauf geantwortet haben: *„Erlauchter Graf! Wenn wir die Kirche Christi verderben, und unsere Seelen durch Verrat der Verdammnis Preis geben, wozu tragen wir das Kreuz und den weißen Mantel?"*
Danach wandte sich Wilhelm an den Bannerträger:
„Entfalte unsern Banner, heute weihen wir uns dem Tode; wir wären unüberwindlich könnten wir stets in Gemeinschaft kämpfen, aber unglücklicherweise sind wir wie Sand zerstreut und eine Beute des Todes."
Das christliche Heer wurde bei Mansura eingeschlossen und vernichtend geschlagen. Der König, seine Brüder und der Großmeister, der bei der Schlacht ein Auge verloren hatte, wurden gefangengenommen (möglicherweise büßte Wilhelm im Kampf auch sein zweites Auge ein und starb an dieser Verletzung). Zur Befreiung Ludwigs ersuchte dessen Seneschall *Joinville* den Großpräzeptor der Templer – *Stefan von Autrecourt* – und den Ordensmarschall →*Reginald von Bichers* das Lösegeld zu bezahlen. Nach deren Weigerung begab sich Joinville auf die Galeere der Templer, die Schätze zu enthalten schien, öffnete gewaltsam eine Truhe und nahm 200

000 Livres. Gemeinsam mit der Summe die die Johanniter gaben, konnte der König befreit werden. Wilhelm von Sonnac blieb in Gefangenschaft. Er wurde am 11. Februar 1250 auf →griechischem Feuer bei lebendigem Leib verbrannt. In seiner Amtszeit erhielt der Orden vom böhmischen König *Wenzel I.* einen Sitz in Prag und in Mähren das Schloss Spielberg, das lange Zeit Sitz des Großpriorats war.

Wilhelm von Tripolis: (* vor 1220 in Tripolis, † unbekannt); ident mit *Guillaume Champenès*; Kleriker in Tripolis und Dominikaner im Konvent von Akkon; er verfasste 1273 eine Schrift über die Missionstätigkeit im Heiligen Land und zeigt Gemeinsamkeiten zwischen dem Islam und dem Christentum auf. Er kritisiert die Kreuzzüge des →*Bernhard von Clairvaux* und die Kreuzzüge →*Ludwigs IX.*; er war der Auffassung, dass die Wiedergewinnung des Heiligen Landes durch Missionare und nicht durch Soldaten erfolgen sollte. Seine Schrift „Tractatus de statu Saracenorum" stellt eine sachkundige und von Sympathie getragene Darstellung der Geschichte und der Religion des Islam dar.

Wilhelm von Tyrus: Guillaume de Tyr, Tyros; (* 1130 in Jerusalem, † 29. September 1185 in Rom); war ein →„Poulain"; studierte ab 1146 in Paris und Orléans Theologie; 1165 Rückkehr nach Palästina und Kanoniker in →Akkon; 1174 wurde er zum Kanzler des Königreichs Jerusalem ernannt; 1175 Erzbischof von Tyrus; 1180 unterlag er bei der Wahl des →Patriarchen von Jerusalem dem Patriarchen von →Caesarea →*Herakleios*; Wilhelm war Vormund und Lehrer von →*Balduin IV.*. In seiner Niederschrift „Historia rerum in partibus transmarinis gestarum" („Eine Geschichte der in überseeischen Gebieten vollbrachter Taten"), die er in der Regierungszeit von König →*Amalrich I.* (1162-1174) begann, schildert er die Anfänge der Kreuzzüge und der Ritterorden, wonach die Templer
„weder eine Kirche noch eine feste Bleibe hätten".
Er hegte stets Misstrauen gegen Templer und Johanniter, was auf die, von den Päpsten den Orden zugestandenen →Privilegien und auf den re-

ligiösen Fanatismus in den Ritterorden zurückzuführen war. Den Johannitern stand er wenig freundlich, den Templern offen feindselig gegenüber. Über den Großmeister →*Odo von Saint-Amand* schreibt er:
„...*ein nichtsnütziger, arroganter Kerl, im Grunde ein Verrückter, gottlos und menschenverachtend.*"
Lediglich die Ablehnung der Templer, an dem von Amalrich I. geplanten Feldzug gegen Ägypten teilzunehmen, wird von Wilhelm gelobt, obwohl er vom König beauftragt war, Kaiser *Manuel* von Konstantinopel zur Teilnahme an diesem Kreuzzug zu bewegen (1168). Wilhelm sah in den Muslimen nicht unbedingt Heiden, sondern Gläubige, die im Grunde den gemeinsamen Gott verehrten. Er hielt den Islam für verwerflich, akzeptiert ihn aber als religiöses System, das „*durchaus zur Gottesfurcht und Gerechtigkeit anleiten kann*".
1179 reiste Wilhelm zu einem Laterankonzil nach Rom und blieb auf seiner Rückreise sieben Monate in Konstantinopel und kam an Geschenken reich beladen ins Heilige Land zurück. Am 1. April 1181 wurde er von dem von ihm verhassten Patriarchen von Jerusalem (Heraklius) unter den Kirchenbann gestellt. Als er (1182 oder 83) nach Italien reiste, um die Zustände in Jerusalem beim Papst anzuprangern, starb er wahrscheinlich von einem Agenten des Patriarchen vergiftet.

Wirtschaftliche Entwicklung des Templerordens: Der Templerorden begann sehr frühzeitig mit der Verwertung der Erträge aus seinen Besitzungen. Die Struktur des Ordens zwang die Brüder von Beginn an, ihre Güter zu bewirtschaften, Waren zu veräußern und die Überschüsse einer →Komturei an andere Komtureien weiterzugeben. Die Ordensbrüder bauten eine Organisation auf, die Geldmittel verwaltete und die entsprechenden Einrichtungen schuf, die dem Geldverkehr dienten und auch von anderen, nicht dem Orden Zugehörigen, genutzt werden konnten. Wesentlich war die Entwicklung des bargeldlosen Geldverkehrs, der es jedermann er-

möglichte, mittels Schecks oder Wechsel am Zielpunkt auch in einem anderen Land mit Hilfe der templerischen Organisationen zu Bargeld zu gelangen (→Zahlungsverkehr, bargeldloser). Für Reisen in diesen gefährlichen Zeiten war dies ein besonderer Schutz vor Räubern. Diese Möglichkeit wurde von Kaufleuten gerne genutzt und war eine weitere Einnahmequelle des Ordens. Fremde Münzen tauschten die Brüder gegen Abgaben in die Landeswährung ein. Die Templer wurden durch ihre weitverzweigten Verbindungen und ihre Tätigkeit im Geldwechsel, im Anweisungsverkehr, in der Annahme von Depots und im Kreditwesen zu den ersten Bankern der Christenheit. Sie übten nunmehr Geschäfte aus, die in früheren Zeiten den Juden vorbehalten waren. Diese Möglichkeiten machten sich auch sehr häufig Könige (→*Philipp II.*) zu Nutze. König →*Johann I. Ohneland* vertraute dem Orden 1204-1205 die Kronjuwelen an, und →*Heinrich III.* tat dasselbe als sich die Barone 1261 zum Aufstand gegen ihn formierten. Für alle Bankgeschäfte hat der Orden Zinsen berechnet und Gebühren verlangt, die seiner Mühewaltung und dem Risiko entsprachen. Auch wurde die Vermittlung der Templer in Geldgeschäften gerne angenommen. Viele Könige und Vertreter des Hochadels bedienten sich der Templer oft auch als Verwalter ihres Vermögens. Alle diese Aktivitäten machten aus dem Orden eine Geldmacht, die größer war als die der Bankiers von Siena, Florenz und der Lombardei (→Templer in Frankreich, →Templer in Spanien).

Wolfram von Eschenbach: Dichter; (* um 1170 bei Ansbach, † um 1220 in Eschenbach); stammt aus einem Ministerialengeschlecht. Sein Hauptwerk ist das Heldenepos „Parzival", welches er nach der Vorlage „Perceval" des →*Chrétien de Troyes* um 1210 vollendete. Weiters schrieb er das von ihm unvollendete Werk „Willehalm"; wurde von *Ulrich von Türheim* fertiggestellt. Er prägt in diesem Werk die Figur des „edlen Heiden", die wohl die Figur des →*Saladin* zur Vorlage hatte. Das Versepos „Titurel" sowie einzelne Minnelieder (8) sind nur fragmentarisch erhalten. Seine Werke gelten als Höhepunkt der ritterlichen Dichtung in der Stauferzeit. Wolfram von Eschenbach war nicht nur Zeitgenosse der Templer, er besuchte →Outremer und hatte so direkten Kontakt mit dem Orden. Die Ritter des Ordens dienten ihm als Vorlage für seine →„Tempeleisen". Er beruft sich auf einen Meister *Kyot*, der die Urfassung der Gralslegende entdeckt haben soll. →*Amfortas*, der Gralskönig, leidet, weil er sein Keuschheitsgelöbnis gebrochen hat, an einer rätselhaften Verletzung und ist dadurch, wie sein Land, unfruchtbar geworden. Erlösung kann er und sein Land nur durch die Frage finden „an welcher Wunde er leide", diese Frage muss von einem Ritter reinen Charakters gestellt werden, der dann selbst zum Gralskönig werden soll. Die ersten Galshüter waren Engel, die den →Gral auf der Erde zurückließen. Die Gralshüter, die Tempeleisen, werden vom Gral selbst gerufen indem deren Name auf dem Gral erscheint. Wolfram bezeichnet den Gral mit „lapsit exillis" was auch mit „lapis ex coelis" (Stein vom Himmel) oder „lapis elixir" (Stein der Weisen) gedeutet werden kann.

Xacbert de Barbera: →Chabert de Barbaira.

Z

Zahlungsverkehr, bargeldloser: Die Pilgerwege im Mittelalter waren unsicher, Reisende und Pilger waren durch räuberische Überfälle ständig gefährdet. Ein Ausgeplünderter weit von zu Hause entfernt hatte ohne Geld keine Chance wieder in seine Heimat zu gelangen. Die Templer erfanden für diese Umstände den Vorläufer unseres heutigen Schecks. Pilger und Reisende konnten im heimatlichen Templerhaus beliebige Beträge einzahlen und hatten so ein entsprechendes Guthaben, von dem sie sich bei den auf ihrer Reiseroute gelegenen Ordenshäusern Beträge abheben konnten. Man war daher nur gezwungen kleinere Beträge bei sich zu führen, die die Erfordernisse für eine Reiseetappe abdeckten. Für dieses Service wurde von den Templern eine Gebühr eingehoben, durch die dem Orden geholfen wurde, dieses System aufrechtzuerhalten und auszubauen. Die Templer wurden zu den bedeutendsten Finanziers ihrer Zeit; sie bauten ihre Institute in den wichtigsten Städten und allen christlichen Häfen aus, und jede Komturei wurde zu einer Filiale. Die Bedeutung des Tempels für die wirtschaftliche Entwicklung der christlichen Welt dürfte über der, der jüdischen Geldverleiher und italienischen Handelshäuser gelegen sein.

Zarathustra: aus der Zendsprache „heller Stern", aus dem awestischen „Mann der alten Kamele", griechisch „Zoroaster", italienisch „Sarastro", altiranischer Prophet und Religionsstifter; (* um 628 v. Chr. in Rhagai, dem heutigen Teheran, † um 551 v. Chr). Er soll aus einer adeligen Familie mit dem Namen „Spitamas" („die Weißen") stammen; Reformator der altpersischen Religion im 6. und 7. Jhdt. v. Chr.; er lehrte, dass das Leben ein ständiger Kampf zwischen Gut und Böse, Wahrheit und Lüge, Licht und Finsternis (→Dualismus) sei. Der gute, lichte Gott Ahura Mazda (Ormuzd) kämpft mit seinen guten Geistern gegen den finsteren Herrscher Ahriman (Angra Manju) und seine bösen Mächte. Aufgabe des sich frei entscheidenden Menschen ist es, Ahura Mazda in seinem Kampf gegen die finsteren Mächte beizustehen, um ihm zum Sieg zu verhelfen und so am ewigen Glück teilzuhaben.

Die von Zarathustra gestiftete Religion wird nach ihrem Ursprungsland →Parsismus benannt. Innerhalb des Awesta, der heiligen Schrift des Parsismus, gehen wahrscheinlich die als „Gathas" („Lieder") bezeichneten Texte unmittelbar auf Zarathustra zurück.

Zengi: →Sengi.

Zenit: (arabisch: „ar-ras", „Weg, Richtung des Kopfes"); Scheitelpunkt; der senkrecht über dem Beobachtungsort liegende Punkt des Himmelsgewölbes; der Gegenpunkt wird →Nadir genannt.

Zingulum: →Cingulum.

Zisterzienser: lateinisch Sacer Ordo Cisterciensis (Abkürzung: SOCist, SOrdCist, SOC, OCist); benannt nach dem Gründungskloster Cîteaux (lateinisch Cistercium); Orden, der von →Abt →*Robert de Molêsme* († 1111), *Alberich* und *Stephan* →*Harding* gegründet wurde (1098). Den Gedanken der →Benediktiner folgend versuchten die Zisterzienser, ausgehend vom benediktinischen Reformkloster Cîteaux, zu den Ursprüngen zurückzufinden. Mit dem Eintritt →*Bernhard von Clairvaux*s in den Orden erfuhr er eine Neubelebung und seiner. Aufstieg (daher auch „Bernhardiner"). Zahlreiche Klostergründungen, ausgehend vom Mutterkloster Citeaux, fallen in diese Zeit. Die Bauten der Zisterzienser waren nach den Regeln Bernhards von Clairvaux asketisch einfach. Kirchtürme (ausgenommen ein Dachreiter), farbige Bildfenster, figurale Darstellungen und Malereien waren verboten. Durch die rasche Ausdehnung des Ordens trugen die Zisterzienser zur Verbreitung des gotischen Baustiles bei. Heute umfasst der Orden rund 1 400 Mitglieder in 78 Abteien und Prioraten. Ihre Haupttätigkeit umfasst Seelsorge und Unterricht. Tracht: weiß mit schwarzen →Skapulier und →Cingulum, im Chor weißes Obergewand; Laienbrüder dunkelbraun. Bereits unter Stefan Harding kam es zur Gründung eines weiblichen Zweiges: Zisterzienserinnen seit 1125. Gegen Ende des 19. Jhdts. führten Auseinandersetzungen über eine Ordensreform zur Abspaltung der kontemplativen Trappisten.

Zoroaster: →Zarathustra.

Zwei-Schwerterlehre: Lehre von den zwei Schwertern als Sinnbilder der geistlichen und weltlichen Macht. Entstanden in der Frühzeit des Investiturstreites. Bezog sich auf die Bibel (Lk 22, 28); im Passionsbericht sagen die Jünger zu Jesus:

„Siehe hier sind zwei Schwerter", und dieser antwortete „Das ist genug."

→*Bernhard von Clairvaux* wollte das Schwert der weltlichen Macht und das des Glaubens vereinen. Seine Gedanken bildeten die Grundlage der Auffassung der Kurie (→*Gregor IX.*, →*Innozenz IV.*, →*Bonifaz VIII.*), nach der dem Papst von Gott zwei Schwerter verliehen sind. Der Kaiser empfängt aus der Hand des Papstes die weltliche Macht und übt sie für diesen aus. Bernhard strebte aber auch die bewaffnete Kirche an, die ein militantes Bollwerk gegen die mohammedanische Bedrohung des Abendlandes bilden sollte. Besonders geeignet für diese Aufgabe erschien Bernhard der für die Christenheit neue Gedanke des Mönchstums (→*Mönchsritter*). Als „Elitetruppe" (→*Templer*, →*Johanniter*, →*Deutscher Ritterorden*) für den Glauben sollten die Ordensritter als Vorhut das Heilige Land für die Christenheit sichern.

Zypern: Seit etwa 1400 v. Chr. Sitz von Kolonien mykenischer Kultur; seit 1200 von Achäern und seit etwa dem 10. Jhdt. von Phönikern besiedelt; kam 58 v. Chr. an das römische Reich. Nach arabisch-byzantinischen Auseinandersetzungen um Zypern 688-965 gemeinsame Herrschaft beider Mächte. 1184-1191 unter →*Isaak Komnenos* unabhängig; 1192-1489 Herrschaft des Hauses Lusignan; danach an Venedig; 1573 an die Osmanen, Entstehung einer starken türkischen Minderheit. 1878 nach dem russisch-türkischen Krieg unter britischer Verwaltung (bei formeller Anerkennung der türkischen Oberhoheit), seit 1925 britische Kronkolonie. Seit 1931 Unruhen und Terrorakte der griechischen Zyprioten, die schon seit dem 19. Jhdt. den Anschluss (Enosis) an Griechenland forderten; seit 1950 unter Führung des Oberhauptes der zypriotisch-orthodoxen Kirche, Erzbischof *Makarios III.*. Seit 1955 Guerillakampf der griechisch-nationalistischen Widerstandsorganisation EOKA unter *J. Griwas* gegen die britische Kolonialmacht; am 16. August 1960 Proklamation der Unabhängigkeit durch Staats-Präsident Makarios.

Der Inselstaat im östlichen Mittelmeer wurde im Zuge des 3. Kreuzzuges (→*Kreuzzüge*) von →*Richard I. Löwenherz* vom Stadthalter Isaak Komnenos erobert. Da Richard nicht wusste was er mit der Insel tun sollte oder ihn die Verwaltung von der eigentlichen Aufgabe, dem Kreuzzug, abhielt, verkaufte er die Insel für 20 000 Mark in Silber (oder 100 000 Golddinare oder Goldbyzantiner) an den Templerorden (1191). Der Orden richtete eine zirka 100 Mann starke Komturei auf der Insel ein. Die Investitionen wurden durch das Anziehen der Steuerschraube von der Bevölkerung abgepresst. Im April 1192 kam es zu einem Aufstand der Inselbevölkerung gegen den Orden, der die Revolte mit Gewalt niederschlug. →*Robert de Sablé* richtete sich nach dem Aufstand an Richard Löwenherz und teilte ihm mit, dass die Inselbesatzung der Templer die Komturei nicht halten können wird. Richard gab die Insel daraufhin →*Guido von Lusignan* als Lehen. Die Insel blieb dann bis 1489 im Besitz der Familie Lusignan. Die Templer blieben auf der Insel, errichteten Burgen und erhielten über Schenkungen, Abtretungen und Ankäufe Grundbesitz. Nach dem Fall →*Akkons* (1291) zogen sich die Templer und →*Johanniter* auf die Insel zurück. Nachdem König →*Heinrich II.* eine Kopfsteuer auf die Ordensleute einheben wollte und mit dieser Maß nahme im Unwillen der Orden auf sich zog, kam es zu einer politischen Krise. Die folgenschwere Entscheidung des Ordens beziehungsweise des Großmeisters Robert de Sablé auf der Insel keinen Ordensstaat zu errichten, sondern sich mit Niederlassungen zu begnügen, war in späterer Folge einer der Gründe die zum Untergang des Ordens führten. Wäre nach dem Muster der Johanniter, die auf Rhodos einen Ordensstaat gründeten, ähnliches durch die Templer auf Zypern passiert, wäre der Orden wohl kaum vernichtet worden. Am 21. Juli 1295 bestätigte Papst →*Bonifaz VIII.* sämtliche Rechte der Templer für die Niederlassung in Zypern. Anlässlich seiner Abreise nach Frankreich ließ *Jaques de* →*Molay* Ende 1306 neben seinem Vertreter, dem →Ordensmarschall (→*Aymé d'Oselier*), einige höhere Beamte und einen Teil des Konventes zurück.

Die Templer der Insel waren noch nach der Verhaftung ihrer Ordensbrüder in Frankreich bis 1308 freie Männer und standen unter dem Schutz des →*Amalrich von Lusignan*. Im Mai 1308 erreichte die päpstliche Bulle die Insel Zypern; die Templer weigerten sich vorerst die Waffen niederzulegen. Nach Verhandlungen gab am 1. Juni 1308 der Ordensmarschall Aymé d'Oselier den Templern von Zypern den Befehl die Waffen niederzulegen. Die Templer wurden in ihren eigenen Burgen Chirokitia und Yermasayia festgesetzt. Die gut dokumentierten Verhöre von 118 Templern fanden zwischen dem 5. und 31. Mai 1310 statt und das Verfahren endete, nachdem der Ordensmarschall, der →Drapier, der Schatzmeister und der Komtur von Zypern den Orden verteidigt und sie sich unter Eid zum christlichen Glauben bekannt hatten, mit dem Freispruch der Brüder. Am 5. Juni 1310 wurde Amalrich ermordet; der nach Armenien verbannte Gegner der Templer König *Heinrich II.* hatte wieder die Macht übernommen. Auf Drängen und auf Befehl des Papstes (1311) sollten die Templer ohne ein weiteres Verfahren ihre Waffen und Pferde übergeben und gefangengesetzt werden. Die Templer waren zwar bereit, ihren Or-

densschatz zur Disposition durch den Papst unter die Verwaltung des Königs zu geben, nicht aber zur Übergabe ihrer Waffen. Nachdem sich Heinrich damit nicht zufrieden gab zog sich der Ordensmarschall auf die Ordensburg von Limassol zurück, um sich dort zu verteidigen, ergab sich aber bereits am 27. Mai 1311 der Übermacht, die im Auftrag des Königs die Burg eingeschlossen hatte. In Nikosia wurde gleichzeitig der Besitz des Ordens inventarisiert und die Kapellen der Templer geschlossen. Die sich ergebenden Ritter wurden an verschiedenen Orten festgesetzt; der Ordensmarschall wurde, um seine Flucht von der Insel zu verhindern, in das Innere des Landes gebracht. Jene Brüder, die sich d'Oselier im Widerstand angeschlossen hatten, wurden des Hochverrates angeklagt und ertränkt. Aymé d'Oselier starb fünf Jahre später nach schrecklicher Haft. In der Burg von Limassol wurden, neben den Pferden und Waffen der Ritter, Rüstungen des Fußvolkes (930 Harnische, 970 Armbrüste, 640 Sturmhauben, Schilde, Lanzen etc.) gefunden. Geld wurde nur sehr wenig entdeckt; wo der Großteil des zypriotischen Ordensschatzes verblieb konnte nicht geklärt werden; dieser blieb auch für immer verschollen. Am 7. November 1313 wurde die Vollstreckung der Entscheidung von Vienne durch den Bischof *Peter von Rhodos* verkündet. Die Templergüter wurden der königlichen Verwaltung anvertraut und als später der Papst (→*Johannes XXII*) die templerischen Güter den Johannitern zu übergeben befahl, war der Orden auch in Zypern endgültig vernichtet.

Großmeister, Könige und Päpste

Es werden von verschiedenen Autoren unterschiedliche Templer-Großmeisterlisten diskutiert. Es sollen hier einige Varianten vorgestellt werden:

Großmeister des Templerordens
(nach Karl Falkenstein, 1833)

Hugo von Payens	1118-1134
Robert der Burgunder	1134-1147
Eberhard de Barris	1147-1150
Hugo de Jofre	1150-1152
Bernhard von Tremelay	1152-1154
Bertrand de Blanchefort	1154-1165
Andreas von Montbarry	1165-1166
Philipp von Naplouse	1166-1169
Odo von St. Amand	1170-1179
Arnold von Torogio	1179-1184
Gerhard von Ridefort	1185-1188
Walther von Spelten	1188-1190
Robert von Sabloil	1191-1192
Gilbert Horal	1193-1198
Terricus	1198-1201
Philipp von Plessis	1201-1204
Theobat von Bersiac	1204-1210
Peter von Montaigu	1210-1217
Wilhelm von Chartres	1217-1218
Thomas von Montaigu	1218-1234
Hermann von Perigord	1237-1244
Wilhelm von Sonnac	1247-1250
Rainald von Vichier	1250-1255
Thomas Berard	1257-1273
Wilhelm von Beaujeu	1273-1291
Theobald Guydin	1291-1296
Jakob von Molay	1297-1314

Großmeister des Templerordens
(nach Michel Dumontier, 1957)

Hugues de Payns	1118-1136
Robert de Bourguignon	1136-1147

Everard de Barres	1147-1149
Bernard de Tramelay	1149-1153
Bertrand de Blanquefort	1153-1168
Philipp de Naplouse	1168-1171
Odon de Saint-Amand	1171-1179
Arnaud de Toroge	1179-1184
Terric	1184-1188
Gérard de Ridefort	1188-1189
Robert de Sablé	1189-1196
Gilbert Horal	1196-1201
Philippe de Plessiez	1201-1209
Guillaume de Chartres	1209-1219
Pierre de Montaigu	1219-1233
Armand de Périgord	1233-1247
Guillaume de Sonnac	1247-1250
Renaud de Vichiers	1250-1256
Thomas Béraut	1256-1273
Guichard de Beaujeu	1273-1291
Thibaut Gaudin	1291-1298
Jaques de Molay	1298-1314

Großmeister des Templerordens
(nach Marie Luise Bulst-Thiele, 1974)

Hugo von Payns	1118/19-1136/37
Robert von Craon	1136/37-1149
Eberhard von Barres	1149-1152
Bernhard von Trémelay	1152-1153
Andreas von Montbard	1153-1156
Bertrand von Blanquefort	1156-1169
Philipp von Nablus	1169-1171
Odo von St. Amand	1171-1179
Arnold von Torroja	1180-1184
Gerhard von Ridefort	1185-1189
Robert von Sablé	1191-1193
Gilbert Erail	1194-1200
Philipp von Plessis	1201-1209
Wilhelm von Chartres	1210-1219
Peter von Montaigu	1219-1232
Hermant von Périgord	1232-1244

Richard von Bures	1244/45-1247	Fulco von Anjou	1131-1143
Wilhelm von Sonnac	1247-1250	Melisende	1143-1152
Reinhard von Vichiers	1250-1256	Balduin III.	1152-1162
Thomas Bérard	1256-1273	Amalrich I.	1162-1174
Wilhelm von Beaujeu	1273-1291	Balduin IV. d.Aussätzige	1174-1185
Theobald Gaudin	1291-1293	Balduin V.	1185-1186
Jakob von Molay	1294-1314	Sibylle ⑪	1186-1190
		Guido von Lusignan	1186-1190
		Isabella I. ⑪	1190-1205

Großmeister des Johanniterordens (1100-1319)
(nach Ernst Staehle)

		1. Konrad von Montferrat *	† 28.4.1192
		2. Heinrich I. v.d. Champagne	1192-1197
		3. Amalrich II.von Lusignan	1197-1205
		Maria v. Montferrat (La Marquise)	1205-1212
Gérard	1100-1120	Johann I. v. Brienne	1212-1225
Raymond du Puy	1125-1158	Isabella II. (Jolanthe)	1212-1228
Auger de Balben	1160-1162	Friedrich (II.)	1225-1228
Arnoud de Comps	1163	Konrad II. (IV)	1228-1250
Gilbert d'Assailly	1163-1170	Konrad III. (Konradin)	1254-1268
Gaston de Murols	1170-1172	Hugo I.	1269-1284
Gerard Joubert	1173-1177	Johann II.	1284-1285
Roger des Moulins	1177-1187	Heinrich II.	1286-1291
Ermengard d'Asp	1188-1190		
Garnier de Naplous	1190-1192	** Ermordung Konrads vor der Krönung*	
Geoffroy de Donjon	1193-1202		
Alfonso de Portugal	1203-1206		
Geoffroy Le Rat	1206-1207	## Päpste 1088-1334	
Garin de Montaigu	1207-1227		
Bertrand de Thessy	1228-1230	Urban II.	1088-1099
Guérin Lebrun	1231-1236	Paschalis II.	1099-1118
Bertrand de Comps	1236-1239	Gelasius II.	1118-1119
Pierre de Ville-Brioude	1240-1242	Calixtus II.	1119-1124
Guillaume de Châteauneuf	1243-1258	Honorius II.	1124-1130
Hugues de Revel	1258-1277	Innozenz II.	1130-1143
Nicolas de Lorge	1277-1283	Coelestin II.	1143-1144
Jean de Villiers	1285-1293	Lucius II.	1144-1145
Odon de Pins	1294-1296	Eugen III.	1145-1153
Guillaume de Villaret	1296-1304	Anastasius IV.	1153-1154
Foulques de Villaret	1305-1319	Hadrian IV.	1154-1159
		Alexander III.	1159-1181
		Lucius III.	1181-1185

Könige von Jerusalem

		Urban III	1185-1187
		Gregor VIII.	1187
Gottfried von Bouillon	1099-1100	Klemens III.	1187-1191
Balduin I.von Boulogne	1100-1118	Coelestin III.	1191-1198
Balduin II.von Bourg	1118-1131	Innozenz III.	1198-1216

Honorius III.	1216-1227	Johannes XXI.	1276-1277
Gregor IX.	1227-1241	Nikolaus III.	1277-1280
Coelestin IV.	1241	Martin IV.	1281-1285
Innozenz IV.	1243-1254	Honorius IV.	1285-1287
Alexander IV.	1254-1261	Nikolaus IV.	1288-1292
Urban IV.	1261-1264	Coelestin V.	1294
Clemens IV.	1265-1268	Bonifatius VIII.	1294-1303
Gregor X.	1271-1276	Benedikt XI.	1303-1304
Innozenz V.	1276	Klemens V.	1304-1314
Hadrian V.	1276	Johannes XXII.	1316-1334

Bibliographie

Michael Baigent, Richard Leigh, Der Hl. Gral und seine Erben, Bergisch Gladbach 1984

Michael Baigent, Richard Leigh, Der Tempel und die Loge, Bergisch Gladbach 1990

Wolfgang Bauer, Die Tempelritter, München 2001

Andreas Beck, Der Untergang der Templer, Freiburg/Br. 1992

Peter Berling, Das Blut der Könige, Bergisch Gladbach 1993

Arnold Betten, Marokko, Köln 1998

Dieter A. Binder, Die diskrete Gesellschaft, Graz 1995

Georges Bordonove, Les Templiers, Paris 1963

Arno Borst, Die Katharer, Freiburg/Br. 1998

Ernle Bradford, Johanniter und Malteser, München 1972

Klaus Bumann, Burgund., Köln 1992

Louis Charpentier, Macht und Geheimnis der Templer, München 1986

Felix Czeike, Historisches Lexikon Wien, Wien 1997

Jacques de Mahieu, Die Templer in Amerika, Tübingen 1979

Alain Demurger, Die Templer, München 1991

Alain Demurger, Vie et mort de l'ordre du Temple 1118-1314, Paris 1985

Michel Dumontier, Templers à Paris et en Ile de France, Paris 1957

Martin Erbstösser, Die Kreuzzüge, Leipzig 1996

Karl Falkenstein, Geschichte des Tempelherren-Ordens, Dresden 1833

Christian Fichtinger, Lexikon der Heiligen und Päpste, Frankfurt/M. 1995

Johannes u. Peter Fiebag, Die Entdeckung des Grals, Augsburg 1990

Freimaurer, Katalog, Wien 1992

Karl R. H. Frick, Die Erleuchteten, Graz 1973

Karl R. H. Frick, Licht und Finsternis, Graz 1975

Francesco Gabrieli, Die Keuzzüge aus arabischer Sicht, Bechtermünz Verlag 1999

Malcolm Godwyn, Der Heilige Gral, München 1994

Erhard Gorys, Das Heilige Land, Köln 1993

Alfred Guggenberger, Die Templer im Wandel der Zeit, Augsburg 1977

Monika Hauf, Der Mythos der Templer, Düsseldorf-Zürich 1995

Monika Hauf, Die Templer und die große Göttin, Düsseldorf-Zürich 2000

Otto Henne am Rhyn, Geschichte des Rittertums, Stuttgart o.J.

Otto Henne am Rhyn, Geschichte der Kreuzzüge, Leipzig o.J.

Terry Jones, Alan Ereira, Die Kreuzzüge, Knesebeck 1995

Hermann Kinder, Werner Hilgemann, dtv-Atlas zur Weltgeschichte, München 1993

Hans Kühner, Lexikon der Päpste, Wiesbaden 1991

Eugen Lennhoff, Oskar Posner, Dieter A. Binder Internationales Freimaurer-Lexikon, München 2000

Bernhard Lewis, Die Assassinen, München 1993

Lexikon des Mittelalters, Stuttgart-Weimar 1989

Volker Loos, Die armen Ritter Christi vom Tempel Salomonis zu Jerusalem, Frieling 1997

Jean Markale, Die Katharer von Montségur, München 1986

Jean Marquès-Rivière, Die großen Geheimbünde, Düsseldorf 1979

Klaus-Jürgen Matz, Wer regierte wann?, München 1992

Peter Milger, Die Kreuzzüge, München 1988

Hermann Müller, Die Tempelritter, Hamburg 1982

Ferdinand Neundlinger, Manfred Müksch, Die Templer in Österreich, Innsbruck 2001

Robert Payne, Die Kreuzzüge, Bergisch Gladbach, 1988

Hans Prutz, Die Ritterorden, Berlin 1908, Reprint

Hans Prutz, Entwicklung und Untergang des Tempelherrenordens, Köln 1888, Reprint 1990

Jonathan Riley-Smith, Großer Bildatlas der Kreuzzüge, Freiburg/Br. 1992

Jonathan Riley-Smith, Die Kreuzzüge, Freiburg/Br. 1999

Steven Runciman, Geschichte der Kreuzzüge, München 1989

Frank Rainer Scheck, Jordanien, Köln 2000

Konrad Schottmüller, Der Untergang des Templer-Ordens, Berlin 1887, Reprint 1991

Georg Schwaiger, Mönchtum, Orden, Klöster, München 1993

Gregor Schwartz-Bostunitsch, Die Freimaurer, Weimar o.J.

Ferdinand Seibt, Glanz und Elend des Mittelalters, Berlin 1987

Hartwig Sippel, Die Templer, Wien 1996

Franz Spunda, Baphomet, der geheime Gott der Templer, Schwarzenburg, 1980

Ernst Staehle, Johanniter und Templer, Gnas 1998

Günter Stemberger, 2000 Jahre Christentum, Erlangen 1989

Franjo Terhart, Die Wächter des Heiligen Grals, München 1999

Bernard Vaillant, Westliche Einweihungslehren, München 1986

Gerhard Volfing, Auf den Spuren der Templer in Österreich, Gnas 2001

Wulfing von Rohr, Geheimbünde, München 2002